Kauderwelsch plus
Band 21

© Embratur

Parlamentsgebäude in Brasília

Impressum

Kauderwelsch plus

Clemens Schrage
Brasilianisch — Wort für Wort
plus
Wörterbuch Brasilianisch

erschienen im
Reise Know-How Verlag Peter Rump GmbH
Osnabrücker Str. 79, D-33649 Bielefeld
info@reise-know-how.de

Wörterbuch © 2014 LINGEA s.r.o., Brünn, Tschechische Republik
Bearbeitung Oliver A. Iggesen
Layout Peter Rump
Layout-Konzept Günter Pawlak, FaktorZwo! Bielefeld
Umschlag Peter Rump (Titelfoto: © Embratur)
Fotos alle Fotos © Embratur, außer S. 51 @ Riotur

Druck und Bindung Media-Print Informationstechnologie GmbH, Paderborn

ISBN: 978-3-89416-910-7
Printed in Germany

Dieses Buch ist erhältlich in jeder Buchhandlung Deutschlands, Österreichs, der Schweiz und der Benelux-Staaten. Bitte informieren Sie Ihren Buchhändler über folgende Bezugsadressen:

Deutschland Prolit GmbH, Postfach 9, 35461 Fernwald (Annerod) sowie alle Barsortimente
Schweiz AVA-buch 2000, Postfach 27, CH-8910 Affoltern
Österreich Mohr Morawa Buchvertrieb GmbH Sulzengasse 2, A-1230 Wien
Belgien & Niederlande Willems Adventure, www.willemsadventure.nl
direkt Wer im Buchhandel kein Glück hat, bekommt unsere Bücher zuzüglich Porto- und Verpackungskosten auch direkt über unseren Internet-Shop: **www.reise-know-how.de.**

Zu diesem Buch ist ein **AusspracheTrainer** erhältlich, auf **Audio-CD** in jeder Buchhandlung Deutschlands, Österreichs, der Schweiz und der Benelux-Staaten oder als **MP3-Download** unter **www.reise-know-how.de**

Der Verlag möchte die **Reihe Kauderwelsch** weiter ausbauen und **sucht Autoren!** Mehr Informationen finden Sie unter ***www.reise-know-how.de/rkh_mitarbeit.php***

Kauderwelsch plus

Clemens Schrage

Brasilianisch

Wort für Wort

Wörterbuch Brasilianisch

Zu dem Buch
Brasilianisch – Wort für Wort
ist ein AusspracheTrainer
als **MP3-Download** erhältlich:
www.reise-know-how.de

Auch als **Audio-CD** im Buchhandel:
ISBN 978-3-8317-6002-2

Das Buch incl. AusspracheTrainer
gibt es außerdem als
CD-ROM:
ISBN 978-3-8317-6031-2

REISE KNOW-HOW
im Internet
www.reise-know-how.de
info@reise-know-how.de

*Aktuelle Reisetipps
und Neuigkeiten,
Ergänzungen nach
Redaktionsschluss,
Büchershop und
Sonderangebote
rund ums Reisen*

Kauderwelsch-Sprechführer sind anders!

Warum? Weil sie Sie in die Lage versetzen, wirklich zu sprechen und die Leute zu verstehen.

Wie wird das gemacht? Abgesehen von dem, was jedes Sprachbuch bietet, nämlich Vokabeln, Beispielsätze usw., zeichnen sich die Bände der Kauderwelsch-Reihe durch folgende Besonderheiten aus:

Die **Grammatik** wird in einfacher Sprache so weit erklärt, dass es möglich wird, ohne viel Paukerei mit dem Sprechen zu beginnen, wenn auch nicht gerade druckreif.

Alle Beispielsätze werden doppelt ins Deutsche übertragen: zum einen **Wort-für-Wort,** zum anderen in „ordentliches" Hochdeutsch. So wird das fremde Sprachsystem sehr gut durchschaubar. Denn in einer fremden Sprache unterscheiden sich z. B. Satzbau und Ausdrucksweise recht stark vom Deutschen. Ohne diese Übersetzungsart ist es so gut wie unmöglich, schnell einzelne Wörter in einem Satz auszutauschen.

Unsere ganze Erfahrung als Reisende, Sprachpraktiker und Büchermacher sind in das Konzept **Wörterbuch** eingeflossen. Auf ca. 240 Seiten bieten wir Ihnen ca. 10.000 ausgewählte Vokabeln des Grund- und Aufbauwortschatzes speziell abgestimmt auf die Bedürfnisse des Reisenden und die Besonderheiten des brasilianischen Sprachraums.

Die **Autorinnen** und **Autoren** der Reihe sind Globetrotter, die die Sprache im Land selbst gelernt haben. Sie wissen daher genau, wie und was die Leute auf der Straße sprechen. Deren Ausdrucksweise ist nämlich häufig viel einfacher und direkter als z. B. die Sprache der Literatur oder des Fernsehens.

Besonders wichtig sind im Reiseland **Körpersprache, Gesten, Zeichen** und **Verhaltensregeln,** ohne die auch Sprachkundige kaum mit Menschen in guten Kontakt kommen. In allen Bänden der Kauderwelsch-Reihe wird darum besonders auf diese Art der nonverbalen Kommunikation eingegangen.

Kauderwelsch-Sprechführer sind keine Lehrbücher, aber viel mehr als Sprachführer! Wenn Sie ein wenig Zeit investieren und einige Vokabeln lernen, werden Sie mit ihrer Hilfe in kürzester Zeit schon Informationen bekommen und Erfahrungen machen, die „sprachlosen" Reisenden verborgen bleiben.

Inhalt

Wörterbuch

RAMOS

Vorwort

Die Sprache ist ein wesentlicher Teil der Kultur eines Volkes, d. h. der Wertvorstellungen, Normen, Gefühle und einiges mehr. Ohne Grundkenntnisse der Sprache kann eine Reise oder ein längerer Aufenthalt viel an Reiz verlieren.

Schon mit wenigen Worten und einigen Kenntnissen der Grammatik sind Sie in der Lage, aktiv am intensiven Leben der Brasilianer teilzunehmen. Ihre Freude, ihr Sinn für Humor, aber auch Traurigkeit treffen Sie nicht nur in der Musik, sei sie nun eher traditionell wie in der Samba oder hochmodern wie beim 2013 auf spektakuläre Weise verstorbenen Chorão, aber ebenso findet man sie auch auf dem Markt oder im Bus. Brasilien, ein Schwellenland, hat viele Gesichter. Man findet in Großstädten wie São Paulo (16 Mio. Einwohner), im Südosten des Landes, die Schweiz und die Sahelzone am gleichen Ort. Der Nordosten Brasiliens ist das Armuts- und Auswanderungsgebiet des Landes, und die größte Anzahl von nordestinos nordeßtschinuß in einer einzelnen Stadt findet man in São Paulo, nämlich 6 Millionen.

Im Amazonasgebiet wird weiterhin lustig brandgerodet. Satelliten zählen täglich zwischen 10.000 und 20.000 Brandherde, was weltweit „nur" zu 5 % des Kohlendioxids beiträgt. (Allein die USA produzieren jährlich fünfmal mehr.)

Mitte 1994 gab es noch eine Währungsreform, die Währungseinheit heißt real heau. Die Inflation betrug im Juni 2011 6,7 % im

Jahr (2007: 3,6 %). Hoffentlich bleibt die Teuerungsrate nicht so. Vor der Währungsreform lag sie auch schon mal bei 60 % im Monat!

Deus é brasileiro deuß ä brasilejru (Gott ist Brasilianer), wird hierzulande oft gesagt. Da ich jetzt aber schon sehr lange im Nordosten Brasiliens lebe, hege ich einige Zweifel daran. Wissenschaftlich wurde aber noch nichts bewiesen.

Einiges spricht jedoch dafür: Um eine neue Religion zu gründen, benötigt man mindestens zwei neubekehrte Anhänger und eine Satzung. Für die Eintragung verlangt der Notar umgerechnet etwa 13 Euro. Dann ist man von der Gebäude- und Mehrwertsteuer befreit. Für den Anfang dient als Tempel auch eine angemietete Garage. Falls Sie immer schon einmal Papst oder Päpstin werden wollten, hier haben Sie eine echte Chance.

Darüber und über vieles mehr wird man Ihnen erzählen, mit Humor und Selbstironie.

Besonders möchte ich Patrícia Dany Ceresa für die vielen Tipps und Verbesserungsvorschläge in dieser Ausgabe des Sprachführers danken.

Clemens Schrage

Hinweise zur Benutzung

Der Kauderwelsch-Band „Brasilianisch plus" ist in die Abschnitte *Grammatik* und *Konversation* sowie einen ausführlichen *Wörterbuchteil* gegliedert:

Die **Grammatik** beschränkt sich auf das Wesentliche und ist so einfach gehalten wie möglich. Deshalb sind auch nicht sämtliche Ausnahmen und Unregelmäßigkeiten der Sprache erklärt. Wer nach der Lektüre gerne noch tiefer in die Grammatik der brasilianischen Sprache eindringen möchte, findet im Anhang eine Bücherliste mit weiterführendem Lehrmaterial.

Im Abschnitt **Konversation** finden Sie Sätze aus dem Alltagsgespräch, die Ihnen einen ersten Eindruck davon vermitteln sollen, wie die brasilianische Sprache „funktioniert", und die Sie auf das vorbereiten sollen, was Sie später in Brasilien hören werden.

Die Aussprache des Brasilianischen ist nicht ganz einfach und für Deutschsprachige auch nicht gut aus der Rechtschreibung ersichtlich. Daher ist dieser Sprachführer mit einer (weitgehend) auf dem Deutschen basierenden, einfach zu lernenden **Lautschrift** (blauer Schrifttyp) versehen. Allerdings muss ich Sie darauf hinweisen, dass es die eine, amtlich verbindliche Aussprache des Brasilianischen gar nicht gibt. Das riesige Land kennt eine ganze Reihe von Regionaldialekten, die alle als gleichberechtigt gelten; nur die Schreibweise ist normiert. Die „Platzhirsche" unter den Sprechweisen im Alltag und in den Medien sind die Dialekte von Rio de Janeiro und São Paulo, seit jeher in einem herzlichen

Hören Sie sich Aussprachebeispiele mit Ihrem Smartphone an! Ausgewählte Kapitel im Konversationsteil sind dafür mit einem QR-Code ausgestattet.

Konkurrenzverhältnis zueinander stehend. Aber auch der Nordosten sowie der Süden des Landes sind mit ausgeprägten eigenen Dialekten vertreten. Die in diesem Buch verwendete Lautschrift ist daher eine Art Kompromisslösung. In manchen Aussprachemerkmalen richtet sie sich an Rio de Janeiro aus, da diese Stadt ja aus touristischer Perspektive besonders wichtig sein dürfte und sich die entsprechenden Merkmale mittlerweile auch anderswo im Land breitmachen. Andere Besonderheiten des Rio-Brasilianischen aber, die außerhalb noch immer als ausgesprochene Regionalismen gelten, wurden jedoch nicht berücksichtigt. Dadurch wird eben eine Art repräsentativer Querschnitt des Brasilianischen angestrebt, der überall im Land problemlos angewandt werden kann.

Jede Sprache hat ein typisches Satzbaumuster. Um die sich vom Deutschen unterscheidende Wortfolge brasilianischer Sätze zu verstehen, ist die **Wort-für-Wort-Übersetzung** in kursiver schwarzer Schrift gedacht. Jedem brasilianischen Wort entspricht ein Wort in der Wort-für-Wort-Übersetzung.

Wird *ein* brasilianisches Wort im Deutschen durch *zwei* Wörter übersetzt, werden diese zwei Wörter in der Wort-für-Wort-Übersetzung mit einem Bindestrich verbunden, zum Beispiel:

Vivo na capital.
wiwu na kapitau
(ich-)lebe in-die Hauptstadt
Ich lebe in der Hauptstadt.

Werden in einem Satz mehrere Wörter angegeben, die man untereinander austauschen kann, steht ein Schrägstrich.

Seitenzahlen

Um Ihnen den Umgang mit den Zahlen zu erleichtern, wird auf jeder Seite die Seitenzahl auch auf Brasilianisch angegeben!

Onde é o banheiro para mulheres / homens?
õũdshi ä u bãnjejru para muljäriß / omẽĩß
wo (sie-)ist die Toilette für Frauen / Männer
Wo ist das WC für Frauen / Männer?

Mit Hilfe der Wort-für-Wort-Übersetzung können Sie bald eigene Sätze bilden. Sie können die Beispielsätze als Fundus von Satzschablonen und -mustern benutzen, die Sie Ihren eigenen Bedürfnissen anpassen. Um Ihnen das zu erleichtern, ist ein Teil der Beispielsätze nach allgemeinen Kriterien geordnet.

Dabei hilft Ihnen das umfangreiche **Wörterbuch** in diesem Kauderwelsch-plus-Band. Es enthält einen erweiterten Grundwortschatz von ca. 10.000 Vokabeln mit Ausspracheangaben und Anwendungsbeispielen. Sie brauchen also auf Reisen kein weiteres Taschenwörterbuch mitzuführen.

Die **Umschlagklappe** hilft, die wichtigsten Sätze und Formulierungen stets parat zu haben. Aufgeklappt ist der Umschlag eine wesentliche Erleichterung, da nun die gewünschte Satzkonstruktion mit dem entsprechenden Vokabular aus den einzelnen Kapiteln kombiniert werden kann.

Brasilianisch – gibt es das?

Jeder anständige Professor für Romanistik wird empört sein, wenn er hört, dass Brasilianisch eine eigenständige Sprache sein soll. Ist denn nicht Brasilianisch eigentlich dasselbe wie Portugiesisch? Oder etwa doch nicht so ganz? In der Schweiz wird ja auch Deutsch gesprochen, aber verstehen kann ich die Leute kaum, meistens überhaupt nicht. Bis zum frühen 18. Jahrhundert wurde übrigens in Brasilien auch unter der portugiesischen Herrschaft kaum Portugiesisch, sondern die lingua geral lĩgua sherau (Allgemeine Sprache) gesprochen. Das war eigentlich die Eingeborenensprache Tupí, engstens verwandt mit dem Guaraní, das bis heute die Umgangssprache in Paraguay ist. Auch die weißen Kolonialherren verständigten sich also anfangs in einer „Indianersprache“ (bzw. waren zweisprachig)! Das Portugiesische wurde erst allmählich zur tatsächlichen Sprache Brasiliens. Dazu trugen bei die stärker werdende Zuwanderung von Portugiesen, die den Jesuitenmissionaren feindselig gesonnene Politik in der Epoche der Aufklärung (die Jesuiten waren große Verfechter der lingua geral), in der napoleonischen Zeit dann die Verlegung des portugiesischen Königshofes nach Rio de Janeiro, aber auch die afrikanischen Sklaven. Diese kamen aus so vielen unterschiedlichen Stämmen, dass sie keine gemeinsame Sprache hatten. Gleichzeitig wurden sie von den Sklavenhaltern gezwungen, ihre eigene Kultur und Identität aufzugeben, und die Missionare hatten hier nur wenig Einfluss, galten doch die Sklaven als Privateigentum der Plantagenbesitzer.

Die brasilianische Umgangssprache unterscheidet sich in vielfacher Hinsicht von der Schriftsprache (auch in der Grammatik). Hier dürften die Afrikaner deutliche Spuren hinterlassen haben.

So entstand eine Sprache, die noch Portugiesisch war, aber bereichert wurde durch andere Kulturen. Die meisten Namen für Tiere und Pflanzen kommen in Brasilien aus dem Tupí. Auch viele Orte, Flüsse, Berge und Strände haben indianische Namen. Eine Person aus Rio de Janeiro wird als carioca kariọka bezeichnet. Dieses Wort entstammt ebenfalls dem Tupí und bedeutet „weißes Haus".

Vor allem die Umgangssprache in Brasilien ist für Portugiesen nur teilweise verständlich. Die Aussprache hat sich in den Jahrhunderten der relativen Isolation voneinander in beiden Ländern in unterschiedliche Richtungen entwickelt. Aber auch der Wortschatz ist oft sehr abweichend. Wenn der reiselustige Portugiese mit dem Zug fahren will, nennt er diesen comboio. Darunter versteht der Brasilianer einen Militärkonvoi, einen Zug nennt er schlicht trem trẽĩ. Die Straßenbahn ist für den Portugiesen ein eléctrico, für den Brasilianer aber bonde bõũdshi. Eine Menschenschlange nennt der Portugiese bicha. In Brasilianisch bedeutet das aber außerdem noch „schwul", und das kann zu peinlichen Situationen führen. Das lustige Büchlein Schifaizfavoire – Dicionário de Português von Mário Prata zeigt etwas vom Ausmaß der Unterschiede.

Die Portugiesen haben in Brasilien etwa die Rolle unserer Ostfriesen. In zahlreichen Witzen wird der Portugiese immer als einfältig, rückständig und etwas primitiv karikiert. Die Erklärung ist einfach: die portugiesischen Einwanderer während der jahrzehntelangen Salazar-Diktatur waren arm und wurden von den Herrschenden absichtlich ungebildet gehalten. Außerdem empfinden Brasilianer die Aussprache der Portugiesen als einigermaßen lächerlich und den Klang des Brasilianischen als musikalischer und überhaupt viel schöner.

Es gibt, wie bereits erwähnt, regionalen Unterschiede in der brasilianischen Aussprache, was Konsequenzen für die Festlegung auf eine Lautschrift hat. Allerdings sind diese Unterschiede für sich allein genommen nicht sehr groß und machen dem Neuling keine Schwierigkeiten. Der Brasilianer ist in der Regel sehr kommunikationsfreudig und versucht, den Fremden aus Deutschland zu verstehen, auch wenn dieser sich nur mit Händen und Füßen verständigen kann.

Also, Brasilianisch gibt es wirklich, auch wenn der Professor sich ärgert.

Kauderwelsch-AusspracheTrainer

Falls Sie sich die wichtigsten brasilianischen Sätze, die in diesem Buch vorkommen, einmal von einem Einheimischen gesprochen anhören möchten, brauchen Sie den ***Aussprache-Trainer*** *zu diesem Buch. Sie bekommen ihn als* ***MP3-Download*** *über unseren Internetshop* ***www.reise-know-how.de*** *oder auf* ***Audio-CD*** *in Ihrer Buchhandlung. Alle Sätze, die Sie auf dem* ***Kauderwelsch-AusspracheTrainer*** *hören können, sind in diesem Buch mit einem Ohr (👂) gekennzeichnet.*

VENEZUELA
Georgetown
GUY
Paramaribo
SME
1000 km
Bogotá
KOLUMBIEN
Boa Vista
Macapá
Manaus
Santarém
Belém
Sáo Luís
Fortaleza
Teresina
Natal
João Pessoa
Recife
Pôrto Velho
Rio Branco
B R A S I L I E N
PERU
Aracaju
Maceió
Salvador
Cuiabá
Brasilia
La Paz
Goiânia
BOLIVIEN
Campo Grande
Belo Horizonte
Vitória
PY
São Paulo
Asunción
Rio de Janeiro
Curitiba
Florianópolis
Pôrto Alegre
ROU
Rio Grande
Santiago
Buenos Aires
Montevideo
C H I L E
A R G E N T I N I E N
PAZIFISCHER OZEAN
ATLANTISCHER OZEAN

Aussprache & Betonung

Einige Laute des Brasilianischen sind ungewohnt, allen voran die nasalen Selbstlaute, während andere vielleicht problemlos auszusprechen sind, dafür aber gewöhnungsbedürftig geschrieben werden.

Selbstlaute (Vokale)

Das Brasilianische hat sieben nicht-nasale Grundvokale, nämlich neben a, i und u noch jeweils ein geschlossenes und ein offenes e und o, die aber leider im Schriftbild nur dann unterschieden werden, wenn sie (nach bestimmten Regeln) ein Akzentzeichen tragen. Daneben gibt es fünf nasale Vokale (bei den Buchstaben e und o wird hier keine Unterscheidung zwischen geschlossen und offen gemacht). Die nasalen Vokale klingen ähnlich wie im Französischen, es gibt aber im Brasilianischen mit dem nasalen i (ĩ) und u (ũ) noch mehr solcher Laute als im Französischen. Außerdem kennt das Brasilianische eine Reihe von Doppelselbstlauten (Diphthonge), einige davon wiederum nasalisiert. Die Nasale werden teilweise mit einer so genannten Tilde ~ über dem entsprechenden Vokal geschrieben, teilweise aber auch durch die Kombination eines normalen Vokalzeichens mit einem direkt nachfolgenden m oder n, nämlich dann, wenn diese am Wort- oder Silbenende stehen (z. B. bom bõũ „gut" und campo kã͟pu „Feld"). Falls diese Buchstabenfolge im Wortinneren steht und danach ein weiterer Vokal folgt (wie in banana), wird der Vokal vor dem m bzw. n in weiten Teilen des Landes ebenfalls nasalisiert.

Tatsächlich kommen aber im Schriftbild nur ã und õ mit der Tilde vor, und das õ auch nur als Bestandteil von nasalen Doppelselbstlauten. Alle anderen Nasale werden mit zwei Buchstaben geschrieben. In unserer Lautschrift aber werden alle Nasalvokale mit einer Tilde wiedergegeben, zumal wir im Deutschen sowieso keine brauchbare Entsprechung dafür haben.

Von den meisten Brasilianern werden auch Vokale vor nh (nj) automatisch nasalisiert. So wird sozinho als ßosĩnju ausgesprochen. Viele Brasilianer lassen dann den „n"-Laut ganz weg, und das Ergebnis klingt dann wie ßosĩju.

Einige Nasalvokale werden, wenn man es genau nimmt, bei der Aussprache in einen Doppelselbstlaut zerlegt, bei dem beide Bestandteile nasalisiert sind, der zweite aber noch ein bisschen stärker als der erste. So wird ein nasalisiertes o als õũ mit Tendenz zum oũ ausgesprochen, und ein nasalisiertes e teilweise als ẽĩ mit Tendenz zum eĩ.

Anders als die Franzosen steigern sich die Brasilianer nämlich in ihre Nasale erst allmählich hinein.

Schließlich sollte noch erwähnt werden, dass ein nasalisiertes a (ã, am, an) auf einem sehr dumpfen „a"-Laut basiert (fast schon wie das unbetonte „e" in „Wass**er**"). Dieser dumpfe Laut steht stets auch dann, wenn auf das am bzw. an noch ein weiterer Vokal folgt, und nur ein Teil der Brasilianer hier nasalisiert.

In unserer Lautschrift zeigen wir diese besondere Aussprache des a aber nicht an.

ã	**irmã**	irmã	„Schwester"
am	**ambos**	ãbuß	„beide"
an	**jantar**	shãtar	„Abendessen"
		(jeweils mit dumpfem „ã")	
ão	**alemão**	alemãũ	„Deutscher, deutsch"
ãe	**mãe**	mãĩ	„Mutter"
		(jeweils mit dumpfem „ã")	
e	**dedo**	dedu	„Finger"
		(geschlossen wie in „B**ee**t")	
	festa	fäßta	„Fest, Feier"
		(noch offener als in „B**e**tt")	
	vale(s)	wali(ß)	„Tal (Täler)"
		(am Wortende „i", auch in -es)	
ei	**dinheiro**	dshĩnjejru	„Geld"
		(in manchen Gegenden auch nur geschlossen wie in „B**ee**t")	
eu	**meu**	meu	„mein"
		(geschlossenes „e" + „u", nicht wie „oi")	

In manchen Gegenden wird e *auch in der Silbe vor einem betonten* i *als* i *gesprochen:* menina menina *oder* minina *„Mädchen".*

Da das Deutsche keine eindeutige Schreibweise für das offene „o“ hat, greife ich in der Lautschrift auf das (in der Romanistik gebräuchliche) ò zurück.

em	**tem**	tẽĩ	„er / sie /es hat“
en	**gente**	shẽtschi	„Leute“
im	**fim**	fĩ	„Ende“
in	**pintor**	pĩtor	„Maler“
o	**olho**	olju	„Auge“
		(geschlossen wie in „B**oo**t“)	
	moda	mòda	„Mode“
		(noch offener als in „B**o**ck“)	
	rio(s)	hiu(ß)	„Fluss (Flüsse)“
		(am Wortende „u“, auch in -os)	
ou	**couro**	koru	„Leder“
		(gelängtes geschlossenes „o“, in manchen Gegenden auch geschlossenes „o“ + „u“)	
om	**som**	ßõũ	„Klang, Geräusch“
on	**ponte**	põũtschi	„Brücke“
õe	**ladrões**	ladrõĩß	„Diebe“
um	**nenhum**	nẽnjũ	„niemand“
un	**função**	fũßãũ	„Funktion“

Akzentzeichen

Mit Hilfe der Akzente kann man die Aussprache der Vokale (geschlossen oder offen, voll oder dumpf) präzisieren.

Die Akzentzeichen werden im Brasilianischen benutzt, wenn die Betonung eines Wortes von den üblichen Betonungsregeln (s. u.) abweicht, also oftmals auf der drittletzten Silbe, aber auch gelegentlich auf der letzten liegt. Außerdem werden sie manchmal zur Unterscheidung von anderen (oft gleichlautenden) Wörtern verwendet.

Das à ist hingegen kein Betonungszeichen. Es steht fast ausschließlich für die Kombination des Verhältniswortes a mit dem weiblichen Artikel a bzw. as (Mehrzahl) und wird eventuell etwas gelängt gesprochen.

á	**pássaro**	paßaru	„Vogel“
â	**câmara**	kamara	„Kamera“
		(das dumpfe „a“ vor m bzw. n)	
é	**pé**	pä	„Fuß“
ê	**êxito**	esitu	„Erfolg“
ó	**vovó**	wowò	„Großmutter“
ô	**vovô**	wowo	„Großvater“

Mitlaute (Konsonanten)

c	„k" vor a, o, u	**casa**	kasa	„Haus"
	„ß" vor e, i	**cego**	ßägu	„blind"
ç	„ß" vor a, o, u	**praça**	praßa	„Platz"
d	„dsh" vor e, i (i) (vor geschriebenem i auch in betonter Silbe, vor geschriebenem e = i nach der betonten Silbe am Wortende, in bestimmten Wörtern auch vor der betonten Silbe)	**parede**	paredshi	„Wand"
g	„g" vor a, o, u	**pagar**	pagar	„zahlen"
	stimmhaftes „sh" (wie „j" in „**J**ournalist") vor e, i	**viagem**	wiashẽĩ	„Reise"
h	bleibt am Wortanfang stumm	**homem**	omẽĩ	„Mann"
j	stimmhaftes „sh" (wie „j" in „**J**ournalist") vor a, o, u	**joia**	shòja	„Freude"
l	am Wort- und Silbenende wie „u" (bildet Doppelvokal)	**sal**	ßau	
lh	„lj"	**bilhete**	biljetschi	„Ticket"
nh	„nj"	**punho**	pũnju	„Faust"
qu	„ku" („kw" mit runden Lippen) vor a, o, u	**quatro**	kuatru	„vier"
	„k" vor e, i	**querer**	kerer	„wollen"
r	im Wortinneren meist Zäpfchen-„r", in einigen Regionen auch Zungen-„r", bleibt am Wortende oft stumm (wichtig bei Grundformen der Verben!); am Wortanfang jedoch stets so wie rr	**roda**	hòda	„Rad"
rr	je nach Region h, ch oder Zäpfchen-„r"	**terra**	täha	„Erde"
s	am Wortanfang und Silbenende stimmloses „ß", im Inneren stimmhaftes „s"	**sede**	ßedshi	„Durst"
		coisa	kojsa	„Sache"
t	„tsch" vor e, i (i) (Verteilung entspricht der von d vor e, i (i), regional noch immer als t ausgesprochen)	**norte**	nòrtschi	„Nord"

Diese Aussprachebesonderheit stammt ursprünglich aus Rio de Janeiro, ist aber mittlerweile weit verbreitet. In manchen Gegenden spricht man aber hier noch immer ein einfaches d.

In Rio de Janeiro spricht man (wie in Portugal) s *am Wort- bzw. Silbenende wie „sch" aus:* pois pojsch (= pojß). *Anderswo im Land ist diese Aussprache aber unbeliebt.*

Wörter mit z *oder* s *am Wortende direkt nach betontem Vokal erhalten vor allem im Nordosten noch einen zusätzlichen „i"-Laut.* paz *wird dann zu* pajß. *Diese Aussprache breitet sich mittlerweile auch in anderen Landesteilen aus.*

x	meist „sch"	**lixo**	lischu	„Abfall"
	manchmal „s"	**exame**	esami	„Prüfung"
	Silbenende „ß"	**expresso**	ißpräßu	„Express"
	nur selten „kß"	**táxi**	takßi	„Taxi"
z	meist stimmhaftes „s"			
		vazio	wasiu	„leer"
	am Wortende stimmloses „ß"			
		paz	paß	„Frieden"

Betonung

Die Betonung liegt normalerweise auf der vorletzten Silbe, falls das Wort auf einen der Selbstlaute a, o und e endet. Auch s, m und ns am Wortende ziehen üblicherweise eine Betonung auf der vorletzten Silbe nach sich. Endet das Wort auf einen anderen Mitlaut, auf die Selbstlaute i und u oder einen Doppelselbstlaut (Diphthong), liegt die Normalbetonung auf der letzten Silbe. Es gibt jedoch auch Wörter, deren Betonung von diesem Schema abweicht (darunter alle mit Betonung auf der drittletzten Silbe). In solchen Wörtern ist die Verwendung eines Akzentzeichens auf der betonten Silbe obligatorisch.

Wörter, die weiterhelfen

Am Anfang werden Sie gewisse Schwierigkeiten haben, die Verben ser ßer und estar ißtar auseinanderzuhalten. Beide bedeuten „sein", werden aber in unterschiedlichen Situationen benutzt.

estar („sein“, veränderlicher Zustand)

Der gemeinsame Nenner für die folgenden Verwendungen ist, dass es sich jeweils um veränderliche (bzw. momentane) Zustände handelt. Es geht konkret entweder um einen Aufenthalt an einem bestimmten Ort:

Eu estou no Brasil.
eu ißto nu brasiu
ich (ich-)bin in Brasilien
Ich bin in Brasilien.

oder um eine körperliche Position:

Eu estou sentado.
eu ißto ßẽĩtadu
ich (ich-)bin gesetzt
Ich sitze.

Eu estou em pé.
eu ißto ĩ pä
ich (ich-)bin in Fuß
Ich stehe.

oder um einen vorübergehenden Zustand:

Eu estou cansado.
eu ißto kãßadu
ich (ich-)bin müde
Ich bin müde.

Estou descansado.
eu ißto dshißkãßadu
i(ich-)bin ausgeruht
Ich bin ausgeruht.

oder um eine aktuell ausgeübte Handlung:

Estou viajando.
ißto wiashãdu
(ich-)bin reisend
Ich bin auf der Reise.

ser („sein“, wesensmäßige Eigenschaft)

Beim Verb ser geht es statt dessen um dauerhafte, charakteristische Eigenschaften.

Wörter, die weiterhelfen

Eu sou alemão.
eu ßo alemãũ
ich (ich-)bin deutsch
Ich bin Deutscher.

Unter „Mittag" versteht man in Brasilien genau 12 Uhr.

Já é meia-noite.
sha ä meja nojtschi
schon (es-)ist Mitternacht
Es ist schon Mitternacht.

Já é meio-dia.
sha ä meju dshia
schon (es-)ist Mittag
Es ist schon Mittag.

São dez horas.
ßãũ däs òraß
(sie-)sind zehn Stunden
Es ist zehn Uhr.

Já é tarde.
sha ä tardshi
schon (es-)ist spät
Es ist schon spät.

sim – não   ja – nein

Oft wird man in der Umgangssprache auch pois é pojs ä *„tja, so ist es" anstelle von* sim *zu hören bekommen.*

Extrem wichtig sind natürlich die Ausdrücke sim ßĩ für „ja" und não nãũ „nein". Aber dazu sollte man gleich wissen, dass es aus brasilianischer Sicht sehr unhöflich ist, so kurz angebunden zu antworten. Man wiederholt zusätzlich das Verb oder ein anderes wichtiges Wort des Fragesatzes (in der richtigen Beugungsform).

Você quer um cafezinho?
woße kär ũ kafäsĩnju
du (er-/sie-)will ein Kaffeechen
Möchtest du einen kleinen Kaffee?

Quero, sim.
käru ßĩ
(ich-) will ja
Ja.

Não, não quero.
nãũ nãũ käru
nein nicht (ich-)will
Nein.

ter	haben

Eu não tenho dinheiro.
eu nãũ tẽnju dshĩnjejru
ich nicht (ich-)habe Geld
Ich habe kein Geld.

Eu não tenho onde morar.
eu nãũ tẽnju õũdshi morar
ich nicht (ich-)habe wo wohnen
Ich habe keine Wohnung.

querer	wollen

Eu quero uma passagem para o Rio.
eu käru uma paßashẽĩ pra u hiu
ich (ich-)will eine Fahrkarte für der Rio
Ich möchte eine Fahrkarte nach Rio.

onde?	wo?

Onde é a estação rodoviária?
õũdshi ä a ißtaßãũ hodowiaria
wo (sie-)ist die Station landstraßisch
Wo ist der zentrale Busbahnhof?

© Embratur

Auf der Landstraße

Artikel

Es gibt im Unterschied zum Deutschen nur ein männliches und ein weibliches Geschlecht, aber kein Neutrum. Für die unbestimmten Artikel („ein, eine“) gibt es allerdings in beiden Geschlechtern eine Mehrzahlform, die man mit „einige“ übersetzt.

a *w Ez*	a	die	**as** *w Mz*	aß	die
o *m Ez*	u	der	**os** *m Mz*	uß	die
um *m Ez*	ũ	ein	**uns** *m Mz*	ũß	einige
uma *w Ez*	uma	eine	**umas** *w Mz*	umaß	einige
nenhum	nẽnjũ	kein	**nenhuma**	nẽnjuma	keine

a pensão	a pẽĩßãũ	die Pension
as passagens	aß paßashẽĩß	die Fahrkarten
o trem	u trẽĩ	der Zug
os preços	uß preßuß	die Preise
um almoço	ũ aumoßu	ein Mittagessen
uns mapas	ũs mapaß	einige Landkarten
uma refeição	uma hefejßãũ	eine Mahlzeit
umas malas	umas malaß	einige Koffer
nenhum quarto	nẽnjũ kuartu	kein Zimmer
nenhuma carta	nẽnjuma karta	kein Brief

Não chegou nenhuma carta.
nãũ schego nẽnjuma karta
nicht (sie-)ankam keine Brief
Es ist kein Brief gekommen.

Não tem nenhum fax para o senhor.
nãũ tẽĩ nẽnjũ fakß pra u ßẽnjor
nicht (ich-)habe kein Fax für der Herr
Ich habe kein Fax für Sie.

Hauptwörter

Die Hauptwörter (Substantive) im Brasilianischen ändert ihre Form nur bei der Mehrzahlbildung. Man kann entsprechende Wörter also meist direkt aus dem Wörterbuch übernehmen und in Sätze einbauen. Das Geschlecht eines Hauptwortes geht teilweise aus der Endung hervor, besonders bei den folgenden sehr häufigen Endungen:

-o / -os männlich	**-a / -as** weiblich

Auslautendes -o / -os *wird in den meisten Gegenden abgeschwächt als* -u / -uß *ausgesprochen.*

Es gibt auch hier einige Ausnahmen, die jedoch beim ersten Kontakt mit der Sprache nicht so wichtig sind. So endet o mapa (die Landkarte) auf -a, ist aber, wie man am Artikel erkennen kann, dennoch männlich.

o menino	**a menina**
u meninu	a menina
der Junge	das Mädchen

Bei Wörtern, die Lebewesen bezeichnet, bestimmt in der Regel das natürliche Geschlecht über das grammatische und damit über die Endung und den Artikel.

Leider gibt es andere Endungen, bei denen es weit weniger klar ist, ob sich dahinter ein männliches oder ein weibliches Wort verbirgt. Ein solcher Fall ist die häufig vorkommende Endung -ão. Wenn ein Wort mit dieser Endung männlich ist, dann gibt es womöglich eine weibliche Entsprechung auf -ã.

o alemão	**a alemã**
u alemãũ	a alemã
der Deutsche	die Deutsche

Mehrzahl

Das Zeichen der Mehrzahl ist ein -s am Wortende. Endet das Hauptwort auf einen einfachen Selbstlaut, gibt es keine weitere Veränderung:

o turista	u turißta	der Tourist
os turistas	uß turißtaß	die Touristen
a comida	a komida	die Speise
as comidas	aß komidaß	die Speisen

Wenn das Wort auf -ão, -l oder -m endet, treten zusätzlich zum -s noch weitere Veränderungen auf.

Ob die Mehrzahlform dabei auf -ães oder -ões lautet, ist allerdings nicht vom grammatischen Geschlecht abhängig. Das heißt, man muss die Mehrzahl vokabelmäßig mitlernen.

alemão	alemãũ	Deutscher
alemães	alemãĩß	Deutsche *Mz*
o pão	u pãũ	das Brot
os pães	uß pãĩß	die Brote
a nação	a naßãũ	die Nation
as nações	as naßõĩß	die Nationen
o papel	u papäu	das Papier
os papéis	uß papäiß	die Papiere
o homem	u omẽĩ	der Mensch
os homens	us omẽĩß	die Menschen

Endet das Wort auf einem Mitlaut, wird die Endungsvariante -es angehängt, d. h. es kommt eine Silbe im Wort hinzu:

a mulher	a muljär	die Frau
as mulheres	as muljäriß	die Frauen
o país	u paiß	das Land
os países	uß paisiß	die Länder

Persönliche Fürwörter

Die Brasilianer benutzen nur noch selten das Fürwort der 2. Person tu tu und noch seltener die entsprechenden Beugungsformen der Verben. Die übliche Form ist você woße. Das ist eine Art des Duzens, auch wenn das Verb dabei in der 3. Person Einzahl steht. Ausnahmen sind hohe Respektspersonen wie Polizisten, Generäle und Kardinäle. In diesen Fällen wird die Person mit o senhor u ßẽnjor bzw. a senhora a ßẽnjora angesprochen, das Verb steht dabei ebenfalls in der 3. Person Einzahl. Zu Beginn eines Gespräches mit einem Fremden sollten Sie aber dennoch höflich bleiben und o senhor oder a senhora sagen. Ihr Gesprächspartner dürfte dann aber umgehend zum formlosen você übergehen.

Allerdings gibt es mal wieder einzelne Regionen, in denen alles ganz anders ist und man doch tu *sagt, dann aber auch gerne mit dem Verb in der 3. Person Einzahl.*

eu	eu	ich
você (tu)	woße (tu)	du
ele *m* **/ ela** *w*	eli / äla	er / sie *w*
nós	nòß	wir
vocês	woßeß	ihr
eles *m* **/ elas** *w*	eliß / älaß	sie *Mz*

Die alte portugiesische „ihr"-Form vós *ist im Brasilianischen völlig verschwunden, und damit auch die entsprechenden Verbformen (Ausnahme: Bibelsprache).*

Auch die „wir"-Form nós wird in der gesprochenen Sprache gerne vermieden. Die Umgehungsform ist a gente a shẽtschi „die Leute". Da dieser Ausdruck im Brasilianischen eine Einzahlform ist, steht auch dann das Verb wieder in der 3. Person Einzahl.

Nós queremos / A gente quer viajar para Foz do Iguaçu.
nòß keremuß / a shẽtschi kär wiashar pra fòß du iguaßu
wir (wir-)wollen / die Leute (sie-)will reisen für Foz do Iguaçu
Wir wollen nach Foz do Iguaçu reisen.

Besitzanzeigende Fürwörter

Die besitzanzeigenden Fürwörter (Possessivpronomen) gehen dem Hauptwort, auf das sie sich beziehen, voran und richten sich nach diesem in Zahl und Geschlecht. Für „dein, -e" gibt es eine Form der 2. Person Einzahl, die nicht nur diejenigen Brasilianer verwenden, die für „du" noch immer tu sagen. Gebräuchlicher ist jedoch für „dein, -e" die Form der 3. Person seu, abgeleitet von der Anredeform você. Dann entsteht allerdings das Problem, dass man „dein" nicht von „sein, ihr" unterscheiden kann, und so kommen für letztere Verwendung auch die eindeutigen Ersatzausdrücke dele deli „von ihm", dela däla „von ihr" sowie deles deliß und delas dälaß „von ihnen" zum Einsatz. Diese stehen dann aber nach dem Hauptwort, auf das sie sich beziehen, und bleiben unveränderlich. Nach der offiziellen Grammatik sind beide Ausdrucksweisen für „sein, ihr" gleichwertig.

m		w		
meu	meu	**minha**	mĩnja	mein, -e
meus	meuß	**minhas**	mĩnjaß	meine *Mz*
teu	teu	**tua**	tua	dein, -e
teus	teuß	**tuas**	tuaß	deine *Mz*

seu	ßeu	**sua**	ßua	sein/e, ihr/e
seus	ßeuß	**suas**	ßuaß	seine *Mz*, ihre *Mz*; *auch* dein, -e
dele	deli	**dela**	däla	sein/e, ihr/e
nosso	nòßu	**nossa**	nòßa	unser, -e
nossos	nòßuß	**nossas**	nòßaß	unsere *Mz*
vosso	wòßu	**vossa**	wòßa	euer, eure
vossos	wòßuß	**vossas**	wòßaß	eure *Mz*
deles	deliß	**delas**	dälaß	ihr/e (*m* / *w*)

Im Brasilianischen kann man bei Ausdrücken mit besitzanzeigendem Fürwort zusätzlich noch den bestimmten Artikel hinzufügen. Dies ist allerdings nicht ganz so weit verbreitet wie in Portugal.

(o) meu passaporte
(u) meu paßapòrtschi
mein Pass

(a) minha casa
(a) mĩnja kasa
mein Haus

Hinweisende Fürwörter

Die hinweisenden Fürwörter (Demonstrativpronomen) kommen in drei Entfernungsstufen („hier“, „da“, „dort drüben“) vor. Sie richten sich in Zahl und Geschlecht nach ihrem Bezugswort, ob sie es nun wie ein Eigenschaftswort begleiten oder ganz ersetzen. Außerdem gibt es hier besondere „sächliche“ Formen, die sich nicht auf konkrete Objekte beziehen, sondern auf allgemeine Sachverhalte.

	Ez m	Ez w	Mz m	Mz w	sächl.
in der Nähe	**este**	**esta**	**estes**	**estas**	**isto**
	eßtschi	äßta	eßtschiß	äßtaß	ißtu
etwas weiter entfernt	**esse**	**essa**	**esses**	**essas**	**isso**
	eßi	äßa	eßiß	äßaß	ißu
sehr weit entfernt	**aquele**	**aquela**	**aqueles**	**aquelas**	**aquilo**
	akeli	akäla	akeliß	akälaß	akilu

Este ônibus está lotado.
eßtschi onibuß ißta lotadu
dieser Bus (er-)ist rappelvoll
Dieser Bus ist rappelvoll.

Não quero isso.
nãũ käru ißu
nicht (ich-)will dies
Ich will das nicht.

Unbestimmte Fürwörter

Die unbestimmten Fürwörter (Indefinitpronomen) lauten:

alguém	augẽĩ	jemand
algum *m*	augũ	irgendein
alguma *w*	auguma	irgendeine
alguns *m Mz*	augũß	irgendwelche *m*
algumas *w Mz*	augumaß	irgendwelche *w*
ninguém	nĩgẽĩ	niemand
nenhum	nẽnjũ	kein

Verhältniswörter

Die Verhältniswörter (Präpositionen) werden in der Regel wie im Deutschen benutzt. Einige besonders wichtige Verhältniswörter verschmelzen mit einem nachfolgenden Artikel zu einer neuen Wortform.

a	a	nach, zu
ao au (= a + o), à a (= a + a),		
aos auß (= a + os), às aß (= a + as)		
após	apòß	nach *(zeitl.)*
até	atä	bis
com	kõũ, kũ	mit, bei
contra	kõũtra	gegen
de	dshi	von, aus
do du (= de + o), da da (= de + a),		
dos duß (= de + os), das daß (= de + as)		
em	ẽĩ, ĩ	in, an, auf
no nu (= em + o), na na (= em + a),		
nos nuß (= em + os), nas naß (= em + as)		
entre	ẽtri	zwischen
para	para, pra	für, nach
por	pur	durch, über, für
pelo pelu (= por + o), pela pela (= por + a),		
pelos peluß (= por + os), pelas pelaß (= por + as)		
sem	ßẽĩ	ohne
sob	ßob(i)	unter
sobre	ßobri	über

Como chego ao centro?
komu schegu au ßẽtru
wie (ich-)komme zu-der Zentrum
Wie komme ich ins Zentrum?

no hotel
nu otãu
in-der Hotel
im Hotel

na rua
na hua
in-die Straße
auf der Straße

E ele também é alemão.
i eli tãbẽĩ ä alemãũ
und er auch (er-)ist Deutscher
Und er ist auch Deutscher.

na esquina
na ißkina
in-die Ecke
an der Ecke

Vivo em São Paulo.
wiwu ĩ ßãũ paulu
(ich-)lebe in São Paulo
Ich lebe in São Paulo.

Vivo na capital.
wiwu na kapitau
(ich-)lebe in-die Hauptstadt
Ich lebe in der Hauptstadt.

Vou para o Brasil por três meses.
wo pra u brasiu pur treß mesiß
(ich-)gehe für der Brasilien für drei Monate
Ich gehe für drei Monate nach Brasilien.

Wortstellung

Für die dritte Person benutzt man lieber ein hinweisendes Fürwort (nach dem Verb). Das klingt viel volkstümlicher als die eigentlichen Objekt-Fürwörter.

Die Wortreihenfolge ist in der Regel zuerst Subjekt (Satzgegenstand), dann Prädikat (Satzaussage) und danach Objekt (Satzergänzung). Ist das Objekt jedoch eine unbetonte Objektform des persönlichen Fürworts (me mi „mich, mir", te tschi „dich, dir", nos nuß „uns"), dann steht es direkt vor dem Verb (Prädikat).

Subjekt	Prädikat	Objekt
Ele	**(não) tem**	**documentos.**
eli	(nãũ) tẽĩ	dokumẽtuß
er	*(nicht) (er-)hat*	*Dokumente*
Er hat (keine) Papiere.		
Subjekt	**Objekt**	**Prädikat**
Ela	**(não) me**	**viu.**
äla	(nãũ) mi	wiu
sie	*(nicht) mich*	*(sie-)sah*
Sie hat mich (nicht) gesehen.		

Das Verneinungswort não *steht immer vor dem Verb bzw. noch vor der unbetonten Objektsform des persönlichen Fürworts.*

Für „dich“ kann man entweder te oder você sagen. Beachten Sie aber dabei die unterschiedliche Stellung gegenüber dem Verb.

Man kann auch dann te *sagen, wenn man als Anrede nur* você *benutzt. Hier sind die Brasilianer ein wenig inkonsequent.*

Eu te amo.
eu tschi amu
ich dich (ich-)liebe
Ich liebe dich.

Eu amo você.
eu amu woße
ich (ich-)liebe du
Ich liebe dich.

Die betonten Objektformen der persönlichen Fürwörter unterscheiden sich eigentlich nur in der 1. Person Einzahl mim mĩ von den jeweiligen Grundformen. Man benutzt sie hauptsächlich nach Verhältniswörtern.

Schließlich sollte hier noch das rückbezügliche Fürwort se ßi *(sich) erwähnt werden, dass sich wie ein unbetontes Objekt-Fürwort verhält. Es gilt wie im Deutschen für die 3. Person Ein- und Mehrzahl.*

Isso é para mim / para você / para nós.
ißu ä pra mĩ / pra woße / pra nòß
dies (es-)ist für mich / für dich / für uns
Das ist für mich / für dich / für uns.

Um zur Wortreihenfolge zurückzukehren: Eigenschaftswörter stehen in der Regel nach ihrem Bezugswort:

O hotel tem quartos grandes.
u otäu tẽĩ kuartuß grãdshiß
der Hotel hat Zimmer große
Das Hotel hat große Zimmer.

Ausnahmen sind Mengenangaben wie:

muito	mũĩtu	viel, sehr
pouco	poku	wenig
mais	majß	mehr
menos	menuß	weniger

O hotel tem poucos quartos.
u otäu tẽĩ pokuß kuartuß
der Hotel hat wenige Zimmer
Das Hotel hat wenige Zimmer.

O hotel é muito caro.
u otäu ä mũĩtu karu
der Hotel ist sehr teuer
Das Hotel ist sehr teuer.

Eigenschaftswörter

Die Eigenschaftswörter (Adjektive) richten sich in Geschlecht und Zahl nach Hauptwort, auf das sie sich beziehen. Dies gilt auch, wenn sie getrennt vom Hauptwort stehen, wo sie im Deutschen eine unveränderliche Form haben (z. B. „das Haus ist schön"). Die männlichen Eigenschaftswörter mit der Endung -o werden durch Austausch mit -a weiblich. Die anderen Eigenschaftswörter haben eine einheitliche Form für männlich und weiblich (in der Einzahl) oder bilden Ausnahmen. Die Mehrzahl wird durch -s an der jeweiligen Geschlechtsform ausgedrückt.

aberto	abärtu	offen
fechado	feschadu	geschlossen
baixo	bajschu	tief
alto	autu	hoch
barato	baratu	billig
caro	karu	teuer
bonito	bonitu	schön
feio	feju	hässlich
duro	duru	hart
mole	mòli	weich
escuro	ißkuru	dunkel
claro	klaru	hell
fácil	faßiu	einfach
difícil	dshifißiu	schwierig
forte	fòrtschi	stark
fraco	fraku	schwach
grande	grãdshi	groß
pequeno	pekenu	klein
lento	lẽtu	langsam
rápido	hapidu	schnell
leve	läwi	leicht
pesado	pesadu	schwer
limpo	lĩpu	sauber
sujo	ßushu	schmutzig
novo	nowu	neu
jovem	shòwẽĩ	jung
velho	wälju	alt
quente	kẽtschi	heiß
frio	friu	kalt
bom *m* / **boa** *w*	bõũ / boa	gut
mau *m* / **má** *w*	mau / ma	schlecht

Daneben gibt es für „schlecht" noch das schwerer auszusprechende ruim hũĩ.

Eigenschaftswörter

Steigerung

Die normale Steigerung erfolgt mit Hilfe von mais majß „mehr“, aber auch in umgekehrter Richtung mit menos menuß „weniger“. Diese Wörtchen stehen vor dem Eigenschaftswort. Wenn man dann noch den bestimmten Artikel hinzufügt, wird dies meist als Superlativ („am meisten“) verstanden.

mais barato	majß baratu	billiger
o mais barato	u majß baratu	der billigste
menos caro	menuß karu	weniger teuer
a menos cara	a menuß kara	die am wenigsten teure

a viagem mais barata
a wiashẽĩ majß barata
die Reise mehr billig
die billigste (*oder:* billigere) Reise

absoluter Superlativ

Es gibt zwei Ausdrücksmöglichkeiten für den so genannten absoluten Superlativ, nämlich muito und die Endung -íssimo. Man verwendet sie, wenn etwas in höchstem Maße eine Eigenschaft besitzt, ohne einen unmittelbaren Vergleich mit einer anderen Sache anzustellen.

muito caro	mũĩtu karu	sehr teuer
caríssimo	karißimu	extrem teuer
muito barato	mũĩtu baratu	sehr billig
baratíssimo	baratschißimu	extrem billig

unregelmäßige Steigerung

Vier besonders wichtige Eigenschaftswörter können auch mit Hilfe eigener Steigerungsformen gesteigert werden. Bei den Wörtern für „größer" und „kleiner" werden diese eher bei Altersunterschieden verwendet, ansonsten geht es hier auch mit mais.

melhor	meljòr	besser	*zu* bom
pior	piòr	schlechter	*zu* mau
maior	majòr	größer	*zu* grande
menor	menòr	kleiner	*zu* pequeno

Farben

a cor (as cores)	a kor (aß koriß)	die Farbe(n)
amarelo	amarälu	gelb
azul	asuu	blau
branco	brãku	weiß
castanho, marrom	kaßtãnju, mahõũ	braun
cinza	ßĩsa	grau
cor-de-laranja	kor dshi larãsha	orange
cor-de-rosa	kor dshi hòsa	rosa
negro, preto	negru, pretu	schwarz
vermelho	wermelju	rot
verde	werdshi	grün
violeta	wioleta	violett

Farbbezeichnungen auf -o *erhalten in der weiblichen Form wiederum* -a*, alle anderen bleiben unverändert.*

Umstandswörter (Adverbien)

Das Eigenschaftswort wird zum entsprechenden Umstandswort (Adverb), indem man an die weibliche Einzahlform die Endung -mente -mẽtschi anhängt. Gesteigert wird genau wie bei den Eigenschaftswörtern.

lento	lẽtu	langsam
lentamente	lẽtamẽtschi	langsam *(Umst.)*
rápido	hapidu	schnell
rápidamente	hapidamẽtschi	schnell *(Umst.)*

Bindewörter

antes que	ãtß ki	bevor
assim	aßĩ	so
como	komu	wie, als
depois de	depojß dshi	nachdem
e	i	und
enquanto	ĩkuãtu	während
mas	maß	aber
por isso	pur ißu	deswegen
quando	kuãdu	als, wenn *(zeitl.)*
se	ßi	falls, wenn
também	tãbẽĩ	auch

weitere nützliche Wörter

apenas	apenaß	nur
só	ßò	allein, nur
aqui	aki	hier
aí, ali	ai, ali	da, dort
acima	aßima	oben
abaixo	abajschu	unten
adiante	adshiãtschi	vorne
atrás	atraß	hinten
dentro	dẽtru	drinnen
fora	fòra	draußen
junto	shũtu	daneben
juntos	shũtuß	zusammen
longe	lõũshi	weit (entfernt)
perto	pärtu	nahe
agora	agòra	jetzt
sempre	ßẽpri	immer
nunca	nũka	nie
logo	lògu	bald
então	ĩtãũ	dann, also
en seguida	ĩ ßegida	sofort
antes	ãtß	vorher
depois	depojß	danach
primeiro	primejru	zuerst
hoje	oshi	heute
ontem	õũtẽĩ	gestern
anteontem	ãtschiõũtẽĩ	vorgestern
amanhã	amãnjã	morgen
depois de amanhã	depojß dshi amãnjã	übermorgen
cedo	ßedu	früh
tarde	tardshi	spät
já	sha	schon, nun
ainda	aĩda	noch (immer)
certamente	ßärtamẽtschi	sicher, gewiss

Tätigkeitswörter

Die Tätigkeitswörter (Verben) bestehen in ihrer Grund- und Wörterbuchform (Infinitiv) immer aus einem Stamm und der jeweiligen Grundformendung. Je nach Endung unterscheidet man drei Beugungsklassen von Verben:

-ar:	**falar**	falar	sprechen
-er:	**beber**	beber	trinken
-ir:	**partir**	partschir	abreisen

Gegenwart

Folgende Beugungsmuster gelten nur für regelmäßige Verben. Die Endung verändert sich mit den jeweiligen grammatischen Personen, während der Stamm gleich bleibt. Allerdings wechselt bei einigen Verben (vor allem der -er-Klasse) der betonte Stammvokal zwischen e und ä bzw. o und ò, was man aber im Schriftbild nicht sieht.

		falar	beber	partir
		falar	beber	partschir
ich	**eu**	**falo**	**bebo**	**parto**
		falu	bebu	partu
du; er / sie	**você;**	**fala**	**bebe**	**parte**
	ele / ela	fala	bäbi	partschi
wir	**nós**	**falamos**	**bebemos**	**partimos**
		falamuß	bebemuß	partschimuß
ihr; sie (Mz.)	**vocês;**	**falam**	**bebem**	**partem**
	eles / elas	falã	bäbẽĩ	partẽĩ

Eu falo demais.	**Nós bebemos pinga.**	**Ele parte amanhã.**
eu falu dshimajß	nòß bebemuß pĩga	eli partschi amãnjã
Ich spreche zu viel.	Wir trinken Schnaps.	Er fährt morgen ab.

Anders als im Deutschen muss man im Brasilianischen die persönlichen Fürwörter (in Subjektsfunktion) oft nicht unbedingt hinzufügen, da die Person bereits aus der Verb-Endung hervorgeht. Für den Unterschied zwischen „du“ und „er / sie“ bzw. „ihr“ und „sie *(Mz)*“ gilt das aber nicht, und daher wird in diesen Personen auch meistens das Fürwort benutzt.

(Eu) falo pouco.	**você fala**	**ele fala**
(eu) falu poku	woße fala	eli fala
Ich rede wenig.	du sprichst	er spricht

Vergangenheit

Im Brasilianischen kann man sich in der Vergangenheit nicht mit zusammengesetzten Verbformen vom Typ „ich habe gegessen“ elegant aus der Affäre ziehen. Es gibt solche Formen zwar, aber ihre Verwendung ist stark eingeschränkt. Die normale Ausdrucksweise für vergangene Ereignisse sind personengebeugte Formen. Hier nun das regelmäßige Muster:

	falar	**beber**	**partir**
eu	**falei**	**bebi**	**parti**
	falej	bebi	partschi
você;	**falou**	**bebeu**	**partiu**
ele / ela	falo	bebeu	partschiu
nós	**falamos**	**bebemos**	**partimos**
	falamuß	bebemuß	partschimuß
vocês;	**falaram**	**beberam**	**partiram**
eles / elas	falarã	beberã	partschirã

In der 1. Person Mz. kann man also bei den regelmäßigen Verben Gegenwart und Vergangenheit nicht unterscheiden.

Zukunft

Die einfachste Möglichkeit, die Zukunft anzudrücken ist die Kombination eines gebeugten Modalverbs mit dem bedeutungstragenden Verb in seiner Grundform. Am wichtigsten ist dabei die Kombination mit den Personalformen von ir ir „gehen“. Dies ist dann auch ganz offiziell eine der Futurbildungen des Brasilianischen.

In der Wort-für-Wort-Übersetzung steht in diesem Buch bei Verben mit você die 3. Person Einzahl (er/sie) und bei Verben mit vocês die 3. Person Mehrzahl (sie). Dies sind die entsprechenden Verbformen nämlich in Wirklichkeit. Die alte 2. Person Einzahl des Verbs ist in einigen Regionen noch halbwegs lebendig; die alte 2. Person Mehrzahl allerdings nicht mehr.

Eu quero viajar.
eu käru wiashar
ich (ich-)will reisen
Ich will reisen.

nós vamos partir
nòß wamuß partschir
wir (wir-)gehen abreisen
wir werden abreisen

eu vou falar
eu wo falar
ich (ich-)gehe sprechen
ich werde sprechen

você vai beber
woße waj beber
du (er-/sie-)geht trinken
du wirst trinken

ele vai partir
eli waj partschir
er (er-)geht abreisen
er wird abreisen

nós vamos falar
nòß wamuß falar
wir (wir-)gehen sprechen
wir werden sprechen

vocês vão viajar
woßeß wãũ wiashar
ihr (sie-)gehen reisen
ihr werdet reisen

eles vão partir
eliß wãũ partschir
sie (sie-)gehen abreisen
sie werden abreisen

verneint

eu não vou viajar
eu nãũ wo wiashar
ich nicht gehe reisen
ich werde nicht reisen

você não bebe
woße nãũ bäbi
du nicht (er-/sie-)trinkt
du trinkst nicht

wichtige regelmäßige Verben

amar	amar	lieben
andar	ãdar	gehen, laufen
chegar	schegar	ankommen
comprar	kõũprar	kaufen
conversar	kũwerßar	reden
convidar	kũwidar	einladen
ensinar	ĩßinar	lehren
entrar	ẽĩtrar	eintreten
esperar	ißperar	warten
explicar	ißplikar	erklären
falar	falar	sprechen
morar	morar	wohnen
pagar	pagar	bezahlen
perguntar	pergũtar	fragen
reservar	heserwar	reservieren
roubar	hobar	stehlen
trabalhar	trabaljar	arbeiten
tomar	tomar	nehmen
viajar	wiashar	reisen
beber	beber	trinken
receber	heßeber	empfangen
comer	komer	essen
vender	wẽĩder	verkaufen
compreender	kũpriẽĩder	verstehen
viver	wiwer	leben
abrir	abrir	öffnen
partir	partschir	abreisen

unregelmäßige Verben

Die folgenden Verben zeigen in ganz unterschiedlichem Ausmaß Unregelmäßigkeiten. Manchmal sind nur einzelne Buchstaben betroffen, manchmal aber auch der Stamm der Vergangenheitsformen. Die Endungen bleiben aber mit wenigen Ausnahmen gleich.

dar	dar	geben
dizer	dshiser	sagen
dormir	dormir	schlafen
ir	ir	gehen
ler	ler	lesen
passear	paßiar	spazieren gehen
pedir	pedshir	bitten
poder	poder	können
pôr	por	(hin)stellen, (hin)legen
preferir	preferir	bevorzugen
querer	kerer	wollen
saber	ßaber	wissen
sair	ßair	hinausgehen
seguir	ßegir	folgen
sentir	ßẽĩtschir	fühlen
trazer	traser	bringen
ver	wer	sehen
vir	wir	kommen

In der folgenden Tabelle finden Sie einige der wichtigsten dieser Verben jeweils mit den Gegenwartsformen (G) in der linken und den Vergangenheitsformen (V) in der rechten Spalte.

	G	V	G	V
	dar (geben)		**dizer** (sagen)	
ich	**dou**	**dei**	**digo**	**disse**
	do	dej	dshigu	dshißi
du; er / sie	**dá**	**deu**	**diz**	**disse**
	da	deu	dshiß	dshißi
wir	**damos**	**demos**	**dizemos**	**dissemos**
	damuß	dämuß	dshisemuß	dshißemuß
sie (Mz.)	**dão**	**deram**	**dizem**	**disseram**
	dãũ	därã	dshisẽĩ	dshißärã

Bei den nachfolgenden Verben ebenso.

G	V	G	V
fazer (machen, tun)		**ir** (gehen)	
faço	**fiz**	**vou**	**fui**
faßu	fiß	wo	fuj
faz	**fez**	**vai**	**foi**
faß	feß	waj	foj
fazemos	**fizemos**	**vamos**	**fomos**
fasemuß	fisemuß	wamuß	fomuß
fazem	**fizeram**	**vão**	**foram**
faseĩ	fisärã	wãũ	forã
ter (haben)		**querer** (wollen)	
tenho	**tive**	**quero**	**quis**
tẽnju	tschiwi	käru	kiß
tem	**teve**	**quer**	**quis**
tẽĩ	tewi	kär	kiß
temos	**tivemos**	**queremos**	**quisemos**
temuß	tschiwemuß	keremuß	kisemuß
têm	**tiveram**	**querem**	**quiseram**
tẽĩ	tschiwärã	kärẽĩ	kisärã
poder (können)		**vir** (kommen)	
posso	**pude**	**venho**	**vim**
pòßu	pudshi	wẽnju	wĩ
pode	**pôde**	**vem**	**veio**
pòdshi	podshi	wẽĩ	weju
podemos	**pudemos**	**vimos**	**viemos**
podemuß	pudemuß	wimuß	wiemuß
podem	**puderam**	**vêm**	**vieram**
pòdẽĩ	pudärã	wẽĩ	wiärã
trazer (bringen)		**ver** (sehen)	
trago	**trouxe**	**vejo**	**vi**
tragu	troßi	weshu	wi
traz	**trouxe**	**vê**	**viu**
traß	troßi	we	wiu
trazemos	**trouxemos**	**vemos**	**vimos**
trasemuß	troßemuß	wemuß	wimuß
trazem	**trouxeram**	**veem**	**viram**
traseĩ	troßärã	weẽĩ	wirã

Die Formen von „sein“

Mit den drei Hilfsverben ser ßer (sein), estar ißtar (sein) und ter ter (haben) haben Sie schon zu Anfang dieses Buches die allerwichtigsten Verben kennen gelernt. Auch auf den Bedeutungsunterschied zwischen den beiden Verben für „sein“ sind Sie bereits im Kapitel „Wörter, die weiterhelfen“ hingewiesen worden. An dieser Stelle geht es um die Bildung der Beugungsformen von ser und estar in der Gegenwart (G), Vergangenheit (V) und Zukunft (Z), da diese Verben besonders unregelmäßig sind. Außerdem finden Sie hier noch die Zukunftsformen von ter (Gegenwart und Vergangenheit dieses Verbs waren schon im vorherigen Abschnitt zu finden). Hier ist mit „Zukunft“ nicht die Umschreibung mit ir gemeint, sondern die eigentlichen Beugungsformen.

G		V		Z	
ser					
sou	ßo	**fui**	fuj	**serei**	ßerej
é	ä	**foi**	foj	**será**	ßera
somos	ßomuß	**fomos**	fomuß	**seremos**	ßeremuß
são	ßãũ	**foram**	forã	**serão**	ßerãũ
estar					
estou	ißto	**estive**	ißtschiwi	**estarei**	ißtarej
está	ißta	**esteve**	ißtewi	**estará**	ißtara
estamos	ißtamuß	**estivemos**	ißtschiwemuß	**estaremos**	ißtaremuß
estão	ißtãũ	**estiveram**	ißtschiwärã	**estarão**	ißtarãũ

ter (haben) – **Zukunftsformen**		
eu	**terei**	terej
você, ele / ela	**terá**	tera
nós	**teremos**	teremuß
vocês, eles / elas	**terão**	terãũ

Eu estou viajando para São Paulo.
eu ißto wiashãdu pra ßãũ paulu
ich (ich-)bin reisend für São Paulo
Ich reise nach São Paulo.

Eu estive doente.
eu ißtschiwi duẽtschi
ich (ich-)war krank
Ich war krank.

Ele tem meu passaporte.
eli tẽĩ meu paßapòrtschi
er (er-)hat mein Pass
Er hat meinen Pass.

A comida é boa.
a komida ä boa
die Speise (sie-)ist gut
Das Essen ist gut.

Fragen

Entscheidungsfragen, also diejenigen, auf die man üblicherweise mit „ja" oder „nein" antwortet, unterscheiden sich nicht in ihrer Wortreihenfolge vom normalen Aussagesatz. Lediglich der Tonfall steigt zum Satzende an.

Você pode me ajudar?
woße pòdshi mi ashudar
du (er-/sie-)kann mir helfen
Können Sie mir helfen?

Fragen

Ergänzungsfragen werden mit konkreten Fragewörtern gebildet, die üblicherweise ganz am Satzanfang stehen

quem?	wer?	**onde?**	wo?
kẽĩ		õũdshi	
o que?, o quê?	was?	**para onde?**	wohin?
u ki, u ke		pra õũdshi	
como?	wie?	**qual?**	welche, -r?
komu		kuau	
porquê?	warum?	**para quê?**	wofür?
purke		para ke	
quando?	wann?	**quanto?**	wie viel?
kuãdu		kuãtu	

Die unbetonte Form o que *ist der Normalfall, die betonte Form* o quê *benutzt man z. B. wenn das Fragewort allein steht („Waaas?“).*

Quanto *hat auch weibliche bzw. Mehrzahlformen (*quantos, quantas *„wie viele“)*

Onde está a farmácia?
õũdshi ißta a farmaßia
wo (sie-)ist die Apotheke
Wo ist die Apotheke?

Porquê você bebe leite?
purke woße bäbi lejtschi
warum du (er-/sie-)trinkt Milch
Warum trinkst du Milch?

Quando chega o ônibus?
kuãdu schega u onibuß
wann (er-)kommt der Bus
Wann kommt der Bus?

Qual a direção?
kuau a dshireßãũ
welche die Richtung
Welche Richtung?

Para onde vai a mala?
pra õũdshi waj a mala
für wo (sie-)geht die Koffer
Wohin geht der Koffer?

Quanto custa a passagem?
kuãtu kußta a paßasheĩ
wie-viel (sie-)kostet die Fahrkarte
Wie viel kostet die Fahrkarte?

Onde tem um hotel barato?
õũdshi tẽĩ ũ otãu baratu
wo (es-)hat ein Hotel billig
Wo gibt es ein billiges Hotel?

Onde está a próxima parada?
õũdshi ißta a pròßima parada
wo ist die nächste Haltestelle
Wo ist die nächste Haltestelle?

Como chegar à estação rodoviária?
komu schegar a ißtaßãũ hodowiaria
wie ankommen zu-die Station landstraßisch
Wie kommt man zum Busbahnhof?

Quantas paradas são até o bairro ...?
kuãtaß paradaß ßãũ atä u bajhu
wie-viele Haltestellen sind bis der Stadtteil
Wie viele Haltestellen sind es bis zum Stadtteil ...?

Straßenbahn in Rio

Zahlen

Für die Zahlen „1“ und „2“ gibt es jeweils eine männliche und eine weibliche Form.

1	**um** *m*, **uma** *w* ũ, uma	6	**seis** ßejß
2	**dois** *m*, **duas** *w* dojß, duaß	7	**sete** ßätschi
3	**três** treß	8	**oito** ojtu
4	**quatro** kuatru	9	**nove** nòwi
5	**cinco** ßĩku	10	**dez** däß
11	**onze** õũsi	16	**dezesseis** deseßejß
12	**doze** dosi	17	**dezessete** deseßätschi
13	**treze** tresi	18	**dezoito** desojtu
14	**catorze, quatorze** katorsi	19	**dezenove** desenòwi
15	**quinze** kĩsi	20	**vinte** wĩtschi
21	**vinte e um (uma)** wĩtschi i ũ (uma)	60	**sessenta** ßeßẽta
22	**vinte e dois (duas)** wĩtschi i dojß (duaß)	70	**setenta** ßetẽta
23	**vinte e três** wĩtschi i treß	80	**oitenta** ojtẽta
30	**trinta** trĩta	90	**noventa** nowẽta
40	**quarenta** kuarẽta	100	**cem** ßẽĩ
50	**cinquenta** ßĩkuẽta	105	**cento e cinco** ßẽtu i ßĩku

Die „6“ heißt in längeren Zahlenreihen (z. B. Telefonnummern) oft auch meia meja *„halbe“, im Sinne von „halbes Dutzend“.*

Die Schreibweise quatorze *ist in Brasilien ebenfalls gebräuchlich, auch wenn sie für die Aussprache nicht ganz angemessen erscheint.*

Bei den zusammengesetzten Zahlen werden die Einer, Zehner und Hunderter jeweils mit e *„und“ aneinander angeschlossen.*

Für „100“ steht cem *als einzelne Zahl, und* cento, *wenn noch Zehner oder Einer folgen.*

200	**duzentos (-as)** dusẽtuß (-aß)
300	**trezentos (-as)** tresẽtuß (-aß)
333	**trezentos (-as) e trinta e três** tresẽtuß (-aß) i trĩta i treß *dreihundert und dreißig und drei*
400	**quatrozentos (-as)** kuatrusẽtuß (-aß)
500	**quinhentos (-as)** kĩnjẽtuß (-aß)
600	**seiscentos (-as)** ßejßẽtuß (-aß)
700	**setecentos (-as)** ßätschißẽtuß (-aß)
800	**oitocentos (-as)** ojtußẽtuß (-aß)
900	**novecentos (-as)** nòwißẽtuß (-aß)
1000	**mil** miu
500.000	**quinhentos mil** kĩnjẽtuß miu *fünfhundert tausend*
1 Mio.	**um milhão** ũ miljãũ

Die Vielfachen von 100 haben wiederum eine männliche und eine weibliche Form.

mil novecentos e noventa e sete
miu nòwißẽtuß i nowẽta i ßätschi
tausend neunhundert und neunzig und sieben
1997

Ordnungszahlen (Ordinalzahlen)

Die brasilianischen Ordnungszahlen sind ebenso wie im Deutschen Eigenschaftswörter, die in Zahl und Geschlecht mit ihrem Bezugswort übereinstimmen. Daher haben sie allesamt weibliche sowie auch Mehrzahlformen (auf -a, -os, -as).

1.	**primeiro** primejru	9.	**nono** nonu
2.	**segundo** ßegũdu	10.	**décimo** däßimu
3.	**terceiro** terßejru	11.	**décimo-primeiro** däßimu primejru
4.	**quarto** kuartu	12.	**décimo-segundo** däßimu ßegũdu
5.	**quinto** kĩtu	13.	**décimo-terceiro** däßimu terßejru
6.	**sexto** ßeßtu		*usw.*
7.	**sétimo** ßätschimu	20.	**vigésimo** wishäsimu
8.	**oitavo** ojtawu	30.	**trigésimo** trishäsimu

Eu moro no décimo andar.
eu mòru nu däßimu ãdar
ich (ich-)wohne in-der zehntes Stockwerk
Ich wohne im zehnten Stock.

Ela é a terceira mulher.
äla ä a terßejra muljär
sie (sie-)ist die dritte Frau
Sie ist die dritte Frau.

Bruchzahlen

Bis auf die Ausdruck für „halb“ und „Drittel“ sind die Nenner bei den Bruchzahlen mit den jeweiligen Ordnungszahlen identisch.

1/2	**meio** meju	2/3	**dois terços** dojß terßuß
1/3	**um terço** ũ terßu	1/10	**um décimo** ũ däßimu
1/4	**um quarto** ũ kuartu	1/100	**um centésimo** ũ ßẽĩtäsimu
1/5	**um quinto** ũ kĩtu	1/1000	**um milésimo** ũ miläsimu

Zeitangaben

Die Frage nach der Uhrzeit wird in der Mehrzahl gestellt.

Que horas são?
ki òraß ßãũ
was Stunden sind
Wie spät ist es?

São cinco e quinze.
ßãũ ßĩku i kĩsi
sind fünf und fünfzehn
Es ist 5 Uhr 15.

É uma e quarenta.
ä uma i kuarẽta
ist eine und vierzig
Es ist 1 Uhr 40.

São sete e meia.
ßãũ ßätschi i meja
sind sieben und halbe
Es ist halb acht.

São vinte para as duas.
ßãũ wĩtschi para aß duaß
sind zwanzig für die zwei
Es ist zwanzig vor zwei.

Zeitangaben

segundo	ßegũdu	Sekunde
minuto	minutu	Minute
hora	òra	Stunde
meia hora	meja òra	halbe Stunde
quarto de hora	kuartu dshi òra	Viertelstunde

Von den Wochentagen sind nur der Sonntag und Samstag männlichen Geschlechts. Die Arbeitstage sind weiblich und basieren alle auf feira fejra „Markt(tag)". Sie werden mit den Ordnungszahlen durchnummeriert, beginnend mit Montag als dem „zweiten Markttag". Allerdings wird für den Dienstag die aus den Bruchzahlen bekannte Variante terça „dritte" verwendet.

In der Umgangssprache wird dieses feira *aber weggelassen und der Wochentag dann nur mit der jeweiligen Ordnungszahl benannt.*

Wochentage

dia
dshia
Tag

semana
ßemana
Woche

domingo	domĩgu	Sonntag
segunda-feira	ßegũda fejra	Montag
terça-feira	terßa fejra	Dienstag
quarta-feira	kuarta fejra	Mittwoch
quinta-feira	kĩta fejra	Donnerstag
sexta-feira	ßeßta fejra	Freitag
sábado	ßabadu	Samstag

Monate

mês
meß
Monat

ano
anu
Jahr

janeiro	shanejru	Januar
fevereiro	feweréjru	Februar
março	marßu	März
abril	abriu	April
maio	maju	Mai
junho	shũnju	Juni
julho	shulju	Juli
agosto	agoßtu	August
setembro	ßetẽbru	September
outubro	otubru	Oktober
novembro	nowẽbru	November
dezembro	desẽbru	Dezember

Eles viajam em março.
eliß wiashã ĩ marßu
sie (sie-)reisen im März
Sie reisen im März.

Elas chegam na segunda-feira.
älaß shegã na ßegũda fejra
sie (sie-)kommen in-der Montag
Sie kommen am Montag.

Jahreszeiten

Jahreszeiten (estações do ano ißtaßõĩß du anu) sind im Norden Brasiliens kaum auszumachen, höchstens eine Regen- und eine Trockenzeit. Im Süden kann es im Winter ganz schön kalt werden.

primavera	primawära	Frühling
verão	werãũ	Sommer
outono	otonu	Herbst
inverno	ĩwärnu	Winter

Tageszeiten

de madrugada	dshi madrugada	frühmorgens
de manhã	dshi mãnjã	morgens
ao meio-dia	au meju dshia	mittags
de tarde	dshi tardshi	nachmittags
de noite	dshi nojtschi	nachts
à meia-noite	a meja nojtschi	mitternachts

Nach all der trockenen Grammatik wäre es aber unverzeihlich, hier nicht die folgenden drei Begriffe hinzuzufügen:

férias	färiaß	Ferien
feriado	feriadu	Feiertag
fim de semana	fĩ dshi ßemana	Wochenende

Dies kann man leicht mit feira *verwechseln.*

Kurz-Knigge

Wer sich in Deutschland benehmen kann, hat in Brasilien keine Schwierigkeiten zu erwarten.

Schöne Frauen werden in der Stadt von Männern „angemacht“. Pfeifen und andere Lautäußerungen sind aber fast nie böse gemeint. Einen Blickkontakt zu erwidern, kann dabei als Ermunterung aufgefasst werden. Stur nach vorne zu gucken ist dagegen eine angemessene Reaktion.

In Metropolen wie São Paulo und Rio de Janeiro sind gewisse Gegenden vor allem abends unsicher. Erkundigen Sie sich vorher im Hotel. Eine favela fawäla (Slumviertel) alleine und gar mit Kamera zu besuchen, ist nur für Kamikazes geeignet. Aber auch sonst keine wertvollen Gegenstände offen zeigen (Fotoapparat, Goldkette usw.). Bei einem Überfall keine Gegenwehr leisten. Den Mund halten und alles hergeben. Das große Geld und Wertsachen bei Bekannten oder im Hotelsafe aufbewahren.

Autostopp nur in Gruppen machen. Alleine ist das Risiko groß, auch für Männer.

Nicht jeder Fluss oder See eignet sich zum Baden. Vorher fragen. Die Krankheit Bilharziose ist unangenehm.

Nordamerikanische Bürger werden bewundert, aber oft auch gehasst. Deutsche genießen deutlich mehr Sympathien. Zugleich bringt man „Deutsch“ aber auch mit den Nazis in Verbindung. Dabei stehen dahinter oft keine antideutschen Ressentiments, sondern eher Gedankenlosigkeit.

Nicht alle privaten Einladungen sind ernst gemeint. Manchmal sind es sogar Ausladungen. Zu spät zu kommen, gehört zum guten Ton, ist aber nicht unbedingt erforderlich.

Gesten & Handzeichen

Viele Gesten sind wie bei uns, z. B. das Kopfnicken als Bejahung, oder mit dem Zeigefinger auf die Stirn tippen als Zeichen für „bescheuert". Die Beleidigungspalette ist jedoch breiter, und da können leicht Missverständnisse entstehen.

Das Okay-Zeichen der Amis mit Zeigefinger und Daumen zum O geformt bedeutet in Brasilien „Leck mich ..." oder Schlimmeres.

Mit der flachen Hand auf das O tippen bedeutet „vögeln". Die Faust mehrmals nach unten strecken bedeutet das Gleiche.

Die Faust und der andere Arm im Ellenbogen steht für „Banane" (= Penis) oder „Du kannst mich mal ...".

Ausgestreckter Zeigefinger und kleiner Finger bedeutet corno kornu, also „gehörnt" (= betrogener Ehemann).

Zum Herbeirufen wird mehrmals psiu pßiu gerufen.

Zum Verneinen wird mehrmals mit der Zunge geschnalzt.

Zeigefinger und Daumen am Ohrläppchen bedeutet „gut", „ausgezeichnet".

Viele Häuser in Brasilien haben keine Klingel. Man macht die Bewohner durch Händeklatschen auf sich aufmerksam.

Ansprechen

Mit Freundlichkeit und Respekt kann man in Brasilien Berge versetzen. Unbekannte werden zuerst immer mit o senhor u ßẽnjor bzw. a senhora a ßẽnjora angeredet. Das Duzen kommt aber schon bald danach.

Mit einem Smartphone können Sie sich die mit einem gekennzeichneten Sätze dieses Kapitels anhören. Scannen Sie einfach den QR-Code mit Hilfe einer kostenlosen App (z. B. „Barcoo" oder „Scanlife").

Begrüßen

Bom dia!	Guten Morgen / Tag!
bõũ dshia	
Boa tarde!	Guten Nachmittag!
boa tardshi	
Boa noite!	Guten Abend! / Gute Nacht!
boa nojtschi	
Oi!, Obá!, Boas!	
oj, oba, boaß	Hallo!

Sich vorstellen

Meu nome é Fritz, muito prazer em conhecê-lo / conhecê-la. *(formell)*
meu nomi ä friz(i) mũĩtu praser ĩ kũnjeßelu / kũnjeßela
mein Name ist Fritz viel Vergnügen in kennenlernen-ihn / kennenlernen-sie
Mein Name ist Fritz. Es freut mich, Sie *(Mann / Frau)* kennen zu lernen.

O prazer é todo meu.
u praser ä todu meu
der Vergnügen (er-)ist ganz mein
Ganz meinerseits.

Eu me chamo Fritz. Como vai? *(informell)*
eu mi schamu friz(i) komu waj
ich mich (ich-)nenne Fritz wie (es-)geht
Ich heiße Fritz. Wie geht es Ihnen / dir?

Tudo bem. E você?
tudu bẽĩ i woße
alles gut und du
Sehr gut. Und dir?

Sich verabschieden

Até logo!	atä lògu	Auf Wiedersehen!
Até a vista!	atä a wißta	Auf Wiedersehen!
Adeus!	adeuß	Auf Wiedersehen!
Tchau!	tschau	Tschüss!

Bitten / Danken

Por favor ...!	Bitte, ...!
pur fawor	
Obrigado / -a!	Danke!
obrigadu / obrigada	*(sagt Mann / sagt Frau)*
Muito obrigado!	Vielen Dank!
mũĩtu obrigadu	
Deus lhe pague!	Gott vergelt's!
deuß lji pagi	*(Gott ihm/ihr es-bezahle)*
De nada!	Keine Ursache!
dshi nada	*(von nichts)*

Wenn man sich im Namen einer ganzen Gruppe bedankt, sagt man dementsprechend in der Mehrzahl obrigados *bzw.* obrigadas *(letzteres aber nur bei reinen Frauengruppen).*

sich entschuldigen

Desculpa!	dshißkuupa	Entschuldige!
Perdão!	perdãũ	Verzeihung!

beglückwünschen

Parabéns!	Glückwunsch!
parabẽĩß	
Meus parabéns!	Meinen Glückwunsch!
meuß parabẽĩß	
Saúde!	Prost! *(beim Trinken)* /
ßaudshi	Gesundheit! *(Niesen)*

Bewundern

Jóia!	shòja	Wunderbar!	*wörtl. „Schmuck"*
Tudo legal!	tudu legau	Alles prima!	*„alles legal"*
E um barato!	ä ũ baratu	Superklasse!	*„ist ein Billiges"*
Legal!	legau	Prima!	*„legal"*

Oi, como vai?
oj komu waj
Hallo, wie geht's?

Tudo bem, obrigado.
tudu bẽĩ obrigadu
Alles gut, danke.

Você também vai viajar amanhã?
woße tãbẽĩ waj amãnjã
du auch (er-/sie-)geht reisen morgen
Verreist du morgen auch?

Não. Tenho que ficar mais dois dias.
nãũ tẽnju ki fikar majß dojß dshiaß
nein (ich-)habe dass bleiben mehr zwei Tage
Nein. Ich muss noch zwei Tage bleiben.

Redewendungen

Das Wort jeitinho shejtschĩnju hat in Brasilien eine besondere Bedeutung. Es bedeutet, etwas machbar zu machen, was eigentlich nicht gehen dürfte bzw. unmöglich ist, z. B. noch einen Platz in einem vollen Bus oder Hotel zu besorgen. Mit einem jeitinho bekommt man in einem Restaurant auch noch ein Essen, wenn die Küche schon geschlossen hat. Es ist kurzum ein Schlüsselbegriff zum Verständnis der brasilianischen Lebensart.

Die vollständige Redewendung lautet also dar um jeitinho *„eine Möglichkeit geben".*

O senhor pode dar um jeitinho de arrumar um lugar?
u ßẽnjor pòdshi dar ũ shejtschĩnju dshi ahumar ũ lugar
der Herr (er-)kann geben ein Möglichkeit zu besorgen ein Platz
Können Sie irgendwie einen Platz besorgen?

Die Redewendung quebrar o galho kebrar u galju („einen Ast brechen") hat eine ähnliche Bedeutung wie jeitinho, nämlich „etwas improvisieren".

O senhor pode quebrar o galho e arranjar uma passagem?
u ßẽnjor pòdshi kebrar u galju i ahãshar uma paßashẽĩ
der Herr (er-)kann brechen der Ast und besorgen eine Fahrkarte
Können Sie improvisieren und eine Fahrkarte besorgen?

Ein anderes Thema ist hingegen die Redewendung estar por fora ißtar pur fòra („draußen sein"). Dies sagt man nämlich, wenn jemand „nicht im Bilde ist", also etwas nicht mitbekommt oder versteht.

Estou por fora. Não entendo nada.
ißto pur fòra nãũ ĩtẽdu nada
(ich-)bin draußen nicht (ich-)verstehe nichts
Ich bin nicht im Bilde. Ich verstehe nichts.

Ein- & Ausreise

Vor Ihrer Ankunft erhalten Sie im Flugzeug ein Einreiseformular (cartão de entrada e saída kartãũ dshi ĩtrada i ßaida). Dort müssen Sie verschiedene Felder ausfüllen.

Entrada ĩtrada bedeutet in diesem Zusammenhang „Einreise“. Üblicherweise versteht man darunter „Eingang, Einfahrt“ oder auch „Eintrittskarte“. Saída ßaida wiederum ist die „Ausreise“, bedeutet aber auch der „Ausgang“.

Bei Punkt 2, nome completo nomi kũplãtu (vollständiger Name), ist es üblich, mit dem Vornamen zu beginnen.

Bei Punkt 3, motivo da viagem motschiwu da wiashẽĩ (Grund der Reise), geht es um statistische Informationen.

Bei Punkt 4 wird nach der Nummer des Reisepasses oder eines equivalente ekiwalẽtschi (Gleichwertiges) wie Personalausweis gefragt.

Residente hesidẽtschi bedeutet „ansässig“, und residência hesidẽĩßia „Wohnsitz“.

Uso oficial usu ofißiau bedeutet „(nur für den) Amtsgebrauch“. Data de nascimento data dshi naßimẽtu ist das Geburtsdatum.

Sowohl dieser cartão als auch der Reisepass erhalten bei der Einreisekontrolle einen Stempel. Es ist ratsam, die Karte aufzubewahren und bei der Ausreise abzugeben, denn dann braucht man sie (in den meisten Fällen!) nicht noch einmal auszufüllen.

Unterwegs

Langstrecken-Busse fahren meistens von einem zentralen Busbahnhof (estação rodoviária ißtaßãũ hodowiaria) ab. Man kann durch fast ganz Brasilien mit dem Bus reisen. Einige Strecken werden von mehreren Busunternehmen bedient. Sie können dann Preise und Komfort vergleichen. Bei längeren Reisen (sechs bis sieben Tage) ist ein Bus mit Toilette, Klimaanlage und Bordservice bestimmt angenehmer, wenn auch teurer. Im Süden gibt es Eisenbahnen. Die Fahrt ist angenehm und unterhaltsam, dauert nur etwas länger.

Allgemeines rund ums Reisen

a saída, a partida	a ßaida, a partschida	Abfahrt
a chegada	a schegada	Ankunft
descer, saltar	deßer, ßautar	aussteigen
a entrada	a ĩtrada	Eingang
entrar, subir	ĩtrar, ßubir	einsteigen
o preço	u preßu	Preis
alugar	alugar	mieten
pedir carona, viajar a dedo	pedshir karona wiashar a dedu	per Anhalter fahren
pontual	pontuau	pünktlich
a agência de viagens	a ashẽĩßia dshi wiashẽĩß	Reisebüro
rápido	hapidu	schnell
assegurar	aßegurar	versichern
o seguro	u ßeguru	Versicherung
o atraso	u atrasu	Verspätung

Verkehrsmittel & Verkehrsteilnehmer

o carro, o automóvel	u kahu u automòweu	Auto, Wagen
o (a) motorista	u (a) motorißta	Autofahrer(in)
a estação de trem	a ißtaßãũ dshi trẽĩ	Bahnhof
o vagão	u wagãũ	Bahnwaggon
o ônibus	u onibuß	Bus
a estação rodoviária	a ißtaßãũ hodowiaria	Busbahnhof
a passagem / o bilhete	a paßasheĩ / u biljetschi	Fahrkarte
a tarifa	a tarifa	Fahrpreis
a bicicleta	a bißiklãta	Fahrrad
o voo	u wou	Flug
o avião	u awiãũ	Flugzeug
o aeroporto	u äroportu	Flughafen
o (a) pedestre	u (a) pedäßtri	Fußgänger(in)
o ponto / a parada (de ônibus)	u põũtu / a parada (dshi onibuß)	(Bus-) Haltestelle
o caminhão	u kamĩnjãũ	Lastwagen
a motocicleta	a motoßiklãta	Motorrad
o desconto	u dshißkõũtu	Rabatt
o (a) ciclista	u (a) ßiklißta	Radfahrer(in)
reservar	heserwar	reservieren
o lotação	u lotaßãũ	Routentaxi
o guichê	u gische	Schalter
o bonde	u bõũdshi	Straßenbahn
o táxi	u takßi	Taxi
o ponto de táxi	u põũtu dshi takßi	Taxistand
o metrô	u metro	U-Bahn
o trem	u trẽĩ	Zug

Eine parada de ônibus *kann aber auch eine Pause bei Langstreckenfahrten sein.*

Ein lotação *(männlich!) hat eine festgelegte Fahrtstrecke in der Stadt und ist billiger als ein Taxi. Es kann sich auch um einen Kleinbus handeln. Es fährt meist erst dann ab, wenn alle Plätze belegt sind.*

Quero uma passagem de ida e volta para Porto Alegre.
kä̲ru u̲ma paßa̲shẽĩ dshi i̲da i wò̲uta pa̲ra po̲rtu alä̲gri
(ich-)will eine Fahrkarte von Hinfahrt und Rückkehr für Porto Alegre
Ich möchte eine Rückfahrkarte nach Porto Alegre.

Por favor, só quero uma passagem de ida para o Rio.
pur fawo̲r ßò kä̲ru u̲ma paßa̲shẽĩ dshi i̲da pa̲ra u hi̲u
durch Gefallen nur (ich-)will eine Fahrkarte von Hinfahrt für der Rio
Ich möchte bitte eine einfache Fahrt nach Rio.

Tem desconto para estudantes?
tẽĩ dshißkõ̲ũ̲tu pa̲ra ißtudã̲tschiß
(es-)hat Rabatt für Studenten
Gibt es Rabatt für Studenten / Schüler?

Gostaria de uma poltrona na janela.
goßtari̲a dshi u̲ma poutro̲na na shanä̲la
(ich-)würde-mögen von eine Sitz in-die Fenster
Ich möchte einen Fensterplatz.

Quero um lugar no corredor.
kä̲ru ũ luga̲r nu kohedo̲r
(ich-)will ein Platz in-der Gang
Ich möchte einen Platz am Gang.

Não quero o assento do meio.
nãũ kä̲ru u aßẽ̲tu du me̲ju
nicht (ich-)will der Sitz von-der Mitte
Ich möchte keinen Mittelplatz.

Quanto custa a passagem?
kuãtu kußta a paßasheĩ
wie-viel (sie-)kostet die Fahrkarte
Wie viel kostet die Fahrkarte / der Flugschein?

Onde é o ponto do ônibus / do metrô mais prôximo?
õũdshi ä u põũtu du onibuß / du metro majß pròßimu
wo (er-)ist der Punkt von-der Bus / von-der U-Bahn mehr nächster
Wo ist die nächste Bus- / U-Bahn-Haltestelle?

Onde é o banheiro para mulheres / homens?
õũdshi ä u bãnjejru pra muljäriß / omẽĩß
wo ist der Toilette für Frauen / Männer
Wo ist das WC für Frauen / Männer?

Onde está o guichê da empresa / de ônibus Cometa?
õũdshi ä u gische da ĩpresa / dshi onibuß kometa
wo ist der Schalter von-die Firma / von Bus Cometa
Wo ist der Schalter der Firma „Cometa“?

Gepäck		
a carteira	a kartejra	Brieftasche
a bagagem	a bagasheĩ	Gepäck
a mala	a mala	Koffer
a mochila	a muschila	Rucksack
a bolsa	a boußa	Tasche

Onde posso guardar a minha bagagem?
õũdshi pòßu guardar a mĩnja bagasheĩ
wo (ich-)kann aufbewahren die meine Gepäck
Wo kann ich mein Gepäck aufbewahren?

Eu perdi minhas malas. O quê fazer?
eu perdshi mĩnjaß malaß u ke faser
ich (ich-)verlor meine Koffer der was tun
Ich habe meine Koffer verloren.
Was kann ich tun?

Es ist ratsam, seinen Rückflug aus Brasilien wenige Tage vorher telefonisch bei der Fluggesellschaft zu bestätigen.

Im Flugverkehr gelten in Brasilien bei großen Verspätungen oder der Nichtbeförderung von Fluggästen, Gepäckverlust usw. hinsichtlich der Fluggastrechte ähnliche Regelungen wie in der Europäischen Union. Wenden Sie sich an den Informationsschalter im Flughafen, um ein eventuelles Entschädigungsverfahren einzuleiten.

Quero fazer uma reclamação.
käru faser uma heklamaßãũ
(ich-)will machen eine Reklamation
Ich möchte eine Beschwerde einleiten.

O meu voo atrasou mais de quatro horas.
u meu wou atraso majß dshi kuatru òraß
der mein Flug (er-)verspätete mehr von vier Stunden
Mein Flug hatte mehr als vier Stunden Verspätung.

Transport zu Wasser		
o barco	u barku	Boot
a balsa	a baußa	Fähre
o porto	u portu	Hafen
o navio	u nawiu	Schiff

in der Stadt

dobrar	dobrar	abbiegen
atravessar, cruzar	atraweßar, krusar	überqueren
seguir	ßegir	weitergehen, weiterfahren
virar	wirar	wenden
à esquerda	a ißkerda	nach links
à direita	a dshirejta	nach rechts
em frente, reto	ĩ frẽtschi, hätu	geradeaus
aqui – lá	aki – la	hier – dort
o quarteirão	u kuartejrãũ	Häuserblock
a esquina	a ißkina	Straßenecke

Como chegar até o centro da cidade?
komu schegar atä u ßẽtru da ßidadshi
wie ankommen bis der Zentrum von-die Stadt
Wie kommt man ins Stadtzentrum?

É muito longe a pé?
ä mũĩtu lõũshi a pä
ist sehr weit zu Fuß
Ist es sehr weit zu laufen?

o endereço	u ĩdereßu	Adresse
a alameda, a avenida	a alameda, a awenida	Allee
o farol, o semáforo	u faròl, u ßemaforu	Ampel
a farmácia	a farmaßia	Apotheke
a biblioteca	a bibliotäka	Bibliothek
a embaixada	a ĩbajschada	Botschaft
a livraria	a liwraria	Buchladen
a tinturaria	a tschĩturaria	chemische Reinigung
a galeria	a galeria	Galerie, Einkaufszentrum
o edifício	u edshifißiu	Gebäude

a capital	a kapitau	Hauptstadt
a casa	a kasa	Haus
o prédio	u prädshiu	Hochhaus
o cine(ma)	u ßini, ßinema	Kino
a igreja	a igresha	Kirche
o mosteiro	u moßtejru	Kloster
o consulado	u kũßuladu	Konsulat
o mercado	u merkadu	Markt(halle)
o museu	u museu	Museum
o parque	u parki	Park
a praça	a praßa	Platz
a favela	a fawäla	Slum
a cidade	a ßidadshi	Stadt
a periferia	a periferia	Stadtrand
o bairro, a vila	u bajhu, a wila	Stadtteil
o andar	u ãdar	Stockwerk
a rua	a hua	Straße
a feira livre	a fejra liwri	Straßenmarkt
o teatro	u tschiatru	Theater
a universidade	a uniwerßidadshi	Universität
a lavanderia	a lawãderia	Wäscherei
o caminho	u kamĩnju	Weg
o apartamento	u apartamẽtu	Wohnung *(Etage)*
a moradia	a moradshia	Wohnung *(Bleibe)*
a banca de jornais	a bãka dshi shornajß	Zeitungskiosk
o centro	u ßẽtru	Zentrum

In größeren Städten gibt es Stadtteile, die man nachts meiden sollte, weil das Risiko, überfallen zu werden, relativ groß ist. Deshalb ist es ratsam, sich vorher zu informieren.

Este bairro é perigoso de noite / de dia?
eßtschi bajhu ä pirigosu dshi nojtschi / dschi dschia
dieser Stadtteil ist gefährlich von Nacht / von Tag
Ist dieser Stadtteil nachts / tagsüber gefährlich?

Onde é o centro da cidade?
õũdshi ä u ßẽtru da ßidadshi
wo (er-)ist der Zentrum von-die Stadt
Wo ist das Stadtzentrum?

Procuro uma agência de viagem.
prokuru uma ashẽßia dshi wiashẽĩ
(ich-)suche eine Agentur von Reise
Ich suche ein Reisebüro.

Quero telefonar para a embaixada alemã.
käru telefonar pra a ĩbajschada alemã
(ich-)will telefonieren für die Botschaft deutsche
Ich möchte bei der deutschen Botschaft anrufen.

Preciso o telefone do consulado alemão.
preßisu u telefoni du kũßuladu alemãũ
(ich-)brauche der Telefon von-der Konsulat deutsche
Ich brauche die Telefonnummer des deutschen Konsulats.

Onde tem um restaurante bom e barato?
õũdshi tẽĩ ũ heßtaurãtschi bõũ i baratu
wo (es-)hat ein Restaurant gut und billig
Wo gibt es ein gutes und preiswertes Restaurant?

Como chego a rodoviária?
komu schegu a hodowiaria
wie (ich-)komme zu landstraßische
Wie komme ich zum Busbahnhof?

Como faço para chegar ao museu / estádio / hotel?
komu faßu para schegar au museu / ißtadshiu / otäu
wie (ich-)mache für ankommen zu-der Museum / Stadion / Hotel
Wie komme ich zum Museum / Stadion / Hotel?

Entspannung in der Stadt

o baile	u bajli	Tanz(party)
a discoteca	a dshißkotäka	Diskothek
a boate	a buatschi	Nachtlokal
o sambão	u ßãbãũ	Samba-Lokal
a festa	a fäßta	Fest, Feier
o pagode	u pagòdshi	Livemusik, Tanz, Speisen & Getränke
o forró	u fohò	Tanzfest zu nordostbrasilian. Musik
o baile funk	u bajli fũki	Tanzfest mit brasilian. Hiphop

für den Autofahrer

guinchar, rebocar	gĩschar, hebokar	abschleppen
o eixo	u ejschu	Achse
o farol, o semáforo	u faròl, u ßemaforu	Ampel
o arranque	u ahãki	Anlasser
o escape	u ißkapi	Auspuff
a autoestrada	a autuißtrada	Autobahn
a bateria	a bateria	Batterie
a gasolina	a gasolina	Benzin
o tanque	u tãki	Benzintank
o pisca-pisca	u pißka pißka	Blinker
o freio (de mão)	u freju (dshi mãũ)	(Hand-) Bremse
a multa	a muuta	Bußgeld
alugar	alugar	mieten
a pressão	a preßãũ	Druck
o estepe, o pneu de reserva	u ißtäpi	Ersatzreifen

Dies ist nur die große Autobatterie. Kleine Batterien, z. B. für das Radio, heißen pilha pilja.

a peça de reposicão	a päßa dshi heposißãũ	Ersatzteil
as molas	as mòlaß	Federn
a carteira de motorista	a kartejra dshi motorißta	Führerschein
a marcha (a ré)	a marscha (a hä)	(Rückwärts-) Gang
o câmbio	u kãbiu	Gangschaltung
o acelerador	u aßelerador	Gaspedal
a caixa de câmbio	a kajscha dschi kãbiu	Getriebe
o vidro	u widru	Glasscheibe
a buzina	a busina	Hupe
o cabo	u kabu	Kabel
o porta-malas	u pòrta malaß	Kofferraum
o radiador	u hadshiador	Kühler
a embreagem	a ĩbriashẽĩ	Kupplung
a estrada, a rodovia	a ißtrada, a hodowia	Landstraße
a direção	a dshireßãũ	Lenkrad
o dínamo	u dshinamu	Lichtmaschine
o mecânico	u mekaniku	Mechaniker
o motor	u motor	Motor
o capô	u kapo	Motorhaube
o óleo	u òliu	Öl
a roda	a hòda	Rad
o pneu	u pineu	Reifen
a borracharia	a bohascharia	Reifen-werkstatt
o conserto	u kũßertu	Reparatur
o limpador de pára-brisas	u lĩpador dshi parabrisaß	Scheiben-wischer
o farol	u faròl	Scheinwerfer
o parafuso	u parafusu	Schraube
a chave de fenda	a schawi dshi fẽda	Schrauben-zieher
o espelho	u ißpelju	Spiegel
o engarrafamento	u ĩgahafamẽtu	Stau

	o pedágio	u pedashiu	Straßenmaut
	o corrente	u kohẽtschi	Strom; Kette
	o posto de gasolina	u poßtu dshi gasolina	Tankstelle
	o combustível	u kũbußtschiweu	Treibstoff
	a porta	a pòrta	Tür
	o acidente	u aßidẽtschi	Unfall
	a válvula	a wauwula	Ventil
	o trânsito, o tráfego	u trãßitu, u trafegu	Verkehr
	o seguro	u ßeguru	Versicherung
wörtl. „Affe"	**o macaco**	u makaku	Wagenheber
	a oficina	a ofißina	Werkstatt
	as ferramentas	aß fehamẽtaß	Werkzeuge
	o pára-brisas	u parabrisaß	Windschutz-scheibe
	o acessório	u aßeßòriu	Zubehör
	as velas	as wälaß	Zündkerzen
	o cilindro	u ßilĩdru	Zylinder

O carro quebrou. Onde está a oficina mais próxima?
u kahu kebro õũdshi ißta a ofißina majß pròßima
das Auto (es-)brach wo (sie-)ist die Werkstatt mehr nächste
Das Auto ist kaputt. Wo ist die nächste Werkstatt?

Quanto tempo vai demorar o conserto?
kuãtu tẽpu waj demorar u kũßertu
wie-viel Zeit (er-)geht dauern der Reparatur
Wie lange dauert die Reparatur?

Quando fica pronto?
kuãdu fika prõũtu
wann (es-)bleibt fertig
Wann wird es fertig?

Quanto vai custar o concerto?
kuãtu waj kußtar u kũßertu
wie-viel (er-)geht kosten der Reparatur
Wie viel kostet die Reparatur?

Como chego até a estrada secundária para Curitiba?
komu schegu atä a ißtrada ßekũdaria pra kuritschiba
wie (ich-)ankomme bis die Straße zweitrangig für Curitiba
Wie komme ich zur Nebenstrecke nach Curitiba?

Laut brasilianischem Straßenverkehrsamt (DETRAN) darf ein Ausländer 180 Tage mit dem Führerschein seines Landes fahren. Erst danach benötigt er eine amtlich beglaubigte Übersetzung. In ländlichen Gegenden kann es passieren, dass bei einer Verkehrskontrolle diese Übersetzung verlangt wird, um ein gutes Trinkgeld zu erpressen. Um solchen Situationen vorzubeugen, ist es ratsam, eine Kopie dieser Bestimmung auszudrucken und mitzuführen. Man findet sie online unter: **www.detran.sc.gov.br/index.php/habilitacao/habilitados-no-exterior**

Seit Anfang 2008 gilt in Brasilien ein absolutes Alkoholverbot für Autofahrer. Alkoholkontrollen sind zwar selten, aber zum Überleben brauchen Sie sowieso einen klaren Kopf.

Um in der Großstadt zu parken, kaufen Sie sich bei einer Politesse einen talão de estacionamento talãũ dshi ißtaßionamẽtu (am besten gleich ein Zehnerheft), auf den Sie das Datum und die Uhrzeit selbst aufschreiben und ihn an den Innenspiegel hängen.

In der Nacht fahren viele bei Rot über die Kreuzungen, vor allem in den großen Metropolen. (Das hat auch etwas mit der Gefahr von Raubüberfällen bei Ampelstopps zu tun.) Also, höllisch aufpassen, auch wenn Sie Grün haben!

Proibido / permitido estacionar!	proibidu / permitschidu ißtaßionar	Parken verboten / erlaubt!
Cuidado!	kujdadu	Vorsicht!
Perigo!	pirigu	Gefahr!
Ande devagar! *gehe(-er/-sie) langsam*	ãdshi dshiwagar	Langsam fahren!
Proibido fumar!	proibidu fumar	Rauchen verboten!

Übrigens gehört Brasilien weltweit zu den Vorreiterländern, was das strenge Rauchverbot in der Öffentlichkeit betrifft.

Was den Treibstoff angeht, sind die meisten PKW in Brasilien heute „Flex“, d. h. sie können mit Benzin oder Alkohol fahren. Letzteres ist billiger, hat aber weniger Oktan als Benzin. Bei einer Fahrt von 100 km sind die Kosten nahezu gleich. Der einzige Vorteil: Falls Sie einen Leihwagen mit vollem Tank zurückgeben müssen, können Sie sich mit Alkohol einige Euros sparen.

Es gibt kaum Berichte über Explosionen bei Frontalzusammenstößen.

Vor allem Taxis haben nicht nur einen Flex-Motor, sondern fahren zusätzlich auch mit Erdgas. Also, nicht erstaunt sein, wenn der Fahrer am Flughafen Ihr Gepäck in einem Kofferraum mit einem riesigen Gasbehälter verstaut.

a gasolina comum a gasolina komũ	Normalbenzin *(enthält 25 % Alkohol)*
a gasolina aditivada / supra a gasolina adshitiwada / ßupra	Normalbenzin mit Zusatzstoffen
o etanol / o álcool u etanòu / aukou	Alkohol
o GNV, o gás u sheeniwe, u gaß	Erdgas
o diesel u dshiseu	Diesel

Um ein Auto zu mieten, wird in der Regel eine Kreditkarte verlangt. Barzahlungen werden oft abgelehnt. Als Sicherheitsmaßnahme wird die Unterschrift auf einem Blankoformular verlangt. Die Versicherungen decken nur einen Teil der Kosten bei Totalschaden oder Diebstahl. Deshalb nachfragen und eine Vollkaskoversicherung abschließen.

O seguro cobre o roubo do carro?
u ßeguru kòbri u hobu du kahu
der Versicherung deckt der Diebstahl von-der Wagen
Deckt die Versicherung den Diebstahl des Wagens?

Quero um seguro completo. Quanto custa por dia?
käru ũ ßeguru kũplätu kuãtu kußta pur dshia
(ich-)will ein Versicherung komplett.
wie-viel (er-)kostet durch Tag
Ich möchte eine Vollkaskoversicherung.
Wie viel kostet das pro Tag?

auf dem Land

Nun sind Sie mobil genug, um auch die ländlichen Regionen Brasiliens ohne großen Aufwand besuchen zu können.

Fauna		
o burro	u buhu	Esel
o peixe	u peschi	Fisch
a galinha	a galĩnja	Huhn
a vaca	a waka	Kuh
o cavalo	u kawalu	Pferd
a ovelha	a owelja	Schaf
o porco	u porku	Schwein
o boi	u boj	Stier
o animal	u animau	Tier
o peru	u piru	Truthahn
o pássaro (passarinho)	u paßaru (paßarĩnju)	Vogel
a cabra	a kabra	Ziege

Flora		
a árvore	a arwori	Baum
a folha	a folja	Blatt
a flor	a flor	Blume
o mato	u matu	Busch *(Wildnis)*
a grama	a grama	Gras
o gramado	u gramadu	Rasen
o tronco	u trõũku	Stamm
o arbusto	u arbußtu	Strauch
a floresta,	a floräßta,	Wald
a mata	a mata	

Gewässer		
o riacho	u hiaschu	Bach
o rio	u hiu	Fluss
a lagoa	a lagoa	kleiner See, Altwasserarm
o lago	u lagu	See
a correnteza	a kohẽtesa	Strömung
a margem	a marshẽĩ	Ufer
a água	a agua	Wasser
a cachoeira	a kaschuera	Wasserfall

Wetter		
nublado	nubladu	bedeckt
o céu	u ßäu	Blatt
a chuva	a schuwa	Regen
a tempestade	a tẽĩpeßtadshi	Sturm, Gewitter
o vento	u wẽtu	Wind
a nuvem	a nuwẽĩ	Wolke

Landschaften		
a montanha	a mõũtãnja,	Berg
o monte	u mõũtschi	
a rocha	a hòscha	Felsen
o cerrado	u ßehadu	Feuchtsavanne
a serra	a ßäha	Gebirge

wörtl. „Säge“

o planalto	u planautu	Hochebene
o morro	u mohu	Hügel
o litoral	u litorau	Küste
o paisagem	u pajsashẽĩ	Landschaft
o mangue	u mãgi	Mangrove
o barranco	u bahãku	Steilhang
o vale	u wali	Tal
a planície	a planißii	Tiefebene
a caatinga	a kaatschĩga	Trockensavanne
o sertão	u ßertãũ	Savanne des Nordostens

Der sehr trockene, teilweise halbwüstenartige sertão *ist eine sehr arme Region. Die* caatinga *ist dort eine typische Landschaftsform.*

Landwirtschaft		
o solo	u ßòlu	Boden
a terra	a täha	Erde
o campo	u kãpu	Feld, Land
a fazenda	a fasẽda	(große) Farm
o sítio	u ßitschiu	(kleine) Farm
a chácara	a schakara	Kleinbauernhof
o camponês	u kãponeß	Landarbeiter
o agricultor	u agrikuutor	Landwirt
a plantação	a plãtaßãũ	Plantage, Anpflanzung

im Sinne von „auf dem Land", auch das „Landesinnere"

Aktivitäten		
descer	deßer	hinabsteigen
a descida	a deßida	Abstieg
pescar	peßkar	angeln, fischen
a subida	a ßubida	Aufstieg
caminhar	kamĩnjar	zu Fuß gehen
nadar	nadar	schwimmen
passear	paßiar	spazieren

Die entwickelten Regionen Brasiliens liegen im Süden und Südosten, die unterentwickelten im Norden und Nordosten.

Himmelsrichtungen		
o norte	u nòrtschi	Norden
o nordeste	u nordäßtschi	Nordosten
o leste	u läßtschi	Osten
o sul	u ßuu	Süden
o sudeste	u ßudäßtschi	Südosten
o oeste	u oäßtschi	Westen

Übrigens sind Piranhas nicht immer gefährlich. Man sollte erst schauen, wie es anderen Badenden ergeht. Dreck und Krankheitserreger sind aber viel problematischer

Posso tomar banho neste rio?
pòßu tomar bãnju neßtschi hiu
(ich-)kann nehmen Bad in-dieser Fluss
Kann ich in diesem Fluss baden?

Wenn Sie tief ins Landesinnere gehen, sollten Sie sich ein Moskitonetz (mosquiteiro moßkitejru) und eine Hängematte (rede hedshi) besorgen. Man muss quer darauf schlafen, sonst schmerzt der Rücken gewaltig. In alten Hütten lebt in den Mauerritzen zuweilen wanzenartiges Ungeziefer, der bis zu zwei Zentimetern lange berüchtigte barbeiro barbejru („Friseur"). Durch seinen Stich wird die sehr unangenehme Chagas-Krankheit übertragen.

am Strand

Nicht selten sieht man europäische Frauen, die sich an einem brasilianischen Strand „oben ohne" sonnen. Dies gilt als unsittlich und könnte unerwünschte Reaktionen hervorrufen. Keine Einwände gibt es jedoch gegen die sehr knappen, geradezu landestypischen Tangas (fio dental fiu dẽĩtau „Zahnseide"), auch wenn da ebenfalls nicht viel Stoff zu sehen ist. Ein weiteres typisches Accessoire (nicht nur) am Strand sind die Flipflops (Strandlatschen) Havaianas awajanaß.

Im Bereich größerer Städte sind die Strände meistens verschmutzt, weil viele Haushalte das Abwasser illegal ins Regenwassernetz einleiten. Nach starken Regenfällen ist die Verschmutzung am größten, was zur Gefahr einer Infektion mit Kolibakterien führen kann.

Como chegar na praia?
komu schegar na praja
wie ankommen in-die Strand
Wo geht es zum Strand?

Qual é a melhor praia?
kuau ä a meljòr praja
welche ist die beste Strand
Welches ist der beste Strand?

A chuva está muito forte.
a schuwa ißta mũĩtu fòrtschi
die Regen (sie-)ist sehr stark
Es regnet sehr stark.

O sol está muito forte.
u ßòu ißta mũĩtu fòrtschi
der Sonne (er-)ist sehr stark
Es ist sehr heiß.

bedeutet auch „Kater (vom Trinken)"

Natur		
a ressaca	a heßaka	Brandung
a maré baixa	a marä bajscha	Ebbe
raso	hasu	flach, seicht
a maré alta	a marä auta	Flut
a ilha	a ilja	Insel
o mar	u mar	Meer
a lua	a lua	Mond
o recife	u heßifi	Riff
a areia	a areja	Sand
o sol	u ßòu	Sonne
o nascer-do-sol	u naßer du ßòu	Sonnenaufgang
o pôr-do-sol	u por du ßòu	Sonnenuntergang
a praia	a praja	Strand
a correnteza	a kohẽtesa	Strömung
fundo	fũdu	tief
a profundidade	a profũdidadshi	Tiefe
a lua cheia	a lua scheja	Vollmond
a água	a agua	Wasser
a onda	a õũda	Welle

Im Nordosten nennt man die Miesmuschel sururu ßururu.

Meereslebewesen		
a alga	a auga	Alge
a ostra	a oßtra	Auster
o peixe	u peschi	Fisch
o camarão	u kamarãũ	Garnele
os corais	uß korajß	Korallen
o caranguejo	u karãgeshu	Krabbe
a lagosta	a lagoßta	Languste
o mexilhão	u meschiljãũ	Miesmuschel
a concha	a kõũscha	Muschel(schale)
o ouriço-do-mar	u orißu du mar	Seeigel
a tartaruga	a tartaruga	Schildkröte

Badezubehör		
o maiô	u majo	Badeanzug
a toalha de banho	a tualja dshi bãnju	Badehandtuch
a sunga, o calção de banho	a ßũga, u kaußãũ dshi bãnju	Badehose *(für den Mann)*
o biquíni	u bikini	Bikini
o chinelo	u schinälu	Flipflop
a toalha de rosto	a tualja dshi hoßtu	Handtuch
o chapéu	u schapäu	Hut
a boina	a bojna	Mütze
a sombra	a ßõũbra	Schatten
o snorkel	u ißnòrkeu	Schnorchel
a piscina	a pißina	Schwimmbad
os óculos do sol	us òkuluß du ßòu	Sonnenbrille
o guarda-sol	u guardaßòu	Sonnenschirm
o protetor solar	u protetor ßolar	Sonnenschutz-creme
a prancha de surfe	a prãscha dshi ßurfi	Surfbrett

Aktivitäten		
bronzear-se	brõũsiarßi	sich bräunen
refrescar-se	hefreßkarßi	sich erfrischen
paquerar	pakerar	flirten
nadar	nadar	schwimmen
surfar	ßurfar	surfen
mergulhar	merguljar	tauchen

Preciso de água.
preßisu dshi agua
(ich-)brauche von Wasser
Ich brauche Wasser.

É perigoso nadar aqui?
ä pirigosu nadar aki
(es-)ist gefährlich schwimmen hier
Ist es gefährlich, hier zu schwimmen?

Diese Frage ist in der brasilianischen Umgangssprache formuliert.

Tem muito ouriço-do-mar nos recifes / nas pedras.
tẽĩ mũĩtu orißu du mar nus heßifiß / naß pädraß
(es-)hat viel Seeigel in-die Riffs / an-die Steine
Es gibt viele Seeigel in den Riffs / auf den Steinen.

Aqui é bom para mergulhar?
aki ä bõũ pra merguljar
hier (es-)ist gut für tauchen
Kann man hier gut tauchen?

As ondas são perigosas?
as õũdaß ßãũ pirigòsaß
die Wellen (sie-)sind gefährliche
Sind die Wellen gefährlich?

As correntes são fortes.
aß kohẽtschiß ßãũ fòrtschiß
die Ströme sind starke
Die Strömung ist stark.

A maré está subindo / descendo.
a marä ißta ßubĩdu / deßẽdu
die Tide (sie-)ist steigend / sinkend
Es ist Flut / Ebbe.

Amazonas

Es dürfte hinlänglich bekannt sein, dass die Stechmücke, durch die die Malaria übertragen wird, im Amazonas-Gebiet weit verbreitet ist. Diese Moskitos heißen im Nordosten muriçoca murißòka, im Süden dagegen pernilongo pernilõũgu oder einfach mosquito moßkitu. Nicht

ganz so bekannt, aber äußerst unangenehm ist die Kriebelmücke pium pjũ (im Süden borrachudo bohaschudu), die in gewissen Gegenden tief im Amazonasbecken eine verbreitete Landplage ist.

Die malária malaria *wird auch* maleita malejta, paludismo paludshismu *oder* sezão ßesãũ *genannt und oft nur als eine schwere Grippe angesehen. Es gibt aber noch viele andere Tropenkrankenheiten.*

igarapé igarapä	natürlicher Flusskanal, Nebenfluss
várzea warsia	Überschwemmungsebene der Süßwasserflüsse
igapó igapò	Vegetation der várzea
mata de terra firme mata dshi täha firmi	Wald oberhalb der várzea
picada pikada	Dschungelpfad; Insektenstich *bzw.* Schlangenbiss
enchente ĩschẽtschi	Überschwemmung
igarité igaritä	kleines Boot (1 bis 2 Tonnen)
gaiola gajòla	Passagierschiff *(Käfig)*
pororoca pororòka	Zusammenstoß des Flusswassers mit der Meeresflut

Säugetiere		
o tamanduá	u tamãdua	Ameisenbär
o bicho-preguiça	u bischu prigißa	Faultier
o tatu	u tatu	Gürteltier
a onça pintada	a õũßa pĩtada	Jaguar
o gambá	u gãba	Opossum
a onça parda	a õũßa parda	Puma
o mamífero	u mamiferu	Säugetier
a anta	a ãta	Tapir
a capivara	a kapiwara	Wasserschwein

Vögel		
a arara	a arara	Ara
o urubu	u urubu	Geier
o beija-flor	u bejshaflor	Kolibri
o ninho	u nĩnju	Nest
o papagaio	u papagaju	Papagei
a onça parda	a õũßa parda	Puma
a ave	a awi	Vogel
o pássaro	u paßaru	(kleiner) Vogel

Reptilien & Amphibien		
o jacaré	u shakarä	Alligator
a sucuri	a ßukuri	Anakonda
a jiboia	a shibòja	Boa
a rã	a hã	Frosch
o iguana	u iguana	Leguan
o réptil	u häptiu	Region
a cobra	a kòbra	Schlange

Insekten usw.		
a formiga	a furmiga	Ameise
o formigueiro	u furmigejru	Ameisennest
a abelha	a abelja	Boa
o inseto	u ĩßätu	Insekt
a barata	a barata	Kakerlake
a mariposa	a mariposa	Motte
a borboleta	a borboleta	Schmetterling
o escorpião	u ißkorpiãũ	Skorpion
a aranha	a arãnja	Spinne
a teia de aranha	a teja dshi arãnja	
o cupim	u kupĩ	Termite
a vespa	a weßpa	Wespe

Umwelt

Auch in Brasilien steigt mittlerweile das Bewusstsein für eine saubere Umwelt.

o lixo,	u lischu	Abfall, Müll
o resíduo	u hesiduu	
a lixeira	a lischejra	Abfalleimer
o efluente	u efluẽtschi	Abwasser
o esgoto	u isgotu	Abwasserrohr
o incêndio	u ĩßẽdshiu	Brand
a queimada	a kejmada	Brandrodung
o aterro	u atehu	Deponie
o lixão	u lischãũ	wilde Deponie
as energias renováveis	as enershiaß henowawejß	erneuerbare Energien
o fogo	u fogu	Feuer
o fedor,	u fedor,	Gestank
o mau cheiro	u mau schejru	
o barulho	u barulju	Lärm, Krach
o catador	u katador	Müllsammler
a ecologia	a ekoloshia	Ökologie
a reciclagem	a heßiklashẽĩ	Recycling
o contaminante	u kũtaminãtschi	Schadstoff
a proteção	a proteßãũ	Schutz
a reserva	a hesärwa	Schutzgebiet
a energia solar	a enershia ßolar	Sonnenenergie
o meio-ambiente	u meju ãbiẽtschi	Umwelt
a poluição,	a poluißãũ	Verschmutzung
a contaminação	a kũtaminaßãũ	
a energia eólica	a enershia eòlika	Windenergie

Unterkunft

Mit einem Smartphone können Sie sich die mit einem 𝟗 gekennzeichneten Sätze dieses Kapitels anhören.

Eine besonders kostengünstige Übernachtungsmöglichkeit ist zunächst einmal das (freie) Zelten. Man kann dies im Prinzip an den meisten Stränden praktizieren. Zelten Sie aber nicht in der Wildnis oder der totalen Einsamkeit. Die größte Gefahr droht Ihnen dort von Menschen, denen es nicht so gut geht wie Ihnen.

Unangenehm können bei Strandübernachtungen auch Stechmücken, vor allem aber die winzigen maruins maruĩß (Gnitzen) und borrachudos bohaschuduß (Kriebelmücken) werden, deren Stiche tagelang schmerzende Quaddeln hervorrufen. Sie stechen meist nach 16 Uhr nachmittags. Nehmen Sie unbedingt kortisonhaltige Insektenstich-Gels sowie gegen die Stechmücken ein Repellent mit.

Informationen für Rucksackreisende (mochileiros muschilejruß) finden sie im Netz unter **www.mochileiros.com.**

Falls Sie den Straßennamen und die Hausnummer Ihrer potenziellen Unterkunft kennen, nutzen Sie doch Websites wie **showmystreet.com,** *um schon einmal von zu Hause aus Hotel und Umgebung in Ruhe anzuschauen und sicherzustellen, dass es sich nicht um eine Bruchbude handelt.*

Camping		
acampar	akãpar	zelten
o acampamento	u akãpamẽtu	Campingplatz
a tenda,	a tẽda	Zelt
a barraca	a bahaka	
o mosquiteiro	u moßkitejru	Moskitonetz

In Brasilien gibt es natürlich ungezählte Unterkünfte mit einem festen Dach über dem Kopf. Sie finden Hotelangebote auf vielen Websites wie z. B. **www.reservehotelonline.com.br** und **www.aluguetemporada.com.br** (Ferienhäuser). Letztere sind in der Regel viel günstiger als Hotels.

Hotel & Ferienhaus		
depositar	depositar	aufbewahren
o elevador	u eliwador	Aufzug
o pagamento à vista	u pagamẽtu a wißta	Barzahlung
a casa por temporada	a kasa pur tẽĩporada	Ferienhaus
o apartamento por temporada	u apartamẽtu pur tẽĩporada	Ferienwohnung
a garagem	a garashẽĩ	Garage
o hóspede	u òßpedshi	Gast
o hotel	u otäu	Hotel
a informação	a ĩformaßãũ	Information
o albergue da juventude	u aubärgi da shuwẽĩtudshi	Jugendherberge
a caução	a kaußãũ	Kaution
o gerente	u sherẽtschi	Manager
o aluguel	u alugäu	Miete
alugar	alugar	mieten
o contrato de locação	u kũtratu dshi lokaßãũ	Mietvertrag
a permanência mínima	a permanẽßia minima	Mindest-aufenthalt
a pensão, a pousada	a pẽĩßãũ, a posada	Pension
o preço	u preßu	
a recepção	a heßepßãũ	Rezeption
o / a recepcionista	u / a heßepßionißta	Rezeptionist(in)
o cofre	u kòfri	Safe
a chave	a schawi	Schlüssel
a segurança	a ßegurãßa	Sicherheit
a diária	a dshiaria	Tagessatz
o pernoite	u pernojtschi	Übernachtung
a lavanderia	a lawãderia	Wäscherei
o quarto	u kuartu	Zimmer
a arrumadeira	a ahumadejra	Zimmer-mädchen

Bewahren Sie Wertsachen prinzipiell im Safe des Hotels auf oder deponieren Sie sie zumindest an der Rezeption.

In vielen Hotels sind die Internettarife – pro Stunde oder Tag – sehr teuer. Im Kapitel „Internet" finden Sie Tipps, was man dagegen tun kann.

Achtung: ein motel *ist in Brasilien immer ein Stundenhotel für sexuelle Zwecke.*

Bett		
a cama	a kama	Bett
o cobertor	u kobertor	Bettdecke
o lençol	u lẽßou	Bettlaken
a roupa de cama	a hopa dshi kama	Bettwäsche
a cama de casal	a kama dshi kasau	Ehebett
a rede	a hedshi	Hängematte
o travesseiro	u traweßejru	Kopfkissen
a fronha	a frõnja	Kopfkissen-bezug
o colchão	u kouschãũ	Matratze
o mosquiteiro	u moßkitejru	Moskitonetz

ocupado
okupadu
besetzt

livre
liwri
frei

Badezimmer		
o banheiro	u bãnjejru	Bad, Toilette
o chuveiro	u schuwejru	Dusche
a toalha de (de mão)	a tualja (dshi mãũ)	Handtuch
o sabão	u ßabãũ	Kernseife
o sabonete	u ßabonetschi	Seife *(bessere)*
o espelho	u ißpelju	Spiegel
o papel higiênico	u papäu ishieniku	Toilettenpapier
a pia	a pia	Waschbecken
a água fria	a agua fria	kaltes Wasser
a água quente	a agua kẽtschi	warmes Wasser
a torneira	a tornejra	Wasserhahn
a escova de dente	u ißkowa dshi dẽtschi	Zahnbürste
a pasta de dente	a paßta dshi dẽtschi	Zahnpasta

Eu procuro um hotel barato.
eu prokuru um otäu baratu
ich (ich-)suche ein Hotel billig
Ich suche ein billiges Hotel.

Tem quartos livres?
tẽĩ kuartuß liwriß
(es-)hat Zimmer freie
Haben Sie freie Zimmer?

Quanto custa por noite?
kuãtu kußta pur nojtschi
wie-viel (es-)kostet durch Nacht
Wie viel kostet es pro Nacht?

Quanto é a diária?
kuãtu ä a dshiaria
wie-viel (sie-)ist die Tagessatz
Wie hoch ist der Tagessatz?

Posso ver o quarto?
pòßu wer u kuartu
(ich-)kann sehen der Zimmer
Kann ich das Zimmer sehen?

Quero uma cama de casal.
käru uma kama dshi kasau
(ich-)will eine Bett von Ehepaar
Ich möchte ein Doppelbett.

Só tem cama de solteiro.
ßò têĩ kama dshi ßoutejru
nur (es-)hat Bett von ledig
Es gibt nur Einzelbetten.

Eu viajo sozinho.
eu wiashu ßosĩnju
ich (ich-)reise alleine
Ich reise alleine.

Nós somos quatro pessoas.
nòß ßomuß kuatru peßoaß
wir (wir-)sind vier Personen
Wir sind vier Personen.

Tem apartamento com cinco camas?
têĩ apartamẽtu kũ ßĩku kamaß
(es-)hat Wohnung mit fünf Betten
Haben Sie ein Zimmer mit fünf Betten?

Gostaria de ver um outro apartamento.
goßtaria dshi wer um otru apartamẽtu
(ich-)würde-mögen von sehen ein anderer Wohnung
Ich möchte ein anderes Zimmer sehen.

Quero um apartamento com vista para o mar.
käru um apartamẽtu kũ wißta pra u mar
(ich-)will ein Wohnung mit Blick für der Meer
Ich möchte ein Zimmer mit Blick auf das Meer.

O café da manhã está incluído no preço?
u kafä da mãnjã ißta ĩkluidu nu preßu
der Kaffee von-die Morgen (er-)ist inbegriffen in-dem Preis
Ist das Frühstück im Preis inbegriffen?

Tem ar condicionado / ventilador / televisão / frigobar?
tẽĩ ar kũdshißionadu / wẽĩtschilador / telewisãũ / frigobar
(es-)hat Luft konditioniert / Ventilator / Fernsehen / Minikühlschrank
Gibt es Klimaanlage / Ventilator / Fernsehen / Minikühlschrank?

Qual é o número do meu quarto?
kuau ä u numeru du meu kuartu
welcher (er-)ist der Nummer von-der mein Zimmer
Welche Nummer hat mein Zimmer?

Tem cofre no hotel?
tẽĩ kòfri nu otäu
(es-)hat Safe in-der Hotel
Gibt es einen Safe im Hotel?

Quanto tempo vai ficar?
kuãtu tẽpu waj fikar
wie-viel Zeit (er-/sie)geht bleiben
Wie lange bleiben Sie?

Vou ficar seis dias na pousada.
wo fikar sejß dshiaß na posada
(ich-)gehe bleiben sechs Tage in-die Pension
Ich werde sechs Tage in der Pension bleiben.

Vou sair amanhã do hotel.
wo ßair amãnjã du otäu
(ich-)gehe weggehen morgen von-der Hotel
Ich werde morgen abreisen.

Quanto tenho que pagar?
kuãtu tẽnju ki pagar
wie-viel (ich-)habe dass zahlen
Wie viel muss ich zahlen?

Aceita cartão de crédito?
aßejta kartãũ dshi krädshitu
(er-/sie-)annimmt Karte von Kredit
Akzeptieren Sie Kreditkarten?

In besseren Hotels sollte man die Telefonrechnung sorgfältig prüfen. Bei Auslandsgesprächen, z. B. nach Deutschland, werden schon ab dem dritten oder vierten Rufzeichen Gebühren kassiert, auch wenn kein Gespräch zustande gekommen ist. Das kann dann ganz schön teuer werden, erst recht wenn man überhaupt nicht telefoniert hat.

im Fall einer Beschwerde

Preciso de uma toalha de banho.
preßisu dshi uma tualja dshi bãnju
(ich-)brauche von eine Handtuch von Bad
Ich brauche ein Badehandtuch.

Eu quero mais um travesseiro / um cobertor.
eu käru majß ũ traweßejru / ũ kobertor
ich (ich-)will mehr ein Kopfkissen / ein Decke
Ich möchte noch ein Kopfkissen / eine Decke.

O ventilador está quebrado.
u wẽĩtschilador ißta kebradu
der Ventilator (er-)ist kaputt
Der Ventilator ist kaputt.

O chuveiro não funciona.
u schuwejru nãũ fũßjona
der Dusche nicht (er-)funktioniert
Die Dusche funktioniert nicht.

O ar condicionado faz muito barulho.
u ar kũdshionadu faß mũĩtu barulju
der Luft konditioniert (er-)macht viel Lärm
Die Klimaanlage ist sehr laut.

O meu quarto tem muitas baratas.
u meu kuartu tẽĩ mũĩtaß barataß
der mein Zimmer (er-)hat viele Kakerlaken
In meinem Zimmer sind viele Kakerlaken.

Tem um quarto mais silencioso?
tẽĩ ũ kuartu majß ßilẽßiosu
(es-)hat ein Zimmer mehr leise
Haben Sie ein ruhigeres Zimmer?

A conta está errada.
a kõũta ißta ehada
die Rechnung (sie-)ist falsch
Die Rechnung ist falsch.

Ausstattung eines Hauses

o balcão	u baukãũ	Balkon
a vassoura	a waßora	Besen
o ferro de passar	u fähu dshi paßar	Bügeleisen
o teto	u tätu	Decke, Dach
o balde	u baudshi	Eimer
a janela	a shanäla	Fenster
o televisor	u telewisor	Fernseher
o jardim	u shardshĩ	Garten
o quintal	u kĩtau	Hinterhof
o pátio	u patschiu	Innenhof
o guarda-roupa	u guardahopa	Kleiderschrank
a cozinha	a kosĩnja	Küche
a lâmpada	a lãpada	Lampe
a luz	a luß	Licht, Strom
o muro	u muru	Mauer
o criado-mudo	u kriadu mudu	Nachttisch
o armário	u armariu	Schrank
a cadeira	a kadejra	Stuhl
o terraço	u tehaßu	Terrasse
a mesa	a mesa	Tisch
a escada	a ißkada	Treppe
a porta	a pòrta	Tür
a parede	a paredshi	Wand
a sala	a ßala	Wohnzimmer
a cerca	a ßerka	Zaun

in der Küche

a louça	a loßa	Geschirr
a churrasqueira	a schuhaßkejra	Grill
o fogão	u fogãũ	Herd
a cafeteira	a kafetejra	Kaffeemaschine
a geladeira	a sheladejra	Kühlschrank
o liquidificador	u likidshifikador	Mixer
a frigideira	a frishidejra	Pfanne
a pia	a pia	Spülbecken
a panela	a panäla	Topf
a máquina de lavar	a makina dshi lawar	Waschmaschine

Zu Gast sein

Bei einer Einladung zu einem privaten Abendessen ist es zwar nicht üblich, Gastgeschenke mitzubringen, sie werden aber dennoch gerne gesehen. Geld als Gegenleistung für Essen und Wohnen zu geben, gilt als eine Beleidigung.

Auch die Ärmsten sind bereit, dem Gast das letzte Brot zu geben. Unangemessene Geschenke können Sie mit einer Ausrede abweisen.

Bei Einladungen in ein Restaurant übernimmt meist der Einladende alle Kosten. In den größeren Städten sind geteilte Rechnungen schon eher üblich, aber auch noch nicht die Regel.

Zu Gast sein

Mit einem Smartphone können Sie sich die mit einem ♪ gekennzeichneten Sätze dieses Kapitels anhören.

Sou o Fritz da Alemanha.
ßo u fritß(i) da alemãnja
(ich-)bin der Fritz von-die Deutschland
Ich bin Fritz aus Deutschland.

Muito prazer. Me chamo João.
mũĩtu praser mi schamu shuãũ
viel Vergnügen mich (ich-)nenne João
Sehr angenehm. Ich heiße João (Johannes).

Muito obrigado / obrigada pelo convite.
mũĩtu obrigadu / obrigada pelu kũwitschi
viel dakbar(m/w) für-der Einladung
Vielen Dank für die Einladung.

Eu pago a conta.
eu pagu a kõũta
ich (ich-)zahle die Rechnung
Ich übernehme die Rechnung.

Vamos dividir a conta.
wamuß dshiwidir a kõũta
(wir-)werden teilen die Rechnung
Wir werden die Rechnung teilen.

Você é meu convidado / minha convidada.
woße ä meu kũwidadu / mĩnja kũwidada
du (er-/sie-)ist mein Eingeladener / meine Eingelad.
Du bist / Sie sind mein Gast.

Posso ficar na sua casa?
pòßu fikar na ßua kasa
(ich-)kann bleiben in sein Haus
Kann ich bei Ihnen / dir bleiben?

Este convite vale para você e seu acompanhante.
eßtschi kũwitschi wali pra woße i ßeu akũpãnjãtschi
dieser Einladung (er-)gilt für du und sein Begleiter
Diese Einladung gilt für dich und deinen Begleiter.

bebê, nenê	bebe, nene	Baby
o irmão	u irmãũ	Bruder
o primo	u primu	Cousin
a prima	a prima	Cousine
o convite	u kũwitschi	Einladung
os pais	uß pajß	Eltern
o neto – a neta	u nätu – a näta	Enkel(in)
a família	a familia	Familie
o / a convidado / -a	kũwidadu / -a	Gast *(m / w) (eingeladen)*
o anfitrião	u ãfitriãũ	Gastgeber
a anfítriã	a ãfitriã	Gastgeberin
o presente	u presẽtschi	Geschenk
o /a caçula	u / a kaßula	Jüngste(r)
a mãe	a mãĩ	Mutter
o xará	u schara	Namensvetter
o tio – a tia	u tschiu – a tschia	Onkel – Tante
o avô – a avó	u awo – a awò	Opa – Oma
a irmã	a irmã	Schwester
o apelido	u apelidu	Spitzname
o pai	u paj	Vater

Während es für das Jüngste der Kinder ein eigenes Wort gibt, sagt man zum ältesten nur o / a mais velho / -a.

Vorsicht Verwechselungsgefahr!

gängige Redensarten

Cavalo dado não se olha os dentes.
kawalu dadu nãũ ßi òlja uß dẽtschiß
Pferd gegeben nicht sich (es-)guckt die Zähne
Einem geschenkten Gaul schaut man nicht ins Maul.

Visita na casa dos outros é como peixe: depois de três dias fede.
wisita na kasa dus otrus ä komu peschi
depojß dshi treß dshiaß fädshi
Besuch in-die Haus von-die anderen (sie-)ist wie Fisch danach von drei Tagen (er-)stinkt
Besuch ist wie Fisch: nach drei Tagen fängt er an zu stinken.

Antes só do que mal acompanhado / -a.
ãtß ßò du ki mau akũpãnjadu / akũpãnjada
eher allein von-der dass schlecht begleitet(m/w)
Lieber allein als in schlechter Begleitung.

Essen & Trinken

Brasilien ist bekanntermaßen ein sehr sinnenfrohes Land, und so wundert es nicht, dass Speis und Trank eine große Rolle spielen und in einer fast unüberschaubaren Vielfalt bereit stehen. Im Rahmen dieses Buches kann nur ein grober Überblick gegeben werden. Ich wünsche bom apetite bõũ apetschitschi!

In der Kauderwelsch-Reihe des Reise Know-How Verlags ist als Band 184 **Brasilianisch kulinarisch** *von Cristiane Langeloh Roos und Cristiane Muffang erschienen. Dieser Titel behandelt das Thema Essen und Trinken und die entsprechenden sprachlichen Formulierungen im Detail. Er öffnet Ihnen das Tor zu großen Gaumenfreuden in Brasilien.*

comer	komer	essen
a comida	a komida	Essen
frito	fritu	gebraten, frittiert
cozido	kosidu	gekocht
defumado	defumadu	geräuchert
o prato	u pratu	Gericht
assado	aßadu	geröstet
o garçom	u garßõũ	Kellner
a garçonete	u garßonätschi	Kellnerin
o cozinheiro	u kosĩnjejru	Koch
cozinhar	kosĩnjar	kochen
a refeição	a hefejßãũ	Mahlzeit
a conta	a kõũta	Rechnung
a receita	a heßejta	Rezept
o cardápio	u kardapiu	Speisekarte
pôr a mesa	por a mesa	Tisch decken
beber	beber	trinken
tomar	tomar	trinken, zu sich nehmen
a gorjeta	a gorsheta	Trinkgeld

Mahlzeiten		
o jantar, a janta	u jãtar, a jãta	Abendessen
jantar	jãtar	zu Abend essen
o café da manhã	u kafä da mãnjã	Frühstück
a almoço	u aumoßu	Mittagessen
almoçar	aumoßar	zu Mittag essen
o lanche	u lãschi	Zwischenmahlzeit

Besteck u. ä.		
o garfo	u garfu	Gabel
o copo	u kòpu	Glas
a colher	a kuljer	Löffel
a faca	a faka	Messer
o guardanapo	u guardanapu	Serviette
a bandeja	a bãdesha	Tablett
a xícara	a schikara	Tasse
o prato	u pratu	Teller
o pires	u piriß	Untertasse
o palito de dente	u palitu dshi dẽtschi	Zahnstocher

Gänge		
o tira-gosto	u tschira goßtu	Imbiss, Häppchen
a entrada	a ĩtrada	Vorspeise
a sopa	a ßopa	Suppe
o prato principal	u pratu prĩßipau	Hauptgericht
a sobremesa	a ßobrimesa	Nachtisch

wo man Essen bekommt		
a padaria	a padaria	Bäckerei
o bar	u bar	Bar; Imbisstube
o restaurante self-service	u heßtaurãtschi ßeufßärwißi	Buffet, nach Gewicht bezahlt

In den sehr beliebten restaurantes self-service *gibt es ein Buffet zur Selbstbedienung. Dann bezahlt man nach dem Gewicht des gefüllten Tellers. Bei einem* bufê bufe, *wie es sie in den besseren Hotels gibt, bezahlt man dagegen einen Pauschalpreis und hat freie Auswahl.*

Für Reisende mit wenig Geld gibt es zum einen das restaurante sem balança ßẽĩ balãßa, *ein Restaurant mit Buffet zum Pauschalpreis („ohne Waage"), allerdings nur mit einer bescheidenen Auswahl, und zum anderen das* restaurante com prato feito (PF) kũ pratu fejtu, *wo man ein einheitliches Tagesgericht bekommt.*

a churrascaria	a schuhaßkaria	Grillrestaurant
a lanchonete	a lãschonätschi	Imbissstube
a pastelaria	a paßtelaria	Pasteten-Imbiss
o restaurante	u heßtaurãtschi	Restaurant
o rodizio	u hodshisiu	Rodizio-Grill
o passaporte	u paßapòrtschi	Straßenstand

In Grillrestaurants mit dem Hinweis rodizio bezahlt man eine relativ geringe Pauschale und darf dafür unbegrenzt frisch gegrilltes Fleisch, Gemüse und Salat essen, oftmals zusätzlich noch asiatische Speisen wie Sushi oder Sashimi. Die Bedienung kommt unaufgefordert immer wieder mit verschiedenen Fleischpartien an den Tisch und lässt den Gast jedesmal ganz nach Wunsch auswählen.

Grillen		
mal passado	mau paßadu	angebraten
bem passado	bẽĩ paßadu	durchgebraten
a brasa	a brasa	Holzkohlenglut
o churrasco	u schuhaßku	Grill(party)
a grelha	a grelja	Grillrost
o carvão	u karwãũ	Kohle
no punto	nu pũtu	medium
o espeto	u ißpetu	Spieß

Fleisch (a carne a karni)		
o pato	u patu	Ente
o frango	u frãgu	Hähnchen
carne de vitela	karni dshi witäla	Kalbfleisch
a dobradinha	a dobradshĩnja	Kutteln (Pansen)
o fígado	u figadu	Leber
o lombo	u lõũbu	Lende, Filet
os rins	us hĩß	Nieren
carne de boi	karni dshi boj	Rindfleisch
a costela	a koßtäla	Rippe
carne de porco	karni dshi porku	Schweinefleisch
o bife	u bifi	Steak
o peru	u piru	Truthahn

Wurstwaren (os embutidos us ĩbutschiduß)		
os frios	uß friuß	Aufschnitt
a mortadela	a mortadäla	Fleischwurst *italienische Art*
o presunto	u presũtu	Kochschinken
o salame	u ßalami	Salami
a linguiça	a lĩguißa	Wurst
a salsicha	a ßaußischa	Würstchen

Fisch (o peixe u peschi)		
a truta	a truta	Forelle
o cação	u kaßãũ	Hai
o bacalhau	u bakaljau	Kabeljau
a carpa	a karpa	Karpfen
o salmão	u ßaumãũ	Lachs
a piranha	a pirãnja	Piranha
o pacu	u paku	Sägesammler
o linguado	u lĩguadu	Seezunge, Butt

peixe de água doce
peschi dshi agua doßi
Süßwasserfisch

peixe marinho
peschi marĩnju
Meeresfisch

Meeresfrüchte (os frutos do mar uß frutuß du mar)		
as ostras	as oßtraß	Austern
o camarão	u kamarãũ	Garnele, Shrimp
a lagostinha	a lagoßtschĩnja	große Garnele
o caranguejo, o siri	u karãgeshu, u ßiri	Krabbe
a lagosta	a lagoßta	Languste
os mexilhões	us meschiljõĩß	Miesmuscheln
o polvo	u pouwu	Oktopus
a lula	a lula	Tintenfisch

Beilagen (o acompanhamento u akũpãnjamẽtu)		
o feijão	u feshãũ	Bohnen
as batatas	as batataß	Kartoffeln
o milho	u milju	Mais
a mandioca	a mãdshiòka	Maniok
a farinha de mandioka	u farĩnja dshi mãdshiòka	Maniokmehl
a farofa	a faròfa	geröstetes Maniokmehl
o macarrão	u makahãũ	Nudeln

batatinhas fritas	batatschĩnjaß fritaß	Pommes frites
o purê	u pure	Püree
o arroz	u ahoß	Reis

Dagegen ist a salada a ßalada *der Salat als Zubereitung.*

Gemüse (a verdura a werdura)		
a couve-flor	a kowi flor	Blumenkohl
as vagens	as washẽĩß	grüne Bohnen
o agrião	u agriãũ	Brunnenkresse
as ervilhas	as erwiljaß	Erbsen
o pepino	u pepinu	Gurke
a cenoura	a ßenora	Karotte
o repolho	u hepolju	Kohl
o alface	u aufaßi	Kopfsalat
o palmito	u paumitu	Palmherz
o pimentão	u pimẽĩtãũ	Paprika
o espinafre	u ißpinafri	Spinat
a batata-doce	a batata doßi	Süßkartoffel
o tomate	u tomatschi	Tomate
a cebola	a ßebola	Zwiebel

Vorsichtig hinsichtlich der Schärfe sollte man nur in Bahia sein. Dort bedeutet quente kẽtschi *(heiß) wirklich scharf, mit viel Chili. Aber auch mit dem dort üblichen Pamöl* dendê *sollte man vorsichtig sein, denn dies können viele Europäer nur schlecht vertragen.*

Kräuter, Gewürze & sonstige Zutaten		
o manjericão, a alfavaca	u mãsherikãũ, a aufawaka	Basilikum
a malagueta	a malageta	Chili
o vinagre	u winagri	Essig
o vinagrete	u winagretschi	Essigdressing
o condimento, o tempero	u kũdshimẽtu, u tẽĩperu	Gewürz (-zubereitung)
o cravo	u krawu	Gewürznelken
o alho	u alju	Knoblauch
o louro	u loru	Lorbeer
a maionese	a majonäsi	Mayonnaise
a nóz moscada	a nòß moßkada	Muskatnuss
az azeitonas	as asejtonaß	Olive
o azeite de oliva	u asejtschi dshi oliwa	Olivenöl
o orégano	u oräganu	Oregano
o dendê	u dẽĩde	Palmöl
a salsa	a ßaußa	Petersilie

a pimenta	a pimẽta	Pfeffer
o alecrim	u alekrĩ	Rosmarin
o sal	u ßau	Salz
a mostarda	a moßtarda	Senf
o molho	u molju	Soße
a canela	a kanäla	Zimt
o açúcar	u aßukar	Zucker

Obst (a fruta a fruta)		
o abacaxi	u abakaschi	Ananas
a maçã	a maßã	Apfel
o damasco	u damaßku	Aprikose
o abacate	u abakatschi	Avocado
a banana	a banana	Banane
a pera	a pera	Birne
o caju	u kashu	Cashew
o figo	u figu	Feige
a goiaba	a gojaba	Guave
o melão	u melãũ	Honigmelone
a cereja	a ßeresha	Kirsche
o coco	u koku	Kokosnuss
a tangerina	a tãsherina	Mandarine
a manga	a mãga	Mango
a laranja	a larãsha	Orange
o mamão	u mamãũ	Papaya
o pêssego	u peßegu	Pfirsich
a ameixa	a amejscha	Pflaume
a melancia	a melãßia	Wassermelone
as uvas	as uwaß	Weintrauben
o limão	u limãũ	Zitrone, Limone

Die Zahl der exotischen Früchte ist enorm, und eine bloße Auflistung hat wenig Sinn. Sie sollten aber so viele wie möglich probieren. Viele haben keinen deutschen Namen, wie z. B. pitanga pitãga, jabuticaba shabutschikaba *und* jambo shãbu.

zum Frühstück & Eiergerichte		
o pão	u pãũ	Brot
o pãozinho	u pãũsĩnju	Brötchen *(süß)*
a manteiga	a mãtejga	Butter
o ovo	u owu	Ei
o iogurte	u jogurtschi	Joghurt
o café	u kafä	Kaffee
o queijo	u keshu	Käse
a margarina	a margarina	Margarine

o leite	u lejtschi	Milch
a granola	a granòla	Müsli
o omelete	u omelätschi	Omelett
os ovos mexidos	us òwuß mischiduß	Rührei
o suco	u ßuku	Saft
o ovo frito	u owu fritu	Spiegelei
o chá	u scha	Tee

Gerichte & Spezialitäten		
o acarajé	u akarashä	Bällchen aus Bohnenteig, in Palmöl frittiert *(Bahia)*
a bacalhoada	a bakaljuada	Kabeljaugericht *(a. Portugal)*
o bobó de camarão	u bobò dshi kamarãũ	Shrimps in Maniokpüree m. Kokosmilch *(afrobrasilian.)*
o bolinho	u bolĩnju	gefüllte Teigkrokette
o cachorro-quente	u kaschohu kẽtschi	Hot Dog *(m. Würstchen)*
o churrasquinho	u schuhaßkĩnju	Steak auf Brot (Sandwich)
a coxa de galinha	a koscha dshi galĩnja	Hühnerkeule *bzw.* Teigtasche mit Hühnchen
a empada	a ĩpada	gefüllte gebackene Pastete
o feijão com arroz	u feshãũ kũ ahoß	Bohnen mit Reis *(Standardgericht vieler Brasilianer)*
a feijoada (completa)	a feshuada (kũpläta)	großer Bohneneintopf mit vielen Fleischzutaten *(Nationalgericht Brasiliens)*
o misto-quente	u mißtu kẽtschi	Toast mit Käse u. Schinken
a moqueca	a mukäka	Fisch-Meeresfrüchte-Eintopf
o pão de queijo	u pãũ dshi keshu	frittierter Maniok-Käse-Teig
o pastel	u paßtäu	gefüllte frittierte Pastete
o quibe	u kibi	frittiertes Bällchen aus Weizengrütze, gefüllt *(arabischer Herkunft)*
o sanduiche	u ßãduischi	Sandwich
o vatapá	u watapa	Shrimps u. Huhn in Püree aus Brot, Erdnuss u. Palmöl *(Nordosten, v. a. Bahia)*
o virado de feijão	u wiradu dshi feshãũ	eingedicktes Bohnengericht *(São Paulo)*

Süßes		
o bolo	u bolu	Kuchen
o chocolate	u schokolatschi	Schokolade
a cocada	a kokada	Kokos in Zucker
o doce (de frutas)	u doßi (dshi frutaß)	Früchte in Sirup
a geléia	a sheläja	Konfitüre
a goiabada	a gojabada	Guavengelee
a marmelada	a marmelada	Quittengelee
o mel	u mäu	Honig
o pé-de-moleque	u pä dshi moläki	Erdnuss u. Zucker
o pudim	u pudshĩ	Pudding
o quindim	u kĩdshĩ	Eigelb, Kokosnuss u. Zucker
o sorvete	u ßorwetschi	Speiseeis
a torta	a tòrta	Torte

Getränke (as bebidas as bebidaß)		
o café	u kafä	Kaffee
o cafezinho	u kafesĩnju	Espresso
o cacau	u kakau	Kakao
o chimarrão	u schimahãũ	Matetee, heiß
o chá	u scha	Tee
a guaraná	a guarana	Guaranágetränk
a limonada	a limonada	Limonade
a água mineral	agua minerau	Mineralwasser
a laranjada	a larãshada	Orangeade
o suco	u ßuku	Saft
a soda	a ßòda	süßer Sprudel
o caldo de cana	u kaudu dshi kana	Zuckerrohrsaft *(wörtl. „-brühe")*
o aperitivo	u aperitschiwu	Aperitif
a cerveja	a ßerwesha	Bier
o vinho tinto	u wĩnju tĩtu	Rotwein
o vinho branco	u wĩnju brãku	Weißwein
o aguardente	u aguardẽtschi	Schnaps
a batida	a batschida	Schnaps m. Saft
a cachaça; a pinga	a kaschaßa a pĩga	Zuckerrohrschnaps

Dieses Getränk wurde ursprünglich aus einer Amazonas-Pflanze hergestellt, ist aber heute ein süßer Soft Drink. Einige Lokale bieten noch immer das koffeinhaltige Originalgetränk an.

bêbado bebadu
betrunken

a ressaca a heßaka
Kater

Estou com muita / pouca fome.
ißto kũ mũĩta / poka fòmi
(ich-)bin mit viel / wenig Hunger
Ich habe großen / wenig Hunger.

Estou sem fome.
ißto ßẽĩ fòmi
(ich-)bin ohne Hunger
Ich habe keinen Hunger.

Estou morrendo de fome.
ißto mohẽdu dshi fòmi
(ich-)bin sterbend von Hunger
Ich sterbe vor Hunger.

O prato dá para duas pessoas?
u pratu da pra duaß peßoaß
der Teller (er-)gibt für zwei Personen
Reicht das Gericht für zwei Personen?

Quero a sopa quente.
käru a ßopa kẽtschi
(ich-)will die Suppe heiß
Ich möchte eine heiße Suppe.

Este prato é delicioso.
eßtschi pratu ä delißiosu
dieser Teller (er-)ist köstlich
Dieses Gericht ist köstlich.

Quero a carne bem passada.
käru a karni bẽĩ paßada
(ich-)will die Fleisch gut(Umst.) gebraten
Ich möchte das Fleisch gut durchgebraten.

Gosto do bife mal passado.
gòßtu du bifi mau paßadu
(ich-)mag von-der Steak schlecht(Umst.) gebraten
Ich möchte das Steak englisch.

Prefiro a carne no ponto.
prefiru a karni nu põũtu
(ich-)bevorzuge die Fleisch in-der Punkt
Ich möchte das Fleisch medium.

Não gosto de comida fria.
nãũ gòßtu dshi komida fria
nicht (ich-)mag von Essen kalt
Ich mag kein kaltes Essen.

Pode esquentar esta pizza?
pòdshi ißkẽĩtar äßta pitßa
(er-)kann erhitzen diese Pizza
Können Sie diese Pizza warm machen?

Este restaurante é bom.
eßtschi heßtaurãtshi ä bõũ
dieser Restaurant (er-)ist gut
Dieses Restaurant ist gut.

Aquele bar tem boa comida.
akeli bar tẽĩ boa komida
jener Bar (er-)hat gute Essen
In jener Bar gibt es gutes Essen.

Pode trazer o sal / a pimenta / o azeite / o vinagre / o limão?
pòdshi traser u sau / a pimẽta / u asejtschi / u winagri / u limãũ
(er-)kann bringen der Salz / die Pfeffer / der Öl / der Essig / der Limone
Können Sie Salz / Pfeffer / Öl / Essig / Limone bringen?

Quero uma laranjada natural, sem açúcar e sem gelo.
käru uma larãshada naturau ßẽĩ aßukar i ßẽĩ shelu
(ich-)will eine Orangensaft natürlich ohne Zucker und ohne Eis
Ich möchte einen naturbelassenen Orangensaft, ohne Zucker und ohne Eis.

Quero um suco de mamão sem gelo e sem açúcar.
käru ũ ßuku dshi mamãũ ßẽĩ shelu i ßẽĩ aßukar
(ich-)will ein Saft von Papaya ohne Eis und ohne Zucker
Ich möchte einen Papayasaft ohne Eis und ohne Zucker.

Quero um café sem açúcar.
käru ũ kafä ßẽĩ aßukar
(ich-)will ein Kaffee ohne Zucker
Ich möchte einen Kaffee ohne Zucker.

Tem adoçante, por favor?
tẽĩ adoßätschi pur fawor
(es-)hat Süßstoff durch Gefallen
Gibt es Süßstoff, bitte?

Quero a caipirinha com pouco açúcar.
käru a kajpirĩnja kũ poku aßukar
(ich-)will die Caipirinha mit wenig Zucker
Ich möchte die Caipirinha mit wenig Zucker.

Pode trazer um cinzeiro, por favor?
pòdshi traser ũ ßĩsejru pur fawor
(er-/sie-)kann bringen ein Aschenbecher durch Gefallen
Können Sie bitte einen Aschenbecher bringen?

Quero pagar a conta.
käru pagar a kõũta
(ich-)will zahlen die Rechnung
Die Rechnung, bitte.

A taxa de serviço está incluída?
a tascha dshi ßerwißu ißta ĩkluida
die Gebühr von Dienst (sie-)ist inbegriffen
Ist die Bedienung inbegriffen? ?
(10 % Bedienungspauschale)

Kaufen & Handeln

Mit einem Smartphone können Sie sich die mit einem gekennzeichneten Sätze dieses Kapitels anhören.

In den Großstädten wird selten gehandelt. In kleineren Läden und auf Märkten kann man aber einen Rabatt aushandeln.

Im Landesinnern, vor allem im Nordosten, und Norden bis hinab nach Minas Gerais müssen Sie jedoch feilschen. Sie werden dort sofort als Ausländer erkannt, und die Ware wird prompt um 500 Prozent teurer.

oferecer	ofereßer	anbieten
a entrada	a ĩtrada	Anzahlung
exportar	ißportar	ausführen
barato	baratu	billig
importar	ĩportar	einführen
embrulhar	ĩbruljar	einpacken
regatear	hegatschiar	feilschen
o preço fixo	u preßu fikßu	Festpreis
aberto	abärtu	geöffnet
o negóßio	u negòßiu	Geschäft
fechado	feschadu	geschlossen
o comércio	u komärßiu	Handel
o comerciante	u komerßiãtschi	Händler
comprar	kõũprar	kaufen
o cartão de crédito	u kartãũ dshi krädshitu	Kreditkarte
a loja	a lòsha	Laden
levar	lewar	mitnehmen
o recibo	u heßibu	Quittung
o desconto	u dshißkõũtu	Rabatt
a prestação	a preßtaßãũ	Ratenzahlung
a nota fiscal	a nòta fißkau	Rechnung *(für Steuer)*
caro	karu	teuer
o imposto	u ĩpoßtu	Steuer
negociar	negoßiar	verhandeln
o vendedor	u wẽĩdedor	Verkäufer

bedeutet sowohl „Laden“ als auch „Business“

Lassen Sie sich nicht zu tief in den Geldbeutel schauen und nehmen Sie keine großen Scheine mit. Auch nicht alle Ihre Kreditkarten mitnehmen, eine reicht. VISA und Mastercard werden überall angenommen, American Express seltener.

Quanto custa este / esta ...?
kuãtu kußta eßtschi / äßta ...
wie-viel kostet dieser / diese
Wie viel kostet dieser / diese ...?

É muito caro.
ä mũĩtu karu
(es-)ist sehr teuer
Das ist sehr teuer.

Quero o mais barato.
käru u majß baratu
(ich-)will der mehr billig
Ich möchte das billigste.

a cor	a kor	Farbe
o tamanho	u tamãnju	Größe
feito à mão	fejtu a mãũ	handgemacht
a imitação	a imitaßãũ	Imitation
o artesanato	u artesanatu	Kunsthandwerk
a quantidade	kuãtschidadshi	Menge
a qualidade	a kualidadshi	Qualität

o quadro	u kuadru	Bild, Gemälde
o livro	u liwru	Buch
a pedra preciosa	a pädra preßiòsa	Edelstein
o ouro	u oru	Gold
o cinto	u ßĩtu	Gürtel
a rede	a hedshi	Hängematte
o caderno	u kadärnu	Heft
a camisa	a kamisa	Hemd
as calças	aß kaußaß	Hose
o chapéu	u schapäu	Hut
o vestido	u weßtschidu	Kleid
o couro	u koru	Leder
o perfume	u perfumi	Parfüm
a saia	a ßaja	Rock
as sandálias	aß ßãdaliaß	Sandalen
a jóia	a shòja	Schmuck
os sapatos	uß ßapatuß	Schuhe
a prata	a prata	Silber
a renda	a hẽda	Spitze
a camiseta	a kamiseta	T-Shirt

*Interessante Reisesouvenirs sind auch z. B. folkloristische Keramikfiguren (*figuras de barro figuraß dshi bahu*) oder das bogenförmige afro-brasilianische Musikinstrument* berimbau berĩbau, *das beim Kampftanz* capoeira kapuejra *unverzichtbar ist.*

Sou estudante e não tenho dinheiro.
ßo ißtudãtschi i nãũ tẽnju dshĩnjejru
(ich-)bin Student und nicht (ich-)habe Geld
Ich bin Student und habe kein Geld.

Não sou turista rico.
nãũ ßo turißta hiku
nicht (ich-)bin Tourist reich
Ich bin kein reicher Tourist.

Não pode dar um desconto?
nãũ pòdshi dar ũ dshißkõũtu
nicht (er-/sie-)kann geben ein Rabatt
Können Sie keinen Rabatt geben?

Quanto custa a rede?
kuãtu kußta a hedshi
wie-viel (sie-)kostet die Netz
Wie viel kostet die Hängematte?

Está muito caro.
ißta mũĩtu karu
(es-)ist sehr teuer
Das ist sehr teuer.

Quero um desconto.
käru ũ dshißkõũtu
(ich-)will ein Rabatt
Ich möchte einen Rabatt.

Tem uma sacola?
tẽĩ uma ßakòla
(es-)hat eine Tüte
Haben Sie eine Tüte?

Aceita dólar?
aßejta dòlar
(er-/sie-)annimmt Dollar
Akzeptieren Sie Dollar?

Quanto paga pelo dólar / euro?
kuãtu paga pelu dòlar / euru
wie-viel (er-)zahlt für Dollar / Euro
Wie viel zahlst du für Dollar / Euro?

Não quero comprar nada.
nãũ käru kõũprar nada
nicht (ich-)will kaufen nichts
Ich möchte nichts kaufen.

Die folgende Frage wird bei Kreditkartenzahlung häufig gestellt. Brasilianer können nämlich auch mit der Kreditkarte in Raten abbezahlen. Bei in Europa ausgestellten Kreditkarten ist dies allerdings gar nicht möglich.

Quer dividir o pagamento?
kär dshiwidir u pagamẽtu
(er-/sie-)will teilen die Bezahlung
Möchten Sie in Raten zahlen?

Fotografieren

Bevor man eine andere Person fotografiert, sollte man deren Einwilligung einholen. Nicht selten wird dann vom Fotografierenden etwas Geld verlangt.

Mit einem Smartphone können Sie sich die mit einem 👂 *gekennzeichneten Sätze dieses Kapitels anhören.*

a foto, a fotografia	Foto(grafie)
a fòtu, a fotografia	
fotografar fotografar	fotografieren
tirar uma foto	ein Foto machen
tschirar uma fòtu	*ziehen eine Foto*
a câmara fotográfica	Fotoapparat
a kamara fotografika	
o aparelho fotográfico	
u aparelju fotografiku	
a câmara digital	Digitalkamera
a kamara dshishitau	
o cartão de memória	Speicherkarte
u kartãũ dshi memòria	
a filmadora digital	Videokamera
a fiumadora dshishitau	
o flash u flaschi	Blitzlicht
o filme colorido	Farbfoto
a fiumi koloridu	
o diapositivo	Dia
u dshiapositschiwu	
brilhante – mate	glänzend – matt
briljãtschi – matschi	
revelar hewelar	entwickeln
imprimir ĩprimir	ausdrucken

👂 **Posso tirar uma foto da sua casa?**
pòßu tschirar uma fòtu da ßua kasa
(ich-)kann ziehen eine Foto von-die sein Haus
Darf ich ein Foto von deinem Haus machen?

Quero tirar uma foto de todos nós.
käru tschirar uma fòtu dshi toduß nòß
(ich-)will ziehen eine Foto von alle wir
Ich möchte ein Foto von uns allen machen.

Krank sein

Reisen Sie nur mit einer Krankenversicherung, die Sie schon im Heimatland abgeschlossen haben. Die medizinische Versorgung ist in Brasilien in privater Hand, und ein Krankenhausaufenthalt kann sehr teuer werden. Es handelt sich schlicht um ein profitorientiertes Geschäft, das mit sozialer Fürsorge oder Ethik wenig zu tun hat.

Landesweite Notrufnummer ist die 192.

In Brasilien haben die Apotheker die Funktion von „Barfußärzten". Wenn man nicht sehr krank ist, geht man zur Apotheke (farmácia farmaßia) oder zur Drogerie (drogaria drogaria, mit Apothekenschalter). Der Apotheker stellt die Diagnose und führt die Behandlung durch. Antibiotika darf er aber mittlerweile nur noch mit ärztlichem Rezept verabreichen.

Vorsicht: Auch Eiswürfel werden aus ganz normalem Wasser hergestellt!

In armen Gegenden mit Wassermangel kann das Wasser verseucht sein. Trinken Sie dort nur Mineralwasser oder Abgekochtes, und Fruchtsäfte auch nur dann, wenn kein Wasser dazu kommt (z. B. Orangensaft). Vermeiden Sie frische Salate, da diese mit vielleicht verkeimtem Wasser gewaschen sind.

Por favor, chame um médico.
pur fawor schami ũ mädshiku
durch Gefallen (er-/sie-)rufe ein Arzt
Rufen Sie bitte einen Arzt.

Preciso de um médico com urgência.
preßisu dshi ũ mädshiku kũ urshẽßia
(ich-)brauche von ein Arzt mit Dringlichkeit
Ich brauche dringend einen Arzt.

Onde tem um médico / um pronto-socorro?
õũdshi tẽĩ ũ mädshiku / ũ prõũtu ßokohu
wo (es-)hat ein Arzt / ein schneller-Hilfe
Wo gibt es einen Arzt / eine Erste-Hilfe-Klinik?

Estou passando mal.
ißto paßãdu mau
(ich-)bin fühlend schlecht
Ich fühle mich schlecht.

Tenho dores fortes aqui.
tẽnju doriß fòrtschiß aki
(ich-)habe Schmerzen starke hier
Ich habe hier starke Schmerzen.

Preciso de um remédio contra dor de ...
preßisu dshi ũ hemädshiu kõũtra dor dshi ...
(ich-)brauche von ein Medikament gegen Schmerz von
Ich brauche ein Medikament gegen ...-schmerzen.

Eu preciso de uma conta / um atestado.
eu preßisu dshi uma kõũta / ũ ateßtadu
ich (ich-)brauche von eine Rechnung / ein Bescheinigung
Ich brauche eine Rechnung / ein Attest.

Escreva no recibo o tratamento / diagnóstico.
ißkrewa nu heßibu u tratamẽtu / dshiagnòßtschiku
(er-/sie-)schreibe in-der Quittung der Behandlung / Diagnose
Schreiben Sie auf die Quittung bitte die Behandlung / Diagnose.

Tenho seguro particular.
tẽnju ßeguru partschikular
(ich-)habe Versicherung privat
Ich bin privat versichert.

Não tenho seguro no Brasil.
nãũ tẽnju ßeguru nu brasiu
nicht (ich-)habe Versicherung im Brasilien
Ich bin in Brasilien nicht versichert.

O meu plano de saúde de viagem cobre todos os custos do tratamento.
u meu plani dshi ßaudshi dshi wiashẽĩ kòbri toduß uß kußtuß du tratamẽtu
der mein Plan von Gesundheit von Reise (er-)deckt alle die Kosten von Behandlung
Meine Reisekrankenversicherung deckt alle Behandlungskosten.

Preciso dos códigos IBAN e BIC do banco e o CNPJ deste hospital.
preßisu duß kòdshiguß ibã i bik(i) du bãku i u ßeenipeshòta deßtschi oßpitau
(ich-)brauche von-die Codes IBAN und BIC vom Bank und der CNPJ von-dieser Krankenhaus
Ich brauche die IBAN- und BIIC-Nummern Ihrer Bank und die Steuernummer dieses Krankenhauses. *(für die Überweisung)*

Quanto é a consulta?
kuãtu ä a küßuuta
wie-viel (sie-)ist die Sprechstunde
Wie viel kostet die Konsultation?

a farmácia	a farmaßia	Apotheke
o médico	u mädshiku	Arzt
o atestado	u ateßtadu	Bescheinigung
o resultado	u hesuutadu	Ergebnis
os primeiros socorros	uß primejruß ßokohuß	Erste Hilfe
o hospital, a clínica	u oßpitau, a klinika	Krankenhaus
a ambulância	a ãbulãßia	Krankenwagen
a doença	a duẽßa	Krankheit
a enfermeira	a ĩfermejra	Kranken-schwester
a consulta	a küßuuta	Sprechstunde
o acidente	u aßidẽtschi	Unfall
o exame	u esami	Untersuchung
o dentista	u dẽĩtschißta	Zahnarzt

o laxante	u laschãtschi	Abführmittel
o tratamento	u tratamẽtu	Behandlung
a anestesia	a aneßtesia	Betäubung
o desinfetante	u dshisĩfetãtschi	Desinfektions-mittel
a dose	a dòsi	Dosis
a pressão	a preßãũ	(Blut-)Druck
o esparadrapo	u ißparadrapu	Heftpflaster
a injeção	a ĩsheßãũ	Injektion
a UTI	a utei	Intensivstation

o remédio	u hemädshiu	Medikament
medir	medshir	messen
o gaze	u gasi	Mullbinde
a operação	a operaßãũ	Operation
o pulso	u puußu	Puls
a radiografia	a hadshiografia	Röntgenbild
o termômetro	u termometru	Thermometer
a pomada	a pomada	Salbe
o analgésico	u anaushäsiku	Schmerzmittel
a seringa	a ßerĩga	Spritze
o comprimido,	u kũprimidu,	Tablette
a drágea	a drashia	
as gotas	as gotaß	Tropfen
a atadura	a atadura	Verband
o algodão	u augodãũ	Watte
a obturação	a obituraßãũ	Zahnfüllung

a alergia	a alershia	Allergie
a disenteria	a dshisĩteria	Amöbenruhr
a hemorragia	a emohashia	Blutung
a apendicite	a apẽĩdshißitschi	Blinddarm-entzündung
a fratura	a fratura	Bruch
a cólera	a kòlera	Cholera
a diarréia	a dshiahäja	Durchfall
o pus	u puß	Eiter
a inflamação	a ĩflamaßãũ	Entzündung
vomitar	womitar	sich erbrechen
o resfriado	u heßfriadu	Erkältung
a febre	a fäbri	Fieber
a gripe	a gripi	Grippe
a hepatite	a epatitschi	Hepatitis
a tosse	a tòßi	Husten
a infecção	a ĩfekßãũ	Infektion
a cárie	a karii	Karies
a malária	a malaria	Malaria
o desmaio	u dshismaju	Ohnmacht
o corte	u kòrtschi	Schnitt
a tontura	a tõũtura	Schwindel
a insolação	a ĩßolaßãũ	Sonnenstich

Wer eine empfindliche Darmflora hat, sollte sich zumindest in den ersten Tag die Zähne mit Mineralwasser putzen. Bei Durchfall soll das Kochwasser von Reis wahre Wunder bewirken. Nicht vergessen: Viel Cola oder Kokosnuss-wasser trinken!

a picada	a pikada	Stich, Biss
a queimadura	a kejmadura	Verbrennung
a prisão de ventre	a prisãũ dshi wẽtri	Verstopfung
a ferida	a ferida	Wunde
a dor ...	a dor ...	...-schmerz
de cabeça	dshi kabeßa	Kopf-...
de garganta	dshi gargãta	Hals-...
de barriga	dshi bahiga	Bauch-...
de dente	dshi dẽtschi	Zahn-...

Körper (o corpo u korpu)		
a veia	a weja	Ader
o braço	u braßu	Arm
o olho	u olju	Auge
a sobrancelha	a ßobrãßelja	Augenbraue
a barriga	a bahiga	Bauch
a perna	a pärna	Bein
a bexiga	a bischiga	(Harn-)Blase
o sangue	u ßãgi	Blut
o peito	u pejtu	Brust
o seio	u ßeju	Brust *(weibl.)*
o intestino	u ĩteßtschinu	Darm
o cotovelo	u kotowelu	Ellbogen
o dedo	u dedu	Finger
o pé	u pä	Fuß
o cabelo	u kabelu	Haar *(Kopf)*
o pescoço	u peßkoßu	Hals
a mão	a mãũ	Hand
a pele	a päli	Haut
o coração	u koraßãũ	Herz
a nádega	a nadega	Hintern
a garganta	a gargãta	Kehle
o queixo	u keschu	Kinn
o joelho	u shuelju	Knie
o osso	u oßu	Knochen
a cabeça	a kabeßa	Kopf
o fígado	u figadu	Leber
os lábios	us labiuß	Lippe
o pulmão	u puumãũ	Lunge

o estômago	u ißtomagu	Magen
as amídalas	as amidalaß	Mandeln
a boca	a boka	Mund
o músculo	u mußkulu	Muskel
a unha	a ũnja	Nagel
o nariz	u nariß	Nase
o nervo	u nerwu	Nerv
o rim	u hĩ	Niere
a orelha	a orelja	Ohr *(außen)*
o ouvido	u owidu	Ohr *(innen)*
a costela	a koßtäla	Rippe
as costas	aß koßtaß	Rücken
a testa	a täßta	Stirn
a coxa	a koscha	Schenkel
o ombro	u õũbru	Schulter
o cílio	u ßiliu	Wimper
a raiz	a haiß	Wurzel
o dente	u dẽtschi	Zahn
a gengiva	a shĩshiwa	Zahnfleisch
a língua	a lĩgua	Zunge

zur Körperpflege		
o absorvente	u abißorwẽtschi	Damenbinde
o desodorante	u dshisodorãtschi	Deodorant
a escova	a ißkowa	Bürste
o pente	u pẽtschi	Kamm
o sabão	u ßabãũ	Kernseife
o cortador de unhas	u kortador dshi ũnjaß	Nagelschere
o estojo higiênico	u ißtoshu ishieniku	Necessaire
o talco	u tauku	Puder
o barbeador	u barbiador	Rasierapparat
a tesoura	a tesora	Schere
o sabonete	u ßabonetschi	Seife
o xampu	u schãpu	Shampoo
o tampão	u tãpãũ	Tampon
a pasta de dente	a paßta dshi dẽtschi	Zahnpasta

Auf dem Amt

Amtliche Angelegenheiten können wahnsinnig kompliziert sein. Deshalb gibt es in Brasilien auch einen sehr nützlichen Beruf: den despachante dshißpaschãtschi. Ein solcher Dienstleister wickelt gegen Bezahlung alle Formalitäten für Sie ab: Einfuhr oder Ausfuhr von Waren, die Beschaffung von Aufenthaltsbescheinigungen, Pässen, Personalausweisen usw.. Je eiliger man es hat, desto teurer wird der Service, da die „Beschleunigungsgelder“ für die jeweilige Behörde höher sind.

Für Ausländerangelegenheiten ist die Bundespolizei Policia Federal polißia federau *zuständig. Dort kann man auch ohne viel Bürokratie die Aufenthaltserlaubnis verlängern lassen.*

Ein weiterer Ausdruck für „Fotokopie“ ist xerox scheròkßi.

Der brasilianische Personalausweis heißt carteira de identidade kartejra dshi idẽĩtschidadshi.

o vencimento	u wẽĩßimẽtu	Ablaufdatum
o departamento	u departamẽtu	Abteilung
a delegacia de estrangeiros	a delegaßia dshi ißtrãshejruß	Ausländerbehörde
o funcionário	u fũßionariu	Beamter
o reconhecimento	u hekõnjeßimẽtu	Beglaubigung
o certificado	u ßertschifikadu	Bescheinigung
a reclamação	a heklamaßãũ	Beschwerde
a embaixada	a ĩbajshada	Botschaft
a fotocópia	a fotokòpia	Fotokopie
a autorização	a autorisaßãũ	Genehmigung
o consulado	u kũßuladu	Konsulat
o cartório	u kartòriu	Notarskanzlei
o advogado	u adshiwogadu	Rechtsanwalt
o passaporte	u paßapòrtschi	Reisepass
a seção	a ßeßãũ	Unterabteilung
a assinatura, a firma	a aßinatura, a firma	Unterschrift
a prorrogação	a prohogaßãũ	Verlängerung
o visto	u wißtu	Visum
a alfândega	a aufãdega	Zoll

Quero falar com o chefe da seção.
käru falar kũ u schäfi da ßeßãũ
(ich-)will sprechen mit der Chef von-die Sektion
Ich möchte den Abteilungsleiter sprechen.

visto de permanência temporária wißtu dshi permanẽßia tẽĩporaria
befristete Aufenthaltsgenehmigung

Não tenho nada a declarar.
nãũ tẽnju nada a deklarar
nicht (ich-)habe nichts zu verzollen
Ich habe nichts zu verzollen.

Abra esta mala.
abra äßta mala
(er-/sie-)öffne dieser Koffer
Öffnen Sie diesen Koffer!

São coisas de uso pessoal.
ßãũ kojsaß dshi usu peßuau
(sie-)sind Sachen von Gebrauch persönlich
Das sind Dinge für den persönlichen Gebrauch.

Polizei

Falls Ihnen trotz aller Vorsichtsmaßnahmen etwas gestohlen worden ist, müssen Sie auf jeden Fall bei der Polizei eine Anzeige erstatten, um etwas von der Versicherung erstattet zu bekommen.

Es gibt in Brasilien verschiedene Polizeiorganisationen mit unterschiedlichen Zuständigkeitsbereichen.

a polícia	a pulißia	Polizei
polícia militar	pulißia militar	Militärpolizei
polícia federal	pulißia federau	Bundespolizei
polícia civil		Verkehrspolizei
polícia rodoviária	pulißia hodowiaria	Autobahnpolizei
a delegacia de turismo (DELTUR)	a delegaßia dshi turismu	Touristenpolizei

abgekürzt PM peemi

Die DELTUR *gibt es in allen Großstädten. Sie hat Dolmetscher und hilft Touristen z. B. bei der Beschaffung von Dokumenten.*

Polizei

a denúncia,	a denũßia,	Anzeige
a queixa	a kescha	
o depoimento	u depojmẽtu	Aussage
o bandido	u bãdshidu	Bandit
a multa	a muuta	Bußgeld, Strafe
o ladrão	u ladrãũ	Dieb
o roubo	u hobu	Diebstahl
o sequestro	u ßekuäßtru	Entführung
o delegado	u delegadu	Kommissar
a faca	a faka	Messer
a pistola	a pißtòla	Pistole
a delegacia	a delegaßia	Polizeirevier
o oficial	u ofißiau	Offizier
o revólver	u hewòuwer	Revolver
o soldado	u ßoudadu	Soldat
a rádio patrulha	a hadshiu patrulja	Streifenwagen
o trombadinha	u trõũbadshĩnja	Taschendieb *(jugendl.)*
o assalto	u aßautu	Überfall
o delinquente	u delĩkuẽtschi	Verbrecher
o estupro	u ißtupru	Vergewaltigung
a testemunha	a tschißtschimũnja	Zeuge

Eine neuere Art von Verbrechen ist die so genannte „Blitzentführung" sequestro relâmpago ßekwäßtru helãpagu. *Dabei wird das Opfer gezwungen, mit der Kreditkarte Geld von seinem Konto abzuheben und danach wieder freigelassen.*

Mãos ao alto! Isso é um assalto.
mãũs au autu ißu ä ũ aßautu
Hände zu-dem hoch dieses (es-)ist ein Überfall
Hände hoch! Das ist ein Überfall!

Por favor, preciso de ajuda!
pur fawor preßiso dshi ashuda
durch Gefallen (ich-)brauche von Hilfe
Bitte, ich brauche Hilfe.

Quero dar queixa.
käru dar kescha
(ich-)will geben Anzeige
Ich möchte Anzeige erstatten.

Me roubaram a carteira com os documentos.
mi hobarã a kartejra kũ us dokumẽtuß
mir (sie-)stahlen die Brieftasche mit-die Papiere
Man hat mir die Brieftasche mit den Papieren gestohlen.

Roubaram meu passaporte.
hobarã meu paßapòrtschi
(sie-)stahlen mein Pass
Man hat meinen Pass gestohlen.

Perdi o meu passaporte.
perdshi u meu paßapòrtschi
(ich-)verlor der mein Pass
Ich habe meinen Pass verloren.

Fui assaltado no ônibus.
fuj aßautadu nu onibuß
(ich-)wurde überfallen im Bus
Ich wurde im Bus überfallen.

Roubaram a minha carteira.
hobarã a mĩnja kartejra
(sie-)stahlen die meine Geldbörse
Man hat mein Portmonee gestohlen.

Levaram minhas roupas, o dinheiro e os documentos.
lewarã mĩnjaß hopaß u dshĩnjejru i uß dokumẽtuß
(sie-)nahmen meine Kleider der Geld und die Dokumente
Sie haben meine Kleider, das Geld und die Papiere genommen.

O policial roubou o resto.
u polißiau hobo u häßtu
der Polizist (er-)raubte der Rest
Der Polizist hat den Rest geklaut.

Minha mulher sumiu com todo o dinheiro.
mĩnja muljär ßumiu kũ todu u dshĩnjejru
meine Frau (sie-)verschwand mit alles der Geld
Meine Frau ist mit dem ganzen Geld verschwunden.

Ele me bateu no rosto.
eli mi bateu nu hoßtu
er mich (er-)schlug in-der Gesicht
Er hat mich ins Gesicht geschlagen.

A culpa sempre é da vítima.
a kuupa ßẽpri ä da witschima
die Schuld immer ist von-die Opfer
Schuld hat immer das Opfer.

Você precisa dar queixa na delegacia.
woße preßisa dar kescha na delegaßia
du (er-/sie-)muss geben Anzeige in-die Polizeirevier
Du musst bei der Polizei Anzeige erstatten.

Quero dar parte na delegacia.
käru dar partschi na delegaßia
(ich-)will geben Bericht in-die Polizeirevier
Ich möchte bei der Polizei Anzeige erstatten.

A vítima faz um depoimento com o delegado.
a witschima fas ũ depojmẽtu kũ u delegadu
die Opfer (sie-)macht ein Aussage mit der Kommissar
Das Opfer macht eine Aussage beim Kommissar.

Preciso de uma cópia do boletim de ocorrência.
preßisu dshi uma kòpia du boletschĩ dshi okohẽĩßia
(ich-)benötige von eine Kopie von-der Bericht von Vorfall
Ich brauche eine Kopie des Polizeiberichts.

Qual o resultado da perícia?
kuau u hesuutadu da perißia
welches der Ergebnis von-die Untersuchung
Was ist das Ergebnis der Untersuchung?

Geld & Bank

Banknoten gibt es zu 2, 5, 10, 50 und 100 reais, und Münzen zu 1 real sowie zu 5, 10 und 25 centavos. Obwohl es also keine Ein-Centavo-Münzen gibt, kosten alle Waren im Laden Preise wie z. B. 1,99.

Die Währung Brasiliens heißt real heau (in der Mehrzahl reais heajß, die kleinen Einheiten sind die centavos ßẽĩtawuß). Der real wurde 1994 eingeführt, was eine lange Periode von Hyperinflation und Finanzchaos beendete. Sie können Bargeld und Reiseschecks in Banken, Wechselstuben, Hotels und Reisebüros eintauschen. Allerdings wechselt längst nicht jede Bankfiliale Bargeld, und Hotels und Reisebüros tauschen zu einem miserablen Wechselkurs. In der Regel ist es einfacher, Dollars zu wechseln als Euros, und kleine Scheine gehen besser als große.

Auch in Brasilien gibt es überall Geldautomaten. Allerdings kommt es immer wieder zu massiven Problemen bei der Bargeldabhebung mit ausländischen Karten (sowohl Kredit- als auch Debitkarten wie Maestro). Das deutsche Auswärtige Amt empfiehlt (Stand

Mitte 2014), sich vor der Abreise bei der Heimatbank zu erkundigen, ob Geldabhebungen in Brasilien zugelassen sind. Teilweise können nur Kleinbeträge abgehoben werden, und teilweise kommt gar kein Geld, aber das Konto wird dennoch mit dem angeforderten Betrag belastet. Daher bewahren Sie die Belege gut auf, und versorgen Sie sich nach Möglichkeit mit Reiseschecks und Bargeld (Dollar), auch wenn letzteres angesichts der Kriminalitätsrate auch nicht immer eine gute Idee ist. Informationen zum Thema finden Sie unter:
www.auswaertiges-amt.de/sid_2E2D567DCE410B2DAD7385170090929A/DE/Laenderinformationen/00-SiHi/BrasilienSicherheit.html

o banco	u bãku	Bank
o cartão de débito	u kartãũ dshi däbitu	Debitkarte
euro	euru	Euro
o formulário	u formulariu	Formular
o franco suiço	u frãku ßuißu	Franken *(CH)*
o dinheiro	u dshĩnjejru	Geld
o caixa eletrônico	u kajscha eletroniku	Geldautomat
a nota	a nòta	Geldschein
a caixa	a kajscha	Kasse
a conta	a kõũta	Konto
o cartão de crédito	u kartãũ dshi krädshitu	Kreditkarte
a moeda	a moäda	Münze, Währung
o cheque de viagem	u schäki dshi wiashẽĩ	Reisescheck
a transferência	a trãßferẽĩßia	Überweisung
trocar	trokar	wechseln
a casa de câmbio	a kasa dshi kãbiu	Wechselstube
o curso de câmbio, a cotação	a kurßu dshi kãbiu, a kotaßãũ	Wechselkurs

Onde encontro um caixa eletrônico?
õũdshi ĩkõũtru ũ kajscha eletroniku
wo (ich-)finde ein Kasse elektronisch
Wo finde ich einen Geldautomaten?

Onde tem um banco / uma casa de câmbio?
õũdshi tẽĩ ũ bãku / uma kasa dshi kãbiu
wo (es-)hat ein Bank / eine Haus von Wechsel
Wo gibt es eine Bank / Wechselstube?

Quero trocar dinheiro / cem euros.
käru trokar dshĩnjejru / ßẽĩ euruß
(ich-)will wechseln Geld / hundert Euro
Ich möchte Geld / 100 Euro umtauschen.

Quanto está o câmbio?
kuãtu ißta u kãbiu
wie-viel (er-)ist der Wechsel
Wie hoch ist der Wechselkurs?

Eu não tenho troco / dinheiro trocado.
eu nãũ tẽnju troku / dshĩnjejru trokadu
ich nicht (ich-)habe Umtausch / Geld getauscht
Ich habe kein Wechselgeld.

Quero pagar com cartão de crédito.
käru pagar kũ kartãũ dshi krädshitu
(ich-)will zahlen mit Karte von Kredit
Ich möchte mit Kreditkarte bezahlen.

Qual é o seu cartão?
kuau ä u ßeu kartãũ
welche (er-)ist der sein Karte
Welche Karte haben Sie?

Post & Telefon

Es gibt in Brasilien zwar noch immer den normalen Postversand für Briefe und Pakete, aber der schnellste und zuverlässigste Zustelldienst ist mittlerweile SEDEX ßedäkß(i) (serviço de encomenda expressa), der Kurierdienst der staatlichen Post. Sendungen per SEDEX sind etwas teurer als auf dem regulären Postweg.

Es gibt verschiedene Tarife, je nachdem, wie eilig der Versand ist. Der Auslandstarif heißt SEDEX mundi.

a carta	a karta	Brief
o selo	u ßelu	Briefmarke
via expressa	wia ißpräßa	per Eilpost
a carta registrada	a karta heshißtrada	Einschreiben
o pacote	u pakòtschi	Paket
o franquia	u fräkia	Porto
o cartão postal	u kartãũ poßtau	Postkarte
o guichê	u gische	Schalter

Für Post innerhalb Brasiliens benötigt man die Postleitzahl CEP (código de endereçamento postal).

Quero mandar uma carta registrada para a Alemanha.
käru mãdar uma karta heshißtrada pra a alemãnja
(ich-)will schicken eine Brief eingetragene für die Deutschland
Ich möchte ein Einschreiben nach Deutschland senden.

Quero comprar alguns selos.
käru kõũprar augũß ßeluß
(ich-)will kaufen einige Briefmarken
Ich möchte einige Briefmarken kaufen.

Das Telefonfestnetz in Brasilien ist privatisiert. Das Netz der öffentlichen Telefonzellen wird von der Firma Oi oj betrieben. Es gibt Prepaid-Karten in verschiedenen Preisstufen, aber es kann schwierig werden, überhaupt Verkaufsstellen für diese Karten zu finden.

Die meisten Telefonkabinen (orelhão oreljãũ „großes Ohr", wegen der charakteristischen Halbschalenform) werden nicht gewartet und sind oft zerstört.

Mit einem R-Gespräch (chamada a cobrar schamada a kobrar) kann man in Brasilien auch ohne Telefonkarte von jedem Anschluss aus anrufen. Die Gebühren zahlt der Gesprächspartner. Die Vermittlung der Telefongesellschaft fragt Sie vor der Herstellung der Verbindung Folgendes:

Após o sinal, diga o seu nome e o lugar de onde está chamando.
apòß u ßinau dshiga u ßeu nomi i u lugar dshi õũdshi ißta schamãdu
nach der Zeichen (er-/sie-)sage der sein Name und der Ort von wo (er-/sie-)ist rufend
Sagen Sie nach dem Signalton Ihren Namen und woher Sie anrufen.

Anschließend nimmt Ihr Gesprächspartner das Gespräch an (oder auch nicht).

DDI = discagem direta internacional

DDD = discagem direta á distância

a chamada	a schamada	Anruf
ocupado	okupadu	besetzt
a chamada DDI	a schamada dedei	Auslandsgespräch
o telefone fixo	u telefoni fikßu	Festnetztelefon
a chamada DDD	a schamada dedede	Inlandsferngespräch
o telefone público	u telefoni publiku	öffentlicher Fernsprecher
a lista telefônica	a lißta telefonika	Telefonbuch
telefonar	telefonar	telefonieren

o orelhão	u oreljãũ	Telefonkabine
o cartão telefônico (pré-pago)	u kartãũ telefoniku präpagu	Telefonkarte (prepaid)
a ligação	a ligaßãũ	Verbindung
o prefixo internacional	u prefikßu ĩternaßionau	Ländervorwahl
o código de área	u kòdshigu dshi aria	Ortsvorwahl
discar	dshißkar	wählen

Quero telefonar para a Alemanha.
käru telefonar pra a alemãnja
(ich-)will telefonieren für die Deutschland,
Ich möchte nach Deutschland telefonieren.

Onde vendem cartões telefônicos para orelhões / telefones públicos?
õũdshi wẽdẽĩ kartõĩß telefonikuß para oreljõĩß / telefoniß publikuß
wo (sie-)verkaufen Karten telefonische für große-Ohren / Telefone öffentliche
Wo werden Telefonkarten für öffentliche Telefone verkauft?

Quero um cartão telefônico com cem unidades.
käru ũ kartãũ telefoniku kũ ßẽĩ unidadshiß
(ich-)will ein Karte telefonisch mit hundert Einheiten
Ich möchte eine Telefonkarte mit 100 Einheiten.

Laut ITU (International Telecommunication Union) hatte Brasilien Ende 2013 im Vergleich von 159 Ländern die teuersten Mobilfunk- (und auch Internet-)Gebühren. Zugleich waren zum genannten Zeitpunkt 270,5 Millionen Handys im Umlauf, d. h. ca. 136 Mobiltelefone pro 100 Einwohner.

Es gibt (Stand 2014) vier große Mobilfunkanbieter in Brasilien, die auch die Versorgung mit Internet-Anschlüssen übernehmen: Claro, Vivo, Tim und Oi. Die Tarifangebote ändern sich fast täglich.

SIM-Karten (chips schipiß) werden überall verkauft: an Tankstellen, in Supermärkten, am Kiosk usw. Das Problem dabei ist die Anmeldung der SIM-Karte. Dies ist im Prinzip telefonisch machbar, aber dann muss eine brasilianische Personen-Steuernummer (CPF) angegeben werden, die Sie als Tourist natürlich nicht besitzen. Laut Regierungsdekret von 2012 soll es zwar auch mit einer Reisepassnummer funktionieren, aber das macht das Registrierungsprogramm nicht immer mit. Gehen Sie daher lieber in einen der vielen Läden der vier Anbieter und lassen Sie dort die Anmeldung vom Personal durchführen.

Das Aufladen der Prepaid-Karte ist in fast allen Geschäften möglich.

o celular	u ßelular	Handy
pré-pago	präpagu	prepaid
o chip de celular	u schipi dshi ßelular	SIM-Karte
a mensagem de texto,	a mẽĩßashẽĩ dshi teßtu	SMS
o torpedo	u torpedu	*(ugs.)*

Onde posso comprar um chip da Claro / Vivo / Tim / Oi?
õũdshi pòßu kõũprar ũ schipi da klaru / wiwu / tschĩ / oj
wo (ich-)kann kaufen ein Chip von-die Claro / Vivo / Tim / Oi
Wo kann ich eine SIM-Karte von Claro / Vivo / Tim / Oi kaufen?

Internet

Beim Kauf der SIM-Karte sollten Sie auch gleich Prepaid-Internet anfordern. Falls Sie kein Smartphone haben, sondern mit dem Laptop unterwegs sind, sollten Sie schon in Deutschland einen nicht-vertragsgebunde-

nen 3G-Surfstick (modem 3G desbloqueado mò-dẽĩ treß she dshißblokiadu) kaufen, um über Ihren Handy-Zugang surfen zu können.

Tem Internet no quarto?
tẽĩ ĩternätschi nu kuartu
(es-)hat Internet in-der Zimmer
Gibt es Internetzugang im Zimmer?

Onde posso acessar a Internet neste hotel?
õũdshi pòßu aßeßar a ĩternätschi neßtschi otäu
wo (ich-)kann zugreifen die Internet in-dieses Hotel
Wo habe ich in diesem Hotel Internetzugang?

Quanto custa a Internet por hora / dia?
kuãtu kußta a ĩternätschi pur òra / dshia
wie-viel (sie-)kostet die Internet durch Stunde / Tag
Wie viel kostet das Internet pro Stunde / Tag?

Não consigo me conectar à Internet.
nãũ kũßigu mi konektar a ĩternätschi
nicht (ich-)erreiche mich verbinden zu-die Internet
Ich kann keine Internetverbindung herstellen.

Qual a senha de acesso?
kuau a ßẽnja dshi aßäßu
welche die Passwort von Zugang
Wie ist das Passwort?

Posso usar a impressora?
pòßu usar a ĩpreßora
(ich-)kann benutzen die Drucker
Kann ich den Drucker benutzen?

Das spezifische Computer-Vokabular ist, wie international üblich, weitgehend englisch. Die folgenden, eher allgemeinen Ausdrücke sollten Sie kennen:

a imagem	a imashẽĩ	Bild
o computador	u kõũputador	Computer
o arquivo	u arkiwu	Datei
os dados	us daduß	Daten
a ligação sem fio	a ligaßãũ ßẽĩ fiu	drahtlose Verbindung

imprimir	ĩprimir	drucken
a impressora	a ĩpreßora	Drucker
as propriedades	aß propriedadshiß	Eigenschaften
inserir	ĩßerir	einfügen
o correio eletrônico	u koheju eletroniku	E-Mail
o erro	u ehu	Fehler
a janela	a shanäla	Fenster
o disco rígido	u dshißku hishidu	Festplatte
baixar	bajschar	herunterladen
o café Internet, o Lan house	u kafä ĩternätschi, u lã haußi	Internetcafé
o alto-falante	u autufalãtschi	Lautsprecher
excluir	ißkluir	löschen
o microfone	u mikrofoni	Mikrofon
o monitor	u monitor	Monitor
a pasta	a paßta	Ordner
o provedor	u prowedor	Provider
escanear	ißkaniar	scannen
a memória	a memòria	Speicher
salvar	ßauwar	speichern
o teclado	u tekladu	Tastatur
o cabo USB	u kabu uäßibe	USB-Kabel
o pen drive	u pän drajwi	USB-Stick

Liebe & Sex

Es ist relativ leicht, mit Brasilianer(inne)n Kontakt aufzunehmen. Nicht selten entstehen Freundschaften oder man verliebt sich. Beachten Sie, dass das Wort „Freund(in)“ im Deutschen eine doppelte Bedeutung hat, während im Brasilianischen zwei verschiedene Wörter dafür benutzt werden: bloße

Freundschaft ohne Sexualität (o amigo u amigu, a amiga a amiga), und der Liebhaber / die Geliebte (o namorado u namoradu, a namorada a namorada).

Viele Brasilianer reden mit Händen und Füßen. Es kann vorkommen, dass eine Frau und ein Mann sich gegenseitig beim Sprechen berühren. Dies ist in den meisten Fällen keine Anmache, sondern Teil einer expressiven Körpersprache.

Den Begriff des „Bekannten" kennt man in Brasilien nicht. Alles sind Freunde, auch wenn es sich in der Regel nur um oberflächliche Bekanntschaften handelt. Will man aber doch so etwas wie „Bekannte(r)" ausdrücken, kann man a / o colega a / u koläga *sagen.*

Eu gosto de você.
eu gòßtu dshi woße
ich (ich-)mag von du
Ich mag dich.

Você é muito lindo/a.
woße ä mũĩtu lĩdu / lĩda
du (er-/sie-)ist sehr schön
Du bist sehr hübsch.

Você é simpático/a.
woße ä ßĩpatschiku/-a
du (du-)bist sympathisch
Du bist sympathisch.

Pode me dar o número do seu celular?
pòdshi mi dar u numeru du ßeu ßelular
(er-/sie-)kann mir geben der Nummer vom sein Handy
Kannst du mir deine Handynummer geben?

Quer sair comigo?
kär ßair kumigu
(er-/sie-)will ausgehen mit-mir
Willst du mit mir ausgehen?

Estou apaixonado.
ißto apajschonadu
(ich-)bin verliebt
Ich bin verliebt.

Eu amo você.
eu amu woße
ich (ich-)liebe du
Ich liebe dich.

Gostaria de jantar com você.
goßtaria dshi shãtar kũ woße
(ich-)würde-mögen von Abend-essen mit du
Ich möchte mit dir zu Abend essen.

Vamos ao cinema esta noite?
wamuß au ßinema äßta nojtschi
(wir-)gehen in-der Kino diese Nacht
Gehen wir heute Abend ins Kino?

Você gosta de dançar?
woße gòßta dshi dãßar
du (du-)magst von tanzen
Magst du tanzen?

Sou rico e solteiro.
ßo hiku i ßoutejru
(ich-)bin reich und ledig
Ich bin reich und ledig.

Sou livre e desimpedido.
ßo liwri i dshisĩpedshidu
(ich-)bin frei und ungehindert
Ich bin frei und ungebunden.

Quero namorar com você.
käru namorar kũ woße
(ich-)will verlieben mit du
Ich will eine Beziehung mit dir.
(kann aber auch bedeuten: Ich will mit dir schlafen.*)*

Você usa camisinha?
woße usa kamisĩnja
du (er-/sie-)benutzt Hemdchen
Benutzt du ein Kondom?

Das Kondom heißt o preservativo u preserwatschiwu, umgangssprachlich a camishinha a kamisĩnja, „das Hemdchen". Kondome kann man in Apotheken und Drogerien kaufen.

Falls Sie noch eine Ausrede brauchen:

Sou casado / casada e tenho seis filhos.
ßo kasadu / kasada i tẽnju ßejß filjuß
(ich-)bin verheiratet(m/w) und habe sechs Söhne
Ich bin verheiratet und habe sechs Kinder.

Tenho um bom amigo.
tẽnju ũ bõũ amigu
(ich-)habe ein guter Freund
Ich habe einen guten Freund.

Sex mit Minderjährigen ist in Brasilien streng verboten und wird mit langen Haftstrafen geahndet. Es gibt auch diesbezügliche Fallen zur Erpressung von Ausländern. Lassen Sie sich also im Zweifelsfall immer den Personalausweis zeigen!

Quantos anos você tem?
kuãtuß anuß woße tẽĩ
wie-viele Jahre du (sie-)hat
Wie alt bist du?

Posso ver a sua carteira?
pòßu wer a ßua kartejra
(ich-)kann sehen die ihre Ausweis
Kann ich deinen Ausweis sehen?

a despedida	a dshißpedshida	Abschied
o ciúme	u ßiumi	Eifersucht
paquerar	pakerar	flirten
divorciado	dshiworßiadu	geschieden
o ódio	u òdshiu	Hass
casar-se	kasarßi	heiraten
o beijo	u bejshu	Kuss
beijar	bejshar	küssen
a paixão	a pajschãũ	Leidenschaft
o amor	u amor	Liebe
amar	amar	lieben
gostar (de)	goßtar (dshi)	mögen, gerne haben
a pílula	a pilula	(die) Pille
o sexo	u ßäkßu	Sex, Geschlecht
o encontro	u ĩkõũtru	Treffen
separar-se	ßepararßi	sich trennen
o abraço	u abraßu	Umarmung
casado	kasadu	verheiratet
a noiva	a nojwa	Verlobte, Braut
o noivo	u nojwu	Verlobter
o carinho	u karĩnju	Zärtlichkeit

Den nebenstehenden Wortschatz benötigen Sie entweder im wahren Leben oder zum Verständnis einer telenovela telinowäla, *einer der endlosen TV-Serien über Liebe und Intrigen, die aber manchmal durchaus auch gesellschaftskritische Themen ansprechen.*

Schwule und Lesben haben es in kleineren Städten schwer, während es in Großstädten wie São Paulo, Rio de Janeiro oder Salvador gut strukturierte Organisationen und eine lebhafte Szene mit Nachtlokalen usw. gibt. Schwule bezeichnet man als gay gej, homossexuais omoßekßuajß oder auch entendidos ĩtẽĩdshidußß („Wissender, Eingeweihter"). Lesben sind lésbicas läsbikaß oder entendidas ĩtẽĩdshidaß. Umgangssprachlich nennt man eine Lesbe auch sapatão ßapatãũ („großer Schuh").

Schimpfen & Fluchen

Der Reichtum der Brasilianer an Flüchen und Schimpfwörtern ist schier unerschöpflich. Allein für „Penis“ gibt es über 30 gängige Wörter. Für den Anfänger wollen wir uns auf das Allerwichtigste beschränken:

	merda, bosta	märda, bòßta	Scheiße
Erstaunen, Verärgerung	**puta merda**	puta märda	Hurenscheiße
Verärgerung	**caralho**	karalju	Penis
Langeweile	**cacete**	kaßetschi	Penis
Langeweile	**saco**	ßaku	Hodensack
Verärgerung	**viado, bicha**	wiadu, bischa	Schwuchtel
	sacana, safado	ßakana ßafadu	Drecksack
	sacanagem	ßakanashẽĩ	miese Aktion
	porra	poha	Samen
	cagada	kagada	beschissen, Fehler
	canalha	kanalja	Schuft
	chato *flach, Filzlaus*	schatu	öde, langweilig
	corno	kornu	Gehörnter
	droga *Droge*	dròga	unangenehm *(Sache, Person)*
	pentelho *Schamhaar*	pẽĩtelju	Nervensäge, Trottel

porra *ist ein Ausdruck der Bewunderung („wow!“), wird vielfach auch nur als bedeutungsloses Füllwort im Satz benutzt.*

Este concerto está muito chato.
eßtschi küßertu ißta mũĩtu schatu
dieser Konzert ist sehr flach
Dieses Konzert ist sehr langweilig.

Esse restaurante é uma droga.
eßi heßtaurãtschi ä uma dròga
dieser Restaurant ist eine Droge
Dieses Restaurant ist sehr unangenehm.

Esse cara é muito pentelho.
eßi kara ä mũĩtu pẽĩtelju
dieser Kerl ist sehr aufdringlich
Dieser Kerl ist sehr aufdringlich.

Vá à merda!
wa a märda
geh zur Scheiße
Verpiss dich!

filho / filha da puta
filju / filja da puta
Sohn / Tochter von-die Hure
Hurensohn / -tochter

Letzteres ist im Landesinneren eine sehr schwere Beleidigung und kann zu Mord und Totschlag führen. In den Metropolen wird es dagegen sogar als flapsige Begrüßung unter alten Freunden angewendet, etwa vergleichbar mit „Na, du altes Arschloch?“.

Vá à puta que o pariu!
wa a puta ki u pariu
geh zur Hure was ihn (sie-)gebar
Geh zu der Hure, die dich gebar!

Das ist in den meisten Fällen eine schwere Beleidigung.

wenn Sie belästigt werden ...

Cafajeste! kafashäßtschi	Zuhältertyp!
Me deixa em paz! mi dejscha ĩ paß	Lass mich in Ruhe!
Basta!, Chega! baßta, schega	Genug!
Não amola! nãũ amòla	Belästige mich nicht!
Bobo!, Besta! bobu, beßta	Dummkopf!
Idiota! idshiòta	Idiot!
Canalha! kanalja	Mistkerl!, Kanaille!

Schärfer, als es sich auf Deutsch anhört.

Religion

Brasilien ist das größte katholische Land der Welt. Andererseits wachsen aber gegenwärtig vor allem die evangelikalen Freikirchen. Allein in São Paulo gibt es über 2000 registrierte Religionsgruppen, und es ist ziemlich unproblematisch, eine neue Religion ordnungsgemäß zu gründen.

Großen Einfluss haben auch afro-brasilianische Kulte. Sie sind bekannt unter Namen wie umbanda ũbãda, candomblé kãdõũblä, macumba makũba, capoeira kapuejra (auch ein Kampfsport), usw. Ihr Pantheon besteht aus vielen Göttern, die gleichzeitig auch Heilige der katholischen Kirche sind. Es lohnt sich, einen terreiro tehejru zu besuchen, d. h. einen Ort, an dem solche Kulte zelebriert werden.

Que horas começa a missa?
ki òraß komäßa a mißa
was Stunden (sie-)beginnt die Messe
Wann beginnt die Messe?

Onde tem um terreiro de candomblé?
õũdshi tẽĩ ũ tehejru dshi kãdõũblä
wo (es-)hat ein Kultort von Candomblé
Wo gibt es einen Kultort des Candomblé?

Posso participar?
pòßu partschißipar
(ich-)kann teilnehmen
Darf ich teilnehmen?

Quero me converter.
käru mi kũwerter
(ich-)will mich bekehren
Ich möchte konvertieren.

Quero fundar uma nova religião.
käru fũdar uma nòwa helishiãũ
(ich-)will gründen eine neue Religion
Ich möchte eine neue Religion gründen.

Der Autor

Clemens Schrage, Jahrgang 1942, wurde in Köln geboren, ist aber in Brasilien aufgewachsen. Nach einem Diplom in Biologie unternahm er als Asssistent für Pflanzenökologie an der Universität von São Paulo Forschungsreisen, unter anderem in das Amazonasgebiet.

Im Jahr 1969 wurde er während der Militärdiktatur verhaftet und nach sechs Monaten Haft nach Deutschland abgeschoben.

Er arbeitete einige Jahre im brasilianischen Radioprogramm der Deutschen Welle als Redakteur und Nachrichtensprecher. Nebenbei war er auch als staatlich anerkannter Dolmetscher und Übersetzer am Oberlandesgericht Köln und bei der EU-Kommission akkreditiert.

Für die GTZ (heute GIZ) war er 19 Jahre lang in verschiedenen Ländern wie Brasilien, Peru, Marokko, Haiti usw. als Umweltexperte mit Schwerpunkt auf dem Schutz natürlicher Ressourcen und Abfallmanagement tätig.

Heute lebt er im brasilianischen Bundesstaat Alagoas und arbeitet als selbständiger Gutachter im Bereich Umweltschutz für nationale und internationale Organisationen.

Kontakt: clemensschrage@gmail.com

Wörterbuch
Brasilianisch – Deutsch
Deutsch – Brasilianisch

Ein gutes Wörterbuch ist in der Fremde mehr wert als ein Schwert.
(arabische Redensart)

Das brasilianische Alphabet

Das brasilianische Alphabet ist mit dem deutschen identisch. Die zahlreichen Buchstaben mit Sonderzeichen (Akzente, Tilde, Cedille) werden unter ihrem entsprechenden Grundbuchstaben sortiert.

Abkürzungen im Wörterbuch

j. = jemand
j-m = jemandem
j-n = jemanden
j-s = jemandes
etw. = etwas
a. c. = alguma coisa (etwas)
alg. = alguém (jemand)
Ez = Einzahl (Singular)
Mz = Mehrzahl (Plural)
m = männlich (Maskulinum)
s = sächlich (Neutrum)
w = weiblich (Femininum)
Nom = Nominativ
Akk = Akkusativ
Dat = Dativ
Gen = Genitiv
Inf = Grundform (Infinitiv)

adj = Eigenschaftswort (Adjektiv)
adv = Umstandswort (Adverb)
conj = Bindewort (Konjunktion)
interj = Ausruf (Interjektion)
n = Hauptwort (Nomen)
num = Zahlwort (Numerale)
part = Partikel
prep = Verhältniswort (Präposition)
pron = Fürwort (Pronomen)
v = Tätigkeitswort (Verb)
NoD = norddeutsch
ÖrD = österreichisches Deutsch
SüD = süddeutsch
SwD = schweizerdeutsch
ugs. = umgangssprachlich
übertr. = übertragene Bedeutung
abbr = Abkürzung

Zeichenerklärung

1, 2, 3, ...	die Zahlen listen unterschiedliche Bedeutungen eines Stichwortes auf.
~	Symbol (Tilde) dient als Platzhalter für das Stichwort in festen Redewendungen.
A + ~	Großbuchstabe + Tilde: Platzhalter, aber das Stichwort beginnt in der Redewendung mit einem Großbuchstaben.
▸	Beginn der Auflistung von festen Redewendungen und Beispielsätzen.
♦	zeigt Wechsel der Wortklasse an.

A

a [a] *prep* **1** an, auf (Richtung usw.), in, zu **2** um (drei Uhr usw.) **3** bei (Angelegenheit) ▶ **a pé** zu Fuß; **a propósito** übrigens; **ao contrário** im Gegenteil; **à esquerda** nach links (wohin); **à pressa** schnell (eilig usw.); **às quatro e meia** um halb fünf; **às vezes** manchmal, ab und zu; **A sério?** Ist das Ihr Ernst?, Meinen Sie das ernst?

abacate [abakatschi] *m* Avocado *w*

abacaxi [abakaschi] *m* Ananas *w*

abafar [abafar] *v* **1** unterdrücken (Bemühung usw.) **2** vertuschen *etw. Akk* **3** dämpfen (Schall usw.) **4** ersticken (töten)

abaixar [abajschar] *v* **1** verringern *etw. Akk* (Menge usw.), senken *etw. Akk* (Summe usw.), herabsetzen *etw. Akk* (Kosten usw.) **2** herabziehen **3** senken (Augen usw.) **4** dämpfen (Schall usw.) **5** demütigen *j-n*

abaixo [abajschu] *adv* herunter (zum Sprecher), hinunter (von Sprecher), nach unten, abwärts ▶ **~ de** *a.c.* unter *etw. Dat* (dem Tisch usw.); **deitar ~** *a.c.* abwerfen *etw. Akk* (Bombe usw.)

abandonar [abãdonar] *v* **1** verlassen *j-n/etw.* **2** austreten *aus etw. Dat* (aus Partei usw.)

abastecer [abaßteßer] *v* liefern *j-m etw. Akk*, abliefern *etw. Akk bei j-m*

abater [abater] *v* **1** umstoßen *j-n/etw.*, umwerfen *j-n/etw.* **2** fällen (Bäume usw.) **3** einschläfern *etw. Akk* (einen Hund usw.), schlachten **4** abschießen (Flugzeug usw.)

abelha [abelja] *w* Biene *w*

aberto, -a [abärtu] *adj* **1** offen (Tür usw.), geöffnet (Fenster usw.) **2** offen (ohne Dach usw.) **3** offen (unverhohlen) ▶ **~ ao público** für die Öffentlichkeit zugänglich

abertura [abertura] *w* **1** Öffnung *w* **2** Eröffnung *w* (einer Sitzung usw.), Beginn *m* (eines Konzerts usw.), Vorspiel *s* (musikalisches), Ouvertüre *w* ▶ **horário** *m* **de ~** Öffnungszeiten *w Mz*

abismo [abismu] *m* Abgrund *m*

abóbora [abòbora] *w* Kürbis *m* (Pflanze)

abobrinha [abobrĩnja] *w* Zucchini *w*

abolir [abolir] *v* abschaffen *etw. Akk*

abono [abonu] *m* **1** Anzahlung *w* (auf den Preis) **2** Lob *s* **3** Dauerkarte *w* (Eintrittskarte usw.)

aborrecer [aboheßer] *v* **1** langweilen *j-n* **2** verärgern *j-n*

aborrecido, -a [aboheßidu] *adj* **1** langweilig, uninteressant **2** sauer *auf j-n*, verärgert **3** gelangweilt

aborto [abortu] *m* Fehlgeburt *w* ▶ **~ (provocado)** Abtreibung *w*

abotoar [abotoar] *v* zuknöpfen

abraçar [abraßar] *v* **1** umarmen *j-n* **2** umfassen (inhaltlich)

abranger [abrãsher] *v* enthalten *etw. Akk*, umfassen (inhaltlich)

abrasar [abrasar] *v* **1** verbrennen *etw. Akk* (durch Feuer zerstören) **2** durchglühen *etw. Akk* (Eisen usw.)

abreviar [abrewiar] *v* abkürzen *etw. Akk* (Wort usw.), abkürzen (zeitlich)

abreviatura [abrewiatura] *w* Abkürzung *w* (Wort)

abrigar [abrigar] *v* einschließen *etw. Akk* (in sich usw.), einbegreifen *etw. Akk*

abril [abriu] *m* April *m*

abrir [abrir] *v* **1** öffnen *etw. Akk* (Tür usw.) **2** aufmachen *etw. Akk* (Gürtel usw.), ausbreiten *etw. Akk* (Arme usw.) **3** eröffnen *etw. Akk* (Ausstellung usw.) ▶ **~ com chave** aufschließen *etw. Akk*

absoluto, -a [abißolutu] *adj* absolut, völlig, gänzlich, vollkommen (Unsinn usw.)

absorvente [abißorwẽtschi] *adj* saugfähig ▶ **~ (higiênico)** Damenbinde *w*

absorver [abißorwer] *v* **1** absorbieren *etw. Akk* **2** aufsaugen (Wasser usw.) **3** absorbieren *etw. Akk* (Strahlen usw.)

absurdo, -a [abißurdu] *adj* absurd

abusar [abusar] *v* missbrauchen *j-n/etw.* (Macht usw.)

abusivo, -a [abusiwu] *adj* beleidigend (Wort), Schimpf-, übermäßig

abuso [abusu] *m* Missbrauch *m*

acabar [akabar] *v* **1** enden, zu Ende sein **2** beenden *etw. Akk* (Arbeit usw.), zu Ende bringen *etw. Akk*, vollenden *etw. Akk*, fertig machen *etw. Akk* **3** auseinandergehen *von j-m*, sich trennen *von j-m* **4** Ende machen *etw. Dat*

acalmar [akaumar] *v* beruhigen *j-n*, beschwichtigen, besänftigen

acampar [akãpar] *v* lagern (im Wald usw.), campen, zelten

ação [aßãũ] *w* **1** Aktion *w* (Tätigkeit usw.) **2** Aktie *w* **3** Klage *w* (gerichtlich), Verfolgung *w* (gerichtliche usw.)

acariciar [akarißjar] *v* liebkosen *j-n/etw.*, streicheln *j-n/etw.*

acaso [akasu] *adv* möglicherweise, eventuell ♦ *m* Zufall *m* ▶ **por ~** zufällig, zufälligerweise

aceitar [aßejtar] *v* **1** akzeptieren, annehmen *etw. Akk* (Angebot usw.) **2** annehmen (Plan usw.) ▶ **Eu aceito.** Abgemacht.

aceitável [aßejtaweu] *adj* annehmbar

acelerador [aßelerador] *m* Gas *s* (Pedal usw.), Gashebel *s*, Gaspedal *s*

acelerar [aßelerar] *v* **1** beschleunigen (sich schneller bewegen) **2** beschleunigen *etw. Akk*, beschleunigen (Entwicklung), vorantreiben

acendedor [aßẽĩdedor] *m* Feuerzeug *s*

acender [aßẽĩder] *v* anzünden *etw. Akk*, anmachen *etw. Akk* ▶ **~ a luz** (Licht) einschalten, (Licht) anmachen; **~ o fogo** das Feuer anmachen

acentuar [aßẽĩtuar] *v* betonen *etw. Akk*, hervorheben *etw. Akk*

acertar [aßertar] *v* **1** reparieren *etw. Akk* **2** treffen *etw. Akk* (Ziel) **3** erraten **4** gelingen *j-m etw. Nom*

acerto [aßertu] *m* **1** Treffer *m* **2** Abmachung *w*

acessível [aßeßiweu] *adj* erreichbar, zugänglich (betretbar) ▶ **a preço ~** erschwinglich

acesso [aßäßu] *m* **1** Zugang *m* (Stelle usw.), Zutritt *m zu etw.* **2** Anfall *m* ▶ **~ à Internet** Internetanschluss *m*

acessório [aßeßòrju] *m* **1** *acessórios* Accessoires *s Mz*, Beiwerk *s* (modisches usw.), Zubehör *s* **2** Requisit *s*

achado [aschadu] *m* Fund *m*

achar [aschar] *v* **1** denken (meinen) **2** scheinen *j-m irgendwie* (vorkommen) **3** finden

acidental [aßidẽĩtau] *adj* zufällig, beiläufig, Zufalls-

acidente [aßidẽtschi] *m* Unfall *m* (Autounfall usw.), Havarie *w* ▶ **ter um ~** einen Unfall haben (Auto)

ácido, -a [aßidu] *adj* sauer ♦ *m* Säure *w* (Substanz)

acima [aßima] *adv* aufwärts ▶ **~ de** über (dem Niveau); **~ de tudo** vor allem; **ladeira ~** bergauf

aço [aßu] *m* Stahl *m*

acolhedor, -a [akoljedor] *adj* gemütlich, heimisch, anheimelnd

acolher [akoljer] *v* willkommen heißen *j-n* ▶ **~** *a.c.* **com alegria** begrüßen *etw. Akk*

acomodação [akomodaßãũ] *w* Unterkunft *w* (Raum usw.)

acompanhamento [akõũpãnjamẽtu] *m* Beilage *w* (Essen)

acompanhante [akõũpãnjãtschi] *adj* Begleit-, begleitend ♦ *m* Beifahrer *m* (im Pkw), Partner *m* (Begleiter)

acompanhar [akõũpãnjar] *v* begleiten *j-n irgendwohin*

aconselhamento [akõũßeljamẽtu] *m* Beratung *w* (Beratertätigkeit)

aconselhar [akõũßeljar] *v* beraten *j-n bei etw.*, raten *j-m etw. Akk*, raten *j-m*

acontecer [akõũteßer] *v* geschehen, passieren (Ereignis usw.), vorgehen ▶ **O que acontece?** Was ist (los)?

acontecimento [akõũteßimẽtu] *m* Ereignis *s*

acordar [akordar] *v* **1** aufwachen **2** verabreden *etw. Akk*, vereinbaren *etw. Akk*, abpsrechen *etw. Akk* (Termin usw.)

acordo [akordu] *m* **1** Übereinstimmung *w* **2** Abmachung *w*, Vereinbarung *w* **3** Zustimmung *w zu etw.* ▶ **ficar de ~** *em a.c.* sich einigen *über etw. Akk*; **não estar de ~** nicht zustimmen *j-m/etw.*; **De ~!** Abgemacht!; **De ~?** Einverstanden?

acostumado, -a [akoßtumadu] *adj* gewöhnt *an etw. Akk*

acostumar-se [akoßtumarßi] *v* sich gewöhnen *an etw. Akk*

açougue [aßogi] *m* Fleischerei *w*, (SüD) Metzgerei *w*

acreditar [akredshitar] *v* glauben *j-m etw. Akk*, glauben *j-m/etw.*

acrescentar [akreßẽĩtar] *v* **1** hinzufügen *etw. Akk* (sagen) **2** zugeben *etw. Akk irgendwohin* (hinzufügen) **3** erhöhen *etw. Akk* (Wert usw.)

açúcar [aßukar] *m* Zucker *m* ▶ **cubo** *m* **de ~** Zuckerwürfel *m*

acudir [akudshir] *v* **1** herbeieilen **2** schütteln *j-n/etw.*

acumular [akumular] *v* ansammeln, häufen *etw. Akk* (sammeln usw.)

acusar [akusar] *v* beschuldigen *j-n etw. Gen*, bezichtigen *j-n etw. Gen*

adaptador [adaptador] *m* Adapter *m* ▶ **~ de alimentação** Netzteil *s*

Wörterbuch Brasilianisch – Deutsch

adaptar [adaptar] *v* anpassen *etw. Akk j-m/etw.*, angleichen *etw. Akk j-m/etw.*, herrichten

adentro [adẽtru] *adv* herein, hinein

adepto [adäptu] *m* Anhänger *m*, Fan *m von j-m/etw.*

adequado, -a [adekuadu] *adj* **1** adäquat, angemessen **2** angemessen *etw. Dat* **3** geeignet *für etw., zu etw.* (fähig) **4** treffend

aderir [aderir] *v* **1** haften *an/auf etw. Dat*, sich schmiegen *an etw. Akk* (Kleid usw.), haften *auf/an etw. Akk*, kleben *an etw. Dat* (klebrig sein) **2** beitreten *etw. Dat*, sich anschließen *j-m/etw.*

adesivo, -a [adesiwu] *adj* klebend

adeus [adeuß] *interj* leb(t) wohl ♦ *m* Verabschiedung *w* ► **Adeus.** Auf Wiedersehen.

adiantamento [adshiãtamẽtu] *m* Anzahlung *w* (auf den Preis), Vorschuss *m*

adiantar [adshiãtar] *v* **1** beschleunigen *etw. Akk* **2** anführen *etw. Akk* (sagen usw.)

adiante [adshiãtschi] *adv* nach vorne, vorwärts, weiter (fortsetzen) ► **ir ~** weitergehen, vorankommen (sich bewegen); **Adiante!** Bitte! (Einwilligung usw.)

adiar [adshiar] *v* verlegen *etw. Akk* (auf später), verschieben *etw. Akk* (zeitlich), vertagen

adicional [adshißionau] *adj* nachträglich, zusätzlich, Zusatz-

adicionar [adshißionar] *v* **1** dazugeben, zugeben *etw. Akk irgendwohin* (hinzufügen) **2** dazurechnen *etw. Akk zu etw.*, zuzählen *etw. Akk etw. Dat* (Zahl usw.)

adivinhar [adshiwĩnjar] *v* **1** raten *etw. Akk* **2** erraten **3** weissagen, prophezeien

administração [adshiminißtraßãũ] *w* Verwaltung *w*

administrador [adshiminißtrador] *m* Administrator *m*, Verwalter *m*

admirar [adshimirar] *v* **1** bewundern *j-n/etw. wegen etw.* **2** überraschen *j-n* (ertappen)

admissão [adshimißãũ] *w* **1** Aufnahme *w* (in Verein usw.) **2** Zutritt *m* (Erlaubnis usw.)

admitir [adshimitschir] *v* zugeben, zugestehen, einsehen

adoçante [adoßãtschi] *m* Süßstoff *m*

adoecer [adoeßer] *v* erkranken *an etw. Dat*

adorar [adorar] *v* **1** verehren *j-n/etw.* (Gottheit) **2** vergöttern

adorável [adorawеu] *adj* entzückend, niedlich, süß, liebenswert (Mensch usw.)

adormecer [adormeßer] *v* **1** einschlafen (in Schlaf sinken) **2** zum Schlafen bringen *j-n*, einschläfern *j-n* (Kind usw.)

adorno [adornu] *m* Schmuck *m* (Zierde), Verzierung *w* (Gegenstand usw.)

adotar [adotar] *v* **1** adoptieren **2** übernehmen **3** nehmen (Einstellung)

adquirir [adshikirir] *v* anschaffen *etw. Akk*, erwerben (Vermögen usw.), gewinnen *etw. Akk*

aduana [aduana] *w* Zollamt *s*

adular [adular] *v* kriechen *vor j-m*

adulto, -a [aduutu] *adj* erwachsen ♦ *m* Erwachsene *m*

adversário [adshiwerßarju] *m* Gegenspieler *m*, Gegner *m*

advertência [adshiwertẽßja] *w* Hinweis *m* (Warnung usw.), Warnung *w vor etw. Dat*

advertir [adshiwertschir] *v* **1** aufmerksam machen *j-n auf etw. Akk*, warnen *j-n vor etw. Dat* **2** hinweisen *auf etw. Akk*

advogado [adshiwogadu] *m* Anwalt *m*, Rechtsanwalt *m*, Jurist *m* ► **~ (de defesa)** Verteidiger *m* (Anwalt)

aéreo, -a [aäreu] *adj* Flug-, Luft-

aeromoça [aeromòßa] *w* Stewardess *w*, Flugbegleiterin *w*

aeroporto [aeropòrtu] *m* Flughafen *m*

afastado, -a [afaßtadu] *adj* **1** fern, fernliegend, entfernt (Stelle usw.) **2** abgelegen, entlegen

afazer [afaser] *m* Angelegenheit *w*

afeição [afejßãũ] *w* Zuneigung *w*

aferrar [afehar] *v* befestigen *etw. Akk an etw. Dat* (festmachen), verankern *etw. Akk* (im Boden usw.)

afetar [afetar] *v* betreffen *etw. Akk* (Erdbeben)

afeto [afätu] *m* Zuneigung *w*

afetuoso, -a [afetuosu] *adj* liebevoll, liebreich, zart (empfindlich usw.), zärtlich

afinal [afinau] *adv* schließlich ♦ *part* übrigens, im Übrigen

afinar [afinar] *v* stimmen *etw. Akk* (Geige usw.)

afirmar [afirmar] *v* behaupten *etw. Akk*

aflição [aflißãũ] *w* Kummer *m*, Schmerz *m* (seelisch), Trübsal *w*

afluir [afluir] *v* herbeiströmen (Menschenmenge usw.), strömen (Geld usw.)

afogar-se [afogarßi] *v* **1** ertrinken **2** ersticken ► **estar a ~** ersticken (nicht atmen können)

afortunado, -a [afortunadu] *adj* glücklich (Gewinner usw.)

afrontar [afrõũtar] *v* **1** gegenüberstehen *j-m/etw.* **2** demütigen *j-n* **3** beleidigen *j-n*

afrouxar [afroschar] *v* **1** lockern (Schraube usw.) **2** nachlassen (in Leistung) **3** nachlassen (Intensität usw.)

afundar [afũdar] *v* **1** vertiefen *etw. Akk* (einen Graben usw.) **2** vergraben *etw. Akk in etw. Akk* (Gesicht in Händen usw.)

agachar-se [agascharßi] *v* sich hinkauern

agarrar [agahar] *v* ergreifen *etw. Akk*, schnappen *etw. Akk*, packen *etw. Akk* (schnell, fest usw.), fassen *etw. Akk*

agasalhar [agasaljar] *v* unterbringen *j-n*

agasalho [agasalju] *m* **1** Zuflucht *w* **2** Gastfreundlichkeit *w* **3** Jacke *w*

agência [ashẽßja] *w* Agentur *w*, Büro *s* (Geschäftsstelle)

agir [ashir] *v* handeln (tun)

agitação [ashitaßãũ] *w* Aufsehen *s*, Betrieb *m* (Treiben), Getriebe *s* (Betriebsamkeit)

agitar [ashitar] *v* **1** aufwühlen (Wasser usw.) **2** (durch)schütteln *etw. Akk*, schütteln *j-n/etw.* **3** winken *mit etw.* (Fahne usw.)

agora [agòra] *adv* jetzt, nun ► **~ mesmo** gerade (momentan); **até ~** bisher, bis jetzt; **por ~** vorläufig, für jetzt, vorerst

agosto [agoßtu] *m* August *m*

agradar [agradar] *v* **1** gefallen *j-m* **2** entgegenkommen *j-m* **3** Freude machen *j-m*

agradável [agradaweu] *adj* angenehm, nett

agradecer [agradeßer] *v* **1** dankbar sein *j-m für etw.* **2** danken *j-m für etw.*, sich bedanken *bei j-m für etw.*

agravar [agrawar] *v* verschlimmern

agredir [agredshir] *v* angreifen *j-n*, anfallen *j-n*, überfallen *j-n*

agregar [agregar] *v* zuteilen *j-m etw. Akk* (vergeben)

agressivo, -a [agreßiwu] *adj* aggressiv

agricultura [agrikuutura] *w* Landwirtschaft *w*

água [agua] *w* Wasser *s* (H_2O) ► **~ potável** Trinkwasser *s*

aguardar [aguardar] *v* abwarten *etw. Akk*, erwarten *j-n/etw.* (Besuch usw.) ► **~ (com prazer)** *a.c.* sich freuen *auf etw. Akk*

água-viva [aguawiwa] *w* Qualle *w*

agudo, -a [agudu] *adj* **1** spitz **2** rau (Geräusch usw.), grell (Klang usw.) **3** akut (Erkrankung)

aguentar [aguẽĩtar] *v* aushalten *etw. Akk*, ertragen *etw. Akk*, durchkommen *in etw. Dat* (Erfolg haben)

águia [agia] *w* **1** Adler *m* **2** Genie *s* (Mensch)

agulha [agulja] *w* **1** Nadel *w* (Nähnadel) **2** Weiche *w* (an Gleisen)

aí [ai] *adv* dort ► **para ~** dorthin, hin

ainda [aĩda] *adv* noch, mehr (brauchen usw.) ► **~ não** noch nicht, bisher nicht; **~ por cima** und überdies, außerdem; **~ que** auch wenn; **~ pior/mais** noch schlimmer/mehr

aipo [ajpu] *m* Knollensellerie *m*, Sellerie *m* (Knolle)

ajuda [ashuda] *w* Aushilfe *w*, Hilfe *w* (Unterstützung usw.)

ajudar [ashudar] *v* helfen *j-m mit etw.*

ajustar [ashußtar] *v* **1** herrichten **2** einstellen (Maschine usw.), stellen (Wecker usw.) **3** schlichten *etw. Akk* (Streit usw.) **4** ausgleichen (Schuld usw.) **5** dicht sein (Verschluss usw.)

ajuste [ashußtschi] *m* **1** Abmachung *w* **2** Ausgleich *m* (Bezahlung usw.), Verrechnung *w*

alagamento [alagamẽtu] *m* Überschwemmung *w*, Hochwasser *s*

alargar [alargar] *v* verbreitern *etw. Akk*, erweitern *etw. Akk* (Weg usw.)

alarmar [alarmar] *v* alarmieren *j-n* (Nachricht usw.), beunruhigen *j-n*

alarme [alarmi] *m* **1** Alarm *m* **2** Alarmanlage *w*

alavanca [alawãka] *w* Hebel *m*

albergue [aubärgi] *m* Herberge *w*

alça [außa] *w* **1** Gurt *m* (zum Anschnallen), Riemen *m* (an Kleidung usw.), Träger *m* (für Kleider) **2** Handgriff *m* ► **camisola** *w* **de alças** Unterhemd *s*

alcachofra [aukaschofra] *w* Artischocke *w*

alcançar [aukãßar] *v* **1** schaffen *etw. Akk* (rechtzeitig kommen) **2** einholen *j-n* **3** erreichen *etw. Akk* (Niveau usw.) **4** erreichen *etw. Akk* (berühren) **5** reichen *j-m etw. Akk* (geben)

alçar [außar] *v* aufstellen *etw. Akk* (Mast usw.), heben *etw. Akk* (Gewicht usw.)

álcool [aukoou] *m* Alkohol *m* ▶ **sem ~** alkoholfrei

aldeia [audeja] *w* Dorf *s*

alegar [alegar] *v* behaupten, anführen

alegre [alägri] *adj* freudig, froh, fröhlich, heiter (Stimmung)

alegria [alegria] *w* Freude *w*, Heiterkeit *w* ▶ **receber** *a.c.* **com ~** begrüßen *etw. Akk*

além [alẽĩ] *adv* zusätzlich *zu etw.* (als Zusatz) ▶ **~ de** neben *etw. Dat* (zusätzlich), außer *etw. Dat* (auch noch); **~ disso** und außerdem, und überdies, außerdem

Alemanha [alemãnja] *w* Deutschland *s*

alemão, -ã [alemãũ] *adj* deutsch ♦ *m* **1** Deutsche *m* **2** Deutsch(e) *s*

alento [alẽtu] *m* Atem *m* ▶ **dar ~** *a alg* ermutigen *j-n*; **tomar ~** einatmen (Atem holen)

alergia [alershia] *w* Allergie *w gegen etw.*

alerta [alärta] *w* **1** Bereitschaft *w* (zum Handeln usw.) **2** Warnung *w vor etw. Dat* ♦ *adj* wachsam

alfabeto [aufabätu] *m* Alphabet *s*, Abc *s*

alface [aufaßi] *w* Kopfsalat *m*, Salat *m* (Gemüse)

alfaiate [aufajatschi] *m* Schneider *m* (Person)

alfinete [aufinetschi] *m* Nadel *w* (Stecknadel), Stecknadel *w* ▶ **~ (de segurança)** Sicherheitsnadel *w*

alfombra [aufõũbra] *w* Teppich *m*

algemas [aushemaß] *w Mz* Fesseln *w Mz*, Handschellen *w Mz*

algo [augu] *pron* etwas, irgendetwas ♦ *adv* einigermaßen, ein wenig

algodão [augodãũ] *m* Baumwolle *w*

alguém [augẽĩ] *pron* jemand, irgendjemand ▶ **de ~** irgendjemandes, jemandes

algum, -a [augũ] *pron* **1** irgendwelch, irgendein **2** einig(er,e,es), irgendein **3** kein (nicht ein) ▶ **alguma coisa** etwas, irgendetwas; **algumas** einige, ein paar; **algumas vezes** einige Male, mehrmals; **alguns** einige, ein paar; **em ~ lugar** irgendwo

alheio, -a [aljeju] *adj* fremd (nicht mein)

alho [alju] *m* Knoblauch *m*

ali [ali] *adv* dort ▶ **para ~** dorthin, hin

aliás [aliaß] *conj* jedoch

alicate [alikatschi] *m* Kombizange *w*, Zange *w*

alimentação [alimẽĩtaßãũ] *w* Kost *w*

alimento [alimẽtu] *m* Lebensmittel *s*, Nahrungsmittel *s*, Nahrung *w* ▶ **alimentos** *m Mz* Lebensmittel *Mz*

alívio [aliwju] *m* Linderung *w etw. Gen* (Schmerzen usw.)

alma [auma] *w* Seele *w*

almoçar [aumoßar] *v* zu Mittag essen

almoço [aumoßu] *m* Mittagessen *s*

almofada [aumofada] *w* Kissen *s*

alô [alo] *interj* **1** Hallo! **2** ***Alô!*** Ja bitte?, Hallo!

alojamento [aloshamẽtu] *m* Unterkunft *w* (Raum usw.), Wohnen *s* (Wohnungen usw.) ▶ **~ com pequeno-almoço** Übernachtung mit Frühstück

alongar [alõũgar] *v* verlängern *etw. Akk* (zeitlich, räumlich)

alteração [auteraßãũ] *w* Änderung *w*, Veränderung *w*

alterar [auterar] *v* abwandeln *etw. Akk*, variieren *etw. Akk*, ändern *etw. Akk*

altitude [autschitudshi] *w* Höhe *w* (über dem Meeresspiegel)

alto, -a [autu] *adj* **1** groß (hoch usw.), hoch (Berg usw.) **2** hoch (Summe usw.) **3** laut ♦ *m* Alt *m* (Stimme) ▶ **maré** *w* **alta** Hochwasser *s* (der Flut); **Alto!** Halt!

altura [autura] *w* **1** Höhe *w* (Maß) **2** Körpergröße *w* **3** Zeit *w* (Zeitpunkt) ▶ **naquela ~** damals; **nas alturas** hoch

alugar [alugar] *v* **1** vermieten *etw. Akk an j-n* **2** mieten *etw. Akk*

aluguel [alugäu] *m* Miete *w* (Geld), Verleih *m*

alumínio [aluminju] *m* Aluminium *s*

aluno [alunu] *m* Schulkind *s*, Schüler *m*

alvo, -a [auwu] *adj* weiß ♦ *m* Zielscheibe *w*, Schießscheibe *w*

ama [ama] *w* Hausfrau *w*

amador [amador] *m* **1** Liebhaber *m von etw.* (Anhänger) **2** Amateur *m*

âmago [amagu] *m* Wesen *s* (Kern)

amamentar [amamẽĩtar] *v* stillen (Säugling)

amanhã [amãnjã] *adv* morgen ♦ *m* Morgen *s*, der morgige Tag *m* ► **depois de ~** übermorgen

amanhecer [amãnjeßer] *v* dämmern (Morgen werden), hell werden (Tag) ♦ *m* Tagesanbruch *m*, Morgendämmerung *w*, Dämmerung *w* (am Morgen)

amante [amãtschi] *w* Geliebte *w* ♦ *m* **1** Liebhaber *m* (Geliebter) **2** Liebhaber *m von etw.* (Anhänger)

amar [amar] *v* lieben *j-n/etw.*

amarelo, -a [amarälu] *adj* **1** gelb **2** Boulevard- ♦ *m* Gelb *s* (Ampel)

amargo, -a [amargu] *adj* bitter (Getränk usw.)

amarrar [amahar] *v* fesseln (mit Seil usw.), knüpfen, binden, zubinden

amável [amaweu] *adj* nett, liebenswürdig (Person), warmherzig, freundlich

ambiente [ãbiẽtschi] *m* Milieu *s* ► **meio ~** Umwelt *w*

âmbito [ãbitu] *m* Bereich *m* (thematischer usw.), Gebiet *s* (einer Tätigkeit usw.), Sphäre *w*, Rahmen *m* (einer Tätigkeit usw.)

ambos [ãbuß] *num* beide

ambulância [ãbulãßja] *w* **1** Krankenwagen *m*, Ambulanz *w* (Wagen), Rettungswagen *m* **2** Ambulanz *w* (Abteilung)

ambulatório, -a [ãbulatòrju] *adj* ambulant (Pflege usw.), ambulatorisch ♦ *m* Ambulanz *w* (Abteilung)

ameaça [ameaßa] *w* **1** Bedrohung *w etw. Gen* (Gefahr) **2** Drohung *w*

ameaçar [ameaßar] *v* drohen *j-m mit etw.*, androhen *j-m etw. Akk*

ameixa [amejscha] *w* Pflaume *w*

amêndoa [amẽdoa] *w* Mandel *w* (Samen)

americano, -a [amerikanu] *adj* amerikanisch ♦ *m* Amerikaner *m*

amido [amidu] *m* Stärke *w* (Substanz)

amiga [amiga] *w* Freundin *w*

amigável [amigaweu] *adj* **1** freundschaftlich, freundlich **2** friedlich (Lösung usw.)

amígdala [amidala] *w* Tonsillen *w Mz*, Mandeln *w Mz*

amigo [amigu] *m* Freund *m* (Bekannter) ► **ser ~** *com alg* befreundet sein *mit j-m*

amor [amor] *m* Liebe *w* ► **fazer ~** *com alg* Liebe machen *mit j-m*

amortecedor [amorteßedor] *m* Stoßdämpfer *m*

amostra [amòßtra] *w* Muster *s*, Probestück *s* (einer Ware usw.)

ampliar [ãpliar] *v* verbreitern *etw. Akk*, erweitern *etw. Akk* (Weg usw.), vergrößern (Foto usw.)

amplo, -a [ãplu] *adj* **1** breit **2** ausgedehnt, geräumig

anca [ãka] *w* Hüfte *w*

âncora [ãkora] *w* Anker *m* (Schiffsanker) ► **lançar ~** ankern

andaime [ãdajmi] *m* Gerüst *s*

andamento [ãdamẽtu] *m* **1** Lauf *m etw. Gen* (einer Maschine usw.) **2** Verlauf *m*, Ablauf *m* (eines Ereignisses usw.) ► **estar em ~** im Gange sein

andança [ãdãßa] *w* Wanderung *w* (ruhige, ohne Ziel usw.)

andar [ãdar] *v* fahren *etw. Akk* (Fahrrad usw.), gehen *in etw. Akk* (in die Schule usw.), besuchen *etw. Akk* (Kurs usw.) ♦ *m* Stock *m*, Stockwerk *s*, Geschoss *s* (im Haus usw.), Etage *w* ► **~ a cavalo** reiten; **~ a pé** laufen (zu Fuß gehen); **~ perdido** umherirren; **por este ~** so (auf diese Weise)

anedota [anedòta] *w* Anekdote *w*, Geschichte *w* (Ereignis), Witz *m*

anel [anäu] *m* **1** Ring *m* (Schmuck) **2** Glied *s* (einer Kette)

anexar [anekßar] *v* **1** beifügen (einem Dokument usw.), beilegen *etw. Akk zu etw.* **2** annektieren, einverleiben

anexo, -a [anäkßu] *adj* beigefügt, beigelegt ♦ *m* Anhang *m* (zu einer E-Mail usw.), Anlage *w* (eines Dokumentes), Ergänzung *w* (Zusatz usw.)

anfitrião [ãfitriãu] *m* Gastgeber *m*

ângulo [ãgulu] *m* **1** Winkel *m* (geometrisch) **2** Winkel *m* (Ecke), Ecke *w* (eines Raumes) **3** Gesichtspunkt *m*

angústia [ãgußtschia] *w* Angst *w* (Sorge usw.)

animal [animau] *m* Tier *s* ♦ *adj* tierisch, Tier- ► **animais** *m Mz* **(selvagens)** Wild *s* (wild lebend)

animar [animar] *v* animieren (Zeichenfilm usw.), aufheitern *j-n* (fröhlich machen)

ânimo [animu] *m* **1** Mut *m* **2** Geist *m*

aniversário [aniwerßarju] *m* **1** Jahrestag *m etw. Gen*, Jubiläum *s* **2** Geburtstag *m*

anjo [ãshu] *m* Engel *m*

ano [anu] *m* 1 Jahr *s* 2 Schuljahr *s* ▸ **este ~** dieses Jahr, in diesem Jahr

anoitecer [anojteßer] *m* Abenddämmerung *w*, Dämmerung *w* (am Abend) ♦ *v* dunkel werden

anoraque [anoraki] *m* Anorak *m*, Windjacke *w*

anotação [anotaßãũ] *w* Bemerkung *w* (schriftlich), Notiz *w*, Eintrag *m* (Notiz)

anotar [anotar] *v* 1 aufschreiben *etw. Akk*, notieren 2 bemerken (nebenbei sagen usw.)

ânsia [ãßia] *w* 1 Verlangen *s nach etw.* (heftiges usw.) 2 Angst *w* (Sorge usw.)

ansiar [ãßiar] *v* begehren *etw. Akk*, sich sehnen *nach j-m/etw.*, verlangen *nach etw.*

antecedente [ãteßedẽtschi] *adj* vorig

antena [ãtena] *w* 1 Antenne *w* 2 Fühler *m*

anterior [ãterior] *adj* 1 vorherig, vorig 2 früher 3 vorder(er,e,es)

antes [ãtß] *adv* früher, eher, zuvor, vorher ♦ *part* eher ♦ *prep* vor *etw. Dat* (einem Zeitpunkt) ▸ **~ de** bevor; **~ de tudo** vor allem (Betonung); **~ disto** vorher; **não ~ de** frühestens; **quanto ~** so bald wie möglich, baldmöglichst

antigo, -a [ãtschigu] *adj* 1 alt (historisch), altertümlich, antik (zu Antike gehörend) 2 ehemalig 3 altertümlich, archaisch, (lang) vergangen 4 antik (Möbel usw.)

antipático, -a [ãtschipatschiku] *adj* lästig, unsympathisch

anual [anuau] *adj* 1 jährlich 2 Jahres-, jährlich, einjährig

anular [anular] *v* 1 annullieren 2 nicht anerkennen (Tor, Gültigkeit usw.) ♦ *m* Ringfinger *m*, Goldfinger *m*

anunciar [anũßjar] *v* 1 bekannt machen *etw. Akk*, melden *etw. Akk* (öffentlich usw.) 2 benachrichtigen *j-n von etw.*, mitteilen *j-m etw. Akk* 3 inserieren *etw. Akk*

anúncio [anũßju] *m* 1 Anzeige *w* (in einer Zeitung), Annonce *w* 2 Bekanntgabe *w* 3 Meldung *w* (amtliche) ▸ **anúncios** *m Mz* Anzeigen *w Mz*

ao [au] **~ menos** wenigstens; **~ redor** um *etw. Akk* (räumlich)

aonde [aõũdshi] *adv* wohin

apagão [apagãũ] *m* Stromausfall *m*

apagar [apagar] *v* 1 ausradieren, löschen (Daten) 2 ausmachen *etw. Akk* (Licht), ausschalten *etw. Akk* (Maschine usw.) 3 wegwischen

apaixonado, -a [apajschonadu] *adj* 1 leidenschaftlich, passioniert 2 verliebt *in j-n* (Mensch)

apanhar [apãnjar] *v* 1 fangen (Ball usw.) 2 erwischen *j-n* (bei der Tat) 3 fangen (Tier usw.) 4 pflücken (Blumen usw.) 5 aufnehmen *etw. Akk* (vom Boden usw.) 6 einsteigen *in etw. Akk*, fahren *mit etw.* (mit der Bahn usw.) 7 bekommen (Grippe usw.), kriegen (Krankheit) 8 abholen *j-n/etw.*, holen *j-n/etw.* ▸ **~ de surpresa** überraschen *j-n* (ertappen)

aparafusar [aparafusar] *v* anschrauben *etw. Akk an etw. Akk*, schrauben *etw. Akk* (Schraube)

aparato [aparatu] *m* Apparat *m* (Gerät usw.)

aparecer [apareßer] *v* erscheinen, vorkommen (plötzlich usw.)

aparelho [aparelju] *m* 1 Anlage *w*, Vorrichtung *w* (technische usw.), Apparat *m* (Gerät usw.), Gerät *s* (elektrisches usw.) 2 Trakt *m*, Apparat *m* (im Körper) ▸ **~ dentário** Zahnspange *w*

aparência [aparẽßja] *w* 1 Aussehen *s* 2 Schein *m* (Eindruck usw.), Anschein *m*

aparente [aparẽtschi] *adj* scheinbar

apartamento [apartamẽtu] *m* Appartement *s*, Wohnung *w*

apelido [apelidu] *m* Spitzname *m*

apelo [apelu] *m* Appell *m an j-n*, Aufforderung *w* (zur Zahlung usw.)

apenas [apenaß] *adv* kaum, mit Mühe, nur ♦ *conj* kaum (in dem Moment), sobald, sowie (gleich usw.)

apêndice [apẽĩdshißi] *m* 1 Blinddarm *m* 2 Anhang *m* (Nachtrag)

aperceber-se [aperßeberßi] *v* 1 bemerken *j-n/etw.* (sehen usw.), merken *j-n/etw.* 2 sich bewusst werden *etw. Gen*

apertar [apertar] *v* 1 schließen *etw. Akk* (Schnalle usw.), zumachen *etw. Akk* 2 drücken *etw. Akk* (Knopf usw.) 3 drücken *etw. Akk* (in der Hand usw.) 4 zuziehen (Schlinge usw.), anziehen (Schraube) 5 drücken, zu eng sein ▸ **~ o cinto de segurança** den Sicherheitsgurt anlegen

aperto [apertu] *m* 1 Händedruck *m* 2 Not *w*, Notlage *w*

apesar [apesar] **~ de** obwohl, trotz *etw. Gen*; **~ disso** trotzdem

apetecer [apeteßer] *v* **1** Lust bekommen *etw. Akk zu tun*, Lust haben *etw. Akk zu tun* **2** schmecken *j-m etw. Akk* (lecker sein)

apetite [apetschitschi] *m* Appetit *m*, Esslust *w*, Lust zu essen ► **Bom ~!** Guten Appetit!, Mahlzeit!

apetrechos [apetreschuß] *m Mz* Werkzeug *s* (Gesamtheit von Werkzeugen)

aplauso [aplausu] *m* Applaus *m*, Beifall *m*

aplicação [aplikaßãũ] *w* **1** Anwendung *w etw. Gen*, Applikation *w* **2** Fleiß *m* **3** App *w,s*, Applikation *w* (Programm)

aplicar [aplikar] *v* **1** anwenden *etw. Akk* (Regel usw.), zur Geltung bringen *etw. Akk*, verwenden *etw. Akk* **2** auftragen *etw. Akk (auf etw. Akk)* (streichen)

apoderar-se [apoderarßi] *v* ergreifen *etw. Akk* (beherrschen)

apogeu [aposheu] *m* Blüte *w* (wirtschaftliche usw.), Aufschwung *m*, Kulmination *w*

apoiar [apojar] *v* **1** unterstützen *j-n* (helfen) **2** stützen *etw. Akk gegen etw.* **3** abstützen *etw. Akk mit etw.*

apoio [apoju] *m* Stütze *w* (psychische usw.), Unterstützung *w* (Hilfe)

apólice [apòlißi] *w* Versicherung *w* (Vertrag)

apontamento [apõũtamẽtu] *m* Bemerkung *w* (schriftlich), Notiz *w*, Eintrag *m*

apontar [apõũtar] *v* **1** zielen *auf j-n/etw.* **2** zeigen *auf j-n/etw.* (in einer Richtung) **3** notieren *etw. Akk*, aufschreiben *etw. Akk* **4** zuspitzen *etw. Akk*

aportar [aportar] *v* ansteuern (Schiff), landen

após [apòß] *prep* in (Dauer), nach (später) ♦ *adv* dann, daraufhin, danach

aposentado [aposẽĩtadu] *m* Rentner *m* ► **estar ~** im Ruhestand sein

aposentadoria [aposẽĩtadoria] *w* **1** Ruhestand *m*, Rente *w*, Pension *w* (Status) **2** Rente *w*, Pension *w* (Geld)

aposta [apòßta] *w* Wette *w*

apostar [apoßtar] *v* **1** wetten *mit j-m um etw.* **2** tippen (im Wettbüro usw.), wetten *auf etw. Akk*

aprazer [apraser] *v* freuen *j-n*, mögen *j-n/etw.*, gernhaben *j-n/etw.*

apreciador [apreßjador] *m* Anhänger *m* (Fan usw.)

apreciar [apreßjar] *v* schätzen *j-n/etw.* (hochachten)

aprender [aprẽĩder] *v* lernen *etw. Akk*, erlernen *etw. Akk*

apresentação [apresẽĩtaßãũ] *w* **1** Vorführung *w* (eines Gerätes usw.), Vorstellung *w* (Bekanntmachen) **2** Einreichung *w* **3** Gestaltung *w* (eines Gegenstandes)

apresentar [apresẽĩtar] *v* **1** vorstellen *j-n j-m* **2** einreichen (Gesuch usw.), vorlegen *etw. Akk j-m* (Vorschlag usw.) **3** aufführen (Theaterstück usw.), moderieren **4** aufweisen (Gewinn usw.)

apressar-se [apreßarßi] *v* eilen

aprofundar [aprofũdar] *v* vertiefen *etw. Akk* (einen Graben usw.)

apropriado, -a [apropriadu] *adj* **1** geeignet *zu etw., für etw.* (passend), taugend *zu etw.* **2** passend (Name usw.), zutreffend, prägnant

aprovação [aprowaßãũ] *w* Genehmigung *w*

aprovar [aprowar] *v* **1** annehmen (Plan usw.), billigen *etw. Akk* (Vorschlag usw.) **2** billigen *etw. Akk* (Handlung usw.)

aproveitar [aprowejtar] *v* **1** Nutzen haben *von etw.*, Nutzen ziehen *aus etw.* **2** zur Geltung bringen *etw. Akk*, verwenden *etw. Akk* **3** nutzen *etw. Akk* (Nutzen ziehen)

aproximadamente [aproßimadamẽtschi] *adv* ungefähr, etwa

aproximar-se [aproßimarßi] *v* **1** sich annähern *j-m/etw.*, herankommen *an j-n/etw.*, sich nähern *j-m/etw.* **2** einander näherkommen

aptidão [aptschidãũ] *w* Fähigkeit *w*, Tauglichkeit *w zu etw.* ► **aptidões** *w Mz* Qualifikation *w* (Ausbildung)

apto, -a [aptu] *adj* geeignet *für etw., zu etw.* (fähig)

aquecer [akeßer] *v* **1** erwärmen *etw. Akk*, warm machen *etw. Akk*, erhitzen *etw. Akk* **2** beheizen, heizen *irgendwo*

aquecimento [akeßimẽtu] *m* **1** Erwärmung *w*, Heizung *w* **2** Aufwärmen *s* (Übung usw.)

aquele [akeli] *pron* der da, jener

aqui [aki] *adv* hier ► **de ~** von hier (aus); **(por) ~** her, hierher; **por ~** hier (durch)
aquilo [akilu] *pron* das da
ar [ar] *m* **1** Luft *w* **2** Ausdruck *m* (im Gesicht usw.), Aussehen *s* ► **ao ~ livre** Außen-; **~ condicionado** Klimaanlage *w*
arame [arami] *m* Draht *m*
aranha [arãnja] *w* Spinne *w*
arar [arar] *v* pflügen
árbitro [arbitru] *m* Schiedsrichter *m* (im Sport)
arbusto [arbußtu] *m* Strauch *m*
arco [arku] *m* **1** Bogen *m* **2** Reifen *m* (aus Metall)
arco-íris [arkuiriß] *m* Regenbogen *m*
ardente [ardẽtschi] *adj* **1** glühend (heiß), Glut- **2** begeistert, heiß (Liebe usw.), leidenschaftlich (Vertreter usw.)
arder [arder] *v* brennen (Feuer usw.), lodern
árduo, -a [arduu] *adj* anstrengend
área [area] *w* **1** Gebiet *s*, Gegend *w* (Region) **2** Bereich *m* (thematischer usw.), Gebiet *s* (einer Tätigkeit usw.), Sphäre *w* **3** Fläche *w* (Ausmaß)
areia [areja] *w* Sand *m*
arenque [arẽki] *m* Hering *m* (Fisch)
argila [arshila] *w* Lehm *m*, Ton *m* (Erde)
argumento [argumẽtu] *m* Argument *s*
arma [arma] *w* Waffe *w* ► **~ de fogo** Feuerwaffe *w*, Schusswaffe *w*
armação [armaßãũ] *w* **1** Gerüst *s* (Grundkonstruktion usw.) **2** Fassung *w* (einer Brille usw.)
armadilha [armadshilja] *w* Falle *w*, Fallstrick *m*
armado, -a [armadu] *adj* bewaffnet
armar [armar] *v* **1** bewaffnen *j-n mit etw.* **2** zusammensetzen *etw. Akk* **3** stellen (Falle usw.)
armário [armarju] *m* Schrank *m*, Wandschrank *m* ► **~ pequeno** Schränkchen *s*
armazém [armaseĩ] *m* Lager *s* (für Vorräte usw.)
arquitetura [arkitetura] *w* Architektur *w*, Baukunst *w*
arquivo [arkiwu] *m* **1** Archiv *s* **2** Datei *w* ► **~ anexado** Anhang *m* (zu einer E-Mail usw.)
arrancar [ahãkar] *v* **1** abreißen *etw. Akk* (weg reißen), abreißen (Blätter usw.), herausreißen *etw. Akk* (Zahn usw.), ausreißen *etw. Akk* (Haar usw.) **2** anspringen, starten (Motor usw.) **3** aufbrechen *irgendwohin*
arranha-céu [ahãnjaßãu] *m* Wolkenkratzer *m*
arranhar [ahãnjar] *v* kratzen *etw. Akk*, zerkratzen
arranjar [ahãshar] *v* **1** arrangieren *etw. Akk* (erledigen), verabreden *etw. Akk* (Treffen usw.) **2** anschaffen *etw. Akk* **3** arrangieren (Blumen usw.)
arrasar [ahasar] *v* **1** ebnen, eben machen **2** glänzen **3** devastieren, verwüsten
arrastar [ahaßtar] *v* **1** schleifen *etw. Akk* (Sack usw.), schleppen *etw. Akk*, wegschleppen, ziehen *etw. irgendwohin* (Handwagen usw.) **2** anziehen *j-n* (Kunden usw.) **3** anspülen *j-n/etw.*, ans Ufer werfen *etw. Akk* **4** schlurfen
arredores [ahedòriß] *m Mz* Umgebung *w etw. Gen*
arrendamento [aheĩdamẽtu] *m* Miete *w* (Verhältnis)
arrendar [aheĩdar] *v* mieten *etw. Akk*, pachten *etw. Akk*
arrepender-se [ahepeĩderßi] *v* bedauern *etw. Akk*, sich schuldig fühlen *wegen etw.*
arriscar [ahißkar] *v* riskieren *etw. Akk*, Risiko *etw. Gen* eingehen
arroio [ahoju] *m* Bach *m*
arrombar [ahõũbar] *v* einbrechen *in etw. Akk* (Dieb usw.), herausbrechen *etw. Akk aus etw.*
arroz [ahoß] *m* Reis *m*
arruinar [ahuinar] *v* **1** ruinieren *j-n/etw.* (finanziell) **2** verderben *etw. Akk* (Freude usw.)
arrumadeira [ahumadejra] *w* Zimmermädchen *s*
arrumar [ahumar] *v* **1** ordnen *etw. Akk*, anordnen *etw. Akk* **2** aufräumen
arte [artschi] *w* Kunst *w* (Gestalten) ► **artes** *w Mz* **plásticas** bildende Kunst
artesão [artesãũ] *m* Handwerker *m*
articulação [artschikulaßãũ] *w* **1** Artikulation *w* **2** Gelenk *s*
artificial [artschifißjau] *adj* **1** künstlich **2** gekünstelt, geziert
artigo [artschigu] *m* **1** Artikel *m* **2** Artikel *m* (Ware), Handelsartikel *m*

3 Paragraph *m* 4 **artigos** Ausrüstung *w* ► **artigos** *m Mz* **de papelaria** Schreibwaren *Mz*; **artigos** *m Mz* **para a casa** Haushaltswaren *Mz*

artista [artschißta] *m* Künstler *m*

árvore [arwori] *w* 1 Baum *m* 2 Welle *w* (Maschinenteil)

asa [asa] *w* 1 Flügel *m* (Körperteil) 2 Henkel *m*

ascender [aßẽĩder] *v* hinaufsteigen *etw. Akk*, steigen (Flugzeug usw.)

asfalto [aßfautu] *m* Asphalt *m*

Ásia [asia] *w* Asien *s*

asma [asma] *w* Asthma *s*

asno [asnu] *m* 1 Esel *m* 2 Dummkopf *m*

áspero, -a [aßperu] *adj* 1 grob, rau (Oberfläche usw.) 2 grob (unhöflich)

aspeto [aßpätu] *m* 1 Aspekt *m*, Hinsicht *w*, Seite *w etw. Gen* (Standpunkt) 2 Aussehen *s* 3 Aspekt *m* (eines Verbs)

aspirador [aßpirador] *m* Staubsauger *m*

aspirar [aßpirar] *v* 1 anstreben *etw. Akk*, sich bewerben *um etw.* 2 staubsaugen *etw. Akk* 3 einatmen *etw. Akk* (Rauch usw.), einsaugen

asqueroso, -a [aßkerosu] *adj* abscheulich, eklig, ekelhaft, unappetitlich

assado, -a [aßadu] *adj* gebraten (Fleisch usw.) ♦ *m* Braten *m*

assaltar [aßautar] *v* angreifen *j-n*, anfallen *j-n*, überfallen *j-n*

assalto [aßautu] *m* 1 Überfall *m* 2 Runde *w* (im Wettkampf usw.) ► **~ a um banco** Banküberfall *m*

assar [aßar] *v* braten

assassinar [aßaßinar] *v* ermorden *j-n*, morden

assassínio [aßaßinju] *m* Mord *m*

assassino [aßaßinu] *m* Attentäter *m*, Mörder *m*, Totschläger *m*, Killer *m*

assegurar [aßegurar] *v* 1 versichern *j-n etw. Gen* (bestätigen), zusichern *j-m etw. Akk* 2 sichern *etw. Akk* (garantieren) 3 versichern *j-n/etw.* (Versicherung abschließen) 4 sichern *etw. Akk* (vor Gefahr)

assemelhado, -a [aßemeljadu] *adj* ähnlich *etw. Gen*

assento [aßẽtu] *m* 1 Sitz *m* (Sitzgelegenheit) 2 Sitzplatz *m*

assessoria [aßeßoria] *w* Beratung *w* (Beratertätigkeit)

assim [aßĩ] *adv* so (auf diese Weise) ► **~ que** also, sobald, sowie (gleich usw.); **Não é ~?** Nicht wahr?, Oder?

assinar [aßinar] *v* 1 unterschreiben *etw. Akk* 2 abonnieren *etw. Akk*

assinatura [aßinatura] *w* 1 Unterschrift *w* 2 Abonnement *s etw. Gen*, (ugs.) Abo *s etw. Gen*

assistência [aßißtẽßja] *w* Hilfe *w* (Unterstützung usw.) ► **~ (médica)** Behandlung *w* (eines Patienten usw.)

assistir [aßißtschir] *v* 1 teilnehmen *an etw. Dat* (Teilnehmer sein), sich beteiligen *an etw. Dat* 2 assistieren *j-m bei etw.*, helfen *j-m mit etw.* (bei einer Arbeit usw.) 3 zusehen *etw. Dat* (hinsehen), (SüD, ÖrD, SwD) zuschauen *etw. Dat* (neugierig usw.) ► **~ a TV** fernsehen

associação [aßoßjaßãũ] *w* Assoziation *w*, Verein *m*, Gemeinschaft *w* (von Menschen)

assumir [aßumir] *v* 1 übernehmen *etw. Akk* (Leitung usw.) 2 nehmen (Einstellung)

assunto [aßũtu] *m* Angelegenheit *w*, Sache *w* (Sachverhalt)

assustar [aßußtar] *v* aufschrecken *j-n*, erschrecken *j-n*, verschrecken *j-n*, schrecken *j-n* (ängstigen)

astuto, -a [aßtutu] *adj* durchtrieben, gerissen (Mensch usw.), listig, schlau

atacante [atakãtschi] *m* 1 Angreifer *m* 2 Stürmer *m*

atacar [atakar] *v* angreifen *j-n/etw.* (militärisch), anfallen *j-n*

atalho [atalju] *m* 1 Abkürzung *w* (kürzerer Weg) 2 Shortcut *m*

ataque [ataki] *m* 1 Angriff *m* (Aggression) 2 Anfall *m* ► **~ cardíaco** Infarkt *m*

atar [atar] *v* binden (miteinander), fesseln *j-n/etw. (an etw. Akk)*, festbinden *j-n/etw. an etw. Dat*

até [atä] *adv* sogar ♦ *prep* bis (dauern usw.), bis zu ► **aberto das… ~…** geöffnet von… bis…; **~ agora** bisher; **~ que** bis (etwas passiert usw.); **Até logo!** Tschüss!

atenção [atẽĩßãũ] *w* Aufmerksamkeit *w*, Acht *w* ► **distrair a ~** *de alg j-s* Aufmerksamkeit ablenken; **prender a ~** *j-s* Interesse wecken; **prestar ~** *a alg/a.c.* Aufmerksamkeit widmen *j-m/etw.*; **Atenção!** Vorsicht!, Achtung!

atendente [atẽĩdẽtschi] *m* Bedienung *w* (Personal)
atender [atẽĩder] *v* **1** erfüllen *etw. Dat* (Ansprüche usw.) **2** erledigen (Bestellung usw.) **3** bedienen *j-n* (Gast usw.)
atento, -a [atẽtu] *adj* achtsam, aufmerksam
atenuar [atenuar] *v* dämpfen, abblenden (Scheinwerfer), mildern *etw. Akk* (Folgen usw.)
aterrissar [atehißar] *v* landen (aufsetzen)
atestado, -a [ateßtadu] *adj* attestiert, bescheinigt ♦ *m* Bescheinigung *w*, Zeugnis *s*
atingir [atschĩshir] *v* **1** treffen *etw. Akk* (Ziel) **2** betreffen *etw. Akk* (Erdbeben) **3** erreichen *etw. Akk*
atirar [atschirar] *v* **1** werfen *etw. Akk*, schmeißen *etw. Akk* **2** schießen (losschießen)
atitude [atschitudshi] *w* Einstellung *w zu etw.* (Meinung), Stellung *w* (Einstellung)
atividade [atschiwidadshi] *w* Tätigkeit *w* (Sichbeschäftigen), Aktivität *w* (Handlung usw.) ► ~ **física** Bewegung *w*
ativo, -a [atschiwu] *adj* aktiv, tatkräftig, tätig ♦ *m* Vermögen *s* (einer Firma usw.), Aktiva *Mz*
atleta [atläta] *m* **1** Athlet *m* **2** Sportler *m*
atletismo [atletschismu] *m* Athletik *w*
ato [atu] *m* **1** Akt *m* (Tat), Handlung *w* **2** Akt *m* (Aufzug) ► ~ **sexual** Geschlechtsverkehr *m*
ator [ator] *m* Schauspieler *m*
atormentar [atormẽĩtar] *v* **1** foltern *j-n*, quälen *j-n* (physisch) **2** quälen *j-n* (seelisch)
atração [atraßãũ] *w* **1** Zugkraft *w* **2** Attraktion *w* **3** ***atrações*** Attraktionen *w Mz* (auf Jahrmärkten usw.)
atracar [atrakar] *v* landen
atraente [atraẽtschi] *adj* gefällig, ansprechend, lockend, reizend
atrair [atrair] *v* **1** anlocken *j-n*, locken (lockend sein) **2** anziehen *j-n* (attraktiv sein)
atrapalhar [atrapaljar] *v* **1** überraschen *j-n* (ertappen) **2** durchkreuzen (Pläne usw.) **3** aus der Ruhe bringen *j-n*
atrás [atraß] *adv* hinten, zurück (zurückgeblieben) ► ~ **de** hinter (einem Haus usw.); **fazer marcha** ~ zurückfahren (von einem Wagen usw.), rückwärtsfahren (Auto usw.); **marcha** *w* ~ Rückwärtsgang *m*
atrasado, -a [atrasadu] *adj* rückständig (Land usw.), unterentwickelt (wirtschaftlich), verspätet, verzögert
atrasar [atrasar] *v* verzögern *etw. Akk* (hinauszögern)
atraso [atrasu] *m* Rückstand *m* (zeitlicher), Verspätung *w*
através [atrawäß] *prep* mithilfe *etw. Gen*, mittels *j-s/etw.* ► ~ **de** durch *etw. Akk*, quer durch *etw.*, über *etw. Akk*
atravessar [atraweßar] *v* **1** überqueren *etw. Akk* (zu Fuß), überschreiten *etw. Akk* (Grenze usw.) **2** führen *j-n über etw. Akk* (auf die andere Seite usw.)
atrever-se [atrewerßi] *v* wagen *etw. Akk zu tun*, sich trauen *etw. Akk zu tun*
atrevido, -a [atrewidu] *adj* **1** dreist, verwegen, kühn, mutig **2** frech
atribuir [atribuir] *v* **1** zuschreiben *j-m/etw. etw. Akk* (Wirkung, Fähigkeiten usw.) **2** verleihen *j-m etw. Akk* (Preis usw.), auszeichnen *j-n mit etw.*, zusprechen *j-m etw. Akk* (Belohnung usw.) **3** zuordnen *etw. Akk etw. Dat*
atributo [atributu] *m* **1** Eigenschaft *w j-s/etw.* **2** Attribut *s* (Satzglied)
atropelar [atropelar] *v* **1** umstoßen *j-n/etw.*, umwerfen *j-n/etw.* **2** überfahren *j-n/etw.* (Fußgänger usw.)
atroz [atròß] *adj* grauenhaft, entsetzlich (Verbrechen usw.)
atuação [atuaßãũ] *w* **1** Handlung *w* **2** Darbietung *w* **3** Leistung *w* (sportliche usw.)
atual [atuau] *adj* aktuell, bestehend, gegenwärtig, jetzig
atualidade [atualidadshi] *w* Gegenwart *w*
atualmente [atuaumẽtschi] *adv* jetzt, nun, momentan, zurzeit
atuar [atuar] *v* **1** handeln (tun) **2** auftreten *in etw. Dat*, spielen (Schauspieler)
audaz [audaß] *adj* kühn, mutig
audição [audshißãũ] *w* **1** Gehör *s* **2** Hören *s*
audiência [audshiẽßja] *w* **1** Audienz *w bei j-m* **2** Verhandlung *w*, Gerichtsverhandlung *w*
auditório [audshitòrju] *m* **1** Aula *w*, Hörsaal *m* **2** Publikum *s* **3** Zuschauerraum *m*

aula [aula] *w* **1** Stunde *w* (Unterricht) **2** Klasse *w* (Schüler) **3** Hörsaal *m* **4** ***aulas*** Unterricht *m* (Unterrichtsstunde)
aumentar [aumẽĩtar] *v* erhöhen *etw. Akk* (Wert usw.), vergrößern (vermehren) ▶ **~ o esforço** zulegen (sich anstrengen); **~ (o volume)** lauter stellen *etw. Akk* (Radio usw.), aufdrehen *etw. Akk* (Heizung)
aumento [aumẽtu] *m* Anstieg *m etw. Gen*, Aufstieg *m etw. Gen* (Anzahl usw.), Erhöhung *w etw. Gen*
ausentar [auseĩtar] *v* fehlen *irgendwo* (nicht teilnehmen)
Austrália [außtralia] *w* Australien *s*
autoconfiante [autokõũfiãtschi] *adj* selbstbewusst, selbstsicher
autoestrada [autoißtrada] *w* Autobahn *w*, Schnellstraße *w*
automático, -a [automatschiku] *adj* automatisch ▶ **máquina** *w* **automática** Automat *m* (Maschine)
automóvel [automòweu] *m* Auto *s*, Wagen *m* (Kraftwagen), Pkw *m*
autopista [autopißta] *w* Autobahn *w*
autor [autor] *m* Autor *m*, Urheber *m*
autoridade [autoridadshi] *w* **1** Autorität *w* **2** ***autoridades*** Behörden *w Mz*
auxiliar [außiliar] *m* Helfer *m* ♦ *adj* Hilfs- ♦ *v* helfen *j-m mit etw.*
auxílio [außilju] *m* Aushilfe *w*, Hilfe *w* (Unterstützung usw.)
avalancha [awalãscha] *w* Lawine *w*
avaliação [awaliaßãũ] *w* Abschätzung *w*, Bewertung *w*, Schätzung *w* (des Preises)
avançado, -a [awãßadu] *adj* fortgeschritten (Technik usw.), hochentwickelt (Land usw.) ♦ *m* Stürmer *m*
avançar [awãßar] *v* vorangehen (Fortschritte machen), vorgehen (nach vorn gehen), weitergehen, vorankommen (sich bewegen)
avanço [awãßu] *m* **1** Fortkommen *s*, Fortschritt *m* **2** Durchbruch *m* (Veränderung)
avante [awãtschi] *adv* nach vorne, vorwärts, nach vorn ▶ **Avante!** Herein!
avaria [awaria] *w* Störung *w* (technische), Panne *w* (Fahrzeug)
avariado, -a [awariadu] *adj* defekt, kaputt
ave [awi] *w* Vogel *m* ▶ **~ de rapina** Greifvogel *m*, Raubvogel *m*; **aves** *w Mz* **domésticas** Geflügel *s*
aveia [aweja] *w* Hafer *m*
avelã [awelã] *w* Haselnuss *w*
avenida [awenida] *w* Boulevard *m*, Straße *w* (Avenue), Avenue *w*
avental [awẽĩtau] *m* Schürze *w*
aventura [awẽĩtura] *w* **1** Abenteuer *s* **2** Verhältnis *s mit j-m* (Liebschaft)
averiguar [aweriguar] *v* **1** feststellen *etw. Akk* **2** überprüfen *etw. Akk* (nochmals prüfen)
aversão [awerßãũ] *w* Aversion *w gegen j-n/etw.*, Widerwille *m gegen j-n/etw.*, Abneigung *w gegen j-n/etw.*
avesso, -a [aweßu] *adj* gegenteilig (Meinung usw.), Gegen-, umgekehrt, entgegengesetzt ♦ *m* Gegenteil *s von etw.*
avestruz [aweßtruß] *m/w* Strauß *m* (Vogel)
aviador [awiador] *m* Pilot *m*, Flieger *m* (Person)
avião [awiãũ] *m* Flugzeug *s*
ávido, -a [awidu] *adj* **1** eifrig (Student usw.) **2** habgierig, habsüchtig **3** gierig (Blick usw.)
avisar [awisar] *v* ankündigen *j-m etw. Akk*, verständigen *j-n von etw.*
aviso [awisu] *m* **1** Mitteilung *w* **2** Erinnerung *w etw. Dat* **3** Bekanntmachung *w* **4** Warnung *w*
avó [awò] *w* Großmutter *w*
azar [asar] *m* Pech *s*, wenig Glück *s*
azeitona [asejtona] *w* Olive *w*
azul [asuu] *adj* blau ♦ *m* Blau *s*

B

baba [baba] *w* Speichel *m*
babaca [babaka] *adj* dumm
bacalhau [bakaljau] *m* Kabeljau *m*
bacana [bakana] *adj* toll, fabelhaft, cool
bacia [baßia] *w* **1** Schüssel *w* **2** Kessel *m* (Tal) **3** Becken *s* (Körperteil)
baço [baßu] *m* Milz *w* ♦ *adj* begriffsstutzig
baga [baga] *w* Beere *w*
bagageiro [bagashejru] *m* Gepäckträger *m* (Person), Kofferraum *m*
bagagem [bagashẽĩ] *w* Gepäckstück *s* ▶ **bagagens** *w Mz* Gepäck *s*
bagatela [bagatäla] *w* **1** Kleinigkeit *w* **2** ein paar Pfennige

bagunça [bagũßa] *w* Saustall *m* (Unordnung)
baía [baia] *w* Bucht *w*
bailar [bajlar] *v* tanzen
baile [bajli] *m* **1** Tanz *m* **2** Ball *m* (Veranstaltung)
bainha [baĩnja] *w* **1** Scheide *w* (Schwert) **2** Saum *m*
bairro [bajhu] *m* Stadtviertel *s*, Viertel *s* (in der Stadt)
baixa [bajscha] *w* **1** Abnahme *w etw. Gen* (der Intensität usw.), Rückgang *m an etw. Dat* **2** Tiefland *s* **3** Entlassung *w* (aus dem Krankenhaus usw.) **4** ***Baixa*** Stadtzentrum *s*, Innenstadt *w*
baixar [bajschar] *v* **1** sinken, fallen (Preise usw.) **2** leiser stellen, zurückstellen (Heizung usw.) **3** nachlassen (Intensität) **4** herabfahren *etw. Akk* **5** herunterladen **6** neigen *etw. Akk*, senken (Kopf usw.) ▶ **~ o preço** *de a.c.* ermäßigen *etw. Akk*, verbilligen *etw. Akk*; **(fazer) ~** senken (nach unten)
baixo, -a [bajschu] *adj* niedrig ♦ *adv* niedrig ♦ *m* **1** Unterteil *s,m* **2** Bass *m* (Stimme) ▶ **de ~** von unten; **em ~** unten; **em voz baixa** leise (sprechen usw.); **para ~** bergab, herunter (zum Sprecher), hinunter (von Sprecher), nach unten, abwärts
bajular [bashular] *v* kriechen *vor j-m*
bala [bala] *w* **1** Geschoss *s* (Kugel usw.), Kugel *w* (Geschoss) **2** Ballen *m* (Zählmaß) **3** Bonbon *m*
balada [balada] *w* **1** Ballade *w* **2** Disco *w*, Diskothek *w* (Club)
balança [balãßa] *w* Waage *w* (Gerät)
balão [balãũ] *m* Ballon *m*, Luftballon *m* (für Kinder usw.)
balcão [baukãũ] *m* **1** Balkon *m* **2** Theke *w* ▶ **~ de receção** Rezeption *w* (Empfangsbüro)
balde [baudshi] *m* Eimer *m*, Kübel *m*
balneário [baunearju] *m* Bad *s* (mit Heilquellen), Kurort *m*
balsa [baußa] *w* **1** Floß *s* (Fahrzeug) **2** Fähre *w*
banana [banana] *w* Banane *w*
banca [bãka] *w* **1** Schreibtisch *m*, Tisch *m* **2** Theke *w* ▶ **~ de/da cozinha** Küchenzeile *w*
bancarrota [bãkahota] *w* Bankrott *m* ▶ **em ~** bankrott
banco [bãku] *m* **1** Bank *w* (Institution) **2** Bank *w* (zum Sitzen), Sitz *m* (Sitzgelegenheit)
banda [bãda] *w* **1** Band *w*, Kapelle *w* **2** Ansammlung *w* (Menschen) **3** Binde *w* **4** Seite *w* (Fläche usw.)
bandagem [bãdasheĩ] *w* Bandage *w*, Verband *m*
bandeira [bãdejra] *w* Fahne *w*, Flagge *w*
bandeja [bãdesha] *w* Platte *w*, Tablett *s* (zum Servieren)
bandido [bãdshidu] *m* **1** Bandit *m*, Räuber *m* **2** Gauner *m*, Gangster *m*
banhar [bãnjar] *v* **1** baden *j-n* **2** waschen
banheira [bãnjejra] *w* Badewanne *w*, Wanne *w*
banheiro [bãnjejru] *m* Toilette *w*, Klosett *s* (Raum) ▶ **~ feminino** Damentoilette *w*, Damen *w Mz*
banho [bãnju] *m* Bad *s* (Baden), Schwimmen *s*, Baden *s* (im Meer usw.) ▶ **casa** *w* **de ~** Bad *s* (Raum), Badezimmer *s*; **ir ao ~** austreten gehen/müssen; **tomar ~** baden (sich waschen); **tomar ~ de sol** bräunen (in der Sonne)
banqueta [bãketa] *w* Hocker *m*
bar [bar] *m* **1** Bar *w* (Lokal), Kneipe *w* **2** Ausschank *m* (Raum), Bar *w* (Theke), Büfett *s* (im Restaurant usw.), Barraum *m* **3** Bar *s* (Einheit)
baralhar [baraljar] *v* verwirren *j-n*
barato, -a [baratu] *adj* billig, preisgünstig, preiswert ▶ **ficar mais ~** billiger werden, sich verbilligen
barba [barba] *w* Bart *m* ▶ **fazer a ~** sich rasieren
barbatana [barbatana] *w* Flosse *w*
barbear [barbear] *v* rasieren *j-n/etw.*
barca [barka] *w* Boot *s*, Schiffchen *s* (Fahrzeug)
barco [barku] *m* Fahrzeug *s* (Schiff, Boot usw.), Schiff *s* (Wasserfahrzeug)
barra [baha] *w* **1** Stange *w* (aus Metall usw.) **2** Riegel *m* (Schokolade), Stäbchen *s* (kleiner Stab), Tafel *w* (Schokolade usw.) **3** Langhantel *w* **4** Schrägstrich *m* **5** Querlatte *w* **6** Leiste *w* (einer Applikation) ▶ **barras** *w Mz* **de tejadilho** Dachgepäckträger *m*
barraca [bahaka] *w* **1** Hütte *w* **2** Stand *m* (zum Verkauf), Verkaufsstand *m*, Zelt *s*

barragem [bahashẽĩ] *w* Staudamm *m*, Stauwehr *s*
barranco [bahãku] *m* Schlucht *w*
barreira [bahejra] *w* **1** Barriere *w* **2** Hürde *w*, Hindernis *s* (in Athletik usw.) **3** Schranke *w*
barriga [bahiga] *w* Bauch *m*, Wanst *m* (Bauch) ► **~ da perna** Wade *w*
barril [bahiu] *m* Fass *s*, Fässchen *s*
barro [bahu] *m* Schlamm *m*
barulhento, -a [baruljẽtu] *adj* laut
barulho [barulju] *m* Krach *m*, Lärm *m*
base [basi] *w* **1** Basis *w*, Grundlage *w etw. Gen* **2** Basis *w* (militärische usw.) **3** Basis *w* (eines Objekts usw.) **4** Base *w* (Verbindung) **5** Base *s* (im Baseball) **6** ***bases*** Basis *w etw. Gen*
básico, -a [basiku] *adj* **1** Grund- **2** basisch, alkalisch
bastante [baßtãtschi] *adj* hinreichend, genügend ♦ *adv* ganz (gut usw.), ziemlich ► **É ~?** Ist das genug?
bastar [baßtar] *v* ausreichen, genügen, reichen (Menge usw.)
batalha [batalja] *w* Schlacht *w*
batata [batata] *w* Kartoffel *w*, (ÖrD) Erdapfel *m*
bate-papo [batschipapu] *m* Plausch *m*, Plauderei *w*, Schwatz *m*
bater [bater] *v* **1** schlagen *auf/an etw. Akk* (an die Tür usw.), hämmern *gegen etw.* **2** schlagen *j-n*, prügeln *j-n* **3** besiegen *j-n*, schlagen *j-n* (im Wettkampf, Krieg), übertreffen *j-n* (an Fleiß usw.) **4** stoßen *gegen/an etw.* (mit Kopf usw.) **5** klopfen *an etw. Akk* (ans Fenster usw.) **6** schlagen (Sahne usw.), verquirlen **7** klappern (mit Schnabel usw.)
bateria [bateria] *w* Batterie *w* (elektrische)
batida [batschida] *w* **1** Schlag *m* (des Herzens usw.) **2** Razzia *w*
batismo [batschismu] *m* Taufe *w*
batom [batõũ] *m* Lippenstift *m*
bêbado, -a [bebadu] *adj* betrunken ♦ *m* Betrunkene *m*
bebé [bebä] *m* Baby *s*
beber [beber] *v* trinken *etw. Akk*, austrinken *etw. Akk* (Tee usw.)
bebida [bebida] *w* Getränk *s*
beco [beku] *m* Gasse *w*
beijar [bejshar] *v* küssen *j-n/etw.*
beijo [bejshu] *m* Kuss *m*
beira [bejra] *w* Rand *m* (Kante)
beleza [belesa] *w* Pracht *w*, Schönheit *w*
bem [bẽĩ] *adv* **1** gut (arbeiten usw.) **2** richtig (korrekt) **3** schön (gemacht), hübsch **4** ordentlich, richtig (viel) ♦ *m* **1** Wohl *s* **2** ***bens*** Eigentum *s*, Besitz *m* ► **ficar ~** *a alg* stehen *j-m* (Kleidung); **meu ~** Liebling *m*, Schatz *m*, Schätzchen *s* (Anrede); **se ~ que** obwohl; **Está ~.** Also gut.; **Estou ~.** Ich bin in Ordnung., Mir geht es gut.
bem-vindo, -a [bẽĩwĩdu] *adj* willkommen ► **Bem-vindo!** Willkommen!
benefício [benefißju] *m* Erlös *m*, Nutzen *m von etw.*, Profit *m* (Nutzen) ► **benefícios** *m Mz* **(dos empregados)** Mitarbeitervergünstigungen *w Mz*
bengala [bẽĩgala] *w* Stock *m* (Stütze usw.)
bens [bẽĩß] *m Mz* Vermögen *s* (einer Firma usw.), Aktiva *Mz*
berrar [behar] *v* **1** meckern (Ziege usw.) **2** schreien
besouro [besoru] *m* Käfer *m*
besteira [beßtejra] *w* Gelaber *s*, Gelabere *s*, Geschwafel *s*, Gefasel *s*
bestial [beßtschiau] *adj* derb, grob (Manieren usw.)
bexiga [beschiga] *w* Blase *w* (Organ)
biblioteca [bibliotäka] *w* Bibliothek *w*
bicha [bischa] *w* **1** Wurm *m* **2** Schlange *w* (Reihe)
bicicleta [bißiklätа] *w* Fahrrad *s*
bico [biku] *m* **1** Schnabel *m* (eines Vogels) **2** Spitze *w etw. Gen* (scharfe usw.) ► **Cala o ~!** Halt die Klappe!
bidão [bidãũ] *m* Kanister *m*, Tonne *w* (Behälter)
bigode [bigòdshi] *m* Schnurrbart *m*
bilhete [biljetschi] *m* **1** Fahrkarte *w*, Fahrschein *m* **2** Karte *w* (für Kino usw.), Eintrittskarte *w* **3** Banknote *w*, Schein *m* (Geld) ► **~ de ida e volta** Rückfahrkarte *w*; **~ de loteria** Los *s* (Lotterieschein), Lotterielos *s*; **~ marcado** Platzkarte *w*; **viajar sem ~** schwarzfahren
bilheteria [biljeteria] *w* Kasse *w* (im Kino usw.)
bílis [biliß] *w* Galle *w* (Sekret)
biquíni [bikini] *m* Bikini *m*, Zweiteiler *m* (zum Sonnen)
bisnaga [bisnaga] *w* Tube *w*

Wörterbuch Brasilianisch – Deutsch

bispo [bißpu] *m* **1** Bischof *m* **2** Läufer *m* (im Schach)

blecaute [blekautschi] *m* Stromausfall *m*

bloco [blòku] *m* Block *m* ▶ **~ (de notas)** Block *m* (Heft usw.), Notizblock *m*, Papierblock *m*

bloquear [blokear] *v* blockieren *etw. Akk*, versperren

blusa [blusa] *w* Bluse *w*

boas-vindas [boaßwidaß] **dar as ~** willkommen heißen *j-n*

boate [boatschi] *w* Nightclub *m*, Nachtlokal *s*

bobagem [bobasheĩ] *w* Mist *m*, Blödsinn *m*, Unsinn *m*

bobo, -a [bobu] *adj* blöd, blöde, dumm, doof ♦ *m* Dummkopf *m*

boca [boka] *w* **1** Mund *m* **2** Kochplatte *w* **3** Maul *s*, Schnauze *w* **4** Eingang *m* ▶ **céu** *m* **da ~** Gaumen *m*

bochecha [boschescha] *w* Wange *w*, Backe *w* (Gesicht)

boda [boda] *w* Hochzeit *w*

bola [bòla] *w* **1** Ball *m* **2** Kugel *w* (Eiskugel usw.) ▶ **dar ~** *a alg/a.c.* Aufmerksamkeit widmen *j-m/etw.*

boletim [boletschĩ] *m* **1** Bericht *m über etw. Akk*, Meldung *w über etw. Akk* (dienstliche), Report *m über etw. Akk* **2** Bulletin *s*, Mitteilungsblatt *s*

bolha [bolja] *w* Blase *w*

boliche [bolischi] *m* Spielkasino *s*

bolo [bolu] *m* Kuchen *m*, Torte *w*

bolor [bolor] *m* Schimmel *m*

bolsa [boußa] *w* **1** Beutel *m*, Handtasche *w*, Sack *m*, Tasche *w* (Behälter) **2** Börse *w* **3** Stipendium *s* **4** Beutel *m* (des Kängurus usw.) ▶ **~ de papel** Papiertüte *w*

bolso [boußu] *m* Tasche *w* (in Kleidungsstücken)

bom, boa [bõũ] *adj* **1** gut (qualitätvoll usw.) **2** gut *zu j-m* (nett) **3** schön (Gehalt usw.) ▶ **~ tempo** *m* schönes Wetter; **Boa viagem!** Gute Reise., Gute Fahrt.

bomba [bõũba] *w* **1** Bombe *w* **2** Pumpe *w* ▶ **~ de gasolina** Tankstelle *w*

bombar [bõũbar] *v* durchfallen *in etw. Dat*

bombeiro [bõũbejru] *m* Feuerwehrmann *m* ▶ **bombeiros** *m Mz* Feuerwehr *w*

bonde [bõũdshi] *m* Straßenbahn *w*, Bahn *w* (Stadtverkehrsmittel)

bondoso, -a [bõũdosu] *adj* gutherzig, nett, liebenswürdig (Person)

boné [bonä] *m* Schildmütze *w*, Baseballmütze *w*

boneca [bonäka] *w* Puppe *w* (Spielpuppe)

bonito, -a [bonitu] *adj* schön, hübsch, gutaussehend, wunderschön

borboleta [borboleta] *w* **1** Schmetterling *m* **2** Schmetterlingsstil *m*

borbulha [borbulja] *w* **1** Blase *w* (Seifenblase usw.) **2** Pickel *m* (in der Haut)

borda [bòrda] *w* **1** Rand *m*, Ufer *s* **2** Kante *w*, Saum *m*

bordar [bordar] *v* **1** säumen *etw. Akk* (einen Weg usw.) **2** besticken *etw. Akk mit etw.*, sticken *etw. Akk mit etw.*

bordo [bòrdu] *m* Bord *m*, Deck *s* ▶ **a ~** *de a.c.* an Bord *etw. Gen*

borra [boha] *w* Bodensatz *m*, Satz *m* (Bodensatz)

borracha [bohascha] *w* Gummi *m,s*, Radiergummi *m*, Radierer *m*

borracho, -a [bohaschu] *adj* betrunken

borrador [bohador] *m* Konzept *s* (eines Textes), Entwurf *m* (schriftlicher)

borrão [bohãũ] *m* **1** Klecks *m* **2** Skizze *w* (grobe)

bosque [bòßki] *m* Wald *m*

bosta [bòßta] *w* Kot *m*

bota [bòta] *w* Stiefel *m* ▶ **botas** *w Mz* **de borracha** Gummistiefel *m Mz*

botão [botãũ] *m* **1** Knopf *m* (an Kleidungsstücken) **2** Druckknopf *m*, Knopf *m* (Schalter usw.), Taste *w* (eines Gerätes usw.) **3** Blütenknospe *w*, Knospe *w*

botar [botar] *v* **1** werfen *etw. Akk*, schmeißen *etw. Akk* **2** anziehen *etw. Akk* (Kleidung usw.) ▶ **~ pra fora** *a.c.* wegwerfen (zum Abfall tun)

bote [bòtschi] *m* Boot *s*

botequim [botekĩ] *m* Kneipe *w*

botica [botschika] *w* Apotheke *w*

botim [botschĩ] *m* Stiefel *m*

bracelete [braßeletschi] *m* Armband *s*, Armring *m*

braço [braßu] *m* Arm *m*

branco, -a [brãku] *adj* weiß ♦ *m* Weiße *m*

brando, -a [brãdu] *adj* **1** weich (nicht hart) **2** leicht (Husten usw.)

brecha [bräscha] *w* Lücke *w* (Stelle usw.)

breve [bräwi] *adj* kurz, knapp (gekürzt) ► **em ~** bald

briga [briga] *w* **1** Streit *m* **2** Kampf *m* (Schlägerei), Schlägerei *w*, Prügelei *w*

brilhante [briljãtschi] *adj* glänzend, glitzernd ♦ *m* Brillant *m*

brilhar [briljar] *v* **1** leuchten (Lampe usw.), scheinen (Licht ausstrahlen), strahlen **2** glänzen (in der Sonne usw.), glitzern **3** glänzen *in etw. Dat* (sich hervortun)

brilho [brilju] *m* Glanz *m*, Schein *m* (des Lichts)

brincadeira [brĩkadejra] *w* **1** Spiel *s* (Spielen) **2** Scherz *m*, Spaß *m*

brincar [brĩkar] *v* **1** spielen *mit etw.* (Kinder usw.) **2** sich *über j-n/etw.* lustig machen, spaßen, scherzen **3** herumspielen *an/mit etw.* **4** herumtoben (tollen) **5** spielen *mit etw.* (leichtfertig)

brinco [brĩku] *m* Ohrring *m*

brindar [brĩdar] *v* anstoßen (auf etwas trinken), trinken *auf j-n/etw.*

brinquedo [brĩkedu] *m* Spielzeug *s*

bronze [brõũsi] *m* Bronze *w*

brotar [brotar] *v* aufgehen (Samen usw.), keimen (Bohnen usw.), aufkeimen, Knospen treiben

brusco, -a [brußku] *adj* **1** rau (Sitten usw.) **2** plötzlich, rapid, jäh **3** schroff (Antwort usw.)

brutal [brutau] *adj* brutal, roh (Tat usw.)

bruto, -a [brutu] *adj* **1** brutal, roh (Tat usw.) **2** roh, Roh- **3** brutto, Brutto- ♦ *m* brutaler Mensch, Gewaltmensch *m*

bruxa [bruscha] *w* **1** Hexe *w* **2** Luder *s*

bunda [bũda] *w* Hintern *m*, Gesäß *s*

buraco [buraku] *m* kleines Loch, Loch *s*, Vertiefung *w* ► **~ (na estrada)** Schlagloch *s*

burla [burla] *w* **1** Betrug *m* **2** Spott *m*

burro [buhu] *m* **1** Esel *m* **2** Dummkopf *m*

buscar [bußkar] *v* suchen *j-n/etw.*

busto [bußtu] *m* **1** Büste *w* **2** Busen *m*

buzina [busina] *w* Hupe *w* ► **tocar ~** hupen (Fahrer usw.)

C

cá [ka] *adv* her, hierher, hier

cabana [kabana] *w* Bauernhaus *s*, Hütte *w* (primitive) ► **~ (de madeira)** Blockhaus *s*

cabeça [kabeßa] *w* Kopf *m*

cabedal [kabedau] *m* **1** Leder *s* **2** Reichtum *m* (Geld usw.)

cabeleira [kabelejra] *w* **1** Haarschopf *m* **2** Perücke *w*

cabeleireiro [kabelejrejru] *m* Friseur *m* ► **salão de ~** Friseursalon *m*

cabelo [kabelu] *m* Haar *s* (einzelnes, auf dem Kopf) ► **cabelos** *m Mz* Haar *s* (blondes, lockiges usw.); **cortar o ~** sich die Haare schneiden lassen

cabide [kabidshi] *m* Kleiderbügel *m*, Bügel *m* (für Kleider), Kleiderhaken *m*, Haken *m* (Hängeisen)

cabine [kabini] *w* Kabine *w* (für Passagiere usw.)

cabo [kabu] *m* **1** Kabel *s* **2** Drahtseil *s*, Seil *s* **3** Kap *s* **4** Stiel *m* (einer Schaufel etc.), Griff *m* (des Hammers usw.) **5** Korporal *m* ► **levar a ~** verwirklichen *etw. Akk* (vollziehen)

cabra [kabra] *w* **1** Ziege *w* (Tier) **2** Luder *s*

caça [kaßa] *w* **1** Jagd *w* **2** Fang *m* **3** jagdbares Wild *s*

caçador [kaßador] *m* Jäger *m*

caçar [kaßar] *v* fangen *etw. Akk* (Tier usw.), jagen (Wildtiere usw.)

cacau [kakau] *m* Kakao *m*

cachaça [kaschaßa] *w* Cachaça *w*

cachecol [kaschekòu] *m* Schal *m*

cachimbo [kaschĩbu] *m* Pfeife *w* (zum Rauchen)

cacho [kaschu] *m* **1** Büschel *s* (Bananen usw.) **2** Locke *w*

cachorro [kaschohu] *m* **1** Welpe *m*, Hündchen *s* **2** Hund *m*

cada [kada] *pron* jed(er,e,es) (ohne Ausnahme) ► **~ qual** jed(er,e,es) (alle), jedermann; **~ vez** jedes Mal, jeweils

cadarço [kadarßu] *m* Schnürsenkel *m*

cadastrar [kadaßtrar] *v* anmelden *j-n/etw.* (registrieren usw.), registrieren *j-n/etw.* (amtlich), eintragen *j-n/etw.* (in ein Register)

cadáver [kadawer] *m* Leiche *w*

cadeia [kadeja] *w* **1** Kette *w* **2** Gefängnis *s* ► **meter na ~** *alg* einsperren *j-n*

cadeira [kadejra] *w* **1** Stuhl *m* (Möbel) **2** Fach *s* (in der Schule usw.) ► **~ de rodas** Rollstuhl *m*; **~ (de praia)** Strandliege *w*

caderno [kadärnu] *m* Heft *s* (Schulheft usw.)

caducado, -a [kadukadu] *adj* abgelaufen

café [kafä] *m* **1** Kaffee *m* **2** Café *s*, (ÖrD) Kaffeehaus *s*

café-da-manhã [kafädamãnjã] *m* Frühstück *s*

cafetaria [kafetaria] *w* Café *s*, (ÖrD) Kaffeehaus *s*

caída [kaida] *w* Fall *m* (das Fallen), Sturz *m* (in die Tiefe usw.)

cair [kair] *v* **1** fallen (zum Boden), hinstürzen, stürzen (stolpern usw.), hinfallen **2** ausfallen (Zahn usw.) **3** fallen (Meter Schnee usw.) **4** absinken, stürzen (Aktienkurse usw.), fallen (Preise usw.), sinken (Wert usw.) **5** durchfallen *durch etw.* **6** abfallen (Laub usw.) ► **deixar ~** *a.c.* fallen lassen *etw. Akk*; **fazer ~** *a.c.* abwerfen *etw. Akk* (Bombe usw.)

cais [kajß] *m* Kai *m*, Mole *w* (im Hafen)

caixa [kajscha] *w* **1** Kiste *w*, Kasten *m*, Schachtel *w* (große) **2** Geldkassette *w* **3** Futteral *s*, Kasten *m* (zum Aufbewahren) ♦ *m* Bankkassierer *m* ► **~ de primeiros socorros** Verbandkasten *m*, Erste-Hilfe-Kasten *m*; **~ do correio** Briefkasten *m*; **~ registadora** Kasse *w* (Zahlstelle); **~ eletrônico** Bankautomat *m*, Geldautomat *m*

caixão [kajschãũ] **~ funerário** Sarg *m*

caixote [kajschòtschi] *m* Kiste *w*

cal [kau] *w* Kalk *m*

calar [kalar] *v* schweigen ► **Cala a boca!** Halt die Klappe!

calçada [kaußada] *w* Gehweg *m*, Bürgersteig *m*

calçado [kaußadu] *m* Schuhe *w Mz*

calcanhar [kaukãnjar] *m* Ferse *w*

calção [kaußãũ] *m* Shorts *Mz* ► **~ de banho** Badehose *w*

calças [kaußaß] *w Mz* Hose *w* ► **~ de ganga** Jeans *Mz*

calcinha [kaußĩnja] *w* Höschen *s*

calculadora [kaukuladora] *w* Taschenrechner *m*

calcular [kaukular] *v* kalkulieren *etw. Akk*, rechnen *etw. Akk*, ausrechnen *etw. Akk* (Rechenaufgabe), berechnen *etw. Akk* (Umfang usw.)

caldeira [kaudejra] *w* **1** Kessel *m* (Gaskessel usw.) **2** Krater *m*

caldo [kaudu] *m* Bouillon *w*, Brühe *w* (Suppe)

calendário [kalẽĩdarju] *m* Kalender *m*

calhar [kaljar] *v* **1** passen *j-m* (gefallen) **2** geschehen, passieren (Ereignis usw.) ► **se ~** möglicherweise, vielleicht

cálice [kalißi] *m* Pokal *m* (Trinkgefäß)

cálido, -a [kalidu] *adj* **1** warm **2** begeistert

calma [kauma] *w* Ruhe *w*, Frieden *m* (Ungestörtheit)

calmo, -a [kaumu] *adj* ruhig

calor [kalor] *m* Hitze *w*, Wärme *w* ► **Tenho ~.** Mir ist heiß.

caloroso, -a [kalorosu] *adj* warm (Empfang usw.)

calvo, -a [kauwu] *adj* glatzköpfig, kahlköpfig, kahl

cama [kama] *w* Bett *s* ► **~ extra** Aufbettung *w*; **fazer a ~** das Bett/die Betten machen; **roupa** *w* **de ~** Bettwäsche *w*

camada [kamada] *w* **1** Schicht *w* (Masse) **2** Überzug *m* (einer Torte usw.)

câmara [kamara] *w* **1** Kamera *w* (Video) **2** Kammer *w* (Abstellraum) **3** Kammer *w* (im Gerät usw.) **4** Magazin *s* (einer Waffe) **5** Schlauch *m* (bei Reifen) ► **~ fotográfica** Kamera *w* (fotografisch), Fotoapparat *m*

Câmara [kamara] *w* Kammer *w* (eines Parlaments)

camareira [kamarejra] *w* Zimmermädchen *s*

camarote [kamarotschi] *m* **1** Loge *w* (im Theater usw.) **2** Kajüte *w*

câmbio [kãbju] *m* Tausch *m*, Umtausch *m* (von Sachen) ► **agência** *w* **de ~** Wechselstube *w*; **taxa** *w* **de ~** Kurs *m* (einer Währung), Wechselkurs *m*

caminhada [kamĩnjada] *w* Wanderung *w*

caminhão [kamĩnjãũ] *m* Lastkraftwagen *m*, Lkw *m*, Lastwagen *m* ► **camião-reboque** *m* Abschleppwagen *m*

caminhar [kamĩnjar] *v* laufen (zu Fuß gehen)

caminho [kamĩnju] *m* Weg *m* (Pfad usw.) ► **~ de ferro** Eisenbahn *w*, Bahn

w (Schienenverkehrsmittel); **Já estou no ~.** Ich bin schon unterwegs.
camioneta [kamioneta] *w* Lieferwagen *m*
camisa [kamisa] *w* **1** Hemd *s* **2** Dress *m*, Trikot *s*
camiseta [kamiseta] *w* Hemdchen *s* (für Frauen), T-Shirt *s*
camisinha [kamisinja] *w* Präservativ *s*, Kondom *s,m*
camisola [kamisola] *w* **1** Pullover *m*, Pulli *m* **2** Dress *m*, Trikot *s*
campainha [kãpainja] *w* Klingel *w* (an der Tür)
campana [kãpana] *w* Glocke *w*
campanha [kãpãnja] *w* **1** Kampagne *w* **2** Feldzug *m* **3** Sonderangebot *s*
campeão [kãpeãũ] *m* Meister *m* (Weltmeister usw.), Champion *m*
campeonato [kãpeonatu] *m* Liga *w*, Meisterschaft *w* (Weltmeisterschaft usw.)
campesino [kãpesinu] *m* Bauer *m* (Landwirt)
campina [kãpina] *w* Wiese *w*
campismo [kãpismu] *m* Camp *s*, Campingplatz *m*
campo [kãpu] *m* **1** Feld *s*, Acker *m* (Grundstück) **2** Land *s* (ländliches Gebiet) **3** Bereich *m* (thematischer usw.), Gebiet *s* (einer Tätigkeit usw.), Sphäre *w* **4** Feld *s* (im Fragebogen usw.), Kästchen *s* **5** Sportplatz *m*, Spielfeld *m* ► **~ santo** Friedhof *m*
cana [kana] *w* Rohr *s* (Pflanze) ► **~ de pesca** Angelrute *w*
canal [kanau] *m* **1** Kanal *m* (zwischen Meeren usw.) **2** Kanal *m*, Programm *s* (TV) **3** Kanal *m* (diplomatischer usw.) **4** Trog *m*
canção [kãßãũ] *w* Lied *s*
cancelar [kãßelar] *v* **1** absagen (Treffen usw.) **2** stornieren (Bestellung usw.)
câncer [kãßer] *m* Krebs *m*
candeeiro [kãdshiejru] *m* Lampe *w*
candidato [kãdshidatu] *m* Bewerber *m für etw.*, Kandidat *m für etw.* ► **~ a emprego** Stellenbewerber *m*
canela [kanäla] *w* **1** Zimt *m* **2** Unterschenkel *m*
caneta [kaneta] *w* Feder *w* (Schreibgerät), Kugelschreiber *m*
canhão [kãnjãũ] *m* **1** Kanone *w*, Geschütz *s* **2** Cañon *m*
canivete [kaniwätschi] *m* Klappmesser *s*, Taschenmesser *s*
canja [kãsha] *w* Brühe *w* (Suppe)
cano [kanu] *m* **1** Rohr *s* (Hohlkörper), Röhre *w* **2** Lauf *m* (eines Gewehrs) ► **~ de esgoto** Abfluss *m*, Ablauf *m*
cansaço [kãßaßu] *m* Müdigkeit *w*
cansado, -a [kãßadu] *adj* müde
cansar-se [kãßarßi] *v* müde werden, ermüden
cantar [kãtar] *v* singen
cântaro [kãtaru] *m* Krug *m*
canteiro [kãtejru] *m* **1** Beet *s* **2** Steinmetz *m*
cantina [kãtschina] *w* Kantine *w*, Mensa *w*
canto [kãtu] *m* **1** Gesang *m* **2** Winkel *m* (Ecke), Ecke *w* (eines Raumes) **3** Winkel *m* (Augenwinkel)
cantor [kãtor] *m* Sänger *m*
cão [kãũ] *m* Hahn *m* (an Schusswaffen)
capa [kapa] *w* **1** Mantel *m* **2** Schutzumschlag *m* (eines Buches), Buchhülle *w* **3** Deckung *w* (Vorrichtung usw.), Deckel *m* ► **~ de chuva** Regenmantel *m*
capacete [kapaßetschi] *m* Helm *m*
capacidade [kapaßidadshi] *w* **1** Kapazität *w* (Volumen usw.) **2** Fähigkeit *w* **3** Kapazität *w* (Leistungsfähigkeit)
capaz [kapaß] *adj* **1** fähig (geschickt usw.) **2** geeignet *für etw., zu etw.* (fähig)
capela [kapäla] *w* Kapelle *w* (Bau)
capital [kapitau] *w* Hauptstadt *w* ♦ *m* Kapital *s* (Geld usw.) ► **capitais** *w Mz* Großbuchstaben *m Mz*
capitão [kapitãũ] *m* Kapitän *m*
capítulo [kapitulu] *m* Kapitel *s*
capô [kapo] *m* Haube *w*, Motorhaube *w* (eines Autos)
capota [kapòta] *w* Haube *w*, Motorhaube *w* (eines Autos)
capricho [kaprischu] *m* Laune *w*, Grille *w* (Einfall), Launenhaftigkeit *w*
caprichoso, -a [kaprischosu] *adj* kapriziös, launisch, launenhaft
capturar [kapturar] *v* **1** fangen **2** aufhalten *j-n irgendwo*, gefangen nehmen *j-n* **3** aufnehmen *etw. Akk*, filmen *etw. Akk*
cara [kara] *w* Gesicht *s* ♦ *m* Typ *m* (Mensch), Kerl *m* ► **ficar com ~** *de alg* schauen *irgendwie* (dreinblicken)

caracol [karakòu] *m* **1** Schnecke *w* **2** Locke *w*

caranguejo [karãgeshu] *m* Krabbe *w*

caráter [karater] *m* **1** Charakter *m* (Wesen) **2** Charakter *m* (einer Landschaft usw.), Natur *w* (einer Person)

caraterístico, -a [karateri̥ßtschiku] *adj* bezeichnend *für j-n/etw.*, kennzeichnend *für j-n/etw.*, charakteristisch

caravana [karawana] *w* **1** Wohnwagen *m* **2** Karawane *w*

carcaça [karkaßa] *w* Gerüst *s* (Grundkonstruktion usw.)

cárcere [karßeri] *m* Gefängnis *s*

cardápio [kardapju] *m* Speisekarte *w*

carência [karẽßja] *w* Mangel *m an etw. Dat* (Knappheit)

carga [karga] *w* **1** Fracht *w* (Ware usw.), Frachtgut *s* **2** Ladung *w* (elektrische) **3** Belastung *w* (Schwierigkeit usw.), Last *w* (Sorge usw.) **4** Belastung *w* (Gewicht usw.), Last *w* (in Kilogramm usw.) ► **transporte** *m* **de ~** Frachtverkehr *m*, Güterverkehr *m*

cargo [kargu] *m* **1** Funktion *w* (Posten), Posten *m* (Stellung) **2** Pflicht *w*

caril [kariu] *m* Curry *m,s*

carimbo [karĩbu] *m* Stempel *m*

carinhoso, -a [karĩnjosu] *adj* liebevoll, liebreich, zart (empfindlich usw.), zärtlich

carne [karni] *w* Fleisch *s* ► **~ assada** Braten *m*; **~ de cordeiro** Lammfleisch *s*; **~ de vaca** Rindfleisch *s*; **~ de vitela** Kalbfleisch *s*

carneiro [karnejru] *m* **1** Widder *m* (Tier) **2** Hammelfleisch *s* **3** ***Carneiro*** Widder *m* (Sternzeichen) ► **carne** *w* **de ~** Hammelfleisch *s*

caro, -a [karu] *adj* **1** aufwendig, aufwändig, kostspielig, teuer **2** lieb (in der Anrede usw.)

caroço [karoßu] *m* Kern *m*

carona [karona] *w* Autostopp *m*, Mitnehmen *s irgendwohin* (eines Trampers) ► **viajar de ~** trampen, per Anhalter fahren

carpa [karpa] *w* Karpfen *m*

carpete [karpätschi] *m* Teppichboden *m*

carpinteiro [karpĩtejru] *m* Tischler *m*, Zimmermann *m*

carregador [kahegador] *m* Ladegerät *s*

carregar [kahegar] *v* **1** laden *etw. Akk auf etw. Akk* (beladen), aufladen *etw. Akk auf etw. Akk* (Last usw.) **2** belasten *j-n mit etw.* **3** aufladen (Batterie usw.) **4** laden (Waffe) **5** belasten *etw. Akk* **6** einspielen (Daten) **7** drücken *etw. Akk* (Knopf usw.)

carreira [kahejra] *w* **1** Karriere *w* **2** Rennen *s* **3** Pfad *m*, Wanderweg *m*, Weg *m* (Pfad usw.)

carreta [kaheta] *w* **1** Karre *w*, Karren *m* **2** Lastkraftwagen *m*, Lkw *m*

carril [kahiu] *m* Schiene *w* (für einen Zug usw.)

carrinha [kahĩnja] *w* Lieferwagen *m*

carrinho [kahĩnju] *m* Karre *w* ► **~ de bebé** Kinderwagen *m*; **~ de compras** Einkaufswagen *m*

carro [kahu] *m* Auto *s*, Wagen *m* (Kraftwagen), Pkw *m* ► **~ desportivo** Sportwagen *m*

carruagem [kahuashẽĩ] *w* **1** Kutsche *w* **2** Eisenbahnwagen *m*, Wagen *m* (Eisenbahn) ► **carruagem-restaurante** *w* Speisewagen *m*

carta [karta] *w* **1** Karte *w* (für Skat usw.), Spielkarte *w* **2** Brief *m* **3** Plan *m* (Landkarte usw.) **4** Charta *w*

cartão [kartãũ] *m* **1** Karte *w* (Plastikkarte usw.) **2** Karton *m*, Pappe *w* ► **~ de convite** Einladung *w* (Karte), Einladungskarte *w*; **~ de crédito** Kreditkarte *w*

cartaz [kartaß] *m* Plakat *s*

carteira [kartejra] *w* **1** Brieftasche *w*, Geldtasche *w*, Portemonnaie *s*, Geldbörse *w* **2** Handtasche *w* **3** Schulbank *w* **4** Briefträgerin *w*, Briefzustellerin *w* **5** Ausweis *m* ► **~ de identidade** Ausweis *m*, Personalausweis *m*, (ugs.) Perso *m*

carteiro [kartejru] *m* Briefträger *m*, Briefzusteller *m*

carvalho [karwalju] *m* Eiche *w*, Eich(en)baum *m*

carvão [karwãũ] *m* Kohle *w* (Brennstoff)

casa [kasa] *w* **1** Haus *s* **2** Heim *s* ► **a ~** nach Haus(e), heim; **~ de banho** Bad *s* (Raum), Badezimmer *s*; **~ de campo** Wochenendhaus *s*; **em ~** zu Hause, (SwD, SüD) daheim; **para ~** nach Haus(e), heim

casaco [kasaku] *m* Jacke *w*, Mantel *m* (Kleidung), Sakko *m,s*, Wintermantel *m* ► **~ de pele** Pelzmantel *m*

casado [kasadu] *adj* verheiratet

casal [kasau] *m* Eheleute *Mz*, Ehepaar *s*, Paar *s* (Personen)

casamento [kasamẽtu] *m* **1** Ehe *w* **2** Hochzeit *w*, Trauung *w*

casar [kasar] *v* **1** trauen *j-n* (ehelich verbinden), verheiraten *j-n mit j-m, an j-n* (eine Tochter) **2** heiraten *j-n*

casca [kaßka] *w* Hülse *w* (von Getreide usw.), Schale *w* (einer Nuss), Nussschale *w*, Eierschale *w*

cascata [kaßkata] *w* Kaskade *w*, Wasserfall *m*

casco [kaßku] *m* **1** Huf *m* **2** Rumpf *m* (eines Schiffes)

caseiro, -a [kasejru] *adj* hausgemacht

caso [kasu] *m* **1** Vorfall *m*, Fall *m* (Angelegenheit) **2** Fall *m* (Grammatik) ▶ **~ que…** falls…, im Fall, dass…; **no pior/melhor dos casos** im schlimmsten/besten Fall *m*

cassete [kaßätschi] *w* Kassette *w* (Magnetband)

castanha [kaßtãnja] *w* Kastanie *w* (Frucht)

castanho, -a [kaßtãnju] *adj* Kastanien-

castelo [kaßtelu] *m* Burg *w*

castigar [kaßtschigar] *v* bestrafen *j-n für etw.*

castigo [kaßtschigu] *m* Strafe *w* (Bestrafung)

casual [kasuau] *adj* zufällig (Auswahl usw.), Zufalls-

casualidade [kasualidadshi] *w* Zufall *m*

catar [katar] *v* **1** suchen *j-n/etw.* (Verlorenes usw.) **2** entlausen

catarata [katarata] *w* **1** Wasserfall *m* **2** grauer Star *m*

catástrofe [kataßtrofi] *w* Katastrophe *w*, Unglück *s* (Tragödie usw.)

catedral [katedrau] *w* Kathedrale *w*

categoria [kategoria] *w* Kategorie *w*

cativar [katschiwar] *v* gefangen nehmen *j-n*

caução [kaußãũ] *w* Kaution *w*, Pfand *s*

cauda [kauda] *w* **1** Schwanz *m* (eines Tiers) **2** Schleppe *w* (Teil des Kleides)

causa [kausa] *w* **1** Grund *m für etw.* (für Tat usw.), Ursache *w etw. Gen* **2** Rechtsfall *m* ▶ **por ~ de** auf Grund *m etw. Gen*, wegen *j-s/etw.*

causar [kausar] *v* auslösen *etw. Akk*, verschulden *etw. Akk*, verursachen *etw. Akk*

cauteloso, -a [kautelosu] *adj* umsichtig, bedächtig (Person usw.), vorsichtig, wachsam

cavalo [kawalu] *m* **1** Pferd *s* **2** Springer *m* (Schachfigur) ▶ **andar a ~** reiten; **corridas** *w Mz* **de cavalos** Pferderennen *s*

cavar [kawar] *v* graben *etw. Akk*, umgraben *etw. Akk*

cave [kawi] *w* Keller *m*, Souterrain *s*, Kellergeschoss *s*

caverna [kawärna] *w* Höhle *w*

cebola [ßebola] *w* Zwiebel *w* (Gemüse)

ceder [ßeder] *v* **1** nachgeben *j-m* (Konzessionen machen) **2** überlassen *j-m etw. Akk* (verzichten) **3** aufgeben (nicht mehr raten)

cedo [ßedu] *adv* früh ▶ **mais ~** früher (vorzeitig)

cédula [ßädula] *w* Ausweis *m*, Personalausweis *m*, (ugs.) Perso *m*

cego, -a [ßägu] *adj* **1** blind, erblindet (Kind, Auge usw.) **2** stumpf (nicht scharf) ♦ *m* Blinde *m* ▶ **ficar ~** erblinden

celebrar [ßelebrar] *v* **1** feiern **2** veranstalten *etw. Akk*, verwirklichen *etw. Akk*, realisieren *etw. Akk* (Plan usw.)

célebre [ßälebri] *adj* berühmt *für etw.*, ruhmreich, ruhmvoll

celeiro [ßelejru] *m* Getreidespeicher *m*, Speicher *m* (für Getreide), Scheune *w*

célula [ßälula] *w* Zelle *w* (in Lebewesen)

celular [ßelular] *adj* zellular, Zell(en)- ♦ *m* Handy *s*

cem [ßẽĩ] *num* hundert

cemitério [ßemitärju] *m* Begräbnisstätte *w*, Friedhof *m*, Kirchhof *m*

cena [ßena] *w* **1** Bühne *w* **2** Szene *w* (hysterische usw.)

cenoura [ßenora] *w* Karotte *w*, Möhre *w*

censura [ßẽĩßura] *w* **1** Zensur *w* **2** Vorwurf *m*

centeio [ßẽĩteju] *m* Roggen *m*

centelha [ßẽĩtelja] *w* Funke *m*

centímetro [ßẽĩtschimetru] *m* Zentimeter *m,s*

cento [ßẽtu] *m* hundert

central [ßẽĩtrau] *adj* **1** Mittel- **2** zentral ♦ *w* **1** Zentrale *w* (Telefonzentrale) **2** Zentrale *w* (einer Organisation usw.) ▶ **~ elétrica** Kraftwerk *s*; **estação** *w* **~** Hauptbahnhof *m*

centro [ßẽtru] *m* **1** Kern *m* (Zentrum), Zentrum *s* (Mitte) **2** Zentrum *s* (Einrichtung) **3** Mittelpunkt *m* (eines Kreises usw.) ▶ **no ~** *de a.c.* in der Mitte *etw. Gen*, mitten *in etw. Dat*

cera [ßera] *w* Wachs *s*

cerâmica [ßeramika] *w* Keramik *w*

cerca [ßerka] *w* Zaun *m* ▶ **~ de** gegen (Menge), ungefähr

cercado [ßerkadu] *m* Zaun *m* ▶ **estar ~** *de a.c.* umgeben sein *von etw.*

cereal [ßereau] *m* Getreide *s*

cérebro [ßärebru] *m* Gehirn *s*

cereja [ßeresha] *w* Kirsche *w* (süße, Frucht)

cerimônia [ßerimonia] *w* **1** Zeremonie *w* **2** ***cerimônias*** Umstände *m Mz*

cerrar [ßehar] *v* schließen *etw. Akk* (Fenster usw.), zumachen *etw. Akk* (Tür usw.)

certeza [ßertesa] *w* Sicherheit *w*, Gewissheit *w* ▶ **com ~** bestimmt, gewiss, sicher (ohne Zweifel usw.), sicherlich; **ter ~** sich *etw. Gen* sicher sein

certidão [ßertschidãũ] *w* Bescheinigung *w*, Zeugnis *s*, Schein *m* (Urkunde)

certificado [ßertschifikadu] *m* Bescheinigung *w*, Zeugnis *s*, Urkunde *w*, Zertifikat *s*

certo, -a [ßärtu] *adj* **1** richtig (nicht falsch), korrekt **2** gewiss **3** überzeugt *von etw.* **4** wahr ▶ **ao ~** gewiss, sicherlich, bestimmt; **dar ~** klappen, gelingen (Sache usw.); **de certa forma** irgendwie (auf irgendeine Weise); **um (certo) dia** einmal, eines Tages

cerveja [ßerwesha] *w* Bier *s* ▶ **~ à pressão** Bier vom Fass; **~ em lata** Dosenbier *s*

cervo [ßärwu] *m* Hirsch *m*

cessar [ßeßar] *v* aufhören (Regen usw.)

cesto [ßeßtu] *m* Korb *m* ▶ **~ de lixo** Mülleimer *m*, Abfalleimer *m*

céu [ßäu] *m* Himmel *m* ▶ **~ palatino** Gaumen *m*

cevada [ßewada] *w* Gerste *w*

chá [scha] *m* Tee *m*

chácara [schakara] *w* Bauernhof *m*, Hof *m* (landwirtschaftlicher)

chalé [schalä] *m* Chalet *s*, Wochenendhaus *s*

chaleira [schalejra] *w* Kanne *w* (für Tee usw.) ▶ **~ elétrica** Wasserkocher *m*

chama [schama] *w* **1** Flamme *w* **2** greller Schein, Glanz *m* (der Sonne usw.)

chamada [schamada] *w* **1** Telefongespräch *s*, Anruf *m* (telefonischer), Telefonat *s* **2** Ruf *m* (Ausruf usw.) ▶ **fazer uma ~** einen Anruf machen, telefonieren

chamar [schamar] *v* **1** nennen *j-n irgendwie* (bezeichnen) **2** rufen *j-n* (Arzt usw.), zurufen *j-m* **3** einberufen (zur Armee)

chamar-se [schamarßi] *v* heißen *irgendwie* ▶ **Chamo-me…** Ich heiße…; **Como te chamas?** Wie heißt du?

chaminé [schaminä] *w* Schornstein *m*

chance [schãßi] *w* Chance *w* (Möglichkeit)

chantagem [schãtashẽĩ] *w* Erpressung *w* ▶ **fazer ~** erpressen *j-n*

chão [schãũ] *m* Boden *m*, Fußboden *m*, Erde *w*, Grund *m*

chapa [schapa] *w* **1** Platte *w* **2** Blech *s* (Material) ♦ *m* Kumpel *m* (Freund)

chapéu [schapäu] *m* Hut *m*

charco [scharku] *m* Pfütze *w*, Tümpel *m*

charuto [scharutu] *m* Zigarre *w*

chateado, -a [schateadu] *adj* sauer *auf j-n*, verärgert

chatear [schatear] *v* ärgern *j-n*, (ugs.) nerven *j-n*, (ugs.) fuchsen *j-n*, belästigen *j-n*

chato, -a [schatu] *adj* langweilig, lästig

chave [schawi] *w* **1** Schlüssel *m* (zum Schließen) **2** Schlüssel *m zu etw.* (Lösung) **3 ~ *inglesa*** Schraubenschlüssel *m* ♦ *adj* Schlüssel- ▶ **~ de fendas** Schraubenzieher *m*; **fechar à ~** abschließen (Wohnung usw.), schließen (mit dem Schlüssel); **palavra-chave** *w* Passwort *s*, Kennwort *s*

check-in [tschäki ĩ] *m* Abfertigung *w*, Anmeldung *w*, Check-in *s,m* (im Hotel usw.)

chefe [schäfi] *m* Chef *m*, Leiter *m* (Person)

chegada [schegada] *w* Ankunft *w*

chegar [schegar] *v* **1** anfliegen, einfliegen (Flugzeug), ankommen *in etw. Dat, an etw. Dat* (mit dem Auto usw.), kommen *irgendwohin* **2** kommen *zu etw.* (Ansicht usw.) **3** ankommen (Paket usw.), eingehen (Brief usw.) **4** eintreten (geschehen), kommen (Zeit) ▶ **~ a saber** *de a.c.* erfahren *etw. Akk, über etw. Akk*

cheia [scheja] *w* Überschwemmung *w*, Hochwasser *s*

cheio, -a [scheju] *adj* voll *etw. Gen* (gefüllt) ► **chei|o/-a de gente** überfüllt, vollgestopft (Bus usw.), voll (Zug usw.); **Estou de saco ~ disso.** Ich habe davon die Nase voll.

cheirar [schejrar] *v* **1** riechen *an etw. Dat* (einen Geruch wahrnehmen) **2** riechen (durch den Geruchssinn) ► **~ bem** duften

cheiro [schejru] *m* Geruch *m* (Wahrnehmung) ► **~ (agradável)** Duft *m*; **ter ~ de a.c.** riechen *nach etw.* (Rosen usw.)

cheque [schäki] *m* Scheck *m*

chiclete [schiklätschi] *m* Kaugummi *m*

chifre [schifri] *m* Horn *s* (eines Tiers usw.)

chinela [schinäla] *w* Hausschuh *m*

chique [schiki] *adj* elegant (Person usw.)

chocar [schokar] *v* **1** anstoßen *an/gegen etw.*, prallen *gegen etw.*, stoßen *an etw. Dat* **2** schockieren

chocolate [schokolatschi] *m* Schokolade *w*

chofer [schofer] *m* Fahrer *m*, Lenker *m*, Chauffeur *m*

choque [schòki] *m* **1** Schock *m* **2** Zusammenstoß *m* (Auseinandersetzung), Konflikt *m*

chorar [schorar] *v* weinen

choupana [schopana] *w* Hütte *w* (primitive)

chover [schower] *v* regnen ► **~ a cântaros** gießen (regnen)

chulo, -a [schulu] *adj* rüpelhaft, lümmelhaft, vulgär, gemein

chumbo [schũbu] *m* **1** Blei *s* (Metall) **2** Ablehnung *w* (eines Antrags usw.)

chupar [schupar] *v* **1** lutschen *an etw. Dat* (Daumen usw.) **2** lutschen *etw. Akk* (Bonbon usw.)

chupeta [schupeta] *w* Schnuller *m*, Sauger *m*

churrasco [schuhaßku] *m* Barbecue *s* (gebratenes Fleisch)

chuto [schutu] *m* Ball *m* (Schlag)

chuva [schuwa] *w* Regen *m* ► **chuvas fortes** starke Regenfälle

chuveiro [schuwejru] *m* **1** Dusche *w* **2** Regenguss *m*, Schauer *m*, Regenschauer *m*

cicatriz [ßikatriß] *w* Narbe *w* (nach Verletzung)

ciclista [ßiklißta] *m* Radfahrer *m*, Fahrradfahrer *m* ♦ *adj* Rad-

ciclo [ßiklu] *m* **1** Zyklus *m* **2** Kreislauf *m* (des Lebens usw.)

cidadania [ßidadania] *w* Staatsangehörigkeit *w*

cidadão [ßidadãũ] *m* Bürger *m*

cidade [ßidadshi] *w* Stadt *w*

ciência [ßiẽßja] *w* Lehre *w* (christliche usw.), Wissenschaft *w*

científico, -a [ßiẽĩtschifiku] *adj* wissenschaftlich

cientista [ßiẽĩtschißta] *m* Wissenschaftler *m*

cifra [ßifra] *w* **1** Zahl *w* (Angabe), Ziffer *w* **2** Chiffre *w*

cigarro [ßigahu] *m* Zigarette *w*

cilada [ßilada] *w* Falle *w* (Hinterlist usw.)

cilindro [ßilĩdru] *m* Zylinder *m*

cima [ßima] *w* Gipfel *m etw. Gen*, Spitze *w etw. Gen* ► **de ~** ober(er,e,es); **em ~** oben; **em ~ de** auf (einer Oberfläche usw.), über *etw. Dat* (höher), über (dem Niveau); **para ~** aufwärts; **por ~ de** über *etw. Akk* (eine Oberfläche), über *etw. Dat* (höher)

cinco [ßĩku] *num* fünf

cinema [ßinema] *m* Kino *s*

cinquenta [ßĩkuẽta] *num* fünfzig

cinta [ßĩta] *w* Band *s* (Förderband usw.), Riemen *m* (Treibriemen usw.)

cinto [ßĩtu] *m* **1** Gürtel *m* (Hosengürtel usw.) **2** Gurt *m*

cintura [ßĩtura] *w* Taille *w*

cinza [ßĩsa] *w* Asche *w*

cinzeiro [ßĩsejru] *m* Aschenbecher *m*

cinzento, -a [ßĩsẽtu] *adj* grau ♦ *m* Grau *s*

circo [ßirku] *m* Zirkus *m*

circuito [ßirkuitu] *m* **1** Rennbahn *w* **2** Stromkreis *m*

circulação [ßirkulaßãũ] *w* **1** Zirkulation *w* **2** Verkehr *m*

circular [ßirkular] *v* kreisen *um etw.*, umlaufen (kursieren), zirkulieren ♦ *adj* kreisförmig ♦ *w* Rundbrief *m*, Rundschreiben *s* ► **estrada** *w* **~** Umgehungsstraße *w*

círculo [ßirkulu] *m* **1** Kreis *m* (Figur) **2** Kreislinie *w*

circunstância [ßirkũßtãßja] *w* Umstand *m*

cirurgia [ßirurshia] *w* **1** Chirurgie *w* **2** Operation *w* (chirurgische usw.)

cirurgião [ßirurshiãũ] *m* Chirurg *m*

cisne [ßisni] *m* Schwan *m*

ciúme [ßiumi] *m* Eifersucht *w* ► **ter ciúmes** eifersüchtig sein *auf j-n*

ciumento, -a [ßiumẽtu] *adj* eifersüchtig
clandestino, -a [klãdeßtschinu] *adj* geheim (Tätigkeit usw.)
claridade [klaridadshi] *w* Klarheit *w* (einer Beschreibung usw.)
clarificar [klarifikar] *v* klarstellen *etw. Akk*, klären *etw. Akk*
claro, -a [klaru] *adj* **1** klar (Bedeutung usw.) **2** hell, klar (Himmel usw.), heiter (Tag usw.) ♦ *part* natürlich (Zustimmung), selbstverständlich ► **céu** *m* ~ Klarheit *w*; **pouco clar|o/-a** unklar (Bedeutung usw.)
classe [klaßi] *w* **1** Klasse *w* **2** Schicht *w* (Gesellschaftsschicht usw.)
clássico, -a [klaßiku] *adj* klassisch (typisch) ♦ *m* **1** Klassiker *m* (Künstler) **2** Derby *s* (Match)
cliente [kliẽtschi] *m* Kunde *m*, Klient *m*, Mandant *m*
clima [klima] *m* **1** Klima *s* **2** Atmosphäre *w* (Stimmung)
clínica [klinika] *w* Klinik *w*
clube [klubi] *m* Klub *m*
coberta [kobärta] *w* Decke *w* (im Bett)
cobertor [kobertor] *m* Decke *w* (im Bett), Tagesdecke *w* (für das Bett)
cobertura [kobertura] *w* **1** Bedachung *w*, Deckung *w* (Vorrichtung usw.), Deckel *m* **2** Berichterstattung *w* **3** Überzug *m* (einer Torte usw.)
cobra [kòbra] *w* Schlange *w* (Tier)
cobrador [kobrador] *m* Schaffner *m*
cobrar [kobrar] *v* berechnen *j-m etw. Akk* (anrechnen), beziehen (Gehalt usw.), einkassieren, kassieren
cobre [kòbri] *m* Kupfer *s*
cobrir [kobrir] *v* **1** bedecken *j-n mit etw.*, zudecken *j-n/etw. mit etw.* **2** decken *etw. Akk mit etw.* **3** decken *etw. Akk* (finanziell) **4** verhüllen ► **~ os gastos** die Kosten decken
coçar [koßar] *v* kratzen (reiben)
código [kòdshigu] *m* **1** Kode *m* **2** Gesetzbuch *s* ► **~ postal** Postleitzahl *w*
coelho [koelju] *m* Kaninchen *s*
cofre [kòfri] *m* **1** Truhe *w* **2** Safe *m,s*
cogumelo [kogumälu] *m* Pilz *m* (Röhrling usw.)
coima [kojma] *w* Geldstrafe *w*, Bußgeld *s*
coincidir [koĩßidshir] *v* **1** kollidieren, zusammenfallen (zeitlich) **2** übereinstimmen *mit etw.* (in Einklang stehen)
coisa [kojsa] *w* Sache *w* (Gegenstand), Ding *s* (nützliches usw.) ► **alguma ~** etwas, irgendetwas; **~ nenhuma** nichts; **qualquer ~** etwas, irgendetwas
coitado [kojtadu] *m* ein armer Kerl ♦ *adj* arm (bedauernswert usw.)
cola [kòla] *w* **1** Klebstoff *m* **2** Spickzettel *m*
colaborar [kolaborar] *v* zusammenarbeiten *mit j-m*
colapso [kolapßu] *m* **1** Kollaps *m* **2** Anfall *m*
colar [kolar] *m* **1** Kragen *m* **2** Collier *s*, Halskette *w* ♦ *v* aufkleben *etw. Akk auf etw. Akk*, überkleben *etw. Akk mit etw.*, zusammenkleben *etw. Akk* (verkleben), kleben *etw. Akk* ► **~ com fita adesiva** mit Klebeband zukleben *etw. Akk*
colcha [kouscha] *w* Steppdecke *w*, Tagesdecke *w*
colchão [kouschãũ] *m* Matratze *w*
colchonete [kouschonätschi] *m* Isomatte *w*, Isoliermatte *w*, Matte *w* (zum Turnen)
coleção [koleßãũ] *w* Kollektion *w* (Kleider), Sammlung *w* (von Gemälden usw.)
colecionar [koleßionar] *v* sammeln (Briefmarken usw.)
colega [koläga] *w* Kollegin *w* ♦ *m* Kollege *m*, Mitarbeiter *m* ► **~ de classe** Mitschüler *m*
colégio [koläshiu] *m* **1** Schule *w* **2** Kollegium *s*
coleira [kolejra] *w* Halsband *s*
cólera [kòlera] *w* **1** Wut *w*, Zorn *m* **2** Cholera *w*
coleta [koläta] *w* Sammlung *w* (von Altpapier usw.) ► **~ de sangue** Blutentnahme *w*
coletânea [koletanea] *w* Sammlung *w* (von Gemälden usw.)
coletar [koletar] *v* **1** einsammeln, sammeln (Holz usw.) **2** einkassieren, kassieren
colete [koletschi] *m* Weste *w* ► **~ salva-vidas** Schwimmweste *w*
coletivo, -a [koletschiwu] *adj* gemeinsam (Besitz usw.), kollektiv, Kollektiv-
colheita [koljejta] *w* Ernte *w*
colher [koljer] *w* Löffel *m* ♦ *v* **1** ernten (Ergebnisse seiner Bemühungen usw.), pflücken **2** ernten *etw. Akk* (Getreide usw.) ► **~ de chá** Teelöffel *m*, Löffel *m* (kleiner)

colidir [kolidshir] *v* **1** kollidieren (Interessen usw.) **2** zusammenstoßen

colina [kolina] *w* Hügel *m*

colírio [kolirju] *m* Augentropfen *Mz*

colisão [kolisãũ] *w* Kollision *w*, Zusammenstoß *m*

colo [kòlu] *m* **1** Schoß *m* **2** Hals *m* (einer Flasche usw.)

colocar [kolokar] *v* **1** hinlegen *etw. Akk irgendwohin*, legen *etw. Akk irgendwohin*, platzieren *etw. Akk irgendwohin*, stellen *etw. Akk irgendwohin* (auf den Tisch usw.) **2** legen (Fundament usw.)

colorido, -a [koloridu] *adj* bunt (nicht schwarz-weiß), farbig (Stoff usw.) ♦ *m* Charakter *m* (einer Landschaft usw.)

colorir [kolorir] *v* ausmalen *etw. Akk* (Bild usw.), färben (farbig machen)

colossal [koloßau] *adj* kolossal, riesig (Summe usw.)

coluna [koluna] *w* **1** Säule *w* (Stütze usw.) **2** Spalte *w* (in einem Text) **3** Säule *w* (Rauchsäule usw.) **4** Wirbelsäule *w*

com [kõũ] *prep* mit *j-m/etw.* ► **~ cuidado** vorsichtig; **~ a condição de que** unter der Bedingung, dass; **Estou ~ fome.** Ich habe Hunger., Ich bin hungrig.

comandante [komãdãtschi] *m* Kapitän *m*, Kommandant *m*

comandar [komãdar] *v* befehligen *j-n/etw.*, kommandieren *j-n/etw.* (Befehlsgewalt ausüben)

comando [komãdu] *m* **1** Kommando *s* (Befehlsgewalt) **2** Befehl *m* (EDV)

combate [kõũbatschi] *m* Kampf *m*

combinar [kõũbinar] *v* **1** kombinieren (zusammenstellen), verbinden **2** passen *zu etw.* (Farben usw.) **3** verabreden *etw. Akk*, vereinbaren *etw. Akk*, abpsrechen *etw. Akk* (Termin usw.)

combustível [kõũbußtschiweu] *adj* brennbar ♦ *m* Brennstoff *m*, Heizmaterial *s*, Treibstoff *m*, Kraftstoff *m*

começar [komeßar] *v* beginnen *etw. Akk, mit etw.*, anfangen *etw. Akk*

começo [komeßu] *m* Anfang *m*, Beginn *m* ► **no ~** anfangs

comédia [komädshia] *w* Komödie *w*

comemorar [komemorar] *v* **1** gedenken **2** feiern *etw. Akk* (Geburtstag usw.)

comentário [komẽĩtarju] *m* Anmerkung *w* (Äußerung usw.), Kommentar *m*

comer [komer] *v* essen *etw. Akk*, aufessen *etw. Akk*, fressen *etw. Akk* (Tier) ► **dar de ~ a alg** füttern *j-n mit etw.*

comercial [komerßjau] *adj* geschäftlich, kommerziell ♦ *m* Werbespot *m*

comerciante [komerßjãtschi] *m* Geschäftsmann *m*, Händler *m*

comércio [komärßju] *m* Handel *m*

comestível [komeßtschiweu] *adj* essbar, genießbar

cometer [kometer] *v* begehen, verüben (Verbrechen usw.)

comida [komida] *w* Essen *s*, Kost *w* ► **~ para bebé** Babynahrung *w*

cominho [kominju] *m* Kümmel *m*

como [komu] *adv* **1** wie **2** als (arbeiten als usw.) ♦ *conj* **1** wie (Ähnlichkeit) **2** weil ♦ *pron* was für ein ► **~ se** als ob; **Como é?** Wie ist es?; **Como está?** Wie geht es Ihnen?; **Como te chamas?** Wie heißt du?; **Como?** Wie bitte?

cômodo, -a [komodu] *adj* bequem

comover [komower] *v* **1** rühren *j-n* (innerlich) **2** beeindrucken *j-n*, begeistern *j-n mit etw.*

compadecer-se [kõũpadeßerßi] *v* **1** bedauern *j-n*, mitfühlen *mit j-m* **2** bedauern *j-n*, sich erbarmen *j-s*

compadre [kõũpadri] *m* Pate *m*, Taufpate *m*, Patenonkel *m*

compaixão [kõũpajschãũ] *w* Erbarmen *s*, Mitleid *s*, Mitgefühl *s*

companheiro [kõũpãnjejru] *m* **1** Freund *m* (Bekannter) **2** Partner *m*

companhia [kõũpãnjia] *w* **1** Gesellschaft *w* (Firma usw.) **2** Kompanie *w* ► **~ de seguros** Versicherungsgesellschaft *w*; **fazer ~** Gesellschaft *w* leisten *j-m*

comparação [kõũparaßãũ] *w* **1** Vergleich *m mit etw.* **2** Steigerung *w* (Adjektiv usw.) ► **em ~ a** *a.c.* im Vergleich zu *etw.*, gegenüber *etw.* (verglichen), gegen *etw.*

comparar [kõũparar] *v* vergleichen *j-n/etw. mit j-m/etw.* (Unterschiede usw.)

comparecer [kõũpareßer] *v* erscheinen

comparecimento [kõũpareßimẽtu] *m* Anwesenheit *w von j-m*

comparência [kõũparẽßja] *w* Anwesenheit *w von j-m*

compartilhar [kõũpartschiljar] *v* teilen *etw. Akk mit j-m* (gemeinsam nutzen)

compartimento [kõũpartschimẽtu] *m* **1** Fach *s* (im Schrank usw.) **2** Abteil *s*, Box *w* (im Restaurant usw.)

compatível [kõũpatschiweu] *adj* **1** vereinbar *mit etw.*, kompatibel *mit etw.* **2** angemessen *etw. Dat*

compensação [kõũpẽĩßaßãũ] *w* **1** Ersatz *m für etw.*, Gegenleistung *w*, Kompensierung *w für etw.* **2** Abfindung *w* (Summe)

competência [kõũpetẽßja] *w* **1** Befugnis *w*, Kompetenz *w* (Rechte usw.) **2** Wettbewerb *m*, Wettkampf *m* **3** Kompetenz *w* (Fachkompetenz usw.), Sachkenntnis *w*, Fachkenntnis *w*

competente [kõũpetẽtschi] *adj* berufen, befugt, kompetent (Gericht usw.), zuständig

competição [kõũpetschißãũ] *w* **1** Wettbewerb *m*, Wettkampf *m* **2** Konkurrenz *w*

competir [kõũpetschir] *v* **1** an einem Wettkampf *gegen j-n* teilnehmen, kämpfen *mit j-m*, wetteifern *mit j-m* **2** konkurrieren *j-m/etw.*

complemento [kõũplemẽtu] *m* Ergänzung *w*

completar [kõũpletar] *v* **1** beenden *etw. Akk* (Arbeit usw.), zu Ende bringen *etw. Akk*, vollenden *etw. Akk* **2** ergänzen, vervollständigen, hinzufügen *etw. Akk* (sagen)

completo, -a [kõũplätu] *adj* komplett, vollständig, voll

complicado, -a [kõũplikadu] *adj* kompliziert, verwickelt

complicar [kõũplikar] *v* komplizieren *etw. Akk*, verkomplizieren

componente [kõũponẽtschi] *m* **1** Komponente *w* **2** Einzelteil *s*

compor [kõũpor] *v* **1** zusammensetzen *etw. Akk* **2** komponieren

comportamento [kõũportamẽtu] *m* Verhalten *s*, Benehmen *s*

composição [kõũposißãũ] *w* **1** Zusammensetzung *w* **2** Komposition *w* (musikalisch) **3** Komposition *w* (Zusammenstellung)

compositor [kõũpositor] *m* Komponist *m*

compra [kõũpra] *w* Einkaufen *s*, Einkauf *m* (Tätigkeit), Kauf *m*, Ankauf *m* ▶ **carrinho** *m* **de compras** Einkaufswagen *m*; **fazer compras** Einkauf/Einkäufe machen, einkaufen

comprador [kõũprador] *m* Käufer *m*

comprar [kõũprar] *v* kaufen *etw. Akk*

compreender [kõũpriẽĩder] *v* **1** begreifen *etw. Akk*, verstehen *j-n/etw.* **2** umfassen (inhaltlich) ▶ **Não compreendo.** Ich verstehe nicht.

compreensível [kõũpriẽĩßiweu] *adj* begreiflich, verständlich, fassbar, plausibel (Erklärung usw.)

compressa [kõũpräßa] *w* Umschlag *m* (zu Heilzwecken), Verband *m* (Bandage)

comprido, -a [kõũpridu] *adj* lang (räumlich)

comprimento [kõũprimẽtu] *m* Länge *w*

comprimido [kõũprimidu] *m* Tablette *w*

comprimir [kõũprimir] *v* hineinpressen *etw. Akk in etw. Akk*, komprimieren (Daten usw.), zusammendrücken *etw. Akk* (Volumen reduzieren)

comprometer-se [kõũprometerßi] *v* **1** sich kompromittieren **2** sich verpflichten *zu etw.* **3** sich binden (beruflich, emotionell usw.)

compromisso [kõũpromißu] *m* **1** Kompromiss *m* **2** Verpflichtung *w* (zur Arbeit usw.) **3** Verlobung *w*, Verlöbnis *s*

comprovante [kõũprowãtschi] *m* Quittung *w*

comprovar [kõũprowar] *v* beweisen *etw. Akk*, nachweisen *etw. Akk*

computador [kõũputador] *m* Computer *m*

comum [komũ] *adj* **1** alltäglich, gewöhnlich (normal), Alltags-, gewohnt **2** gemeinsam (Besitz usw.) **3** gewöhnlich, einfach ▶ **senso** *m* **~** gesunder Menschenverstand *m*

comunicação [komunikaßãũ] *w* **1** Kommunikation *w* **2** Mitteilung *w*

comunicar [komunikar] *v* kommunizieren *mit j-m*, mitteilen *j-m etw. Akk*

comunidade [komunidadshi] *w* Gemeinschaft *w*

conceber [kõũßeber] *v* **1** empfangen (ein Kind usw.), schwanger werden **2** konzipieren **3** begreifen *etw. Akk*

conceder [kõũßeder] *v* **1** bewilligen *j-m etw. Akk*, gewähren *j-m etw. Akk*,

erteilen *j-m etw. Akk* (Genehmigung usw.) **2** zugeben, zugestehen
conceito [kõũßejtu] *m* Auffassung *w von etw.*, Begriff *m*, Konzeption *w*
concelho [kõũßelju] *m* Gemeinde *w* (Dorf, Stadt usw.)
concentrar-se [kõũßẽĩtrarßi] *v* sich konzentrieren *auf etw. Akk* (sich nicht stören lassen)
concerto [kõũßertu] *m* Konzert *s* (Veranstaltung)
concha [kõũscha] *w* **1** Gehäuse *s* (einer Schnecke usw.), Muschel *w* (Schale) **2** Schöpfkelle *w*
conciso, -a [kõũßisu] *adj* bündig, kurz (nicht ausführlich), knapp (gekürzt)
concluir [kõũkluir] *v* **1** schließen (Tatsache usw.), zu dem Schluss kommen **2** abschließen (Abkommen usw.), schließen (Vertrag) **3** beenden *etw. Akk* (Arbeit usw.), zu Ende bringen *etw. Akk*, vollenden *etw. Akk*
conclusão [kõũklusãũ] *w* **1** Schluss *m*, Ende *s* (einer Ära usw.) **2** Schluss *m* (gezogener usw.), Entschluss *m* ► **chegar a ~** zu dem Schluss kommen
concordar [kõũkordar] *v* zustimmen *j-m/etw.*
concorrer [kõũkoher] *v* kämpfen *mit j-m*, wetteifern *mit j-m*, konkurrieren *j-m/etw.*, sich bewerben *um etw.*
concreto, -a [kõũkrätu] *adj* bestimmt, konkret (nicht abstrakt) ♦ *m* Beton *m*
concurso [kõũkurßu] *m* Stellenausschreibung *w*, Wettbewerb *m* (Spiel)
condenar [kõũdenar] *v* **1** verurteilen (kritisieren) **2** verurteilen *j-n zu etw.* (zu Strafe)
condição [kõũdshißãũ] *w* Bedingung *w*
condolência [kõũdolẽßja] *w* Beileid *s*
conduta [kõũduta] *w* Kanal *m* (Wasserleitung usw.)
condutor [kõũdutor] *m* **1** Fahrer *m*, Lenker *m*, Chauffeur *m* **2** Leiter *m* (Stoff) ♦ *adj* leitend, leitfähig
conduzir [kõũdusir] *v* **1** fahren *etw. Akk* (Auto), steuern *etw. Akk* (Fahrzeug) **2** führen *j-n irgendwohin* (begleiten), leiten *j-n irgendwohin*, nehmen *j-n irgendwohin* (regelmäßig) **3** leiten (leitfähig sein) **4** leiten (Wasser usw.)
conetar [konetar] *v* anschließen *etw. Akk an etw. Akk*, verbinden *etw. Akk mit etw.* (Ganzes bilden)
conexão [konekßãũ] *w* **1** Zusammenhang *m zwischen etw. Dat* **2** Verbindung *w* (Verkehrsverbindung usw.) **3** Konnexionen *w Mz*
confeitaria [kõũfejtaria] *w* Konditorei *w*, Süßwarengeschäft *s*
conferência [kõũferẽßja] *w* Konferenz *w*, Vortrag *m* (wissenschaftlicher), Vorlesung *w* (an der Uni usw.)
conferir [kõũferir] *v* **1** überprüfen *etw. Akk* (nochmals prüfen) **2** verleihen *j-m etw. Akk* (einen Titel usw.)
confessar [kõũfeßar] *v* bekennen *etw. Akk*, eingestehen *etw. Akk*, gestehen *etw. Akk*
confiança [kõũfiãßa] *w* Vertrauen *s* ► **dign|o/-a de ~** vertrauenswürdig
confiar [kõũfiar] *v* **1** vertrauen *j-m/etw.*, trauen *j-m/etw.* (Vertrauen haben) **2** sich verlassen *auf j-n/etw.* **3** anvertrauen *j-m etw. Akk* (Kinder usw.)
confiável [kõũfiaweu] *adj* zuverlässig, verlässlich
confidencial [kõũfidẽĩßjau] *adj* vertraulich (geheim)
configuração [kõũfiguraßãũ] *w* Einstellung *w* (von Software usw.), Konfiguration *w*
confirmação [kõũfirmaßãũ] *w* Bestätigung *w etw. Gen* (der Wahrheit usw.)
confirmar [kõũfirmar] *v* bekräftigen, bestätigen (Wahrhaftigkeit usw.)
confissão [kõũfißãũ] *w* Beichte *w* (vor Geistlichen), Geständnis *s*, Konfession *w*
conflito [kõũflitu] *m* Konflikt *m*, Zusammenstoß *m* (Auseinandersetzung)
conforme [kõũfòrmi] *prep* nach *etw.* (Vorbild), gemäß *etw. Dat* ♦ *adj* identisch, übereinstimmend
confortável [kõũfortaweu] *adj* bequem, komfortabel, Komfort-
conforto [kõũfortu] *m* Bequemlichkeit *w*, Komfort *m*
confronto [kõũfrõũtu] *m* **1** Zusammenstoß *m* (Auseinandersetzung), Konflikt *m* **2** Konfrontation *w* ► **em ~ com** *a.c.* im Vergleich zu *etw.*, gegenüber *etw.* (verglichen), gegen *etw.*
confundir [kõũfũdshir] *v* **1** verwirren *j-n* **2** verwechseln *j-n/etw. mit j-m/etw.*
confusão [kõũfusãũ] *w* **1** Durcheinander *s*, Verwirrung *w* **2** Verwechslung *w* **3** Saustall *m* (Unordnung)

congelador [kõüshelador] *m* Gefrierschrank *m*, Gefriertruhe *w*
congelar [kõüshelar] *v* einfrieren (Lebensmittel usw.)
congestionamento [kõüsheßtschionamẽtu] *m* Stau *m* (Verkehr)
conhecer [kõnjeßer] *v* kennen *j-n/etw.*, kennenlernen *j-n* ▶ **~ bem** *a.c.* sich auskennen *in etw. Dat*
conhecido, -a [kõnjeßidu] *adj* bekannt (allgemein usw.) ♦ *m* Bekannte *m*
conhecimento [kõnjeßimẽtu] *m* **1** Erkenntnis *w* (Einsicht) **2** Bewusstsein *s etw. Gen* (Wissen) **3** Bekanntschaft *w* **4** *conhecimentos* Kenntnisse *w Mz* ▶ **tomar ~** sich bekannt machen *mit etw.*; **travar ~** *com alg* kennenlernen *j-n* (neue Freunde usw.)
conjunto [kõüshũtu] *m* **1** Satz *m von etw.*, Garnitur *w etw. Gen* (Geschirr usw.) **2** Ganze *s*, Gesamtheit *w etw. Gen* **3** Menge *w* (von Elementen) ♦ *adj* gemeinsam (Mühe usw.) ▶ **em ~** gemeinsam (zusammen)
conquistar [konkißtar] *v* erobern
consciência [kõüßiẽßja] *w* **1** Bewusstsein *s* **2** Gewissen *s* **3** Bewusstsein *s etw. Gen* (Wissen)
conseguir [kõüßegir] *v* **1** erlangen *etw. Akk* **2** auftreiben *etw. Akk*, beschaffen *etw. Akk* (Geld usw.), verschaffen *etw. Akk* (gewinnen) **3** schaffen *etw. Akk* (bewältigen) **4** schaffen (rechtzeitig machen)
conselho [kõüßelju] *m* **1** Tipp *m* (Rat) **2** Rat *m* (Ratschlag), Ratschlag *m* **3** Rat *m* (Gremium)
consentimento [kõüßẽĩtschimẽtu] *m* Bewilligung *w j-s*
consequência [kõüßekuẽßja] *w* Folge *w etw. Dat, von etw.*, Konsequenz *w etw. Gen* (einer Tat usw.) ▶ **a ~** *de a.c.* infolge *etw. Gen*, als Folge *etw. Gen*
consertar [kõüßertar] *v* herrichten, reparieren *etw. Akk*
conserto [kõüßertu] *m* Reparatur *w*
conserva [kõüßärwa] *w* Eingemachte *s*
conservar [kõüßerwar] *v* **1** aufbewahren *etw. Akk*, bewahren *etw. Akk* (nicht ändern) **2** einmachen *etw. Akk*, einkochen *etw. Akk*, konservieren *etw. Akk* (Lebensmittel)
consideração [kõüßideraßãũ] *w* **1** Erwägung *w* **2** Rücksicht *w auf etw. Akk* **3** Rücksichtnahme *w* **4** Achtung *w vor j-m* (Hochschätzung usw.), Respekt *m vor j-m* ▶ **tomar** *a.c.* **em ~** berücksichtigen *etw. Akk*
considerar [kõüßiderar] *v* **1** abwägen *etw. Akk* (bedenken), erwägen *etw. Akk*, bedenken *etw. Akk* (durchdenken) **2** halten *j-n/etw. für j-n/etw.*, betrachten *j-n/etw. als j-n/etw.*
considerável [kõüßideraweu] *adj* beträchtlich, deutlich (Änderung usw.)
consistir [kõüßißtschir] *v* bestehen *aus etw.* (als Ganzes usw.), liegen *in etw. Dat* (Problem usw.)
consolar [kõüßolar] *v* trösten *j-n*
constante [kõüßtãtschi] *adj* dauernd, ständig, fortwährend, konstant ♦ *w* Konstante *w*
constar [kõüßtar] *v* bestehen *aus etw.* (als Ganzes), sich zusammensetzen *aus etw.*
constipação [kõüßtschipaßãũ] *w* Erkältung *w*, Schnupfen *m*
constituição [kõüßtschituißãũ] *w* **1** Verfassung *w* **2** Konstitution *w*
constituinte [kõüßtschituĩtschi] *m* Bestandteil *m etw. Gen*
constituir [kõüßtschituir] *v* bilden *etw. Akk* (ein Teil sein)
construção [kõüßtrußãũ] *w* **1** Konstruktion *w* (Bauteil) **2** Aufbau *m* (eines Hauses usw.), Bau *m* ▶ **de ~** Bau-, baulich
construir [kõüßtruir] *v* **1** aufbauen, bauen *etw. Akk* **2** aufbauen *etw. Akk* (Haus usw.), erbauen *etw. Akk*, errichten *etw. Akk*, konstruieren
cônsul [konßuu] *m* Konsul *m*
consulado [kõüßuladu] *m* Konsulat *s*
consulta [kõüßuuta] *w* Beratung *w* (Besprechung) ▶ **horário** *m* **de ~ médica** Sprechstunde *w* (des Arztes usw.)
consultor [kõüßuutor] *m* Berater *m*, Konsultant *m*, Ratgeber *m* (Person)
consultório [kõüßuutòrju] *m* Beratungsstelle *w*, Sprechzimmer *s*, Arztpraxis *w*
consumir [kõüßumir] *v* **1** konsumieren *etw. Akk* (Lebensmittel), nehmen (essen usw.) **2** verschlingen (Geld usw.) **3** verbrauchen (Vorräte usw.)

consumo [kõũßumu] *m* Konsumierung *w*, Verbrauch *m*

conta [kõũta] *w* **1** Konto *s* **2** Rechnung *w* (im Restaurant usw.) **3** Abzählen *s* **4** ***contas*** Perlenschnur *w* ► **ajustar contas** *com alg* quitt werden *mit j-m*; **~ (bancária)** Bankkonto *s*; **dar-se ~** *de a.c.* sich bewusst werden *etw. Gen*; **tomar ~ de crianças** Kinder *j-s* hüten; **tomar ~** *de a.c.* besorgen *etw. Akk*, sorgen *für etw.* (Problem lösen usw.); **tomar/levar em ~** in Erwägung ziehen *etw. Akk*, erwägen *etw. Akk*; **A ~, por favor!** Bitte zahlen!

contador [kõũtador] *m* **1** Messgerät *s* **2** Buchhalter *m*

contágio [kõũtashiu] *m* Ansteckung *w*, Infektion *w*

contagioso, -a [kõũtashiosu] *adj* ansteckend

contaminação [kõũtaminaßãũ] *w* Kontamination *w*, Verschmutzung *w*

contar [kõũtar] *v* **1** zählen **2** erzählen *j-m etw. Akk* **3** berücksichtigen *etw. Akk*, rechnen *mit etw.* (Risiko usw.)

contato [kõũtatu] *m* Kontakt *m* ► **estar em ~** *com alg* in Kontakt stehen *mit j-m*; **lentes** *w Mz* **de ~** Kontaktlinsen *w Mz*

contemporâneo, -a [kõũtẽĩporaneu] *adj* zeitgenössisch, derzeitig

contente [kõũtẽtschi] *adj* **1** zufrieden *mit j-m/etw.* **2** froh

contentor [kõũtẽĩtor] *m* Container *m*, Behälter *m*

conter [kõũter] *v* enthalten *etw. Akk*

contestar [kõũteßtar] *v* **1** bestätigen (Wahrhaftigkeit usw.) **2** gegenüberstehen *j-m/etw.*

conteúdo [kõũteudu] *m* **1** Inhalt *m* (einer Flasche usw.) **2** Inhaltsverzeichnis *s*

continente [kõũtschinẽtschi] *m* Festland *s* (Kontinent), Kontinent *m*, Erdteil *m*

continuação [kõũtschinuaßãũ] *w* Fortsetzung *w von etw.*, Folge *w von etw.* (Film usw.)

continuar [kõũtschinuar] *v* **1** fortsetzen *etw. Akk*, fortfahren *in etw. Dat*, weiterführen *etw. Akk* (seine Arbeit usw.) **2** weitergehen, fortschreiten

contínuo, -a [kõũtschinuu] *adj* dauernd, ständig, durchgezogen, ununterbrochen (Linie usw.)

conto [kõũtu] *m* Erzählung *w* (Werk) ► **~ de fadas** Märchen *s*

contra [kõũtra] *prep* gegen *j-n/etw.* (wirken usw.)

contraceção [kõũtraßeßãũ] *w* Empfängnisverhütung *w*

contrário, -a [kõũtrarju] *adj* gegensätzlich, gegenteilig (Meinung usw.), Gegen- ♦ *m* Gegenteil *s von etw.* ► **ao ~** im Gegenteil, umgekehrt

contratar [kõũtratar] *v* anwerben *j-n*, einstellen *j-n* (Arbeiter usw.), aufnehmen *j-n* (Mitglied usw.), engagieren *j-n* (einen Künstler)

contrato [kõũtratu] *m* Kontrakt *m*, Vertrag *m*

contribuição [kõũtribuißãũ] *w* **1** Beitrag *m für etw.* **2** Beitrag *m* (Geldsumme usw.) **3** Steuer *w auf etw. Akk* (Abgabe)

contribuir [kõũtribuir] *v* **1** beitragen *zu etw.*, Beitrag leisten *zu etw.* **2** beisteuern *zu etw.*, beitragen *zu etw.* (finanziell)

controlar [kõũtrolar] *v* **1** kontrollieren *etw. Akk* (überwachen) **2** kontrollieren (Gebiet usw.), beherrschen (Firma usw.)

controle [kõũtroli] *m* **1** Kontrolle *w* (Überprüfung) **2** Kontrolle *w über etw. Akk* (Beherrschung)

contudo [kõũtudu] *conj* aber, jedoch, trotzdem

conturbar [kõũturbar] *v* stören *etw. Akk* (beeinträchtigen)

convencer [kõũwẽĩßer] *v* überreden *j-n (zu etw.)*, überzeugen *j-n von etw.*

conveniente [kõũweniẽtschi] *adj* geeignet *zu etw., für etw.*, taugend *zu etw.*, passend

conversa [kõũwärßa] *w* Gespräch *s*, Konversation *w*

conversar [kõũwerßar] *v* konversieren *mit j-m über etw. Akk*, Konversation machen *mit j-m über etw. Akk*, sich unterhalten *über etw. Akk*

converter [kõũwerter] *v* **1** umwandeln *etw. Akk*, umsetzen *etw. Akk* (in andere Form) **2** umrechnen *etw. Akk in etw. Akk*, konvertieren *etw. Akk in etw. Akk* (Währung usw.)

convés [kõũwäß] *m* Bord *m* (eines Schiffes), Deck *s*

convidado [kõũwidadu] *m* Gast *m* (Besuch)

convidar [kõũwidar] *v* **1** einladen *j-n irgendwohin* **2** auffordern *j-n zu etw.*

convincente [kõũwĩßẽtschi] *adj* stichhaltig (Argument usw.), überzeugend
convite [kõũwitschi] *m* Einladung *w*
convocar [kõũwokar] *v* **1** einberufen (zur Armee) **2** einberufen *etw. Akk* (Sitzung usw.), zusammenrufen
convulsão [kõũwuußãũ] *w* Krampf *m* (krampfhafte Bewegung)
cooperar [kooperar] *v* zusammenarbeiten *mit j-m*
copa [kòpa] *w* **1** Baumkrone *w* **2** Speisekammer *w* **3** Pokal *m* (Trophäe) **4** *copas* Herz *s* (Karten)
cópia [kòpia] *w* Kopie *w*
copiar [kopiar] *v* **1** kopieren **2** abschreiben *etw. Akk von j-m, etw. Akk aus etw.* (von Mitschüler usw.)
copo [kòpu] *m* Glas *s* (Gefäß), Kelch *m*
cópula [kòpula] *w* Geschlechtsverkehr *m*, Koitus *m*, Beischlaf *m*
cor [kor] *w* Farbe *w* (blau usw.) ▶ **de ~** auswendig
coração [koraßãũ] *m* Herz *s* (Organ)
coragem [korashẽĩ] *w* Courage *w*, Mut *m*, Tapferkeit *w*
corajoso, -a [korashosu] *adj* mutig, tapfer
corar [korar] *v* **1** färben (farbig machen) **2** rot werden
corda [kòrda] *w* **1** Schnur *w*, Seil *s* **2** Saite *w*
cordão [kordãũ] *m* Schnur *w*
cordeiro [kordejru] *m* **1** Lamm *s* **2** Lammfleisch *s*
cordial [kordshiau] *adj* herzlich
cordilheira [kordshiljejra] *w* Gebirge *s*, Bergkette *w*
corno [kornu] *m* Horn *s* (eines Tiers usw.)
coro [koru] *m* Chor *m* (Personen)
coroa [koroa] *w* **1** Krone *w* **2** Kranz *m*
corpo [korpu] *m* **1** Körper *m* **2** Organ *s* (Kollegium usw.)
correção [koheßãũ] *w* **1** Berichtigung *w* (im Text), Korrektur *w*, Verbesserung *w* (eines Fehlers usw.) **2** Korrektion *w*, Verbesserung *w* (eines Fehlers usw.) **3** Richtigkeit *w* (einer Berechnung usw.)
corredor [kohedor] *m* **1** Läufer *m* (Laufende) **2** Flur *m*, Korridor *m*, Gang *m* (im Haus usw.)
córrego [kòhegu] *m* Bach *m*
correia [koheja] *w* **1** Band *s* (Förderband usw.), Riemen *m* (Treibriemen usw.) **2** Riemen *m* (an Kleidung usw.) **3** Leine *w* (für Hund usw.) ▶ **~ da ventoinha** Keilriemen *m* (Ventilatorriemen)
correio [koheju] *m* **1** Post *w* **2** Eilbote *m* ▶ **caixa** *w* **de ~** Postfach *s*; **~ eletrônico** E-Mail *w*; **correios** *m Mz* Post *w* (Amt), Postamt *s*; **enviar** a.c. **por ~** (per Post) schicken *j-m etw. Akk*
corrente [kohẽtschi] *adj* **1** prävalent, verbreitet (üblich) **2** bestehend, gegenwärtig ♦ *w* **1** Fluss *m* (des Verkehrs usw.), Strom *m* (Meeresstrom usw.), Strömung *w* (des Wassers usw.) **2** Kette *w* (eisern usw.) ▶ **conta** *w* **~** laufendes Konto; **~ de ar** Durchzug *m*; **~ elétrica** (elektrischer) Strom
correr [koher] *v* **1** laufen, joggen, rennen **2** verlaufen (ablaufen), in Gang sein **3** zuziehen *etw. Akk* (Vorhang usw.) **4** rasen *irgendwohin* (sich fortbewegen)
correspondente [koheßpõũdẽtschi] *adj* entsprechend *etw. Dat*, zuständig ♦ *m* Korrespondent *m*
corresponder [koheßpõũder] *v* entsprechen *etw. Dat*, korrespondieren *mit etw.*, übereinstimmen *mit etw.* (in Einklang stehen)
correto, -a [kohätu] *adj* korrekt, richtig (nicht falsch)
corrida [kohida] *w* **1** Lauf *m* (physische Aktivität) **2** Rennen *s*
corrigir [kohishir] *v* korrigieren, verbessern (Fehler usw.)
corrimão [kohimãũ] *m* Geländer *s*
cortar [kortar] *v* **1** abschneiden, aufschneiden (in Scheiben), schneiden (Salami usw.) **2** schneiden *j-n mit etw.* (verletzen usw.) **3** abhauen *etw. Akk*, abschneiden *etw. Akk* (mit einem Messer usw.) **4** mähen (mit der Sense), schneiden (mit Schere) **5** fällen (Bäume usw.), hacken **6** sperren ▶ **~ em fatias** aufschneiden *etw. Akk* (in Scheiben); **~ (o cabelo)** schneiden *j-n* (Haar)
corte [kòrtschi] *m* **1** Haarschnitt *m*, Schnitt *m* (Haar) **2** Ausfall *m* (vorübergehender usw.) **3** Einschnitt *m*, Schnitt *m* (mit dem Messer usw.) ▶ **fazer a ~** *a alg* werben *um j-n*
cortejo [korteshu] *m* **1** Liebeswerben *s* **2** Umzug *m* (Parade usw.)
cortês [korteß] *adj* höflich
cortesia [kortesia] *w* Höflichkeit *w*

cortiça [kortschißa] *w* **1** Rinde *w* **2** Kork *m*
cortina [kortschina] *w* Gardine *w*, Vorhang *m* (zu Hause usw.)
coruja [korusha] *w* Eule *w*
coser [koser] *v* nähen (Kleid usw.), zunähen, vernähen (Hose usw.)
cosmético, -a [kosmätschiku] *adj* Kosmetik-, kosmetisch ▸ **cosméticos** *m Mz* Kosmetik *w* (Kosmetika)
costa [kòßta] *w* **1** Küste *w*, Ufer *s* **2** Hang *m* (steil usw.), Abhang *m* **3** ***costas*** Rücken *m* (eines Menschen) **4** ***costas*** Rückenschwimmen *s*, Rückenkraulen *s*
costela [koßtäla] *w* Rippe *w*
costeleta [koßteleta] *w* Kotelett *s*
costume [koßtumi] *m* Brauch *m*, Gewohnheit *w*, Sitte *w* (Gewohnheit) ▸ **costumes** *m Mz* Bräuche *w Mz*; **de ~** gewöhnlich
costura [koßtura] *w* **1** Nähen *s* **2** Naht *w*
costurar [koßturar] *v* nähen (Kleid usw.)
cotidiano, -a [kotschidshianu] *adj* täglich (Besucher usw.)
cotovelo [kotowelu] *m* Ellbogen *m*
couro [koru] *m* Leder *s*
couve [kowi] *w* Wirsing *m*, Wirsingkohl *m*, (ÖrD) Kohl *m* (Rosenkohl usw.) ▸ **couve-flor** *w* Blumenkohl *m*; **couve-rábano** *w* Kohlrabi *m*
covarde [kowardshi] *m* Angsthase *m*, Feigling *m* ♦ *adj* feige
covil [kowiu] *m* Höhle *w* (eines Tieres)
coxa [koscha] *w* Oberschenkel *m*, Schenkel *m*
cozer [koser] *v* brennen (Keramik), kochen *etw. Akk* (im Wasser usw.)
cozido [kosidu] *adv* hart gekocht (Ei) ▸ **meio ~** weich gekocht
cozinha [kosĩnja] *w* Küche *w* ▸ **~ caseira** häusliche Küche
cozinhar [kosĩnjar] *v* **1** kochen (zubereiten) **2** kochen *etw. Akk* (im Wasser usw.)
cozinheiro [kosĩnjejru] *m* Koch *m*
crânio [kranju] *m* Schädel *m*
cravar [krawar] *v* **1** nageln *etw. Akk an etw. Akk* **2** einstechen *etw. Akk in etw. Akk* **3** einschlagen *etw. Akk in etw. Dat*
cravo [krawu] *m* **1** Nelke *w* (Blume) **2** Nagel *m* (Metallstift), Spike *m*
crédito [krädshitu] *m* **1** Kredit *m* **2** ***créditos*** Vorspann *m* (eines Films usw.) ▸ **cartão** *m* **de ~** Kreditkarte *w*; **dign|o/-a de ~** vertrauenswürdig
creme [kremi] *m* **1** Creme *w* (aus Sahne usw.) **2** Sahne *w* **3** Creme *w* (Kosmetik) ▸ **~ dental** Zahnpasta *w*; **pôr ~** sich eincremen
crença [krẽßa] *w* Glaube *m*
crer [krer] *v* **1** glauben *j-m/etw.* **2** glauben *an etw. Akk*
crescer [kreßer] *v* **1** wachsen **2** aufgehen (Teig)
crescimento [kreßimẽtu] *m* **1** Wachstum *s* **2** Anstieg *m etw. Gen*
cretino [kretschinu] *m* Dummkopf *m*, Idiot *m*
cria [kria] *w* Junge *s*
criança [kriãßa] *w* Kind *s* ▸ **crianças** *w Mz* Kinder *s Mz*
criar [kriar] *v* **1** schaffen (hervorbringen) **2** erziehen *j-n* **3** halten *etw. Akk* (Haustier usw.)
crime [krimi] *m* Verbrechen *s* ▸ **~ de morte** Mord *m*
criminalidade [kriminalidadshi] *w* Kriminalität *w*
criminoso, -a [kriminosu] *adj* strafbar ♦ *m* Verbrecher *m*
crise [krisi] *w* Krise *w*
cristão, cristã [krißtãũ] *adj* christlich, Christ(en)- ♦ *m* Christ *m*
crítica [kritschika] *w* Gutachten *s*, Kritik *w*
criticar [kritschikar] *v* kritisieren
crítico, -a [kritschiku] *adj* kritisch ♦ *m* Kritiker *m*
cru, -a [kru] *adj* **1** roh (Gemüse usw.) **2** roh, Roh-
crucial [krußjau] *adj* Schlüssel-
cruel [kruäu] *adj* grausam
cruz [kruß] *w* Kreuz *s*
cruzamento [krusamẽtu] *m* Knotenpunkt *m* (im Verkehr usw.), Kreuzung *w* (Straßen usw.)
cruzar [krusar] *v* **1** durchqueren *etw. Akk* **2** kreuzen *etw. Akk* (schräg legen) **3** kreuzen *etw. Akk* (Rassen usw.) **4** überschreiten *etw. Akk* (Grenze usw.) ▸ **~ correndo** laufen *über etw. Akk* (hinüberlaufen)
cruzeiro [krusejru] *m* Kreuzfahrt *w* (Ausflug) ▸ **controle** *m* **de ~** Tempomat *m*
cu [ku] *m* Arsch *m*
cubo [kubu] *m* Würfel *m*, Kubus *m*

cuecas [kuäkaß] *w Mz* Slip *m* (für Herren), Unterhose *w*
cuidado [kuidadu] *m* Pflege *w j-s*, Sorge *w für j-n* ► **com ~** sorgfältig, vorsichtig; **pôr** *a.c.* **ao ~** *de alg* überlassen *j-m etw. Akk* (in Obhut geben); **ter ~** aufpassen *auf etw. Akk* (Acht geben); **Cuidado!** Vorsicht!, Achtung!
cuidadoso, -a [kuidadosu] *adj* sorgfältig, sorgsam, fürsorglich
cuidar [kuidar] *v* **1** sorgen *für j-n/etw.*, pflegen *j-n/etw.*, sich kümmern *um j-n/etw.* **2** hüten *j-n* (Kinder usw.), aufpassen *auf j-n*
culminar [kuuminar] *v* gipfeln, kulminieren
culpa [kuupa] *w* **1** Schuld *w* (Fehler) **2** Schuld *w an etw. Dat* (Verantwortung usw.) ► **Não é a minha ~!** Es ist nicht meine Schuld!
culpado, -a [kuupadu] *adj* schuldig *etw. Gen* ♦ *m* Schuldige *m*
culpar [kuupar] *v j-m* die Schuld *an etw. Dat* geben
cultivar [kuutschiwar] *v* **1** bebauen (Boden) **2** züchten *etw. Akk*, anbauen *etw. Akk* (Pflanzen usw.), anpflanzen *etw. Akk* (Kartoffeln usw.) **3** kultivieren (verfeinern)
culto, -a [kuutu] *adj* gebildet (Bildung besitzend), gelehrt ♦ *m* Konfession *w*, Glaubensbekenntnis *s*, Kult *m*
cultura [kuutura] *w* Kultur *w*
cume [kumi] *m* Gipfel *m* (Wert usw.) ► **~ da montanha** Berggipfel *m*
cumprimentar [kũprimẽĩtar] *v* begrüßen *j-n*, grüßen *j-n*
cumprir [kũprir] *v* **1** erfüllen *etw. Akk* (Traum usw.) **2** erreichen *etw. Akk* (realisieren) **3** erleben *etw. Akk* (Alter) ► **~ a palavra** das Wort halten; **não ~** *a.c.* nicht tun *etw. Akk*
cumular [kumular] *v* häufen *etw. Akk* (sammeln usw.), ansammeln *etw. Akk*
cunha [kũnja] *w* **1** Keil *m* **2** Vetternwirtschaft *w*
cunhado [kũnjadu] *m* Schwager *m*
cupom [kupõũ] *m* Kupon *m*
cúpula [kupula] *w* **1** Kuppel *w* **2** Gipfelkonferenz *w*
cura [kura] *w* Behandlung *w* (eines Patienten usw.) ♦ *m* Pfarrer *m*
curar [kurar] *v* ausheilen *etw. Akk*, behandeln *j-n/etw.* (Patienten usw.)
curativo, -a [kuratschiwu] *adj* heilend, Heil- (Wirkung usw.) ♦ *m* Verband *m* (Bandage)
curiosidade [kuriosidadshi] *w* **1** Neugier *w* **2** Besonderheit *w*, interessante Sache *w*
curioso, -a [kuriosu] *adj* **1** neugierig, wissbegierig **2** kurios, merkwürdig ♦ *m* Neugierige *m*
cursar [kurßar] *v* studieren *an etw. Dat* (an Hochschule)
curso [kurßu] *m* **1** Kurs *m* (Lehrgang) **2** Verlauf *m*, Ablauf *m* (eines Ereignisses usw.) **3** Kurs *m* (Richtung) ► **estar em ~** im Gange sein; **no ~** *de a.c.* während, im Laufe *etw. Gen*, im Verlauf *etw. Gen*; **tirar o ~** *de a.c.* das Studium *etw. Gen* abschließen
curtir [kurtschir] *v* gefallen *j-m*, genießen *etw. Akk* (erleben)
curto, -a [kurtu] *adj* kurz (Gegenstand usw.)
curto-circuito [kurtußirkuitu] *m* Kurzschluss *m* (elektrischer)
curva [kurwa] *w* Kurve *w*
curvar [kurwar] *v* biegen *etw. Akk*, neigen *etw. Akk* (Kopf usw.)
curvo, -a [kurwu] *adj* krumm
cuspir [kußpir] *v* ausspucken *etw. Akk*, spucken
custa [kußta] *w* Preis *m etw. Gen* (für Beschaffung usw.)
custar [kußtar] *v* kosten *wie viel* (Preis haben) ► **Quanto custa?** Was/Wie viel kostet es?
custo [kußtu] *m* **1** Preis *m etw. Gen* (für Beschaffung usw.) **2** Ausgabe *w* (Kosten) ► **custos** *m Mz* Kosten *Mz*

D

dado [dadu] *m* **1** Angabe *w* **2** Würfel *m* (zum Spielen) ♦ *adj* gegeben ► **dados** *m Mz* Daten *Mz*; **dados** *m Mz* **pessoais** Personaldaten *w Mz*
dama [dama] *w* **1** Dame *w* (Person) **2** *Damas* Dame *w* (Spiel), Damespiel *s*
damasco [damaßku] *m* Aprikose *w* (Frucht), (ÖrD) Marille *w*
dança [dãßa] *w* Tanz *m*
dançar [dãßar] *v* tanzen
danificar [danifikar] *v* beschädigen

daninho, -a [danĩnju] *adj* schädlich (Schaden bringend)

dano [danu] *m* Beschädigung *w*, Schaden *m* (Einbuße) ► **causar ~** *a alg* schaden *j-m/etw.*

daqui [daki] *adj* hiesig ♦ *adv* von hier, hiervon ► **~ a** in (Dauer)

dar [dar] *v* **1** geben *j-m etw.* **2** beschenken *j-n mit etw.* ► **dado que** angesichts *etw. Gen*; **~ uma volta** *a a.c.* herumgehen *um etw.*

dardo [dardu] *m* **1** Speer *m* **2** Wurfpfeil *m* **3** *dardos* Darts *s*

dar-se [darßi] *v* **1** sich abspielen, stattfinden **2** sich bieten (Gelegenheit usw.) **3** geschehen, passieren (Ereignis usw.) **4** gehen *j-m irgendwie* (Erfolg haben usw.) ► **~ bem** *com alg* auskommen *mit j-m*

data [data] *w* Datum *s*

de [dshi] *prep* **1** aus (stammend usw.) **2** von (Urheber usw.) **3** von, aus (weg) **4** vor (fliehen usw.) **5** von (Anfang), ab (Zukunft), seit (Vergangenheit) **6** aus *etw.* (gemacht), *j-s/etw.*, von *j-m/etw.* **7** aus *etw.* (herausnehmen usw.) ► **~ aqui** von hier (aus); **~ certeza** gewiss, sicherlich, bestimmt; **~ vez** für/auf immer

debaixo [debajschu] *adv* unten ► **~ de** unter *etw. Dat* (dem Tisch usw.)

débil [däbiu] *adj* schwach

débito [däbitu] *m* Debet *s*, Schuld *w* (Betrag)

década [däkada] *w* Dekade *w*, Jahrzehnt *s*

deceção [deßeßãũ] *w* Enttäuschung *w*

dececionar [deßeßionar] *v* enttäuschen *j-n*

decente [deßẽtschi] *adj* **1** dezent (Kleid usw.) **2** anständig

decidido, -a [deßidshidu] *adj* entschlossen (Person usw.)

decidir [deßidshir] *v* entscheiden *etw. Akk*

décimo [däßimu] *num* zehnt(er,e,es) ♦ *m* Zehntel *s*

decisão [deßisãũ] *w* Entscheidung *w* ► **tomar ~** sich entscheiden

declaração [deklaraßãũ] *w* **1** Äußerung *w*, Deklaration *w*, Erklärung *w* (Mitteilung) **2** Aussage *w* (vor der Polizei usw.) **3** Bekenntnis *s*

decorar [dekorar] *v* dekorieren (Schaufenster usw.), schmücken *etw. Akk mit etw.*

decorrer [dekoher] *v* **1** geschehen, passieren (Ereignis usw.) **2** im Gange sein **3** entspringen *aus etw.* ► **no ~** *de a.c.* während, im Laufe *etw. Gen*, im Verlauf *etw. Gen*

decote [dekòtschi] *m* Ausschnitt *m* (eines Kleides usw.), Dekolleté *s*

decrescer [dekreßer] *v* nachlassen (Interesse usw.), sinken (Flugzeug usw.)

dedicar [dedshikar] *v* weihen *etw. Akk etw. Dat* (Leben der Wissenschaft usw.), widmen *etw. Akk j-m/etw.* (Zeit usw.)

dedicar-se [dedshikarßi] *v* sich widmen *etw. Dat*, sich hingeben *etw. Dat* (Tätigkeit usw.)

dedo [dedu] *m* Finger *m* ► **~ (do pé)** Zehe *w* (am Fuß)

dedução [dedußãũ] *w* **1** Deduktion *w* (Schlussfolgerung) **2** Abzug *m* (vom Lohn usw.)

deduzir [dedusir] *v* **1** hinzudenken, schließen (Tatsache usw.) **2** abziehen *etw. Akk von etw.*, abrechnen *etw. Akk von etw.*, subtrahieren *etw. Akk von etw.*

defeito [defejtu] *m* Fehler *m* (an einer Ware usw.), Mangel *m* (an einem Produkt usw.)

defeituoso, -a [defejtuosu] *adj* fehlerhaft

defender [defẽĩder] *v* **1** verteidigen *j-n vor j-m/etw.* (vor Angriff) **2** eintreten *für j-n/etw.*, verteidigen *j-n/etw.* (Ansichten usw.)

defensor [defẽĩßor] *m* **1** Verteidiger *m von etw.* (der Stadt usw.) **2** Verfechter *m etw. Gen* (einer Idee usw.) **3** Verteidiger *m* (Anwalt)

defesa [defesa] *w* Verteidigung *w*

deficiência [defißiẽßja] *w* **1** Mangel *m* (Unvollkommenheit) **2** Handicap *s*

deficiente [defißiẽtschi] *adj* **1** behindert **2** unzulänglich *in etw. Dat* (mangelhaft) ♦ *m* Behinderte *m*

definitivo, -a [definitschiwu] *adj* definitiv, endgültig, End-

defraudar [defraudar] *v* **1** unterschlagen *etw. Akk* (Geld usw.), veruntreuen *etw. Akk* **2** betrügen *j-n um etw.*

degelo [deshelu] *m* Tauwetter *s*

degrau [degrau] *m* Stufe *w* (Treppe)

deitar [dejtar] *v* **1** legen *etw. Akk irgendwohin* **2** hineinwerfen *etw. Akk in etw.*

Akk, einwerfen *etw. Akk in etw. Akk* **3** abfärben ► **~ fora** *a.c.* wegwerfen (zum Abfall tun); **estar deitado** liegen (Mensch)

deixar [dejschar] *v* **1** lassen *etw. Akk* (nicht ändern) **2** lassen *j-n etw. Akk zu tun* (erlauben) **3** aufhören *mit etw.* **4** sich lassen *etw. Akk tun* (veranlassen) **5** verlassen *j-n/etw.* ► **~ ir** *alg* **para** *a.c.* einlassen *j-n irgendwohin* (hineinlassen usw.); **~ passar** durchlassen *etw. Akk* (Wasser usw.)

delegacia [delegaßia] **~ (da polícia)** *w* Polizeidienststelle *w*, Polizeiwache *w*

deleite [delejtschi] *m* Genuss *m*, Heil *s*

deletar [deletar] *v* löschen (Daten)

delgado, -a [deugadu] *adj* dünn (Ast usw.), schmal, schlank

delicadeza [delikadesa] *w* Leckerbissen *m*

delicado, -a [delikadu] *adj* **1** delikat, heikel **2** empfindlich (wenig beständig) **3** zart (körperlich), schwach **4** schonend **5** ernst, schlimm (Lage usw.)

delícia [delißja] *w* **1** Wonne *w* **2** Leckerbissen *m*, Delikatesse *w*

delicioso, -a [delißiosu] *adj* köstlich, lecker, deliziös (Geschmack)

delito [delitu] *m* Delikt *s*, Vergehen *s*

demais [demajß] *adv* zu ► **os ~** die anderen, Rest *m j-s/etw.* (die Anderen)

demanda [demãda] *w* **1** Nachfrage *w nach etw.* **2** Suche *w von/nach etw.*, Streben *s nach etw.* (Schatz usw.) **3** Klage *w* (gerichtlich)

demandar [demãdar] *v* **1** Klage erheben *gegen j-n*, verklagen *j-n* **2** verlangen *etw. Akk* (fordern)

demente [demẽtschi] *adj* geistesgestört

demitir-se [demitschirßi] *v* zurücktreten (von einem Amt usw.)

demolir [demolir] *v* **1** abbrechen (niederreißen), zerstören, abreißen *etw. Akk*, niederreißen *etw. Akk* (Gebäude usw.) **2** demolieren

demonstrar [demõũßtrar] *v* **1** vorführen **2** äußern *etw. Akk*, zeigen *etw. Akk*, ausdrücken *etw. Akk* (Freude usw.)

demorar [demorar] *v* **1** dauern, in Anspruch nehmen (Zeit) **2** sich verzögern, sich verspäten (später eintreten) ► **Quanto tempo vai ~?** Wie lange wird es dauern?

denotar [denotar] *v* bezeichnen (mit einem Namen usw.)

denso, -a [dẽßu] *adj* dicht, dick (Suppe usw.)

dente [dẽtschi] *m* **1** Zahn *m* **2** Zehe *w* (von Knoblauch)

dentista [dẽĩtschißta] *m* Stomatologe *m*, Zahnarzt *m*

dentro [dẽtru] *adv* drinnen, innen ♦ *prep* innerhalb *etw. Gen*, im Inneren *etw. Gen* ► **de ~** innen, von innen; **~ de** innerhalb *etw. Gen*, binnen *etw. Dat*; **~ de** *a.c.* im Rahmen *etw. Gen*; **para ~** herein, hinein

denunciar [denũßjar] *v* **1** anzeigen *j-n* (Täter usw.) **2** denunzieren *j-n* (anzeigen)

departamento [departamẽtu] *m* Abteilung *w*, Lehrstuhl *m*

dependente [depẽĩdẽtschi] *adj* abhängig *von j-m/etw.* (von Umständen usw.)

depender [depẽĩder] *v* **1** angewiesen sein *auf j-n/etw.* **2** abhängen *von j-m/etw.*, ankommen *auf j-n/etw.*, liegen *an j-m/etw.* (an Umständen usw.)

depoimento [depojmẽtu] *m* Aussage *w* (vor der Polizei usw.)

depois [depojß] *adv* danach, dann, daraufhin ♦ *prep* nach (später)

depor [depor] *v* **1** ablegen (Gegenstand) **2** zeugen (vor Gericht), aussagen (Zeuge usw.) **3** legen *etw. Akk irgendwohin*

depositar [depositar] *v* **1** lagern *etw. Akk irgendwohin*, speichern *etw. Akk irgendwohin* (Vorräte usw.) **2** anlegen *etw. Akk irgendwo* (in einer Bank usw.), einlegen *etw. Akk irgendwo* (Geld), einzahlen *etw. Akk auf etw. Akk*

depósito [depòsitu] *m* **1** Einlage *w* **2** *~ (de bagagem)* Aufbewahrung *w* (Schalter), Gepäckaufbewahrung *w* (Stelle) **3** Lager *s* (für Vorräte usw.) **4** Aufbewahrung *w* (Aufbewahren) **5** Depot *s* (für Fahrzeuge)

depressa [depräßa] *adv* schnell

derramar [dehamar] *v* **1** verschütten **2** verstreuen (versehentlich), verschütten

derreter-se [deheterßi] *v* tauen, schmelzen (zergehen)

derrocada [dehokada] *w* Sturz *m* (Machtverlust usw.), Fall *m*

derrota [dehòta] *w* Niederlage *w*

derrotar [dehotar] *v* besiegen *j-n*, schlagen *j-n* (im Wettkampf, Krieg)

derrubar [dehubar] *v* **1** abwerfen *etw. Akk* (Bombe usw.), umstoßen *j-n*, umwerfen *j-n* **2** stürzen (Regierung usw.)

desabar [dshisabar] *v* einstürzen (Gebäude usw.)

desabotoar [dshisabotoar] *v* öffnen *etw. Akk* (Bluse usw.), aufknöpfen *etw. Akk*

desacelerar [dshisaßelerar] *v* verlangsamen *etw. Akk*

desacordo [dshisakordu] *m* **1** Widerspruch *m gegen etw.* (Widerrede) **2** Meinungsverschiedenheit *w*, Differenz *w* (persönliche usw.)

desafio [dshisafiu] *m* **1** Herausforderung *w für j-n* (schwierige Aufgabe usw.) **2** Spiel *s* (Match)

desagradável [dshisagradaweu] *adj* unangenehm

desajeitado, -a [dshisashejtadu] *adj* unbeholfen, ungeschickt

desaparecer [dshisapareßer] *v* verschwinden

desastre [dshisaßtri] *m* Katastrophe *w*, Unglück *s* (Tragödie usw.)

descalço, -a [dshißkaußu] *adj* barfuß, barfüßig

descansar [dshißkãßar] *v* sich ausruhen

descanso [dshißkãßu] *m* **1** Rast *w* (Pause), Ruhe *w* (Erholung) **2** Untersatz *m*

descapacitado, -a [dshißkapaßitadu] *adj* behindert

descarregar [dshißkahegar] *v* **1** entladen, abladen (Ladung usw.) **2** entladen (Akkumulator usw.) **3** herunterladen

descascar [dshißkaßkar] *v* abschälen (Obst usw.), aufknacken *etw. Akk*, enthülsen *etw. Akk*, knacken (Nüsse usw.) *etw. Akk*

descendente [deßendẽtschi] *adj* absteigend (Tendenz usw.), sinkend (Trend usw.) ♦ *m* Nachkomme *m*

descer [deßer] *v* **1** hinuntergehen (nach unten), hinabsteigen, sinken (Flugzeug usw.) **2** aussteigen *aus etw.* (Zug usw.), herabfahren *etw. Akk* **3** hinuntergehen *etw. Akk* (vom Sprecher), heruntergehen *etw. Akk* (zum Sprecher) **4** sinken (Wasser usw.)

descida [deßida] *w* **1** Rückgang *m an etw. Dat* **2** Ausstieg *m* (aus Bus usw.) **3** Abfahrt *w* (Sportdisziplin)

descobrir [dshißkobrir] *v* **1** entdecken *etw. Akk* (Kontinent usw.) **2** enthüllen *etw. Akk* (zeigen usw.) **3** feststellen *etw. Akk*, herausfinden *etw. Akk* (Fakten usw.) **4** enthüllen (Denkmal usw.)

desconfiança [dshißkõũfiãßa] *w* Misstrauen *s*

desconfortável [dshißkõũfortaweu] *adj* unbequem

desconhecido, -a [dshißkõnjeßidu] *adj* fremd, unbekannt ♦ *m* **1** Fremde *m* **2 o ~** Unbekannte *s*

descontente [dshißkõũtẽtschi] *adj* unzufrieden *mit etw.*, nicht zufrieden *mit etw.*

desconto [dshißkõũtu] *m* Ermäßigung *w*, Rabatt *m* ▶ **dar** *alg* **um ~** nachlassen *j-m wie viel* (Rabatt)

descrever [dshißkrewer] *v* ausmalen (Ereignis usw.), beschreiben *j-n/etw.* (Person usw.), schildern *etw. Akk*

descrição [dshißkrißãũ] *w* Beschreibung *w*

descuidado, -a [dshißkuidadu] *adj* **1** unvorsichtig **2** nachlässig (Arbeit usw.)

descuidar [dshißkuidar] *v* vernachlässigen *etw. Akk* (Pflicht usw.)

desculpa [dshißkuupa] *w* **1** Entschuldigung *w für etw.* (Äußerung) **2** Ausrede *w für etw.* **3** Vergebung *w*, Verzeihung *w* ▶ **pedir ~** *por a.c.* sich entschuldigen *bei j-m für etw.*

desculpar [dshißkuupar] *v* **1** verzeihen *j-m etw. Akk* **2** entschuldigen *j-n/etw.* (Grund mitteilen) **3** entschuldigen *j-n/etw.* (Verständnis zeigen) ▶ **Desculpe!** Entschuldigen Sie!, Entschuldigung!, Verzeihung!; **Desculpe?** Wie bitte?

desde [desdshi] *prep* von, ab (Zukunft), seit (Vergangenheit), aus (weg) ▶ **~ que** wenn (konditional)

desejar [deseshar] *v* **1** wünschen *j-m etw. Akk* **2** fordern *etw. Akk*, verlangen *etw. Akk*, sich wünschen *etw. Akk*

desejo [deseshu] *m* **1** Wunsch *m* (Sehnsucht) **2** Verlangen *s nach etw.* (heftiges usw.)

desembocadura [dshisĩbokadura] *w* Mündung *w*

desembrulhar [dshisĩbruljar] *v* auspacken *etw. Akk* (Geschenk usw.)

desempenhar [dshisĩpẽnjar] *v* **1** bekleiden **2** darstellen *j-n* (spielen)

desempenho [dshisĩpẽnju] *m* Leistung *w* (sportliche usw.)
desempregado, -a [dshisĩpregadu] *adj* arbeitslos (Person) ♦ *m* Arbeitslose *m*
desemprego [dshisĩpregu] *m* Arbeitslosigkeit *w*
desencadear [dshisĩkadear] *v* beginnen, anfangen (Krieg, Streit usw.)
desenhar [desẽnjar] *v* **1** zeichnen **2** entwerfen *etw. Akk*, konstruieren (Maschinen usw.)
desenho [desẽnju] *m* **1** Design *s* **2** Entwurf *m* (einer Konstruktion usw.), Riss *m* (Zeichnung), Zeichnung *w*
desenrolar [dshisĩholar] *v* **1** entwickeln *etw. Akk* **2** abwickeln (abspulen), ausrollen (Zusammengerolltes)
desentendimento [dshisĩtẽĩdshimẽtu] *m* Missverständnis *s*
desenvolver [dshisĩwouwer] *v* entwickeln (verbessern usw.)
desenvolvimento [dshisĩwouwimẽtu] *m* Entwicklung *w*
deserto [desärtu] *m* Wüste *w* ♦ *adj* menschenleer, öde, wüst
desesperado, -a [dshiseßperadu] *adj* hoffnungslos, aussichtslos, verzweifelt
desfazer [dshißfaser] *v* **1** auseinandernehmen **2** aufmachen *etw. Akk* (Packung usw.), auspacken (Koffer usw.)
desfiladeiro [dshißfiladejru] *m* Cañon *m*, Pass *m* (im Gebirge)
desfrutar [dshißfrutar] *v* genießen *etw. Akk*
desgraça [dshisgraßa] *w* Unglück *s*, Unheil *s* (Pech usw.)
desgraçado [dshisgraßadu] *m* Unglückliche *m* ♦ *adj* **1** arm (bedauernswert usw.) **2** verdammt, verflucht
design [disajn] *m* Design *s*
designação [designaßãũ] *w* **1** Bezeichnung *w* **2** Beauftragung *w* **3** Bestimmung *w* **4** Ernennung *w*
desilusão [dshisilusãũ] *w* Enttäuschung *w*, Ernüchterung *w* (Enttäuschung)
desinfeção [dshisĩfeßãũ] *w* Desinfektion *w*
desinfetar [dshisĩfetar] *v* desinfizieren
desintegrar [dshisĩtegrar] *v* spalten *etw. Akk*
desistir [desißtschir] *v* ablassen *von etw.*, aufhören *mit etw.*
desligar [dshisligar] *v* **1** abschalten (Fernseher usw.) **2** ausschalten *etw. Akk* (Maschine usw.) **3** den Stecker herausziehen **4** aufhängen (Hörer)
deslizar [dshislisar] *v* **1** ausrutschen (hinfallen), ins Schleudern kommen, rutschen, gleiten (über Bürgersteg usw.) **2** zustecken *j-m etw. Akk* (heimlich)
deslocamento [dshislokamẽtu] *m* **1** Verlagerung *w*, Verschiebung *w* (Bewegung) **2** Verstauchung *w*
deslocar [dshislokar] *v* **1** verschieben *etw. Akk irgendwohin* (Stelle wechseln), verteilen *etw. Akk irgendwohin* (über eine Fläche) **2** sich verrenken *etw. Akk*
deslumbrar [dshislũbrar] *v* blenden *j-n*
desmaiar [dshismajar] *v* ohnmächtig werden
desmontar [dshismõũtar] *v* **1** abmontieren, demontieren **2** zerlegen *etw. Akk*, auseinandernehmen *etw. Akk* (Maschine usw.)
desnudar [dshisnudar] *v* ausziehen *j-n*, entblößen
desocupar [dshisokupar] *v* räumen, ausräumen
desodorante [dshisodorãtschi] *m* Deodorant *s*, Deo *s*
desonesto, -a [dshisonäßtu] *adj* unehrlich, unlauter (Absicht usw.)
desonra [dshisõũra] *w* Schande *w* (Unehre)
desordem [deßòrdẽĩ] *w* Unordnung *w*
despachar [dshißpaschar] *v* **1** abschicken *etw. Akk*, absenden *etw. Akk*, versenden *etw. Akk*, einchecken *j-n* **2** erledigen *etw. Akk*, besorgen *etw. Akk* (Aufgabe usw.) ▶ **~ a bagagem** Gepäck einchecken
despachar-se [dshißpascharßi] *v* eilen
despedida [dshißpedshida] *w* **1** Abschied *m*, Verabschiedung *w* **2** Entlassung *w*, Kündigung *w*, Hinauswurf *m*, Rausschmiss *m*
despedir [dshißpedshir] *v* entlassen *j-n* (wegen Arbeitsmangel), entlassen *j-n* (Arbeiter usw.), feuern *j-n* (Mitarbeiter usw.)
despedir-se [dshißpedshirßi] *v* sich verabschieden *von j-m*

despejar [dshißpeshar] *v* **1** verschütten **2** kippen *etw. Akk* (ausschütten) **3** ausräumen *etw. Akk aus etw.*, zwangsräumen lassen *j-n*

despencar [dshißpẽĩkar] *v* absinken, stürzen (Aktienkurse usw.), einstürzen (Gebäude usw.)

despender [dshißpẽĩder] *v* ausgeben *etw. Akk für etw.* (Geld)

despenhar-se [dshißpẽnjarßi] *v* abstürzen (Flugzeug usw.)

despensa [dshißpẽßa] *w* Kammer *w* (Abstellraum), Speisekammer *w*

desperdiçar [dshißperdshißar] *v* verschwenden, vergeuden *etw. Akk* (Geldmittel usw.)

despertador [dshißpertador] *m* Wecker *m*

despertar [dshißpertar] *v* **1** aufwecken *j-n*, wecken *j-n* **2** erwecken *etw. Akk* (Interesse usw.) **3** aufwachen

desperto, -a [dshißpärtu] *adj* **1** lebhaft (Mensch), munter **2** wach ► **estar ~** wach sein

despesa [dshißpesa] *w* Ausgabe *w* (Kosten) ► **despesas** *w Mz* Auslagen *w Mz*

despir [dshißpir] *v* **1** ausziehen *etw. Akk* (Hose usw.) **2** ausziehen *j-n*

desprazer [dshißpraser] *m* Unlust *w zu etw.*, Widerwille *m gegen etw.*

desprender-se [dshißprẽĩderßi] *v* **1** abfallen (Laub usw.) **2** abfallen (sich abbrechen), abreißen (Schlaufe usw.), ab sein

destinatário [dshißtschinatarju] *m* Empfänger *m*, Adressat *m* (eines Briefes usw.)

destino [dshißtschinu] *m* **1** Schicksal *s* **2** Bestimmungsort *m*

destroçar [dshißtroßar] *v* vernichten, zerstören

destroços [dshißtròßuß] *m Mz* Schiffswrack *s*, Wrack *s* (Schiff)

destruir [dshißtruir] *v* **1** beschädigen, vernichten, zerstören **2** durchkreuzen (Pläne usw.)

desvantagem [dshiswãtashẽĩ] *w* Nachteil *m*

desvelo [dshiswelu] *m* Pflege *w j-s*, Sorge *w für j-n*

desvendar [dshiswẽĩdar] *v* entdecken *etw. Akk* (Verbrechen usw.)

desviar [dshiswiar] *v* **1** abbiegen **2** ablenken *etw. Akk*, umleiten *etw. Akk* (Verkehr usw.), zurückschlagen (Ball usw.) **3** unterschlagen *etw. Akk* (Geld usw.), veruntreuen *etw. Akk*

desvio [dshiswiu] *m* **1** Umleitung *w* **2** Abkehr *w*, Abwendung *w*, Abweichung *w* (von Wert usw.) **3** Deviation *w* **4** Abfälschung *w* **5** Unterschlagung *w*, Veruntreuung *w* (des Geldes usw.)

detalhado, -a [detaljadu] *adj* ausführlich, eingehend, detailliert, Detail-

detalhe [detalji] *m* Detail *s*, Einzelheit *w*

deter [deter] *v* **1** festnehmen *j-n*, verhaften *j-n* **2** anhalten *etw. Akk*, stoppen *etw. Akk* (Bewegung usw.)

detergente [detershẽtschi] *m* Reinigungsmittel *s* ► **~ (para roupa)** Waschpulver *s*

deteriorar [deteriorar] *v* **1** verschlimmern *etw. Akk*, verschlechtern *etw. Akk* **2** kaputtmachen *etw. Akk* (Maschine usw.)

determinar [determinar] *v* bestimmen *etw. Akk* (Anzahl usw.), festlegen *etw. Akk* (Termin usw.), determinieren *etw. Akk*

detestar [deteßtar] *v* nicht ertragen können *j-n/etw.* (hassen)

detrás [detraß] *adv* hinten ► **~ de** hinter *etw. Dat* (einem Fluss usw.), hinter (einem Haus usw.)

deus [deuß] *m* Gott *m*

devagar [dshiwagar] *adv* allmählich, langsam

dever [dewer] *v* **1** sollen, haben *+ zu + Inf.* **2** schulden *j-m etw. Akk* **3** verdanken *j-m etw. Akk* ♦ *m* **1** Pflicht *w* **2** Aufgabe *w* (für die Schule) ► **deveres** *m Mz* Hausaufgaben *w Mz*

devido, -a [dewidu] *adj* **1** schuldig (Summe) **2** gehörig (Respekt usw.), ordentlich (angemessen), richtig (entsprechend usw.) ♦ *prep* auf Grund *m etw. Gen* ► **~ ao mau tempo** wegen des schlechten Wetters…

devolver [dewouwer] *v* **1** zurückgeben *j-m etw. Akk*, zurückzahlen (Geld) **2** erwidern (Liebe usw.)

dez [däß] *num* zehn

dezembro [desẽbru] *m* Dezember *m*

dezoito [desojtu] *num* achtzehn

dia [dshia] *m* Tag *m* ► **algum ~** irgendwann; **de ~** tags, während des Tages; **outro ~** ein anderes Mal; **Bom ~.** Guten Morgen., Guten Tag.

diabetes [dshiabätschiß] *w* Diabetes *m*

diamante [dshiamãtschi] *m* Diamant *m*

diâmetro [dshiametru] *m* Durchmesser *m etw. Dat*

diante [dshiãtschi] **~ de** vor (räumlich)

dianteiro, -a [dshiãtejru] *adj* vorder(er,e,es), vorn (Teil, Glied usw.)

diário [dshiarju] *m* **1** Tageszeitung *w* **2** Tagebuch *s*, Terminkalender *m* ♦ *adj* täglich (Aufgaben usw.), Tages-

diarreia [dshiahäia] *w* Durchfall *m* (Erkrankung), Diarrhö *w*

dicionário [dshißionarju] *m* Wörterbuch *s*

dieta [dshiäta] *w* Diät *w* ► **Estou de ~.** Ich halte Diät.

diferença [dshiferẽßa] *w* Unterschied *m*, Unterschiedlichkeit *w*

diferenciar [dshiferẽĩßjar] *v* differenzieren, unterscheiden *j-n/etw. von j-m/etw.* (anders machen)

diferente [dshiferẽtschi] *adj* anders *als j./etw.*, unterschiedlich *von etw.*, verschieden (nicht gleich), ungleich

difícil [dshifißiu] *adj* schwierig

dificuldade [dshifikuudadshi] *w* **1** Schwierigkeit *w* **2** Schwierigkeit *w etw. Gen* (Eigenschaft) ► **com ~** schwer (atmen usw.)

difundir [dshifũdshir] *v* **1** verbreiten *etw. Akk* (Infektion usw.) **2** verbreiten (Nachricht usw.)

digestão [dshisheßtãũ] *w* Verdauung *w*

digno, -a [dshignu] *adj* würdig (Person usw.) ► **dign|o/-a de confiança** vertrauenswürdig; **dign|o/-a de** *a.c.* wert *etw. Gen* (würdig), würdig *etw. Gen* (wert)

digressão [dshigreßãũ] *w* **1** Tournee *w* **2** Ausflug *m*

diligente [dshilishẽtschi] *adj* fleißig, strebsam, eifrig

dilúvio [dshiluwju] *m* Überschwemmung *w*

dimensão [dshimẽĩßãũ] *w* Ausmaß *s*, Dimension *w*

diminuir [dshiminuir] *v* **1** mindern *etw. Akk*, verringern *etw. Akk* (Risiko usw.), senken *etw. Akk* (Summe usw.), herabsetzen *etw. Akk* (Kosten usw.) **2** nachlassen (Schmerz usw.) **3** nachlassen (Intensität), sinken (Wert usw.), fallen (Preise usw.)

dinheiro [dshĩnjejru] *m* Geld *s*

dique [dshiki] *m* Damm *m*, Deich *m*

direção [dshireßãũ] *w* **1** Führung *w* (eines Betriebes usw.), Leitung *w* (einer Firma usw.), Management *s* (Tätigkeiten) **2** Führung *w* (Führungsorgane), Management *s* (Personen usw.), Vorstand *m* (einer Firma usw.) **3** Richtung *w* **4** Adresse *w*, Anschrift *w* **5** Steuerung *w* (Steuergerät), Lenkung *w* (Lenkeinrichtung) **6 ~ *(artística)*** Regie *w*

direito, -a [dshirejtu] *adj* recht(er,e,es) ♦ *m* **1** Anspruch *m auf etw. Akk* (Recht), Recht *s zu etw.* (Berechtigung) **2** Recht *s* (Rechtsordnung) ♦ *adv* gerade, aufrecht (sitzen usw.) ► **à direita** nach rechts, rechts; **à direita** *de a.c.* rechts *von etw.*; **de direita** von rechts; **direitos** *m Mz* **alfandegários** Zoll *m*

diretamente [dshirätamẽtschi] *adv* direkt (ohne Umstände)

direto, -a [dshirätu] *adj* **1** gerade (Linie usw.) **2** direkt (Verbindung usw.) **3** direkt, geradlinig (Mensch usw.)

diretor [dshiretor] *m* **1** Direktor *m* **2** Regisseur *m* ► **~ da escola** Rektor *m* (einer Grundschule usw.), Schulleiter *m*

dirigente [dshirishẽtschi] *adj* führend (Persönlichkeit usw.), Leit-, Führungs- ♦ *m* Führer *m* (Leiter), Chef *m*

dirigir [dshirishir] *v* **1** führen *etw. Akk* (Unternehmen usw.), leiten *etw. Akk* (Firma usw.) **2** betreiben *etw. Akk* **3** steuern *etw. Akk* (Fahrzeug) **4** dirigieren (Orchester usw.) **5** Regie haben *bei etw.* **6** adressieren *etw. Akk an j-n*, lenken *etw. Akk* (Richtung bestimmen), richten *etw. Akk* **7** richten *etw. Akk irgendwohin*

dirigir-se [dshirishirßi] *v* **1** gehen *irgendwohin*, steuern *irgendwohin* (sich richten) **2** ansprechen *j-n* (höflich usw.), sich wenden *an j-n/etw.* ► **A quem me posso dirigir?** An wen soll ich mich wenden?

discar [dshißkar] *v* wählen (eine Telefonnummer)

disciplina [dshißiplina] *w* **1** Disziplin *w* **2** Fach *s* (in der Schule usw.)

disco [dshißku] *m* **1** Scheibe *w* (Gegenstand) **2** Bandscheibe *w* **3** Disc *w* (Datenträger) ► **~ de vinil** Schallplatte *w*, Platte *w* (Schallplatte)

discreto, -a [dshißkrätu] *adj* dezent (Kleid usw.), diskret, taktvoll, unauffällig (Benehmen usw.)

discurso [dshißkurßu] *m* Rede *w*
discussão [dshißkußãũ] *w* Diskussion *w*
discutir [dshißkutschir] *v* besprechen *etw. Akk mit j-m*, debattieren *mit j-m über etw. Akk*, diskutieren *über etw. Akk*
disparar [dshißparar] *v* schießen (losschießen)
disparate [dshißparatschi] *m* Unsinn *m*
dispensar [dshißpẽĩßar] *v* **1** sich behelfen *ohne etw.* **2** verteilen (Lebensmittel usw.)
disponível [dshißponiweu] *adj* disponibel, erreichbar
dispor [dshißpor] *v* **1** verfügen *über etw. Akk* (besitzen), *etw. Akk* zur Verfügung haben **2** anlegen (planvoll erstellen)
disposição [dshißposißãũ] *w* **1** Layout *s* (Lageplan), Verteilung *w* **2** Verfügung *w* **3** Gestaltung *w* (eines Gegenstandes) **4** Laune *w* (gute usw.), Stimmung *w*
dispositivo [dshißpositschiwu] *m* **1** Anlage *w*, Vorrichtung *w* (technische usw.), Apparat *m* (Mechanismus), Gerät *s* (elektrisches usw.) **2** Bestimmung *w* (Regel usw.)
disposto, -a [dshißpoßtu] *adj* bereit *etw. Akk zu tun*
disputa [dshißputa] *w* **1** Streit *m*, Auseinandersetzung *w* **2** Spiel *s* (Match)
disputar [dshißputar] *v* **1** (sich) streiten *über etw. Akk*, streiten *mit j-m über etw. Akk* (diskutieren) **2** spielen *etw. Akk* (Spiele usw.)
dissimular [dshißimular] *v* **1** sich verstellen (sich anders stellen), vortäuschen *etw. Akk*, heucheln *etw. Akk* (Mitleid usw.) **2** verleugnen *j-n/etw.* (verheimlichen) **3** verbergen (verheimlichen)
dissolver-se [dshißouwerßi] *v* sich auflösen
distância [dshißtãßja] *w* Abstand *m* (räumlicher, zeitlicher), Entfernung *w*, Distanz *w* (räumliche usw.), Ferne *w* ► **à ~** Fern-
distante [dshißtãtschi] *adj* abgelegen (Stelle usw.), entfernt (Ort usw.), fern, fernliegend
distinguir [dshißtschĩgir] *v* unterscheiden *j-n/etw. (von j-m/etw.)* (Unterschied feststellen)
distinto, -a [dshißtschĩtu] *adj* **1** unterschiedlich *von etw.* **2** deutlich (klar erkennbar)
distração [dshißtraßãũ] *w* Ablenkung *w* (Unterhaltung usw.), Spaß *m*, Vergnügen *s* (Amüsement usw.)
distribuição [dshißtribuißãũ] *w* Distribution *w*, Verteilung *w* (von Gas usw.)
distribuir [dshißtribuir] *v* **1** austragen *etw. Akk an j-n* (Post usw.), verlegen *etw. Akk irgendwohin* (Wasserleitung usw.), verteilen, ausgeben (Flugblätter usw.) **2** zuteilen *j-m etw. Akk* (als Anteil usw.) **3** verteilen *etw. Akk an/unter j-n* (an mehrere Personen) **4** verteilen *etw. Akk irgendwohin* (über eine Fläche)
distrito [dshißtritu] *m* Bezirk *m*, Landkreis *m*
disturbar [dshißturbar] *v* stören *j-n* (mit Lärm usw.)
distúrbio [dshißturbju] *m* **1** Störung *w* **2** ***distúrbios*** Unruhen *w Mz*
diversão [dshiwerßãũ] *w* Spaß *m*, Vergnügen *s* (Amüsement usw.), Unterhaltung *w* (Zeitvertreib)
diverso, -a [dshiwärßu] *adj* verschieden, vielerlei, ungleich
divertido, -a [dshiwertschidu] *adj* lustig (amüsant), unterhaltsam, witzig
divertimento [dshiwertschimẽtu] *m* Spaß *m*, Vergnügen *s* (Amüsement usw.), Unterhaltung *w* (Zeitvertreib)
divertir [dshiwertschir] *v* amüsieren *j-n*, belustigen *j-n*, unterhalten *j-n mit etw.* (mit Erzählungen usw.)
dívida [dshiwida] *w* Forderung *w* (finanzieller Anspruch), Schuld *w* (Betrag)
dividir [dshiwidshir] *v* **1** einteilen *etw. Akk in etw. Akk* (in Stücke), teilen *etw. Akk in etw. Akk* (in Teile) **2** dividieren *etw. Akk durch etw.* (Zahlen) **3** teilen *etw. Akk mit j-m* (aufteilen)
divisa [dshiwisa] *w* **1** Devise *w* **2** Motto *s* (Wahlspruch)
divórcio [dshiwòrßju] *m* Scheidung *w*
divulgar [dshiwuugar] *v* bekannt machen *etw. Akk*, verbreiten *etw. Akk*
dizer [dshiser] *v* sagen *etw. Akk* ♦ *m* Spruch *m* (Lebensweisheit) ► **dizem que** angeblich; **O que quer ~ com isso?** Was meinen Sie damit?
doar [doar] *v* spenden *etw. Akk*, stiften *etw. Akk*

dobrar [dobrar] *v* **1** biegen *etw. Akk*, falten (Papier usw.), zusammenfalten, zusammenlegen **2** anziehen (Beine usw.) **3** verdoppeln *etw. Akk* **4** abbiegen

dobro, -a [dobru] *adj* doppelt (Summe usw.), zweifach

doce [doßi] *adj* süß ♦ *m* **1** Nachtisch *m*, Dessert *s*, Nachspeise *w* **2** ***doces*** Süßigkeiten *w Mz*

documento [dokumẽtu] *m* **1** Dokument *s*, Urkunde *w* **2** ***documentos*** Dokumente *s Mz*, Papiere *s Mz*

doença [doẽßa] *w* Krankheit *w*, Erkrankung *w*

doente [doẽtschi] *adj* krank

doer [doer] *v* wehtun

doido, -a [dojdu] *adj* närrisch, verrückt, wahnsinnig ♦ *m* Narr *m*, Irre *m*, Verrückte *m*, Beutel *m* (Person)

dois [dojß] *num* zwei ► **duas vezes** zweimal

dólar [dòlar] *m* Dollar *m*

doméstico, -a [domäßtschiku] *adj* **1** inländisch (Produkt usw.) **2** Haus-, häuslich

domicílio [domißilju] *m* Wohnort *m*, Wohnsitz *m*

dominar [dominar] *v* **1** dominieren *etw. Akk* **2** beherrschen **3** beherrschen *etw. Akk* (ein Land usw.)

domingo [domĩgu] *m* Sonntag *m*

dona [dona] *w* Frau *w*, Dame *w* (Person)

dono [donu] *m* **1** Herr *m* (Besitzer) **2** Besitzer *m etw. Gen*, Eigentümer *m etw. Gen*, Inhaber *m etw. Gen* ► **~ da casa** Hauswirt *m*

dor [dor] *w* Schmerz *m*

dormir [dormir] *v* **1** schlafen (gut, lange usw.) **2** schlafen *mit j-m* (koitieren) ► **saco** *m* **de ~** Schlafsack *m*

dorso [dorßu] *m* Rücken *m* (eines Tieres)

dose [dòsi] *w* Dosis *w*, Portion *w*

doze [dosi] *num* zwölf

dramático, -a [dramatschiku] *adj* dramatisch

droga [dròga] *w* **1** Droge *w* **2** Schund *m*, Ausschuss *m*

duche [duschi] *m* Dusche *w*

dupla [dupla] *w* **1** Paar *s* (Personen) **2** Doppelspiel *s*

duplicar [duplikar] *v* verdoppeln *etw. Akk*

duplo, -a [duplu] *adj* **1** dual **2** doppelt, zweifach ♦ *m* Doppelgänger *m*

duração [duraßãũ] *w* Dauer *w*

durante [durãtschi] *prep* während, im Laufe *etw. Gen*, im Verlauf *etw. Gen*

durar [durar] *v* dauern

durável [duraweu] *adj* durabel (widerstandsfähig), haltbar (Material usw.), langlebig (Batterie usw.)

duro, -a [duru] *adj* **1** hart **2** hart (Tag usw.), rau (Klima usw.) **3** zäh (Fleisch usw.) **4** schwierig

dúvida [duwida] *w* Zweifel *m* ► **pôr** *a.c.* **em ~** bezweifeln *etw. Akk*, anzweifeln *etw. Akk*; **sem ~** zweifellos, zweifelsohne, ohne Zweifel

duvidar [duwidar] *v* zweifeln *an j-m/etw.*

dúzia [dusia] *w* Dutzend *s*

E

e [i] *conj* und

é [ä] *part* ja (Zustimmung)

eco [äku] *m* Echo *s*

ecoar [ekoar] *v* klingen (hörbar sein)

ecografia [ekografia] *w* Sonografie *w*, Ultraschalluntersuchung *w*

ecológico, -a [ekolòshiku] *adj* ökologisch, umweltfreundlich

econômico, -a [ekonòmiku] *adj* **1** ökonomisch (Lage usw.), wirtschaftlich **2** ökonomisch, sparsam (Wagen usw.) **3** billig, preisgünstig, preiswert

economizar [ekonomisar] *v* **1** sparen *etw. Akk* (Wasser usw.) **2** ersparen (Geld), ansparen, sparen (große Summe usw.), (sich) zusammensparen *für etw.* **3** haushalten *mit etw.*

ecrã [ekrã] *m* Bildschirm *m*, Monitor *m*

edição [edshißãũ] *w* Ausgabe *w* (broschierte usw.), Edition *w* (gebundene usw.)

edificar [edshifikar] *v* bauen *etw. Akk*

edifício [edshifißju] *m* Gebäude *s*

editora [edshitora] *w* Verlag *m*, Verleger *m*, Herausgeber *m*

educação [edukaßãũ] *w* Ausbildung *w*, Bildung *w* (schulische usw.), Erziehung *w*

educar [edukar] *v* erziehen *j-n*

efeito [efejtu] *m* **1** Effekt *m* **2** Folge *w etw. Dat, von etw.*, Konsequenz *w etw. Gen* (einer Tat usw.), Wirkung *w*, Auswirkung *w* ► **~ especial** Trick *m* (Film usw.); **fazer ~** wirken (Wirkung haben),

zu wirken beginnen; **surtir ~** wirken (Medikament usw.)

efetivo, -a [efetschiwu] *adj* effektvoll, wirksam (Maßnahme, Plan usw.) ♦ *m* Bargeld *s*

efetuar [efetuar] *v* verwirklichen *etw. Akk* (vollziehen)

eficaz [efikaß] *adj* **1** wirksam (Maßnahme, Plan usw.) **2** leistungsfähig

eficiente [efißiẽtschi] *adj* effektiv (Methode usw.), leistungsfähig, wirksam (Maßnahme, Plan usw.)

efusivo, -a [efusiwu] *adj* warm (Empfang usw.)

eixo [ejschu] *m* **1** Achse *w* (Drehachse usw.) **2** Achse *w* (eines Fahrzeugs), Welle *w* (Maschinenteil)

ela [äla] *pron* sie (Fem. Singular)

elã [elã] *m* Elan *m*

elástico, -a [elaßtschiku] *adj* elastisch ♦ *m* Gummiband *s*

ele [eli] *pron* er

elegante [elegãtschi] *adj* anmutig, graziös, elegant, schick

eleger [elesher] *v* auswählen, wählen *j-n* (abstimmen)

eleição [elejßãũ] *w* Wahl *w* (Abstimmung) ► **eleições** *w Mz* Wahlen *w Mz*

elemento [elemẽtu] *m* Element *s*

elenco [elẽku] *m* **1** Liste *w etw. Gen* **2** Besetzung *w* (Schauspieler)

eles, elas [eliß, älaß] *pron* die, sie (Plural)

eletricidade [eletrißidadshi] *w* Elektrizität *w* ► **corte** *m* **de ~** Stromausfall *m*

elétrico, -a [elätriku] *adj* elektrisch

eletrodoméstico [elätrodomäßtschiku] *m* Elektrogerät *s*, Haushaltsgerät *s*

elevador [elewador] *m* Aufzug *m*, Fahrstuhl *m*, Lift *m*

elevar [elewar] *v* **1** heben *etw. Akk* (Gewicht usw.) **2** erhöhen *etw. Akk* (Wert usw.) **3** potenzieren *etw. Akk*

eliminar [eliminar] *v* **1** löschen (Daten) **2** beseitigen *etw. Akk* (tilgen usw.), eliminieren **3** ausschalten *j-n* (Konkurrenten usw.), ausschließen *j-n/etw. aus etw.*, eliminieren ► **ser eliminado** ausscheiden (aus einem Spiel usw.)

elogiar [eloshiar] *v* loben *j-n für etw.*, preisen *j-n/etw.*, rühmen *j-n/etw.*

em [ẽĩ, ĩ] *prep* **1** an, in, auf (einer Stelle usw.) **2** in (Dauer), um (drei Uhr usw.) **3** bei (Angelegenheit) **4** an *j-n/etw.* (denken usw.), aus (stammend usw.) ► **~ torno** *de a.c.* bezüglich, hinsichtlich; **~ vez de** *alg* für *j-n* (anstatt usw.); **~ vez de** *a.c.* statt *etw. Gen*, anstelle *von etw.*, anstatt *etw. Gen*; **~ voz alta** laut; **estar ~ pé** auf sein; **no início** am Anfang; **na escola** in der Schule; **na segunda/terça-feira** am Montag/Dienstag; **no leste** im Osten

emagrecer [emagreßer] *v* abnehmen, schlank werden

embaixada [ĩbajschada] *w* Botschaft *w* (Vertretung)

embaixador [ĩbajschador] *m* Botschafter *m*

embalagem [ĩbalashẽĩ] *w* Verpackung *w*, Packung *w* (Hülle usw.)

embalar [ĩbalar] *v* **1** einpacken, packen (in Papier usw.), verpacken **2** wiegen *j-n* **3** täuschen *j-n* (irreführen)

embaraço [ĩbaraßu] *m* **1** Behinderung *w in etw. Dat* (in der Entwicklung usw.), Hindernis *s in etw. Dat*, Schwierigkeit *w* (Problem) **2** Verlegenheit *w* (Unsicherheit)

embaraçoso, -a [ĩbaraßosu] *adj* peinlich

embarcação [ĩbarkaßãũ] *w* Fahrzeug *s* (Schiff, Boot usw.)

embarcar [ĩbarkar] *v* einsteigen *in etw. Akk*

embater [ĩbater] *v* anstoßen *an/gegen etw.*, prallen *gegen etw.* (Wagen usw.), stoßen *an etw. Dat*

embora [ĩbòra] *adv* heraus (vom Sprecher), hinaus (zum Sprecher), nach draußen, weg ♦ *conj* obwohl ► **ir ~** weggehen, gehen (weg); **Já tinha ido ~.** Er ist schon weg.

embreagem [ĩbreashẽĩ] *w* Kupplung *w* (im Fahrzeug)

embriagado, -a [ĩbriagadu] *adj* betrunken

embrulhar [ĩbruljar] *v* **1** einpacken *etw. Akk* **2** umbinden *etw. Akk mit etw.* **3** hereinlegen *j-n* **4** einpacken, packen (in Papier usw.), verpacken

embrulho [ĩbrulju] *m* Verpackung *w*, Packung *w* (Hülle usw.)

embuste [ĩbußtschi] *m* **1** Betrug *m* **2** List *w*

emenda [emẽda] *w* **1** Verbesserung *w* (eines Fehlers usw.) **2** Novelle *w* (Gesetz)

emergência [emershẽßja] *w* **1** Not *w*, Notlage *w*, Notfall *m* **2** Notaufnahme *w*, Notdienst *m* ► **saída** *w* **de ~** Notausgang *m*

eminente [eminẽtschi] *adj* bedeutend (Person usw.), angesehen, hervorragend (Persönlichkeit usw.)

emissão [emißãũ] *w* **1** Emission *w* (von Stoffen) **2** Sendung *w* **3** Emission *w* (von Wertpapieren)

emitir [emitschir] *v* **1** senden (ausstrahlen) **2** ausstellen *etw. Akk* (Urkunde usw.), emittieren, ausgeben (Wertpapiere usw.) **3** abgeben (Geräusch, Licht usw.)

emoção [emoßãũ] *w* Emotion *w*, Erregung *w* (Emotionen), Rührung *w*

emocionante [emoßionãtschi] *adj* aufregend, rührend, ergreifend

emocionar [emoßionar] *v* erregen *j-n* (emotional), rühren *j-n* (innerlich)

empacotar [ĩpakotar] *v* einpacken, packen (in Papier usw.), verpacken

empate [ĩpatschi] *m* **1** Remis *s*, Unentschieden *s* **2** Patt *s* (im Schach)

empenho [ĩpẽnju] *m* Bestrebung *w um etw.*, Bemühung *w um etw.*, Mühe *w*

empreender [ĩpriẽĩder] *v* sich einlassen *auf etw. Akk* (beginnen), unternehmen *etw. Akk*

empreendimento [ĩpriẽĩdshimẽtu] *m* Unternehmen *s* (Tätigkeit)

empregado [ĩpregadu] *m* **1** Angestellte *m*, Arbeitnehmer *m* **2** Bürobeamte *m* ♦ *adj* beschäftigt (Angestellter usw.)

empregador [ĩpregador] *m* Arbeitgeber *m*

empregar [ĩpregar] *v* anstellen *j-n*, beschäftigen *j-n* (Angestellten usw.), engagieren *j-n* (einen Künstler), einstellen *j-n* (Arbeiter usw.)

emprego [ĩpregu] *m* **1** Arbeit *w* (Beruf), Beschäftigung *w* **2** Benutzung *w etw. Gen*, Nutzung *w etw. Gen*, Gebrauch *m etw. Gen*, Verwendung *w etw. Gen*

empresa [ĩpresa] *w* Betrieb *m* (Fabrik usw.), Firma *w*, Unternehmen *s* (Firma usw.)

empresário [ĩpresarju] *m* Unternehmer *m*

emprestar [ĩpreßtar] *v* leihen *j-m etw. Akk*

empréstimo [ĩpräßtschimu] *m* **1** Anleihe *w*, Darlehen *s*, Leihgabe *w*, Ausleihe *w* (Ausleihen) **2** Lehnwort *s*

empunhar [ĩpũnjar] *v* ergreifen *etw. Akk* (mit der Hand), packen *etw. Akk* (schnell, fest usw.), fassen (festhalten)

empurrar [ĩpuhar] *v* **1** drücken *auf etw. Akk*, hineindrücken *etw. Akk in etw. Akk* **2** einen Stoß versetzen *j-m/etw.*, stoßen *j-n/etw.* **3** einstoßen *etw. Akk in etw. Akk*, stoßen *etw. Akk in etw. Akk*

empuxar [ĩpuschar] *v* **1** rücken *etw. Akk an etw. Akk* **2** schieben *etw. Akk irgendwohin*

encabeçar [ĩkabeßar] *v* führen *etw. Akk* (Unternehmen usw.)

encantar [ĩkãtar] *v* bezaubern *j-n*, blenden *j-n* (entzücken), verzaubern *j-n*

encanto [ĩkãtu] *m* Genuss *m*, Grazie *w* (Anmut), Pracht *w*, Zauber *m* (Reiz)

encarecer [ĩkareßer] *v* sich verteuern, teurer werden, teuer werden

encarregar [ĩkahegar] *v* beauftragen *j-n mit etw.*, vergeben *j-m etw. Akk*, aufgeben *j-m etw. Akk* (Aufgabe usw.)

encerrar [ĩßehar] *v* sperren

enchente [ĩschẽtschi] *w* Überschwemmung *w*, Hochwasser *s*

encher [ẽĩscher] *v* **1** ausfüllen *etw. Akk mit etw.* (Raum usw.), füllen (Gefäß usw.) **2** aufpumpen

encobrir [ĩkobrir] *v* **1** verstecken *etw. Akk vor j-m*, verbergen *etw. Akk vor j-m* (unter Mantel usw.) **2** geheim halten *etw. Akk vor j-m*, vertuschen *etw. Akk* **3** verhüllen

encomenda [ĩkomẽda] *w* **1** Postsendung *w* **2** Auftrag *m* (Bestellung), Bestellung *w*

encomendar [ĩkomẽĩdar] *v* bestellen *etw. Akk*

encontrar [ĩkõũtrar] *v* **1** finden **2** treffen *j-n*, begegnen *j-m* **3** finden *etw. Akk irgendwie* **4** erreichen *j-n* (zu Hause usw.)

encontrar-se [ĩkõũtrarßi] *v* **1** sich treffen *mit j-m*, zusammentreffen *mit j-m*, begegnen *j-m* **2** sich befinden *irgendwo*, vorkommen *irgendwo* (Tierart usw.) **3** geraten *in etw. Akk* (in eine Lage usw.)

encontro [ĩkõũtru] *m* **1** Begegnung *w* **2** Treffen *s* **3** Spiel *s* (Match) ► **marcar um ~** *com alg* sich verabreden *mit j-m*

encosta [ĩkòßta] *w* Hang *m* (steil usw.), Abhang *m*

encruzilhada [ĩkrusiljada] *w* Kreuzung *w* (Straßen usw.), Kreuzweg *m*

encurtar [ĩkurtar] *v* **1** verkürzen *etw. Akk* (Gegenstand usw.), kürzen *etw. Akk* (kürzer machen) **2** abkürzen (zeitlich)

endereço [ĩdereßu] *m* Adresse *w*, Anschrift *w*

endurecer [ĩdureßer] *v* **1** hart werden, sich verhärten (Masse usw. usw.) **2** verstärken *etw. Akk*, verfestigen *etw. Akk*

energia [enershia] *w* Energie *w*

enfadar [ĩfadar] *v* langweilen *j-n*

enfeite [ĩfejtschi] *m* Schmuck *m* (Zierde), Verzierung *w* (Gegenstand usw.)

enfermaria [ĩfermaria] *w* Ambulanz *w* (in der Schule usw.)

enfermeira [ĩfermejra] *w* Krankenpflegerin *w*, Krankenschwester *w*

enfermidade [ĩfermidadshi] *w* Krankheit *w*, Erkrankung *w*

enfiar [ĩfiar] *v* **1** auffädeln *etw. Akk* (Perlen usw.) **2** stecken *etw. Akk irgendwohin* **3** drücken *etw. Akk in etw. Akk*, hineindrücken *etw. Akk in etw. Akk*

enfim [ĩfĩ] *adv* schließlich

enfrentar [ĩfrẽĩtar] *v* **1** stoßen *auf j-n/etw.* (begegnen) **2** gegenüberstehen *j-m/etw.* **3** aufeinandertreffen **4** stoßen *auf etw. Akk* (Probleme usw.)

engajar [ĩgashar] *v* einstellen *j-n* (Arbeiter usw.), aufnehmen *j-n* (Mitglied usw.)

enganar [ĩganar] *v* **1** betrügen, täuschen *j-n* (irreführen) **2** betrügen *j-n* (Ehemann usw.) **3** täuschen (Augen), trügen

engano [ĩganu] *m* **1** Irrtum *m* **2** Betrug *m*, Schwindel *m* (Betrug) ▶ **por ~** aus Versehen

engarrafamento [ĩgahafamẽtu] *m* Stau *m* (Verkehr), Verkehrskollaps *m*

engenheiro [ĩshẽnjejru] *m* Ingenieur *m*

engenho [ĩshẽnju] *m* Scharfsinn *m*, Verstand *m*

engenhoso, -a [ĩshẽnjosu] *adj* raffiniert (Idee usw.), sinnvoll (Lösung usw.), sinnreich

engolir [ĩgolir] *v* schlucken *etw. Akk*, verschlucken *etw. Akk* (Wasser usw.)

engordar [ĩgordar] *v* dick werden, zunehmen

engraçado, -a [ĩgraßadu] *adj* lustig (amüsant)

engraxar [ĩgraschar] *v* **1** polieren *etw. Akk* **2** mit Fett übergießen *etw. Akk*

engrenar [ĩgrenar] *v* (den Gang) einlegen ▶ **~ a primeira/segunda** den ersten/zweiten Gang schalten

enigma [enigma] *m* Rätsel *s* (Geheimnis)

enjoo [ĩshou] *m* Übelkeit *w*

enlaçar [ĩlaßar] *v* **1** binden (miteinander) **2** umarmen *j-n*

enorme [enòrmi] *adj* enorm, grenzenlos, maßlos, riesig

enquanto [ĩkuãtu] *conj* während ▶ **~ isso** inzwischen; **~ que** solange

enredo [ĩhedu] *m* Handlung *w* (eines Films usw.)

enrolar [ĩholar] *v* **1** (auf)wickeln *etw. Akk auf etw. Akk*, wickeln (Draht usw.) **2** zusammenrollen

ensaio [ĩßaju] *m* **1** Versuch *m um etw.* (Bemühung) **2** Essay *m,s* **3** Prüfung *w* (im Theater usw.)

enseada [ĩßeada] *w* Bucht *w* (klein)

ensejo [ĩßeshu] *m* Gelegenheit *w etw. Akk zu tun*

ensinar [ĩßinar] *v* **1** beibringen *j-m etw. Akk*, lehren *j-n etw. Akk* **2** unterrichten (Schüler usw.)

ensino [ĩßinu] *m* **1** Unterrichten *s* **2** Schulwesen *s* **3** Ausbildung *w*, Bildung *w* (schulische usw.)

ensolarado, -a [ĩßolaradu] *adj* sonnig

então [ĩtãũ] *adv* damals ♦ *conj* also ♦ *part* na also, ja dann ▶ **(de) ~** damalig

entender [ĩtẽĩder] *v* begreifen *etw. Akk*, verstehen *j-n/etw.* ▶ **fazer-se ~** sich verständigen *auf etw.* (auf Englisch usw.)

enterro [ĩtehu] *m* Beerdigung *w*, Begräbnis *s*

entornar [ĩtornar] *v* umstoßen, umwerfen (Glas usw.), verschütten

entorno [ĩtornu] *m* Umgebung *w etw. Gen*

entorpecido, -a [ĩtorpeßidu] *adj* **1** steif (Glieder usw.) **2** betäubt

entorse [ĩtòrßi] *m* Verstauchung *w*

entrada [ĩtrada] *w* **1** Einfahrt *w* (Stelle), Eingang *m* **2** Antritt *m*, Einfahrt *w* (Einfahren), Eintritt *m* (Eintreten) **3** Karte *w* (für Kino usw.), Eintrittskarte *w* **4** Stichwort *s* **5** Vorspeise *w* ▶ **taxa** *w* **de ~** Eintrittsgeld *s*, Eintritt *m* (Geld)

entrar [ĩtrar] *v* **1** eintreten *in etw. Akk*, betreten *etw. Akk*, hereinkommen *in etw. Akk*, hineingehen *in etw. Akk* **2** beitreten *etw. Dat* ▶ **~ no carro** in ein Auto

einsteigen; ~ **(no sistema)** sich einloggen; **Entre!** Herein!, Kommen Sie herein.
entre [ẽtri] *prep* unter, zwischen
entrega [ĩträga] *w* Lieferung *w*, Ablieferung *w* (von Waren usw.)
entregar [ĩtregar] *v* **1** zustellen *j-m etw. Akk* **2** abgeben (Arbeit usw.), übergeben *j-m etw. Akk* **3** herausgeben (aushändigen usw.) **4** überreichen *j-m etw. Akk* **5** liefern *j-m etw. Akk*, abliefern *etw. Akk bei j-m*, versorgen *j-n/etw. mit etw.* (beliefern)
entretanto [ĩtretãtu] *adv* inzwischen ♦ *conj* jedoch, aber, trotzdem, dennoch
entretenimento [ĩtretenimẽtu] *m* Spaß *m*, Vergnügen *s* (Amüsement usw.)
entrevista [ĩtrewißta] *w* **1** Interview *s* **2** Besprechung *w* **3** Verabredung *w mit j-m*, Termin *m mit j-m* (bei Arzt usw.) ▶ **arranjar a ~** ein Treffen verabreden
entroncamento [ĩtrõũkamẽtu] *m* Knotenpunkt *m* (im Verkehr usw.)
entulho [ĩtulju] *m* Abfall *m* (Reste usw.), Müll *m*, Schutt *m*, Trümmer *Mz*
entupido, -a [ĩtupidu] *adj* verstopft (Straßen usw.)
entusiasmo [ĩtusiasmu] *m* Begeisterung *w für etw.*, Eifer *m für etw.*
enumerar [enumerar] *v* nennen (namentlich), aufzählen
envelhecer [ĩweljeßer] *v* alt werden
envelope [ĩwelòpi] *m* Umschlag *m* (für Briefe), Kuvert *s*, Briefumschlag *m*
envenenar [ĩwenenar] *v* vergiften *j-n*
envergonhado, -a [ĩwergõnjadu] *adj* scheu, schüchtern ▶ **ficar ~** sich schämen *für j-n/etw.*
enviar [ĩwiar] *v* entsenden *j-n irgendwohin*, aussenden *j-n irgendwohin* (einen Boten usw.), senden *j-m etw. Akk* (Brief usw.), schicken *j-m etw. Akk* ▶ **~ por fax** faxen *etw. Akk j-m*
envio [ĩwiu] *m* Sendung *w* (Ware)
envolver [ĩwouwer] *v* **1** hüllen *etw. Akk in etw. Akk*, einwickeln *etw. Akk in etw. Akk*, umwickeln *etw. Akk mit etw.* **2** umfassen (enthalten) **3** hineinziehen *j-n in etw. Akk* (in einen Streit usw.), interessieren *j-n für etw., an etw. Dat* (j-n gewinnen suchen)
enxaguar [ĩschaguar] *v* abspülen *etw. Akk*, spülen *etw. Akk* (Geschirr usw.), ausspülen
enxaqueca [ĩschakeka] *w* Migräne *w*
enxugar [ĩschugar] *v* abtrocknen *etw. Akk* (trocken machen), wringen (Wäsche usw.)
época [äpoka] *w* **1** Ära *w*, Epoche *w*, Periode *w*, Zeit *w* (Ära) **2** Saison *w* ▶ **naquela ~** damals
equilíbrio [ekilibrju] *m* Gleichgewicht *s*
equipamento [ekipamẽtu] *m* Ausrüstung *w*, Ausstattung *w*, Anlagen *w Mz*
equipe [ekipi] *w* Mannschaft *w*
equivocar-se [ekiwokarßi] *v* sich irren
equívoco [ekiwoku] *m* Irrtum *m* ▶ **por ~** aus Versehen
ereto, -a [erätu] *adj* aufgerichtet, aufrecht (Stellung usw.)
erguer [erger] *v* **1** heben *etw. Akk* (Gewicht usw.) **2** aufstellen *etw. Akk* (Mast usw.) **3** aufbauen *etw. Akk* (Haus usw.), erbauen *etw. Akk*, errichten *etw. Akk*
errado, -a [ehadu] *adj* falsch (Antwort usw.), irrig (Schluss usw.) ▶ **estar ~** unrecht haben
erro [ehu] *m* Fehler *m* (Verstoß), Irrtum *m*
erva [ärwa] *w* **1** Kraut *s* (Heilpflanze usw.) **2** Gras *s* (Rasen)
esbelto, -a [isbäutu] *adj* schlank, schmal
esboço [isboßu] *m* Skizze *w* (grobe)
escada [ißkada] *w* Treppe *w* ▶ **~ de mão** Leiter *w*
escadaria [ißkadaria] *w* Treppe *w* (Aufgang)
escala [ißkala] *w* **1** Skala *w* **2** Maßstab *m* (Verhältnis) **3** Zwischenlandung *w*
escalar [ißkalar] *v* klettern *auf etw. Akk* (hinauf)
escalope [ißkalòpi] *m* Schnitzel *s*
escama [ißkama] *w* Schuppe *w* (von Fisch usw.)
escanteio [ißkãteiu] *m* Eckstoß *m*
escapadela [ißkapadäla] *w* **1** Flucht *w* **2** Ausrede *w für etw.*
escapar [ißkapar] *v* **1** entfliehen, entkommen, fliehen (aus Gefängnis usw.) **2** davonkommen **3** entgehen *j-m etw. Akk* (Information usw.), entweichen (Gas usw.), auslaufen (Wasser usw.)
escape [ißkapi] *m* **1** Flucht *w* **2** Auspuff *m*
escaravelho [ißkarawelju] *m* Käfer *m*
escassez [ißkaßeß] *w* Mangel *m an etw.*, Knappheit *w an etw.*

escavar [ißkawar] *v* ausheben, graben (Loch), baggern

esclarecer [ißklareßer] *v* erklären *etw. Akk*, klarmachen *j-m etw. Akk*, klarstellen *etw. Akk*, klären *etw. Akk*

escola [ißkòla] *w* Schule *w* ► **~ primária** Grundschule *w*; **na ~** in der Schule

escolar [ißkolar] *adj* Schul- ♦ *m* Schulkind *s*

escolha [ißkolja] *w* Wahl *w* (Auswahl)

escolher [ißkoljer] *v* auswählen, wählen

esconder [ißkõũder] *v* verstecken *etw. Akk vor j-m*, verbergen *etw. Akk vor j-m* (unter Mantel usw.)

escorregadio, -a [ißkohegadshju] *adj* rutschig, schlüpfrig, glatt (Gehweg usw.) ► **ser ~** glatt sein

escorregar [ißkohegar] *v* ausrutschen (hinfallen)

escova [ißkowa] *w* Bürste *w* ► **~ de dentes** Zahnbürste *w*

escravo [ißkrawu] *m* Sklave *m*

escrever [ißkrewer] *v* schreiben *etw. Akk*

escrita [ißkrita] *w* **1** Handschrift *w* (schön usw.), Schrift *w* (lesbar usw.) **2** Schreiben *s*

escritor [ißkritor] *m* **1** Schriftsteller *m* **2** Schreiber *m* (eines Briefes usw.)

escritório [ißkritòrju] *m* Arbeitszimmer *s*, Büro *s*

escritura [ißkritura] *w* Schrift *w* (System)

escrivaninha [ißkriwaninja] *w* Schreibtisch *m*

escultor [ißkuutor] *m* Bildhauer *m*

escultura [ißkuutura] *w* **1** Statue *w* **2** Plastik *w*, Skulptur *w* (Bildwerk)

escuridão [ißkuridãũ] *w* Dunkelheit *w*, Finsternis *w*

escuro, -a [ißkuru] *adj* dunkel, dunkelfarbig, dunkelfarben, düster (Raum usw.)

escusa [ißkusa] *w* Entschuldigung *w für etw.* (Grund)

escutar [ißkutar] *v* anhören *j-n*, zuhören *j-m/etw.*

esfera [ißfära] *w* **1** Bereich *m* (thematischer usw.), Gebiet *s* (einer Tätigkeit usw.), Sphäre *w*, Umfang *m* (einer Stimme usw.) **2** Kugel *w* (Körper)

esforçar [ißforßar] *v* anstrengen (Muskeln, Augen usw.)

esforçar-se [ißforßarßi] *v* sich anstrengen (intensiv arbeiten), sich bemühen *um etw.*

esforço [ißforßu] *m* Anspannung *w*, Bestrebung *w um etw.*, Bemühung *w um etw.*, Mühe *w*

esfregão [ißfregãũ] *m* Schwamm *m*

esfregar [ißfregar] *v* **1** ausscheuern, ausreiben, scheuern (säubern) **2** reiben *etw. Akk* (Hände usw.) **3** einreiben *etw. Akk in etw. Akk* **4** wischen *etw. Akk*, wegwischen *etw. Akk*, abwischen *etw. Akk* (entfernen)

esfriar [ißfriar] *v* **1** abkühlen *etw. Akk*, kühlen (Getränk usw.) **2** abkühlen (kühler werden), auskühlen, kalt werden (Essen), kühl werden

esgotado, -a [isgotadu] *adj* **1** entkräftet, erschöpft (Person) **2** ausverkauft ► **bateria** *w* **esgotada** leere Batterie

esgotar [isgotar] *v* **1** erschöpfen *j-n* **2** aufzehren *etw. Akk* **3** ausverkaufen

esgoto [isgotu] *m* Abfluss *m*, Ablauf *m*, Kanal *m* (für Abwässer)

esguio, -a [isgiu] *adj* schlank

esmalte [ismautschi] *m* Email *s*, Glasur *w*

espaço [ißpaßu] *m* Platz *m* (Kapazität usw.), Raum *m* (leerer usw.)

espada [ißpada] *w* **1** Degen *m*, Schwert *s* **2** ***espadas*** Pik *s* (im Kartenspiel)

espancar [ißpãkar] *v* verprügeln *j-n*

Espanha [ißpãnja] *w* Spanien *s*

espanhol, -a [ißpãnjou] *adj* spanisch ♦ *m* **1** Spanier *m* **2** Spanisch(e) *s*

espantar [ißpãtar] *v* **1** aufschrecken *j-n*, erschrecken **2** aufscheuchen *j-n/etw.*

espargo [ißpargu] *m* Spargel *m* (Gemüse)

espasmo [ißpasmu] *m* Krampf *m*

especial [ißpeßjau] *adj* Sonder-, besonder(er,e,es) ► **em ~** besonders

especialidade [ißpeßjalidadshi] *w* **1** Fachgebiet *s* **2** Spezialität *w* (Gericht usw.)

especialista [ißpeßjalißta] *m* Fachmann *m für etw.*, Spezialist *m*

especialmente [ißpeßjaumẽtschi] *adv* namentlich, speziell ♦ *part* besonders

especiarias [ißpeßjariaß] *w Mz* Gewürz *s*

Wörterbuch Brasilianisch – Deutsch

espécie [ißpäßii] *w* **1** Art *w* (Tierart usw.), Spezies *w* **2** Sorte *w*, Abart *w* (von Frucht usw.)

especificar [ißpeßifikar] *v* präzisieren *etw. Akk*, spezifizieren *etw. Akk*

espelho [ißpelju] *m* Spiegel *m*

espera [ißpära] *w* Erwartung *w*, Warten *s* (langes usw.) ► **sala** *w* **de ~** Wartezimmer *s*, Warteraum *m*

esperança [ißperãßa] *w* Erwartung *w*, Hoffnung *w auf etw. Akk*

esperar [ißperar] *v* **1** erwarten *j-n/etw.* (Besuch usw.), warten *auf j-n/etw.* **2** erwarten *etw. Akk* (voraussetzen usw.), hoffen *auf etw. Akk*

espesso, -a [ißpeßu] *adj* dicht

espetáculo [ißpetakulu] *m* Anblick *m* (Bild), Show *w*, Vorstellung *w* (Aufführung), Aufführung *w* (Theaterstück)

espetador [ißpetador] *m* Zuschauer *m* ► **espetadores** *m Mz* Publikum *s*

espinafre [ißpinafri] *m* Spinat *m*

espinha [ißpĩnja] *w* Pickel *m* (in der Haut) ► **~ dorsal** Wirbelsäule *w*

espinho [ißpĩnju] *m* Dorn *m*, Stachel *m* (einer Pflanze)

espiral [ißpirau] *w* Spirale *w*

espírito [ißpiritu] *m* Gespenst *s*, Geist *m* (übernatürliches Wesen)

espirrar [ißpihar] *v* niesen

esponja [ißpõũsha] *w* Schwamm *m*

esporte [ißpòrtschi] *m* Sport *m*

esportivo, -a [ißportschiwu] *adj* Sport-, sportlich

esposa [ißposa] *w* Ehefrau *w*, Frau *w* (Gattin)

esposo [ißposu] *m* Ehemann *m*

espreguiçadeira [ißpregißadejra] *w* Strandliege *w*

espuma [ißpuma] *w* Schaum *m*

espumante [ißpumãtschi] *adj* Brause-, sprudelnd ♦ *m* Sekt *m*

esquadra [ißkuadra] *w* Gruppe *w* (Rettungsgruppe usw.)

esquecer [ißkeßer] *v* vergessen *etw. Akk* (sich nicht erinnern)

esquentar [ißkẽĩtar] *v* erwärmen *etw. Akk*, warm machen *etw. Akk*, erhitzen *etw. Akk*, wärmen (heizen)

esquerdo, -a [ißkerdu] *adj* link(er,e,es) ► **à esquerda** links (wo), nach links (wohin); **de esquerda** von links

esqui [ißki] *m* **1** Skifahren *s* **2** Ski *m* ► **bastões** *m Mz* **de ~** Skistöcke *m Mz*; **esquis** *m Mz* **alpinos** Abfahrtsskier *m Mz*

esquiar [ißkjar] *v* Ski fahren

esquina [ißkina] *w* Ecke *w* (der Straßen usw.)

esquisito, -a [ißkisitu] *adj* merkwürdig, seltsam

esse, essa, isso [eßi, äßa, ißu] *pron* dieser, diese, dieses, derjenige, diejenige, dasjenige

essência [eßẽßja] *w* Essenz *w*, Wesen *s* (Kern)

essencial [eßẽĩßjau] *adj* essenziell, essential, wesentlich

estabelecer [ißtabeleßer] *v* einrichten, bilden (Ausschuss usw.), gründen (Kommission), errichten

estabelecimento [ißtabeleßimẽtu] *m* **1** Institution *w*, Unternehmen *s* (Firma usw.) **2** Gründung *w*

estábulo [ißtabulu] *m* Kuhstall *m*, Stall *m*

estação [ißtaßãũ] *w* **1** Station *w* (Haltestelle) **2** ~ ***(do ano)*** Jahreszeit *w* ► **~ ferroviária** Bahnhof *m*

estacionar [ißtaßionar] *v* parken *irgendwo* (abstellen)

estada [ißtada] *w* Aufenthalt *m*

estadia [ißtadshia] *w* Aufenthalt *m*

estado [ißtadu] *m* **1** Staat *m* **2** Status *m* (Situation), Zustand *m j-s/etw.* **3** Stadium *s*

estafado, -a [ißtafadu] *adj* entkräftet, erschöpft (Person)

estalagem [ißtalashẽĩ] *w* Gaststätte *w*, Gasthaus *s*

estampar [ißtãpar] *v* aufdrucken (Stempel usw.), drucken *etw. Akk*

estância [ißtãßja] *w* Bauernhof *m*, Hof *m* (landwirtschaftlicher)

estante [ißtãtschi] *w* Regal *s*, Bord *s* (Brett) ► **~ para livros** Bücherschrank *m*

estar [ißtar] *v* **1** sein (vorkommen) **2** gehen *j-m irgendwie* ► **~ para** a.c. im Begriff sein *etw. Akk zu tun*, vorhaben *etw. Akk zu tun*; **sala** *w* **de ~** Wohnzimmer *s*; **Está bem?** Einverstanden?; **Estou com fome.** Ich habe Hunger., Ich bin hungrig.; **Já estou no caminho.** Ich bin schon unterwegs.

estatal [ißtatau] *adj* Staats-, staatlich

estátua [ißtatua] *w* Statue *w*

estável [ißtaweu] *adj* konstant, stabil, beständig

este, esta, isto [eßtschi, äßta, ißtu] *pron* dieser, diese, dieses

estender [ißtẽĩder] *v* **1** ausbreiten *etw. Akk* **2** verstreichen *etw. Akk auf etw. Dat* **3** ausrollen (Teig usw.) ▶ **~ a mão** *para pegar a.c.* greifen *nach etw.* (mit Hand usw.)

estepe [ißtäpi] *w* Steppe *w* ♦ *m* Reserverad *s*, Reservereifen *m*

esticar [ißtschikar] *v* **1** spannen *etw. Akk* (Seil usw.), ausspannen *etw. Akk* **2** dehnen *etw. Akk* (in Länge), strecken *etw. Akk*

estilo [ißtschilu] *m* Stil *m*

estima [ißtschima] *w* **1** Achtung *w vor j-m* (Hochschätzung usw.), Respekt *m vor j-m* **2** Schätzung *w* (von Entfernung usw.)

estimar [ißtschimar] *v* **1** schätzen *etw. Akk* (bestimmen), abschätzen *etw. Akk* **2** schätzen *j-n/etw.* (hochachten) **3** halten *etw. Akk* (Haustier usw.)

estimular [ißtschimular] *v* anregen *etw. Akk*, stimulieren

estofo [ißtofu] *m* Bezug *m*

estojo [ißtoshu] *m* Etui *s*, Futteral *s*

estômago [ißtomagu] *m* Magen *m*

estoque [ißtòki] *m* **1** Lager *s* (für Vorräte usw.) **2** Bestände *m Mz*

estorvar [ißtorwar] *v* hindern *j-n* (im Wege stehen)

estourar [ißtorar] *v* **1** explodieren, platzen **2** ausbrechen (Krieg usw.)

estrada [ißtrada] *w* Straße *w* (Verkehrsweg) ▶ **~ (nacional)** Fernstraße *w*

estragar [ißtragar] *v* **1** kaputtmachen *etw. Akk* (Maschine usw.) **2** verderben *etw. Akk* (Freude usw.), vermasseln, verpatzen

estrago [ißtragu] *m* Schaden *m* (Einbuße)

estrangeiro, -a [ißtrãshejru] *adj* ausländisch, Auslands-, fremd ♦ *m* **1** Ausländer *m* **2** Ausland *s* ▶ **no ~** im Ausland; **ir para o ~** ins Ausland fahren

estranho, -a [ißtrãnju] *adj* merkwürdig, seltsam, sonderbar

estrato [ißtratu] *m* Schicht *w* (Gesellschaftsschicht usw.)

estreito, -a [ißtrejtu] *adj* **1** eng, schmal **2** eng (Zusammenhang usw.) **3** beengt (Raum usw.), beschränkt ♦ *m* Meerenge *w*

estrela [ißtrela] *w* Stern *m*

estremecer-se [ißtremeßerßi] *v* schüttern, erzittern, zittern, sich schütteln

estrondo [ißtrõũdu] *m* Donner *m*, Getöse *s*, Donnern *s*, Knurren *s* (des Magens usw.)

estrutura [ißtrutura] *w* Struktur *w*, Gliederung *w*, Bau *m etw. Gen*

estudante [ißtudãtschi] *m* Lernende *m*, Student *m*

estudar [ißtudar] *v* **1** lernen (für eine Prüfung usw.) **2** studieren *an etw. Dat* (an Hochschule)

estudo [ißtudu] *m* **1** Lernen *s* **2** Studie *w* (wissenschaftliche) **3** Etüde *w* ▶ **estudos** *m Mz* Studium *s*

estufa [ißtufa] *w* **1** Gewächshaus *s*, Treibhaus *s* **2** Ofen *m* (im Zimmer usw.)

estúpido, -a [ißtupidu] *adj* dumm (Frage usw.), stupid ♦ *m* Dummkopf *m*, Idiot *m*, Trottel *m*

estuprar [ißtuprar] *v* vergewaltigen *j-n*

estupro [ißtupru] *m* Vergewaltigung *w*

esvaziar [iswasiar] *v* ausleeren *etw. Akk*, leeren *etw. Akk*

etapa [etapa] *w* Etappe *w*, Phase *w*

etcétera [ezätera] *adv* und so weiter

eterno, -a [etärnu] *adj* ewig

etiqueta [etschiketa] *w* **1** Etikette *w* **2** Anhänger *m* (mit einer Adresse usw.), Aufkleber *m*, Etikett *s*, Schildchen *s*

eu [eu] *pron* ich

Europa [euròpa] *w* Europa *s*

europeu, -eia [europeu] *adj* europäisch ♦ *m* Europäer *m*

evento [ewẽtu] *m* Ereignis *s*, Veranstaltung *w*

eventual [ewẽĩtuau] *adj* eventuell, Eventual-, möglich (potenziell)

evidenciar [ewidẽĩßjar] *v* zeigen *etw. Akk* (Fähigkeit usw.)

evidente [ewidẽtschi] *adj* augenscheinlich, offenkundig, offensichtlich, sichtlich

evitar [ewitar] *v* ausweichen *etw. Dat*, scheuen *j-n/etw.* (ausweichen), vermeiden *etw. Akk*

evocar [ewokar] *v* erinnern *j-n an etw. Akk* (an Erlebnis usw.), evozieren (Vorstellungen usw.), hervorrufen (Erinnerung usw.)

exagerar [esasherar] *v* übertreiben *etw. Akk* (aufbauschen)

exame [esami] *m* Prüfung *w* (Kenntnisse), Überprüfung *w* (strenge usw.), Kontrolle *w* (gründliche usw.) ▶ **~ (médico)** Untersuchung *w* (ärztliche)
examinar [esaminar] *v* **1** untersuchen *j-n* (Patienten usw.) **2** mustern **3** prüfen *j-n in etw. Dat*
exato, -a [esatu] *adj* exakt, genau
exausto, -a [esaußtu] *adj* entkräftet, erschöpft (Person)
exceção [eßeßãũ] *w* Ausnahme *w* ▶ **com ~ de** außer *j-m/etw.*, ausgenommen *j-n/etw.*
excecional [eßeßjonau] *adj* außergewöhnlich, Ausnahme-
exceder [eßeder] *v* überschreiten *etw. Akk* (Limit usw.), übersteigen (eine Summe usw.)
excelente [eßelẽtschi] *adj* ausgezeichnet, exzellent, hervorragend
excessivo, -a [eßeßiwu] *adj* übermäßig, überschüssig, übertrieben (Preis usw.), überhöht
excesso [eßäßu] *m* Übermaß *s an etw. Dat*, Überschuss *m an etw.*
exceto [eßätu] *prep* außer *j-m/etw.*, ausgenommen *j-n/etw.*, mit Ausnahme *von j-m/etw.*
excitar [eßitar] *v* erregen *j-n* (sexuell)
excluir [ißkluir] *v* ausschließen *j-n/etw. aus etw.*
exclusivo, -a [ißklusiwu] *adj* alleinig, Allein-, exklusiv (Rechte usw.)
excremento [ißkremẽtu] *m* Kot *m*
excursão [ißkurßãũ] *w* Ausflug *m*, Exkursion *w*
executar [esekutar] *v* **1** verwirklichen *etw. Akk* (vollziehen) **2** hinrichten *j-n* **3** anlassen *etw. Akk* (Maschine usw.), in Gang setzen *etw. Akk*, betätigen *etw. Akk* (Anlage usw.)
exemplo [esẽplu] *m* Beispiel *s etw. Gen* ▶ **dar um ~** Beispiel anführen; **por ~** zum Beispiel
exercer [eserßer] *v* ausüben, entwickeln (Druck usw.), geltend machen *etw. Akk* (Rechte usw.) ▶ **~ influência** einwirken *auf j-n/etw. irgendwie*, sich auswirken *auf j-n/etw. irgendwie*
exercício [eserßißju] *m* **1** Übung *w* **2** Rechenaufgabe *w*, Übung *w* (Aufgabe) ▶ **fazer exercícios** turnen
exercitar [eserßitar] *v* trainieren (Muskeln usw.), üben *etw. Akk*
exército [esärßitu] *m* Armee *w*, Heer *s*, Militär *s* (Streitkräfte)
exibir [esibir] *v* zeigen *etw. Akk* (Kvalität usw.)
exigência [esishẽßja] *w* Forderung *w*, Anspruch *m* (an Qualität usw.) ▶ **exigências** *w Mz* Ansprüche *m Mz an j-n/etw.*, Forderungen *w Mz an j-n/etw.*
exigente [esishẽtschi] *adj* anspruchsvoll (mit hohen Ansprüchen), wählerisch
exigir [esishir] *v* **1** verlangen *etw. Akk von j-m*, fordern *etw. Akk von j-m* **2** fordern *etw. Akk* (viel Zeit usw.), verlangen *etw. Akk* (Konzentration usw.)
existir [esißtschir] *v* existieren
êxito [esitu] *m* Erfolg *m* ▶ **ter ~** Erfolg haben *bei etw.*
exonerar [esonerar] *v* entlassen *j-n* (Arbeiter usw.)
expedir [ißpedshir] *v* **1** abschicken *etw. Akk*, absenden *etw. Akk*, versenden *etw. Akk*, expedieren **2** ausstellen *etw. Akk* (Urkunde usw.)
experiência [ißperiẽßja] *w* **1** Erfahrung *w* **2** Erlebnis *s* **3** Experiment *s* ▶ **~ do trabalho** Praxis *w* (Berufserfahrung), Berufserfahrung *w*
experiente [ißperiẽtschi] *adj* erfahren
experimentado, -a [ißperimẽĩtadu] *adj* erfahren
experimentar [ißperimẽĩtar] *v* **1** experimentieren *mit etw.* **2** erleben *etw. Akk* (wahrnehmen) **3** anprobieren (Kleider usw.)
experimento [ißperimẽtu] *m* Experiment *s*
expetativa [ißpetatschiwa] *w* Erwartung *w*
expirar [ißpirar] *v* **1** verfallen (Gültigkeit), ablaufen (Visum usw.) **2** ausatmen
explicação [ißplikaßãũ] *w* Erklärung *w*
explicar [ißplikar] *v* erklären *etw. Akk j-m* (Problematik usw.)
explodir [ißplodshir] *v* explodieren ▶ **fazer ~** sprengen *etw. Akk*
exploração [ißploraßãũ] *w* **1** Untersuchung *w* (eines Gebietes usw.) **2** Ausbeutung *w*
explorar [ißplorar] *v* **1** durchforschen *etw. Akk* (Gegend usw.) **2** ausbeuten (Arbeiter usw.) **3** sich *etw.* zunutze machen
explosão [ißplosãũ] *w* Explosion *w*

exportação [ißportaßãũ] *w* Ausfuhr *w*, Export *m*
exportar [ißportar] *v* ausführen *etw. Akk*, exportieren *etw. Akk*
exposição [ißposißãũ] *w* **1** Ausstellung *w*, Exposition *w* (Ausstellung usw.) **2** Exposition *w* (das Ausgesetztsein)
expressão [ißpreßãũ] *w* Ausdruck *m*
expressar [eßpreßar] *v* ausdrücken *etw. Akk* (mit Worten usw.)
expresso, -a [ißpräßu] *adj* **1** ausdrücklich **2** Eil-, Express- ♦ *m* D-Zug *m* ♦ *adv* eilig (schicken usw.)
exprimir [ißprimir] *v* ausdrücken *etw. Akk* (mit Worten usw.)
expulsar [ißpuußar] *v* **1** ausschließen *j-n/etw. aus etw.*, hinauswerfen *j-n aus etw.*, verdrängen *j-n von etw.* **2** ausweisen *j-n* (aus einem Land), verweisen *j-n* (eines Landes usw.), verbannen *j-n*
extensão [ißtẽĩsãũ] *w* **1** Fläche *w* (Ausmaß) **2** Maß *s etw. Gen* (Grad usw.), Umfang *m* (eines Grundstücks usw.) **3** Nebenanschluss *m*, Telefonnebenanschluss *m*
extenso, -a [ißtẽßu] *adj* ausführlich (Beschreibung usw.), ausgedehnt, umfangreich, umfassend (Dokument usw.)
extenuar [ißtenuar] *v* erschöpfen *j-n*
exterior [ißterior] *m* **1** Außenseite *w etw. Gen*, Exterieur *s* **2** Ausland *s* ♦ *adj* äußer(er,e,es), Außen- ► **no ~** im Ausland
externo, -a [ißtärnu] *adj* äußer(er,e,es), Außen-, extern ♦ *m* externer Mitarbeiter
extinção [ißtschinßãũ] *w* Aussterben *s* (einer Pflanze usw.), Untergang *m* (einer Tradition usw.) ► **~ do contrato** Erlöschen *s etw. Gen*
extinguir [ißtschĩgir] *v* auslöschen (Feuer mit Wasser usw.), löschen (Brand usw.)
extintor [ißtschĩtor] *m* Löschgerät *s*, Feuerlöscher *m*
extorquir [ißtorkir] *v* erpressen *j-n*
extrair [ißtrair] *v* **1** herausnehmen *etw. Akk aus etw.*, heraustun *etw. Akk aus etw.*, herausholen *etw. Akk aus etw.* **2** fördern *etw. Akk* (Kohle usw.), abbauen *etw. Akk* (Erz usw.) **3** abziehen (Energie usw.)
extraordinário, -a [ißtraordshinarju] *adj* außergewöhnlich, ungewöhnlich (Fähigkeit usw.), außerordentlich, bemerkenswert
extrato [ißtratu] *m* **1** Extrakt *m* (Saft usw.) **2** Auszug *m* (Urkunde) **3** Auszug *m* (einer Rede usw.) ► **~ de conta** Kontoauszug *m*
extravio [ißtrawiu] *m* Verlust *m etw. Gen*
extremidade [ißtremidadshi] *w* **1** äußerstes Ende (Rand) **2** Glied *s* (Gliedmaße)
extremo [ißtremu] *m* **1** Extrem *s* **2** Ende *s* (von Stock usw.) ♦ *adj* extrem

F

fã [fã] *m* Fan *m von j-m/etw.*
fábrica [fabrika] *w* Fabrik *w*
fabricante [fabrikãtschi] *m* Hersteller *m von etw.*, Erzeuger *m von etw.* (von Ware usw.), Produzent *m von etw.*
faca [faka] *w* Messer *s*
face [faßi] *w* **1** Gesicht *s* **2** Seite *w* (Fläche usw.) ► **em ~** vor (räumlich); **em ~ de** gegenüber *j-m/etw.* (Verhalten usw.)
fachada [faschada] *w* Fassade *w*, Vorderfront *w*
fácil [faßiu] *adj* einfach, leicht (Aufgabe usw.) ► **de maneira ~** leicht (einfach)
facilitar [faßilitar] *v* erleichtern *etw. Akk* (einfacher machen)
faculdade [fakuudadshi] *w* **1** Fähigkeit *w* **2** Fakultät *w*
faixa [fajscha] *w* **1** Binde *w*, Streifen *m etw. Gen* (Stoff usw.) **2** Fahrspur *w* **3** Streifen *m* (eines Landes usw.) **4** Transparent *s*
falar [falar] *v* sprechen *mit j-m von etw., über etw. Akk*, reden *mit j-m von etw., über etw. Akk* (etwas äußern) ► **Não falo inglês/alemão/francês.** Ich spreche kein Englisch/Deutsch/Französisch.
falecer [faleßer] *v* sterben *an etw. Dat*, umkommen (sterben)
falha [falja] *w* **1** Defekt *m*, Fehler *m* (an einer Ware usw.), Mangel *m* (an einem Produkt usw.), Versagen *s* **2** Ausfall *m* (von Gedächtnis usw.)
falhar [faljar] *v* **1** versagen (keinen Erfolg haben) **2** verrücktspielen **3** aussetzen (Maschine usw.) **4** fehlen *irgendwo* (nicht teilnehmen)
falo [falu] *m* Penis *m*

falso, -a [faußu] *adj* **1** falsch (Diamant usw.), unecht **2** lügenhaft, lügnerisch, unecht (Zuneigung usw.), vorgetäuscht
falta [fauta] *w* **1** Mangel *m an etw. Dat* (Knappheit) **2** Abwesenheit *w j-s irgendwo* **3** Foul *s* **4** Fehler *m* (Verstoß) ▶ **fazer ~** *a.c.* notwendig sein; **sentir a ~** *alg de alg* vermissen *j-n/etw.*, fehlen *j./etw. j-m*
faltar [fautar] *v* **1** fehlen *irgendwo* (nicht teilnehmen) **2** fehlen *j-m an etw. Dat*, mangeln *j-m an etw. Dat*
família [familia] *w* Familie *w*
familiar [familiar] *adj* **1** familiär (Schwierigkeit) **2** (wohl) bekannt *j-m* ♦ *m* Verwandte *m*
faminto, -a [famĩtu] *adj* hungrig
famoso, -a [famosu] *adj* berühmt, namhaft
fantasia [fãtasia] *w* Fantasie *w* (Vorstellung)
fantasma [fãtasma] *m* Gespenst *s*, Geist *m* (übernatürliches Wesen), Phantom *s*
fantástico, -a [fãtaßtschiku] *adj* fantastisch, toll, großartig
fardo [fardu] *m* Ballen *m* (Zählmaß), Paket *s* (Verpacktes)
farinha [farĩnja] *w* Mehl *s*
farmácia [farmaßja] *w* **1** Apotheke *w* **2** Pharmazie *w*
farol [faròu] *m* **1** Leuchtturm *m* **2** Scheinwerfer *m* (eines Autos) ▶ **faróis** *m Mz* **de nevoeiro** Nebelscheinwerfer *m Mz*
fascinar [faßinar] *v* blenden *j-n* (entzücken), faszinieren
fase [fasi] *w* Phase *w*
fastidioso, -a [faßtschidshiosu] *adj* lästig
fatal [fatau] *adj* **1** fatal (Irrtum usw.), verhängnisvoll (Entscheidung usw.) **2** tödlich (Verletzung usw.) **3** schicksalhaft, Schicksals-
fatia [fatschia] *w* eine Scheibe (Brot), Scheibe *w etw. Gen* (Brot usw.)
fatigante [fatschigãtschi] *adj* anstrengend, ermüdend
fato [fatu] *m* **1** Tat *w* **2** Fakt *m,s*, Tatsache *w* ▶ **~ de banho** Badeanzug *m*; **~ de senhora** Kostüm *s* (für Frauen); **~ de treino** Trainingsanzug *m*, Trainingshose *w*
fatura [fatura] *w* Rechnung *w*
favela [fawäla] *w* Favela *w*
favor [fawor] *m* **1** Gefallen *m* **2** Gunst *w* ▶ **por ~** bitte
favorável [faworaweu] *adj* günstig (Bedingungen usw.)
favorito, -a [fawori̱tu] *adj* beliebt (Lieblings-) ♦ *m* **1** Favorit *m* (im Rennen usw.) **2** Liebling *m* (Favorit)
fazer [faser] *v* machen *etw. Akk* (durchführen), tun *etw. Akk* ▶ **Faz bom tempo.** Das Wetter ist schön.; **Isso não faz sentido.** Es hat keinen Zweck.; **Tanto-me faz.** Es ist mir egal.
fé [fä] *w* Glaube *m*
febre [fäbri] *w* Fieber *s* ▶ **~ (alta)** *w* erhöhte Temperatur
fechado, -a [feschadu] *adj* **1** geschlossen **2** verschlossen (Mensch usw.)
fechadura [feschadura] *w* Schloss *s* (Türschloss)
fechar [feschar] *v* **1** schließen *etw. Akk* (Fenster usw.), zumachen *etw. Akk* (Tür usw.), sperren **2** schließen (Betrieb) **3** zukleben *etw. Akk* (Umschlag usw.) **4** spannen *etw. Akk* (einspannen), klammern *etw. Akk* **5** abschließen (Abkommen usw.), schließen (Vertrag)
fecho [feschu] *m* **1** Verschluss *m* (eines Kleides usw.) **2** Sperrung *w* (einer Straße usw.) **3** Deadline *w* (Redaktionsschluss usw.) **4** Schluss *m*, Ende *s* (einer Ära usw.)
fecundo, -a [fekũdu] *adj* fruchtbar (Frau usw.)
feder [feder] *v* stinken *nach etw.*
feijão [fejshãũ] *m* Bohne *w* (Frucht)
feio, -a [feju] *adj* hässlich
feira [fejra] *w* Jahrmarkt *m*, Messe *w* (Ausstellung), Volksfest *s*, Fest *s* (Jahrmarkt usw.) ▶ **na segunda/terça-feira** am Montag/Dienstag
feiticeira [fejtschißejra] *w* Hexe *w*
feitiço [fejtschißu] *m* Zauber *m* (Zauberkraft)
feito, -a [fejtu] *adj* **1** fertig **2** hergestellt, erzeugt **3** groß (erwachsen) ♦ *conj* wie (Ähnlichkeit)
felicidade [felißidadshi] *w* Glück *s* (Gefühl)
felicitação [felißitaßãũ] *w* Glückwunsch *m*, Gratulation *w*, Beglückwünschung *w* ▶ **Felicitações!** Herzlichen Glückwunsch!
feliz [feliß] *adj* glücklich ▶ **estar ~** *de a.c.* froh sein *über etw. Akk*

felizmente [felismẽtschi] *adv* glücklich (lachen usw.) ♦ *part* zum Glück, glücklicherweise
fêmea [femia] *w* Weibchen *s*
feminino, -a [femininu] *adj* weiblich, Frauen- ♦ *m* Femininum *s*
fenda [fẽda] *w* **1** Schlitz *m* (Öffnung), Spalte *w* (Riss) **2** Schlitz *m* (an einem Rock) ▶ **chave** *w* **de fendas** Schraubenzieher *m*
fender [fẽĩder] *v* spalten, aufspalten (Holz usw.)
feno [fenu] *m* Heu *s*
feriado [feriadu] *m* Bankfeiertag *m*, staatlicher Feiertag *m*
férias [färiaß] *w Mz* Ferien *Mz*, Urlaub *m*
ferida [ferida] *w* Verletzung *w*, Wunde *w*
ferido, -a [feridu] *adj* verletzt, verwundet
ferir [ferir] *v* **1** verletzen *j-n* (beschädigen) **2** verletzen (kränken), treffen (erschüttern) ▶ **~ à bala** anschießen *j-n* (verletzen)
feroz [feròß] *adj* **1** rau (Sitten usw.), wild (Raubtier usw.) **2** stark (Bemühung usw.), erbittert (Widerstand usw.)
ferramenta [fehamẽta] *w* Gerät *s* (Zange usw.), Werkzeug *s*, Instrument *s* ▶ **ferramentas** *w Mz* Werkzeuge *s Mz*
ferro [fähu] *m* **1** Eisen *s* **2** Bügeleisen *s* ▶ **passar a ~** bügeln
ferrovia [fehowia] *w* Eisenbahn *w*, Bahn *w* (Schienenverkehrsmittel)
ferrugem [fehushẽĩ] *w* Rost *m* (Eisenoxid)
fértil [färtschiu] *adj* fruchtbar
fervedor [ferwedor] *m* Kessel *m* (zum Wasserkochen) ▶ **~ de água** Wasserkocher *m*
ferver [ferwer] *v* **1** kochen (Wasser usw.) **2** aufkochen
festa [fäßta] *w* **1** Feier *w*, Fest *s* (Veranstaltung), Fete *w*, Party *w* **2** Feiertag *m* ▶ **fazer ~** feiern, abfeiern (eine Party haben)
festejar [feßteshar] *v* feiern
festivo, -a [feßtschiwu] *adj* festlich, Fest-, Feier-
feto [fätu] *m* **1** Frucht *w* (ungeboren), Fetus *m* **2** Farn *m*
fevereiro [fewerejru] *m* Februar *m*
fezes [fäsiß] *w Mz* **1** Bodensatz *m* **2** Stuhl *m* (Kot)
fiambre [fiãbri] *m* Schinken *m*
fiar [fiar] *v* **1** vertrauen *j-m/etw.*, trauen *j-m/etw.* (Vertrauen haben) **2** spinnen (Flachs usw.)
ficar [fikar] *v* **1** bleiben *irgendwo* **2** sein (vorkommen), sich aufhalten, verweilen **3** werden *etw. Akk* **4** sich halten *irgendwo* (sich nicht entfernen) **5** behalten *etw. Akk* (nicht zurückgeben) ▶ **~ bem** *a alg* passen *j-m* (Kleidung); **~ calado** schweigen; **~ em pé** stehen (auf den Füßen); **~ na sua** stehen *zu etw.* (bestehen); **~ preso** steckenbleiben *irgendwo*; **Fique com o troco.** Stimmt so.
ficha [fischa] *w* **1** Jeton *m* **2** Stecker *m* ▶ **~ de inscrição** Anmeldung *w*, Anmeldeformular *s*
fiel [fiãu] *adj* **1** treu *j-m* (zuverlässig) **2** treu (genau), getreu
fígado [figadu] *m* **1** Leber *w* **2** ***fígados*** Charakter *m* (Wesen)
figo [figu] *m* Feige *w* (Frucht)
figura [figura] *w* **1** Figur *w* (Körper) **2** Figur *w* (geometrische), Gebilde *s* (geometrisches)
fila [fila] *w* **1** Reihe *w* (im Theater usw.) **2** Reihe *w*, Rückstau *m* (von Fahrzeugen), Schlange *w* (Reihe) ▶ **fazer ~** in der Schlange warten *auf etw. Akk*
fileira [filejra] *w* Reihe *w*, Rang *m* (im Theater usw.)
filete [filetschi] *m* Filet *s*
filha [filja] *w* Tochter *w*
filho [filju] *m* Sohn *m*
filial [filiau] *w* Filiale *w*, Zweigstelle *w* ♦ *adj* Tochter-
filmadora [fiumadora] *w* Kamera *w* (Video)
filmar [fiumar] *v* filmen *etw. Akk*, verfilmen *etw. Akk*
filme [fiumi] *m* Film *m* (Spielfilm)
filtro [fiutru] *m* Filter *m*
fim [fĩ] *m* **1** Beendigung *w etw. Gen*, Ende *s* (Zeitpunkt), Schluss *m* **2** Zweck *m* ▶ **ao ~ de** nach (später)
final [finau] *adj* endgültig (Ergebnis usw.), End-, final ♦ *w* Finale *s* ♦ *m* Ende *s*, Schluss *m* ▶ **no ~** schließlich; **prazo** *m* **~** (letzter) Termin *m*
finalidade [finalidadshi] *w* Zweck *m*
finalmente [finaumẽtschi] *adv* endlich
financeiro, -a [finãßejru] *adj* finanziell
financiar [finãßjar] *v* finanzieren *etw. Akk*

fingir [fishir] *v* fingieren, vortäuschen, simulieren (Krankheit)

fino, -a [finu] *adj* **1** fein, zart (Struktur usw.) **2** sanft (nicht stark usw.), leicht (Berührung usw.) **3** dünn (Ast usw.) **4** nobel (Haus usw.), vornehm (luxuriös)

fio [fiu] *m* **1** Faden *m*, Garn *s* **2** Schneide *w*

firma [firma] *w* **1** Firma *w* **2** Unterschrift *w*

firmar [firmar] *v* **1** straffen *etw. Akk* (Körper, Haut usw.) **2** unterschreiben *etw. Akk*

firme [firmi] *adj* fest (widerstandsfähig)

fissura [fißura] *w* Spalte *w* (Gaumenspalte usw.)

fita [fita] *w* Band *s*, Schleife *w*, Tonband *s*, Binde *w* ► **~ adesiva** Klebeband *s*; **~ métrica** Metermaß *s*

fixo, -a [fikßu] *adj* fest (klar bestimmt), feststehend (Termin usw.), festgesetzt (Preis usw.), Fest-

flanco [flãku] *m* Flügel *m* (einer Armee usw.)

flatulência [flatulẽßja] *w* Blähung *w*, Blähsucht *w*, Flatulenz *w*

flauta [flauta] *w* Flöte *w*, Pfeife *w* (Musikinstrument)

flecha [flescha] *w* Pfeil *m*

flertar [flertar] *v* flirten *mit j-m*

flexível [flekßiweu] *adj* **1** biegsam, schmiegsam (Stoff usw.) **2** anpassungsfähig, flexibel (Planung usw.)

flor [flor] *w* **1** Blume *w* **2** Blüte *w* (einer Pflanze)

floreira [florejra] *w* Blumentopf *m*

florescer [floreßer] *v* aufblühen (Blume usw.), blühen (Geschäft usw.)

floresta [floräßta] *w* Wald *m*

florista [florißta] *w* Blumengeschäft *s*, Blumenladen *m*

fluente [fluẽtschi] *adj* fließend, flüssig

fluido, -a [fluidu] *adj* **1** flüssig **2** fließend (ununterbrochen), flüssig (Bewegung usw.) ♦ *m* Flüssigkeit *w*

fluir [fluir] *v* fließen (Fluss usw.), strömen (Flüssigkeit usw.)

flutuador [flutuador] *m* Schwimmer *m* (Hilfsmittel)

flutuar [flutuar] *v* **1** schweben (über Wasserspiegel), schwimmen (Papierschiff), wehen (Fahne usw.) **2** schwanken (Temperaturen usw.)

fluxo [flukßu] *m* **1** Durchfluss *m* (Menge), Fluss *m* (des Verkehrs usw.) **2** Flut *w*

focinho [foßĩnju] *m* Schnauze *w*, Rüssel *m* (eines Schweines)

foco [fòku] *m* Schwerpunkt *m* (eines Problems usw.), Brennpunkt *m* (des Interesses)

fofo, -a [fofu] *adj* **1** weich (geschmeidig) **2** locker (Gebäck usw.), weich (nicht hart) **3** entzückend, niedlich, süß

fogão [fogãũ] *m* **1** Herd *m*, Kochherd *m*, Kocher *m* **2** Feuerstelle *w* (für Lagerfeuer)

fogo [fogu] *m* **1** Feuer *s* (Flammen) **2** Schießen *s*, Beschuss *m* ► **abrir ~** schießen (Schüsse abgeben); **Fogo!** Es brennt!

fogueira [fogejra] *w* Feuer *s*, Lagerfeuer *s*

foguete [fogetschi] *m* Rakete *w*

folclore [fouklòri] *m* Folklore *w*, Überlieferung *w*

fôlego [folegu] *m* Atem *m*

folga [fòuga] *w* frei, Urlaub *m*, Rast *w* (Pause) ► **tirar ~** freinehmen, freimachen (ein paar Tage usw.)

folha [folja] *w* Blatt *s*

folhada [foljada] *w* Kraut *s* (der Kartoffeln usw.)

folheto [foljetu] *m* Broschüre *w*, Flugblatt *s*, Prospekt *m*

fome [fòmi] *w* **1** Hunger *m* **2** Hungersnot *w* ► **com ~** hungrig; **Tenho ~.** Ich habe Hunger., Ich bin hungrig.

fomentar [fomẽĩtar] *v* fördern *etw. Akk* (Entwicklung usw.)

fone [foni] *m* **1** Telefon *s* **2** ***fones*** Kopfhörer *m Mz*

fonte [fõũtschi] *w* **1** Quelle *w* (eines Flusses usw.) **2** Quelle *w etw. Gen* **3** Brunnen *m* (Fontäne) **4** Schrift *w* (Druckschrift)

fora [fòra] *adv* **1** heraus *aus etw.* **2** weg ♦ *prep* außerhalb *etw. Gen* ► **de ~** Außen-; **e por aí ~** und so weiter; **~ de** außerhalb *etw. Dat*; **(para) ~** heraus (vom Sprecher), hinaus (zum Sprecher), nach draußen; **Fora!** Verschwinde!

força [forßa] *w* **1** Kraft *w* (körperlich), Stärke *w* (eines Menschen) **2** Kraft *w* (Ursache der Bewegung)

forçar [forßar] *v* **1** zwingen *j-n zu etw.* **2** aufbrechen *etw. Akk* (öffnen)

forma [fòrma] *w* **1** Form *w*, Gestalt *w* **2** Form *w* (Kondition) **3** Weise *w* (Methode usw.) ► **desta ~** so (auf diese Weise)

formação [formaßãũ] *w* **1** Formation *w*, Gebilde *s* (Fels usw.) **2** Ausbildung *w*, Bildung *w* (schulische usw.)

formal [formau] *adj* formal

formar [formar] *v* **1** bilden *etw. Akk* (ein Teil sein) **2** ausbilden (Schüler usw.), schulen **3** formen *etw. Akk*

formidável [formidaweu] *adj* **1** riesig, riesengroß **2** schrecklich, furchtbar

formiga [formiga] *w* Ameise *w*

formoso, -a [formosu] *adj* wunderschön, schön (hübsch anzusehen)

formulário [formularju] *m* Anmeldung *w*, Anmeldeformular *s*, Formular *s*

fornalha [fornalja] *w* Ofen *m* (Schmelzofen, Glutofen usw.)

fornecer [forneßer] *v* leisten *j-m etw. Akk* (Dienst usw.), bieten *j-m etw. Akk* (Möglichkeit usw.), liefern *j-m etw. Akk*, abliefern *etw. Akk bei j-m*

fornecimento [forneßimẽtu] *m* Versorgung *w mit etw.*, Zufuhr *w*

forno [fornu] *m* Brennofen *m*, Ofen *m* (Schmelzofen, Glutofen usw.), Backofen *m* ▶ **cozer no ~** backen (Kuchen usw.)

forquilha [forkilja] *w* Gabel *w* (eines Fahrrades usw.)

forro [fohu] *m* Futter *s* (Stoff)

fortalecer [fortaleßer] *v* festigen *etw. Akk* (Position usw.), verstärken *etw. Akk* (Mauer usw.)

fortaleza [fortalesa] *w* Festung *w*

forte [fòrtschi] *adj* **1** stark (körperlich) **2** heftig (stark) **3** schwer (intensiv)

fortuna [fortuna] *w* **1** Fortuna *w* (Glück), Glück *s* (Fortuna) **2** Vermögen *s* (Reichtum)

fósforo [fòßforu] *m* **1** Phosphor *m* **2** Streichholz *s*, (ÖrD, SwD) Zündholz *s*

fossa [fòßa] *w* Grube *w* (Vertiefung)

fosso [foßu] *m* Graben *m* (Straßengraben usw.)

fotocopiadora [fotokopiadora] *w* Kopierer *m*, Kopiergerät *s*

fotografia [fotografia] *w* **1** Aufnahme *w* (Foto), Fotografie *w*, Foto *s* **2** Fotografie *w* (Hobby, Bereich usw.)

foz [fòß] *w* Mündung *w*

fração [fraßãũ] *w* Bruch *m* (Zahlen), Bruchzahl *w*

fracasso [frakaßu] *m* Debakel *s*, Durchfall *m* (Film usw.), Fiasko *s*, Misserfolg *m*

fraco, -a [fraku] *adj* **1** matt (schwach usw.), schlaff (Müde usw.), schwach (körperlich) **2** schwach (schlecht) ♦ *m* Schwächling *m*

frágil [frashiu] *adj* zart (körperlich), schwach, zerbrechlich, brüchig

fragmento [fragmẽtu] *m* **1** Bruchteil *m etw. Gen* (kleiner Teil), Fragment *s* **2** Bruchstück *s*, Splitter *m*

fragrância [fragrãßja] *w* Duft *m* (eines Parfüms usw.)

fralda [frauda] *w* **1** Windel *w* **2** Fuß *m* (eines Berges usw.)

framboesa [frãboesa] *w* Himbeere *w* (Frucht)

França [frãßa] *w* Frankreich *s*

francês [frãßeß] *m* **1** Franzose *m* **2** Französisch(e) *s* ▶ **alho-francês** *m* Porree *m*

franco, -a [frãku] *adj* **1** ehrlich (offen), aufrichtig, geradlinig (Mensch usw.), direkt (Person) **2** frei (uneingeschränkt usw.)

frango [frãgu] *m* Küken *s*, (junges) Huhn *s*

fraqueza [frakesa] *w* Schwäche *w*

frase [frasi] *w* **1** Phrase *w* **2** Satz *m* (Aussage)

fratura [fratura] *w* Bruch *m* (Knochen), Fraktur *w*

fraude [fraudshi] *m* Finanzbetrug *m*

frear [frear] *v* **1** bremsen **2** bändigen *j-n/etw.*

freguês [fregeß] *m* Kunde *m* (im Geschäft usw.)

freguesia [fregesia] *w* **1** Bezirk *m* **2** Klientel *w* **3** Pfarrei *w*, Gemeinde *w* (Bezirk)

freio [freju] *m* Bremse *w* (Vorrichtung)

freira [frejra] *w* Nonne *w*

frente [frẽtschi] *w* **1** Spitze *w etw. Gen* (Vorderteil) **2** Front *w* (Kampflinie) ▶ **da ~** vorder(er,e,es); **de ~** von vorne; **em ~** geradeaus, vorn, vorne; **(em) ~ de** gegenüber *j-m/etw.* (sitzen usw.); **em ~ (de)** vor (räumlich); **para ~** vorwärts, nach vorn; **passar na ~** überholen *j-n* (vorbeifahren); **Vá na ~.** Gehen Sie voraus.

frequentar [frekuẽĩtar] *v* gehen *in etw. Akk* (in die Schule usw.), besuchen *etw. Akk* (Kurs usw.)

frequente [frekuẽtschi] *adj* frequent, häufig

fresco, -a [freßku] *adj* **1** frisch, munter **2** gekühlt (Getränk usw.) ♦ *m* Fresko *s*

frete [frätschi] *m* **1** Lieferung *w*, Ablieferung *w* (von Waren usw.) **2** Fracht *w* (Ware usw.), Frachtgut *s*
frigideira [frishidejra] *w* Pfanne *w*
frio, -a [friu] *adj* **1** kalt, kühl (ein bisschen kalt) **2** gekühlt (Getränk usw.) ♦ *m* Kälte *w* ▶ **Estou com ~.** Mir ist kalt.
fritar [fritar] *v* braten (in der Pfanne)
frito, -a [fritu] *adj* gebraten
frontal [frõũtau] *adj* frontal, Front(al)-
fronte [frõũtschi] *w* Stirn *w*
fronteira [frõũtejra] *w* Grenze *w* (Landesgrenze), Grenzlinie *w* ▶ **fazer ~** *com a.c.* grenzen *an etw. Akk*
frouxo, -a [froschu] *adj* **1** schwach (körperlich) **2** schlaff (Muskeln usw.) ♦ *m* Schwächling *m*
fruta [fruta] *w* Obst *s* ▶ **dar frutas** Früchte tragen
fruto [frutu] *m* Frucht *w* (einer Pflanze)
fugir [fushir] *v* entfliehen, entkommen, fliehen (aus Gefängnis usw.), flüchten *irgendwoher*
fumaça [fumaßa] *w* Rauch *m*
fumante [fumãtschi] *m* Raucher *m* ▶ **não ~** Nichtraucher *m*
fumar [fumar] *v* rauchen (Zigarre usw.) ▶ **Proibido ~** Rauchen verboten
função [fũßãũ] *w* Funktion *w etw. Gen* (Zweck)
funcionar [fũßionar] *v* funktionieren
funcionário [fũßionarju] *m* Funktionär *m*
fundação [fũdaßãũ] *w* **1** Stiftung *w* (Organisation) **2** Fundament *s* (eines Baus usw.) **3** Gründung *w*
fundador [fũdador] *m* Gründer *m etw. Gen*
fundamental [fũdamẽĩtau] *adj* fundamental, Fundamental-, grundsätzlich, Grund-
fundamento [fũdamẽtu] *m* Fundament *s etw. Gen* (Grundlage), Grundlage *w etw. Gen*
fundar [fũdar] *v* gründen
fundir [fũdshir] *v* abgießen (Form usw.), gießen (Metalle), schmelzen (Erz usw.), abschmelzen (zergehen lassen)
fundo [fũdu] *m* **1** Boden *m* (von einem Gefäß usw.) **2** Hintergrund *m* (eines Bildes usw.) **3** Fonds *m* **4** Fundament *s etw. Gen* (Grundlage)
funeral [funerau] *adj* Begräbnis- ♦ *m* Beerdigung *w*, Begräbnis *s*
fungo [fũgu] *m* Pilz *m*
funil [funiu] *m* Trichter *m*
furacão [furakãũ] *m* Hurrikan *m*, Orkan *m*, Wirbelsturm *m*
furadeira [furadejra] *w* Bohrmaschine *w*
furar [furar] *v* **1** bohren (Loch usw.), durchlöchern, perforieren **2** sich hineindrängen *irgendwohin* ▶ **Tenho o pneu furado.** Ich habe einen Platten.
furioso, -a [furiosu] *adj* wütend, böse
furo [furu] *m* Loch *s*, Reifenpanne *w*, Platten *m*
furtar [furtar] *v* entwenden *j-m etw. Akk*, stehlen *j-m etw. Akk*
furto [furtu] *m* Diebstahl *m*, Entwendung *w etw. Gen*
fusível [fusiweu] *m* Sicherung *w* (Stromkreis) ▶ **Saltaram os fusíveis.** Die Sicherung ist herausgesprungen.
futebol [futschibou] *m* Fußball *m*
futuro [futuru] *m* **1** Zukunft *w* **2** Futur *s* ♦ *adj* zukünftig, künftig
fuzilar [fusilar] *v* erschießen *j-n*, niederschießen

G

gabar [gabar] *v* loben *j-n für etw.*
gado [gadu] *m* Vieh *s*
gaiola [gajòla] *w* Käfig *m*
gaivota [gajwòta] *w* Möwe *w*
galera [galära] *w* Auflieger *m*, Sattelauflieger *m*
galeria [galeria] *w* **1** Galerie *w* **2** Stollen *m* (Grubenbau) ▶ **~ (comercial)** Passage *w* (Ladenpassage), Einkaufspassage *w*
galho [galju] *m* Zweig *m*, Ast *m*
galinha [galĩnja] *w* **1** Henne *w*, Huhn *s* **2** Pech *s*, wenig Glück *s*
galo [galu] *m* Hahn *m* (Vogel)
gama [gama] *w* **1** Sortiment *s* **2** Skala *w* (von Möglichkeiten usw.)
gana [gana] *w* Lust *w an etw. Akk* ▶ **ter ganas** *de fazer a.c.* Lust haben *etw. Akk zu tun*
gancho [gãschu] *m* Haken *m*, Hakennagel *m*
ganhador, -a [gãnjador] *adj* Sieger-, siegreich ♦ *m* Sieger *m*

ganhar [gãnjar] *v* **1** verdienen *an j-m/etw.* (Gewinn erzielen) **2** gewinnen *etw. Akk* **3** gewinnen *etw. Akk, in etw. Dat* (Wettkampf usw.), siegen *in etw. Dat* ▶ **~ a vida** *com a.c.* seinen Lebensunterhalt *mit etw.* verdienen

ganho [gãnju] *m* **1** Gewinn *m* (Ertrag), Verdienst *m* (Einkommen) **2** Gewinn *m* (im Lotto usw.)

ganso [gãßu] *m* Gans *w*, Gänserich *m* (Vogel)

garagem [garashẽĩ] *w* Garage *w*

garantia [garãtschia] *w* **1** Garantie *w* **2** Bürgschaft *w für etw.* (Geld usw.)

garantir [garãtschir] *v* **1** garantieren, verbürgen, haften *für etw.* (für Qualität usw.) **2** haften *für j-n*, bürgen *für j-n*

garfo [garfu] *m* Gabel *w*

garganta [gargãta] *w* Kehle *w*

garota [garota] *w* Mädchen *s*

garra [gaha] *w* Kralle *w* (eines Vogels usw.)

garrafa [gahafa] *w* Flasche *w*, Buddel *w* ▶ **abridor** *m* **de garrafas** Flaschenöffner *m*

gás [gaß] *m* **1** Gas *s* (Stoff) **2** *gases* Blähung *w*, Blähsucht *w*, Flatulenz *w*

gasóleo [gasòliu] *m* Dieselkraftstoff *m*, Diesel *m* (Kraftstoff)

gasolina [gasolina] *w* Benzin *s* ▶ **bomba** *w* **de ~** Tankstelle *w*; **Fiquei sem ~.** Ich habe kein Benzin mehr.

gastar [gaßtar] *v* **1** ausgeben *etw. Akk für etw.* (Geld) **2** aufbrauchen *etw. Akk*, verbrauchen *etw. Akk* (Benzin, Zeit usw.)

gasto, -a [gaßtu] *adj* abgenutzt (Reifen usw.), abgetragen (Anzug usw.) ♦ *m* Ausgabe *w* (Kosten), Kosten *Mz*

gata [gata] *w* Katze *w*

gatuno [gatunu] *m* Dieb *m*

gaveta [gaweta] *w* Schublade *w*

geada [sheada] *w* Frost *m*, Raureif *m*, Reif *m*

gear [shear] *v* einfrieren (Lebensmittel usw.)

gel [shäu] *m* Gel *s*

geladeira [sheladejra] *w* Kühlschrank *m*

gelado, -a [sheladu] *adj* **1** eiskalt, eisig (Wasser usw.), frostig **2** gefroren, gekühlt (Getränk usw.) ♦ *m* Eis *s* (Speiseeis)

gelar [shelar] *v* **1** einfrieren (Lebensmittel usw.) **2** frieren (Wasser usw.)

geleira [shelejra] *w* Gletscher *m*

gelo [shelu] *m* Eis *s* (Wasser) ▶ **cobrir-se de ~** gefrieren

gema [shema] *w* **1** Eigelb *s*, Dotter *m,s* **2** Edelstein *m* **3** Knospe *w*

Gêmeos [shemeuß] *m Mz* Zwillinge *m Mz*

gênero [sheneru] *m* **1** Art *w* (Typus usw.), Sorte *w* (Typ usw.) **2** Genre *s* **3** Genus *s*

generoso, -a [shenerosu] *adj* freigebig, großzügig

genial [sheniau] *adj* genial

gênio [shenju] *m* **1** Genialität *w* **2** Genie *s* (Mensch) **3** Charakter *m* (einer Landschaft usw.)

genro [shẽĩhu] *m* Schwiegersohn *m*

gente [shẽtschi] *w Mz* Leute *Mz* (Lebewesen) ▶ **toda a ~** alle (jeder)

gentil [shẽĩtschiu] *adj* nett, liebenswürdig (Person) ▶ **É muito ~ da sua parte.** Das ist lieb von Ihnen.

genuíno, -a [shenuinu] *adj* echt, rein (Gefühl usw.), unverfälscht

geral [sherau] *adj* **1** General-, generell, Gesamt-, allgemein **2** generell (Maßnahme usw.) ▶ **despesas** *w Mz* **gerais** Gemeinkosten *Mz*; **em ~** überhaupt (insgesamt)

gerar [sherar] *v* erzeugen (Energie usw.), schaffen (hervorbringen)

gerência [sherẽßja] *w* Führung *w* (Führungsorgane), Management *s* (Personen usw.), Vorstand *m* (einer Firma usw.)

gerente [sherẽtschi] *m* Manager *m*

gerir [sherir] *v* leiten *etw. Akk* (Firma usw.)

gesso [sheßu] *m* Gips *m*

gestante [sheßtãtschi] *adj* schwanger, gravid

gestão [sheßtãũ] *w* Führung *w* (Führungsorgane), Management *s* (Personen usw.)

gigante [shigãtschi] *adj* riesig, riesengroß, Riesen- ♦ *m* Gigant *m*, Riese *m* (Wesen)

ginásio [shinasju] *m* Fitnesscenter *s*, Turnhalle *w*

ginástica [shinaßtschika] *w* Gymnastik *w*

ginja [shinsha] *w* Sauerkirsche *w* (Frucht), Kirsche *w* (saure)

girar [shirar] *v* **1** rotieren, sich drehen (Rad usw.), sich umdrehen **2** wenden *etw. Akk* (Auto usw.) **3** drehen (Szene usw.)

giro [shiru] *m* **1** Umdrehung *w* (einer Maschine usw.) **2** Wende *w* (der Entwicklung), Wendung *w* (überraschende usw.) ♦ *adj* **1** wunderschön, schön (hübsch anzusehen) **2** elegant (Person usw.)
global [globau] *adj* global, Gesamt-, allgemein, Pauschal-
globo [globu] *m* **1** Kugel *w* (Körper) **2** ~ ***(terrestre)*** Globus *m*
glória [glòria] *w* Ruhm *m*
gol [gou] *m* Tor *s* (Treffer)
gola [gòla] *w* Kragen *m*
gole [gòli] *m* Schluck *m etw. Gen*
goleiro [golejru] *m* Torwart *m*
golfo [goufu] *m* Golf *m* (Bucht)
golpe [gòupi] *m* **1** Schlag *m* (mit Faust usw.) **2** Knall *m* **3** ~ ***(de estado)*** Umsturz *m* ► **dar um ~** krachen
goma [goma] *w* **1** Gummi *m,s* **2** Klebstoff *m* ► **~ de mascar** Kaugummi *m*
gordo, -a [gordu] *adj* fett (Mensch), dick (Person usw.) ♦ *m* Dicke *m*
gordura [gordura] *w* **1** Fett *s* **2** Beleibtheit *w*
gorduroso, -a [gordurosu] *adj* fett (Fleisch usw.), fettig (Papier usw.)
gorjeta [gorsheta] *w* Trinkgeld *s*
gorro [gohu] *m* Mütze *w*
gostar [goßtar] *v* **1** gefallen *j-m*, mögen *j-n/etw.*, gernhaben *j-n/etw.* **2** schmecken *j-m etw. Akk* (lecker sein) **3** Spaß machen *j-m etw. Nom* ► **Eu gosto disso.** Es gefällt mir.
gosto [goßtu] *m* **1** Geschmack *m* (Sinn), Geschmackssinn *m* **2** Geschmack *m* (Vorliebe)
gostoso, -a [goßtosu] *adj* **1** köstlich, lecker, deliziös (Geschmack), schmackhaft **2** sexy (verführerisch)
gota [gota] *w* Tropfen *m*
governo [gowernu] *m* **1** Regierung *w* (Organ) **2** Herrschaft *w*, Regierung *w* (Tätigkeit)
gozar [gosar] *v* **1** genießen *etw. Akk* (erleben), sich freuen *über etw. Akk* (genießen) **2** necken *j-n*, sich *über j-n/etw.* lustig machen
graça [graßa] *w* **1** Grazie *w* (Anmut) **2** Gunst *w* ► **cair nas graças** *de alg* gewinnen *j-n*; **de ~** umsonst, gratis, kostenlos
graças [graßaß] *prep* dank *j-m/etw.*, mithilfe *j-m/etw.*
gracioso, -a [graßiosu] *adj* niedlich, süß (Kind usw.), reizend
grade [gradshi] *w* **1** Gitter *s* **2** Egge *w*
grado [gradu] *m* Wille *m* ► **de mau ~** ungern
grama [grama] *m* Gramm *s* ♦ *w* Gras *s* (Rasen)
gramado [gramadu] *m* Rasen *m*
grampo [grãpu] *m* Haarnadel *w*, Haarspange *w*, Klammer *w* (Gerät)
grana [grana] *w* Kohle *w* (Geld), Moneten *Mz*
grande [grãdshi] *adj* **1** groß **2** bedeutend (Person usw.), angesehen
granizo [granisu] *m* Hagel *m* (Niederschläge), Hagelschlag *m*
grão [grãũ] *m* Korn *s*, Körnchen *s* ► **grãos** *m Mz* Graupen *w*
gratuito, -a [gratuitu] *adj* kostenlos, kostenfrei, frei (umsonst)
grau [grau] *m* **1** Grad *m* (Temperatur usw.) **2** Maß *s etw. Gen* (Grad usw.) **3** Grad *m* (Rang) **4** Rang *m* (militärischer) **5** Titel *m* (von Universität)
gravar [grawar] *v* **1** aushauen *etw. Akk* (Inschrift usw.), ausmeißeln *etw. Akk*, gravieren **2** brennen (eine CD usw.) **3** aufnehmen *etw. Akk* (Musik usw.), drehen (Szene usw.)
gravata [grawata] *w* Krawatte *w*, Schlips *m*
grave [grawi] *adj* **1** Brutto- **2** ernst, schlimm (Lage usw.)
grávida [grawida] *adj* schwanger, gravid
gravidade [grawidadshi] *w* **1** Schwerkraft *w*, Gravitation *w* **2** Ernst *m* (der Lage usw.)
graxa [grascha] *w* **1** Fett *s* (Schweinefett usw.) **2** Schmiermittel *s*
grelha [grelja] *w* **1** Gitter *s* (am Fenster usw.) **2** Rost *m* (zum Grillen) **3** Tabelle *w*
greve [gräwi] *w* Streik *m für etw.* ► **estar em ~** *por a.c.* streiken *für/gegen etw.*
gripe [gripi] *w* Grippe *w*
gritar [gritar] *v* **1** aufschreien, schreien (laut sprechen) **2** anbrüllen *j-n*, anschreien *j-n*
grito [gritu] *m* Gebrüll *s* (menschlich), Geschrei *s*, Schreien *s*, Schrei *m*
grosseiro, -a [großejru] *adj* grob (unhöflich), rüpelhaft, lümmelhaft, vulgär ♦ *m* Dreckschleuder *m* (Mensch), Rüpel *m*

grosso, -a [großu] *adj* **1** dick (Brett usw.) **2** derb, grob (Manieren usw.) **3** grob, rau (Oberfläche usw.)

grupo [grupu] *m* **1** Gruppe *w* **2** Ensemble *s*

gruta [gruta] *w* Höhle *w*

guarda [guarda] *m* Wache *w* (Person), Wächter *m* ♦ *w* Wache *w* (Dienst)

guarda-chuva [guardaschuwa] *m* Regenschirm *m*, Schirm *m* (Regenschutz)

guardanapo [guardanapu] *m* Serviette *w*

guardar [guardar] *v* **1** bewachen *etw. Akk* (Haus usw.) **2** einlagern *etw. Akk irgendwo* **3** speichern (Daten usw.)

guarda-roupa [guardahopa] *m* Kleiderschrank *m*

guarnição [guarnißãũ] *w* Beilage *w*, Garnierung *w* (Gemüse usw.)

guerra [gäha] *w* Krieg *m*

guia [gia] *m* **1** Reiseführer *m* **2** Führer *m* (Buch)

guiar [giar] *v* **1** durchführen *j-n durch etw.* (durch Stadt usw.) **2** fahren *etw. Akk* (Auto)

guiché [gischä] *m* Schalter *m* (zur Abfertigung)

guincho [gĩschu] *m* **1** Seilwinde *w* **2** Schrei *m* (kreischender)

guindar [gĩdar] *v* hochziehen, aufziehen (nach oben)

guitarra [gitaha] *w* Gitarre *w*

guloseima [gulosejma] *w* Delikatesse *w*, Leckerbissen *m*

H

há [a] *prep* vor (zwei Jahren usw.) ▶ **~ meia hora** vor einer halben Stunde

hábil [abiu] *adj* fähig (geschickt usw.), geschickt, anstellig, gewandt

habitação [abitaßãũ] *w* **1** Behausung *w*, Wohnort *m* **2** Zimmer *s*, Raum *m* (im Haus)

habitante [abitãtschi] *m* Bewohner *m* (von Haus usw.), Einwohner *m* (von Land usw.)

habitar [abitar] *v* bewohnen *etw. Akk*, wohnen *irgendwo*

hábito [abitu] *m* Gewohnheit *w* ▶ **de ~** gewöhnlich; **mau ~** schlechte Gewohnheit *w*

habitual [abituau] *adj* gewohnt, gewöhnlich (Zeit usw.), üblich

hálito [alitu] *m* Atem *m*

harmonia [armonia] *w* Einklang *m mit etw.*, Harmonie *w*

haste [aßtschi] *w* **1** Sprossachse *w*, Stängel *m* **2** Mast *m*

haver [awer] *v* sein (vorkommen)

hediondo, -a [edshiõũdu] *adj* eklig, ekelhaft, scheußlich, hässlich

helicóptero [elikòpteru] *m* Hubschrauber *m*

hepatite [epatschitschi] *w* Hepatitis *w*

herança [erãßa] *w* Erbe *s* (Eigentum usw.), Erbschaft *w*

herdar [erdar] *v* erben *etw. Akk von j-m*

herdeiro [erdejru] *m* Erbe *m etw. Gen*

herói [eròi] *m* Held *m*

hesitar [esitar] *v* zaudern, zögern

higiênico, -a [ishieniku] *adj* hygienisch

hino [inu] *m* Hymne *w*

história [ißtòria] *w* Geschichte *w*

hoje [oshi] *adv* heute

homem [omẽĩ] *m* Mann *m*, Mensch *m*, Typ *m* (Mensch), Kerl *m*

homenagem [omenashẽĩ] *w* Ehre *w* (Ehrenerweisung), Huldigung *w j-m*

homicídio [omißidshju] *m* Mord *m*, Totschlag *m*, Tötung *w*

honesto, -a [onäßtu] *adj* ehrlich, ehrenhaft, Ehren-

honra [õũha] *w* Ehre *w*

honrado, -a [õũhadu] *adj* ehrenwert, ehrlich, ehrenhaft, Ehren-

hora [òra] *w* Stunde *w* (60 Minuten), Uhr *w* (Uhrzeit) ▶ **às sete horas** um sieben Uhr; **~ de partida/de chegada** Abfahrtszeit *w*/Ankunftszeit *w*; **Que horas são?** Wie spät ist es?

horário [orarju] *m* **1** Fahrplan *m* **2** Stundenplan *m* ▶ **~ de abertura** Öffnungszeiten *w Mz*; **~ de pico** Stoßzeit *w*

horizonte [orisõũtschi] *m* Horizont *m*

horrível [ohiweu] *adj* schrecklich, furchtbar

horror [ohor] *m* Entsetzen *s*, Schrecken *m*

hortaliça [ortalißa] *w* Gemüse *s*

hospedar [oßpedar] *v* unterbringen *j-n*

hóspede [òßpedshi] *m* Gast *m* (im Hotel usw.)

hospital [oßpitau] *m* Krankenhaus *s*

hospitaleiro, -a [oßpitalejru] *adj* gastfreundlich

hotel [otäu] *m* Hotel *s*
humanidade [umanidadshi] *w* **1** Menschheit *w* **2** Humanität *w*, Menschlichkeit *w* (Humanität)
humano, -a [umanu] *adj* human, menschlich (Behandlung usw.), Menschen- ▶ **raça** *w* **humana** Menschheit *w*; **ser** *m* **~** Mensch *m*
humilhar [umiljar] *v* demütigen *j-n*, herabsetzen *j-n* (herabwürdigen)
humor [umor] *m* **1** Laune *w* (gute usw.), Stimmung *w* **2** Humor *m*

I

ida [ida] *w* Hinfahrt *w* ▶ **bilhete** *m* **de ~ e volta** Rückfahrkarte *w*
idade [idadshi] *w* **1** Alter *s* (einer Person), Lebensalter *m* **2** Zeit *w* (Ära) ▶ **limite** *m* **de ~** Altersgrenze *w*
ideal [ideau] *adj* ideal ♦ *m* Ideal *s etw. Gen*
ideia [idäia] *w* **1** Idee *w* (Gedanke) **2** Ahnung *w* (Vorstellung), Vorstellung *w von etw.* (Gedanke) ▶ **mudar de ~** *sobre a.c.* sich (anders) überlegen
identidade [idẽïtschidadshi] *w* Identität *w*
idiota [idshiòta] *m* Dummkopf *m*, Idiot *m*, Blödmann *m*, Trottel *m*
idoso, -a [idosu] *adj* alt, bejahrt, betagt
igreja [igresha] *w* Kirche *w*
igual [iguau] *adj* gleich, gleichwertig (Partner usw.), ebenbürtig (Konkurrent usw.) ▶ **iguais** *m Mz* Einstand *m*
igualar [igualar] *v* ausgleichen
ilegal [ilegau] *adj* gesetzwidrig, illegal, rechtswidrig, widerrechtlich
ilha [ilja] *w* Insel *w*
ilimitado, -a [ilimitadu] *adj* grenzenlos, uneingeschränkt, unbegrenzt
iludir [iludshir] *v* täuschen *j-n* (irreführen), umgehen *etw. Akk* (Regeln usw.)
iluminação [iluminaßãũ] *w* Beleuchtung *w*
ímã [ímã] *m* Magnet *m*
imagem [imashẽĩ] *w* **1** Bild *s* (Abbildung) **2** Image *s*
imaginação [imashinaßãũ] *w* Fantasie *w* (Vorstellungskraft), Vorstellungsvermögen *s*
imaginar [imashinar] *v* sich vorstellen (sich ausmalen)
imbecil [ĩbeßiu] *m* Dummkopf *m*, Idiot *m*
imediatamente [imedshiatamẽtschi] *adv* gleich, sofort, unmittelbar, unverzüglich
imenso, -a [imẽßu] *adj* grenzenlos, maßlos, riesig, riesengroß (Sehnsucht usw.)
imigrante [imigrãtschi] *m* Einwanderer *m*, Zuwanderer *m*, Immigrant *m*
imitar [imitar] *v* imitieren *j-n/etw.*, nachahmen *j-n/etw.*
impaciente [ĩpaßiẽtschi] *adj* ungeduldig
impacto [ĩpaktu] *m* Wirkung *w auf j-n/etw.* (Auswirkung) ▶ **ter ~** *em a.c.* einwirken *auf j-n/etw. irgendwie*, sich auswirken *auf j-n/etw. irgendwie*
ímpar [ĩpar] *adj* ungerade
impedir [ĩpedshir] *v* behindern *etw. Akk*, hemmen *etw. Akk* (Umstände usw.), hindern *j-n an etw. Dat*, verhindern *etw. Akk*
imperfeito, -a [ĩperfejtu] *adj* **1** unvollkommen **2** imperfektiv (Aspekt)
império [ĩpärju] *m* Imperium *s*, Kaiserreich *s*, Reich *s* (Imperium)
impermeável [ĩpermeaweu] *adj* regendicht, wasserdicht ♦ *m* Regenmantel *m*
ímpeto [ĩpetu] *m* Begeisterung *w für etw.*, Eifer *m für etw.*
implantar [ĩplãtar] *v* **1** einführen (Maßnahme usw.), herstellen (Ordnung usw.) **2** implantieren
implementar [ĩplemẽïtar] *v* durchführen *etw. Akk* (realisieren)
impor [ĩpor] *v* **1** durchsetzen (Vorschlag usw.) **2** auferlegen *j-m etw. Akk* (Geldbuße usw.), bemessen (Strafe usw.) **3** aufzwingen *j-m etw. Akk* ▶ **~ tributo** besteuern *etw. Akk*
importação [ĩportaßãũ] *w* Import *m*, Einfuhr *w*
importante [ĩportãtschi] *adj* wichtig
importar [ĩportar] *v* **1** einführen *etw. Akk irgendwohin*, importieren *etw. Akk irgendwohin* **2** liegen *jm an etw. Dat* (wichtig sein) ▶ **não ~** nicht stören *etw. Akk j-n*; **Não importa.** (Das) Macht nichts!; **Não me importa.** Es ist mir egal.

impossível [ĩpoßiweu] *adj* unmöglich ▶ **fazer** *a.c.* ~ unmöglich machen *etw. Akk*

imposto [ĩpoßtu] *m* Steuer *w auf etw. Akk* (Abgabe)

impreciso, -a [ĩpreßisu] *adj* ungenau

imprensa [ĩprẽßa] *w* Presse *w* (Zeitung usw.)

imprescindível [ĩpreßĩdshiweu] *adj* unentbehrlich, unabkömmlich

impressão [ĩpreßãũ] *w* **1** Eindruck *m* **2** Abdruck *m etw. Gen* **3** Ausdruck *m* (von Daten usw.), Druck *m etw. Gen* (Prozess) ▶ **dar** *alg* **a** ~ wirken *auf j-n irgendwie* (Eindruck machen); **impressões** *w Mz* **digitais** Fingerabdrücke *m Mz*

impressionar [ĩpreßionar] *v* **1** beeindrucken *j-n* **2** imponieren *j-m durch etw.*

impressora [ĩpreßora] *w* Drucker *m* (Vorrichtung)

imprevisto, -a [ĩprewißtu] *adj* unerwartet (plötzlich), unvorhergesehen

imprimir [ĩprimir] *v* **1** abdrucken, drucken *etw. Akk* **2** aufdrucken (Stempel usw.)

imprudente [ĩprudẽtschi] *adj* leichtsinnig, unbedachtsam (Person), unbesonnen (Mensch), unvorsichtig

impureza [ĩpuresa] *w* Verunreinigung *w* (Stoff)

inacessível [inaßeßiweu] *adj* unzugänglich

inalar [inalar] *v* einatmen *etw. Akk*

incapaz [ĩkapaß] *adj* unfähig *zu etw.* (nicht imstande), untauglich

incendiar [ĩßẽĩdshiar] *v* anzünden *etw. Akk* (Gebäude usw.)

incêndio [ĩßẽdshju] *m* Brand *m* ▶ **combater o** ~ (den Brand) löschen

incentivar [ĩßẽĩtschiwar] *v* erregen *etw. Akk* (hervorrufen)

incerto, -a [ĩßärtu] *adj* ungewiss, unsicher (Situation usw.), instabil (Lage usw.)

incessante [ĩßeßãtschi] *adj* fortwährend, ständig, unaufhörlich, pausenlos

inchaço [ĩschaßu] *m* Schwellung *w*

inchar [ĩschar] *v* anschwellen

incidente [ĩßidẽtschi] *m* Zwischenfall *m*

incinerar [ĩßinerar] *v* einäschern (Gebeine), verbrennen (Abfall usw.)

inclinar [ĩklinar] *v* **1** kippen *etw. Akk* (einen Schrank usw.), neigen *etw. Akk* (senken) **2** inklinieren *zu j-m/etw.*, neigen *zu j-m/etw.* (Vorliebe haben)

inclinar-se [ĩklinarßi] *v* **1** sich verbeugen *vor j-m* **2** neigen *zu etw.* (Ansicht)

incluindo [ĩkluĩdu] *prep* einschließlich *etw. Gen*, inklusive *etw. Gen* (Steuer usw.)

incluir [ĩkluir] *v* **1** einschließen *etw. Akk* (in sich usw.), einbegreifen *etw. Akk* **2** einbeziehen *etw. Akk in etw. Akk*, einordnen *etw. Akk in etw. Akk* (in Kategorie usw.) **3** einrechnen *etw. Akk in etw. Akk*

inclusive [ĩklusiwi] *prep* einschließlich *etw. Gen*

incomodar [ĩkomodar] *v* belästigen *j-n*, stören *j-n* (missfallen)

incômodo, -a [ĩkomodu] *adj* unbequem ♦ *m* Ärger *m* (Problem)

incompetente [ĩkõũpetẽtschi] *adj* unfähig (unbegabt)

incomum [ĩkomũ] *adj* ungewohnt, ungewöhnlich, unüblich

inconveniente [ĩkõũweniẽtschi] *adj* ungelegen ♦ *m* Nachteil *m* (Mangel usw.)

incorporar [ĩkorporar] *v* eingliedern *etw. Akk in etw. Akk* (in System usw.)

incorreto, -a [ĩkohätu] *adj* falsch, unrichtig

incrédulo, -a [ĩkrädulu] *adj* misstrauisch, ungläubig

incremento [ĩkremẽtu] *m* Anstieg *m etw. Gen*

incrível [ĩkriweu] *adj* unglaublich

indagar [ĩdagar] *v* nachgehen *etw. Dat*, untersuchen *etw. Akk* (überprüfen)

indecente [ĩdeßẽtschi] *adj* dreckig (Tat usw.), unanständig (Bemerkung usw.), unsittlich (derb usw.)

indelicado, -a [ĩdelikadu] *adj* unhöflich

independente [ĩdepẽĩdẽtschi] *adj* **1** selbstständig, unabhängig *von j-m/etw.* **2** freiberuflich (Reporter usw.), freischaffend (Künstler usw.)

indiano, -a [ĩdshianu] *adj* indisch ♦ *m* Inder *m*

indicar [ĩdshikar] *v* **1** deuten *auf etw. Akk*, hindeuten *auf etw. Akk* (Beweise usw.), Anzeichen *s für/von etw.* sein **2** hinweisen *auf etw. Akk*, zeigen *auf j-n/etw.* (in einer Richtung) **3** angeben *etw. Akk* (Adresse usw.)

índice [ĩdshißi] *m* 1 Index *m* (Wert) 2 Register *s* (Index)

indício [ĩdshißju] *m* Indiz *s*

indiferente [ĩdshiferẽtschi] *adj* gleichgültig, unaufmerksam (gleichgültig usw.)

indígena [ĩdshishena] *adj* einheimisch (Bevölkerung usw.) ♦ *m* Eingeborene *m*

indigestão [ĩdshisheßtãũ] *w* Verdauungsstörung *w*

índio, -a [ĩdshju] *adj* Indianer-, indianisch ♦ *m* Indianer *m*

indiscutível [ĩdshißkutschiweu] *adj* unstreitig, unbestritten

indispensável [ĩdshißpẽĩßaweu] *adj* unentbehrlich, unabkömmlich

individual [ĩdshiwiduau] *adj* einzeln, individuell ▶ **quarto ~** Einbettzimmer *s*, Einzelzimmer *s*

indústria [ĩdußtria] *w* 1 Industrie *w* 2 Fleiß *m*

industrial [ĩdußtriau] *adj* industriell ♦ *m* Industrielle *m*, Unternehmer *m*

inesperado, -a [ineßperadu] *adj* unerwartet

inexato, -a [inesatu] *adj* ungenau

infância [ĩfãßja] *w* Kindheit *w* ▶ **jardim** *m* **de ~** Kindergarten *m*

infantário [ĩfãtarju] *m* Kindergarten *m*

infantil [ĩfãtschiu] *adj* 1 Kinder- 2 kindisch

infeção [ĩfeßãũ] *w* Ansteckung *w*, Infektion *w*

infeliz [ĩfeliß] *adj* unglücklich

infelizmente [ĩfelismẽtschi] *part* leider, unglücklicherweise

inferior [ĩferior] *adj* 1 unter(er,e,es) 2 minderwertig 3 niedrig(er,e,es) ▶ **parte** *w* **~** Unterteil *s,m*; **passagem** *w* **~** Unterführung *w* (für Verkehrsmittel)

inferno [ĩfärnu] *m* Hölle *w*, Inferno *s* (auch Brand usw.)

infetar [ĩfetar] *v* anstecken *j-n (mit etw.)*, infizieren *j-n (mit etw.)*

infinito, -a [ĩfinitu] *adj* unendlich, endlos ♦ *m* Unendlichkeit *w*

inflamação [ĩflamaßãũ] *w* Entzündung *w*

infligir [ĩflishir] *v* verpassen *j-m etw. Akk* (Niederlage usw.)

influência [ĩfluẽßja] *w* Einfluss *m* ▶ **exercer ~** einwirken *auf j-n/etw. irgendwie*, sich auswirken *auf j-n/etw. irgendwie*

influenciar [ĩfluenßjar] *v* beeinflussen *j-n/etw.*, einwirken *auf j-n/etw.*

informação [ĩformaßãũ] *w* Information *w*, Info *s*, Auskunft *w* ▶ **informações** *w Mz* Information *w*

informar [ĩformar] *v* informieren *j-n über etw. Akk*

infortunado, -a [ĩfortunadu] *adj* unglücklich (Zufall usw.)

infração [ĩfraßãũ] *w* Verletzung *w etw. Gen* (Verstoß)

ingênuo, -a [ĩshenuu] *adj* arglos, harmlos, naiv

ingerir [ĩsherir] *v* nehmen (essen usw.) ▶ **quantidade** *w* **ingerida** Aufnahme *w* (Nahrung usw.)

Inglaterra [ĩglatäha] *w* England *s*

inglês, -esa [ĩgleß] *adj* englisch ♦ *m* 1 Engländer *m* (Person) 2 Englisch(e) *s* ▶ **(em) ~** englisch

ingrato, -a [ĩgratu] *adj* undankbar

ingrediente [ĩgredshiẽtschi] *m* Zutat *w*, Ingredienz *w*

íngreme [ĩgremi] *adj* steil, abschüssig

ingressar [ĩgreßar] *v* eintreten *in etw. Akk*, betreten *etw. Akk*, hereinkommen *in etw. Akk*

ingresso [ĩgrãßu] *m* 1 Eintritt *m* (Eintreten) 2 Eintrittsgeld *s*, Eintritt *m* (Geld) 3 Karte *w* (für Kino usw.), Eintrittskarte *w*

inicial [inißjau] *adj* Anfangs-, anfänglich

iniciar [inißjar] *v* 1 beginnen *etw. Akk, mit etw.*, starten *etw. Akk* (Vorhaben usw.), eröffnen *etw. Akk* (Aktion usw.) 2 initiieren 3 einweihen *j-n in etw. Akk* (vertraut machen)

início [inißju] *m* Anfang *m*, Beginn *m* ▶ **no ~** am Anfang

inimigo [inimigu] *m* Feind *m* ♦ *adj* feindlich

injeção [ĩsheßãũ] *w* Einspritzung *w*, Injektion *w*, Spritze *w* (Dosis von Impfstoff usw.)

injetar [ĩshetar] *v* einspritzen *etw. Akk in etw. Akk*, spritzen *j-m etw. Akk*, injizieren *j-m etw. Akk* (Medikament usw.)

injúria [ĩshuria] *w* Beleidigung *w*

injusto, -a [ĩshußtu] *adj* unfair, ungerecht

inocente [inoßẽtschi] *adj* unschuldig

inquérito [ĩkäritu] *m* 1 Umfrage *w* 2 Untersuchung *w* (polizeiliche)

inquieto, -a [ĩkjätu] *adj* unruhig (nervös usw.)

inquilino [ĩkilinu] *m* Mieter *m*
insatisfeito, -a [ĩßatschißfejtu] *adj* unzufrieden *mit etw.*, nicht zufrieden *mit etw.*
inscrever-se [ĩßkrewerßi] *v* sich anmelden *zu etw.* (Teilnehmer)
inscrição [ĩßkrißãũ] *w* **1** Aufschrift *w* **2** Einschreibung *w*
inseguro, -a [ĩßeguru] *adj* unsicher
inseto [ĩßätu] *m* Insekt *s*
insistir [ĩßißtschir] *v* bestehen *auf etw. Dat* (beharren), dringen *auf j-n mit etw.*
insólito, -a [ĩßòlitu] *adj* ungewöhnlich (Mensch usw.), unüblich
inspeção [ĩßpeßãũ] *w* Durchsuchung *w* (Haussuchung usw.), Kontrolle *w* (Zollkontrolle usw.), Inspektion *w* (Inspizieren)
inspetor [ĩßpetor] *m* Kontrolleur *m*
instalar [ĩßtalar] *v* **1** installieren (Leitung usw.), montieren (befestigen) **2** unterbringen *j-n*
instalar-se [ĩßtalarßi] *v* **1** einziehen *in etw. Akk* (in Wohnung usw.), sich niederlassen *irgendwo*, sich ansiedeln *irgendwo* (Volk usw.) **2** eintreten
instantâneo, -a [ĩßtãtaneu] *adj* instant, sofortig ♦ *m* Schnappschuss *m*
instante [ĩßtãtschi] *m* Moment *m*, Augenblick *m* (kurzer usw.), Weile *w*
instituição [ĩßtschituißãũ] *w* Institution *w*
instituto [ĩßtschitutu] *m* Institut *s*
instrução [ĩßtrußãũ] *w* **1** Anleitung *w*, Anweisung *w*, Gebrauchsanweisung *w* **2** Ausbildung *w*, Bildung *w* (schulische usw.)
instrumento [ĩßtrumẽtu] *m* **1** Instrument *s* **2** Gerät *s* (Zange usw.), Werkzeug *s*, Instrument *s*, Hilfsmittel *s* ► **~ musical** Musikinstrument *s*, Instrument *s* (Geige usw.); **instrumentos** *m Mz* **de escrita** Schreibbedarf *m*
insuficiente [ĩßufißiẽtschi] *adj* mangelhaft, ungenügend
insulto [ĩßuutu] *m* Beleidigung *w*, Schimpfwort *s* (Beschimpfung)
insuportável [ĩßuportaweu] *adj* unerträglich, untragbar
integrante [ĩtegrãtschi] *adj* untrennbar ♦ *m* Mitglied *s etw. Gen*, Angehörige *m etw. Gen*
íntegro, -a [ĩtegru] *adj* ganz (komplett)
inteiro, -a [ĩtejru] *adj* **1** ganz (völlig) **2** ganz (nicht beschädigt), heil (unversehrt)
inteligente [ĩtelishẽtschi] *adj* intelligent
intenção [ĩtẽĩßãũ] *w* Absicht *w*
intencional [ĩtẽĩßionau] *adj* absichtlich, bewusst (Lüge usw.)
intenso, -a [ĩtẽßu] *adj* erbittert, stark (Bemühung usw.), intensiv (Gefühl, Hitze usw.), Intensiv-
intentar [ĩtẽĩtar] *v* versuchen *etw. Akk*
intercâmbio [ĩterkãbju] *m* Tausch *m*, Umtausch *m* (von Sachen)
interessante [ĩtereßãtschi] *adj* fesselnd, interessant
interessar [ĩtereßar] *v* interessieren *j-n* (Interesse haben)
interesse [ĩtereßi] *m* Eingenommenheit *w für etw.*, Interesse *s an etw. Dat* ► **de ~** interessant; **despertar ~** *j-s* Interesse wecken
interior [ĩterior] *adj* **1** inner(er,e,es), Innen- **2** binnenländisch ♦ *m* **1** Innere *s* (Innenraum), Interieur *s* **2** Inland *s* ► **~ (do pais)** Inland *s*
interligar [ĩterligar] *v* verbinden (miteinander, zusammenschalten)
intermediário [ĩtermedshiarju] *m* Vermittler *m*, Mittelsmann *m* ♦ *adj* fortgeschritten (Stufe usw.)
interminável [ĩterminaweu] *adj* unendlich, endlos
internacional [ĩternaßionau] *adj* international, zwischenstaatlich
interno, -a [ĩtärnu] *adj* inländisch (Produkt usw.), inner(er,e,es), Innen-, innerstaatlich ♦ *m* Praktikant *m*
interpretar [ĩterpretar] *v* **1** interpretieren *etw. Akk* **2** dolmetschen *etw. Akk in etw. Akk* **3** vortragen *etw. Akk* (ein Lied usw.)
intérprete [ĩtärpretschi] *m* **1** Dolmetscher *m* **2** Interpret *m* (Künstler)
interrogatório [ĩtehogatòrju] *m* Verhör *s*
interromper [ĩtehõũper] *v* unterbrechen *etw. Akk* (Tätigkeit usw.)
interrupção [ĩtehupißãũ] *w* Unterbrechung *w*
intervalo [ĩterwalu] *m* **1** Intervall *s* **2** Halbzeit *w* (Pause), Pause *w* (während Vorstellung usw.)
intervir [ĩterwir] *v* eingreifen, intervenieren (Land)
intestino [ĩteßtschinu] *m* Darm *m*

íntimo, -a [ĩtschimu] *adj* vertraut, intim (Beziehung usw.)
intolerável [ĩtoleraweu] *adj* unerträglich, untragbar
intriga [ĩtriga] *w* **1** Intrige *w* **2** Handlung *w* (eines Films usw.)
introdução [ĩtrodußãũ] *w* Einleitung *w*
introduzir [ĩtrodusir] *v* **1** einstecken *etw. Akk irgendwohin*, hineinwerfen *etw. Akk in etw. Akk*, einwerfen *etw. Akk in etw. Akk* **2** eingeben *etw. Akk* (Passwort usw.) **3** einführen (Maßnahme usw.) **4** einführen (ein Produkt), auf den Markt bringen **5** führen *j-n irgendwohin*, bringen
intuito [ĩtuitu] *m* Absicht *w*
inundação [inũdaßãũ] *w* Überschwemmung *w*, Hochwasser *s*
inútil [inutschiu] *adj* nutzlos, vergeblich
invadir [ĩwadshir] *v* einbrechen *in etw. Akk* (Feind usw.), einfallen *irgendwohin* (in ein Land usw.)
inválido, -a [ĩwalidu] *adj* **1** invalide **2** ungültig ♦ *m* Invalide *m*
invasão [ĩwasãũ] *w* Einfall *m*, Invasion *w* (von Truppen usw.)
invejar [ĩweshar] *v* beneiden *j-n um etw.*
invejoso, -a [ĩweshosu] *adj* neidisch
invenção [ĩwẽĩßãũ] *w* **1** Invention *w* **2** Erfindung *w* (Erdichtung)
inventar [ĩwẽĩtar] *v* **1** ausdenken *etw. Akk* (Methode usw.), erfinden *etw. Akk* (Glühbirne usw.) **2** sich ausdenken *etw. Akk* (Ausrede usw.)
inverno [ĩwärnu] *m* Winter *m*
inverso, -a [ĩwärßu] *adj* umgekehrt
invés [ĩwäß] **ao ~** *de a.c* stattdessen, dafür
investigação [ĩweßtschigaßãũ] *w* **1** Untersuchung *w* (polizeiliche) **2** Forschung *w*
investir [ĩweßtschir] *v* investieren *in etw. Akk*, anlegen *etw. Akk in etw. Akk* (Geld), verwenden *etw. Akk auf etw. Akk* (Mühe, Geld usw.)
invisível [ĩwisiweu] *adj* unsichtbar
invólucro [ĩwolukru] *m* Verpackung *w*, Packung *w* (Hülle usw.)
iogurte [jogurtschi] *m* Joghurt *m,s*, Jogurt *m,s*
ir [ir] *v* **1** gehen *irgendwohin* (sich bewegen) **2** fahren *etw. Akk* (Fahrrad usw.), fahren *irgendwohin* (sich bewegen) ▶ **Vamos!** Komm schon!; **Vamos de táxi.** Wir nehmen ein Taxi.
ira [ira] *w* Wut *w*, Zorn *m*
irmã [irmã] *w* Schwester *w*
irmão [irmãũ] *m* Bruder *m*, Geschwister *s*
irresponsável [iheßpõũßaweu] *adj* unverantwortlich
irrigar [ihigar] *v* bewässern, berieseln
irritado, -a [ihitadu] *adj* **1** aufgeregt (missgelaunt usw.), ärgerlich (Person) **2** gereizt (Haut usw.)
irritar [ihitar] *v* **1** ärgern *j-n*, (ugs.) nerven *j-n*, (ugs.) fuchsen *j-n* **2** reizen (Haut usw.)
isolamento [isolamẽtu] *m* **1** Isolation *w* **2** Abgeschiedenheit *w*
isqueiro [ißkejru] *m* Feuerzeug *s*
isso [ißu] *pron* das, es ▶ **~ é** nämlich; **por ~** also, daher, deshalb, deswegen
IVA [iwa] *m* Mehrwertsteuer *w*, MwSt.

J

já [sha] *adv* schon ▶ **para ~** vorläufig, für jetzt, vorerst; **Até ~!** Tschüss!
jamais [shamajß] *adv* nie, niemals
janeiro [shanejru] *m* Januar *m*
janela [shanäla] *w* Fenster *s*
jantar [shãtar] *m* Abendessen *s*, Abendbrot *s* ♦ *v* zu Abend essen ▶ **sala** *w* **de ~** Esszimmer *s*
jaqueta [shaketa] *w* Jacke *w*
jardim [shardshĩ] *m* Garten *m* ▶ **~ de infância** Kindergarten *m*
jarra [shaha] *w* Vase *w* ▶ **~ elétrica** Wasserkocher *m*
jarro [shahu] *m* Krug *m*
jaula [shaula] *w* Käfig *m*
jeans [dshĩß] *m Mz* Jeans *Mz*
jeito [shejtu] *m* **1** Weise *w* (Methode usw.) **2** Fertigkeit *w*, Kniff *m* (Geschicktheit) *für etw.*, Talent *s für etw.*, Begabung *w für etw.* **3** Aussehen *s* **4** Ausweg *m* ▶ **dar ~** passen *j-m* (gefallen); **de outro ~** anders
jejum [sheshũ] *m* Fastenzeit *w*
Jesus [shesuß] *m* Jesus
joalharia [shoaljaria] *w* Juweliergeschäft *s*
joelho [shoelju] *m* Knie *s* ▶ **pôr-se de joelhos** sich (nieder)knien
jogador [shogador] *m* **1** Spieler *m* **2** Rekorder *m*

jogar [shogar] *v* 1 spielen *etw. Akk* (Spiele usw.) 2 spielen *mit etw.* (Kinder usw.) 3 werfen *etw. Akk*, schmeißen *etw. Akk* ► **~ fora** *a.c.* wegwerfen (zum Abfall tun)

jogo [shogu] *m* 1 Spiel *s* 2 Satz *m von etw.*, Garnitur *w etw. Gen* (Geschirr usw.) ► **estar em ~** auf dem Spiel stehen

joia [shòja] *w* 1 Juwel *s* (Halskette usw.), Kleinod *m*, Schmuck *m* (Ring usw.) 2 Juwel *s* (Person, Sache) ♦ *adj* toll, fabelhaft ► **joias** *w Mz* Juwelen *s Mz*

jornada [shornada] *w* Runde *w* (im Wettkampf usw.)

jornal [shornau] *m* Journal *s* (Zeitschrift), Zeitung *w*

jornalista [shornalißta] *m* Journalist *m*

jorrar [shohar] *v* aufspritzen, auswerfen *etw. Akk* (Vulkan), hervorsprudeln (Wasser usw.), spritzen *aus etw.*

jovem [shòwẽĩ] *adj* jung ♦ *m* junger Mann *m*

judeu [shudeu] *m* Jude *m*

judicial [shudshißjau] *adj* Gerichts-, gerichtlich, Rechts-, rechtlich

juiz [shuiß] *m* 1 Richter *m* 2 Schiedsrichter *m* (im Sport)

juízo [shuisu] *m* Urteil *s* (Stellungnahme), Verstand *m*, Vernunft *w* ► **de ~** vernünftig

julgar [shuugar] *v* 1 beurteilen *j-n/etw.*, urteilen *j-n/etw.* 2 richten *j-n* (vor dem Gericht usw.)

julho [shulju] *m* Juli *m*

junção [shũßãũ] *w* Knotenpunkt *m*

junho [shũnju] *m* Juni *m*

junta [shũta] *w* 1 Kommission *w*, Ausschuss *m* 2 Fuge *w* (im Mauerwerk usw.), Verbindung *w* (zwischen zwei Teilen) 3 Gespann *s* (Zugtiere) 4 Dichtung *w* (Schicht)

juntar [shũtar] *v* 1 sammeln (Sachen usw.) 2 verbinden *etw. Akk mit etw.* (mehrere Teile usw.)

junto [shũtu] *adv* daneben, nebenan (in der Nähe) ► **~ a** *a.c.* an, neben *etw. Dat* (an der Seite); **~ ao mar** an der See, am Meer

jurar [shurar] *v* beschwören *etw. Akk*, schwören

jurídico, -a [shuridshiku] *adj* Rechts-, juristisch, rechtlich

juro [shuru] *m* Zins *m*

justiça [shußtschißa] *w* 1 Gerechtigkeit *w* 2 Justiz *w*

justificar [shußtschifikar] *v* begründen *etw. Akk*, rechtfertigen *etw. Akk* (entschuldigen)

justo, -a [shußtu] *adj* 1 gerecht, fair (Mensch usw.) 2 hauteng, knapp (Kleidung)

juventude [shuwẽĩtudshi] *w* Jugend *w*

L

lá [la] *adv* dort ► **~ fora** draußen; **Alto ~!** Halt!; **Vai ~!** Komm schon!

lã [lã] *w* Wolle *w*

lábio [labju] *m* Lippe *w*

laboratório [laboratòrju] *m* Labor *s*

laca [laka] *w* Lack *m*

lacerar [laßerar] *v* zerreißen (zerfleischen)

laço [laßu] *m* 1 Masche *w*, Schleife *w* (im Haar usw.), Schlinge *w* (zum Aufhängen) 2 Fliege *w* (Krawatte) 3 Lasso *s* 4 Band *s* (Verbindung)

ladeira [ladejra] *w* Abhang *m*, Hang *m* (steil usw.)

lado [ladu] *m* Seite *w etw. Gen* (Standpunkt), Aspekt *etw. Gen m*, Seite *w* (Fläche usw.) ► **ao ~** daneben, nebenan (in der Nähe); **ao ~ de** neben *etw. Dat* (an der Seite); **de ~** beiseite (legen usw.); **pôr de ~** ablegen (Gegenstand); **Por um ~... por outro ~** Einerseits... andererseits..., Einesteils... anderenteils..., Zum einen... zum anderen...

ladrão [ladrãũ] *m* Dieb *m*, Einbrecher *m*, Räuber *m*

ladrar [ladrar] *v* bellen

ladrilho [ladrilju] *m* Fliese *w*, Kachel *w*

lagarto [lagartu] *m* Eidechse *w*

lago [lagu] *m* See *m* (Binnengewässer)

lagostim [lagoßtschĩ] *m* Kaisergranat *m*, Kaiserhummer *m*, Krebs *m* (Tier)

lágrima [lagrima] *w* Träne *w*

lama [lama] *w* Schlamm *m*

lamber [lãber] *v* lecken *etw. Akk*

lamentar [lamẽĩtar] *v* 1 bedauern *etw. Akk* 2 klagen, jammern, trauern *um j-n/etw.*

lamentavelmente [lamẽĩtaweumẽtschi] *part* unglücklicherweise, leider

lâmina [lamina] *w* 1 Klinge *w* (eines Messers usw.) 2 Scheibe *w* (aus Metall)

lâmpada [lãpada] *w* Glühbirne *w*, Birne *w* (mattierte usw.), Lampe *w*

lançar [lãßar] *v* **1** einführen (ein Produkt), auf den Markt bringen, lancieren *etw. Akk* (ein Produkt usw.), starten *etw. Akk* (Vorhaben usw.) **2** abfeuern, abschießen (Rakete usw.) **3** werfen *etw. Akk*, schmeißen *etw. Akk* **4** auswerfen (Angel usw.) **5** abwerfen (Bomben usw.) ▶ **~ para o ar** *a.c.* hinaufwerfen *etw. Akk*

lancha [lãscha] *w* Boot *s*, Schiffchen *s* (Fahrzeug)

lanchonete [lãschonetschi] *w* Imbiss *m* (Bahnhof)

lanterna [lãtärna] *w* Lampe *w* (Taschenlampe usw.), Laterne *w*, Taschenlampe *w*

lápis [lapiß] *m* Stift *m* (Schreibgerät), Bleistift *m*

lapso [lapßu] *m* **1** Lapsus *m*, Fehltritt *m* (im Benehmen usw.) **2** Ausfall *m* (von Gedächtnis usw.) **3** Zeitabschnitt *m*, Periode *w*

lar [lar] *m* Haushalt *m*, Heim *s*

laranja [larãsha] *w* Orange *w*, Apfelsine *w* ♦ *adj* orange

lareira [larejra] *w* Feuerstelle *w* (im Kamin usw.), Kamin *m*

largo, -a [largu] *adj* breit, geräumig, groß (Maß, Menge) ♦ *m* **1** Breite *w etw. Gen* **2** Platz *m* (umbaute Fläche)

largura [largura] *w* Breite *w etw. Gen*

lasca [laßka] *w* Bruchstück *s*, Splitter *m*

lástima [laßtschima] *w* Mitleid *s* ▶ **Que ~!** Das ist schade.

lastimar [laßtschimar] *v* bedauern *j-n*

lata [lata] *w* **1** Blech *s* (Material) **2** Blechbüchse *w*, Blechdose *w* **3** Kanister *m* ▶ **~ de conserva** Konserve *w*, Dose *w*

latejar [lateshar] *v* hämmern (Herz usw.), schlagen (Herz)

lateral [laterau] *adj* Rand-, Seiten-, seitlich

latir [latschir] *v* bellen (Hund)

latitude [latschitudshi] *w* Breite *w* (geografische)

lavabo [lawabu] *m* **1** Waschbecken *s* **2** Waschraum *m*

lavandaria [lawãdaria] *w* Wäscherei *w*

lavar [lawar] *v* **1** waschen *etw. Akk* (reinigen), abwaschen *etw. Akk* **2** waschen *etw. Akk* (Wäsche) ▶ **~ os dentes** sich die Zähne putzen

lavatório [lawatòrju] *m* **1** Waschbecken *s* **2** Waschraum *m*

lavrador [lawrador] *m* Bauer *m* (Landwirt)

laxante [laschãtschi] *m* Abführmittel *s*

lazer [laser] *m* frei, Freizeit *w*, Feierabend *m* (nach der Arbeit)

leão [leãũ] *m* Löwe *m*

lebre [läbri] *w* Hase *m*

legal [legau] *adj* **1** legal, gesetzlich **2** erstaunlich, prima, toll, fabelhaft

legítimo, -a [leshitschimu] *adj* legitim (gesetzlich), rechtmäßig (Besitzer usw.)

legume [legumi] *m* Gemüse *s*

lei [lej] *w* Gesetz *s*

leite [lejtschi] *m* Milch *w*

leito [lejtu] *m* **1** Liegeplatz *m* **2** Bett *s* (eines Flusses usw.) **3** Grundgebirge *s*

leitor [lejtor] *m* **1** Leser *m* **2** Fachlehrer *m*, Fremdsprachenassistent *m* **3** Rekorder *m*

lembrança [lẽĩbrãßa] *w* **1** Erinnerung *w an j-n/etw.* **2** Andenken *s* (Souvenir), Souvenir *s* **3** eine kleine Aufmerksamkeit **4** Erinnerung *w etw. Dat*

lembrar [lẽĩbrar] *v* erinnern *j-n an etw. Akk* (an Pflicht usw.)

lembrar-se [lẽĩbrarßi] *v* sich erinnern *an j-n/etw.*

leme [lemi] *m* Ruder *s* (Steuerruder)

lenço [lẽßu] *m* **1** Tuch *s* (Kopftuch usw.) **2** Taschentuch *s*

lençol [lẽĩßòu] *m* Bettlaken *s*, Laken *s*, Betttuch *s*, Tuch *s* (Bettwäsche)

lenda [lẽda] *w* Sage *w*

lente [lẽtschi] *w* Linse *w* (optisch) ♦ *m* Professor *m* ▶ **lentes** *w Mz* **de contato** Kontaktlinsen *w Mz*

lentilha [lẽĩtschilja] *w* Linse *w* (Samen)

lento, -a [lẽtu] *adj* langsam, schleppend (Tempo usw.)

ler [ler] *v* durchlesen *etw. Akk*, lesen *etw. Akk* (ein Buch usw.)

lesão [lesãũ] *w* Unfall *m* (Verletzung), Verletzung *w*

leste [läßtschi] *m* Osten *m*

letra [letra] *w* **1** Buchstabe *m* **2** Handschrift *w* (schön usw.), Schrift *w* (lesbar usw.) **3** Liedtext *m*

letreiro [letrejru] *m* **1** Etikett *s* **2** Schild *s*

levantar [lewãtar] *v* **1** aufstellen *etw. Akk* (Mast usw.), heben *etw. Akk* (Gewicht

usw.), hochziehen, aufziehen (nach oben) 2 aufheben *etw. Akk* (vom Boden usw.) 3 abheben, (ÖrD) beheben (Geld usw.) 4 zur Sprache bringen (Thema usw.) 5 erheben *etw. Akk* (Widerspruch usw.) 6 bekannt geben *etw. Akk* ► ~ **a mão** sich melden (Schüler usw.)

levar [lewar] *v* 1 tragen *etw. Akk irgendwohin* (mitbringen) 2 tragen (bei sich haben) 3 bringen *j-n/etw. irgendwohin* (mit dem Auto usw.), fahren *j-n/etw. irgendwohin*, mitnehmen *j-n/etw. irgendwohin* 4 bringen (in Verlegenheit usw.) 5 führen *irgendwohin/durch etw.* (Weg) 6 wegnehmen *j-m etw. Akk* (entziehen) ► ~ **um susto** erschrecken *vor j-m/etw.*; ~ *a.c.* **(consigo)** mitnehmen *etw. Akk*

leve [läwi] *adj* leicht ► **de** ~ sanft (drücken usw.)

liberar [liberar] *v* 1 frei machen (Weg usw.) 2 freilassen *j-n*

liberdade [liberdadshi] *w* Freiheit *w*

libertar [libertar] *v* 1 befreien *j-n/etw.* 2 befreien *j-n von etw.* (von Pflicht)

libra [libra] *w* 1 Pfund *s* 2 ***Libra*** Waage *w* (Sternzeichen)

lição [lißãũ] *w* 1 Lektion *w* (Lehrstunde) 2 Lehre *w*, Lektion *w* (Erfahrung), Moral *w* (einer Fabel usw.)

licença [lißẽßa] *w* Erlaubnis *w*, Genehmigung *w* (Urkunde usw.), Lizenz *w*

licenciado [lißẽĩßjadu] *m* Absolvent *m*

licenciatura [lißẽĩßjatura] *w* Titel *m* (von Universität)

liceu [lißeu] *m* Gymnasium *s*, Lyzeum *s*

licor [likor] *m* Likör *m*

líder [lider] *m* Führer *m*, Leiter *m* (einer Bewegung usw.), Chef *m* ♦ *adj* führend (Läufer usw.)

ligação [ligaßãũ] *w* 1 Bindung *w zwischen etw.* (Beziehung), Verbindung *w zwischen etw.* (Beziehung usw.), Zusammenhang *m zwischen etw. Dat* 2 Anschluss *m* (zu einem Leitungsnetz), Verbindung *w* (von einem Gerät usw.) 3 Anschluss *m* (Verkehrsverbindung) 4 Link *m*

ligar [ligar] *v* 1 anstellen, einschalten, anschalten (Gerät usw.) 2 anrufen *j-n* (telefonieren) 3 anschließen *etw. Akk an etw. Akk*, verbinden *etw. Akk mit etw.* (Ganzes bilden) 4 binden (zu Bündeln), verbinden *etw. Akk* (Schnüre usw.) 5 verbinden *j-n mit j-m* (telefonisch) 6 verbinden (Schicksal usw.) ► ~ *a.c.* **na tomada** in die Steckdose stecken *etw. Akk*; **Que me ligue!** Er soll mich anrufen!

ligeiro, -a [lishejru] *adj* 1 leicht (wenig wiegend) 2 flink, behänd, leicht (Husten usw.)

lima [lima] *w* 1 Feile *w* 2 Limette *w*

limão [limãũ] *m* Zitrone *w*

limitar [limitar] *v* beschränken *etw. Akk*, einschränken *etw. Akk* (Ausmaß usw.), limitieren

limite [limitschi] *m* 1 Grenze *w* (Trennungslinie) 2 Schranke *w etw. Gen*, Grenze *w etw. Gen* (Beschränkung usw.), Limit *s etw. Gen*

limpa-para-brisas [lĩpaparabrisaß] *m* Scheibenwischer *m*

limpar [lĩpar] *v* 1 reinigen *etw. Akk*, putzen *etw. Akk*, sauber machen *etw. Akk* 2 aufräumen 3 aufwischen (Fußboden usw.), wischen *etw. Akk* (reinigen), abwischen *etw. Akk* (säubern)

limpeza [lĩpesa] *w* 1 Aufräumen *s*, Reinigung *w* 2 Sauberkeit *w* ► **empregada** *w* **de** ~ Putzfrau *w*

limpo, -a [lĩpu] *adj* 1 sauber 2 reinlich (Person) ► **tirar a** ~ *a.c.* klären *etw. Akk*, aufklären *etw. Akk*, erläutern *etw. Akk*

lindo, -a [lĩdu] *adj* schön, wunderschön

língua [lĩgua] *w* 1 Zunge *w* (Organ) 2 Sprache *w* (als Kommunikation)

linguagem [lĩguashẽĩ] *w* Sprache *w* (als Kommunikation)

linha [lĩnja] *w* 1 Linie *w* (Strich) 2 Zeile *w* 3 Linie *w* (Verkehrsstrecke) 4 Fertigungsstraße *w* ► ~ **aérea** Fluggesellschaft *w*; ~ **de telefone** Telefonleitung *w*

linho [lĩnju] *m* 1 Flachs *m* 2 Leinen *s* (Faser) 3 Stoff *m*, Gewebe *s* (aus Baumwolle usw.)

liquidação [likidaßãũ] *w* 1 Ausverkauf *m* 2 Liquidierung *w* (einer Firma)

liquidificador [likidshifikador] *m* Mixer *m*

líquido, -a [likidu] *adj* 1 flüssig 2 netto, Netto- ♦ *m* Flüssigkeit *w*

liso, -a [lisu] *adj* glatt (Oberfläche usw.)

lisonjear [lisõũshear] *v* schmeicheln *j-m*

lista [lißta] *w* Aufzählung *w*, Liste *w etw. Gen*, Verzeichnis *s etw. Gen* ► ~ **de preços** Preisliste *w*; ~ **telefónica** Telefonbuch *s*

listra [lißtra] *w* Streifen *m*

literatura [literatura] *w* Literatur *w*

litígio [litschishiu] *m* Rechtsstreit *m*
litro [litru] *m* Liter *m,s*
livrar [liwrar] *v* befreien *j-n/etw. aus etw.* (herausziehen usw.)
livraria [liwraria] *w* Buchhandlung *w*
livre [liwri] *adj* **1** frei, unbesetzt (Platz usw.), vakant **2** frei (Wille usw.) ► **ao ar ~** heraus *aus etw.*; **entrada** *w* **~** Eintritt frei; **tempo** *m* **~** frei, Freizeit *w*, Feierabend *m* (nach der Arbeit)
livro [liwru] *m* Buch *s* ► **~ didático** Lehrbuch *s*
lixar [lischar] *v* **1** abschmirgeln, schmirgeln **2** ärgern *j-n*, (ugs.) nerven *j-n*, (ugs.) fuchsen *j-n* **3** schaden *j-m/etw.* ► **~ a cabeça** *a alg com a.c.* belästigen *j-n mit etw.*
lixeira [lischejra] *w* Mülleimer *m*, Abfalleimer *m*
lixo [lischu] *m* Abfall *m* (Reste usw.), Müll *m* ► **pá** *w* **de ~** Kehrichtschaufel *w*
lobo [lobu] *m* Wolf *m*
lóbulo [lòbulu] *m* Lappen *m* (eines Organs usw.)
locação [lokaßãũ] *w* Miete *w* (Verhältnis)
locadora [lokadora] *w* Verleih *m*
local [lokau] *adj* hiesig, lokal, Lokal-, örtlich ♦ *m* Platz *m* (Teil eines Raumes), Ort *m*, Stelle *w* (Punkt, Gebiet usw.), Räumlichkeiten *w Mz* ► **~ de obras** Baustelle *w*; **~ de trabalho** Arbeitsplatz *m*
loção [loßãũ] *w* Wasser *s* (kölnisches usw.)
locatário [lokatarju] *m* Mieter *m*, Pächter *m*
locomotiva [lokomotschiwa] *w* Lokomotive *w*
locutor [lokutor] *m* Sprecher *m* (im Fernsehen usw.)
lodo [lodu] *m* Schlamm *m*
lógico, -a [lòshiku] *adj* logisch
logo [lògu] *adv* **1** bald, in Kürze, demnächst, dann **2** daher, deshalb, deswegen ► **~ que** sobald, sowie (gleich usw.); **Até ~.** Auf Wiedersehen.
lograr [lograr] *v* **1** erlangen *etw. Akk*, erreichen *etw. Akk* **2** betrügen *j-n um etw.*, abschwindeln *j-m etw. Akk*
loja [lòsha] *w* Geschäft *s* (Raum), Laden *m* ► **dono** *m* **da ~** Händler *m*
longe [lõũshi] *adv* weit (entfernt usw.) ► **de ~** von weitem; **mais ~** weiter (entfernt); **nem de ~** bei weitem
longo, -a [lõũgu] *adj* lang ► **a ~ prazo** langfristig; **ao ~ de** entlang *etw. Dat*; **ao ~ de a.c.** während, im Laufe *etw. Gen*, im Verlauf *etw. Gen*
lote [lòtschi] *m* **1** Teil *m von etw., etw. Gen* (des Ganzen usw.) **2** Parzelle *w* **3** Charge *w* (Serie usw.), Ladung *w* (Warenmenge usw.)
louça [loßa] *w* Porzellan *s*
louco, -a [loku] *adj* bekloppt, plemplem, närrisch, verrückt ♦ *m* Irre *m*, Narr *m*, Wahnsinnige *m*
louro, -a [loru] *adj* hellhaarig
louvar [lowar] *v* loben *j-n für etw.*
lua [lua] *w* Mond *m*
lucro [lukru] *m* Erlös *m*, Ertrag *m* (finanziell), Gewinn *m* (Ertrag)
lugar [lugar] *m* **1** Platz *m* (Teil eines Raumes), Ort *m*, Stelle *w* (Punkt, Gebiet usw.), Raum *m* (leerer usw.) **2** Arbeit *w* (Beruf) ► **em algum ~** irgendwo; **em nenhum ~** nirgends, nirgendwo; **em outro ~** woanders, anderswo; **em qualquer ~** wo (auch) immer; **~ seguro** Sicherheit *w* (Platz); **~ sentado** Sitzplatz *m*; **lugares** *m Mz* **de interesse** Sehenswürdigkeiten *w Mz*; **ter ~** *em a.c.* stattfinden *irgendwo*
lume [lumi] *m* Feuer *s* (Flammen)
luta [luta] *w* Anstrengung *w*, Kampf *m* ► **~ livre** Ringkampf *m*
lutar [lutar] *v* kämpfen (mit Waffen), ringen *mit j-m um etw.*
luto [lutu] *m* Trauer *w* (gehaltene)
luva [luwa] *w* **1** Handschuh *m* **2** Bestechungsgeld *s*
luxo [luschu] *m* Luxus *m*
luz [luß] *w* **1** Elektrizität *w* **2** Licht *s* (Lichtschein) **3** Licht *s* (Lampe) ► **dar à ~** *a alg* gebären *etw. Akk*; **Não há ~.** Der Strom ist ausgefallen.
luzir [lusir] *v* glänzen (in der Sonne usw.), leuchten (Lampe usw.), scheinen (Licht ausstrahlen)

M

maçã [maßã] *w* Apfel *m*
macaco [makaku] *m* **1** Affe *m* **2** Winde *w*
machado [maschadu] *m* Axt *w*
machucar [maschukar] *v* **1** sich prellen *etw. Akk* **2** verletzen *j-n* (physisch usw.), wehtun *j-m* (absichtlich usw.), treffen (erschüttern)
macio, -a [maßju] *adj* **1** locker (Gebäck usw.) **2** weich (geschmeidig)
maço [maßu] *m* **1** Schachtel *w etw. Gen* (Packung usw.) **2** kleiner Hammer *m*
mácula [makula] *w* Fleck *m*
madeira [madejra] *w* Holz *s*
madrasta [madraßta] *w* Stiefmutter *w*
maduro, -a [maduru] *adj* reif
mãe [mãĩ] *w* Mutter *w* (Frau)
maestria [maeßtria] *w* Kunst *w* (Geschick), Meisterschaft *w* (Meisterhaftigkeit)
magia [mashia] *w* Magie *w* (Kunst), Zauber *m* (Zauberkraft), Zaubertrick *m*
magnífico, -a [magnifiku] *adj* großartig (Bauwerk usw.), überwältigend, wundervoll, toll
magnitude [magnitudshi] *w* Ausmaß *s*, Größe *w*
mágoa [magoa] *w* **1** ein blauer Fleck, Quetschung *w* (Wunde) **2** Angst *w* (Sorge usw.), Kummer *m*, Schmerz *m* (seelisch)
magoar [magoar] *v* **1** verletzen *j-n* (physisch usw.), wehtun *j-m* (absichtlich usw.), treffen (erschüttern) **2** verletzen *j-n* (beschädigen)
magro, -a [magru] *adj* **1** mager (Mensch), schlank **2** mager (Fleisch)
maio [maju] *m* Mai *m*
maiô [majo] *m* Badeanzug *m*
maionese [majonäsi] *w* Mayonnaise *w*, Majonäse *w*
maior [majòr] *adj* **1** größer **2** älter **3** bedeutend (wichtig) **4** groß (erwachsen) ► **~ de idade** volljährig; **~ parte** Mehrheit *w j-s/etw.*, Majorität *w j-s/etw.*; **na ~ parte das vezes** meist, meistens
maioria [majoria] *w* Mehrheit *w j-s/etw.*, Majorität *w j-s/etw.*
mais [majß] *adv* mehr, plus ♦ *m* Pluszeichen *s* ► **a ~** zusätzlich (übrig), extra (noch dazu); **~ de** über *wie viel* (mehr als); **~ novo** jünger; **~ ou menos** ungefähr, etwa, mehr oder minder; **o ~** am meisten; **uma vez ~** noch einmal, nochmals
mal [mau] *adv* **1** falsch (antworten usw.), schlecht (minderwertig) **2** schlecht (körperlich unwohl), übel (körperlich), unwohl ♦ *m* **1** Böse *s* **2** Katastrophe *w*, Kalamität *w*, Unglück *s* (Tragödie usw.) **3** Krankheit *w*, Erkrankung *w* ► **fazer ~** *a alg* verletzen *j-n* (physisch), wehtun *j-m* (absichtlich usw.); **Sinto-me ~.** Mir ist schlecht.
mala [mala] *w* **1** Koffer *m* **2** Handtasche *w* **3** Kofferraum *m* ► **fazer a ~** packen *etw. Akk* (Koffer)
mal-educado, -a [maueducadu] *adj* unerzogen, ungezogen ♦ *m* Rüpel *m*
mal-estar [mauißtar] *m* Schwäche *w* (Gefühl usw.), Unwohlsein *s*
mama [mama] *w* Brust *w* (weibliche)
mamar [mamar] *v* erpressen *etw. Akk von j-m*
manada [manada] *w* Herde *w*
mancha [mãscha] *w* Fleck *m*, Flecken *m*, Schmutzstreifen *m*
mandar [mãdar] *v* **1** senden *j-m etw. Akk* (Brief usw.), schicken *j-m etw. Akk* **2** befehlen *j-m etw. Akk*
mando [mãdu] *m* **1** Kommando *s* (Befehlsgewalt) **2** Befehl *m* (militärischer usw.)
maneira [manejra] *w* Art *w* (einer Tätigkeit usw.), Weise *w* (Methode usw.) ► **de ~ fácil** leicht (einfach); **de outra ~** anders, sonst; **maneiras** *w Mz* Manieren *w Mz*
manejar [maneshar] *v* **1** bedienen *etw. Akk* (Maschine usw.), steuern *etw. Akk* (Gerät usw.) **2** umgehen *mit etw. irgendwie* (manipulieren)
manequim [manekĩ] *w* Modell *s* (Frau) ♦ *m* Modell *s* (Mann), Modellpuppe *w*
manga [mãga] *w* **1** Ärmel *m* **2** Mango *w* **3** Schlauch *m* (Röhre)
mangueira [mãgejra] *w* Schlauch *m* (Röhre)
manha [mãnja] *w* **1** Geschicklichkeit *w* **2** Laune *w* (Idee), Grille *w* (Einfall) **3** List *w*
manhã [mãnjã] *w* Morgen *m*, Früh *w*, Vormittag *m* ► **de ~** morgens, am Morgen, vormittags, am Vormittag; **às dez de ~** um zehn Uhr vormittags
manhoso, -a [mãnjosu] *adj* **1** listig, schlau, pfiffig **2** geschickt (manuell)

Wörterbuch Brasilianisch – Deutsch

manifestação [manifeßtaßãũ] *w* Demonstration *w* (Protest), Manifestation *w*

manifestar [manifeßtar] *v* **1** demonstrieren (für Frieden usw.) **2** äußern *etw. Akk*, zeigen *etw. Akk*, ausdrücken *etw. Akk* (Freude usw.)

manipulação [manipulaßãũ] *w* Umgang *m mit etw.*

manjericão [mãsherikãũ] *m* Basilikum *s*

manso, -a [mãßu] *adj* sanftmütig (Mensch), zahm (Tier usw.)

manta [mãta] *w* **1** Decke *w* (im Bett), Tagesdecke *w* (für das Bett) **2** Umschlagetuch *s*

manteiga [mãtejga] *w* Butter *w*

manter [mãter] *v* **1** behalten *etw. Akk* (Qualität usw.) **2** behalten (Zustand usw.), halten *etw. Akk* (in bestimmten Zustand usw.) **3** einhalten *etw. Akk* **4** ernähren *j-n*, unterhalten *j-n* (Verwandte usw.) **5** halten (können) *etw. Akk* ▶ **~ a palavra** das Wort halten

manual [manuau] *adj* handbedient, Hand-, tragbar, manuell ♦ *m* Anleitung *w* (in Druckform usw.), Handbuch *s*, Lehrbuch *s* ▶ **~ de instruções** Anleitung *w*, Bedienungsanleitung *w* (in Druckform usw.), Handbuch *s*

manuscrito [manußkritu] *m* Handschrift *w*, Schrift *w* (lesbar usw.), Manuskript *s*

manutenção [manutẽĩßãũ] *w* Instandhaltung *w*, Wartung *w*, Unterhaltung *w* (von Geräten usw.)

mão [mãũ] *w* **1** Hand *w* **2** Handgriff *m* ▶ **de ~** Hand-; **de ~ única** einbahnig; **levantar a ~** sich melden (Schüler usw.)

mapa [mapa] *m* Landkarte *w*, Karte *w* (geografisch) ▶ **~ da cidade** Stadtplan *m*

maquiagem [makjashẽĩ] *w* Make-up *s*, Schminke *w*

maquiar-se [makjarßi] *v* sich schminken

máquina [makina] *w* Maschine *w* ▶ **~ de bilhetes** Fahrkartenautomat *m*; **~ de moedas** Münzautomat *m*, Automat *m* (Zigaretten usw.)

mar [mar] *m* Meer *s*, See *w* (Meer) ▶ **perto do ~** an der See, am Meer

maravilha [marawilja] *w* **1** Wunder *s* **2** Pracht *w*

maravilhoso, -a [marawiljosu] *adj* herrlich, wunderbar, wundervoll, toll

marca [marka] *w* **1** Brandzeichen *s*, Kennzeichnung *w* **2** Marke *w* (Ware) **3** Spur *w* (Fleck usw.)

marcar [markar] *v* **1** bezeichnen *etw. Akk mit etw.*, kennzeichnen (mit einem Brandzeichen), markieren *etw. Akk mit etw.* **2** abhaken (kennzeichnen), anstreichen (Fehler usw.) **3** verabreden *etw. Akk* (Treffen usw.) **4** markieren (anstreichen) **5** wählen (eine Telefonnummer) **6** reservieren *etw. Akk* (Tisch usw.), buchen *etw. Akk* (Reise usw.)

marcha [marscha] *w* **1** Marsch *m* **2** Gang *m* (Geschwindigkeit) **3** Betrieb *m etw. Gen* (einer Organisation usw.), Lauf *m etw. Gen* (einer Maschine usw.) ▶ **estar em ~** laufen (in Gang sein); **~ atrás** Rückwärtsgang *m*; **pôr** *a.c.* **em ~** anlassen *etw. Akk* (Maschine usw.), in Gang setzen *etw. Akk*, betätigen *etw. Akk* (Anlage usw.)

março [marßu] *m* März *m*

maré [marä] *w* Gezeiten *w Mz* ▶ **~ baixa** Ebbe *w*; **~ cheia** Hochwasser *s* (der Flut)

margarina [margarina] *w* Margarine *w*

margem [marshẽĩ] *w* **1** Rand *m* (Kante), Ufer *s* **2** Marge *w*, Spanne *w* (eines Kaufmanns usw.)

marido [maridu] *m* Ehemann *m*

marinheiro [marĩnjejru] *m* Seefahrer *m*, Seemann *m*

marioneta [marionäta] *w* Puppe *w* (an Fäden), Marionette *w*

marítimo, -a [maritschimu] *adj* maritim (Klima usw.), Meer(es)-, See-

mármore [marmori] *m* Marmor *m*

marrom [mahõũ] *adj* braun

martelo [martälu] *m* Hammer *m*

mas [maß] *conj* aber

mascar [maßkar] *v* kauen *etw. Akk*

máscara [maßkara] *w* **1** Gesichtsmaske *w* (im Theater usw.), Maske *w*, Mundschutz *m* **2** Haube *w* (zum Schweißen usw.) **3** Mascara *w*, Wimperntusche *w* ▶ **~ de mergulho** Taucherbrille *w*

mascote [maßkòtschi] *w* **1** Maskottchen *s* **2** Haustier *s* (Heimtier)

masculino, -a [maßkulinu] *adj* männlich ♦ *m* Maskulinum *s*

massa [maßa] *w* **1** Teig *m* **2** Stoff *m* (fester usw.), Substanz *w*, Materie *w*

3 Masse *w* (große Menge) ► **em ~** massenhaft; **~ alimentícia** Teigwaren *w Mz*
massagem [maßashẽĩ] *w* Massage *w*
massivo, -a [maßiwu] *adj* massenhaft
mastigar [maßtschigar] *v* kauen *etw. Akk* (Nahrung usw.), zerkauen *etw. Akk*
mastro [maßtru] *m* Fahnenmast *m*, Flaggenmast *m*, Mast *m* (auf dem Schiff)
mata [mata] *w* Wald *m*
matar [matar] *v* **1** töten, umbringen **2** einschläfern *etw. Akk* (einen Hund usw.) ► **~ a tiro** *alg* erschießen *j-n*
matéria [matäria] *w* Stoff *m* (fester usw.), Substanz *w*, Materie *w* ► **matéria-prima** *w* Rohstoff *m*
material [materiau] *adj* materiell, stofflich ♦ *m* Material *s*, Stoff *m* (fester usw.), Substanz *w*, Materie *w*
matiz [matschiß] *m* Farbton *m*, Tönung *w* (einer Farbe), Färbung *w*, Hauch *m* (von Farbe usw.)
mato [matu] *m* Strauch *m*
matrícula [matrikula] *w* Einschreibung *w* ► **número** *m* **de ~** Kraftfahrzeugkennzeichen *s*, Autonummer *w*, Autokennzeichen *s*
matrimônio [matrimònju] *m* Ehe *w*
matriz [matriß] *w* **1** Gebärmutter *w* **2** Matrize *w* **3** Matrix *w* (mathematische) **4** Hauptstelle *w*, Zentrale *w* (einer Organisation usw.) ♦ *adj* zentral
mau, má [mau] *adj* **1** schlecht (minderwertig) **2** böse ► **~ hábito** *m* schlechte Gewohnheit *w*; **ser ~** unangenehm sein *j-m gegenüber*
máximo, -a [maßimu] *adj* maximal, Maximal-, Höchst- ♦ *m* Maximum *s* ► **ao ~** voll (aufgedreht); **fazer o ~** *para a.c.* *j-s* Bestes tun
me [mi] *pron* mich, mir
mecânico, -a [mekaniku] *adj* mechanisch ♦ *m* Mechaniker *m*
média [mädshia] *w* Durchschnitt *m* (Wert)
mediante [medshiätschi] *prep* mithilfe *etw. Gen*, mittels *j-s/etw.*
medicamento [medshikamẽtu] *m* Arzneimittel *s*, Medikament *s*, Heilmittel *s*, Medikation *w*
medicina [medshißina] *w* Medizin *w* (Wissenschaft)
médico [mädshiku] *m* Arzt *m*, Doktor *m* ♦ *adj* **1** Heilungs-, Behandlungs- **2** Gesundheits-, Sanitäts- **3** ärztlich (Behandlung usw.), medizinisch (Untersuchung usw.)
medida [medshida] *w* **1** Maßnahme *w* **2** Maß *s* (Größe) **3** Messung *w*
médio, -a [mädshju] *adj* **1** durchschnittlich, mittler(er,e,es) **2** mittler(er,e,es) (Finger usw.) ♦ *m* Mittelfeldspieler *m*
medir [medshir] *v* **1** messen *j-n/etw.* (Größe bestimmen) **2** messen *wie viel* (Größe haben) **3** abmessen (Dosis usw.)
medo [medu] *m* Angst *w vor etw. Dat* ► **ter ~** *de alg/a.c.* fürchten *j-n/etw.*
meia [meja] *w* **1** Socke *w* **2** Strumpf *m*
meia-noite [mejanojtschi] *w* Mitternacht *w*
meio [meju] *m* **1** halb, Hälfte *w etw. Gen* **2** Mittel *s* (Hilfsmittel) **3** Medium *s* (Rundfunk usw.) **4** Mitte *w etw. Gen* **5** Milieu *s* **6** Art *w* (einer Tätigkeit usw.), Weise *w* (Methode usw.) ♦ *adj* halb ♦ *adv* halb (fertig usw.) ► **dividir pelo ~** *a.c.* durchhacken *etw. Akk*; **~ de transporte** Verkehrsmittel *s*; **~ ambiente** *m* Umwelt *w*; **meios** *m Mz* Mittel *Mz* (finanzielle); **meios** *m Mz* **de comunicação** Medien *s Mz*; **por ~ de** *a.c.* mithilfe *etw. Gen*; **por ~** *de alg/a.c.* mittels *j-s/etw.*
meio-dia [mejudshia] *m* Mittag *m*
mel [mäu] *m* Honig *m* ► **pão** *m* **de ~** Pfefferkuchen *m*
melancia [melãßia] *w* Wassermelone *w*
melão [melãũ] *m* Zuckermelone *w*
melhor [meljòr] *adj* besser ♦ *adv* besser, lieber (klugerweise) ► **o ~** best(er,e,es)
melhorar [meljorar] *v* sich verbessern, besser werden, verbessern *etw. Akk* (Leistung usw.), aufbessern *etw. Akk*
melodia [melodshia] *w* Melodie *w*
membro [mẽbru] *m* **1** Mitglied *s etw. Gen*, Angehörige *m etw. Gen* **2** Glied *s* (Gliedmaße)
memória [memòria] *w* **1** Gedächtnis *s* **2** Speicher *m* (Computer) **3** ***memórias*** Memoiren *Mz* ► **de ~** auswendig; **reter na ~** *a.c.* sich merken *etw. Akk*
mencionar [mẽĩßionar] *v* **1** zitieren **2** erwähnen *j-n/etw.*
mendigar [mẽĩdshigar] *v* **1** betteln *um etw.* (um Almosen) **2** betteln *bei j-m um etw.* (bitten)
mendigo [mẽĩdshigu] *m* Bettler *m*

menina [menina] *w* Mädchen *s* ▶ **~ de olho** Pupille *w* (im Auge)
menino [meninu] *m* Junge *m*
menor [menòr] *adj* **1** kleiner **2** *~ (de idade)* minderjährig ♦ *m* Moll *s* ▶ **o ~** geringst(er,e,es) (Wert usw.)
menos [menuß] *adv* **1** weniger **2** minus ♦ *prep* außer *j-m/etw.*, ausgenommen *j-n/etw.* ▶ **mais ou ~** gegen (Menge), ungefähr; **o ~** am wenigsten; **pelo ~** mindestens
mensagem [mẽĩßasheĩ] *w* Nachricht *w* (E-Mail usw.)
mensal [mẽĩßau] *adj* monatlich (Zahlung usw.), Monats-
menstruação [mẽĩßtruaßãũ] *w* Menstruation *w*, Monatsblutung *w*
mensurar [mẽĩßurar] *v* messen *j-n/etw.* (Größe bestimmen)
mental [mẽĩtau] *adj* mental, geistig, seelisch
mente [mẽtschi] *w* Geist *m*, Sinn *m* (Gedanken usw.)
mentir [mẽĩtschir] *v* lügen *j-m*
mentira [mẽĩtschira] *w* Lüge *w*
menu [menu] *m* Menü *s*
mercado [merkadu] *m* **1** Markt *m*, Marktplatz *m* **2** Markt *m* (Warenverkehr)
mercadoria [merkadoria] *w* Handelsware *w*, Handelsartikel *m Mz*, Ware *w*
mercearia [merßearia] *w* Lebensmittelgeschäft *s*
merda [märda] *w* Scheiße *w*
merecer [mereßer] *v* verdienen *etw. Akk* (als Belohnung)
merenda [merẽda] *w* Imbiss *m* (Gericht), Pausenbrot *s* (in der Schule usw.)
mergulhar [merguljar] *v* **1** eintauchen *etw. Akk in etw. Akk*, tauchen *etw. Akk in etw. Akk* **2** tauchen (als Taucher)
meridional [meridshionau] *adj* südlich, Süd-
mérito [märitu] *m* Beitrag *m für etw.* (Mitwirkung), Verdienst *s* (Anerkennung)
mero, -a [märu] *adj* bloß
mês [meß] *m* Monat *m*
mesa [mesa] *w* **1** Tisch *m* **2** Vorstand *m* (einer Firma usw.) ▶ **pôr a ~** Tisch decken
mescla [mäßkla] *w* **1** Additiv *s*, Zusatz *m* (Stoff) **2** Mischung *w etw. Gen*
mesmo [mesmu] *adj* **1** gleich **2** selbst (persönlich) **3** ganz ♦ *adv* **1** gerade (ausgerechnet usw.) **2** sogar ▶ **ao ~ tempo** auf einmal, gleichzeitig, dabei; **~ assim** trotzdem; **~ que** auch wenn, obwohl; **o ~** dasselbe, derselbe; **Agora ~?** Jetzt sofort?; **É ~?** Im Ernst?, Ehrlich?, Wirklich?
mesquinho, -a [meßkĩnju] *adj* geizig
mesquita [meßkita] *w* Moschee *w*
mestiço [meßtschißu] *m* Kreuzung *w*, Hybride *w*, Bastard *m* (Pflanze usw.), Mischling *m*
mestre [mäßtri] *m* **1** Lehrer *m* **2** Meister *m in etw. Dat* (Könner) **3** Magister *m etw. Gen* (Titel)
meta [mäta] *w* Ziel *s*
metade [metadshi] *w* Hälfte *w*
metal [metau] *m* Metall *s*
meter [meter] *v* **1** legen *etw. Akk irgendwohin*, hinlegen *etw. Akk irgendwohin* **2** ansetzen *etw. Akk an etw. Akk*, einstecken *etw. Akk irgendwohin*, hineinstecken *etw. Akk irgendwohin*, hineinstopfen *etw. Akk irgendwohin* **3** hineinziehen *j-n/etw. in etw. Akk* (in ein Thema usw.) ▶ **~ em ordem** ordnen *etw. Akk*, anordnen *etw. Akk*
método [mätodu] *m* Methode *w*
metro [mätru] *m* Meter *m,s*
metrô [metro] *m* U-Bahn *w*, Metro *w*
meu, minha [meu, mĩnja] *pron* mein, meine
mexer [mescher] *v* **1** rühren *etw. Akk*, umrühren *etw. Akk* (Suppe usw.) **2** herumbasteln *an etw. Dat*, herumwühlen *in etw. Dat* (suchen)
mexerica [mescherika] *w* Mandarine *w*
miçanga [mißãga] *w* Perle *w* (aus Glas usw.)
micro-ondas [mikroõũdaß] *m* Mikrowelle *w* (Gerät), Mikrowellenherd *m*, Mikrowellengerät *s*, Mikrowellenofen *m*
mil [miu] *num* tausend
milagre [milagri] *m* Wunder *s*
milagroso, -a [milagrosu] *adj* bemerkenswert, Wunder-
milha [milja] *w* Meile *w*
milhão [miljãũ] *m* Million *w*
milho [milju] *m* Mais *m*
militar [militar] *adj* militärisch, Militär- ♦ *m* Soldat *m*
mina [mina] *w* **1** Mine *w* (für Bergbau), Grube *w* (Anlage), Bergwerk *s* **2** Mine *w* (Sprengkörper) **3** Mine *w* (Bleistift)

mineral [minerau] *adj* mineralisch, Mineral- ♦ *m* Mineral *s*
mínimo, -a [minimu] *adj* minimal ♦ *m* Minimum *s* ► **o ~/a mínima** geringst(er,e,es) (Wert usw.)
ministério [minißtärju] *m* Ministerium *s*
minoria [minoria] *w* Minderheit *w*, Minorität *w*
minucioso, -a [minußiosu] *adj* **1** gründlich **2** kleinlich, penibel
minúsculo, -a [minußkulu] *adj* winzig, sehr klein
minuto [minutu] *m* Minute *w*
miradouro [miradoru] *m* Aussichtspunkt *m*
mirar [mirar] *v* ansehen *j-n/etw.*, anschauen *j-n/etw.*, schauen *auf j-n/etw.*
miserável [miseraweu] *adj* arm (bedauernswert usw.), erbärmlich (Qualität usw.), kläglich (Leistung usw.)
miséria [misäria] *w* Not *w*, Armut *w*
missa [mißa] *w* Gottesdienst *m*, Messe *w* (Gottesdienst)
míssil [mißiu] *m* Rakete *w*, Raketengeschoss *s*
misterioso, -a [mißteriosu] *adj* geheimnisvoll, rätselhaft
misto, -a [mißtu] *adj* gemischt, Misch- ♦ *m* Mischung *w etw. Gen*
mistura [mißtura] *w* Durcheinander *s von etw.*, Mischmasch *m von etw.*, Mischung *w etw. Gen*, Mix *m*
misturar [mißturar] *v* **1** mischen *etw. Akk*, vermischen *etw. Akk* **2** vermischen *etw. Akk mit etw.*, mischen *etw. Akk mit etw.* **3** durcheinanderbringen *etw. Akk*
miúda [miuda] *w* Mädchen *s*
miúdo, -a [miudu] *adj* winzig, sehr klein ♦ *m* **1** Kleingeld *s* **2** Junge *m* ► **a ~** oft
mobília [mobilia] *w* Möbel *s Mz*
moça [moßa] *w* Mädchen *s*
mochila [moschila] *w* Rucksack *m*
moço [moßu] *m* junger Mann *m*, Junge *m*
moda [mòda] *w* Mode *w* ► **de ~** modern (Frisur usw.)
modelo [modelu] *m* **1** Modell *s* (von Gebäude usw.) **2** Modell *s*, Vorlage *w* (zum Zeichnen usw.), Muster *s* (Entwurf) **3** Modell *s* (Erzeugnis) **4** Modell *s* (Mann) ♦ *w* Modell *s* (Frau) ♦ *adj* musterhaft, vorbildlich
moderado, -a [moderadu] *adj* maßvoll, gemäßigt, mäßig, enthaltsam
moderno, -a [modärnu] *adj* **1** modern, heutig, neuzeitlich (Entwicklung usw.) **2** modern (Frisur usw.) **3** aktuell, up to date
modesto, -a [modäßtu] *adj* bescheiden
modificar [modshifikar] *v* abändern, anpassen, modifizieren
modo [mòdu] *m* **1** Weise *w* (Methode usw.) **2** Modus *m*, Betrieb *m* (eines Gerätes usw.)
moeda [moäda] *w* **1** Münze *w* **2** Währung *w*
moer [moer] *v* mahlen, vermahlen (Kaffee usw.)
mofar [mofar] *v* **1** sich lustig machen *über j-n/etw.*, verspotten *j-n/etw.*, spotten *über j-n/etw.* **2** schimmeln
moído, -a [moidu] *adj* gemahlen
moinho [moĩnju] *m* Mühle *w* ► **~ de vento** Windmühle *w*
mola [mòla] *w* Feder *w* (aus Stahl usw.) ► **~ (de roupa)** Wäscheklammer *w*
molar [molar] *m* Backenzahn *m*
molde [mòudshi] *m* Form *w* (Backform usw.), Schablone *w*
moldura [moudura] *w* Rahmen *m* (Einrahmung)
mole [mòli] *adj* weich (nicht hart) ♦ *w* eine Menge *von etw.*
moleque [moläki] *m* Junge *m*
molestar [moleßtar] *v* belästigen *j-n*
moletom [moletõũ] *m* Sweatshirt *s*
molhado, -a [moljadu] *adj* durchnässt (von Regen), nass (feucht), regennass
molhar [moljar] *v* einweichen (Erbsen usw.), tauchen *etw. Akk in etw. Akk* (in den Saft usw.), eintauchen *etw. Akk in etw. Akk* (in Soße usw.)
molhe [molji] *m* Mole *w*, Pier *m*, Kai *m*
molho [mòlju] *m* **1** Bündel *s etw. Gen* (Briefe usw.) **2** Soße *w* ► **~ de carne** Saft *m* (Fleischsaft)
momentâneo, -a [momẽĩtaneu] *adj* sofortig
momento [momẽtu] *m* Moment *m* (Punkt), Zeitpunkt *m*, Augenblick *m* (genauer usw.) ► **a qualquer ~** wann auch immer, jederzeit; **naquele ~** gerade, eben (in dem Zeitpunkt); **neste ~** momentan, zurzeit, gegenwärtig

monge [mõũshi] *m* Mönch *m*
monitor [monitor] *m* **1** Bildschirm *m*, Monitor *m* **2** Instruktor *m*
monja [mõũsha] *w* Nonne *w*
mono [monu] *m* Affe *m*
montagem [mõũtashẽĩ] *w* **1** Montage *w* (Zusammensetzen) **2** Schnitt *m* (im Film)
montanha [mõũtãnja] *w* Berg *m* ► **cadeia de montanhas** Gebirge *s*, Bergkette *w*; **montanhas** *w Mz* Berge *w Mz*, Gebirge *s*; **nas montanhas** im Gebirge
montanhista [mõũtãnjißta] *m* Bergsteiger *m*
montante [mõũtãtschi] *m* Betrag *m*, Summe *w* (bezahlte usw.)
montão [mõũtãũ] *m* **1** Haufen *m*, Stapel *m etw. Gen* **2** eine Menge *von etw.*
montar [mõũtar] *v* **1** montieren (zusammenbauen), zusammensetzen *etw. Akk* **2** aufsteigen *auf etw. Akk* (Fahrrad, Pferd usw.), hinaufsetzen *j-n auf etw. Akk* **3** fahren *etw. Akk* (Fahrrad usw.) **4** schneiden (Film usw.)
monte [mõũtschi] *m* **1** Berg *m*, Hügel *m* **2** Menge *w* (von Ideen usw.)
monumento [monumẽtu] *m* Denkmal *s*, Monument *s* ► **~ (histórico)** Sehenswürdigkeit *w*
morada [morada] *w* **1** Adresse *w*, Anschrift *w*, Wohnsitz *m* **2** Wohnort *m*
morador [morador] *m* Bewohner *m* (von Haus usw.), Einwohner *m* (von Land usw.), Mieter *m*
morango [morãgu] *m* Erdbeere *w* (Frucht)
morar [morar] *v* wohnen *irgendwo*
morcego [morßegu] *m* Fledermaus *w*
morder [morder] *v* beißen *j-n* (verletzen usw.)
moreno, -a [morenu] *adj* dunkel (mit dunkler Haut), dunkelhäutig
morno, -a [mornu] *adj* lauwarm, lau
moroso, -a [morosu] *adj* schleppend (Tempo usw.), langsam
morrer [moher] *v* sterben *an etw. Dat*, umkommen (sterben)
morro [mohu] *m* **1** Hügel *m* **2** Favela *w*
mortal [mortau] *adj* **1** tödlich (todbringend) **2** sterblich
morte [mòrtschi] *w* Tod *m*
morto, -a [mortu] *adj* tot
mosca [moßka] *w* Fliege *w*
mosquiteiro [moßkitejru] *m* Moskitonetz *s*
mosquito [moßkitu] *m* Moskito *m*, Mücke *w*
mostarda [moßtarda] *w* Senf *m*
mosteiro [moßtejru] *m* Mönchskloster *s*
mostra [mòßtra] *w* Ausstellung *w*
mostrar [moßtrar] *v* **1** zeigen *etw. Akk* (Kvalität usw.) **2** zeigen *j-m etw. Akk* (vorzeigen usw.) **3** zeigen *etw. Akk* (Fähigkeit usw.) **4** zeigen *etw. Akk* (Freude usw.), äußern *etw. Akk* (Gefühl usw.)
motivo [motschiwu] *m* Beweggrund *m*, Motiv *s* (Anlass), Grund *m für etw.* (für Tat usw.)
motocicleta [motoßiklãta] *w* Motorrad *s*
motor [motor] *m* Motor *m* ♦ *adj* Treib-, treibend
motorista [motorißta] *m* Fahrer *m*, Lenker *m*, Chauffeur *m*, Kraftfahrer *m* ► **carteira** *w* **de ~** Führerschein *m*
móvel [mòweu] *adj* beweglich, mobil ♦ *m* **móveis** Möbel *s Mz*
mover [mower] *v* **1** bewegen *etw. Akk* **2** bewegen *etw. Akk*, rücken *etw. Akk* (Tisch usw.) **3** verlegen *etw. Akk irgendwohin*, umstellen *etw. Akk irgendwohin* (Möbel usw.), verschieben *etw. Akk irgendwohin* (Stelle wechseln) **4** wedeln (mit dem Schwanz usw.)
movimentado, -a [mowimẽĩtadu] *adj* belebt (Straße usw.)
movimento [mowimẽtu] *m* **1** Bewegung *w* **2** Zug *m* (im Schach usw.)
mudança [mudãßa] *w* **1** Änderung *w*, Veränderung *w*, Wende *w* **2** Umzug *m* (Wohnungswechsel)
mudar [mudar] *v* **1** ändern *etw. Akk*, wechseln (Berufe usw.) **2** tauschen *etw. Akk gegen etw.*, austauschen *etw. Akk gegen etw.* (gegenseitig) **3** umziehen *etw. Akk* (Umzug durchführen) **4** umsteigen *in etw. Akk* **5** umkehren *etw. Akk* (ins Gegenteil) **6** umschalten *etw. Akk auf etw. Akk*, schalten *etw. Akk auf etw. Akk* (Kamera usw.) **7** mutieren (Organismen usw.) ► **~ (a velocidade)** umschalten (Gang); **~ de ideia** *sobre a.c.* sich (anders) überlegen; **~ de roupa** sich umziehen; **~ as fraldas (de criança)** ein Kind wickeln
mudo, -a [mudu] *adj* stumm
muito [mũĩtu] *adv* **1** viel (große Menge) **2** sehr (viel), viel *irgendwie* (schlimmer usw.), weitaus *irgendwie* ► **há ~ tempo**

längst; **muitas vezes** vielmals; **~ tempo** lange

muleta [muleta] *w* Krücke *w*

mulher [muljär] *w* Frau *w* (weibliche Person) ▶ **de ~** weiblich, Frauen-

multa [muuta] *w* Geldstrafe *w*, Bußgeld *s*

multidão [muutschidãũ] *w* **1** Schar *w*, (wütende) Menge **2** Menge *w* (von Ideen usw.)

multiplicar [muutschiplikar] *v* **1** multiplizieren *etw. Akk mit etw.* **2** vermehren *etw. Akk* (Eigentum usw.)

mundo [mũdu] *m* Welt *w* ▶ **todo o ~** jed(er,e,es) (alle), jedermann

município [munißipju] *m* Gemeinde *w* (Dorf, Stadt usw.), Stadtverwaltung *w* (Behörde)

murchar [murschar] *v* dahinsiechen, verwelken, welk werden, welken

murmurar [murmurar] *v* **1** flüstern **2** murmeln **3** rauschen (Meer usw.)

muro [muru] *m* Mauer *w*

músculo [mußkulu] *m* Muskel *m*

museu [museu] *m* Museum *s*

música [musika] *w* **1** Musik *w* **2** Lied *s*

musical [musikau] *adj* musikalisch ♦ *m* Musical *s*

músico [musiku] *m* Musiker *m*

mútuo, -a [mutuu] *adj* gegenseitig

N

nação [naßãũ] *w* Land *s* (Staat), Volk *s*, Nation *w*

nacional [naßionau] *adj* national, National-

nacionalidade [naßionalidadshi] *w* Nationalität *w*

nada [nada] *pron* nichts ♦ *part* gar, überhaupt ▶ **De ~.** Nichts zu danken.

nadadeiras [nadadejraß] *w Mz* Schwimmflossen *w Mz*

nadador [nadador] *m* Schwimmer *m* ▶ **não ~** Nichtschwimmer *m*

nadar [nadar] *v* schwimmen (Mensch)

nádegas [nadegaß] *w Mz* Gesäß *s*, Hintern *m*

naipe [najpi] *m* Karte *w* (für Skat usw.), Spielkarte *w*

namorada [namorada] *w* Freundin *w* (Partnerin)

namorado [namoradu] *m* Freund *m* (Partner), Partner *m* (Ehepartner)

namorar [namorar] *v* gehen *mit j-m*

não [nãũ] *part* nicht ▶ **~ obstante** trotzdem; **Não é?** Nicht wahr?, Oder?

nariz [nariß] *m* Nase *w*

narração [nahaßãũ] *w* Erzählung *w* (von Erlebnis usw.)

narrar [nahar] *v* ausmalen (Ereignis usw.), erzählen *j-m etw. Akk*

nascente [naßẽtschi] *w* Quelle *w* (eines Flusses usw.) ♦ *m* Osten *m*

nascer [naßer] *v* **1** geboren sein **2** entspringen (Fluss usw.), entstehen **3** aufgehen (Sonne usw.) ♦ *m* Entstehung *w etw. Gen* ▶ **~ do sol** Sonnenaufgang *m*

nata [nata] *w* **1** Sahne *w*, Schlagsahne *w* (zum Schlagen), (ÖrD) Schlagobers *s* (flüssig) **2** Elite *w*

natação [nataßãũ] *w* Schwimmen *s*

natal [natau] *adj* heimatlich

Natal [natau] *m* Weihnachten *s*, Weihnachtsfest *s*

nativo, -a [natschiwu] *adj* gebürtig ♦ *m* Eingeborene *m*, Inländer *m*, Landeskind *s*

natural [naturau] *adj* **1** natürlich (Tod usw.) **2** Natur-, natürlich **3** selbstverständlich

natureza [naturesa] *w* **1** Natur *w* (Tiere, Pflanzen usw.) **2** Wesen *s* (Charakter)

náusea [nausea] *w* Übelkeit *w*

navegação [nawegaßãũ] *w* **1** Navigation *w* **2** Schiffsreise *w*, Seeschifffahrt *w*, Schifffahrt *w* (Segeln usw.)

navegar [nawegar] *v* **1** mit einem Schiff fahren, steuern (Schiff – Kurs nehmen) **2** surfen (im Internet usw.)

navio [nawiu] *m* Schiff *s* (Wasserfahrzeug)

nebuloso, -a [nebulosu] *adj* bewölkt, trüb (Himmel), neblig

necessário, -a [neßeßarju] *adj* notwendig, nötig, unentbehrlich, unbedingt notwendig ▶ **se (for) ~** wenn notwendig, gegebenenfalls; **Não é ~.** Das ist nicht nötig.

necessidade [neßeßidadshi] *w* Bedürfnis *s*, Notwendigkeit *w*

necessitar [neßeßitar] *v* brauchen *etw. Akk*

negar [negar] *v* **1** abweisen *etw. Akk* (Bitte usw.), zurückweisen *etw. Akk*

(Vorschlag) **2** leugnen (Tatsache usw.) **3** verweigern *j-m etw. Akk*

negativo, -a [negatschiwu] *adj* **1** negativ (nachteilig) **2** ablehnend, abschlagend, abweisend, negativ (Antwort usw.) ♦ *m* Negativ *s* ▶ **temperaturas** *w Mz* **negativas** Temperaturen unter Null

negligente [neglishẽtschi] *adj* nachlässig, schlampig (Person usw.), fahrlässig

negociar [negoßjar] *v* **1** handeln *mit etw.* (Geschäft betreiben) **2** aushandeln *etw. Akk*, verhandeln (Verhandlungen führen)

negócio [negòßju] *m* **1** Geschäft *s* (Transaktion) **2** Business *s*, Unternehmen *s* (Tätigkeit) ▶ **ter um ~** Unternehmen betreiben

negro, -a [negru] *adj* schwarz ♦ *m* Schwarze *m*

nem [nẽĩ] *conj* noch ▶ **~... ~** weder... noch; **~ (sequer)** nicht (ein)mal; **~ tanto** eigentlich nicht

nenhum, -a [nẽnjũ] *pron* kein ▶ **a ~ lugar** nirgendwohin; **de ~ modo** keineswegs

nervo [nerwu] *m* Nerv *m* ▶ **nervos** *m Mz* Nerven *m Mz* (System)

nervoso, -a [nerwosu] *adj* **1** Nerven-, nervlich **2** nervös *wegen etw.*

neto [nätu] *m* Enkel *m*, Enkelkind *s*

nevar [newar] *v* schneien

neve [näwi] *w* Schnee *m*

ninguém [nĩgẽĩ] *pron* niemand

ninho [nĩnju] *m* Nest *s*

nítido, -a [nitschidu] *adj* deutlich (klar erkennbar)

nível [niweu] *m* **1** Niveau *s* **2** Höhe *w* (Summe usw.)

nó [nò] *m* Knoten *m*

nobre [nòbri] *adj* **1** adelig, adlig, Adels-, vornehm (Abstammung usw.) **2** edel, nobel, edelmütig **3** nobel (Haus usw.), vornehm (luxuriös) ♦ *m* Adlige *m*

noção [noßãũ] *w* Ahnung *w* (Vorstellung), Vorstellung *w von etw.* (Ahnung)

nocivo, -a [noßiwu] *adj* schädlich

nódoa [nòdoa] *w* Fleck *m* ▶ **~ negra** ein blauer Fleck

noite [nojtschi] *w* Abend *m*, Nacht *w* ▶ **à ~** abends; **durante a ~** über Nacht; **ontem à ~** gestern Abend; **Boa ~!** Gute Nacht!, Guten Abend.

noiva [nojwa] *w* Braut *w*, Verlobte *w*

noivo [nojwu] *m* Bräutigam *m*, Verlobte *m*

nojento, -a [noshẽtu] *adj* eklig, ekelhaft, unappetitlich

nome [nomi] *m* Name *m* ▶ **O meu ~ é...** Ich heiße...; **Qual é o teu ~?** Wie heißt du?

nomear [nomiar] *v* **1** ernennen *j-n zu j-m*, berufen *j-n zu etw.* (zum Direktor usw.) **2** nennen *j-n/etw. irgendwie* (einen Namen geben), benennen *j-n irgendwie* (Kind usw.) **3** nominieren

nono, -a [nonu] *num* neunt(er,e,es)

nora [nòra] *w* Schwiegertochter *w*

normal [normau] *adj* normal

norte [nòrtschi] *m* Norden *m* ▶ **do ~** Nord-, nördlich

nós [nòß] *pron* wir

nosso, -a [nòßu] *pron* unser

notar [notar] *v* **1** notieren **2** bemerken *j-n/etw.* (sehen usw.), merken *j-n/etw.*

notícia [notschißja] *w* Nachricht *w*, Neuigkeit *w* (Auskunft usw.) ▶ **notícias** *w Mz* Nachrichten *w Mz*

noturno, -a [noturnu] *adj* Abend-, abendlich, Nacht-, nächtlich

nova [nòwa] *w* Nachricht *w*, Neuigkeit *w* (Auskunft usw.)

nove [nòwi] *num* neun

novembro [nowẽbru] *m* November *m*

noventa [nowẽta] *num* neunzig

novidade [nowidadshi] *w* Nachricht *w*, Neuigkeit *w* (Auskunft usw.), Neuheit *w*

novo, -a [nowu] *adj* **1** neu **2** jung ▶ **de ~** wieder, abermals; **mais ~** jünger

noz [nòß] *w* Nuss *w*, Nüsschen *s*, Walnuss *w*

nu, nua [nu] *adj* **1** nackt (Körper) **2** kahl, nackt (Stelle usw.) ♦ *m* Akt *m* (nackter Körper)

nublado [nubladu] *adj* bewölkt ♦ *adv* wolkig

nuca [nuka] *w* Genick *s*, Nacken *m*, Hinterkopf *m*

núcleo [nukleu] *m* Atomkern *m*, Kern *m* (Zentrum)

nulo, -a [nulu] *adj* ungültig, nichtig

número [numeru] *m* **1** Zahl *w* (Zahlwort usw.), Nummer *w* (zwei usw.) **2** Anzahl *w etw. Gen*, Zahl *w etw. Gen* **3** Nummer

w (Zeitschrift usw.) **4** Nummer *w* (Schuhe usw.)

numeroso, -a [numerosu] *adj* zahlreich

nunca [nũka] *adv* nie, niemals

nutrição [nutrißãũ] *w* Ernährung *w*, Nahrung *w*

nuvem [nuwẽĩ] *w* **1** Wolke *w* **2** Schwarm *m* (von Mücken usw.) ► **cobrir-se de nuvens** sich bewölken

O

obedecer [obedeßer] *v* gehorchen *j-m/etw.*, folgen *j-m/etw.* (Chef usw.)

óbito [òbitu] *m* Tod *m*

objeção [obsheßãũ] *w* Einwand *m*

objetiva [obshetschiwa] *w* Objektiv *s*

objetivo [obshetschiwu] *m* Ziel *s* (Absicht), Zweck *m* ♦ *adj* objektiv

objeto [obshätu] *m* **1** Gegenstand *m* (Sache) **2** Gegenstand *m etw. Gen* (Thema usw.), Objekt *s*

oblíquo, -a [oblikuu] *adj* schief, schräg

obra [òbra] *w* **1** Schöpfung *w*, Werk *s* (Schöpfung usw.) **2** Bau *m* (Gebäude), Bauwerk *s*

obrigação [obrigaßãũ] *w* **1** Pflicht *w*, Verpflichtung *w* **2** Obligation *w* (Wertpapier), Schuldverschreibung *w* ► **obrigações** *w Mz* Verbindlichkeiten *Mz* (Schulden usw.)

obrigado [obrigadu] **Obrigad|o/-a!** Danke!

obrigar [obrigar] *v* **1** zwingen *j-n zu etw.* **2** verpflichten *j-n zu etw.*

obrigatório, -a [obrigatòrju] *adj* obligat, Pflicht-, verbindlich (verpflichtend)

obsceno, -a [obißenu] *adj* obszön, schlüpfrig, schmutzig (Wort usw.)

obscuro, -a [obißkuru] *adj* dunkel, düster (Raum usw.)

observação [obißerwaßãũ] *w* **1** Beobachtung *w* (Beobachten) **2** Bemerkung *w* (Einwand), Anmerkung *w* **3** Einhaltung *w etw. Gen* ► **torre** *w* **de ~** Aussichtsturm *m*

observar [obißerwar] *v* **1** beobachten *j-n/etw.* (um zu lernen usw.) **2** bemerken **3** einhalten *etw. Akk*

obsoleto, -a [obißoletu] *adj* veraltet, überholt

obstáculo [obißtakulu] *m* Behinderung *w in etw. Dat* (in der Entwicklung usw.), Hindernis *s in etw. Dat*

obstinado, -a [obißtschinadu] *adj* dickköpfig, starrsinnig, eigensinnig, halsstarrig

obstruir [obißtruir] *v* **1** blockieren *etw. Akk*, hindern *j-n* (im Wege stehen) **2** zustopfen *etw. Akk* (schließen)

obter [obiter] *v* bekommen (geschenkt usw.), erhalten *etw. Akk* (Brief usw.), gewinnen *etw. Akk*

obturação [obituraßãũ] *w* Zahnfüllung *w*

obtuso, -a [obitusu] *adj* begriffsstutzig, stumpf (nicht scharf)

óbvio, -a [òbwju] *adj* augenscheinlich, offenkundig, offensichtlich

ocasião [okasiãũ] *w* **1** Gelegenheit *w* (Anlass), Umstand *m* **2** Gelegenheit *w etw. Akk zu tun*

oceano [oßeanu] *m* Ozean *m*

ocidental [oßidẽitau] *adj* westlich

ocidente [oßidẽtschi] *m* Westen *m*

ócio [òßju] *m* frei, Freizeit *w*, Feierabend *m* (nach der Arbeit)

oco, oca [oku] *adj* hohl

ocorrência [okohẽßja] *w* **1** Auftreten *s* (Vorkommen) **2** Ereignis *s* **3** Zufall *m*

ocorrer [okoher] *v* **1** geschehen, passieren (Ereignis usw.), sich abspielen, vorgehen **2** einfallen *j-m* (Idee usw.)

oculista [okulißta] *m* **1** Augenarzt *m*, Ophthalmologe *m* **2** Optiker *m*

óculos [òkuluß] *m Mz* Brille *w*

ocultar [okuutar] *v* **1** verstecken *etw. Akk vor j-m*, verbergen *etw. Akk vor j-m* (unter Mantel usw.) **2** verheimlichen *j-m etw. Akk*, vertuschen *etw. Akk*, geheim halten *etw. Akk*

oculto, -a [okuutu] *adj* Hinter-, versteckt (geheim)

ocupação [okupaßãũ] *w* **1** Arbeit *w* (Beruf) **2** Okkupation *w*

ocupado, -a [okupadu] *adj* **1** beschäftigt (sehr usw.) **2** besetzt

ocupante [okupãtschi] *m* **1** Okkupant *m* **2** Fahrgast *m*, Passagier *m*

ocupar [okupar] *v* **1** besetzen (Platz usw.) **2** einnehmen (mit Gewalt) **3** beschäftigen *j-n mit etw.* (etwas zu tun geben)

ocupar-se [okuparßi] *v* sich befassen *mit etw.*, sich beschäftigen *mit etw.*, sorgen *für etw.* (sich kümmern)

odiar [odshiar] *v* hassen *j-n/etw.*
ódio [òdshju] *m* Hass *m*
odor [odor] *m* Duft *m*, Geruch *m* (Duft)
oeste [oäßtschi] *m* Westen *m* ▶ **no ~** im Westen
ofender-se [ofẽĭderßi] *v* sich beleidigt fühlen *wegen etw.*
ofensa [ofẽßa] *w* **1** Beleidigung *w* **2** Verstoß *m*
oferecer [ofereßer] *v* **1** anbieten *j-m etw. Akk*, bieten *j-m etw. Akk* **2** schenken *j-m etw. Akk*
oferta [ofärta] *w* **1** Angebot *s* (Anbieten) **2** Geschenk *s* **3** Angebot *s* (angebotene Ware)
oficial [ofißjau] *adj* amtlich, behördlich, offiziell ♦ *m* Bürobeamte *m*, Offizier *m*
oficina [ofißina] *w* Werkstatt *w*
ofício [ofißju] *m* **1** Amt *s*, Behörde *w* (staatliche usw.), Dienststelle *w* **2** Gewerbe *s*, Handwerk *s*
oitavo, -a [ojtawu] *num* acht(er,e,es)
oitenta [ojtẽta] *num* achtzig
oito [ojtu] *num* acht
olá [ola] *interj* ciao, tschau, hallo, Hallo!
óleo [òliu] *m* Öl *s* (Flüssigkeit)
olhar [oljar] *v* **1** angucken *etw. Akk*, gucken *auf etw. Akk*, schauen *auf j-n/etw.*, ansehen *j-n/etw.* **2** besichtigen *etw. Akk*, sich ansehen *etw. Akk* ♦ *m* Blick *m auf etw. Akk*
olho [olju] *m* **1** Auge *s* **2** Öhr *s*
ombro [õũbru] *m* Schulter *w*
omitir [omitschir] *v* auslassen *etw. Akk*, übersehen *etw. Akk* (nicht bemerken), versäumen (vergessen zu tun usw.)
onda [õũda] *w* Welle *w* (Wasser)
onde [õũdshi] *adv* wo ▶ **de ~** woher; **para ~** wohin; **por ~** welchen Weg, wie; **De ~ é?** Woher kommen Sie?
ônibus [onibuß] *m* Bus *m* (Verkehrsmittel), Reisebus *m*
ontem [õũtẽĩ] *adv* gestern ▶ **de ~** gestrig
onze [õũsi] *num* elf
opção [opißãũ] *w* Möglichkeit *w* (Auswahl)
ópera [òpera] *w* Oper *w*
operação [operaßãũ] *w* **1** Schritt *m* (Handlung) **2** Operation *w* (chirurgische usw.) **3** Transaktion *w*
operante [operãtschi] *adj* tätig, aktiv
operar [operar] *v* **1** operieren *j-n an etw. Dat* **2** funktionieren **3** bedienen *etw. Akk* (Maschine usw.)
operário [operarju] *m* Arbeiter *m* ♦ *adj* Arbeiter-
opinião [opiniãũ] *w* Meinung *w über etw. Akk*, Ansicht *w von etw., über etw. Akk* ▶ **mudar de ~** *sobre a.c.* sich (anders) überlegen
oportunidade [oportunidadshi] *w* Gelegenheit *w etw. Akk zu tun*
oportuno, -a [oportunu] *adj* günstig (Augenblick usw.), gelegen
oposição [oposißãũ] *w* **1** Gegensatz *m zu etw.* **2** Opposition *w* ▶ **em ~ a** *a.c.* im Vergleich zu *etw.*, gegenüber *etw.* (verglichen), gegen *etw.*
oposto, -a [opoßtu] *adj* **1** umgekehrt, entgegengesetzt, verkehrt **2** gegenüberliegend, gegenüberstehend, Gegen- **3** gegensätzlich (Meinung usw.) ♦ *m* Gegenteil *s von etw.*
ora [òra] *adv* jetzt, nun ♦ *conj* trotzdem, dennoch ▶ **~... ~** entweder... oder; **por ~** vorläufig, für jetzt, vorerst
oração [oraßãũ] *w* **1** Gebet *s* **2** Satz *m* (Aussage)
oral [orau] *adj* mündlich (Prüfung usw.), oral, Oral-
orar [orar] *v* beten *zu j-m für etw.*
orçamento [orßamẽtu] *m* Budget *s*, Etat *m*
ordem [òrdẽĩ] *w* **1** Anweisung *w* (Befehl), Befehl *m* (militärischer usw.) **2** Folge *w*, Reihenfolge *w* **3** Ordnung *w* (Harmonie) **4** Orden *m* (Gemeinschaft) ▶ **pôr** *a.c.* **em ~** in Ordnung bringen *etw. Akk*
ordenar [ordenar] *v* **1** anordnen *j-m etw. Akk*, befehlen *j-m etw. Akk* **2** ordnen *etw. Akk*, anordnen *etw. Akk* **3** ordinieren, weihen (zum Priester)
ordinário, -a [ordshinarju] *adj* **1** gewöhnlich, einfach **2** grob (unhöflich), vulgär
orelha [orelja] *w* Ohr *s*
órfão [òrfãũ] *m* Waise *w* (Kind)
organizar [organisar] *v* ausrichten *etw. Akk* (veranstalten), organisieren *etw. Akk* (Veranstaltung usw.), veranstalten *etw. Akk*
órgão [òrgãũ] *m* **1** Organ *s* **2** Orgel *w*
orgulho [orgulju] *m* Hochmut *m*, Stolz *m*
orgulhoso, -a [orguljosu] *adj* stolz *auf j-n/etw.* (mit Recht)

orientação [oriẽĩtaßãũ] *w* Orientierung *w* (fachliche usw.)
oriental [oriẽĩtau] *adj* orientalisch, östlich
orientar-se [oriẽĩtarßi] *v* **1** einen (guten) Überblick *über etw. Akk* haben **2** sich orientieren
oriente [oriẽtschi] *m* Osten *m*
orifício [orifißju] *m* Loch *s*
origem [orishẽĩ] *w* Ursprung *m*, Herkunft *w*
original [orishinau] *adj* original (authentisch usw.), ursprünglich ♦ *m* Original *s*
orla [òrla] *w* Rand *m* (Kante), Saum *m*
ornamento [ornamẽtu] *m* Ornament *s*, Schmuck *m* (Zierde), Verzierung *w* (Gegenstand usw.)
ornato [ornatu] *m* Schmuck *m* (Zierde), Verzierung *w* (Gegenstand usw.)
orquestra [orkäßtra] *w* Orchester *s*
orvalho [orwalju] *m* Tau *m*
osso [oßu] *m* Knochen *m*
ostra [oßtra] *w* Auster *w*
ótico, -a [òtschiku] *adj* Augen-, optisch ♦ *m* Optiker *m*
otimista [otschimißta] *m* Optimist *m* ♦ *adj* optimistisch
ótimo, -a [òtschimu] *adj* **1** hervorragend **2** optimal, Optimal-
ou [o] *conj* oder ► **~… ~** entweder… oder; **~ seja** das heißt, d. h.
ouriço [orißu] *m* Igel *m* ► **~ do mar** Seeigel *m*
ouro [oru] *m* **1** Gold *s* **2** ***ouros*** Karo *s* ► **de ~** golden (Münze usw.)
ousar [osar] *v* wagen *etw. Akk zu tun*, sich trauen *etw. Akk zu tun*
outono [otonu] *m* Herbst *m*
outorgar [otorgar] *v* **1** bewilligen *j-m etw. Akk*, gewähren *j-m etw. Akk*, erteilen *j-m etw. Akk* (Genehmigung usw.) **2** verleihen *j-m etw. Akk* (einen Titel usw.)
outro, -a [otru] *adj* **1** ein anderer, noch einer **2** ander(er,e,es) (Seite usw.) ► **os outros** die anderen (der Rest); **outra pessoa** jemand anders; **para ~ lugar** woandershin
outubro [otubru] *m* Oktober *m*
ouvido [owidu] *m* Gehör *s*
ouvir [owir] *v* hören *etw. Akk*
ovário [owarju] *m* Eierstock *m*
ovelha [owelja] *w* Schaf *s*
ovo [owu] *m* Ei *s*
oxalá [oschala] *part* hoffentlich
oxigênio [okßishenju] *m* Sauerstoff *m*

P

pá [pa] *w* **1** Schaufel *w* (Schippe), Spaten *m* **2** Blatt *s* (Propeller usw.) ► **~ de lixo** Kehrichtschaufel *w*
paciência [paßiẽßja] *w* Geduld *w*
paciente [paßiẽtschi] *adj* geduldig ♦ *m* Patient *m*
pacote [pakòtschi] *m* **1** Paket *s* (Sendung) **2** Schachtel *w etw. Gen* (Packung usw.) **3** Packung *w* (Menge), Paket *s* (Ware)
padaria [padaria] *w* Bäckerei *w*
padecer [padeßer] *v* leiden *an/unter etw. Dat*
padrão [padrãũ] *m* **1** Muster *s* **2** Standard *m*
padrasto [padraßtu] *m* Stiefvater *m*
padrinho [padrĩnju] *m* Pate *m*, Taufpate *m*, Patenonkel *m*
pagamento [pagamẽtu] *m* Bezahlung *w etw. Gen*, Rückzahlung *w*, Zahlung *w*, Einzahlung *w* ► **dia** *m* **de ~** Zahltag *m*
pagar [pagar] *v* **1** abzahlen *etw. Akk*, abbezahlen *etw. Akk* (Schuld usw.), bezahlen *etw. Akk*, begleichen *etw. Akk* (Rechnung usw.) **2** vergelten *j-m etw. Akk*
página [pashina] *w* Seite *w*
pai [paj] *m* **1** Papa *m*, Vater *m* (Elternteil) **2** ***pais*** Eltern *Mz*
painel [pajnäu] *m* **1** Platte *w* (Bauteil) **2** Team *s*, Gruppe *w* (von Fachleuten usw.) **3** Bild *s* (Gemälde) ► **~ de controlo** Bedienpult *s*
país [paiß] *m* **1** Land *s* (Staat) **2** Gebiet *s*, Gegend *w* (Region)
paisagem [pajsashẽĩ] *w* Land *s* (ländliches Gebiet), Landschaft *w*
paixão [pajschãũ] *w* Leidenschaft *w*
palácio [palaßju] *m* Palast *m*, Schloss *s* (Palast)
palavra [palawra] *w* Wort *s* ► **palavra-passe** *w* Passwort *s*, Kennwort *s*
palco [pauku] *m* Bühne *w*, Loge *w* (im Theater usw.)
palestra [paläßtra] *w* Vortrag *m* (wissenschaftlicher), Vorlesung *w* (an der Uni usw.)
paletó [paletò] *m* Sakko *m,s*
palha [palja] *w* Stroh *s*
pálido, -a [palidu] *adj* blass

palito [palitu] *m* Zahnstocher *m*
palma [pauma] *w* **1** Handfläche *w* **2** Palme *w* **3** ***palmas*** Beifall *m* ▶ **bater palmas** *para alg* applaudieren *j-m*
palmeira [paumejra] *w* Palme *w*
palpável [paupaweu] *adj* **1** greifbar (Beweis usw.) **2** offensichtlich
pálpebra [paupebra] *w* Lid *s*
palpite [paupitschi] *m* Ahnung *w* (Vorgefühl)
pancada [pãkada] *w* **1** Schlag *m* (mit Faust usw.) **2** Kampf *m* (Schlägerei) ♦ *adj* verrückt
pane [pani] *w* Störung *w* (technische), Panne *w* (Fahrzeug)
panela [panäla] *w* Kasserolle *w*, Pfanne *w*, Topf *m* (zum Kochen)
pânico, -a [paniku] *adj* panisch (Angst usw.) ♦ *m* Panik *w* ▶ **entrar em ~** in Panik geraten
pano [panu] *m* **1** Lappen *m* (zum Abwischen usw.), Stoff *m*, Tuch *s* (Gewebe) **2** Segel *s*
pântano [pãtanu] *m* Sumpf *m*, Moor *s*
pão [pãũ] *m* Brot *s*, Gebäck *s*, Backwaren *w Mz* ▶ **ganhar o ~** *com a.c.* seinen Lebensunterhalt *mit etw.* verdienen
pãozinho [pãũsĩnju] *m* Brötchen *s*
papa [papa] *m* Papst *m* ♦ *w* Brei *m* (Gericht)
papel [papäu] *m* **1** Papier *s* **2** Rolle *w* (Schauspiel) ▶ **~ higiênico** Toilettenpapier *s*
papelão [papelãũ] *m* **1** Karton *m*, Pappe *w* **2** Fiasko *s*
papelaria [papelaria] *w* Papiergeschäft *s*
par [par] *adj* gerade (Zahl) ♦ *m* **1** Paar *s* **2** Partner *m* (bei einer Tätigkeit) ▶ **um ~** *de a.c.* ein paar
para [para] *conj* dass (Wunsch, Befehl usw.) ♦ *prep* **1** auf (Richtung usw.), in, zu, nach (räumlich usw.) **2** für *etw.* (Zweck usw.), für *j-n* (Geschenk usw.) **3** für (Zeitdauer usw.) ▶ **~ casa** nach Haus(e), heim; **~ que** damit (zu dem Zweck), um… zu; **~ sempre** für/auf immer; **Preciso de um quarto ~ três dias.** Ich brauche ein Zimmer für drei Tage.
parabéns [parabẽĩß] *m Mz* Gratulation *w*, Beglückwünschung *w* ▶ **Parabéns!** Herzlichen Glückwunsch!
parada [parada] *w* **1** Parade *w* (militärische usw.) **2** Halt *m* **3** Wette *w* **4** Haltestelle *w*
paradeiro [paradejru] *m* Aufenthaltsort *m j-s/etw.*, Wohnsitz *m*
parafuso [parafusu] *m* Schraube *w*
parágrafo [paragrafu] *m* Absatz *m* (eines Textes)
paraíso [paraisu] *m* Paradies *s*
parar [parar] *v* **1** aufhören *mit etw.* **2** aufhören (Regen usw.) **3** anhalten *etw. Akk*, stoppen *etw. Akk* (Bewegung usw.), halten *irgendwo* (Zug usw.) ▶ **Para!** Halt!; **Parem!** Hören Sie damit auf!
parceiro [parßejru] *m* **1** Freund *m* (Bekannter) **2** Gesellschafter *m* **3** Mitspieler *m*
parcela [parßäla] *w* Teil *m von etw., etw. Gen* (des Ganzen usw.)
parcial [parßjau] *adj* Teil-, partiell ♦ *w* Satz *m* (im Tennis usw.)
parco, -a [parku] *adj* sparsam (Person)
pardal [pardau] *m* Sperling *m*, Spatz *m*
pardo, -a [pardu] *adj* grau
parecer [pareßer] *m* **1** Meinung *w* **2** Gutachten *s* ♦ *v* aussehen *irgendwie*, scheinen *j-m irgendwie* (vorkommen)
parecido, -a [pareßidu] *adj* ähnlich *etw. Gen*
paredão [paredãũ] *w* Wand *w* (Felswand usw.)
parede [paredshi] *w* Wand *w* (im Zimmer usw.)
parelha [parelja] *w* **1** Paar *s* (Personen) **2** Gespann *s* (Zugtiere)
parente [parẽtschi] *m* Verwandte *m* ▶ **parentes** *m Mz* Verwandtschaft *w*
parir [parir] *v* gebären *etw. Akk*
parlamento [parlamẽtu] *m* Parlament *s*
parque [parki] *m* Park *m* ▶ **~ infantil** Spielplatz *m*
parte [partschi] *w* **1** Bestandteil *m etw. Gen*, Teil *m von etw., etw. Gen* (des Ganzen usw.) **2** Seite *w* (linke, rechte usw.) **3** Anteil *m an etw. Dat* **4** Halbzeit *w* (Spielhälfte) ▶ **a alguma ~** irgendwohin; **à ~** auseinander, voneinander, beiseite (legen usw.); **em ~** teilweise; **em toda a ~** überall; **maior ~** Mehrheit *w j-s/etw.*, Majorität *w j-s/etw.*; **~ dianteira** Vorderteil *s,m etw. Gen*; **~ superior** Gipfel *m etw. Gen*, Spitze *w etw. Gen* (Turm usw.); **~ traseira** Rückseite

w (eines Gebäudes), Hinterseite *w*; **por partes** allmählich, stufenweise, schrittweise; **quinta ~** Fünftel *s*; **tomar ~** *em a.c.* Anteil *an etw. Dat* nehmen, sich einlassen *auf etw. Akk*, teilnehmen *an etw. Dat* (Teilnehmer sein), sich beteiligen *an etw. Dat*

participante [partschißipãtschi] *m* Teilnehmer *m etw. Gen*

participar [partschißipar] *v* Anteil *an etw. Dat* nehmen, sich einlassen *auf etw. Akk*, teilnehmen *an etw. Dat*, sich beteiligen *an etw. Dat* (aktiv usw.)

partícula [partschikula] *w* Partikel *w* (Wort), Partikel *s* (Teilchen)

particular [partschikular] *adj* **1** privat (Besitz usw.) **2** konkret (bestimmt) **3** Sonder-, besonder(er,e,es) ♦ *m* Selbständige *m* ► **em ~** namentlich

partida [partschida] *w* **1** Abfahrt *w* (eines Zuges usw.) **2** Start *m* (Wettlauf) **3** Partie *w* (Schach), Spiel *s* (Match)

partidário, -a [partschidarju] *adj* parteilich, Partei- ♦ *m* Anhänger *m*

partido [partschidu] *m* Partei *w* ♦ *adj* gebrochen ► **tirar ~** *de a.c.* Nutzen ziehen *aus etw.*

partilhar [partschiljar] *v* teilen *etw. Akk mit j-m* (gemeinsam nutzen)

partir [partschir] *v* **1** abfahren, abgehen (Zug usw.), aufbrechen *irgendwohin*, losgehen **2** ausschlagen *etw. Akk*, zerschlagen *etw. Akk* (absichtlich usw.) **3** knacken (Nüsse usw.) **4** brechen *etw. Akk* (Zweig usw.) ► **a ~ de** von (Anfang), ab (Zukunft), seit (Vergangenheit); **~ ao meio** durchhacken *etw. Akk*; **~ (de avião)** abfliegen

parto [partu] *m* Geburt *w* (Gebären)

Páscoa [paßkoa] *w* Ostern *s*

passadeira [paßadejra] *w* **1** Steg *m* (für Fußgänger) **2** Fußgängerübergang *m*, Fußgängerüberweg *m*, Zebrastreifen *m* **3** Überführung *w* (für Fußgänger)

passadiço [paßadshißu] *m* **1** Durchgang *m* **2** Kommandobrücke *w* ♦ *adj* flüchtig (nur vorübergehend)

passado, -a [paßadu] *adj* **1** vergangen (Zeiten usw.) **2** vorig, vergangen, letzt(er,e,es) (Woche usw.) ♦ *m* **1** Vergangenheit *w* (Zeit) **2** Vergangenheit *w* (Zeitform) ► **da vez passada** letztens, das letzte Mal; **no ano ~** voriges Jahr

passageiro [paßashejru] *m* Fahrgast *m*, Passagier *m* ♦ *adj* flüchtig (nur vorübergehend)

passagem [paßashẽĩ] *w* **1** Fahrkarte *w*, Fahrschein *m* **2** Durchfahrt *w* (Stelle), Durchgang *m* **3** Übergang *m* **4** Durchfahrt *w durch etw.* (Durchfahren), Durchreise *w durch etw.* (durch Stadt usw.) **5** Passage *w* (eines Textes usw.) ► **~ aérea** Flugticket *s*, Flugkarte *w*, Flugschein *m* (Ticket); **~ de nível** Bahnübergang *m*; **~ de peões** Fußgängerübergang *m*, Fußgängerüberweg *m*, Zebrastreifen *m*; **~ fronteiriça** Grenzübergang *m*; **~ inferior** Unterführung *w* (für Verkehrsmittel); **~ subterrânea** Unterführung *w* (für Fußgänger); **~ superior** Überführung *w* (Brücke); **preço** *m* **de ~** Fahrpreis *m*

passaporte [paßapòrtschi] *m* Reisepass *m*, Pass *m* (zum Reisen)

passar [paßar] *v* **1** durchfahren *durch etw.* (durch Tunnel usw.), durchgehen *durch etw.*, überschreiten *etw. Akk* (Grenze usw.) **2** vorbeifahren *an j-m/etw.*, vorbeigehen *an j-m/etw.* (zu Fuß) **3** bestehen, ablegen (Prüfung usw.) **4** vergehen (Zeit) **5** verbringen **6** spielen *etw. Akk* (Film usw.) **7** absolvieren (Training usw.), durchmachen *etw. Akk* (durchleben) **8** verlaufen (Veranstaltung usw.), vorgehen (geschehen) **9** reichen *j-m etw. Akk* (geben) ► **Estou passando mal.** Ich fühle mich nicht wohl., Mir ist unwohl.; **O que se está a ~?** Was ist (los)?

passarela [paßaräla] *w* Steg *m*, Überführung *w* (für Fußgänger)

pássaro [paßaru] *m* Vogel *m*

passatempo [paßatẽpu] *m* Hobby *s*, Zeitvertreib *m* (Hobby usw.)

passe [paßi] *m* **1** Passierschein *m* **2** Reisepass *m*, Pass *m* (zum Reisen) **3** Zuspiel *s*

passear [paßiar] *v* spazieren, herumgehen (stundenlang usw.)

passeio [paßeju] *m* **1** Ausflug *m*, Spazierfahrt *w*, Spaziergang *m* **2** Fahrt *w* ► **dar um ~** spazieren gehen

passo [paßu] *m* **1** Schritt *m* **2** Gang *m* (Art des Gehens) **3** Pass *m* (im Gebirge) ► **~ a ~** allmählich, stufenweise, schrittweise

pasta [paßta] *w* **1** Paste *w* **2** Mappe *w* (Hülle) **3** Aktentasche *w* **4** Dateiverzeichnis *s*, Ordner *m* ► **~ de dentes** Zahnpasta *w*

pastel [paßtäu] *m* **1** Kuchen *m* **2** Pastell *s* ♦ *adj* Pastell- (Farbe usw.)

pastelaria [paßtelaria] *w* Konditorei *w*

pastor [paßtor] *m* **1** Hirt *m*, Hirte *m* **2** Pastor *m*

pata [pata] *w* Pfote *w*

patente [patẽtschi] *w* **1** Patent *s* (Recht) **2** Rang *m* (militärischer) ♦ *adj* sichtlich, merklich

patim [patschĩ] *m* Schlittschuh *m*

pátio [patschju] *m* Hof *m* (Platz), Innenhof *m*

pato [patu] *m* Ente *w* (Vogel), Enterich *m*

patrão [patrãũ] *m* **1** Arbeitgeber *m* **2** Besitzer *m etw. Gen*, Eigentümer *m etw. Gen*, Inhaber *m etw. Gen*

pátria [patria] *w* Heimat *w*

patrimônio [patrimònju] *m* **1** Erbe *s* (Eigentum usw.), Erbschaft *w* **2** Vermögen *s* (Reichtum)

pau [pau] *m* **1** Stock *m* (Zweig) **2** Mast *m* **3** ***paus*** Kreuz *s* (im Kartenspiel) ♦ *adj* lästig

pausa [pausa] *w* Pause *w* ► **Fazemos uma ~.** Machen wir eine Pause.

pavimento [pawimẽtu] *m* **1** Pflaster *s* (Straßenbelag) **2** Stock *m*, Stockwerk *s*, Geschoss *s* (im Haus usw.), Etage *w*

paz [paß] *w* **1** Frieden *m* (nicht Krieg) **2** Ruhe *w*, Frieden *m* (Ungestörtheit)

pé [pä] *m* Fuß *m* ► **a ~** Fuß-, zu Fuß; **estar em ~** wach sein; **ficar em ~** stehen (auf den Füßen)

peão [piãũ] *m* **1** Fußgänger *m* **2** Bauer *m* (im Schach) **3** Infanterist *m*

peça [päßa] *w* **1** Stück *s* (einzige Sache) **2** Schauspiel *s* **3** Einzelteil *s* ► **peças** *w Mz* **sobressalentes** Ersatzteile *s Mz*

pecado [pekadu] *m* Sünde *w*

pedaço [pedaßu] *m* Stück *m etw. Gen* (einer Masse usw.), Stück *s von etw.* (Teil eines Ganzen)

pedágio [pedashiu] *m* Straßenzoll *m*, Maut *w*

pedal [pedau] *m* Pedal *s*

pedestre [pedäßtri] *m* Fußgänger *m* ♦ *adj* Fuß-

pediatra [pedshiatra] *m* Kinderarzt *m*, Pädiater *m*

pedido [pedshidu] *m* **1** Auftrag *m* (Bestellung), Bestellung *w* **2** Bitte *w um etw. Akk*, Verlangen *s* (geäußerter Wunsch) ► **apresentar um ~** *de a.c.* den Antrag stellen *auf etw. Akk*

pedir [pedshir] *v* **1** bitten *j-n um etw.* **2** bestellen *etw. Akk* **3** fordern *etw. Akk*, verlangen *etw. Akk*

pedra [pädra] *w* Stein *m* ► **~ preciosa** Edelstein *m*

pegajoso, -a [pegashosu] *adj* klebrig, pappig

pegar [pegar] *v* **1** aufkleben *etw. Akk auf etw. Akk* **2** ergreifen *etw. Akk* (mit der Hand), packen *etw. Akk* (schnell, fest usw.), fassen (festhalten), fassen *etw. Akk* (fest usw.) **3** einsteigen *in etw. Akk* **4** nehmen (Essen usw.) **5** aufgabeln *j-n* (Partner) **6** bekommen (Grippe usw.), kriegen (Krankheit) **7** erwischen *j-n* (bei der Tat) **8** anschaffen *etw. Akk* **9** Eingang finden, sich durchsetzen (Idee usw.) ► **~ no sono** einschlafen (in Schlaf sinken)

peito [pejtu] *m* **1** Brust *w* (Körperteil) **2** ***peitos*** Busen *m*

peixe [pejschi] *m* **1** Fisch *m* **2** ***Peixes*** Fische *Mz*

pelado, -a [peladu] *adj* nackt (Körper)

pelagem [pelashẽĩ] *w* Fell *s*, Pelz *m*

pelar [pelar] *v* schälen *etw. Akk*

pele [päli] *w* **1** Haut *w* (Körpergewebe), Teint *m* **2** Schale *w* (Frucht), Haut *w* (von Pfirsich usw.)

pelo [pelu] *m* Barthaar *s*, Haar *s* (am Körper), Haare *s Mz* (auf der Brust usw.) ► **em ~** nackt (Körper)

pena [pena] *w* **1** Feder *w* **2** Mitleid *s* **3** Strafe *w* (Gefängnisstrafe) **4** Kummer *m*, Trübsal *w* ► **É uma ~.** Das ist schade.; **valer a ~** sich lohnen

pender [pẽĩder] *v* **1** hängen **2** aufhängen *etw. Akk* (Bild usw.)

pendurar [pẽĩdurar] *v* aufhängen *etw. Akk* (Gardinen usw.), hängen *etw. Akk* (Wäsche usw.)

penetrar [penetrar] *v* durchdringen *durch etw./in etw. Akk*, eindringen *in etw. Akk*

penhor [pẽnjor] *m* Pfand *s*, Sicherheit *w* (Geld usw.)

península [penĩßula] *w* Halbinsel *w*

pênis [peniß] *m* Penis *m*

pensamento [pẽĩßamẽtu] *m* Gedanke *m*

pensão [pẽĩßãũ] *w* **1** Ruhestand *m*, Rente *w*, Pension *w* (Status) **2** Rente *w*, Pension *w* (Geld) **3** Pension *w* (Gebäude usw.) **4** Pension *w* (Verpflegung), Verpflegung *w*

pensar [pẽĩßar] *v* **1** meinen, glauben (Ansicht haben), denken (Meinung haben) **2** denken *an etw. Akk* (im Kopf haben) **3** nachdenken *über etw. Akk* **4** bedenken *etw. Akk* (durchdenken) ► **nem ~** ach wo

pente [pẽtschi] *m* Kamm *m* (für Haar)

pentear [pẽĩtear] *v* kämmen *j-n/etw.*

pepino [pepinu] *m* Gurke *w*

pequeno, -a [pekenu] *adj* klein ◆ *m* Knirps *m* (Kind) ► **mais pequen|o/-a** kleiner (Größe)

pera [pera] *w* Birne *w* (Frucht)

perante [perãtschi] *prep* gegenüber *j-m/etw.* (Verhalten usw.)

perceber [perßeber] *v* **1** begreifen *etw. Akk*, wahrnehmen **2** bemerken (sehen usw.)

percevejo [perßeweshu] *m* **1** Wanze *w* (Insekt), Bettwanze *w* **2** Reißzwecke *w*, Reißnagel *m*

percha [perscha] *w* Stange *w* (zum Abstoßen usw.)

percorrer [perkoher] *v* **1** durchfahren, durchreisen (Land usw.) **2** zurücklegen *etw. Akk* (zu Fuß usw.)

percurso [perkurßu] *m* Route *w*

perda [perda] *w* **1** Verlust *m etw. Gen* **2** Niederlage *w* (im Spiel usw.)

perder [perder] *v* **1** verlieren *etw. Akk* (aus Unachtsamkeit) **2** verpassen *etw. Akk* (Bus, Chance usw.) **3** verlieren *etw. Akk gegen j-n* (Kampf usw.), verspielen *etw. Akk* (Geld usw.) ► **~ água** laufen (Gefäß usw.), lecken (Fass usw.); **Perdi o meu autocarro.** Ich habe den Bus verpasst.

perder-se [perderßi] *v* sich verlaufen, sich verirren, sich verlieren, verloren gehen

perdoar [perdoar] *v* verzeihen *j-m etw. Akk*

peregrinação [peregrinaßãũ] *w* Wallfahrt *w*

perfeito, -a [perfejtu] *adj* vollkommen (Lösung usw.), perfekt

perfume [perfumi] *m* Parfüm *s*

perfurar [perfurar] *v* bohren (Loch usw.), durchlöchern, perforieren, durchstechen *etw. Akk mit etw.*

pergunta [pergũta] *w* Frage *w* ► **fazer a ~** *j-m* eine Frage stellen

perguntar [pergũtar] *v* fragen *j-n nach j-m/etw.*

perigo [perigu] *m* Bedrohung *w*, Gefahr *w* ► **correr ~** riskieren *etw. Akk*, Risiko *etw. Gen* eingehen; **em ~** bedroht; **pôr em ~** *alg/a.c.* bedrohen *j-n/etw.*

perigoso, -a [perigosu] *adj* gefährlich

período [periodu] *m* **1** Periode *w*, Zeit *w* (Zeitraum), Zeitabschnitt *m* **2** Menstruation *w*, Monatsblutung *w* **3** Satz *m* (Aussage)

perito, -a [peritu] *adj* bewandert *in etw. Dat* ◆ *m* Experte *m*, Fachmann *m für etw.*

permanecer [permaneßer] *v* bleiben *irgendwo*, sich aufhalten, verweilen

permanência [permanẽßja] *w* Aufenthalt *m*

permanente [permanẽtschi] *adj* dauerhaft, permanent, ständig (dauernd) ◆ *m* Dauerkarte *w* (Fahrkarte usw.)

permissão [permißãũ] *w* Erlaubnis *w*, Passierschein *m*

permitir [permitschir] *v* erlauben *j-m etw. Akk*, zulassen *etw.* (damit es geschieht)

perna [pärna] *w* Bein *s* ► **~ das calças** Hosenbein *s*

pernoitar [pernojtar] *v* übernachten, die Nacht verbringen

pérola [pärola] *w* Perle *w*

perseguir [perßegir] *v* **1** jagen *j-n*, verfolgen *j-n* (Polizei usw.) **2** verfolgen (Gegner usw.)

personagem [perßonashẽĩ] *w* Figur *w* (eines Films usw.), Gestalt *w* (in einem Roman usw.)

perspetiva [perßpetschiwa] *w* **1** Ansicht *w von etw., über etw. Akk* (Meinung) **2** Perspektive *w* (Sicht) **3** Perspektive *w etw. Gen* (Zukunft) ► **perspetivas** *w Mz* Aussichten *w Mz* (Chancen)

persuadir [perßuadshir] *v* überreden *j-n (zu etw.)*, überzeugen *j-n von etw.*

pertencer [pertẽĩßer] *v* **1** gehören *j-m* **2** angehören *zu etw.*, gehören *zu etw.*, fallen *in etw. Akk* (in eine Kategorie)

perto [pärtu] *adv* nahe (nicht weit entfernt) ◆ *prep* in der Nähe *von etw.*, nahe ► **de ~** aus der Nähe *w*; **~ de** an, nahe *etw. Dat* (in der Nähe); **por ~** nahe (nicht weit entfernt)

Wörterbuch Brasilianisch – Deutsch

perturbar [perturbar] *v* aufregen *j-n* (aus der Fassung bringen), stören *j-n*
peru [peru] *m* Truthahn *m*
perua [perua] *w* Truthenne *w*, Pute *w* (Geflügel)
peruca [peruka] *w* Perücke *w*
pesadelo [pesadelu] *m* Albtraum *m*
pesado, -a [pesadu] *adj* schwer (Gewicht)
pêsames [pesamiß] *m Mz* Beileid *s*
pesar [pesar] *v* 1 wiegen (Gewicht haben) 2 wiegen *j-n/etw.* (Gewicht feststellen) ♦ *m* 1 Bedauern *s* 2 Kummer *m*
pescador [peßkador] *m* Fischer *m*
pescar [peßkar] *v* angeln
pescoço [peßkoßu] *m* Hals *m* (Körperteil)
peso [pesu] *m* 1 Gewicht *s etw. Gen* (Schwere) 2 Gewicht *s* (Gegenstand) 3 Peso *m* ► **aumentar de ~** zunehmen (dicker werden)
pesquisa [peßkisa] *w* 1 Umfrage *w*, Befragung *w* 2 Forschung *w*
pêssego [peßegu] *m* Pfirsich *m* (Frucht)
pessoa [peßoa] *w* Person *w* (Mensch)
pessoal [peßoau] *adj* persönlich, Personal- ♦ *m* 1 Personal *s* 2 Clique *w* (Freundeskreis), Bande *w* (Jugendlicher usw.)
pestana [peßtana] *w* Wimper *w*
petição [petschißãũ] *w* 1 Bitte *w um etw. Akk*, Verlangen *s* (geäußerter Wunsch) 2 Petition *w*
petróleo [petròliu] *m* Erdöl *s*, Öl *s* (Rohstoff), Petroleum *s*
pia [pia] *w* Ausguss *m*, Spülbecken *s*
piada [piada] *w* Scherz *m*, Witz *m* (lustiger usw.)
piano [pianu] *m* Klavier *s*, Piano *s*
picante [pikãtschi] *adj* pikant, würzig, scharf (Paprika usw.)
picar [pikar] *v* 1 stechen *mit etw. in j-n/etw.* (mit Nadel usw.) 2 beißen (Schlange), stechen *j-n* (Insekten) 3 hacken (Fleisch usw.)
pico [piku] *m* 1 Spitze *w etw. Gen* (scharfe usw.) 2 Höhepunkt *m* (Phase)
pijama [pishama] *m* Pyjama *m*, Schlafanzug *m*
pilar [pilar] *m* Pfeiler *m*
pilha [pilja] *w* 1 Batterie *w* (elektrische) 2 Haufen *m*
piloto [pilotu] *m* Pilot *m*, Flieger *m* (Person)
pílula [pilula] *w* Pille *w*
pimenta [pimẽta] *w* Pfeffer *m*
pimentão [pimẽĩtãũ] *m* Paprika *m* (Schote), Piment *m,s*
pimento [pimẽtu] *m* Paprika *m* (Schote)
pinça [pĩßa] *w* 1 kleine Zange *w*, Pinzette *w* 2 Schere *w* (bei Krebsen)
pincel [pĩßeu] *m* Pinsel *m*
pinga [pĩga] *w* 1 Tropfen *m* 2 Cachaça *w*
pingo [pĩgu] *m* Tropfen *m*
pinha [pinja] *w* Zapfen *m* (Tannenzapfen usw.)
pino [pinu] *m* 1 Bolzen *m*, Stift *m* (Verbindungsteil) 2 Handstand *m*
pintar [pĩtar] *v* 1 anstreichen *etw. Akk* (Haus usw.), streichen (Wände usw.) 2 malen
pintor [pĩtor] *m* Maler *m*
pintura [pĩtura] *w* 1 Malerei *w* 2 Gemälde *s* 3 Farbe *w* (aufgetragene), Anstrich *m* (bunter usw.)
piolho [piolju] *m* Laus *w*
pior [piòr] *adj* schlechter *als j./etw.*, schlimmer *als j./etw.* ♦ *adv* schlimmer
piorar [piorar] *v* sich verschlechtern, schlechter werden, verschlimmern *etw. Akk*, verschlechtern *etw. Akk*
piquenique [pikiniki] *m* Picknick *s*
pisar [pisar] *v* treten *auf/in etw. Akk* (in Pfütze usw.)
piscina [pißina] *w* Schwimmbad *s*, Schwimmbecken *s* ► **~ (exterior)** Freibad *s*
piso [pisu] *m* Boden *m* (im Zimmer usw.), Fußboden *m*
pista [pißta] *w* 1 Bahn *w* (für Läufer usw.), Fahrbahn *w*, Piste *w*, Skipiste *w* 2 Anhaltspunkt *m*
pistola [pißtòla] *w* Pistole *w*
placa [plaka] *w* Platte *w* (aus Metall usw.), Schild *s* (Türschild usw.) ► **~ de aquecimento** Kochplatte *w*; **~ de carro** Nummernschild *s* (Kfz)
placar [plakar] *m* 1 Score *m* (Spielstand) 2 Schild *s* (mit Warnung usw.) ♦ *v* beruhigen *j-n*
planejar [planeshar] *v* planen *etw. Akk*
planeta [planeta] *m* Planet *m*
planificar [planifikar] *v* planen *etw. Akk*
plano [planu] *m* 1 Aufbau *m* (eines Romans usw.), Plan *m* (Programm) 2 Ebene *w* (geometrische usw.) ♦ *adj* 1 flach, platt 2 eben (Fläche usw.)

planta [plãta] *w* **1** Pflanze *w* **2** Grundriss *m* (eines Bauwerks)

plantar [plãtar] *v* **1** pflanzen *etw. Akk*, einpflanzen *etw. Akk* **2** unterschieben *etw. Akk irgendwohin* (falsche Beweise usw.)

plástico, -a [plaßtschiku] *adj* plastisch (Chirurgie usw.), Plastik- ♦ *m* Kunststoff *m*, Plastik *s*, Plastikfolie *w* ▶ **artes** *w Mz* **plásticas** bildende Kunst

plataforma [platafòrma] *w* **1** Bahnsteig *m* **2** Plattform *w* (erhöhte usw.)

pleno, -a [plenu] *adj* voll *etw. Gen* (gefüllt)

pneu [pineu] *m* Reifen *m* ▶ **~ sobressalente** Reserverad *s*, Reservereifen *m*; **~ vazio** platter Reifen *m*

pneumonia [pineumonia] *w* Lungenentzündung *w*

pó [pò] *m* **1** Staub *m* **2** Pulver *s* ▶ **limpar o ~** *de a.c.* Staub wischen *irgendwo, von etw.*

pobre [pòbri] *adj* arm ♦ *m* Arme *m* (ohne Geld usw.)

pobreza [pobresa] *w* Not *w* (Mangel an Geld usw.), Armut *w*

poça [pòßa] *w* Pfütze *w*

poço [poßu] *m* **1** Brunnen *m* (für Grundwasser) **2** Schacht *m* (vertikaler Raum usw.) **3** Bohrloch *s*

poder [poder] *m* Macht *w* ♦ *v* **1** dürfen **2** können *etw. Akk* (imstande sein) **3** gewachsen sein *etw. Dat* (bewältigen usw.) ▶ **pode ser** möglicherweise, vielleicht; **Já não posso.** Ich kann nicht mehr.

poderoso, -a [poderosu] *adj* mächtig (Herrscher usw.)

podre [podri] *adj* **1** faul (Obst usw.), verfault **2** verdorben (Lebensmittel)

poeira [poejra] *w* Staub *m*

poeta [poäta] *m* Dichter *m*

pois [pojß] *conj* also, denn ♦ *part* doch, ja, na

polegar [polegar] *m* Daumen *m* ▶ **~ do pé** große Zehe

polícia [polißja] *w* Polizei *w* ♦ *m* Polizist *m*

polir [polir] *v* polieren *etw. Akk*

política [politschika] *w* Politik *w*

polo [pòlu] *m* **1** Pol *m* **2** Polo *s* **3** Polohemd *s*, Poloshirt *s*

polpa [poupa] *w* **1** Fruchtfleisch *s* **2** Mark *s* (aus Tomaten usw.)

poltrona [poutrona] *w* **1** Armsessel *m*, Sessel *m* **2** Sitz *m* (Sitzgelegenheit)

poluição [poluißãũ] *w* Verschmutzung *w*

polvilho [pouwilju] *m* Pulver *s*

pomada [pomada] *w* Pomade *w*, Salbe *w*

pombo [põũbu] *m* Taube *w*

ponta [põũta] *w* **1** Spitze *w etw. Gen* (scharfe usw.), Zipfel *m* **2** Fußspitze *w* ▶ **na ~ dos pés** auf den Zehen (gehen usw.)

pontapé [põũtapä] *m* Fußtritt *m* ▶ **dar um ~** *em alg/a.c.* treten *j-n/etw., in etw. Akk* (in Bauch usw.)

ponte [põũtschi] *w* Brücke *w*, (kleine) Brücke *w*

ponto [põũtu] *m* **1** Punkt *m* **2** Haltestelle *w* **3** Naht *w* (einer Wunde), Stich *m* (beim Nähen) ▶ **~ culminante** Höhepunkt *m* (Phase); **~ de vista** Gesichtspunkt *m*, Sicht *w* (Blickwinkel); **~ (final)** Punkt *m* (Satzzeichen); **~ morto** Leerlauf *m*

pontual [põũtuau] *adj* pünktlich

pontudo, -a [põũtudu] *adj* spitz

população [populaßãũ] *w* **1** Bevölkerung *w* **2** Bevölkerungszahl *w*

popular [popular] *adj* **1** beliebt *bei j-m*, populär *bei j-m* **2** volkstümlich (verbreitet), Volks-

por [pur] *prep* **1** aus (stammend usw.), wegen *j-s/etw.* **2** für (Zeitdauer usw.), pro **3** für *etw.* (Preis usw.) **4** für *j-n* (anstatt usw.) **5** durch *etw. Akk*, über *etw. Akk* (eine Oberfläche), via *etw. Akk* (reisen usw.) **6** über (auf der Oberfläche), vorbei *an etw. Dat* (weiter usw.) **7** gegen (Menge), ungefähr ♦ *adv* mal (multipliziert) ▶ **~ causa de** auf Grund *m etw. Gen*; **~ cento** *m* Prozent *s*; **~ engano** aus Versehen; **~ favor** bitte; **~ isso** daher, deshalb, deswegen; **~ perto** nahe (nicht weit entfernt); **~ que** warum; **~ vezes** ab und zu; **duas/três vezes ~ dia** zweimal/dreimal täglich

pôr [por] *v* **1** legen *etw. Akk irgendwohin*, hinlegen *etw. Akk irgendwohin*, platzieren *etw. Akk irgendwohin* **2** ansetzen *etw. Akk an etw. Akk*, anziehen (Schuhe) **3** anziehen *etw. Akk* (Kleidung) **4** setzen *etw. Akk in etw. Akk* (außer Betrieb usw.) **5** legen (Eier) ▶ **~ de baixo** *a.c.* abnehmen *etw. Akk von etw.* (Wäsche usw.), herunternehmen *etw. Akk* (vom Regal usw.); **~ de lado** ablegen (Gegenstand)

porão [porãũ] *m* Keller *m*

Wörterbuch Brasilianisch – Deutsch

porca [pòrka] *w* **1** Sau *w* (Tier) **2** Mutter *w* (Schraube), Schraubenmutter *w*

porção [porßãũ] *w* Portion *w*

porco [porku] *m* **1** Schwein *s* **2** Schweinefleisch *s*

porém [porẽĩ] *conj* jedoch, trotzdem, dennoch

porque [purke] *conj* denn, weil

pôr-se [porßi] *v* **1** sich stellen *irgendwohin* (ans Fenster usw.) **2** herangehen *an etw. Akk*, sich machen *an etw. Akk* **3** untergehen (Sonne) ▶ **~ em marcha** anlaufen (beginnen)

porta [pòrta] *w* **1** Tür *w* **2** Tor *s* (Eingang) **3** Port *m* (Schnittstelle)

portador [portador] *m* **1** Inhaber *m* **2** Überträger *m* **3** Besitzer *m*

porta-luvas [pòrtaluwaß] *m* Handschuhfach *s*

porta-malas [pòrtamalaß] *m* Kofferraum *m*

porta-moedas [portamoedaß] *m* Portemonnaie *s*

portanto [portãtu] *adv* daher, deshalb, deswegen

portão [portãũ] *m* Tor *s* (Eingang)

portátil [portatschiu] *adj* tragbar ♦ *m* Notebook *s*

porta-voz [pòrtawoß] *m* Sprecher *m* (Vertreter)

porte [pòrtschi] *m* **1** Porto *s*, Postgebühr *w* **2** Größe *w* (Umfang usw.)

porteiro [portejru] *m* Pförtner *m*

porto [portu] *m* Hafen *m*

posição [posißãũ] *w* **1** Lage *w etw. Gen*, Position *w etw. Gen* (räumliche), Standort *m* (eines Gebäudes usw.) **2** Stellung *w* (Stand)

positivo, -a [positschiwu] *adj* **1** positiv (Zahl usw.) **2** positiv (Antwort usw.), bejahend **3** positiv (Wirkung usw.)

pospor [poßpor] *v* aufschieben *etw. Akk*, verlegen *etw. Akk* (auf später), verschieben *etw. Akk* (zeitlich)

posse [pòßi] *w* Besitz *m* (Besitzen) ▶ **estar na ~** *de a.c.* besitzen *etw. Akk*

possessão [poßeßãũ] *w* Besitz *m* (Besitzen)

possibilidade [poßibilidadshi] *w* Möglichkeit *w* (Chance)

possível [poßiweu] *adj* möglich, eventuell ▶ **ser ~** sich lassen (machen usw.), möglich sein

possuidor [poßuidor] *m* Besitzer *m etw. Gen*, Eigentümer *m etw. Gen*, Inhaber *m etw. Gen*

possuir [poßuir] *v* besitzen *etw. Akk*

posta [pòßta] *w* Scheibe *w etw. Gen* (Brot usw.)

postal [poßtau] *adj* Post-, Brief- ♦ *m* Ansichtskarte *w*, Postkarte *w* (aus dem Urlaub usw.)

poste [pòßtschi] *m* Mast *m* (Telefonmast usw.), Pfahl *m*, Pfosten *m*, Torpfosten *m*

posterior [poßterior] *adj* **1** später **2** hinter(er,e,es) ▶ **na parte ~** hinten

posto [poßtu] *m* **1** Posten *m* (Stellung), Rang *m* (militärischer), Stelle *w* (Job) **2** Platz *m* (Teil eines Raumes), Ort *m*, Stelle *w* (Punkt, Gebiet usw.), Standort *m* ▶ **~ de gasolina** Tankstelle *w*; **~ que** auch wenn, obwohl, weil

potável [potaweu] *adj* trinkbar ▶ **água** *w* **~** Trinkwasser *s*

potência [potẽßja] *w* **1** Macht *w* **2** Großmacht *w*, Macht *w* (Staat) **3** Potenz *w* (beim Multiplizieren) **4** Leistung *w* (einer Maschine usw.) **5** Potenz *w* (eines Mannes)

potente [potẽtschi] *adj* **1** mächtig (Herrscher usw.) **2** stark (wirksam)

pouco [poku] *adv* wenig ▶ **há ~ (tempo)** vor kurzem, kürzlich, neulich, neuerdings; **por ~** beinahe; **um ~** ein bisschen

poupar [popar] *v* **1** sparen *auf etw. Akk* **2** verschonen *j-n mit etw.*

pousada [posada] *w* Herberge *w*

povo [powu] *m* Volk *s* (Bevölkerung)

povoação [powoaßãũ] *w* **1** Gemeinde *w* (Dorf, Stadt usw.) **2** Bevölkerung *w*

praça [praßa] *w* Platz *m* (umbaute Fläche)

prado [pradu] *m* Wiese *w*

praia [praja] *w* Strand *m*

prancha [prãscha] *w* Brett *s* (aus Holz), Planke *w*, Platte *w* (Holzplatte usw.)

prata [prata] *w* **1** Silber *s* (Metall) **2** Alufolie *w*

prateleira [pratelejra] *w* Regal *s*, Bord *s* (Brett)

prática [pratschika] *w* **1** Praxis *w* (praktische Anwendung) **2** Übung *w* (Training) **3** Praktik *w* (Verfahrensweise)

praticar [pratschikar] *v* **1** üben *etw. Akk* **2** praktizieren (Methode usw.), treiben *etw. Akk* (sich befassen)

prático, -a [pratschiku] *adj* praktisch ♦ *m* Praktiker *m*

prato [pratu] *m* **1** Teller *m* **2** Gang *m* (Gericht), Gericht *s*, Speise *w*, Mahlzeit *w* (warme usw.) **3** ***pratos*** Geschirr *s* (zum Essen) **4** ***pratos*** Becken *s Mz*, Zimbeln *w Mz* (Musikinstrument) ► **~ principal** Hauptgericht *s*

prazer [praser] *m* **1** Genuss *m*, Vergnügen *s* (Freude) **2** Wonne *w* ► *fazer a.c.* **com ~** gern *etw. Akk tun*, mit Vergnügen *etw. Akk tun*; **Muito ~.** Freut mich.

prazo [prasu] *m* Frist *w*, Termin *m* (Datum) ► **a curto ~** kurzzeitig; **a longo ~** langfristig

precedente [preßedẽtschi] *adj* vorig ♦ *m* Präzedenzfall *m*

precioso, -a [preßiosu] *adj* kostbar, wertvoll

precipitar-se [preßipitarßi] *v* **1** rasen *irgendwohin* (sich fortbewegen), stürmen (eilen) **2** sich übereilen

precisar [preßisar] *v* **1** brauchen *etw. Akk* **2** präzisieren *etw. Akk*

preciso, -a [preßisu] *adj* **1** genau, exakt, präzis **2** notwendig, nötig

preço [preßu] *m* Preis *m* (Betrag) ► **aumentar o ~** verteuern *etw. Akk*; **lista** *w* **de preços** Preisliste *w*

precoce [prekòßi] *adj* vorzeitig

preconceito [prekõũßejtu] *m* Voreingenommenheit *w*, Vorurteil *s*

predador [predador] *m* Raubtier *s*

predição [predshißãũ] *w* Vorhersage *w*

prédio [prädshju] *m* Gebäude *s*

predizer [predshiser] *v* voraussagen *etw. Akk*

preencher [priẽĩscher] *v* ausfüllen (Formular usw.), ausschreiben, ausstellen (einen Scheck usw.)

prefeito [prefejtu] *m* Bürgermeister *m*, Oberbürgermeister *m*

prefeitura [prefejtura] *w* Rathaus *s*

preferência [preferẽßja] *w* **1** Präferenz *w* (Vorzug) **2** Vorfahrt *w* ► **de ~** am liebsten

preferir [preferir] *v* bevorzugen *j-n/etw. vor j-m/etw.*, vorziehen *etw. Akk etw. Dat* ► **Preferiria…** Ich möchte lieber…

prefixo [prefikßu] *m* **1** Präfix *s*, Vorsilbe *w* **2** Vorwahl *w* (Nummer)

prego [prägu] *m* **1** Nagel *m* (Metallstift) **2** Leihhaus *s*

preguiçoso, -a [pregißosu] *adj* faul (Mensch usw.) ♦ *m* Faulenzer *m*

prejudicar [preshudshikar] *v* schaden *j-m/etw.*

prejuízo [preshuisu] *m* **1** Vorurteil *s*, Voreingenommenheit *w* **2** Schaden *m* (Einbuße)

prematuro, -a [prematuru] *adj* **1** vorzeitig **2** frühgeboren

premiê [premie] *m* Ministerpräsident *m*

prêmio [premju] *m* **1** Bonus *m* **2** Auszeichnung *w*, Gewinn *m* (im Lotto usw.), Preis *m* (Belohnung)

prenda [prẽda] *w* **1** Geschenk *s* **2** Pfand *s*, Sicherheit *w* (Geld usw.) **3** Begabung *w für etw.*, Talent *s für etw.*

prender [prẽĩder] *v* **1** fangen (Tier usw.), festnehmen *j-n* **2** zurückhalten, aufhalten (Atem usw.)

prensa [prẽßa] *w* Presse *w* (Maschine)

preocupação [preokupaßãũ] *w* **1** Sorge *w um j-n/etw.* **2** Beunruhigung *w*

preocupar-se [preokuparßi] *v* besorgt sein *um j-n/etw.*, sich sorgen *um j-n/etw.*, sich Sorgen machen *um j-n/etw.*

preparação [preparaßãũ] *w* **1** Vorbereitung *w auf/für etw.* **2** Zubereitung *w von etw.* (von Essen usw.)

preparado, -a [preparadu] *adj* vorbereitet *auf etw. Akk, für etw.*, bereit *zu etw.*, zubereitet (Essen) ♦ *m* Mittel *s* (Substanz)

preparar [preparar] *v* bereiten *j-m etw. Akk*, vorbereiten *etw. Akk für j-n*, bereit machen *etw. Akk für j-n*

presa [presa] *w* **1** Gefangenschaft *w* **2** Beute *w* **3** Fangzahn *m*

prescrição [preßkrißãũ] *w* Rezept *s* (Heilmittel)

presença [presẽßa] *w* Anwesenheit *w von j-m*, Auftreten *s* (Vorkommen)

presente [presẽtschi] *adj* **1** gegenwärtig **2** anwesend *irgendwo* ♦ *m* **1** Gegenwart *w* **2** Geschenk *s* **3** Präsens *s* ► **dar de ~** schenken *j-m etw. Akk*

preservativo [preserwatschiwu] *m* Präservativ *s*, Kondom *s,m*

presidente [presidẽtschi] *m* **1** Präsident *m* **2** Vorsitzende *m*

presídio [presidshju] *m* Gefängnis *s*

pressa [präßa] *w* Eile *w*, Hetze *w* (Eile), Betrieb *m* (Treiben) ► **estar com ~**

eilen; **fazer de ~** sich beeilen *mit etw.*; **Estou com ~.** Ich habe es eilig.

pressão [preßãũ] *w* **1** Druck *m* (Kraft) **2** Druck *m* (Zwang), Zwang *m* (rücksichtsloser usw.)

pressentimento [preßẽĩtschimẽtu] *m* Ahnung *w* (Vorgefühl), Vorahnung *w*

pressentir [preßẽĩtschir] *v* ahnen *etw. Akk*, erahnen

pressuposto [preßupoßtu] *m* Voraussetzung *w* (Idee usw.)

prestável [preßtaweu] *adj* **1** gefällig (Person usw.), hilfsbereit, hilfreich (Mensch usw.) **2** nützlich, hilfreich (Tipp usw.)

prestes [präßtschiß] *adj* vorbereitet *auf etw. Akk, für etw.*, bereit *zu etw.*

presumir [presumir] *v* vermuten, voraussetzen, annehmen (glauben)

pretender [pretẽĩder] *v* beabsichtigen *etw. Akk zu tun*, vorhaben *etw. Akk zu tun* ▶ **~ fazer…** so tun, als ob…, vorgeben *etw. Akk*

pretensão [pretẽĩßãũ] *w* Forderung *w*, Anspruch *m* (an Qualität usw.)

pretexto [preteßtu] *m* Ausrede *w für etw.*, Vorwand *m für etw.*

preto, -a [pretu] *adj* schwarz ♦ *m* Schwarze *m*

prevenir [prewenir] *v* **1** vorbeugen *etw. Dat*, verhindern *etw. Akk* **2** warnen *j-n vor etw. Dat* **3** abwenden (Katastrophe usw.)

previsão [prewisãũ] *w* Vorhersage *w* ▶ **~ do tempo** Wettervorhersage *w*

prima [prima] *w* Cousine *w*

primavera [primawära] *w* **1** Frühling *m* **2** Schlüsselblume *w*

primeiro, -a [primejru] *num* erst(er,e,es) ♦ *adv* **1** erstens **2** zuerst ▶ **pela primeira vez** erstmals, zum ersten Mal; **primeiros socorros** *m Mz* erste Hilfe

primo [primu] *adv* erstens ♦ *m* Cousin *m*

principal [prĩßipau] *adj* **1** Haupt- **2** Erz-

principiante [prĩßipiãtschi] *m* Anfänger *m*

principiar [prĩßipiar] *v* beginnen *etw. Akk, mit etw.* (eine Tätigkeit usw.), anfangen *etw. Akk*

princípio [prĩßipju] *m* **1** Anfang *m*, Beginn *m* **2** Prinzip *s* ▶ **a ~** anfangs

prioridade [prioridadshi] *w* **1** Primat *m,s* (Vorrang) **2** Priorität *w*, Vorzug *m* (Priorität)

prisão [prisãũ] *w* Gefängnis *s*, Haft *w* (Strafe) ▶ **~ de ventre** Verstopfung *w*

prisioneiro [prisionejru] *m* Häftling *m*, Strafgefangene *m*

privacidade [priwaßidadshi] *w* Privatleben *s*

privada [priwada] *w* Klosett *s* (Einrichtung)

privado, -a [priwadu] *adj* privat, Privat-

privar [priwar] *v* bringen *j-n um etw. Akk*, berauben *j-n etw. Gen*

problema [problema] *m* Problem *s*, Schwierigkeit *w* (Problem)

procedente [proßedẽtschi] *adj* berechtigt (Vorgehen usw.), gerechtfertigt, legitim (Anspruch usw.)

procedimento [proßedshimẽtu] *m* Prozedur *w*, Verfahren *s* (Handlungsmethode usw.)

processo [proßäßu] *m* Prozess *m* (Vorgang) ▶ **estar em ~** verlaufen (ablaufen), in Gang sein; **~ judicial** Gerichtsverfahren *s*

procura [prokura] *w* **1** Suche *w von/nach etw.*, Streben *s nach etw.* (Schatz usw.) **2** Nachfrage *w nach etw.*

procurador [prokurador] *m* Ankläger *m*, Staatsanwalt *m*

procurar [prokurar] *v* **1** suchen *j-n/etw.* **2** besorgen *j-m etw. Akk für j-n* (beschaffen)

prodígio [prodshishiu] *m* Wunder *s*

produção [produßãũ] *w* Produktion *w*, Schaffen *s* (eines Künstlers usw.)

produto [produtu] *m* **1** Erzeugnis *s*, Produkt *s* (neues usw.) **2** Produkt *s* (einer Multiplikation) ▶ **~ de terra** Feldfrucht *w*; **produtos** *m Mz* **agrícolas** landwirtschaftliche Produktion

produtor [produtor] *m* Hersteller *m von etw.*, Erzeuger *m von etw.* (von Ware usw.), Produzent *m von etw.*

produzir [produsir] *v* **1** herstellen (Produkt usw.), erzeugen, produzieren (industriell usw.) **2** produzieren *etw. Akk* (Sauerstoff usw.)

professor [profeßor] *m* Lehrer *m*, Professor *m*

profissão [profißãũ] *w* Beruf *m*

profissional [profißionau] *adj* **1** professionell **2** beruflich (Beruf betreffend) ♦ *m* Profi *m*

profundo, -a [profũdu] *adj* tief

programa [programa] *m* **1** Programm *s etw. Gen* (Ablauf) **2** Programm *s* (Computer), Computerprogramm *s* **3** Sendung *w* (Programm)

programar [programar] *v* **1** planen *etw. Akk* **2** programmieren

progresso [prográßu] *m* Fortschritt *m*

proibido, -a [proibidu] *adj* verboten

proibir [proibir] *v* verbieten *j-m etw. Akk*

projeto [proshätu] *m* **1** Projekt *s* **2** Vorschlag *m*

prolongar [prolõũgar] *v* verlängern *etw. Akk* (zeitlich, zeitlich)

promessa [promäßa] *w* Versprechen *s*, Zusage *w*

prometer [prometer] *v* versprechen *j-m etw. Akk*

promoção [promoßãũ] *w* **1** Sonderangebot *s*, Werbung *w* (eines Produktes), Promotion *w* (Reklame) **2** Beförderung *w* (in einen Rang)

promover [promower] *v* **1** fördern *etw. Akk* (Entwicklung usw.) **2** werben *für etw.* (Produkt usw.) **3** befördern *j-n zu etw.* (zum Direktor usw.) **4** veranstalten *etw. Akk*

pronto, -a [prõũtu] *adj* **1** fertig **2** baldig **3** prompt (Antwort usw.), vorbereitet *auf etw. Akk, für etw.*, bereit *zu etw.*

pronto-socorro [prõũtußokohu] *m* Krankenwagen *m*, Ambulanz *w* (Wagen), Rettungswagen *m*

pronunciar [pronũßjar] *v* **1** aussprechen **2** aussprechen, sagen (Wort usw.)

propaganda [propagãda] *w* **1** Propaganda *w* **2** Werbung *w* (eines Produktes), Promotion *w* (Reklame)

propagar [propagar] *v* **1** vermehren (Pflanzen usw.) **2** propagieren (Gedanken usw.), verbreiten (Ideen usw.)

propensão [propẽĩßãũ] *w* Hang *m* (Tendenz) *zu etw.*, Neigung *w zu etw.*

propina [propina] *w* **1** Schulgeld *s* **2** Trinkgeld *s* **3** Bestechungsgeld *s*

propor [propor] *v* vorschlagen

proposição [proposißãũ] *w* **1** Vorschlag *m* **2** Satz *m* (Aussage) **3** Lehrsatz *m*

propósito [propòsitu] *m* Absicht *w*, Vorsatz *m* (Entschluss), Zweck *m* ► **a ~** übrigens; **de ~** absichtlich, bewusst (mit Absicht)

proposta [propòßta] *w* Vorschlag *m*

propriedade [propriedadshi] *w* **1** Eigentum *s*, Besitz *m* **2** Eigenschaft *w j-s/etw.*

proprietário [proprietarju] *m* Besitzer *m etw. Gen*, Eigentümer *m etw. Gen*, Inhaber *m etw. Gen*

próprio, -a [pròpriu] *adj* **1** eigen, persönlich, Personal- **2** selbst (persönlich)

prostituta [proßtschituta] *w* Prostituierte *w*

proteção [proteßãũ] *w* **1** Schutz *m gegen etw., vor etw. Dat* **2** Sicherung *w* (Sicherheitsschloss usw.) **3** Schoner *m*, Schützer *m*

proteger [protesher] *v* schützen *j-n/etw.*

protestar [proteßtar] *v* protestieren *gegen etw.* (öffentlich usw.)

protesto [protäßtu] *m* Protest *m*

prova [pròwa] *w* **1** Beweis *m etw. Gen*, Nachweis *m für etw.* **2** Prüfung *w* (Qualität usw.), Test *m*, Probe *w* **3** Probe *w* (Probieren) **4** Rennen *s* ► **pôr a ~** prüfen *etw. Akk* (Qualität)

provador [prowador] *m* Kabine *w*, Ankleidekabine *w*

provar [prowar] *v* **1** beweisen *etw. Akk*, nachweisen *etw. Akk* **2** kosten *etw. Akk* (Speise) **3** anprobieren (Kleider usw.), probieren *etw. Akk* (ausprobieren) **4** beweisen *etw. Akk* (Fähigkeiten usw.)

provável [prowaweu] *adj* wahrscheinlich

proveito [prowejtu] *m* Nutzen *m von etw.*, Profit *m* (Nutzen) ► **Bom ~!** Guten Appetit!, Mahlzeit!

proveniência [proweniẽßja] *w* Ursprung *m*, Herkunft *w*

prover [prower] *v* versehen *etw. Akk mit etw.*, versorgen *j-n/etw. mit etw.* (beliefern)

província [prowĩßja] *w* Provinz *w*

provir [prowir] *v* herkommen *aus etw.* (aus China usw.), stammen *aus etw.*

provisão [prowisãũ] *w* Gewährung *w von etw.*, Versorgung *w mit etw.*

provisório, -a [prowißòrju] *adj* provisorisch, vorläufig

provocar [prowokar] *v* **1** aufreizen *j-n zu etw.* (aufhetzen), provozieren *j-n* **2** auslösen *etw. Akk* (verursachen), erregen *etw. Akk* (hervorrufen)

proximidade [proßimidadshi] *w* **1** Nähe *w* **2** ***proximidades*** Umgebung *w etw. Gen* ► **nas proximidades** *de a.c.* nahe (nicht weit entfernt)

próximo, -a [pròßimu] *adj* **1** bevorstehend, kommend, nächst(er,e,es) (in der Zukunft) **2** nahe, nicht weit **3** nahe (Person, Beziehung usw.) ♦ *adv* nahe (nicht weit entfernt) ▸ **próxima vez** das nächste Mal

prudente [prudẽtschi] *adj* besonnen, umsichtig, bedachtsam

publicar [publikar] *v* **1** veröffentlichen *etw. Akk* **2** abdrucken, herausgeben *etw. Akk* (Buch)

publicidade [publißidadshi] *w* Insertion *w*, Publizität *w*, Werbespot *m*, Werbung *w* (eines Produktes)

público [publiku] *m* **1** Publikum *s* **2** Öffentlichkeit *w*, Publikum *s* ♦ *adj* öffentlich ▸ **em ~** in der Öffentlichkeit

pulga [puuga] *w* Floh *m*

pulmões [puumõũjß] *m Mz* Lunge *w*

pulseira [puußejra] *w* Armband *s*, Armring *m*

pulso [puußu] *m* **1** Handgelenk *s* **2** Puls *m*

pulverizar [puuwerisar] *v* aufspritzen (mit Farbe usw.), besprühen, spritzen (mit Pestiziden usw.), sprühen (mit Lack usw.)

punho [pũnju] *m* **1** Faust *w* **2** Griff *m* (Handgriff) **3** Manschette *w*

punir [punir] *v* bestrafen *j-n für etw.*

purê [pure] *m* Brei *m* (Gericht), Mark *s* (aus Tomaten usw.), Püree *s*

purificar [purifikar] *v* reinigen (von Zusatzstoffen usw.), säubern (Wasser usw.)

puro, -a [puru] *adj* **1** rein (Gold usw.), pur (Silber usw.) **2** rein (Unsinn usw.), pur (völlig) **3** rein (Gefühl usw.)

puta [puta] *w* Hure *w*, Dirne *w*

puxador [puschador] *m* Türknauf *m*

puxar [puschar] *v* ziehen *an etw. Dat* ▸ **~ o autoclismo** spülen (Toilette)

Q

quadra [kuadra] *w* **1** Block *m* (von Häusern usw.) **2** Sportplatz *m*, Spielfeld *m* **3** Zeit *w* (Periode usw.)

quadrado [kuadradu] *m* Quadrat *s* ♦ *adj* quadratisch, Quadrat-

quadrar [kuadrar] *v* passen *j-m* (gefallen)

quadro [kuadru] *m* **1** Bild *s* (Gemälde) **2** Rahmen *m* (Konstruktion) **3** Tafel *w* (zum Schreiben), Wandtafel *w*

qual [kuau] *pron* welch(er,e,es) ▸ **o ~** der, die, das (Relativpronomen)

qualidade [kualidadshi] *w* **1** Qualität *w etw. Gen* **2** Eigenschaft *w j-s/etw.* ▸ **de ~** hochwertig, Qualitäts-

qualificação [kualifikaßãũ] *w* Qualifikation *w*

qualquer [kuaukär] *adj* beliebig ♦ *pron* beliebig, irgendein ▸ **a ~ momento** wann auch immer, jederzeit; **de ~ maneira** sowieso, jedenfalls; **~ coisa** etwas, irgendetwas, was (auch) immer; **~ pessoa** jed(er,e,es) (beliebige Person)

quando [kuãdu] *adv* **1** wann (Frage) **2** wenn (in dem Moment) ♦ *conj* **1** wenn (Bedingung) **2** als (Gleichzeitigkeit) ▸ **de vez em ~** ab und zu; **~ muito** höchstens; **~ quer que** jedes Mal wenn

quantia [kuãtschia] *w* Betrag *m*, Summe *w* (bezahlte usw.)

quantidade [kuãtschidadshi] *w* Menge *w*, Quantität *w*

quanto [kuãtu] *pron* wie viel ▸ **quantas vezes** wievielmal; **~ a** was *j-n/etw.* betrifft, was *j-n/etw.* angeht; **~ antes** so bald wie möglich, baldmöglichst; **~... tanto** je... desto; **quantos** wie viele; **Quanto é?** Was/Wie viel kostet es?

quarenta [kuarẽta] *num* vierzig

quarta-feira [kuartafejra] *w* Mittwoch *m*

quarteirão [kuartejrãũ] *m* Block *m* (von Häusern usw.), Häuserblock *m*

quartel [kuartäu] *m* **1** Kaserne *w* **2** Viertel *s* (vierter Teil)

quarto [kuartu] *m* **1** Viertel *s* (vierter Teil) **2** Zimmer *s*, Raum *m* (im Haus) ♦ *num* viert(er,e,es) ▸ **~ de dormir** Schlafzimmer *s*; **~ duplo** Zweibettzimmer *s*; **~ individual** Einbettzimmer *s*, Einzelzimmer *s*; **quartos** *m Mz* **para alugar** Zimmer zu vermieten

quase [kuasi] *adv* beinahe, fast, nahezu

quatorze [katorsi] *num* vierzehn

quatro [kuatru] *num* vier ▸ **às ~ e meia** um halb fünf

que [ki] *pron* **1** was für ein, was (Frage), welch(er,e,es) **2** der, die, das (Relativpronomen) ♦ *conj* **1** als (Vergleich) **2** dass ▸ **ainda ~** wie/was auch (immer); **assim ~** also, so (deshalb); **até ~** bis (etwas passiert usw.); **dizem ~** angeblich; **do ~** als (Vergleich); **enquanto ~** solange;

o ~ was (Nebensatz); **sem ~** ohne *etw. Akk zu tun*; **uma vez ~** wenn (konditional)

quebrar [kebrar] *v* 1 brechen *etw. Akk* (Zweig usw.), zerschlagen *etw. Akk* (absichtlich usw.) 2 kaputt machen *etw. Akk* 3 brechen (Schwur usw.) 4 Bankrott machen

queda [käda] *w* 1 Fall *m* (das Fallen), Sturz *m* (in die Tiefe usw.) 2 Rückgang *m an etw. Dat*, Sturz *m*, Einbruch *m* (der Aktien usw.), Fall *m* ▸ **~ de água** Wasserfall *m*

queijo [keshu] *m* Käse *m*

queimadura [kejmadura] *w* Verbrennung *w* (Wunde), Brandwunde *w*

queimar [kejmar] *v* 1 verbrennen *etw. Akk* (durch Feuer zerstören) 2 verbrennen *j-n* (verletzen) 3 anbrennen *etw. Akk* (Essen)

queixa [kejscha] *w* Beschwerde *w*

queixar-se [kejscharßi] *v* sich beschweren *bei j-m über etw. Akk*

queixo [keschu] *m* Kinn *s*

quem [kẽĩ] *pron* 1 wer (Frage) 2 der, die, das ▸ **de ~** wessen; **~ quer que** jed(er,e,es) (beliebige Person)

quente [kẽtschi] *adj* 1 heiß (Gegenstand usw.), warm 2 geil (erregt) ▸ **chocolate** *m* **~** heiße Schokolade; **(ovos) quentes** weich gekocht

querer [kerer] *v* 1 wollen *etw. Akk zu tun* (vorhaben) 2 wollen (verlangen), mögen *etw. Akk von j-m* 3 lieben *j-n/etw.* ▸ **O que quer?** Was wollen Sie?; **Queria falar com…** Ich möchte (mit)… sprechen.

querido, -a [keridu] *adj* geliebt, lieb (in der Anrede usw.) ♦ *m* Geliebte *m*, Liebling *m*, Schatz *m*, Schätzchen *s* (Anrede)

questão [keßtãũ] *w* Angelegenheit *w*, Frage *w* (Problem usw.)

questionário [keßtschionarju] *m* Fragebogen *m*

quieto, -a [kjätu] *adj* 1 leise, still, ruhig, friedlich (Atmosphäre usw.) 2 ruhig (bewegungslos)

quilograma [kilograma] *m* Kilogramm *s*

quilômetro [kilometru] *m* Kilometer *m*

quinta-feira [kĩtafejra] *w* Donnerstag *m*

quinto [kĩtu] *num* fünft(er,e,es) ♦ *m* Fünftel *s*

quinze [kĩsi] *num* fünfzehn

quiosque [kjòßki] *m* Kiosk *m*, Stand *m* (zum Verkauf), Verkaufsstand *m*

quitar [kitar] *v* 1 abzahlen (Darlehen usw.), abtragen (Kredit usw.) 2 erlassen *j-m etw. Akk* (Pflicht usw.)

R

rã [hã] *w* Frosch *m*

rabanete [habanetschi] *m* Radieschen *s*

rabo [habu] *m* Schwanz *m* (eines Tiers)

raça [haßa] *w* Rasse *w* ▸ **~ humana** Menschheit *w*

racha [hascha] *w* Riss *m*

rachadura [haschadura] *w* Riss *m*

racional [haßionau] *adj* rational, vernünftig

radiador [hadshiador] *m* 1 Heizkörper *m* 2 Strahler *m* 3 Kühler *m*

rádio [hadshju] *w* Radio *s*, Rundfunk *m* ♦ *m* Radio *s* (Gerät)

rainha [haĩnja] *w* Königin *w*

raio [haju] *m* 1 Strahl *m* (von Licht usw.) 2 Aufblitzen *s*, Blitz *m* 3 Halbmesser *m* 4 ***raios!*** verdammt (noch mal), Herrgott (noch mal)

raiva [hajwa] *w* 1 Wut *w*, Zorn *m* 2 Tollwut *w*

raivoso, -a [hajwosu] *adj* tollwütig, wütend

raiz [haiß] *w* Wurzel *w*

ralar [halar] *v* reiben *etw. Akk* (Gemüse usw.), raspeln *etw. Akk*

ramo [hamu] *m* 1 Zweig *m*, Ast *m* 2 Branche *w*, Fachgebiet *s*, Zweig *m* (Abteilung usw.) ▸ **~ de flores** Strauß *m* (Blumen), Blumenstrauß *m*

rapariga [hapariga] *w* Mädchen *s*

rapaz [hapaß] *m* Junge *m*

rapidez [hapideß] *w* Geschwindigkeit *w* (eines Körpers usw.), Schnelligkeit *w* (einer Bewegung usw.) ▸ **com ~** schnell (sich bewegen usw.)

rápido, -a [hapidu] *adj* 1 schnell, rasch 2 rapid, jäh, rapide ♦ *m Mz **rápidos*** Stromschnelle *w* ▸ **comboio** *m* **~** D-Zug *m*

rapina [hapina] *w* Raub *m* ▸ **ave** *w* **de ~** Greifvogel *m*, Raubvogel *m*

raposa [haposa] *w* Fuchs *m* (Tierart)

raptar [haptar] *v* entführen *j-n*, kidnappen *j-n*

rapto [haptu] *m* Entführung *w*, Kidnapping *s* (von Person)
raquete [hakätschi] *w* Schläger *m* (Tennis usw.)
raro, -a [haru] *adj* **1** selten **2** merkwürdig, seltsam ► **raras vezes** selten
rascar [haßkar] *v* kratzen (wegen Juckreizes)
rascunho [haßkũnju] *m* Konzept *s* (eines Textes), Entwurf *m* (schriftlicher)
rasgar [hasgar] *v* reißen *etw. Akk*, zerreißen *etw. Akk* (in Stücke), zerreißen
raso, -a [hasu] *adj* flach, seicht (nicht tief) ♦ *m* Schütze *m* (Soldat)
raspar [haßpar] *v* abkratzen (Farbe usw.), kratzen (Eis usw.)
rastejar [haßteshar] *v* **1** kriechen (liegend usw.), sich winden (Schlange usw.) **2** aufspüren *j-n/etw.*
rasto [haßtu] *m* **1** Spur *w etw. Gen* (Zeichen) **2** Spur *w* (im Boden)
rastrear [haßtrear] *v* verfolgen (Wild usw.)
rato [hatu] *m* Maus *w* (Tier)
razão [hasãũ] *w* **1** Grund *m für etw.* (für Tat usw.) **2** Verstand *m*, Vernunft *w* **3** Wahrheit *w* (Gesagtes) ► **não ter ~** unrecht haben; **Tem ~.** Sie haben Recht.
razoável [hasoaweu] *adj* vernünftig
reabastecer [heabaßteßer] *v* auftanken
reação [heaßãũ] *w* Anklang *m* (Beifall), Reaktion *w auf etw. Akk*
reagir [heashir] *v* reagieren *auf etw. Akk*
real [heau] *adj* **1** real (tatsächlich), wirklich **2** königlich
realidade [healidadshi] *w* Realität *w*, Wirklichkeit *w*
realizar [healisar] *v* durchführen *etw. Akk* (Aufgabe usw.), ausführen *etw. Akk* (Arbeit usw.), realisieren *etw. Akk* (ein Vorhaben usw.), verwirklichen *etw. Akk*
rebaixar [hebajschar] *v* **1** ermäßigen *etw. Akk* **2** demütigen *j-n* **3** verringern *etw. Akk* (Menge usw.), senken *etw. Akk* (Summe usw.), herabsetzen *etw. Akk* (Kosten usw.)
rebanho [hebãnju] *m* Herde *w*
rebocar [hebokar] *v* **1** verputzen (Fassade usw.) **2** abschleppen *etw. Akk* (Auto usw.)
rebuçado [hebußadu] *m* Bonbon *m*
rebuscar [hebußkar] *v* durchsuchen *j-n/etw.*
recado [hekadu] *m* **1** Nachricht *w* (E-Mail usw.) **2** Besorgung *w* ► **dar ~ a alg** ausrichten *j-m etw. Akk*
recanto [hekãtu] *m* Winkel *m* (verborgener)
recarregar [hekahegar] *v* laden (Batterie)
recear [heßear] *v* fürchten *für j-n/etw., um j-n/etw.*
receber [heßeber] *v* **1** bekommen (geschenkt usw.), beziehen (Gehalt usw.), erhalten *etw. Akk* (Brief usw.) **2** bewirten *j-n mit etw.* **3** empfangen *j-n* (Gäste usw.)
receção [heßeßãũ] *w* Empfang *m*
receio [heßeju] *m* Angst *w vor etw. Dat*, Sorge *w um j-n/etw.*
receita [heßejta] *w* **1** Rezept *s* (Heilmittel) **2** Rezept *s für etw.* (Gericht) **3** Einkommen *s*
recente [heßẽtschi] *adj* neuest(er,e,es)
recesso [heßäßu] *m* **1** Winkel *m* (verborgener) **2** Pause *w* (in der Sitzung usw.)
recheio [heschеju] *m* Füllung *w* (in Matratzen usw.), Polsterung *w*
recibo [heßibu] *m* Kassenzettel *m*, Quittung *w*, Zettel *m* (Kassenzettel usw.)
reciclagem [heßiklashẽĩ] *w* Papierkorb *m* (für gelöschte Dateien), Recycling *s*, Rezyklierung *w*
recife [heßifi] *m* Riff *s*
recinto [heßĩtu] *m* Raum *m* (leerer usw.)
recipiente [heßipiẽtschi] *m* Gefäß *s* (Behälter)
recíproco, -a [heßiproku] *adj* reziprok, gegenseitig
reclamação [heklamaßãũ] *w* Beschwerde *w*, Reklamation *w*
reclamar [heklamar] *v* **1** sich beschweren *bei j-m über etw. Akk* **2** beanspruchen *etw. Akk*, verlangen *etw. Akk* (fordern)
recolha [hekolja] *w* Sammlung *w*
recolher [hekoljer] *v* **1** einsammeln, sammeln (Holz usw.) **2** abholen *j-n/etw.*, holen *j-n/etw.* ► **~ a bagagem** Gepäck abholen
recomendação [hekomẽĩdaßãũ] *w* Empfehlung *w*
recomendar [hekomẽĩdar] *v* empfehlen *j-n/etw. j-m*
recompensa [hekõũpẽßa] *w* **1** Belohnung *w* (belohnt werden) **2** Schadenersatz *m*

reconhecer [hekõnjeßer] *v* **1** erkennen *j-n/etw.* **2** anerkennen *etw. Akk* (offiziell)

reconstruir [hekõũßtruir] *v* rekonstruieren *etw. Akk*, umbauen

recordação [hekordaßãũ] *w* **1** Andenken *s* (Gedenken), Erinnerung *w* **2** Memento *s*, Andenken *s* **3** Andenken *s* (Erinnerung)

recordar [hekordar] *v* **1** erinnern *j-n an etw. Akk* (an Pflicht usw.) **2** sich merken *etw. Akk* **3** Erinnerungen hervorrufen *an etw. Akk*, erinnern *an etw. Akk* (evozieren usw.)

recorde [hekòrdshi] *m* Rekord *m*

recorrer [hekoher] *v* **1** fahren (zurücklegen) **2** greifen *zu etw.* (Maßnahmen usw.)

recorte [hekòrtschi] *m* Abschnitt *m* (Papier usw.), Ausschnitt *m* (aus einer Zeitung usw.)

recreio [hekreju] *m* Erholung *w* (Ausruhen usw.)

recuar [hekuar] *v* **1** fallen (Preise usw.) **2** zurücktreten (nach hinten)

recuperação [hekuperaßãũ] *w* **1** Erholung *w* (von Krankheit) **2** Belebung *w* (der Wirtschaft usw.)

recuperar [hekuperar] *v* zurückgewinnen *etw. Akk*

recurso [hekurßu] *m* **1** Hilfsmittel *s*, Mittel *s* (Hilfsmittel) **2** ***recursos*** Mittel *Mz* (finanzielle) **3** ***recursos*** Ressourcen *w Mz* (Rohstoffe usw.) **4** Berufung *w* (gegen Urteil)

recusar [hekusar] *v* ablehnen *etw. Akk*, abweisen *etw. Akk* (Bitte usw.), zurückweisen *etw. Akk* (Vorschlag)

rede [hedshi] *w* Netz *s*

redemoinho [hedemoĩnju] *m* Wirbel *m* (von Wasser usw.)

redondo, -a [hedõũdu] *adj* rund, rundlich, Rund-

redor [hedòr] **ao ~** rings, ringsherum

redução [hedußãũ] *w* **1** Einschränkung *w etw. Gen* (von Ausgaben usw.), Reduktion *w* **2** Abnahme *w etw. Gen* (der Intensität usw.)

reduzir [hedusir] *v* einschränken, reduzieren (Ausgaben usw.), mindern *etw. Akk*, verringern *etw. Akk* (Risiko usw.) ► **~ a velocidade** verlangsamen *etw. Akk*

refazer [hefaser] *v* umarbeiten, verändern

refeição [hefejßãũ] *w* Gericht *s*, Speise *w*, Mahlzeit *w* (warme usw.)

refeitório [hefejtòrju] *m* Kantine *w*, Speisesaal *m*

refém [hefẽĩ] *m* Geisel *w*

referência [heferẽßja] *w* Hinweis *m auf etw. Akk* (auf eine Quelle usw.)

referido, -a [heferidu] *adj* betreffend

referir [heferir] *v* **1** informieren *j-n über etw. Akk* **2** verweisen *j-n an j-n/etw.*

referir-se [heferirßi] *v* betreffen *etw. Akk*, angehen *etw. Akk* ► **no que se refere** *a a.c.* was *j-n/etw.* betrifft, was *j-n/etw.* angeht

refletir [hefletschir] *v* **1** nachdenken *über etw. Akk*, nachgrübeln *über etw. Akk*, überlegen *etw. Akk* **2** reflektieren *etw.* (Licht usw.), reflektiert werde *von etw.*, widerspiegeln *j-n/etw.* (Spiegelbild usw.)

refluxo [heflukßu] *m* Ebbe *w*

reforçar [heforßar] *v* stählen (Muskeln usw.), härter machen, verstärken *etw. Akk* (zahlenmäßig)

reforma [hefòrma] *w* **1** Reform *w* **2** Ruhestand *m*, Rente *w*, Pension *w* (Status)

refresco [hefreßku] **refrescos** *m Mz* Erfrischung *w* (Getränk usw.)

refrigerante [hefrisherãtschi] *adj* kühlend, Kühl- ♦ *m* Limonade *w*, Limo *w,s*

regalo [hegalu] *m* **1** Genuss *m* **2** Geschenk *s*

regar [hegar] *v* besprengen *etw. Akk mit etw.*, gießen *etw. Akk* (Blume usw.)

regatear [hegatschiar] *v* handeln *mit j-m über etw. Akk* (über Preis usw.), feilschen *mit j-m um etw.*

região [heshiãũ] *w* Region *w*

regime [heshimi] *m* **1** Regime *s* **2** Ordnung *w* (Tagesordnung usw.) **3** Diät *w* ► **Estou de ~.** Ich halte Diät.

regional [heshionau] *adj* regional, Regional-

registrar [heshißtrar] *v* **1** registrieren *etw. Akk*, erfassen *etw. Akk* (statistisch usw.) **2** anmelden *j-n/etw.* (registrieren usw.) **3** aufzeichnen

regra [hägra] *w* **1** Regel *w* **2** ***regras*** Menstruation *w*, Monatsblutung *w*

regressar [hegreßar] *v* zurückkommen, wiederkommen

regresso [hegräßu] *m* Comeback *s*, Rückkehr *w*

regulação [hegulaßãũ] *w* Regelung *w*

regulamento [hegulam̱ẽtu] *m* Ordnung *w* (Verkehrsordnung usw.), Verordnung *w*, Vorschrift *w*

regular [heguḻar] *adj* **1** regelmäßig **2** ordentlich (vorschriftsmäßig), regulär ♦ *v* **1** regeln *etw. Akk* (durch Gesetz usw.) **2** einstellen (Maschine usw.)

rei [ẖej] *m* König *m*

reivindicação [hejwĩdshikaß̱ãũ] *w* Anspruch *m auf etw. Akk* (erhobener usw.)

rejeição [heshejß̱ãũ] *w* Ablehnung *w* (eines Antrags usw.)

rejeitar [heshejṯar] *v* **1** ablehnen *etw. Akk* (Einladung usw.), abweisen *etw. Akk* (Bitte usw.), zurückweisen *etw. Akk* (Vorschlag) **2** brechen (bei Übelkeit)

relação [helaß̱ãũ] *w* **1** Zusammenhang *m zwischen etw. Dat* **2** Beziehung *w* (Handelsbeziehung usw.) **3** Verhältnis *s* (Verwandtschaft usw.) ► **em ~** *a alg/a.c.* gegenüber *j-m/etw.* (Verhalten usw.)

relâmpago [heḻãpagu] *m* Blitz *m*

relatório [helaṯòrju] *m* Bericht *m über etw. Akk*, Meldung *w über etw. Akk* (dienstliche), Report *m über etw. Akk*, Referat *s* (Vortrag)

relaxar [helascẖar] *v* **1** sich abreagieren, sich entspannen (ruhiger sein usw.) **2** lockern (Spannung usw.)

reles [ẖäliß] *adj* **1** mies, miserabel, schlecht (minderwertig) **2** schändlich (Tat usw.)

religião [helishi̱ãũ] *w* Religion *w*

religiosa [helishi̱òsa] *w* Nonne *w*

religioso, -a [helishi̱osu] *adj* **1** Religions-, religiös (Religion betreffend) **2** fromm ♦ *m* Mönch *m*

relógio [heḻòshiu] *m* Uhr *w*

relva [ẖäuwa] *w* Grasnarbe *w*, Rasen *m*

remédio [hem̱ädshju] *m* **1** Mittel *s gegen etw.* (Arzneimittel usw.) **2** Verbesserung *w* (eines Fehlers usw.)

remendar [hemẽ̱ĩdar] *v* flicken, stopfen

remessa [hem̱äßa] *w* Anweisung *w* (Summe), Überweisung *w* (Geldsumme), Einzahlung *w* (Betrag)

remetente [hemeṯẽtschi] *m* Absender *m*

remexer [hemescẖer] *v* rühren *etw. Akk*, umrühren *etw. Akk* (Suppe usw.)

remoto, -a [hem̱òtu] *adj* **1** abgelegen (Stelle usw.), entfernt (Ort usw.), fern, fernliegend **2** (lang) vergangen ► **controlo** *m* **~** Fernbedienung *w* (Gerät), Fernsteuerung *w* (Tätigkeit)

remover [hemow̱er] *v* entfernen *etw. Akk*, beseitigen *etw. Akk*, wegräumen

remuneração [hemuneraß̱ãũ] *w* Entlohnung *w* (finanzielle usw.), Gehalt *s* (Entlohnung)

renda [ẖẽda] *w* **1** Spitze *w* (Gewebe) **2** Einkommen *s*, Pacht *w* (Geld), Rente *w*, Pension *w* (Geld)

render [hẽ̱ĩder] *v* einbringen, abwerfen, bringen, einbringen *etw. Akk* (Gewinn usw.)

rendimento [hẽĩdshim̱ẽtu] *m* **1** Einkommen *s*, Ertrag *m* (finanziell), Gewinn *m* (Ertrag) **2** Leistungsfähigkeit *w*

renovar [henow̱ar] *v* erneuern (Vertrag usw.)

renunciar [henũß̱jar] *v* **1** aufgeben *etw. Akk* (Anstrengungen usw.), verzichten *auf etw. Akk* **2** ablassen *von etw.*

reparação [heparaß̱ãũ] *w* **1** Reparatur *w* **2** Entschädigung *w* ► **oficina** *w* **de ~** Reparaturwerkstatt *w*

reparar [hepaṟar] *v* **1** reparieren *etw. Akk* **2** bemerken *j-n/etw.* (sehen usw.), merken *j-n/etw.*, sehen *j-n/etw.* **3** gutmachen *etw. Akk* (Fehler usw.) ► **É fácil de ~.** Das lässt sich leicht reparieren.

repente [hep̱ẽtschi] **de ~** plötzlich, auf einmal

repetição [hepetschiß̱ãũ] *w* Wiederholung *w etw. Gen*, Wiederkehr *w* (wiederholtes Auftreten)

repetir [hepetscẖir] *v* wiederholen *etw. Akk* (nochmals machen)

réplica [ẖäplika] *w* **1** Replik *w etw. Gen* (Nachbildung) **2** Antwort *w auf etw. Akk*

repolho [hep̱olju] *m* Kohl *m* (Weißkohl usw.)

repor [hep̱or] *v* auffüllen (Bestände, Vorräte usw.), ersetzen *j-n/etw.* (Nachfolger usw.), zurückstellen *etw. Akk*, zurücklegen *etw. Akk*

repórter [hep̱òrter] *m* Reporter *m*

repouso [hep̱osu] *m* Ruhe *w* (Erholung)

repreender [hepriẽ̱ĩder] *v* ausschimpfen *j-n*, beschimpfen *j-n*, tadeln *j-n für etw.*, rügen *j-n für etw.*

represa [hep̱resa] *w* Staudamm *m*, Stausee *m*

representante [hepreseĩṯãtschi] *m* Vertreter *m*, Repräsentant *m*

representar [hepreseẽitar] *v* **1** repräsentieren (ein Land usw.), vertreten *j-n/etw.* (als Beauftragter) **2** darstellen *etw. Akk* (Symbol usw.)

reprimir [heprimir] *v* unterdrücken (Gefühle usw.)

república [hepublika] *w* Republik *w*

repugnante [hepugnãtschi] *adj* eklig, ekelhaft

reputação [heputaßãũ] *w* Reputation *w*, Ruf *m* (guter usw.)

requeijão [hekeshãũ] *m* Quark *m*

requerimento [hekerimẽtu] *m* Antrag *m auf etw. Akk*

requisito [hekisitu] *m* Voraussetzung *w* (Bedingung) *für etw.*, Vorbedingung *w für etw.*

rescindir [heßĩdshir] *v* kündigen *etw. Akk*

rés-do-chão [häßduschãũ] *m* Erdgeschoss *s*, Parterre *s* (eines Hauses)

resenha [hesẽnja] *w* Bericht *m über etw. Akk*, Meldung *w über etw. Akk* (dienstliche), Report *m über etw. Akk*

reserva [heßärwa] *w* **1** Reservierung *w*, Buchung *w* **2** Reserve *w*, Vorrat *m* **3** Reservat *s* **4** Vorbehalt *m* ▸ **de ~** Ersatz-; **fazer ~** reservieren *etw. Akk* (Tisch usw.), buchen *etw. Akk* (Reise usw.); **reservas** *w Mz* Vorräte *m Mz*

reservação [heserwaßãũ] *w* Reservierung *w*, Buchung *w*

reservado, -a [heserwadu] *adj* **1** gebucht (Platz usw.), reserviert (Zimmer usw.) **2** reserviert, unnahbar

reservar [heserwar] *v* reservieren *etw. Akk* (Tisch usw.), buchen *etw. Akk* (Reise usw.)

resfriado, -a [heßfriadu] *adj* durchkältet ♦ *m* Erkältung *w*

resgatar [hesgatar] *v* befreien *j-n/etw. aus etw.* (herausziehen usw.), retten *j-n/etw. vor j-m/etw.*

resgate [hesgatschi] *m* **1** Rettung *w* **2** Lösegeld *s*

residência [hesidẽßja] *w* **1** Daueraufenthalt *m*, Wohnsitz *m* **2** Residenz *w* ▸ **~ de estudantes** Studentenwohnheim *s*, Studentenheim *s*

resíduo [hesiduu] *m* Abfall *m* (Reste usw.), Müll *m*, Rest *m* (gering)

resignar [hesignar] *v* zurücktreten (von einem Amt usw.)

resistência [hesißtẽßja] *w* **1** Widerstand *m gegen j-n/etw.* (Trotz) **2** Widerstand *m* (Kraft) **3** Widerstand *m* (Bewegung) **4** Widerstandsfähigkeit *w gegen etw.* **5** Ausdauer *w*

resistente [hesißtẽtschi] *adj* belastbar, widerstandsfähig *gegen etw.*

resistir [hesißtschir] *v* **1** widerstehen *etw. Dat*, sich sträuben *etw. Gen*, sich widersetzen *etw. Dat* (Änderung usw.) **2** widerstehen *etw. Dat* (Angriff, Anprall usw.)

resolver [hesouwer] *v* **1** lösen *etw. Akk* (Problem usw.) **2** beschließen *etw. Akk* (Entschluss fassen) **3** lösen (Gleichung usw.)

respeitar [heßpejtar] *v* **1** achten (Gesetz usw.), einhalten *etw. Akk*, respektieren *etw. Akk* (Gesetze usw.) **2** ehren *j-n/etw.*, schätzen *j-n/etw.* (hochachten)

respeitável [heßpejtaweu] *adj* **1** geehrt **2** respektabel

respeito [heßpejtu] *m* **1** Achtung *w vor j-m* (Hochschätzung usw.), Respekt *m vor j-m* **2** Hinsicht *w* ▸ **à ~** *de alg/a.c.* bezüglich, hinsichtlich; **com ~** *a a.c.* mit Rücksicht *auf etw. Akk*

respirar [heßpirar] *v* atmen

responder [heßpõũder] *v* **1** antworten *auf etw. Akk* **2** verantworten *etw. Akk*, verantwortlich sein *für etw.*

responsabilidade [heßpõũßabilidadshi] *w* **1** Verantwortung *w für etw.* **2** Haftung *w*

responsável [heßpõũßaweu] *adj* verantwortlich *j-m für etw.* ▸ **ser ~** *por a.c.* verantworten *etw. Akk*, verantwortlich sein *für etw.*

resposta [heßpòßta] *w* Antwort *w auf etw. Akk*

restabelecer [heßtabeleßer] *v* erneuern (Beziehung usw.), wiederherstellen (Ordnung)

restabelecimento [heßtabeleßimẽtu] *m* **1** Erneuerung *w* **2** Erholung *w* (von Krankheit)

restante [heßtãtschi] *adj* übrig, restlich ♦ *m* Rest *m* (nach Entnahme usw.)

restaurante [heßtaurãtschi] *m* Restaurant *s*

restaurar [heßtaurar] *v* **1** restaurieren (ein Gemälde usw.) **2** erneuern (Beziehung usw.), wiederherstellen (Ordnung)

restituir [heßtschituir] *v* zurückgeben *j-m etw. Akk*

resto [häßtu] *m* Relikt *s*, Überrest *m* (der Historie usw.), Rest *m etw. Gen* (beim Verbrauch usw.) ► **restos** *m Mz* Wrack *s* (Auto usw.)

restrição [heßtrißãũ] *w* Beschränkung *w*, Vorbehalt *m*

restringir [heßtrĩshir] *v* einschränken, reduzieren (Ausgaben usw.)

resultado [hesuutadu] *m* Ergebnis *s etw. Gen*

resultar [hesuutar] *v* **1** sich zeigen (Wahrheit usw.) **2** ausgehen *irgendwie* **3** entspringen *aus etw.*, folgen *aus etw.*, sich ergeben *aus etw.* (Schluss usw.)

resumido, -a [hesumidu] *adj* Gesamt- (Bericht usw.), zusammenfassend, kurz (nicht ausführlich), knapp (gekürzt)

resumo [hesumu] *m* Abstract *s*, Überblick *m* (Zusammenfassung), Übersicht *w* (Resümee), Zusammenfassung *w*

retardado, -a [hetardadu] *adj* **1** verspätet, verzögert, unpünktlich (Zahlung usw.) **2** zurückgeblieben (Mensch usw.), unterentwickelt (geistig usw.)

retardar [hetardar] *v* verzögern *etw. Akk* (Prozess usw.)

reter [heter] *v* **1** festnehmen *j-n* **2** aufhalten *j-n/etw.*, zurückhalten *j-n/etw.* (Person usw.), halten *j-n irgendwohin* **3** behalten *etw. Akk* (Qualität usw.) ► **~ na memória** *a.c.* sich merken *etw. Akk*

retirar [hetschirar] *v* **1** entfernen *etw. Akk*, beseitigen *etw. Akk*, wegräumen, zurückziehen *j-n/etw.* (Produkt usw.) **2** entziehen *etw. Akk j-m* (Lizenz usw.) **3** abholen *j-n/etw.*, holen *j-n/etw.*

reto [hätu] *m* Mastdarm *m* ♦ *adj* **1** gerade (Linie usw.) **2** ehrlich, ehrenhaft, Ehren-

retornar [hetornar] *v* zurückkommen, wiederkommen

retorno [hetornu] *m* **1** Rückkehr *w* **2** Rückfluss *m* (von Geld)

retraído, -a [hetraidu] *adj* scheu, schüchtern, zurückhaltend

retrato [hetratu] *m* Porträt *s*

retrovisor [hetrowisor] *m* Rückspiegel *m*

reunião [heuniãũ] *w* **1** Besprechung *w*, Versammlung *w* (Sitzung) **2** Massenversammlung *w*, Massentreffen *s*, Versammlung *w* (Menschen)

reunir [heunir] *v* sammeln (Sachen usw.), versammeln, zusammenbringen (ein Heer usw.)

revelação [hewelaßãũ] *w* **1** Entdeckung *w*, Enthüllung *w* (sensationell usw.) **2** Offenbarung *w* (Verraten usw.) **3** Offenbarung *w* (Gottes usw.)

revelar [hewelar] *v* **1** verraten, preisgeben, preisgeben *j-m etw. Akk* (Geheimnis usw.) **2** entdecken *etw. Akk* (Verbrechen usw.) **3** entwickeln (Film)

revés [hewäß] *m* **1** Rückseite *w* (eines Blattes usw.) **2** Unglück *s*, Unheil *s* (Pech usw.)

revestimento [heweßtschimẽtu] *m* Belag *m*, Film *m* (Schicht), Verkleidung *w* (aus Holz usw.)

revisar [hewisar] *v* **1** nochmals überprüfen *etw. Akk*, nochmals untersuchen *etw. Akk* (überprüfen), revidieren *etw. Akk* (korrigieren) **2** wiederholen *etw. Akk* (Lernstoff usw.)

revista [hewißta] *w* Magazin *s* (Zeitschrift), Illustrierte *w*, Zeitschrift *w*

rezar [hesar] *v* beten *zu j-m für etw.*

rico, -a [hiku] *adj* reich (Mensch usw.), wohlhabend, begütert ♦ *m* Reiche *m*

ridículo, -a [hidshikulu] *adj* lächerlich

rígido, -a [hishidu] *adj* **1** steif, unbiegsam (Material usw.) **2** starr, streng (Regeln usw.)

rigoroso, -a [higorosu] *adj* **1** streng (Person usw.) **2** rau (Klima usw.)

rim [hĩ] *m* Niere *w*

rímel [himeu] *m* Mascara *w*, Wimperntusche *w*

ringue [hĩgi] *m* Ring *m* (Boxring usw.)

rio [hiu] *m* Fluss *m* (Gewässer)

riqueza [hikesa] *w* Reichtum *m* (Geld usw.)

rir [hir] *v* lachen *über j-n/etw.*

risada [hisada] *w* Lachen *s*

risca [hißka] *w* **1** Streifen *m* (einer Farbe usw.) **2** Scheitel *m* (im Haar)

riscar [hißkar] *v* **1** durchstreichen (ein Wort usw.), streichen *etw. Akk* (Wort usw.) **2** zerkratzen

risco [hißku] *m* Gefahr *w*, Risiko *s* (einer Ansteckung usw.) ► **correr ~** riskieren *etw. Akk*, Risiko *etw. Gen* eingehen

riso [hisu] *m* Lachen *s*

rival [hiwau] *m* Gegner *m*, Rivale *m*

rixa [hischa] *w* Kampf *m* (Schlägerei)

roça [hòßa] *w* Land *s* (ländliches Gebiet)

rocha [hòscha] *w* **1** Felsen *m* **2** Gestein *s*
roda [hòda] *w* **1** Rad *s* **2** Kreis *m* (Figur) **3** Umkreis *m* ► **à ~ de** *a.c.* um *etw. Akk* (räumlich)
rodar [hodar] *v* **1** rotieren, sich drehen (Rad usw.) **2** drehen (Film)
rodear [hodshiar] *v* kreisen *um etw.*, umringen *j-n/etw.*
rodovia [hodowia] *w* Fahrbahn *w*
rodoviária [hodowiaria] *w* Busbahnhof *m*
rogar [hogar] *v* bitten *j-n um etw.*
rol [hòu] *m* Liste *w etw. Gen*
rolar [holar] *v* **1** rollen *etw. Akk*, wälzen *etw. Akk* (Fass usw.) **2** geschehen, passieren (Ereignis usw.), sich abspielen **3** scrollen
rolha [holja] *w* Stöpsel *m*
rolo [holu] *m* **1** Rolle *w* **2** Lockenwickler *m*
romance [homãßi] *m* Roman *m*, Romanze *w* (Gedicht)
romper [hõũper] *v* **1** kaputt machen *etw. Akk*, zerschlagen *etw. Akk* (absichtlich usw.) **2** brechen *etw. Akk* (Zweig usw.), durchbrechen (Absperrung usw.) **3** zerreißen (Seil usw.) **4** abbrechen *etw. Akk* (beenden) **5** brechen (Schwur usw.)
roncar [hõũkar] *v* heiser sprechen, schnarchen
ronda [hõũda] *w* **1** Streife *w* (Gang) **2** Runde *w* (im Wettkampf usw.)
rosa [hòsa] *w* Rose *w* ♦ *adj* rosa, rosig, rosenrot
rosado, -a [hosadu] *adj* rosa
rosto [hoßtu] *m* Gesicht *s*
rota [hòta] *w* Linie *w* (Verkehrsstrecke), Route *w*
rotatória [hotatòria] *w* Kreisverkehr *m*
roteiro [hotejru] *m* **1** Programm *s etw. Gen* (Ablauf) **2** Drehbuch *s*, Szenarium *s* (eines Films usw.)
roto, -a [hotu] *adj* **1** zerschlagen (Gegenstand usw.) **2** geplatzt (Reifen usw.), gerissen (Kette usw.)
rotunda [hotũda] *w* Rotunde *w*
roubar [hobar] *v* **1** bestehlen *j-n um etw.*, stehlen *j-m etw. Akk* **2** ausrauben *etw. Akk* (Bank usw.)
roubo [hobu] *m* Diebstahl *m*, Raub *m* ► **~ de bolsas** Taschendiebstahl *m*
roupa [hopa] *w* Kleider *s Mz*, Kleidung *w*, Wäsche *w* (Textilien) ► **~ interior** Unterwäsche *w*, Unterkleidung *w*; **~ suja** Wäsche *w* (schmutzige), Schmutzwäsche *w*; **tirar a ~** sich ausziehen
roupeiro [hopejru] *m* Kleiderschrank *m*
rua [hua] *w* Straße *w* (in Stadt)
ruga [huga] *w* Falte *w* (Runzel)
rugir [hushir] *v* brüllen, donnern (Motor usw.)
ruído [huidu] *m* Lärm *m*
ruidoso, -a [huidosu] *adj* laut
ruim [hũĩ] *adj* **1** mies, miserabel, schlecht (minderwertig) **2** niederträchtig
ruína [huina] *w* Ruine *w*
ruir [huir] *v* einstürzen (Gebäude usw.)
ruivo, -a [huiwu] *adj* rot (Haar usw.)
rumo [humu] *m* Kurs *m* (Richtung), Richtung *w*
russo, -a [hußu] *adj* russisch ♦ *m* **1** Russe *m* **2** Russisch(e) *s*
rústico, -a [hußtschiku] *adj* **1** rustikal, ländlich **2** derb, grob (Manieren usw.)

S

sábado [ßabadu] *m* Samstag *m*, (NoD) Sonnabend *m*
sabão [ßabãũ] *m* Seife *w*
sabedor, -a [ßabedor] *adj* weise
saber [ßaber] *v* **1** wissen *etw. Akk, von etw.* **2** können *tun etw. Akk* **3** schmecken *nach etw.* (Beigeschmack haben) ♦ *m* Wissen *s* (Kenntnisse) ► **a ~** und zwar; **chegar a ~** *de a.c.* erfahren *etw. Akk, über etw. Akk*; **deixar ~** *a.c. a alg* ausrichten lassen *j-m etw. Akk*; **fazer ~** *a alg* Bescheid sagen *j-m*; **sem ~** unwissentlich
sábio, -a [ßabju] *adj* weise ♦ *m* Weise *m*
sabonete [ßabonetschi] *m* Seife *w*
sabor [ßabor] *m* Geschmack *m*
saboroso, -a [ßaborosu] *adj* schmackhaft
saca [ßaka] *w* Tasche *w* (Behälter)
sacada [ßakada] *w* Balkon *m*
sacar [ßakar] *v* **1** herausziehen *etw. Akk aus etw.*, ziehen *etw. Akk aus etw.* **2** herausstrecken *etw. Akk*, ziehen (Waffe) **3** abheben, (ÖrD) beheben (Geld usw.) ► **~ a descoberto** überziehen (Konto usw.); **~** *a.c.* **de** *a.c.* herausbekommen *etw. Akk aus etw.*

saca-rolhas [ßakaroljaß] *m* Korkenzieher *m*
sacerdote [ßaßerdotschi] *m* Priester *m*
saciar [ßaßjar] *v* befriedigen (Bedürfnis usw.), satt machen, sättigen, stillen (Neugier usw.)
saco [ßaku] *m* **1** Sack *m*, Tasche *w* (Behälter), Tüte *w* **2** ***Saco!*** Verdammt! ▶ **saco-cama** *m* Schlafsack *m*
sacrificar [ßakrifikar] *v* einschläfern *etw. Akk* (einen Hund usw.), opfern *etw. Akk*
sacrifício [ßakrifißju] *m* Opfer *s* (an die Götter usw.), Opfergabe *w*
sacro, -a [ßakru] *adj* heilig (Sakrament usw.)
sacudir [ßakudshir] *v* **1** rütteln *an j-m/etw.* (an Türklinke usw.), schütteln *j-n/etw.* **2** erschüttern *etw. Akk* (Vertrauen usw.) **3** abklopfen (säubern), abschütteln *etw. Akk* (Schnee usw.)
sagrado, -a [ßagradu] *adj* heilig (Sakrament usw.)
saia [ßaja] *w* Rock *m*
saída [ßaida] *w* **1** Abfahrt *w* (eines Zuges usw.), Abflug *m*, Abgang *m*, Auschecken *s* (aus dem Hotel usw.) **2** Ausfahrt *w* (Ausgang), Ausgang *m* **3** Ausfahrt *w* (auf der Autobahn) **4** Ausweg *m* **5** Auslass *m* ▶ **~ de emergência** Notausgang *m*
sair [ßair] *v* **1** abfahren, abgehen (Zug usw.), abreisen *aus etw. nach etw.* **2** aussteigen *aus etw.* (Zug usw.) **3** ausfahren *aus/von etw.*, hinausfahren *aus/von etw.* (mit dem Auto usw.), ausgehen *aus etw.*, hinausgehen *aus etw.* **4** ausgehen (gern, häufig usw.) ▶ **fazer ~** hinausjagen *j-n aus etw.*; **~ bem** klappen, gelingen (Sache usw.); **~ da casa** ausziehen (aus dem Haus usw.); **~ (do sistema)** sich ausloggen
sal [ßau] *m* Salz *s*
sala [ßala] *w* Halle *w*, Saal *m*, Zimmer *s*, Raum *m* (im Haus) ▶ **~ de espera** Wartezimmer *s*, Warteraum *m*; **~ de jantar** Esszimmer *s*
salada [ßalada] *w* Salat *m* (Speise)
salão [ßalãũ] *m* Salon *m*
salário [ßalarju] *m* Gehalt *s* (Entlohnung), Lohn *m* ▶ **aumentar o ~** *a alg* den Lohn erhöhen *j-m*
saldo [ßaudu] *m* **1** Kontostand *m*, Saldo *m* **2** Ermäßigung *w*
saleiro [ßalejru] *m* Salzstreuer *m*
salgado, -a [ßaugadu] *adj* salzig
salientar [ßaliẽĩtar] *v* **1** hervorstehen *aus etw.* **2** betonen *etw. Akk* (Bedeutung usw.)
saliva [ßaliwa] *w* Speichel *m*
salmão [ßaumãũ] *m* Lachs *m*
salsa [ßaußa] *w* Petersilie *w*
salsicha [ßaußischa] *w* Knackwurst *w*, Bockwurst *w*, Wurst *w* (Bierwurst usw.), Bratwurst *w* ▶ **~ (alemã)** Würstchen *s*
saltar [ßautar] *v* **1** springen (einen Sprung machen) **2** überspringen *etw. Akk* (auslassen) ▶ **~ (sobre)** *a.c.* überspringen *etw. Akk* (Sprung machen), springen *über etw. Akk*
salto [ßautu] *m* **1** Aufsprung *m* (nach oben), Sprung *m* **2** Absatz *m* (eines Schuhs) ▶ **dar um ~** *a* kurz weggehen *irgendwohin*
salubre [ßalubri] *adj* gesund (gut für Gesundheit)
salva [ßauwa] *w* **1** Salve *w* **2** Salbei *m,w*
salvação [ßauwaßãũ] *w* Heil *s* (Erlösung), Rettung *w*
salvaguarda [ßauwaguarda] *w* Sicherung *w* (Sicherheitsschloss usw.)
salvamento [ßauwamẽtu] *m* Rettung *w*
salvar [ßauwar] *v* **1** befreien (Gefangene usw.), retten *j-n/etw. vor j-m/etw.* **2** retten *j-n/etw.* (von Sünden usw.)
salva-vidas [ßauwawidaß] *m* Rettungsschwimmer *m*
salvo, -a [ßauwu] *adj* sicher (gefahrlos) ♦ *prep* außer *j-m/etw.* (ausgenommen), mit Ausnahme *von j-m/etw.* ▶ **estar a ~** in Sicherheit *w* sein
sancionar [ßãßionar] *v* genehmigen *etw. Akk*
sandálias [ßãdaliaß] *w Mz* Sandalen *w Mz*
sanduíche [ßãduischi] *w* Sandwich *m,s*
sangrar [ßãgrar] *v* bluten
sangrento, -a [ßãgrẽtu] *adj* blutig (voll von Blut)
sangue [ßãgi] *m* Blut *s*
sanita [ßanita] *w* Klosett *s* (Einrichtung)
santo, -a [ßãtu] *adj* heilig ♦ *m* Heilige *m*
são, sã [ßãũ] *adj* **1** heilig (Person) **2** gesund (Person usw.)
sapato [ßapatu] *m* Schuh *m*

saque [ßaki] *m* **1** Aufschlag *m* (im Tennis usw.) **2** Abhebung *w* ► **~ a descoberto** Kontoüberziehung *w*

sardinha [ßardshĩnja] *w* Sardine *w*, Pilchard *m*

satisfazer [ßatschißfaser] *v* **1** erfüllen *etw. Akk* **2** befriedigen *j-n/etw.*, zufriedenstellen *j-n* (Kunden usw.) **3** befriedigen (Bedürfnis usw.)

satisfeito, -a [ßatschißfejtu] *adj* zufrieden *mit j-m/etw.*

saudação [ßaudaßãũ] *w* Gruß *m*, Salut *m*

saudade [ßaudadshi] *w* Nostalgie *w nach etw.*, Verlangen *s nach etw.* (heftiges usw.) ► **ter ~** *de a.c.* sich sehnen *nach j-m/etw.*

saudar [ßaudar] *v* **1** begrüßen *j-n*, grüßen *j-n* **2** willkommen heißen *j-n* **3** salutieren ► **~** *alg* **com a mão** winken *j-m*

saudável [ßaudaweu] *adj* gesund

saúde [ßaudshi] *w* Gesundheit *w* ► **casa** *w* **de ~** Anstalt *w*; **Saúde!** Prosit!, Zum Wohl!

se [ßi] *conj* ob, soviel (ich weiß usw.), wenn, falls ♦ *pron* einander, sich ► **~ (for) necessário** wenn notwendig, gegebenenfalls

sé [ßä] *w* Kathedrale *w*

seca [ßeka] *w* **1** Trockenheit *w* (Trockenzeit), Dürre *w* **2** Langeweile *w* ► **apanhar ~** sich langweilen

seção [ßeßãũ] *w* **1** Abschnitt *m*, Abteil *s* (abgegrenzter Teil), Rubrik *w* (einer Zeitung usw.) **2** Querschnitt *m* (Querprofil)

secar [ßekar] *v* **1** trocknen (trocken werden), abtrocknen (Kleid usw.) **2** trocknen *etw. Akk* (trocken machen) **3** abreiben, abtrocknen *etw. Akk* (trocken machen)

seco, -a [ßeku] *adj* **1** trocken **2** getrocknet, gedörrt

secretária [ßekretaria] *w* **1** Sekretärin *w* **2** Schreibtisch *m*, Sekretär *m* (Möbelstück)

secretário [ßekretarju] *m* Sekretär *m*

secreto, -a [ßekrätu] *adj* geheim, heimlich

século [ßäkulu] *m* Jahrhundert *s*

secundário, -a [ßekũdarju] *adj* nebensächlich, sekundär, Sekundär-, zweitrangig (Angelegenheit usw.)

secura [ßekura] *w* Trockenheit *w* (im Mund usw.)

seda [ßeda] *w* Seide *w*

sede [ßädshi] *w* **1** Sitz *m* (Institution) **2** Durst *m* ► **estar com ~** Durst haben, durstig sein

sedimento [ßedshimẽtu] *m* Ablagerung *w*, Bodensatz *m*, Satz *m* (Bodensatz), Sediment *s* (Gestein)

seduzir [ßedusir] *v* verführen *j-n* (Mädchen usw.)

sega [ßega] *w* Ernte *w*

segredo [ßegredu] *m* Geheimhaltung *w*, Geheimnis *s*

seguidor [ßegidor] *m* Anhänger *m* (einer Lehre usw.)

seguimento [ßegimẽtu] *m* **1** Fortsetzung *w etw. Dat* (einer Tätigkeit usw.) **2** Überwachung *w*

seguinte [ßegĩtschi] *adj* folgend, nächst(er,e,es), nachfolgend, weiter (nächster)

seguir [ßegir] *v* **1** weitermachen *etw. Akk* **2** folgen *nach etw.* (in gewisser Reihenfolge) **3** folgen *j-m/etw.* (nachgehen), verfolgen *j-n* (beschatten) **4** folgen *j-m/etw.* (einen Verdächtigen usw.), stalken *j-n* (Fan usw.), verfolgen (Wild usw.) **5** einhalten *etw. Akk*, sich halten *an etw. Akk* (Anweisungen usw.)

segunda-feira [ßegũdafejra] *w* Montag *m*

segundo, -a [ßegũdu] *num* zweit(er,e,es) ♦ *adj* Hinter- ♦ *m* Sekunde *w* ♦ *prep* nach *etw.* (Vorbild), gemäß *etw. Dat* ♦ *adv* zweitens ► **pela segunda vez** zum zweiten Mal

segurança [ßegurãßa] *w* **1** Sicherheit *w* (Zustand) **2** Sicherung *w* (Schutz) **3** Sicherheit *w* (Selbstsicherheit) ♦ *m* Bewachung *w* (Personen)

segurar [ßegurar] *v* **1** halten *etw. Akk* (in der Hand), (kurz) halten *etw. Akk* **2** sichern *etw. Akk irgendwohin* (Wagen, Waffe usw.) **3** sichern *j-n/etw.* (schützen)

seguro, -a [ßeguru] *adj* **1** sicher **2** überzeugt *von etw.* ♦ *m* Versicherung *w* (Vertrag) ► **contratar ~** eine Versicherung abschließen; **estar segur|o/-a** sich *etw. Gen* sicher sein; **prêmio** *m* **de ~** Versicherungsbeitrag *m*; **~ de saúde** Krankenversicherung *w*

seio [ßeju] *m* Brust *w* (weibliche) ► **seios** *m Mz* Busen *m*

seis [ßejß] *num* sechs

sela [ßäla] *w* Sattel *m* (Pferd usw.)

seleção [ßeleßãũ] *w* **1** Selektion *w* **2** Auswahl *w* (ausgewählte Dinge), Nationalmannschaft *w*
selecionar [ßeleßionar] *v* **1** auswählen, wählen (Möglichkeit usw.) **2** aussortieren *etw. Akk*
selim [ßelĩ] *m* Sattel *m* (Fahrrad usw.)
selo [ßelu] *m* **1** Plombe *w* **2** Marke *w* (Wertzeichen) **3** Stempel *m*
selva [ßäuwa] *w* Dschungel *m*, Urwald *m*, Wildnis *w*
selvagem [ßeuwashẽĩ] *adj* wild (Tier usw.) ♦ *m* Wilde *m*
sem [ßẽĩ] *prep* ohne *j-n/etw.* ♦ *conj* ohne *etw. Akk zu tun*
semáforo [ßemaforu] *m* Ampel *w*
semana [ßemana] *w* Woche *w* ► **fim** *m* **de ~** Wochenende *s*
semelhante [ßemeljãtschi] *adj* ähnlich *etw. Gen*
sêmen [ßemẽĩ] *m* Samen *m* (Sperma)
semente [ßemẽtschi] *w* **1** Kern *m* (von Obst) **2** Samen *m* (Samenkorn) **3** Saat *w* (Saatgut)
semestre [ßemäßtri] *m* Halbjahr *s* (in der Schule), Semester *s*
seminário [ßeminarju] *m* Priesterseminar *s*, Seminar *s*
sem-par [ßẽĩpar] *adj* einzigartig, einmalig
sempre [ßẽpri] *adv* immer, stets, ständig ► **para ~** für/auf immer; **~ que** jedes Mal wenn
senão [ßenãũ] *conj* sondern ♦ *m* Haken *m* (Schwierigkeit)
senda [ßẽda] *w* Pfad *m*
senha [ßẽnja] *w* **1** Passwort *s*, Kennwort *s* **2** Zeichen *s* (Anzeichen)
senhor [ßẽnjor] *m* Herr *m* ► **o ~** Sie
senhora [ßẽnjora] *w* Frau *w*, Dame *w* (Person) ► **a ~** Sie
sensação [ßẽĩßaßãũ] *w* **1** Gefühl *s* **2** Sensation *w*
sensato, -a [ßẽĩßatu] *adj* vernünftig
sensibilidade [ßẽĩßibilidadshi] *w* Empfindlichkeit *w gegen etw.*, Gefühl *s* (in Fingern usw.)
sensível [ßẽĩßiweu] *adj* **1** empfindsam **2** empfindlich *gegen etw.* (gegen Kälte usw.) **3** spürbar, empfindlich (Verlust usw.)
senso [ßẽßu] *m* Verstand *m*, Vernunft *w* ► **bom ~** gesunder Menschenverstand *m*
sensual [ßẽĩßuau] *adj* sinnlich (Lippen usw.)
sentar-se [ßẽĩtarßi] *v* sich setzen, sitzen
sentença [ßẽĩtẽßa] *w* **1** Urteil *s* (richterliches) **2** Spruch *m* (Lebensweisheit)
sentido [ßẽĩtschidu] *m* **1** Sinn *m* (Sehkraft usw.) **2** Sinn *m etw. Gen* (Zweck) **3** Sinn *m für etw.* (Gerechtigkeit usw.) **4** Bedeutung *w* **5** Richtung *w* ► **sem ~** unsinnig, sinnlos; **ter ~** Sinn ergeben
sentimento [ßẽĩtschimẽtu] *m* **1** Empfindung *w* (Gefühle), Gefühl *s* (Wahrnehmung) **2** Gefühl *s* (Emotion)
sentir [ßẽĩtschir] *v* **1** fühlen *etw. Akk*, spüren *etw. Akk* (Kälte usw.), empfinden *etw. Akk* (Schmerz usw.), verspüren **2 ~ *(pena)*** bedauern *j-n* ► **Não me sinto bem.** Mir ist schlecht.; **Sinto.** Es tut mir leid.
separar [ßeparar] *v* abkuppeln, abkoppeln, abhängen, ausgliedern (aus einer Gruppe usw.) *j-n/etw.*
sepultar [ßepuutar] *v* **1** begraben *j-n* **2** verschütten *j-n* (Lawine usw.)
sequência [ßekuẽßja] *w* Reihenfolge *w*, Sequenz *w* ► **na ~** *de a.c.* infolge *etw. Gen*, als Folge *etw. Gen*
sequestro [ßekuäßtru] *m* Entführung *w*, Kidnapping *s* (von Person) ► **~ de avião** Flugzeugentführung *w*
ser [ßer] *v* existieren, sein ♦ *m* **1** Dasein *s* **2** Geschöpf *s* ► **~ humano** Mensch *m*; **~ obrigado** *a fazer a.c.* verpflichtet sein *etw. Akk zu tun*, müssen *etw. Akk tun* (Pflicht haben); **Onde é isso?** Wo ist das?
seriado [ßeriadu] *m* Serie *w* (TV usw.)
série [ßärii] *w* **1** Serie *w* **2** Liga *w* ► **fora de ~** (übertr.) außergewöhnlich, Ausnahme-
seringa [ßerĩga] *w* Spritze *w* (für Injektionen), Injektionsspritze *w*
sério, -a [ßärju] *adj* **1** ernst (nicht amüsant) **2** ernsthaft (Versuch usw.), ernst (Interesse usw.) **3** ernsthaft (wichtig usw.), seriös (Gründe usw.), solide ► **A ~?** Im Ernst?, Ehrlich?, Wirklich?, Ist das Ihr Ernst?, Meinen Sie das ernst?
serpente [ßerpẽtschi] *w* Schlange *w* (Tier)
serra [ßäha] *w* **1** Gebirge *s*, Bergkette *w* **2** Säge *w*

serviço [ßerwißu] *m* **1** Dienst *m* **2** Satz *m von etw.* (Teller usw.), Garnitur *w etw. Gen* (Geschirr usw.), Service *s* (Geschirr) **3** Betrieb *m etw. Gen* (Tätigkeit usw.) **4** Bedienung *w* (von Kunden) **5** Service *m,s* (Dienst) **6** Station *w* (in Krankenhaus) **7** Aufschlag *m* (im Tennis usw.) **8** ***serviços*** Dienstleistungen *w Mz* ► **fora de ~** außer Betrieb; **~ 24 horas** Ganztagsbetrieb *m*

servir [ßerwir] *v* **1** bedienen *j-n*, dienen *j-m/etw.* **2** dienen *als etw. Nom, zu etw.* (Zweck haben) **3** servieren (Essen)

sessenta [ßeßẽta] *num* sechzig

set [ßätschi] *m* Satz *m* (im Tennis usw.)

seta [ßäta] *w* Pfeil *m*

sete [ßätschi] *num* sieben

setembro [ßetẽbru] *m* September *m*

setenta [ßetẽta] *num* siebzig

sétimo [ßätschimu] *num* siebent(er,e,es), siebt(er,e,es)

setor [ßetor] *m* Bereich *m* (thematischer usw.), Gebiet *s* (einer Tätigkeit usw.), Sphäre *w*, Sektor *m* (Bereich)

seu, sua [ßeu] *pron* sein ► **~/sua** Ihr, Ihre

severo, -a [ßewäru] *adj* **1** hart (unnachgiebig), streng (Person usw.) **2** ernst, schlimm (Lage usw.)

sexo [ßäkßu] *m* **1** Geschlecht *s* (sexuell) **2** Sex *m*

sexta-feira [ßeßtafejra] *w* Freitag *m*

sexto, -a [ßeßtu] *num* sechst(er,e,es)

sexual [ßekßuau] *adj* geschlechtlich, Geschlechts-, sexuell

shopping [schopĩ] *m* **1** Einkaufszentrum *s* **2** Einkaufen *s* ► **fazer ~** einkaufen, Einkauf/Einkäufe machen

show [schou] *m* Konzert *s* (Veranstaltung), Show *w*

sigilo [ßishilu] *m* **1** Geheimnis *s* **2** Siegel *s* (Abdruck)

significado [ßignifikadu] *m* Bedeutung *w*

significar [ßignifikar] *v* bedeuten *etw. Akk*

signo [ßignu] *m* **1** Zeichen *s* (Symbol) **2** Sternzeichen *s*

sílaba [ßilaba] *w* Silbe *w*

silêncio [ßilẽßju] *m* Stille *w*, Ruhe *w* (Stille) ► **em ~** leise (ohne Geräusch), still

silencioso, -a [ßilẽĩßiosu] *adj* schweigsam, wortkarg, still

silvar [ßiuwar] *v* **1** pfeifen **2** zischen (Schlange usw.)

sim [ßĩ] *part* ja (Zustimmung)

similar [ßimilar] *adj* ähnlich *etw. Gen*

simpático, -a [ßĩpatschiku] *adj* sympathisch

simples [ßĩpliß] *adj* einfach (unkompliziert), simpel (Erklärung usw.) ♦ *m* Einzelspiel *s*, Single *s* (im Tennis usw.)

sinal [ßinau] *m* **1** Signal *s* (Zeichen usw.), Zeichen *s* (Geste usw.) **2** Signal *das* (Radio- usw.) **3** Andeutung *w*, Spur *w etw. Gen* (Zeichen), Zeichen *s* (Anzeichen) **4** Anzahlung *w* ► **~ de trânsito** Verkehrszeichen *s*

sincero, -a [ßĩßäru] *adj* aufrichtig (ehrlich)

singelo, -a [ßĩshälu] *adj* einfach (unkompliziert), simpel (Erklärung usw.)

singular [ßĩgular] *m* Singular *m* ♦ *adj* sonderbar, seltsam

sinistro, -a [ßinißtru] *adj* **1** link(er,e,es) **2** unheilvoll ♦ *m* **1** Katastrophe *w*, Unglück *s* (Tragödie usw.) **2** Versicherungsfall *m*

sino [ßinu] *m* Glocke *w*

sintoma [ßĩtoma] *m* Symptom *s von etw., für etw.* (einer Krankheit usw.)

sintonizar [ßĩtonisar] *v* einstellen *etw. Akk* (Sender usw.)

sismo [ßismu] *m* Erdbeben *s*

sistema [ßißtema] *m* System *s*

sítio [ßitschju] *m* **1** Platz *m* (Teil eines Raumes), Ort *m*, Stelle *w* (Punkt, Gebiet usw.) **2** Belagerung *w* **3** Bauernhof *m*, Hof *m* (landwirtschaftlicher)

situação [ßituaßãũ] *w* Situation *w*

situar [ßituar] *v* platzieren *j-n/etw. irgendwohin*, verteilen *etw. Akk irgendwohin* (über eine Fläche) ► **estar situado** liegen *irgendwo* (Sache)

só [ßò] *adj* allein (ohne Andere), einsam (Mensch usw.) ♦ *adv* erst (nicht früher als), nur ♦ *part* erst (vor kurzer Zeit) ► **não ~** nicht nur; **nem um ~** kein einziger

soalho [ßoalju] *m* Boden *m* (im Zimmer usw.), Fußboden *m*

soar [ßoar] *v* **1** ertönen, klingen (Glocke), läuten **2** bekannt vorkommen *j-m*

sob [ßob] *prep* unter *etw. Dat* (dem Tisch usw.) ► **~ a condição de que** unter der Bedingung, dass

soberbo, -a [ßoberbu] *adj* aufgeblasen (Person), überheblich, stolz (hochmütig)
sobra [ßòbra] *w* Rest *m etw. Gen* (beim Verbrauch)
sobrancelha [ßobrãßelja] *w* Augenbrauen *w Mz*
sobrar [ßobrar] *v* überschüssig sein, (übrig) bleiben
sobre [ßobri] *prep* **1** auf (einer Oberfläche usw.), über (dem Niveau) **2** bezüglich, hinsichtlich, über *etw. Akk* (sprechen usw.), von *etw.* (reden, hören usw.)
sobremesa [ßobrimesa] *w* Dessert *s*, Nachtisch *m*, Nachspeise *w*
sobrenome [ßobrinomi] *m* Familienname *m*, Zuname *m*, Nachname *m*
sobretaxa [ßobritascha] *w* Zuschlag *m*
sobretudo [ßobritudu] *adv* namentlich, vor allem ♦ *m* Mantel *m* (Kleidung)
sobreviver [ßobriwiwer] *v* überleben
sobrinha [ßobrĩnja] *w* Nichte *w*
sobrinho [ßobrĩnju] *m* Neffe *m*
social [ßoßjau] *adj* gesellschaftlich, sozial
sociedade [ßoßiedadshi] *w* Gesellschaft *w*
sócio [ßòßju] *m* Gesellschafter *m*, Mitglied *s etw. Gen*, Angehörige *m etw. Gen*
soco [ßoku] *m* **1** Schlag *m* (mit der Faust), Faustschlag *m* **2** Holzschuh *m*
sofá [ßofa] *m* Sofa *s*, Couch *w*
sofrer [ßofrer] *v* **1** leiden *an/unter etw. Dat* **2** durchmachen *etw. Akk* (Krankheit usw.), erleiden *etw. Akk* ▶ **~ colapso** zusammenbrechen (Mensch)
sofrimento [ßofrimẽtu] *m* Elend *s*, Leiden *s*, Plagen *w Mz*, Qual *w*
sogra [ßògra] *w* Schwiegermutter *w*
sogro [ßogru] *m* Schwiegervater *m*
sol [ßòu] *m* Sonne *w* ▶ **pôr** *m* **do ~** Sonnenuntergang *m*
sola [ßòla] *w* **1** Sohle *w*, Schuhsohle *w* **2** Fußsohle *w*
soldado [ßoudadu] *m* Soldat *m*
solene [ßoleni] *adj* ernst (Gesicht usw.), Fest-, Feier-
solicitar [ßolißitar] *v* beantragen *etw. Akk*, erbitten (Hilfe usw.)
solidão [ßolidãũ] *w* Einsamkeit *w*
sólido, -a [ßòlidu] *adj* **1** fest (Stoff usw.) **2** massiv (fest usw.), Massiv- **3** solide, redlich
solitário, -a [ßolitarju] *adj* **1** einsam **2** einzelgängerisch ♦ *m* Einzelgänger *m*
solo [ßòlu] *m* **1** Solo *s* **2** Boden *m*, Erde *w*, Grund *m*
soltar [ßoutar] *v* **1** loslassen *j-n/etw.* (nicht festhalten) **2** vergießen (Träne usw.)
solteiro [ßoutejru] *adj* ledig ♦ *m* Junggeselle *m*
solto, -a [ßoutu] *adj* **1** locker, lose **2** locker (Boden usw.), Schütt-
solução [ßolußãũ] *w* **1** Lösung *w etw. Gen* (einer Aufgabe), Auflösung *w etw. Gen* **2** Lösung *w* (Flüssigkeit)
solucionar [ßolußionar] *v* lösen *etw. Akk*, sich befassen *mit etw.* (Problem usw.), sich beschäftigen *mit etw.* (Thema usw.)
som [ßõũ] *m* **1** Geräusch *s*, Klang *m* (klarer usw.) **2** Laut *m* (stimmhafter usw.)
soma [ßoma] *w* **1** Betrag *m*, Summe *w* (bezahlte usw.) **2** Summe *w* (einer Addition)
somar [ßomar] *v* **1** zusammenzählen, addieren **2** sammeln (Beweise, Dinge usw.)
sombra [ßõũbra] *w* **1** Schatten *m etw. Gen* (eines Körpers) **2** Schirm *m* (einer Lampe usw.), Lampenschirm *m* **3** Lidschatten *m*
somente [ßomẽtschi] *adv* erst (nicht früher als), nur
sonhar [ßõnjar] *v* träumen *von j-m/etw.*
sonho [ßõnju] *m* **1** Traum *m* **2** Verlangen *s nach etw.* (heftiges usw.)
sono [ßonu] *m* Schlaf *m* ▶ **estar com ~** müde sein; **pegar no ~** einschlafen (in Schlaf sinken)
sopa [ßopa] *w* Suppe *w*
soprar [ßoprar] *v* **1** blasen (Wind usw.), wehen **2** pusten *auf etw. Akk* (abkühlen) **3** ausblasen (Kerze usw.)
sorrir [ßohir] *v* anlachen *j-n*, lächeln
sorriso [ßohisu] *m* Lächeln *s*
sorte [ßòrtschi] *w* **1** Art *w* (Typus usw.), Sorte *w* (Typ usw.) **2** Glück *s* (Erfolg) **3** Schicksal *s* ▶ **(boa) ~** Glück *s* (Fortuna); **estar com ~** Glück haben; **má ~** Pech *s*, wenig Glück *s*
sortido [ßortschidu] *m* Sortiment *s*
sortir [ßortschir] *v* versorgen *j-n/etw. mit etw.* (beliefern)
sorvete [ßorwetschi] *m* Eis *s* (Speiseeis)

sossego [ßoßegu] *m* Ruhe *w*, Frieden *m* (Ungestörtheit)
sótão [ßòtãũ] *m* Dachboden *m*, Dachgeschoss *s*
sozinho, -a [ßosinju] *adj* **1** einsam (Mensch), allein (Person) **2** allein (ohne Andere), selbst
spa [ßpa] *m* Bad *s* (mit Heilquellen), Kurort *m*
stress [ißträß] *m* Stress *m*
suar [ßuar] *v* ins Schwitzen kommen, schwitzen
suave [ßuawi] *adj* **1** leicht, sanft, milde (Essen usw.) **2** weich (geschmeidig) ▶ **declive** *m* ~ ein leichter Hang
subida [ßubida] *w* **1** Anstieg *m* (der Temperatur usw.), Erhöhung *w etw. Gen*, Steigung *w* (des Terrains usw.) **2** Einstieg *m* **3** Aufstieg *m* (Besteigung)
subir [ßubir] *v* **1** hinauffahren, hinaufgehen, hinaufsteigen *etw. Akk*, (in die Luft) steigen (Rauch, Ballon usw.) **2** sich erhöhen (Volumen usw.), steigen (Nebel usw.) **3** steigen (Wasserspiegel usw.) **4** zusteigen *in etw. Akk* **5** klettern (im Gebirge usw.)
súbito, -a [ßubitu] *adj* plötzlich
sublinhar [ßublĩnjar] *v* betonen *etw. Akk* (Bedeutung usw.), unterstreichen (Strich ziehen)
suborno [ßubornu] *m* Bestechungsgeld *s*
subscrever [ßubißkrewer] *v* **1** unterschreiben *etw. Akk* **2** abonnieren *etw. Akk*
subscrição [ßubißkrißãũ] *w* Abonnement *s etw. Gen*, (ugs.) Abo *s etw. Gen*
subsídio [ßubißidshju] *m* Leistung *w* (Betrag), Subvention *w*, Unterstützung *w* (Geldbetrag), Zuschuss *m*
substância [ßubißtãßja] *w* **1** Stoff *m* (chemischer usw.) **2** Wesen *s* (Kern)
substancial [ßubißtãßjau] *adj* **1** wesentlich **2** herzhaft (Abendessen usw.), kräftig (Essen usw.)
substituição [ßubißtschituißãũ] *w* **1** Ersetzen *s etw. Gen durch etw.*, Wechsel *m* (Änderung), Austausch *m*, Ersetzung *w* **2** Wechsel *m* (Ablösung)
substituir [ßubißtschituir] *v* **1** einspringen *für j-n*, ersetzen *j-n/etw.* (Nachfolger usw.), wechseln *etw. Akk für etw.*, auswechseln *etw. Akk gegen etw.* **2** ablösen *j-n* (Tätigkeit übernehmen), auswechseln *j-n* **3** einsetzen *etw. Akk in etw. Akk* (in Gleichung usw.)
substituto [ßubißtschitutu] *m* **1** Ersatzmann *m*, Vertreter *m* (Ersatz) **2** Ersatz *m für etw.*
subterrâneo, -a [ßubitehaneu] *adj* unterirdisch ♦ *m* Untergrund *m* (einer Kirche usw.)
subtrair [ßubitrair] *v* **1** stehlen *j-m etw. Akk* **2** abziehen *etw. Akk von etw.*, abrechnen *etw. Akk von etw.*, subtrahieren *etw. Akk von etw.*
subúrbio [ßuburbju] *m* Peripherie *w*, Vorstadt *w*
suceder [ßußeder] *v* **1** geschehen, passieren (Ereignis usw.) **2** *j-s* Nachfolger sein
sucedido [ßußedshidu] *m* Ereignis *s*
sucessão [ßußeßãũ] *w* **1** Reihe *w* (von Zahlen), Folge *w* (von Zahlen usw.), Reihenfolge *w* **2** Nachlass *m* (eines Verstorbenen)
sucessivamente [ßußeßiwamẽtschi] *adv* allmählich, stufenweise, schrittweise
sucesso [ßußäßu] *m* **1** Erfolg *m* **2** Ereignis *s*
sucessor [ßußeßor] *m* Nachfolger *m j-s/etw.*
suco [ßuku] *m* Saft *m* (aus Obst usw.)
suéter [ßuäter] *m* Pullover *m*, Pulli *m*
suficiente [ßufißiẽtschi] *adj* ausreichend, genügend, hinreichend ♦ *adv* genug (ausreichend) ♦ *m* genug *etw. Gen*
sufocar [ßufokar] *v* **1** ersticken *j-n*, würgen *j-n* (Opfer usw.) **2** unterdrücken (Bemühung usw.)
sugar [ßugar] *v* aussaugen *etw. Akk aus/von etw.*, lutschen *an etw. Dat* (Daumen usw.)
sugerir [ßusherir] *v* **1** suggerieren *j-m etw. Akk* **2** vorschlagen
sugestão [ßusheßtãũ] *w* **1** Andeutung *w*, Vorschlag *m* (Antrag) **2** Suggestion *w*
Suíça [ßuißa] *w* Schweiz *w*
suicídio [ßuißidshju] *m* Selbstmord *m*
suíno [ßuinu] *m* Schwein *s*
sujar [ßushar] *v* beschmutzen *etw. Akk*, schmutzig machen *etw. Akk*, verschmutzen *etw. Akk*
sujeira [ßushejra] *w* Schmutz *m*, Unreinheit *w*

sujeito [ßushejtu] *m* **1** Mensch *m*, Subjekt *s* (Mensch) **2** Subjekt *s* (Satzglied) ► **estar ~ a** *a.c.* unterliegen *etw. Dat* (Pflicht usw.)

sujo, -a [ßushu] *adj* schmutzig, verschmutzt (unsauber)

sul [ßuu] *m* Süden *m* ► **do ~** südlich, Süd-

suma [ßuma] *w* **1** Betrag *m*, Summe *w* (bezahlte usw.) **2** Addieren *s*, Summe *w* (einer Addition)

sumir [ßumir] *v* sich davonstehlen *woher*, sich davonmachen *woher*, sich in Luft auflösen, verschwinden

sumo, -a [ßumu] *adj* höchst(er,e,es) (hierarchisch), oberst(er,e,es)

sunga [ßũga] *w* Badehose *w*

suor [ßuòr] *m* Schweiß *m*

superar [ßuperar] *v* **1** übertreffen *j-n* (an Fleiß usw.) **2** bewältigen *etw. Akk*, anpacken *etw. Akk*, sich *über etw. Akk* hermachen (Problem usw.), hinwegkommen *über etw. Akk*

superfície [ßuperfißii] *w* **1** Inhalt *m* (eines Dreiecks usw.) **2** Fläche *w* (Arbeitsfläche usw.), Oberfläche *w etw. Gen* (einer Straße usw.) **3** Spiegel *m* (Oberfläche)

superior [ßuperior] *adj* **1** ober, Ober-, ober(er,e,es) **2** übergeordnet, vorgesetzt, überlegen *etw. Dat* **3** höher (Wert usw.) ♦ *m* Vorgesetzte *m*

supermercado [ßupermerkadu] *m* Supermarkt *m*

superstição [ßuperßtschißãũ] *w* Aberglaube *m*

supervisor [ßuperwisor] *m* Aufseher *m* (bei einer Tätigkeit usw.), Aufsicht *w* (Person)

suplemento [ßuplemẽtu] *m* **1** Ergänzung *w* **2** Beilage *w* (Zeitung usw.) **3** Zuschlag *m*, Aufschlag *m* (Preis), Aufpreis *m*

suplicar [ßuplikar] *v* betteln *bei j-m um etw.* (bitten), erbetteln *etw. Akk von j-m*

suportar [ßuportar] *v* **1** tragen (Gewicht) **2** ausstehen *j-n* **3** aushalten *etw. Akk*, ertragen *etw. Akk*, aushalten (Beschwerden usw.) ► **Não suporto mais.** Ich halte es nicht mehr aus.

suporte [ßupòrtschi] *m* **1** Halter *m* **2** Untersatz *m* **3** Unterstützung *w* (Hilfe) **4** Stütze *w* (Pfahl usw.)

suposição [ßuposißãũ] *w* **1** Voraussetzung *w* (Idee usw.) **2** Vermutung *w*

suprir [ßuprir] *v* ersetzen *j-n/etw.* (Nachfolger usw.)

surdo, -a [ßurdu] *adj* taub ♦ *m* Gehörlose *m*, Taube *m*

surfar [ßurfar] *v* surfen (Surfing betreiben)

surgir [ßurshir] *v* **1** erscheinen, vorkommen (plötzlich usw.) **2** ausbrechen (Panik usw.) **3** sich bieten (Gelegenheit usw.) **4** entstehen *aus etw.*

surpreender [ßurpriẽĩder] *v* überraschen *j-n mit etw.* (erstaunen)

surpreendido, -a [ßurpriẽĩdshidu] *adj* überrascht *von etw.*

surpresa [ßurpresa] *w* Überraschung *w* (unerwartetes Ereignis) ► **apanhar de ~** überraschen *j-n* (ertappen); **de ~** überraschend

surpreso, -a [ßurpresu] *adj* überrascht *von etw.*

suscetível [ßußetschiweu] *adj* **1** empfindlich, leicht beleidigt (Mensch) **2** empfindlich *gegen etw.* (gegen Kälte usw.)

suscitar [ßußitar] *v* wecken (Interesse usw.)

suspeição [ßußpejßãũ] *w* Misstrauen *s*, Verdacht *m*

suspeita [ßußpejta] *w* Verdacht *m*

suspeitar [ßußpejtar] *v* verdächtigen *j-n etw. Gen*

suspender [ßußpẽĩder] *v* **1** aufhängen *etw. Akk* (Bild usw.) **2** stilllegen *etw. Akk* **3** vertagen

suspensão [ßußpẽĩßãũ] *w* **1** Einstellung *w* (von Tätigkeit usw.) **2** Aufhängung *w* (der Räder usw.)

sussurrar [ßußuhar] *v* **1** flüstern, wispern, zuflüstern *j-m etw. Akk* **2** rascheln (Laub)

sustentar [ßußtẽĩtar] *v* **1** beistehen *j-m*, unterstützen *j-n* (helfen) **2** ernähren *j-n*, unterhalten *j-n* (Verwandte usw.) **3** erhalten (Entwicklung usw.)

susto [ßußtu] *m* Schreck *m* ► **apanhar um ~** erschrecken *vor j-m/etw.*

sutiã [ßutschia] *m* Büstenhalter *m*, BH *m*

sutil [ßutschiu] *adj* subtil (Person usw.), fein (Figur usw.)

T

tabacaria [tabakaria] *w* Tabakgeschäft *s*, Tabakladen *m*, Kiosk *m*
tabaco [tabaku] *m* Tabak *m*
tabela [tabäla] *w* Tabelle *w*
taberna [tabärna] *w* Gaststätte *w*, Gasthaus *s*
tablete [tablätschi] *m* **1** Tablette *w* **2** Tafel *w* (Schokolade usw.)
tábua [tabua] *w* Brett *s* (aus Holz), Nudelbrett *s*, Platte *w* (Holzplatte usw.) ▶ **~ de passar roupa** Bügelbrett *s*
tabuleiro [tabulejru] *m* **1** Platte *w*, Tablett *s* (zum Servieren) **2** Spielbrett *s*
taça [taßa] *w* **1** Schüssel *w*, Schale *w* (kleines Gefäß) **2** Kelch *m*, Pokal *m* (Trinkgefäß) **3** Pokal *m* (Trophäe) ▶ **~ de gelado** Eisbecher *m*
tacanho, -a [takãnju] *adj* geizig ♦ *m* Geizhals *m*
tacar [takar] *v* stoßen (im Billard)
tal [tau] *pron* solch(er,e,es), derartig ▶ **~ como** wie (zum Beispiel)
talão [talãũ] *m* **1** Ferse *w* **2** Abschnitt *m* (eines Formulars usw.)
talento [talẽtu] *m* Begabung *w für etw.*, Talent *s für etw.*
talhar [taljar] *v* schneiden *etw. Akk*
talharim [taljarĩ] *m* Nudeln *w Mz*
talher [taljär] *m* Besteck *s*
talho [talju] *m* Schnitt *m* (mit dem Messer usw.)
talvez [tauweß] *part* möglicherweise, vielleicht
tamanho [tamãnju] *m* **1** Größe *w* (von Kleider usw.), Nummer *w* (Schuhe usw.) **2** Größe *w* (Umfang usw.)
também [tãbẽĩ] *adv* auch, ebenfalls ♦ *conj* auch
tambor [tãbor] *m* **1** Trommel *w* **2** Schlagzeuger *m* ▶ **tocar ~** trommeln (pauken)
tampa [tãpa] *w* Deckel *m*, Stöpsel *m* (in einer Wanne usw.), Topfdeckel *m*, Verschluss *m* (einer Flasche)
tampão [tãpãũ] *m* **1** Tampon *m* **2** Deckel *m*, Stöpsel *m*
tampouco [tãpoku] **Eu ~.** Ich auch nicht.
tanque [tãki] *m* **1** Becken *s* (Reservoir), Tank *m* (für Benzin usw.), Kraftstofftank *m* **2** Panzer *m* (Kampffahrzeug)
tanto [tãtu] *adv* so viel ▶ **duas vezes ~** doppelt so viel; **nem ~** eigentlich nicht; **quanto… ~** je… desto; **~… como** sowohl – als auch
tão [tãũ] *adv* so (so sehr)
tapa [tapa] *w* **1** Ohrfeige *w* **2** Deckung *w* (Vorrichtung usw.), Deckel *m*
tapar [tapar] *v* zustopfen *etw. Akk* (schließen)
tapete [tapetschi] *m* Teppich *m*
tarde [tardshi] *adv* spät (verspätet) ♦ *w* Nachmittag *m* ▶ **à/pela ~** nachmittags; **às três da ~** nachmittags um drei
tarefa [taräfa] *w* Aufgabe *w* (Pflicht usw.)
tarifa [tarifa] *w* Satz *m* (Gebühr usw.), Tarif *m*
tarte [tartschi] *w* Kuchen *m*
taxa [tascha] *w* **1** Gebühr *w für etw.*, Satz *m* (Gebühr usw.) **2** Rate *w etw. Gen* (in Prozent), Maß *s etw. Gen* (Ausmaß) ▶ **~ de embarque** Einstiegsgebühr *w*
táxi [takßi] *m* Taxi *s*
taxista [takßißta] *m* Taxifahrer *m*
te [tschi] *pron* dich, dir
teatro [tschiatru] *m* Theater *s*
tecer [teßer] *v* **1** weben *etw. Akk* **2** flechten
tecido [teßidu] *m* **1** Gewebe *s* (biologisches) **2** Stoff *m*, Gewebe *s* (aus Baumwolle usw.), Tuch *s* (Gewebe), Textilie *w*
tecla [täkla] *w* Taste *w* (eines Computers usw.)
teclado [tekladu] *m* Tastatur *w*
técnica [täknika] *w* Technik *w*
técnico, -a [täkniku] *adj* **1** technisch **2** Fach-, fachlich ♦ *m* **1** Techniker *m* (Fachmann) **2** Trainer *m* ▶ **~ de manutenção** Instandhalter *m*
tecnologia [teknoloshia] *w* Technik *w* (Erkenntnisse), Technologie *w*
tédio [tädshju] *m* **1** Langeweile *w* **2** Ekel *m*
tedioso, -a [tedshiosu] *adj* langweilig, lästig, uninteressant
tela [täla] *w* **1** Stoff *m*, Tuch *s* (Gewebe) **2** Leinwand *w* (Projektionswand) **3** Bildschirm *m*, Display *s* (Gerät)
telecomando [telekomãdu] *m* Fernbedienung *w* (Gerät)
teleférico [telefäriku] *m* Schwebebahn *w*, Seilbahn *w*
telefone [telefoni] *m* Telefon *s*

televisão [telewisãũ] *w* **1** Fernsehen *s* **2** Fernseher *m*
telha [telja] *w* Dachziegel *m*, Ziegel *m* (zum Dachdecken)
telhado [teljadu] *m* Dach *s*
tema [tema] *m* **1** Gegenstand *m etw. Gen* (Thema usw.), Thema *s* **2** Thema *s*, Stoff *m* (für ein Buch usw.)
temer [temer] *v* befürchten *etw. Akk*, fürchten *j-n/etw.*
temor [temor] *m* Angst *w vor etw. Dat*
temperado, -a [tẽiperadu] *adj* **1** mäßig (Wind usw.), gemäßigt (Klima usw.) **2** abgeschmeckt (mit Salz, Pfeffer usw.)
temperatura [tẽiperatura] *w* Temperatur *w*
tempestade [tẽipeßtadshi] *w* Gewitter *s*
templo [tẽplu] *m* Tempel *m* (Gebäude)
tempo [tẽpu] *m* **1** Zeit *w* **2** Wetter *s* **3** Tempus *s* **4** Tempo *s* **5** Grundschlag *m* ▶ **a ~** rechtzeitig; **ao mesmo ~** zugleich; **conseguir a ~** schaffen *etw. Akk* (rechtzeitig machen); **em pouco ~** in Kürze; **há muito ~** längst; **muito ~** lange; **Faz bom ~.** Das Wetter ist schön.
temporada [tẽiporada] *w* Saison *w*
temporal [tẽiporau] *adj* einstweilig, vorübergehend ♦ *m* Gewitter *s*
temporário, -a [tẽiporarju] *adj* einstweilig, vorübergehend
tenaz [tenaß] *adj* ständig (Schmerz usw.), verbissen, hartnäckig, zäh (mit Ausdauer usw.)
tenção [tẽißãũ] *w* Absicht *w*
tenda [tẽda] *w* Zelt *s* ▶ **montar a ~** ein Zelt aufstellen
tênis [teniß] *m* **1** Tennis *s* **2** Tennisschuhe *m Mz*
tensão [tẽißãũ] *w* **1** Spannung *w* **2** Belastung *w* (Arbeit usw.)
tenso, -a [tẽßu] *adj* gespannt
tentação [tẽitaßãũ] *w* Versuchung *w*
tentar [tẽitar] *v* **1** versuchen *etw. Akk* **2** verlocken *j-n*, verleiten *j-n* (zum Trinken usw.)
tentativa [tẽitatschiwa] *w* Versuch *m um etw.* (Bemühung)
teor [teor] *m* **1** Fassung *w* (Formulierung) **2** Inhalt *m* (einer Flasche usw.)
ter [ter] *v* haben *etw. Akk* ▶ **ir ~ com** *alg* entgegengehen *j-m irgendwohin*; **tem** es gibt; **~ a responsabilidade** *de a.c.* die Verantwortung *für etw.* tragen; **~ cuidado** *com alg/a.c.* sich hüten *vor j-m/etw.*; **~ que** müssen *etw. Akk tun*; **~ a.c. na mão** halten *etw. Akk* (in der Hand), (kurz) halten *etw. Akk*; **Aqui tem.** Hier bitte. (Schenken usw.); **Tenho que ir à casa de banho.** Ich muss auf die Toilette.
terça-feira [terßafejra] *w* Dienstag *m*
terceiro, -a [terßejru] *num* dritt(er,e,es) ♦ *m* Vermittler *m*, Mittelsmann *m* ▶ **pela terceira vez** zum dritten Mal
terço [terßu] *m* Drittel *s*
teres [teriß] *m Mz* Eigentum *s*, Besitz *m*
terminal [terminau] *m* Endstation *w*, Endhaltestelle *w*, Terminal *m,s* (auf dem Flughafen) ▶ **~ de aeroporto** Flughafenterminal *m,s*
terminar [terminar] *v* **1** enden, zu Ende sein **2** beenden *etw. Akk* (Arbeit usw.), zu Ende bringen *etw. Akk*, vollenden *etw. Akk*, fertig machen *etw. Akk*
termômetro [termometru] *m* Thermometer *s*
terno, -a [tärnu] *adj* zart (empfindlich usw.), zärtlich ♦ *m* Anzug *m*
terra [täha] *w* **1** Erde *w*, Grund *m*, Boden *m* (Oberfläche), Festland *s* (nicht Meer) **2** Boden *m*, Erde *w* **3** Land *s* (Grundstück) **4** *Terra* Erde *w* (Planet) ▶ **debaixo da ~** unter der Erde; **~ (firme)** Festland *s* (nicht Meer)
terraço [tehaßu] *m* Terrasse *w*
terremoto [tehemotu] *m* Erdbeben *s*
terreno [tehenu] *m* Grundstück *s*, Terrain *s* ▶ **lote** *m* **de ~** Grundstück *s* (Baugrundstück)
território [tehitòrju] *m* Gebiet *s* (Region), Territorium *s*
terrível [tehiweu] *adj* fürchterlich, schrecklich (Qualität usw.), grässlich, gräulich
teso, -a [tesu] *adj* gespannt (Muskeln, Seil usw.)
tesoura [tschisora] *w* Schere *w* (Werkzeug)
tesouro [tschisoru] *m* Schatz *m* (Reichtum)
testa [täßta] *w* Stirn *w*
testar [teßtar] *v* prüfen *etw. Akk* (Qualität), testen
teste [täßtschi] *m* Prüfung *w* (Qualität usw.), Test *m*, Probe *w*
testemunha [tschißtschimũnja] *w* Zeuge *m etw. Gen*
testículo [teßtschikulu] *m* Hoden *m*

teta [teta] *w* Brust *w* (weibliche)
teto [tätu] *m* Decke *w* (im Zimmer)
teu, tua, teus, tuas [teu, tua, teuß, tuaß] *pron* dein, deine
texto [teßtu] *m* Text *m*
tia [tschia] *w* Tante *w* (Verwandte)
tigre [tschigri] *m* Tiger *m*
tijolo [tschisholu] *m* Ziegel *m* (Baustein)
timbre [tschĩbri] *m* Stempel *m*
time [tschimi] *m* Mannschaft *w*
tímido, -a [tschimidu] *adj* ängstlich, scheu, schüchtern, zaghaft ► **ser tímid|o/-a** sich schämen (scheu sein)
tingir [tschĩshir] *v* färben (farbig machen)
tinta [tschĩta] *w* **1** Farbe *w*, Anstrich *m* (bunter usw.) **2** Tinte *w*
tio [tschiu] *m* Onkel *m*
típico, -a [tschipiku] *adj* typisch
tipo [tschipu] *m* **1** Art *w* (Typus usw.), Sorte *w* (Typ usw.), Typ *m etw. Gen* (Typus) **2** Schrift *w* (Druckschrift)
tira [tschira] *w* Streifen *m etw. Gen* (Stoff usw.) ♦ *m* Bulle *m* (Polizist)
tirar [tschirar] *v* **1** wegnehmen *j-m etw. Akk* (entziehen) **2** hineinziehen *etw. Akk irgendwohin* **3** hinwerfen *etw. Akk irgendwohin* (Abfälle usw.) **4** ausziehen *etw. Akk* (Hose usw.) **5** herausziehen *etw. Akk aus etw.*, ziehen *etw. Akk aus etw.* **6** zapfen **7** abnehmen *etw. Akk* (Deckel usw.) **8** aufhören *mit etw.* **9** ausreißen (Unkraut usw.) ► **~ a limpo** *a.c.* überprüfen *etw. Akk* (nochmals prüfen)
tiro [tschiru] *m* **1** Schuss *m* (aus Pistole usw.) **2** Wurf *m* (Werfen) **3** Schuss *m* (im Fußball usw.) ► **matar a ~** *alg* erschießen *j-n*
título [tschitulu] *m* **1** Name *m*, Titel *m* (Werk) **2** Titel *m* (von Universität) **3** Titel *m* (Würde usw.) **4** Überschrift *w* **5** ***títulos*** Wertpapiere *s Mz*
toalha [toalja] *w* Handtuch *s*
toca [tòka] *w* Bau *m* (eines Tieres), Höhle *w* (Tierbehausung)
tocar [tokar] *v* **1** berühren *j-n/etw.*, anrühren *j-n/etw.* **2** spielen *etw. Akk* (Instrument) **3** klingeln (an der Tür), klingen (Glocke), läuten **4** rühren *j-n* (innerlich) ► **~ buzina** hupen (Fahrer usw.)
todo, -a [todu] *adj* ganz (völlig) ♦ *m* Ganze *s* ♦ *pron* all, gesamt, sämtlich, ganz ► **em toda a parte** überall; **toda a gente** jed(er,e,es) (alle), jedermann; **todos** alle (jeder)
tolerar [tolerar] *v* tolerieren
tom [tõũ] *m* **1** Ton *m* (Klang) **2** Farbton *m*, Tönung *w* (einer Farbe)
tomada [tomada] *w* **1** Steckdose *w*, Stecker *m* **2** Aufnahme *w* (Film usw.) **3** Eroberung *w*, Unterwerfung *w* ► **ligar** *a.c.* **na ~** in die Steckdose stecken *etw. Akk*
tomar [tomar] *v* **1** nehmen *etw. Akk* (in die Hand usw.) **2** einnehmen *etw. Akk* (Medikament usw.), nehmen *etw. Akk* (Pillen usw.) **3** nehmen (schöpfen usw.) **4** einsteigen *in etw. Akk* **5** besetzen (Platz usw.), einnehmen (mit Gewalt) ► **~ parte** *em a.c.* teilnehmen *an etw. Dat* (Teilnehmer sein), sich beteiligen *an etw. Dat*
tomate [tomatschi] *m* Tomate *w*
tomilho [tomilju] *m* Thymian *m* (Pflanze)
tomo [tomu] *m* Band *m* (Buch)
tonel [tonäu] *m* Fass *s*
tonelada [tonelada] *w* Tonne *w* (Maßeinheit)
tonteira [tõũtejra] *w* Unsinn *m*
tontura [tõũtura] *w* Schwäche *w* (Gefühl usw.), Schwindel *m* (Kopf), Unwohlsein *s* ► **ter tonturas** schwindelig werden
topar [topar] *v* stoßen *auf j-n/etw.*, treffen *j-n*, begegnen *j-m*
tópico [tòpiku] *m* Gegenstand *m etw. Gen* (Thema usw.), Thema *s*
topo [topu] *m* Gipfel *m etw. Gen* (Berg usw.), Spitze *w etw. Gen* (Turm usw.)
toque [tòki] *m* **1** Berührung *w* **2** Klingeln *s*
tórax [tòrakß] *m* Brust *w* (Körperteil)
torcedor [torßedor] *m* Anhänger *m* (Fan usw.), Fan *m von j-m/etw.*
torcer [torßer] *v* **1** drehen *etw. Akk* (formen) **2** ermutigen (beim Fußballspiel usw.) **3** (sich) verstauchen **4** auswringen
tornar [tornar] *v* **1** zurückkommen, wiederkommen **2** machen *etw. Akk irgendwie* ► **~ possível** ermöglichen *(j-m) etw. Akk*
tornar-se [tornarßi] *v* werden *etw. Akk*
torneio [torneju] *m* Turnier *s*
torneira [tornejra] *w* Absperrhahn *m*, Hahn *m* (Wasserhahn usw.), Zapfhahn *m*
tornozelo [tornoselu] *m* Fußknöchel *m*, Knöchel *m*
torpe [torpi] *adj* **1** vulgär, gemein **2** unehrlich **3** kleinlaut (Person)
torrada [tohada] *w* Toast *m*

torre [tohi] *w* Turm *m* ► **~ de observação** Aussichtsturm *m*
torta [tòrta] *w* Torte *w*
torto, -a [tortu] *adj* krumm
torturar [torturar] *v* **1** foltern *j-n*, quälen (physisch) **2** geißeln, plagen (ganze Nation usw.)
tosse [tòßi] *w* Husten *m*
tossir [toßir] *v* husten
tosta [toßta] *w* Toast *m*
total [totau] *adj* **1** Gesamt- **2** absolut, völlig, gänzlich, vollkommen (Unsinn usw.) ♦ *m* Endsumme *w*, Ganze *s* ► **em ~** insgesamt, zusammen (betragen usw.); **no ~** insgesamt
touro [toru] *m* Stier *m* (Bulle)
tóxico, -a [tòkßiku] *adj* giftig, Gift-, toxisch
trabalhador, -a [trabaljador] *adj* fleißig, arbeitswillig ♦ *m* Arbeitende *m*, Arbeiter *m*
trabalhar [trabaljar] *v* **1** arbeiten **2** verarbeiten
trabalho [trabalju] *m* **1** Arbeit *w* (Tätigkeit), Beschäftigung *w* **2** Mühe *w* ► **dias** *m Mz* **de ~** Wochentage *m Mz*, Werktage *m Mz*, Arbeitstage *m Mz*
traça [traßa] *w* **1** Motte *w* **2** Skizze *w* (grobe)
traço [traßu] *m* **1** Zug *m* (Wesenszug) **2** Strich *m* (Pinselstrich usw.)
tradição [tradshißãũ] *w* Tradition *w*
tradução [tradußãũ] *w* Übersetzung *w*
tradutor [tradutor] *m* Übersetzer *m*
traduzir [tradusir] *v* übersetzen (in andere Sprache)
tráfego [trafegu] *m* Verkehr *m*
tráfico [trafiku] *m* Handel *m* (Austausch)
tragar [tragar] *v* schlingen (essen), schlucken *etw. Akk*, verschlucken *etw. Akk* (Wasser usw.)
tragédia [trashädshia] *w* Tragödie *w*
trair [trair] *v* **1** verraten *j-n/etw.* (Verrat begehen) **2** betrügen *j-n* (Ehemann usw.)
traje [trashi] *m* Kleider *s Mz*, Kleidung *w*, Kostüm *s* (für Schauspieler usw.), Tracht *w*
trajeto [trashätu] *m* **1** Reise *w*, Route *w* **2** Flugbahn *w*, Bahn *w* (von Projektil usw.)
trama [trama] *w* **1** Verschwörung *w* **2** Handlung *w* (eines Films usw.)
trança [trãßa] *w* Zopf *m*
trancar [trãkar] *v* abschließen (Wohnung usw.), schließen (mit dem Schlüssel)
tranquilo, -a [trãkuilu] *adj* gemächlich, geruhsam (Lebenstempo usw.), locker, gelassen (Mensch)
transferência [trãßferẽßja] *w* **1** Übertragung *w* (von Gegenständen) **2** Umsteigen *s* **3** Umstieg *m* **4** Überweisung *w* (von Geld)
transferir [trãßferir] *v* **1** verlegen *etw. Akk irgendwohin*, umstellen *etw. Akk irgendwohin* (Möbel usw.), versetzen *j-n irgendwohin* (in andere Behörde usw.) **2** übertragen *etw. Akk auf j-n* (Besitz usw.) **3** verbinden *j-n* (telefonisch)
transformar [trãßformar] *v* transformieren, umgestalten, umwandeln *etw. Akk*, umsetzen *etw. Akk* (in andere Form)
transgredir [trãsgredshir] *v* brechen (Schwur usw.), verstoßen *gegen etw.*
trânsito [trãßitu] *m* **1** Verkehr *m* **2** Transit *m*, Durchfuhr *w* ► **sinal** *m* **de ~** Verkehrszeichen *s*
transmissão [trãsmißãũ] *w* **1** Übertragung *w* **2** Getriebe *s* (System)
transmitir [trãsmitschir] *v* **1** senden (ausstrahlen), übertragen **2** übertragen *etw. Akk auf j-n* (Krankheit usw.)
transparente [trãßparẽtschi] *adj* durchsichtig, klar
transportar [trãßportar] *v* befördern *etw. Akk irgendwohin* (Güter usw.), transportieren *etw. Akk irgendwohin*, transportieren *j-n/etw. über etw. Akk*, transportieren *etw. Akk irgendwohin*
transporte [trãßpòrtschi] *m* Beförderung *w*, Transport *m*, Versand *m* ► **meio** *m* **de ~** Verkehrsmittel *s*; **~ de carga** Frachtverkehr *m*, Güterverkehr *m*
transtorno [trãßtornu] *m* Störung *w* (gesundheitliche)
trapaça [trapaßa] *w* Betrug *m*
trapaceiro [trapaßejru] *m* Betrüger *m*, Lump *m*, Gauner *m*, Schuft *m*
trapo [trapu] *m* Lappen *m* (zum Abwischen usw.)
trás [traß] *prep* nach (später) ► **dar um passo para ~** zurücktreten (nach hinten); **de ~** hinter(er,e,es), von hinten; **para ~** nach hinten, zurück (gehen usw.)
traseira [trasejra] *w* Rückseite *w* (eines Gebäudes), Hinterseite *w*
traseiro, -a [trasejru] *adj* hinter(er,e,es) ♦ *m* Hintern *m*, Gesäß *s*

trasladar [trasladar] *v* verlegen *etw. Akk irgendwohin*, umstellen *etw. Akk irgendwohin* (Möbel usw.), übertragen *etw. Akk irgendwohin*, übertragen (Gegenstände usw.) *etw. Akk irgendwohin*

tratado [tratadu] *m* **1** Abhandlung *w über etw. Akk* (Aufsatz) **2** Vertrag *m* (Staatsvertrag), Abkommen *s* (internationales usw.)

tratamento [tratamẽtu] *m* **1** Behandlung *w j-s* (Umgang) **2** Behandlung *w* (eines Patienten usw.), Kur *w* **3** Bearbeitung *w*

tratar [tratar] *v* **1** behandeln *j-n irgendwie* (respektvoll usw.) **2** behandeln *j-n/etw.*, sorgen *für j-n/etw.* (pflegen), sich kümmern *um j-n/etw.* **3** handeln *von etw., über etw. Akk* (Buch), behandeln *etw. Akk* (Film usw.) **4** bearbeiten, aufbereiten (Material usw.) **5** anreden *j-n mit etw.* ► **~ por tu** duzen *j-n*, mit Du anreden *j-n*

trato [tratu] *m* **1** Vereinbarung *w* **2** Behandlung *w j-s* (Umgang)

trator [trator] *m* Traktor *m*

travar [trawar] *v* verlangsamen (Prozess usw.)

trave [trawi] *w* **1** Balken *m* (Bauholz) **2** Querlatte *w*

travessa [trawäßa] *w* Schüssel *w*

travessia [traweßia] *w* Durchfahrt *w durch etw.* (Durchfahren), Durchreise *w durch etw.* (durch Stadt usw.), Überquerung *w*

travesso, -a [traweßu] *adj* **1** quer, Quer- **2** unartig (Kind usw.)

trazer [traser] *v* **1** tragen, anhaben **2** bringen *j-m etw. Akk* (ein Buch usw.) **3** bringen *j-n/etw. irgendwohin* (mit dem Auto usw.) ► **~ à memória** erinnern *j-n an etw. Akk* (an Pflicht usw.)

trecho [treschu] *m* Abschnitt *m*, Passage *w* (eines Textes usw.)

trégua [trägua] *w* **1** Waffenstillstand *m* **2** Atempause *w*, Rast *w*

treinar [trejnar] *v* **1** trainieren (sich vorbereiten) **2** ausbilden *j-n* (Arbeiter usw.), trainieren *j-n* (eine Mannschaft usw.)

trela [träla] *w* Leine *w* (für Hund usw.)

trem [trẽĩ] *m* Zug *m* (Verkehrsmittel)

tremer [tremer] *v* sich schütteln, zittern (vor Kälte usw.)

trepar [trepar] *v* **1** klettern *auf etw. Akk* (auf eine Leiter usw.) **2** ficken, bumsen, vögeln, schlafen *mit j-m* (koitieren)

três [treß] *num* drei ► **às ~** um drei Uhr

treze [tresi] *num* dreizehn

triângulo [triãgulu] *m* **1** Dreieck *s* **2** Triangel *m,s*

tribo [tribu] *w* Stamm *m* (Menschengruppe)

tribunal [tribunau] *m* Gericht *s*, Tribunal *s*

tributo [tributu] *m* **1** Steuer *w auf etw. Akk* (Abgabe) **2** Huldigung *w j-m* ► **impor ~** besteuern *etw. Akk*

trigo [trigu] *m* Korn *s* (Roggen usw.), Getreide *s*, Weizen *m*

trilho [trilju] *m* **1** Schiene *w* (für einen Zug usw.), Weg *m* (Pfad usw.) **2** Pfad *m*, Wanderweg *m*

trinta [trĩta] *num* dreißig

tripa [tripa] *w* Darm *m*

tripulação [tripulaßãũ] *w* Besatzung *w*

triste [trißtschi] *adj* betrübt, traurig

tristeza [trißtesa] *w* Kummer *m*, Trauer *w* (Gefühl), Traurigkeit *w*

triunfo [triũfu] *m* Sieg *m*, Triumph *m*

troca [tròka] *w* Austausch *m*, Tausch *m*, Umtausch *m* (von Sachen), Wechsel *m* (Änderung)

trocar [trokar] *v* **1** tauschen *etw. Akk gegen etw.*, austauschen *etw. Akk gegen etw.* (gegenseitig) **2** wechseln *etw. Akk* (Kleingeld usw.), umtauschen (in EUR usw.) **3** tauschen *etw. Akk* (Kabel usw.) ► **~ de roupa** sich umziehen; **~ de velocidade** schalten (Gang)

troco [troku] *m* Kleingeld *s* ► **Fique com o ~.** Stimmt so.

troço [tròßu] *m* **1** Abschnitt *m* **2** Kram *m*

trompete [trõũpätschi] *m* Trompete *w*

tronco [trõũku] *m* **1** Stamm *m* (Baum usw.) **2** Klotz *m* (Holz), Scheit *s*, Holzscheit *s* **3** Rumpf *m* (eines Menschen)

tropa [tròpa] *w* **1** Horde *w* (von Jugendlichen usw.) **2** Gruppe *w* (Rettungsgruppe usw.)

tropeçar [tropeßar] *v* stolpern *über etw. Akk* ► **fazer ~ a alg** ein Bein stellen *j-m*

trovão [trowãũ] *m* Donner *m*

truque [truki] *m* Trick *m*

truta [truta] *w* Forelle *w*

tubarão [tubarãũ] *m* Hai *m*

tubo [tubu] *m* **1** Rohr *s* (Hohlkörper), Röhre *w* **2** Tube *w*

tudo [tudu] *pron* alles ▶ **acima de ~** vor allem; **antes de ~** vor allem (zuerst); **Tudo bem?** Wie geht es Ihnen?

tumba [tũba] *w* Grab *s*, Gruft *w*, Grabmal *s*

túnel [tuneu] *m* Tunnel *m*

turbilhão [turbiljãũ] *m* Wirbel *m* (von Wasser usw.)

turismo [turismu] *m* Fremdenverkehr *m*, Tourismus *m*, Touristik *w* ▶ **~ pedestre** Wandern *s*

turista [turißta] *m* Tourist *m*

turma [turma] *w* **1** Trupp *m* (Arbeitstrupp usw.) **2** Klasse *w* (Schüler) ▶ **colega** *m* **de ~** Mitschüler *m*

turno [turnu] *m* Schicht *w* (Arbeitsabschnitt)

turvo, -a [turwu] *adj* trüb (Wasser usw.)

U

ultimamente [uutschimamẽtschi] *adv* in letzter Zeit

último, -a [uutschimu] *adj* **1** letzt(er,e,es) (in einer Reihe) **2** letzt(er,e,es) (neuester), neuest(er,e,es) (Nachricht usw.) ▶ **pela última vez** zum letzten Mal

ultrapassar [uutrapaßar] *v* **1** überschreiten *etw. Akk* (Limit usw.) **2** überholen *j-n* **3** überwinden *etw. Akk* (Schwierigkeiten usw.), bezwingen *etw. Akk* (Probleme usw.)

um [ũ] *num* ein ▶ **cada ~** jed(er,e,es) (ohne Ausnahme); **qualquer ~** alle (jeder); **umas** einige, ein paar; **uns** einige, ein paar

úmido, -a [umidu] *adj* feucht

unha [ũnja] *w* Nagel *m* (Fingernagel)

único, -a [uniku] *adj* **1** einzig **2** einzigartig, einmalig **3** einmalig (Zahlung usw.) ▶ **de uso ~** Wegwerf-, Einweg-

unidade [unidadshi] *w* **1** Einheit *w* (organisatorisch) **2** Einheit *w* (Meter usw.), Maßeinheit *w* **3** Einheit *w* (Verbundenheit) **4** Stück *s* (einzige Sache)

uniforme [unifòrmi] *adj* einheitlich (für alle gleich), gleichmäßig ♦ *m* Uniform *w*

unir [unir] *v* verbinden *etw. Akk mit etw.* (mehrere Teile usw.), vereinigen

unitário, -a [unitarju] *adj* einheitlich (Einheit bildend), einig

universal [uniwerßau] *adj* allseitig

universidade [uniwerßidadshi] *w* Universität *w*, Uni *w*

untar [ũtar] *v* **1** ausschmieren, schmieren *etw. Akk mit etw.* **2** beschmieren *etw. Akk mit etw.*, bestreichen *etw. Akk mit etw.*, einfetten *etw. Akk mit etw.*

urgência [urshẽßja] *w* Notdienst *m*

urgente [urshẽtschi] *adj* dringend, eindringlich, eilig, akut (Fall usw.)

urina [urina] *w* Harn *m*, Urin *m*

urso [urßu] *m* Bär *m*

usado, -a [usadu] *adj* abgenutzt (Reifen usw.), gebraucht

usar [usar] *v* benutzen *etw. Akk*, verwenden *etw. Akk*

usina [usina] *w* Betrieb *m* (Fabrik usw.) ▶ **~ de energia** Kraftwerk *s*

uso [usu] *m* **1** Benutzung *w etw. Gen*, Nutzung *w etw. Gen*, Gebrauch *m etw. Gen*, Verwendung *w etw. Gen* **2** Usus *m*

usual [usuau] *adj* gewohnt, gewöhnlich (Zeit usw.), üblich

usuário [usuarju] *m* Benutzer *m*, Anwender *m* (eines Programms usw.)

utensílio [utẽĩßilju] *m* Gerät *s* (Zange usw.), Werkzeug *s*, Instrument *s*, Hilfsmittel *s* ▶ **utensílios** *m Mz* Ausrüstung *w*, Werkzeuge *s Mz*

utente [utẽtschi] *m* Benutzer *m*, Anwender *m* (eines Programms usw.)

útero [uteru] *m* Gebärmutter *w*

útil [utschiu] *adj* **1** nützlich, hilfreich (Tipp usw.) **2** Gebrauchs-, Nutz- ▶ **dias** *m Mz* **úteis** Wochentage *m Mz*, Werktage *m Mz*, Arbeitstage *m Mz*

utilizador [utschilisador] *m* Benutzer *m*, Anwender *m* (eines Programms usw.)

utilizar [utschilisar] *v* **1** benutzen *etw. Akk*, verwenden *etw. Akk* **2** utilisieren

uva [uwa] *w* **1** *uvas* Trauben *w Mz* **2** eine tolle Braut

V

vaca [waka] *w* **1** Kuh *w* (Tier) **2** Rindfleisch *s*
vacante [wakãtschi] *adj* frei (Platz), unbesetzt (Platz usw.), vakant
vacilar [waßilar] *v* zögern
vacinar [waßinar] *v* impfen
vaga [waga] *w* **1** Welle *w* (Wasser) **2** Stelle *w* (Job)
vagão [wagãũ] *m* Eisenbahnwagen *m*, Wagen *m* (Eisenbahn) ► **vagão-restaurante** *m* Speisewagen *m*
vagina [washina] *w* Scheide *w* (Vagina), Vagina *w*
vago, -a [wagu] *adj* **1** vag, vage **2** leer (Gefäß usw.)
vaguear [wagiar] *v* sich herumtreiben, wandern (ziellos usw.)
vala [wala] *w* Graben *m* (Straßengraben usw.)
vale [wali] *m* **1** Tal *s* **2** Gutschein *m* ► **~ postal** Postanweisung *w*
valente [walẽtschi] *adj* tapfer
valer [waler] *v* **1** gelten (Anordnung usw.) **2** wert sein *etw. Gen* (verdienen) ► **~ a pena** sich lohnen
válido, -a [walidu] *adj* **1** gültig **2** stark (körperlich) ► **ser ~** gelten (Anordnung usw.)
valioso, -a [waliosu] *adj* wertvoll, Wert-
valor [walor] *m* **1** Wert *m etw. Gen* (finanzieller usw.) **2** Ernst *m* (der Lage usw.) **3** *valores* Wertpapiere *s Mz* ► **objetos** *m Mz* **de ~** Wertsachen *w Mz*
válvula [wauwula] *w* **1** Ventil *s* **2** Klappe *w* (des Herzens usw.)
vangloriar-se [wãgloriarßi] *v* prahlen *mit etw.*, sich brüsten *mit etw.*
vantagem [wãtashẽĩ] *w* **1** Vergünstigung *w*, Vorteil *m* **2** Vorzug *m* (Vorteil) **3** Vorsprung *m* (Abstand)
vantajoso, -a [wãtashosu] *adj* günstig
vão, vã [wãũ] *adj* vergeblich, nutzlos
vapor [wapor] *m* Dampf *m*
vara [wara] *w* Rute *w*, Stab *m* (aus Holz usw.), Stange *w* (aus Metall usw.)
varão [warãũ] *m* Mann *m*
vareta [wareta] *w* Stange *w* (Stütze usw.)
variado, -a [wariadu] *adj* bunt (abwechslungsreich)
varinha [warĩnja] *w* Rute *w*, Stange *w* (Stütze usw.)
vário, -a [wariu] *adj* verschieden, vielerlei
varrer [waher] *v* **1** kehren (vom Bürgersteig usw.), fegen *etw. Akk von etw.* **2** wegfegen *j-n/etw.*, wegschleudern *j-n/etw.* (Hochwasser usw.)
vasilha [wasilja] *w* Gefäß *s* (Behälter)
vaso [wasu] *m* **1** Gefäß *s* (Behälter), Glas *s* (Gefäß), Vase *w* **2** *~ (sanguíneo)* Gefäß *s* (Ader usw.) **3** *~ (de flores)* Blumentopf *m* ► **~ sanitário** Klosettbecken *s*, Klosettschüssel *w*
vassoura [waßora] *w* Besen *m*
vazar [wasar] *v* **1** ausleeren *etw. Akk*, leeren *etw. Akk*, ausschütten *etw. Akk* (Sand usw.) **2** ausstechen **3** weggehen, gehen (weg)
vazio, -a [wasiu] *adj* leer (Gefäß usw.) ► **maré** *w* **vazia** Ebbe *w*
veado [weadu] *m* **1** Hirsch *m* **2** Hahnrei *m*
vedação [wedaßãũ] *w* Dichtung *w* (Schicht)
vegetal [weshetau] *adj* pflanzlich, Pflanzen- ♦ *m* Pflanze *w*
vegetariano, -a [weshetarianu] *adj* vegetarisch ♦ *m* Vegetarier *m*
veia [weja] *w* **1** Vene *w*, Ader *w* **2** Begabung *w für etw.*, Talent *s für etw.*
veículo [weikulu] *m* Fahrzeug *s*
vela [wäla] *w* **1** Kerze *w* **2** Segel *s* ► **~ de ignição** Zündkerze *w*
velhice [weljißi] *w* Alter *s* (Lebensabend)
velho, -a [wälju] *adj* alt (bejahrt) ♦ *m* Greis *m*
velocidade [weloßidadshi] *w* Geschwindigkeit *w*, Schnelligkeit *w* (einer Bewegung usw.) ► **aumentar a ~** beschleunigen (sich schneller bewegen)
veloz [welòß] *adj* schnell (Bewegung usw.), rasch (Gang usw.)
vencedor [wẽĩßedor] *m* Bezwinger *m j-s/etw.*, Gewinner *m etw. Gen* (eines Preises usw.), Sieger *m* ♦ *adj* Sieger-, siegreich
vencer [wẽĩßer] *v* **1** besiegen *j-n*, schlagen *j-n* (im Wettkampf, Krieg), überwältigen (Angreifer usw.) **2** verfallen (Gültigkeit), ablaufen (Visum usw.)
venda [wẽda] *w* **1** Absatz *m* (Verkauf), Vertrieb *m*, Verkauf *m* **2** *vendas* Einnahmen *w Mz* ► **~ total** Ausverkauf *m*
vendedor [wẽĩdedor] *m* Verkäufer *m*

Wörterbuch Brasilianisch – Deutsch

vender [wẽĩder] *v* verkaufen *etw. Akk j-m für etw.*
veneno [wenenu] *m* Gift *s*
venenoso, -a [wenenosu] *adj* giftig, Gift- ► **serpente** *w* **venenosa** Giftschlange *w*
venta [wẽta] *w* Nasenloch *s*
ventilador [wẽĩtschilador] *m* Ventilator *m*, Lüfter *m*
ventilar [wẽĩtschilar] *v* **1** belüften (Zimmer usw.), lüften **2** auslassen (Wut usw.)
vento [wẽtu] *m* Wind *m*
ventre [wẽtri] *m* Bauch *m*
ventura [wẽĩtura] *w* **1** Fortuna *w* (Glück), Glück *s* (Erfolg) **2** Risiko *s* **3** Schicksal *s* ► **por ~** zufällig, zufälligerweise
ver [wer] *v* **1** sehen *j-n/etw.* **2** (sich) ansehen *j-n/etw.* (Film usw.), beobachten *j-n/etw.* ► **~ a televisão** fernsehen
verão [werãũ] *m* Sommer *m*
verdade [werdadshi] *w* Wahrheit *w* (Tatbestand) ► **de ~** wirklich (in der Tat); **na ~** eigentlich; **Na ~?** Im Ernst?, Ehrlich?, Wirklich?; **Não é ~.** Das ist nicht wahr.
verdadeiro, -a [werdadejru] *adj* **1** wahr **2** echt **3** wirklich (wie es sein soll)
verde [werdshi] *adj* **1** grün **2** unreif (Frucht) ♦ *m* Grün *s* (Pflanzen)
verdura [werdura] *w* Gemüse *s*
verga [werga] *w* Stab *m* (aus Holz usw.), Stange *w* (aus Metall usw.)
vergonha [wergõnja] *w* **1** Scham *w* **2** Schande *w* (Schamgefühl) ► **ter ~ de** *a.c./alg* sich schämen für *j-n/etw.*
verídico, -a [weridshiku] *adj* **1** wahr **2** wahrhaftig (Person), ehrlich
verificar [werifikar] *v* überprüfen *etw. Akk* (nochmals prüfen)
verme [wärmi] *m* Wurm *m*
vermelho, -a [wermelju] *adj* rot
verniz [werniß] *m* Lack *m*
vértebra [wärtebra] *w* Wirbel *m* (Knochen)
verter [werter] *v* ausgießen *etw. Akk* (Inhalt), ausschütten *etw. Akk* (Wasser usw.), gießen *etw. Akk in etw. Akk* (Wasser in die Tasse usw.)
vértice [wärtschißi] *m* **1** Gipfel *m* (Wert usw.) **2** Scheitel *m* (höchster Punkt)
vespa [weßpa] *w* Wespe *w*
vestiário [weßtschiarju] *m* **1** Ankleideraum *m* **2** Garderobe *w* (Raum)
vestido [weßtschidu] *m* Kleid *s*
vestígio [weßtschishiu] *m* **1** Spur *w* (im Boden) **2** Zeichen *s* (Anzeichen)
vestir [weßtschir] *v* **1** tragen (Kleider) **2** anziehen *j-n* (bekleiden)
vestuário [weßtuarju] *m* Bekleidung *w*, Kleider *s Mz*, Kleidung *w*, Kleider *Mz* (Anzug)
veterinário, -a [weterinarju] *adj* veterinär, tierärztlich ♦ *m* Tierarzt *m*
vexame [weschami] *m* Demütigung *w*, Schande *w* (Schamgefühl)
vez [weß] *w* Mal *s* (Wiederholung) ► **às vezes** manchmal, ab und zu; **de uma ~** auf einmal, gleichzeitig; **desta ~** diesmal; **duas vezes** zweimal; **em ~ de** *alg* für *j-n* (anstatt usw.); **em ~ disso** stattdessen, dafür; **pela segunda ~** zum zweiten Mal; **todas as vezes** jedes Mal, jeweils; **uma ~** einmal
via [wia] *w* **1** Straße *w* (Verkehrsweg) **2** Weise *w* (Methode usw.) **3** Gleis *s* (am Bahnhof usw.) ♦ *prep* via *etw. Akk* (reisen usw.)
viabilizar [wiabilisar] *v* ermöglichen *(j-m) etw. Akk*
viagem [wiashẽĩ] *w* Reise *w* ► **~ de ida** Hinfahrt *w*; **~ turística** Gesellschaftsreise *w*, Reise *w*; **viagens** *w Mz* Reisen *s*; **Boa ~!** Gute Reise., Gute Fahrt.
viajante [wiashãtschi] *m* Reisende *m*
viajar [wiashar] *v* reisen
viatura [wiatura] *w* Auto *s*, Wagen *m* (Kraftwagen), Pkw *m*, Fahrzeug *s*
viável [wiaweu] *adj* **1** machbar (Lösung usw.), realisierbar, verwirklichbar **2** lebensfähig **3** befahrbar
viciado, -a [wißjadu] *adj* **1** abhängig *von etw.* (Drogen usw.) **2** verdorben (moralisch)
vida [wida] *w* **1** Leben *s* **2** Lebensdauer *w* (einer Batterie usw.)
vidro [widru] *m* Glas *s* (Material)
viga [wiga] *w* Balken *m*, Träger *m* (Bauteil)
vigente [wishẽtschi] *adj* **1** gültig **2** bestehend, gegenwärtig
vigiar [wishiar] *v* **1** im Auge behalten *j-n/etw.*, aufpassen *auf j-n/etw.* (Acht haben), überwachen *j-n/etw.* **2** bewachen *etw. Akk* (Haus usw.)
vigor [wigor] *m* **1** Energie *w* (psychische usw.), Kraft *w* (körperlich), Stärke *w* (eines

Menschen), Rasanz *w* 2 Gültigkeit *w*, Geltung *w* ► **em ~** gültig

vila [wila] *w* Villa *w*

vinagre [winagri] *m* Essig *m*

vínculo [wĩkulu] *m* Band *s* (Verbindung), Bindung *w zwischen etw.* (Beziehung), Verbindung *w zwischen etw.* (Beziehung usw.)

vinda [wĩda] *w* 1 Ankunft *w* 2 Rückkehr *w* ► **dar as boas-vindas** willkommen heißen *j-n*

vingança [wĩgãßa] *w* Rache *w*

vinha [wĩnja] *w* Weinberg *m*

vinho [wĩnju] *m* Wein *m* ► **~ quente** Glühwein *m*

vinte [wĩtschi] *num* zwanzig

violação [wiolaßãũ] *w* 1 Vergewaltigung *w* 2 Verletzung *w etw. Gen* (Verstoß) ► **~ da lei** Verletzung des Gesetzes

violar [wiolar] *v* 1 brechen (Schwur usw.) 2 vergewaltigen *j-n* ► **~ a lei** das Gesetz brechen

violência [wiolẽßja] *w* Gewalt *w*

violento, -a [wiolẽtu] *adj* 1 stürmisch (Debatte usw.) 2 gewaltsam, Gewalt- 3 heftig (stark), stürmisch (Meer usw.) 4 (sehr) heftig (Gefühl usw.)

violeta [wioleta] *w* Veilchen *s* ♦ *adj* violett

violino [wiolinu] *m* Geige *w*

vir [wir] *v* kommen *irgendwohin*, ankommen *irgendwohin*, eintreffen *irgendwohin*

virar [wirar] *v* 1 abbiegen 2 umdrehen *etw. Akk*, herumdrehen *etw. Akk* (um die Achse), umkippen *etw. Akk* (eine Kiste usw.) 3 umwenden, wenden, umdrehen *etw. Akk* (Seite usw.)

virgem [wirshẽĩ] *w* Jungfrau *w* ♦ *m* Jungfrau *w* (Mann) ► **Virgem** *w* Jungfrau *w* (Sternzeichen)

virtual [wirtuau] *adj* virtuell (Realität usw.)

visita [wisita] *w* 1 Besuch *m j-s/etw.* 2 Besichtigung *w etw. Gen* ► **cartão** *m* **de ~** Visitenkarte *w*, Besuchskarte *w*

visitante [wisitãtschi] *m* Besucher *m*, Besuch *m* (Gast)

visitar [wisitar] *v* besuchen *j-n* ► **~ os monumentos** die Sehenswürdigkeiten besuchen

visível [wisiweu] *adj* auffällig, sichtbar

vista [wißta] *w* 1 Sehkraft *w* 2 Anblick *m etw. Gen* (Erblicken) 3 Aussicht *w* (ins Weite usw.), Ausblick *m* (schöner usw.) ► **ponto** *m* **de ~** Gesichtspunkt *m*

visto [wißtu] *m* Visum *s* ► **~ de entrada** Einreisevisum *s*; **~ que** angesichts *etw. Gen*

visualisar [wisualisar] *v* anzeigen (auf Monitor usw.)

vitela [witäla] *w* Kalbfleisch *s*

vítima [witschima] *w* Opfer *s etw. Gen* (Geschädigte)

vitória [witòria] *w* Sieg *m*

viúva [wiuwa] *w* Witwe *w*

viúvo [wiuwu] *m* Witwer *m*

vivaz [wiwaß] *adj* lebhaft, munter, rüstig, temperamentvoll

vivência [wiwẽßja] *w* Erfahrung *w*

vivente [wiwẽtschi] *adj* lebend, lebendig

viver [wiwer] *v* 1 leben (am Leben sein) 2 erleben *etw. Akk* (durchmachen) 3 darstellen *j-n* (spielen)

víveres [wiweriß] *m Mz* Vorräte *m Mz*

vivo, -a [wiwu] *adj* 1 lebend, lebendig 2 lebhaft (Kind usw.) 3 lebhaft (Fantasie usw.) ♦ *adv* am Leben

vizinho [wisĩnju] *m* Nachbar *m* ♦ *adj* nachbarlich, Nachbar-

voar [woar] *v* fliegen

vocabulário [wokabularju] *m* Wortschatz *m*

vocação [wokaßãũ] *w* 1 Begabung *w für etw.*, Talent *s für etw.* 2 Berufung *w* (innere Bestimmung)

você [woße] *pron* du, Sie

vocês [woßeß] *pron* ihr (2. Person Pl., Duzen)

volante [wolãtschi] *m* Lenkrad *s*

volta [wòuta] *w* 1 Rückkehr *w* 2 Wende *w* (des Jahres usw.) 3 Runde *w* (in einem Rennen) 4 Umweg *m* 5 Wende *w* (der Entwicklung), Wendung *w* (überraschende usw.) 6 Umdrehung *w* (um eigene Achse) ► **dar a ~** sich umdrehen (im Kreis); **dar uma ~** spazieren gehen; **dar uma ~** *a a.c.* herumfahren *um etw.*; **de ~** Rück-; **por ~ de** gegen (Menge), ungefähr

voltagem [woutashẽĩ] *w* Spannung *w* (elektrische)

voltar [woutar] *v* wieder *tun etw. Akk*, zurückkommen, wiederkommen

voltear [woutschiar] *v* 1 kreisen *um etw.* 2 sich drehen 3 drehen *etw. Akk* 4 wenden (Auto, Schwimmer usw.), drehen (Schiff, Wind usw.)

volume [wolumi] *m* 1 Lautstärke *w* 2 Volumen *s* 3 Band *m* (Buch)

volumoso, -a [wolumosu] *adj* sperrig

voluntário, -a [wolũtarju] *adj* freiwillig ♦ *m* Freiwillige *m*

vomitar [womitar] *v* ausbrechen *etw. Akk* (Nahrung usw.), erbrechen *etw. Akk* (Essen usw.), brechen (bei Übelkeit), sich übergeben

vontade [wõũtadshi] *w* **1** Wille *m* **2** Lust *w an etw. Akk* ► **boa ~** Bereitschaft *w* (zu helfen), Bereitwilligkeit *w*; **sem ~** ungern; **Sirva-se à ~.** Bedienen Sie sich., Greifen Sie zu!

voo [wou] *m* Flug *m*

vós [wòß] *pron* ihr (2. Person Pl., Duzen)

vosso, -a [wòßu] *pron* euer, eure

votação [wotaßãũ] *w* Abstimmung *w über etw. Akk*

votar [wotar] *v* stimmen *für etw., gegen etw.* (bei Abstimmung), wählen *j-n* (abstimmen)

voto [wòtu] *m* **1** Stimme *w* (bei Abstimmung) **2** Gelübde *s* ► **~ secreto** geheime Abstimmung

vovó [wowò] *w* Großmutter *w*

vovô [wowo] *m* Großvater *m*

voz [wòß] *w* Stimme *w* (menschliche) ► **em ~ alta** laut

vulcão [wuukãũ] *m* Vulkan *m*

X

xadrez [schadreß] *m* Schach *s* (Spiel)

xampu [schãpu] *m* Shampoo *s*

xarope [scharòpi] *m* Sirup *m*

xeque [schäki] *m* Schach *s* (Stellung)

xícara [schikara] *w* Tasse *w*

xodó [schodò] *m* Leidenschaft *w*

Z

zagueiro [sagejru] *m* Verteidiger *m* (Spieler), Abwehrspieler *m*

zangado, -a [sãgadu] *adj* sauer *auf j-n*, verärgert ► **estar zangad|o/-a** *com alg* sich ärgern *über j-n*, böse sein *j-m, auf j-n*

zelar [selar] *v* sorgen *für j-n/etw.* (pflegen), sich kümmern *um j-n/etw.*

zeloso, -a [selosu] *adj* eifersüchtig

zero [säru] *m* Null *w*

zíper [siper] *m* Reißverschluss *m*

zona [sona] *w* Zone *w* ► **~ pedestre** Fußgängerzone *w*

zoológico, -a [soolòshiku] *adj* zoologisch ♦ *m* Zoo *m*, Tiergarten *m* (kleiner), Tierpark *m* (größer)

A

Aal *m* enguia [ĩgia] *w*

ab[1] *prep* (Platz, Ort usw.) de [dshi], desde [desdshi], a partir de [a partschir dshi]

ab[2] (weg usw.) **~ sein** desprender-se; **~ und zu** de vez em quando

abbiegen *v* virar [wirar], desviar [dshiswiar], dobrar [dobrar]

abbrechen *v* **1** (beenden) *etw. Akk* romper [hõũper] **2** (niederreißen) demolir [demolir] **3** (entzweigehen) quebrar-se [kebrarßi] **4** *etw. Akk* romper [hõũper] *a.c.*

Abend *m* noite [nojtschi] *w*; **gestern ~** ontem à noite; **zu ~ essen** jantar; **Guten ~.** Boa noite!

Abendessen *s* jantar [shãtar] *m*, janta [shãta] *w*

abends *adv* à noite [a nojtschi], pela tarde [pela tardshi]

Abenteuer *s* aventura [awẽĩtura] *w*

aber *conj* mas [maß], contudo [kõũtudu], porém [porẽĩ], no entanto [nu ĩtãtu]

Aberglaube *m* superstição [ßuperßtschißãũ] *w*

abfahren *v* **1** (Zug usw.) sair [ßair], partir [partschir] **2** (in einem Auto usw.) partir [partschir]

Abfahrt *w* **1** (eines Zuges usw.) partida [partschida] *w*, saída [ßaida] *w* **2** (Sportdisziplin) descida [deßida] *w*

Abfall *m* lixo [lischu] *m*, entulho [ĩtulju] *m*, despejo [dshißpeshu] *m*, resíduo [hesiduu] *m*

Abfalleimer *m* cesto *m* de lixo [ßeßtu dshi lischu], lixeira [lischejra] *w*

abfallen *v* **1** (Knopf usw.) cair [kair] **2** (sich abbrechen) desprender-se [dshißprẽĩderßi] **3** (Laub usw.) cair [kair], desprender-se [dshißprẽĩderßi]

abfliegen *v* **1** partir (de avião) [partschir (dshi awiãũ)] **2** (Flugzeug usw.) decolar [dekolar]

Abflug *m* saída [ßaida] *w*

Abfluss *m* cano *m* de esgoto [kanu dshi isgotu], desaguadouro [dshisaguadoru] *m*, esgoto [isgotu] *m*

Abfuhr *w* transporte [trãßpòrtschi] *m*

Abführmittel *s* laxante [laschãtschi] *m*

Abgang *m* saída [ßaida] *w*

abgeben *v* **1** (Arbeit usw.) entregar [ĩtregar] *a.c. a alg* **2** (Geräusch, Licht usw.) emitir [emitschir]

abgelaufen *adj* **1** expirad|o/-a [eßpiradu/-a], caducad|o/-a [kadukadu/-a] **2** (Periode usw.) passad|o/-a [paßadu/-a], decorrid|o/-a [dekohidu/-a], find|o/-a [fĩdu/-a]

abgelegen *adj* **1** afastad|o/-a [afaßtadu/-a], (Stelle usw.) remot|o/-a [hemòtu/-a], distante [dshißtãtschi] **2** (Ort usw.) afastad|o/-a [afaßtadu/-a]

Abgrund *m* abismo [abismu] *m*

Abhang *m* encosta [ĩkòßta] *w*, ladeira [ladejra] *w*, costa [kòßta] *w*, vertente [wertẽtschi] *w*

abhängen *v von j-m/etw.* depender [depẽĩder] *de alg/a.c.*

abhängig *adj* **1** (von Umständen usw.) *von j-m/etw.* dependente [depẽĩdẽtschi] *de alg/a.c.* **2** (Drogen usw.) *von etw.* viciad|o/-a [wißjadu/-a] *em a.c.*

abheben *v* **1** (Geld usw.) levantar [lewãtar], sacar [ßakar] **2** (Flugzeug usw.) decolar [dekolar]

abholen *v j-n/etw.* recolher [hekoljer] *alg/a.c.*, apanhar [apãnjar] *alg/a.c.*, retirar [hetschirar] *a.c.*; **Gepäck ~** recolher a bagagem

Abitur *s* bacharelado [bascharеladu] *m*

abkühlen *v* **1** *etw. Akk* enfriar [ĩfriar] *a.c.*, *etw. Akk* esfriar [ißfriar] *a.c.* **2** (kühler werden) enfriar [ĩfriar], esfriar [ißfriar] **3** *sich* **~** (Wetter usw.) arrefecer [ahefeßer]

abkürzen *v* **1** (zeitlich) abreviar [abrewiar] *a.c.*, encurtar [ĩkurtar] **2** (Wort usw.) *etw. Akk* abreviar [abrewiar] *a.c.*

Abkürzung *w* **1** (kürzerer Weg) atalho [atalju] *m* **2** (Wort) abreviatura [abrewiatura] *w*

ablegen *v* **1** (Gegenstand) pôr de lado [por dshi ladu], depor [depor] **2** (Prüfung usw.) passar [paßar]

ablehnen *v* **1** *etw. Akk* recusar [hekusar] *a.c.*, declinar [deklinar] *a.c.*, indeferir [ĩdeferir] *a.c.*, refugar [hefugar] *a.c.* **2** (Einfall usw.) *etw. Akk* descartar [dshißkartar]

Ablehnung *w* **1** recusa [hekusa] *w* **2** (eines Antrags usw.) rejeição [heshejßãũ] *w*, negativa

[negatschiwa] *w*, recusa [hekusa] *w*, chumbo [schũbu] *m*

abmachen *v* marcar [markar]; **Abgemacht!** De acordo!, Combinado!

Abmachung *w* acordo [akordu] *m*, acerto [aßertu] *m*, ajuste [ashußtschi] *m*, ajustamento [ashußtamẽtu] *m*

abmelden *v j-n/etw.* cancelar o registo [kãßelar u heshißtu] *de alg*

abnehmen *v* **1** (Deckel usw.) *etw. Akk* tirar [tschirar] **2** (Wäsche usw.) *etw. Akk von etw.* pôr de baixo [por dshi bajschu] *a.c.* **3** (Menge usw.) tirar [tschirar]

Abonnement *s etw. Gen* subscrição [ßubißkrißãũ] *w*, assinatura [aßinatura] *w de a.c.*

abonnieren *v* assinar [aßinar], subscrever [ßubißkrewer] *a.c.*

abräumen *v etw. Akk* tirar [tschirar] *a.c.*

abrechnen *v etw. Akk von etw.* subtrair [ßubitrair] *a.c. de a.c.*, deduzir [dedusir] *a.c. de a.c.*, descontar [dshißkõũtar] *a.c. de a.c.*

Abreise *w* partida [partschida] *w*

abreisen *v aus etw. nach etw.* sair [ßair] *de a.c. para a.c.*, (Reise unternehmen) sair de viagem [ßair dshi wiashẽĩ]

abreißen *v* **1** (Blätter usw.) arrancar [ahãkar] **2** (Pflaster usw.) arrancar [ahãkar], *etw. Akk* tirar [tschirar] *a.c.* **3** (Schlaufe usw.) desprender-se [dshißprẽĩderßi] **4** (Gebäude usw.) *etw. Akk* demolir [demolir], desmoronar [dshismoronar] *a.c.*, derribar [dehibar] *a.c.*

absagen *v* cancelar [kãßelar], desmarcar [dshismarkar]

Absatz *m* **1** (eines Textes) parágrafo [paragrafu] *m* **2** (eines Schuhs) salto [ßautu] *m*, tacão [takãũ] *m* **3** (Verkauf) venda [wẽda] *w*

abschaffen *v etw. Akk* abolir [abolir] *a.c.*, suprimir [ßuprimir] *a.c.*, *etw. Akk* acabar [akabar] *com a.c.*, *etw. Akk* eliminar [eliminar] *a.c.*

abschalten *v* desligar [dshisligar], (Reaktor usw.) *etw. Akk* pôr fora do serviço [por fòra du ßerwißu]

abschätzen *v etw. Akk* estimar [ißtschimar] *a.c.*, avaliar [awaliar] *a.c.*, esmar [ismar] *a.c.*

abschicken *v etw. Akk* expedir [ißpedshir] *a.c.*, despachar [dshißpaschar] *a.c.*

Abschied *m* despedida [dshißpedshida] *w*

Abschleppdienst *m* serviço *m* de reboque [ßerwißu dshi heboki]

abschleppen *v etw. Akk* rebocar [hebokar] *a.c.*

Abschleppwagen *m* camião-reboque [kamiãũreboki] *m*

abschließen *v* **1** (Wohnung usw.) fechar à chave [feschar a schawi], trancar [trãkar] **2** (Abkommen usw.) concluir [kõũkluir], fechar [feschar] ► **das Studium** *etw. Gen* ~ formar-se *em a.c.*, graduar-se *em a.c.*, licenciar-se *em a.c.*, tirar o curso *de a.c.*

abschneiden *v* **1** (mit einem Messer usw.) *etw. Akk* cortar [kortar] *a.c.* **2** cortar [kortar] **3** (Erfolg haben) sair [ßair] *como*

Abschnitt *m* **1** seção [ßeßãũ] *w*, trecho [treschu] *m*, troço [tròßu] *m* **2** (Papier usw.) recorte [hekòrtschi] *m* **3** (eines Formulars usw.) cupão [kupãũ] *m*, talão [talãũ] *m*

abschrauben *v etw. Akk* desaparafusar [dshisaparafusar] *a.c.*, desparafusar [dshißparafusar] *a.c.*

abschreiben *v* **1** (noch einmal usw.) reescrever [hießkrewer] **2** (von Mitschüler usw.) *etw. Akk von j-m, etw. Akk aus etw.* copiar [kopiar] *a.c. de alg* **3** (Abschrift machen) transcrever [trãßkrewer] **4** (wegen Abnutzung usw.) anular [anular]

absenden *v etw. Akk* expedir [ißpedshir] *a.c.*, despachar [dshißpaschar] *a.c.*

Absender *m* remetente [hemetẽtschi] *m*

Absicht *w* intenção [ĩtẽĩßãũ] *w*, propósito [propòsitu] *m*, intuito [ĩtuitu] *m*, tenção [tẽĩßãũ] *w*

absichtlich *adj* intencional [ĩtẽĩßionau], proposital [propositau] ♦ *adv* de propósito [dshi propòsitu], intencionalmente [ĩtẽĩßionaumẽtschi], por acinte [pur aßĩtschi], adrede [adredshi]

Absperrhahn *m* torneira [tornejra] *w*

Abstand *m* distância [dshißtãßja] *w*

abstimmen *v* aprovar [aprowar]

Abstimmung *w über etw. Akk* votação [wotaßãũ] *w*; **geheime** ~ voto *m* secreto

abstürzen *v* despenhar-se [dshißpẽnjarßi]

Abteil *s* **1** (im Zug usw.) compartimento [kõũpartschimẽtu] *m* **2** (abgegrenzter

Teil) seção [ßeßãũ] *w*, (abgeteilter Raum) compartimento [kõũpartschimẽtu] *m*

Abteilung *w* departamento [departamẽtu] *m*

Abtreibung *w* aborto *m* (provocado) [abortu (prowokadu)]

abtrennen *v j-n/etw.* separar [ßeparar] *(a) alg/a.c.*, apartar [apartar] *(a) alg/a.c.*

abtrocknen *v* **1** (Kleid usw.) secar [ßekar], (trocken werden) secar-se [ßekarßi] **2** (trocken machen) *etw. Akk* secar [ßekar] *a.c.*, enxugar [ĩschugar] *a.c.*

abwärts *adv* para baixo [para bajschu], abaixo [abajschu]

abwaschen *v etw. Akk* lavar [lawar] *a.c.*

abwesend *adj in etw.* ausente [ausẽtschi]

abwischen *v* **1** (entfernen) *etw. Akk* esfregar [ißfregar] **2** (säubern) *etw. Akk* limpar [lĩpar]

abzahlen *v etw. Akk* pagar [pagar], (Darlehen usw.) saldar [ßaudar], quitar [kitar]

Abzug *m* **1** (einer Waffe) gatilho [gatschilju] *m* **2** (vom Lohn usw.) dedução [dedußãũ] *w* **3** (Foto) prova *w* de contato [prowa dshi kõũtatu]

Accessoires *s Mz* acessórios [aßeßoriuß] *m Mz*

Achse *w* eixo [ejschu] *m*

acht *num* oito [ojtu]

acht(er,e,es) *num* oitav|o/-a [ojtawu/-a]

achten *v* **1** *auf j-n/etw.* prestar atenção [preßtar atẽĩßãũ] *a alg/a.c.* **2** (Gesetz usw.) respeitar [heßpejtar] *a.c.* **3** (aufpassen) *auf etw. Akk* cuidar [kuidar] *de a.c.*

Achtung *w vor j-m* estima [ißtschima] *w*, respeito [heßpejtu] *m*, consideração [kõũßideraßãũ] *w por alg*; **~!** Cuidado!, Atenção!, Cautela!

achtzehn *num* dezoito [desojtu]

achtzig *num* oitenta [ojtẽta]

Acker *m* campo [kãpu] *m*

Adapter *m* adaptador [adaptador] *m*

addieren *v* somar [ßomar]

Ader *w* veia [weja] *w*

Adler *m* águia [agia] *w*

Adresse *w* morada [morada] *w*, endereço [ĩdereßu] *m*, direção [dshireßãũ] *w*

Affe *m* mono [monu] *m*, macaco [makaku] *m*

Agentur *w* agência [ashẽßja] *w*

ähnlich *adj etw. Gen* parecid|o/-a [pareßidu/-a] *a a.c.*, assemelhad|o/-a [aßemeljadu/-a] *a a.c.*, semelhante [ßemeljãtschi] *a a.c.*, similar [ßimilar] *a a.c.* ♦ *adv* similarmente [ßimilarmẽtschi] ► **~ sein** *j-m/etw.* parecer-se com *alg*

Ähnlichkeit *w* semelhança [ßemeljãßa] *w*, similaridade [ßimilaridadshi] *w*, similitude [ßimilitudshi] *w*

Ahnung *w* **1** (Vorgefühl) pressentimento [preßẽĩtschimẽtu] *m*, palpite [paupitschi] *m* **2** (Vorstellung) ideia [idäia] *w*

aktiv *adj* ativ|o/-a [atschiwu/-a], operante [operãtschi]

aktuell *adj* atual [atuau], modern|o/-a [modärnu/-a]

Alarm *m* alarme [alarmi] *m*, rebate [hebatschi] *m*

alarmieren *v j-n* alarmar [alarmar] *alg*, assustar [aßußtar] *alg*

Alkohol *m* álcool [aukoou] *m*

alkoholfrei *adj* sem álcool [ßẽĩ aukoou]

alkoholisch *adj* alcoólic|o/-a [alkoliku/-a], espirituos|o/-a [ißpirituosu/-a]

all *pron* tod|o/-a [todu/-a] ► **~e** (jeder) todos, toda a gente, qualquer um, (von einer Gruppe) todos os/todas as; **vor ~em** principalmente, mormente, sobretudo, primariamente, acima de tudo

All *s* universo [uniwerßu] *m*

Allee *w* alameda [alameda] *w*, aleia [aleja] *w*

allein *adj* **1** (ohne Andere) sozinh|o/-a [ßosĩnju/-a], só [ßò] **2** (Person) sozinh|o/-a [ßosĩnju/-a]

Allergie *w gegen etw.* alergia [alershia] *w*

allergisch *adj gegen etw.* alérgic|o/-a [alärshiku/-a]

alles *pron* tudo [tudu]

allgemein *adj* geral [sherau], global [globau]

allmählich *adj* gradual [graduau], paulatin|o/-a [paulatschinu/-a] ♦ *adv* lentamente [lẽĩtamẽtschi], devagar [dshiwagar], sucessivamente [ßußeßiwamẽtschi], passo a passo [paßu a paßu]

Allradwagen *m* veículo com tração nas quatro rodas
alltäglich *adj* comum [komũ]
Alphabet *s* alfabeto [aufabätu] *m*
als[1] *conj* (sobald usw.) quando [kuãdu]
als[2] *conj* (im Vergleich) que [ki], do que [du ki] ► **~ ob** como se
als[3] *conj* (als Lehrer usw.) como [komu]
also *conj* assim que [aßĩ ki], por isso [pur ißu], então [ĩtãũ], pois [pojß]
alt *adj* velh|o/-a [wälju/-a], idos|o/-a [idosu/-a], (historisch) antig|o/-a [ãtschigu/-a]
Alter *s* **1** (einer Person) idade [idadshi] *w* **2** (Lebensabend) velhice [weljißi] *w*
älter *adj* maior [majòr]
altmodisch *adj* antiquad|o/-a [ãtschikuadu/-a]
Altstadt *w* cidade *w* velha [ßidadshi welja]
Alufolie *w* papel-alumínio [papeualuminju] *m*, prata [prata] *w*
Aluminium *s* alumínio [aluminju] *m*
am **~ Anfang** no início; **~ Leben** vivo; **~ Meer** junto ao mar, perto do mar; **~ Montag/Dienstag** na segunda/terça-feira
Ambulanz *w* **1** (Wagen) ambulância [ãbulãßja] *w*, pronto-socorro [prõũtußokohu] *m* **2** (Abteilung) ambulatório [ãbulatòrju] *m*, ambulância [ãbulãßja] *w* **3** (in der Schule usw.) enfermaria [ĩfermaria] *w*
Ameise *w* formiga [formiga] *w*
Amerika *s* América [amärika] *w*
amerikanisch *adj* american|o/-a [amerikanu/-a]
Ampel *w* semáforo [ßemaforu] *m*
Amt *s* ofício [ofißju] *m*
amtlich *adj* oficial [ofißjau]
amüsieren *v j-n* divertir [dshiwertschir] *alg*, entreter [ĩtreter] *alg* ► **sich ~** divertir-se, esbaldar-se
an *prep* **1** a [a], perto de [pärtu dshi], junto a [shũtu a] *a.c.*, em [ẽĩ] **2** (denken usw.) *j-n/etw.* em [ẽĩ] *alg/a.c.* ► **~ der See** junto ao mar, perto do mar; **A~ wen soll ich mich wenden?** A quem me posso dirigir?
Ananas *w* abacaxi [abakaschi] *m*
anbauen *v etw. Akk* cultivar [kuutschiwar] *a.c.*
anbieten *v j-m etw. Akk* oferecer [ofereßer] *a.c. a alg*, ofertar [ofertar] *a.c. a alg*, prontificar [prõũtschifikar] *a.c. a alg*
Andenken *s* **1** (Gedenken) recordação [hekordaßãũ] *w* **2** (Erinnerung) lembrança [lẽĩbrãßa] *w*, recordação [hekordaßãũ] *w* **3** (Souvenir) lembrança [lẽĩbrãßa] *w*
ander(er,e,es) *adj* outr|o/-a [otru/-a] ► **die anderen** os demais, (der Rest) os outros; **ein ~** outr|o/-a; **ein anderes Mal** outro dia
andererseits **Einerseits… ~…** Por um lado… por outro lado
ändern *v etw. Akk* mudar [mudar] *a.c.*, *etw. Akk* mudar [mudar] *de a.c.*, alterar [auterar] *a.c.* ► **sich ~** mudar-se
anders *adj als j./etw.* diferente [dshiferẽtschi] *de a.c.* ♦ *adv* de outra maneira [dshi otra manejra], de outro jeito [dshi otru shejtu], diferentemente [dshiferẽĩtemẽtschi] ► **jemand ~** outrem, outra pessoa
anderswo *adv* em outro lugar [ẽĩ otru lugar]
Änderung *w* mudança [mudãßa] *w*, alteração [auteraßãũ] *w*, muda [muda] *w*
anerkennen *v etw. Akk* reconhecer [hekõnjeßer]
Anfall *m* ataque [ataki] *m*, acesso [aßäßu] *m*, rompante [hõũpãtschi] *m*, colapso [kolapßu] *m*
Anfang *m* começo [komeßu] *m*, princípio [prĩßipju] *m*, início [inißju] *m*, primórdio [primordshju] *m* ► **am ~** no início
anfangen *v* **1** *etw. Akk* começar [komeßar], principiar [prĩßipiar], encetar [ĩßetar] **2** (Anfang haben) iniciar-se [inißjarßi], começar [komeßar] **3** (Krieg, Streit usw.) desencadear [dshisĩkadear]
Anfänger *m* principiante [prĩßipiãtschi] *m*, debutante [debutãtschi] *m*, iniciante [inißjãtschi] *m*, caloiro [kalojru] *m*
anfangs *adv* a princípio [a prĩßipju], no começo [nu komeßu], inicialmente [inißjaumẽtschi], no princípio [nu prĩßipju] ♦ *prep etw. Gen* no início [nu inißju] *de a.c.*
anfassen *v j-n/etw.* tocar [tokar] *alg/a.c.*
anfliegen *v* chegar [schegar]
Angabe *w* dado [dadu] *m*

angeben *v* **1** (Adresse usw.) *etw. Akk* indicar [ĩdshikar] **2** *mit etw.* exibir-se [esibirßi], pavonear [pawonear], *mit etw.* jactar-se [shaktarßi] *de a.c.*

Angebot *s* **1** (Anbieten) oferta [ofärta] *w*, oferecimento [ofereßimẽtu] *m* **2** (angebotene Ware) oferta [ofärta] *w* **3** (auf dem Markt) oferta [ofärta] *w*

Angehörige *m etw. Gen* membro [mẽbru] *m de a.c.*, integrante [ĩtegrãtschi] *m*, sócio [ßòßju] *m*

Angel *w* **1** (zum Fischfang) caniço [kanißu] *m* **2** (einer Tür usw.) dobradiça [dobradshißa] *w*, gonzo [gõũsu] *m*, bisagra [bisagra] *w*, charneira [scharnejra] *w*

Angelegenheit *w* assunto [aßũtu] *m*, questão [keßtãũ] *w*, afazer [afaser] *m*

angeln *v* pescar [peßkar]

Angelrute *w* cana *w* de pesca [kana dshi peßka]

angemessen *adj* adequad|o/-a [adekuadu/-a], *etw. Dat* proporcional [proporßionau] *a a.c.*, compatível [kõũpatschiweu] *com a.c.* ♦ *adv* adequadamente [adekuadamẽtschi]

angenehm *adj* **1** agradável [agradaweu], aprazível [aprasiweu], amen|o/-a [amenu/-a] **2** (Anblick usw.) prazeros|o/-a [praserosu/-a]

Angestellte *m* empregado [ĩpregadu] *m* ► **leitender ~r** executivo *m*

angreifen *v* **1** *j-n* atacar [atakar] *alg*, agredir [agredshir] *alg*, acometer [akometer] *alg*, assaltar [aßautar] *alg* **2** (militärisch) *j-n/etw.* atacar [atakar] *a alg*

Angreifer *m* agressor [agreßor] *m*, atacante [atakãtschi] *m*, assaltante [aßautãtschi] *m*, invasor [ĩwasor] *m*

Angriff *m* ataque [ataki] *m*, assalto [aßautu] *m*

Angst *w* **1** *vor etw. Dat* medo [medu] *m*, temor [temor] *m*, receio [heßeju] *m* **2** (Sorge usw.) angústia [ãgußtschia] *w*, ansiedade [ãßiedadshi] *w*, ânsia [ãßia] *w*, mágoa [magoa] *w*

anhaben *v* trazer [traser], usar [usar]

anhalten *v* **1** (Bewegung usw.) *etw. Akk* parar [parar] *a.c.*, pausar [pausar], sustar [ßußtar] *a.c.*, deter [deter] *a.c.* **2** (stehen bleiben) parar [parar]

Anhalter **per ~ fahren** viajar de carona

Anhänger *m* **1** partidário [partschidarju] *m*, adepto [adäptu] *m*, simpatizante [ßĩpatschisãtschi] *m*, (einer Lehre usw.) seguidor [ßegidor] *m* **2** (Fan usw.) partidário [partschidarju] *m*, aficionado [afißionadu] *m*, apreciador [apreßjador] *m*, (Fan usw.) torcedor [torßedor] *m* **3** (des Teufels usw.) cultor [kuutor] *m* **4** (Wagen) reboque [heboki] *m* **5** (Schmuckstück) pingente [pĩshẽtschi] *m* **6** (mit einer Adresse usw.) etiqueta [etschiketa] *w*

Ankauf *m* compra [kõũpra] *w*

Anker *m* âncora [ãkora] *w*

ankern *v* lançar âncora [lãßar ãkora], (vor Anker liegen) ancorar [ãkorar], fundear [fũdear]

anklagen *v j-n etw. Gen* acusar [akusar] *alg de a.c.*, inculpar [ĩkuupar] *alg de a.c.*

Ankleidekabine *w* cabina [kabina] *w*, provador [prowador] *m*

Ankleideraum *m* vestiário [weßtschiarju] *m*, camarim [kamarĩ] *m*

ankommen *v* **1** *irgendwohin* chegar [schegar], vir [wir] **2** (mit dem Auto usw.) *in etw. Dat, an etw. Dat* chegar [schegar] *aonde* **3** (Paket usw.) chegar [schegar] **4** *auf j-n/etw.* depender [depẽĩder] *de alg/a.c.*

ankündigen *v j-m etw. Akk* avisar [awisar] *alg a.c.*

Ankunft *w* chegada [schegada] *w*, vinda [wĩda] *w*

Anlage *w* **1** aparelho [aparelju] *m*, dispositivo [dshißposits chiwu] *m* **2** (eines Dokumentes) anexo [anäkßu] *m* ► **~n** equipamento *m*

Anlasser *m* (motor de) arranque [(motor dshi) ahãki] *m*

anlegen *v* **1** (legen) *etw. Akk an etw. Akk* pôr [por] **2** (in einer Bank usw.) *etw. Akk irgendwo* depositar [depositar] *a.c. em a.c.* **3** (Geld) *etw. Akk in etw. Akk* investir [ĩweßtschir] *em a.c.* **4** (planvoll erstellen) dispor [dshißpor] ► **den Sicherheitsgurt ~** apertar o cinto de segurança

Anlegestelle *w* ancoradouro [ãkoradoru] *m*

Anleitung *w* **1** (zur Verwendung usw.) instrução [ĩßtrußãũ] *w* **2** (in Druckform usw.) manual [manuau] *m*, manual *m* de instruções [manuau dshi ĩßtrußõũjß]

anmachen *v etw. Akk* acender [aßẽĩder], atear [atear] ▶ **(Licht) ~** acender a luz

Anmeldeformular *s* ficha *w* de inscrição [fischa dshi ĩßkrißãũ], formulário [formularju] *m*

anmelden *v* **1** (registrieren usw.) *j-n/etw.* registrar [heshißtrar] *alg/a.c.*, cadastrar [kadaßtrar] *alg/a.c.* **2** *sich* ~ (Teilnehmer) *zu etw.* inscrever-se [ĩßkrewerßi] *em a.c.*, matricular-se [matrikularßi] *em a.c.*

Anmeldung *w* check-in [tschäki ĩ] *m*, ficha *w* de inscrição [fischa dshi ĩßkrißãũ], formulário [formularju] *m*

annähern *v* *sich* ~ *j-m/etw.* acercar-se [aßerkarßi] *a alg/a.c.*, aproximar-se [aproßimarßi], avizinhar-se [awisĩnjarßi], achegar-se [aschegarßi] *a alg/a.c.*

annehmen *v* **1** (Angebot usw.) *etw. Akk* aceitar [aßejtar] **2** (Plan usw.) aceitar [aßejtar] *a.c.*, aprovar [aprowar] *a.c.*, promulgar [promuugar] *a.c.* **3** (glauben) presumir [presumir], pressupor [preßupor]

anpassen *v* **1** *etw. Akk j-m/etw.* adaptar [adaptar] *a.c. a a.c.* **2** *sich* ~ *etw. Dat* adaptar-se [adaptarßi] *a a.c.*, ambientar-se [ãbiẽĩtarßi] *a a.c.*

anprobieren *v* provar [prowar], experimentar [ißperimẽĩtar]

Anruf *m* chamada [schamada] *w*, telefonema [telefonema] *m* ▶ **einen ~ machen** fazer uma chamada

Anrufbeantworter *m* secretária *w* eletrônica [ßekretaria eletronika]

anrufen *v j-n* telefonar [telefonar] *alg*, ligar [ligar] *alg* ▶ **Er soll mich ~!** Que me ligue!

anschauen *v j-n/etw.* dar uma olhadela [dar uma oljadela] *para alg/a.c.*, olhar [oljar] *para alg/a.c.*, mirar [mirar] *alg/a.c.*

anscheinend *part* evidentemente [ewidẽĩtemẽtschi], presumivelmente [presumiweumẽtschi]

Anschluss *m* ligação [ligaßãũ] *w*

Anschrift *w* morada [morada] *w*, endereço [ĩdereßu] *m*, direção [dshireßãũ] *w*

anschwellen *v* inchar [ĩschar]

ansehen *v* **1** *j-n/etw.* dar uma olhadela [dar uma oljadela] *para alg/a.c.*, olhar [oljar] *para alg/a.c.*, mirar [mirar] *alg/a.c.* **2** *sich* ~ *etw. Akk* dar uma olhada [dar uma oljada] *a a.c.* ▶ **finster ~** *j-n* fazer má cara *a alg*; **(sich) ~** *j-n/etw.* (Film usw.) ver *alg/a.c.*

ansetzen *v* **1** *etw. Akk an etw. Akk* pôr [por] *a.c. em a.c.*, meter [meter] *a.c. em a.c.* **2** *sich* ~ depor-se [deporßi]

Ansicht *w von etw., über etw. Akk* opinião [opiniãũ] *w sobre a.c.*, (Meinung) *von etw., über etw. Akk* perspetiva [perßpetschiwa] *w de a.c.*

Ansichtskarte *w* postal [poßtau] *m*

ansprechen *v* **1** (höflich usw.) *j-n* dirigir-se [dshirishirßi] *a alg* **2** (gefallen usw.) *j-n* impressionar [ĩpreßionar] *alg*, chamar atenção [schamar atẽĩßãũ] *de alg*

Anspruch *m* **1** (erhobener usw.) *auf etw. Akk* reivindicação [hejwĩdshikaßãũ] *w* **2** (an Qualität usw.) exigência [esishẽßja] *w*, pretensão [pretẽĩßãũ] *w* **3** (Recht) *auf etw. Akk* direito [dshirejtu] *m a a.c.* ▶ **~ erlangen** *auf etw. Akk* obter direito *a a.c.*; **Ansprüche** *an j-n/etw.* exigências *w Mz*

anspruchsvoll *adj* difícil [dshifißiu], (mit hohen Ansprüchen) exigente [esishẽtschi]

Anstalt *w* casa *w* de saúde [kasa dshi ßaudshi]

anständig *adj* decente [deßẽtschi], bem-criad|o/-a [bẽĩkriadu/-a]

anstecken *v* **1** *j-n (mit etw.)* contagiar [kõũtashiar] *alg*, infetar [ĩfetar] *alg* **2** (Ring usw.) *etw. Akk an etw. Akk* colocar [kolokar] *a.c. em a.c.*

ansteckend *adj* infecios|o/-a [ĩfeßiosu/-a], infeccios|o/-a [ĩfeßiosu/-a], contagios|o/-a [kõũtashiosu/-a], contagiante [kõũtashiãtschi]

Ansteckung *w* infeção [ĩfeßãũ] *w*, infecção [ĩfekßãũ], contágio [kõũtashiu] *m*

anstelle *adv von etw.* em vez de [ẽĩ weß dshi] *a.c.* ♦ *prep etw. Gen* em vez [ẽĩ weß] *de a.c.*

anstellen *v* **1** (Gerät usw.) ligar [ligar] **2** (Angestellten usw.) *j-n* empregar [ĩpregar] *alg* **3** (Dummheit usw.) *etw. Akk* fazer [faser] *a.c.*, (Unfug usw.) fazer distúrbios [faser dshißturbiuß]

Anstieg *m etw. Gen* aumento [aumẽtu] *m de a.c.*, crescimento [kreßimẽtu] *m*, incremento [ĩkremẽtu] *m*

anstrengen *v* **1 sich ~** (intensiv arbeiten) esforçar-se [ißforßarßi], laborar [laborar] **2** (Muskeln, Augen usw.) esforçar [ißforßar]

anstrengend *adj* **1** (Tag usw.) difícil [dshifißiu] **2** fatigante [fatschigãtschi], árdu|o/-a [arduu/-a], penos|o/-a [penosu/-a], cansativ|o/-a [kãßatschiwu/-a] **3** difícil [dshifißiu]

Anstrengung *w* luta [luta] *w*

Anteil *m an etw. Dat* parte [partschi] *w*, partilha [partschilja] *w* ▶ *~ an etw. Dat* **nehmen** tomar parte *em a.c.*, participar *em a.c.*, envolver-se *em a.c.*; **(prozentualer) ~** percentagem *w*

Antenne *w* antena [ãtena] *w*

Antibabypille *w* pílula *w* contracetiva [pilula kõũtraßetschiwa], pílula *w* anticoncecional [pilula ãtschikõũßeßionau]

Antibiotikum *s* antibiótico [ãtschibiotschiku] *m*

antik *adj* antig|o/-a [ãtschigu/-a]

Antiquität *w* antiguidade [ãtschigidadshi] *w*

Antrag *m auf etw. Akk* requerimento [hekerimẽtu] *m* ▶ **den ~ stellen** *auf etw. Akk* apresentar um pedido *de a.c.*

Antwort *w auf etw. Akk* resposta [heßpòßta] *w*, réplica [häplika] *w a a.c.*

antworten *v auf etw. Akk* responder [heßpõũder] *a a.c.*

Anwalt *m* advogado [adshiwogadu] *m*

Anwender *m* usuário [usuarju] *m*, utilizador [utschilisador] *m*, utente [utẽtschi] *m*

Anwendung *w etw. Gen* aplicação [aplikaßãũ] *w de a.c.*

anwesend *adj irgendwo* presente [presẽtschi]

Anwesenheit *w von j-m* presença [presẽßa] *w*, comparecimento [kõũpareßimẽtu] *m*, comparência [kõũparẽßja] *w*

Anzahl *w etw. Gen* número [numeru] *m de a.c.*

Anzahlung *w* sinal [ßinau] *m*, (auf den Preis) adiantamento [adshiãtamẽtu] *m*, abono [abonu] *m*

Anzeige *w* **1** (in einer Zeitung) anúncio [anũßju] *m* **2** (bei der Polizei usw.) denúncia [denũßja] *w*

anzeigen *v* **1** (Täter usw.) *j-n* denunciar [denũßjar] *alg* **2** (auf Monitor usw.) visualisar [wisualisar]

anziehen *v* **1** (Kleidung) *etw. Akk* pôr [por] *a.c.*, trajar [trashar] *a.c.*, envergar [ĩwergar] *a.c.*, botar [botar] *a.c.* **2** (bekleiden) *j-n* vestir [weßtschir] *alg* **3 sich ~** vestir-se [weßtschirßi] **4** (Schraube) apertar [apertar] *a.c.* **5** (attraktiv sein) *j-n* atrair [atrair] *alg* **6** (Kunden usw.) *j-n* atrair [atrair] *alg*, arrastar [ahaßtar] *alg aonde*

Anzug *m* terno [tärnu] *m*

anzünden *v* **1** *etw. Akk* acender [aßẽĩder], atear [atear] **2** (Holz mit Papier usw.) *etw. Akk* acender [aßẽĩder] *a.c.* **3** (Gebäude usw.) *etw. Akk* incendiar [ĩßẽĩdshiar]

Apfel *m* maçã [maßã] *w*

Apfelsaft *m* sumo *m* de maçã [ßumu dshi maßã]

Apfelsine *w* laranja [larãsha] *w*

Apotheke *w* farmácia [farmaßja] *w*, botica [botschika] *w*

Apotheker *m* farmacêutico [farmaßeutschiku] *m*, boticário [botschikarju] *m*

Apparat *m* **1** (Gerät) máquina [makina] *w*, aparelho [aparelju] *m*, aparato [aparatu] *m* **2** (im Körper) aparelho [aparelju] *m*

Appetit *m* apetite [apetschitschi] *m*, desfastio [dshißfaßtschju] *m* ▶ **Guten ~!** Bom proveito!, Bom apetite!

applaudieren *v j-m* aplaudir [aplaudshir] *alg*, bater palmas [bater paumaß] *para alg*

Aprikose *w* damasco [damaßku] *m*

April *m* abril [abriu] *m*

Arbeit *w* **1** labor [labor] *m*, trabalho [trabalju] *m* **2** (Beruf) emprego [ĩpregu] *m*, ocupação [okupaßãũ] *w*, labor [labor] *m*, lugar [lugar] *m*

arbeiten *v* trabalhar [trabaljar]

Arbeiter *m* operário [operarju] *m*, trabalhador [trabaljador] *m*

Arbeitgeber *m* empregador [ĩpregador] *m*, patrão [patrãũ] *m*

Arbeitnehmer *m* empregado [ĩpregadu] *m*

arbeitslos *adj* **1** (Person) desempregad|o/-a [dshisĩpregadu/-a] **2** (Einkommen usw.) sem trabalho [ßẽĩ trabalju]

Arbeitslosigkeit *w* desemprego [dshisĩpregu] *m*

Arbeitsplatz *m* local *m* de trabalho [lokau dshi trabalju]

Arbeitstag *m* jornada *w* (de trabalho) [shornada (dshi trabalju)]

Architekt *m* arquiteto [arkitetu] *m*

Architektur *w* arquitetura [arkitetura] *w*

ärgerlich *adj* irritad|o/-a [ihitadu/-a]

ärgern *v j-n* irritar [ihitar] *alg*, indispor [ĩdshißpor] *alg*, chatear [schatear] *alg*, amolar [amolar] *alg* ► **sich ~** *über etw. Akk* agitar-se *por alg/a.c.*, zangar-se; **sich ~** *über j-n* estar zangad|o/-a *com alg*

Argument *s* argumento [argumẽtu] *m*

arm *adj* **1** (ohne Geld usw.) pobre [pòbri] **2** (bedauernswert usw.) pobre [pòbri], coitad|o/-a [kojtadu/-a], miserável [miseraweu], desgraçad|o/-a [dshisgraßadu/-a] ► **ein ~er Kerl/Teufel** coitado *m*

Arm *m* braço [braßu] *m*

Armband *s* bracelete [braßeletschi] *m*, pulseira [puußejra] *w*

Armee *w* exército [esärßitu] *m*

Ärmel *m* manga [mãga] *w*

Armut *w* pobreza [pobresa] *w*, miséria [misäria] *w*, indigência [ĩdshishẽßja] *w*

Art *w* **1** (einer Tätigkeit usw.) maneira [manejra] *w*, meio [meju] *m* **2** (Typus usw.) gênero [sheneru] *m*, tipo [tschipu] *m*, sorte [ßòrtschi] *w*, laia [laja] *w* **3** (Tierart usw.) espécie [ißpäßii] *w*

Artikel *m* artigo [artschigu] *m*

Artischocke *w* alcachofra [aukaschofra] *w*

Arzneimittel *s* medicamento [medshikamẽtu] *m*

Arzt *m* médico [mädshiku] *m*

Arztpraxis *w* consultório [kõũßuutòrju] *m*

Asche *w* cinza [ßĩsa] *w*

Aschenbecher *m* cinzeiro [ßĩsejru] *m*

Asiat *m* asiático [asiatschiku] *m*

asiatisch *adj* asiátic|o/-a [asiatschiku/-a]

Asien *s* Ásia [asia] *w*

Asphalt *m* asfalto [aßfautu] *m*

Ast *m* ramo [hamu] *m*, galho [galju] *m*

Asthma *s* asma [asma] *w*

Atem *m* alento [alẽtu] *m*, fôlego [folegu] *m*, hálito [alitu] *m*, respiro [heßpiru] *m*

atmen *v* respirar [heßpirar]

Atom *s* átomo [atomu] *m*

Attraktion *w* atração [atraßãũ] *w*

Aubergine *w* berinjela [berĩshela] *w*

auch *adv* também [tãbẽĩ] ♦ *conj* também [tãbẽĩ] ► **Ich ~ nicht.** Eu tampouco.

auf *prep* **1** (einer Oberfläche usw.) sobre [ßobri], em cima de [ẽĩ ßima dshi] **2** (Richtung usw.) a [a], para [para] **3** (einer Stelle usw.) em [ẽĩ] ► **A~ Wiedersehen.** Até logo., Adeus.

aufbewahren *v etw. Akk* conservar [kõũßerwar] *a.c.*

Aufbewahrung *w* **1** (Schalter) depósito *m* (de bagagem) [depòsitu (dshi bagashẽĩ)] **2** (Aufbewahren) depósito [depòsitu] *m*

aufblasbar *adj* inflável [ĩflaweu], insuflável [ĩßuflaweu]

aufblasen *v* inflar [ĩflar]

aufbrechen *v* **1** (öffnen) *etw. Akk* forçar [forßar] *a.c.* **2** *irgendwohin* partir [partschir] *a a.c.*, arrancar [ahãkar] *a.c.*

Aufenthalt *m* estadia [ißtadshia] *w*, estada [ißtada] *w*, permanência [permanẽßja] *w*

Auffahrt *w* entrada [ĩtrada] *w*

auffallen *v j-m* ocorrer [okoher] *a alg*

auffordern *v j-n zu etw.* apelar [apelar] *alg*, *j-n zu etw.* convidar [kõũwidar] *alg a a.c.*, *j-n zu etw.* exortar [esortar] *alg a a.c.*

Aufführung *w* espetáculo [ißpetakulu] *m*

Aufgabe *w* dever [dewer] *m*, (Pflicht usw.) tarefa [taräfa] *w*

aufgeben *v* **1** (Paket usw.) enviar [ĩwiar] *a.c.* **2** (Aufgabe usw.) *j-m etw. Akk* encarregar [ĩkahegar] *alg de a.c.* **3** (aufhören) *etw. Akk* deixar [dejschar] *de a.c.* **4** (Anstrengungen usw.) *etw. Akk* renunciar [henũßjar] *a a.c.* **5** (nicht mehr raten) dar-se por vencido [darßi pur wẽĩßidu], render-se [hẽĩderßi], ceder [ßeder] ► **Gepäck ~** faturar a bagagem

aufgehen *v* **1** (Sonne usw.) nascer [naßer] **2** (Teig) crescer [kreßer], levedar [lewedar] **3** (Samen usw.) brotar [brotar]

aufhalten *v* **1** (Person usw.) *j-n/etw.* reter [heter] *alg/a.c.* **2** (Atem usw.)

prender [prẽĩder], suster [ßußter] **3** (kurz halten) *etw. Akk* manter [mãter] *a.c.* **4** ***sich*** ~ ficar [fikar], permanecer [permaneßer] ► **aufgehalten werden** (länger bleiben müssen) ficar

aufhängen *v* **1** (Gardinen usw.) *etw. Akk* pendurar [pẽĩdurar] *a.c.* **2** (Bild usw.) *etw. Akk* suspender [ßußpẽĩder], pender [pẽĩder] **3** (Hörer) desligar [dshisligar] **4** (Mörder usw.) *j-n* enforcar [ĩforkar] *alg*

aufheben *v* **1** (vom Boden usw.) *etw. Akk* levantar [lewãtar] **2** (Gültigkeit usw.) cancelar [kãßelar]

aufhören *v* **1** (Regen usw.) parar [parar] *de a.c.*, cessar [ßeßar] **2** *mit etw.* acabar [akabar] *a.c.*, *mit etw.* deixar [dejschar] *de a.c.*, tirar [tschirar] *a.c.*, desistir [desißtschir] *de a.c.* ► **Hören Sie damit auf!** Parem!

aufklaren *v* desanuviar-se [dshisanuwiarßi], aclarar-se [aklararßi]

aufklären *v* **1** *etw. Akk* esclarecer [ißklareßer] *a.c.*, aclarar [aklarar] *a.c.*, tirar a limpo [tschirar a lĩpu] *a.c.* **2** (über einen Sachverhalt usw.) *j-n* instruir [ĩßtruir] **3** ***sich*** ~ (Himmel) clarear [klarear]

aufladen *v* **1** (Last usw.) *etw. Akk auf etw. Akk* carregar [kahegar] **2** (Batterie usw.) carregar [kahegar]

aufmachen *v* **1** (Packung usw.) *etw. Akk* desfazer [dshißfaser] **2** (Gürtel usw.) *etw. Akk* abrir [abrir] *a.c.*, desapertar [dshisapertar] *a.c.*

aufmerksam *adj* atent|o/-a [atẽtu/-a], percetiv|o/-a [perßetschiwu/-a] ♦ *adv* atentamente [atẽĩtamẽtschi], com atenção [kõũ atẽĩßãũ] ► **~ machen** *j-n auf etw. Akk* advertir *alg para a.c.*

Aufmerksamkeit *w* atenção [atẽĩßãũ] *w* ► **~ widmen** *j-m/etw.* prestar atenção *a alg/a.c.*, dar bola *a alg/a.c.*; **eine kleine ~** lembrança *w*

Aufnahme *w* **1** (in Verein usw.) admissão [adshimißãũ] *w* **2** (Nahrung usw.) quantidade *w* ingerida [kuãtschidadshi ĩsherida] **3** (Foto) fotografia [fotografia] *w* **4** (Film usw.) tomada [tomada] *w*

aufnehmen *v* **1** (vom Boden usw.) *etw. Akk* apanhar [apãnjar] **2** (Mitglied usw.) *j-n* contratar [kõũtratar] *alg*, engajar [ĩgashar] *alg* **3** (Musik usw.) *etw. Akk* gravar [grawar] **4** (lernen usw.) *etw. Akk* aprender [aprẽĩder] *a.c.* **5** (Behälter usw.) ter capacidade [ter kapaßidadshi], (Platz bieten) caber [kaber]

aufpassen *v* **1** *auf etw. Akk* prestar atenção [preßtar atẽĩßãũ] *a a.c.*, (Acht geben) *auf etw. Akk* ter cuidado [ter kuidadu] **2** *auf j-n* cuidar [kuidar] *de alg*, custodiar [kußtodshiar] *alg*, (Baby usw.) *auf j-n/etw.* vigiar [wishiar] *alg/a.c.*

Aufpreis *m* suplemento [ßuplemẽtu] *m*

aufräumen *v* arrumar [ahumar], limpar [lĩpar], faxinar [faschinar] ► **aufgeräumt** (Zimmer usw.) arrumad|o/-a

aufrecht *adj* eret|o/-a [erätu/-a] ♦ *adv* direito [dshirejtu]

aufregen *v j-n* emocionar [emoßionar] *alg*, perturbar [perturbar] *alg*

aufregend *adj* emocionante [emoßionãtschi]

Aufschlag *m* **1** (im Tennis usw.) serviço [ßerwißu] *m*, saque [ßaki] *m* **2** (Preis) suplemento [ßuplemẽtu] *m*

aufschließen *v etw. Akk* abrir com chave [abrir kõũ schawi]

aufschreiben *v etw. Akk* tomar nota [tomar nota] *de a.c.*, apontar [apõũtar] *a.c.*

Aufschrift *w* inscrição [ĩßkrißãũ] *w*

aufstehen *v* levantar-se [lewãtarßi]

aufsteigen *v* **1** (Fahrrad, Pferd usw.) *auf etw. Akk* montar [mõũtar] *a.c.* **2** (an die Oberfläche) sair a nado [ßair a nadu]

Aufstrich *m* patê [pate] *m*

aufsuchen *v j-n/etw.* encontrar [ĩkõũtrar] *alg/a.c.*

auftanken *v* reabastecer [heabaßteßer]

aufwachen *v* acordar [akordar], despertar [dshißpertar]

aufwärmen *v* **1** (Essen) *etw. Akk* aquecer [akeßer] *a.c.* **2** ***sich*** ~ (Sportler usw.) aquecer [akeßer], aquecer-se [akeßerßi]

aufwärts *adv* para cima [para ßima], acima [aßima]

Aufzug *m* ascensor [aßẽĩßor] *m*, elevador [elewador] *m*

Auge *s* olho [olju] *m*

Augenarzt *m* oculista [okulißta] *m*, oftalmologista [oftaumoloshißta] *m*

Augenblick *m* **1** (kurzer usw.) instante [ĩßtãtschi] *m*, momento [momẽtu] *m*, bocado [bokadu] *m* **2** (genauer usw.) momento [momẽtu] *m*

Augenbrauen *w Mz* sobrancelha [ßobrãßelja] *w*, sobrolho [ßobrolju] *m*

Augentropfen *Mz* colírio [kolirju] *m*

August *m* agosto [agoßtu] *m*

aus[1] *prep* **1** (herausnehmen usw.) *etw.* de [dshi] *a.c.* **2** (weg) de [dshi], desde [desdshi] **3** (stammend usw.) de [dshi], por [pur], em [ẽĩ] **4** (gemacht) *etw.* de [dshi]

aus[2] *adj* desligad|o/-a [dshisligadu/-a], apagad|o/-a [apagadu/-a] ▶ **Es ist ~.** Acabou-se.

ausatmen *v* expirar [ißpirar]

Ausbildung *w* formação [formaßãũ] *w*, instrução [ĩßtrußãũ] *w*, educação [edukaßãũ] *w*, ensino [ĩßinu] *m*

Ausblick *m* vista [wißta] *w*

Ausdruck[1] *m* **1** (Wort usw.) expressão [ißpreßãũ] *w*, termo [termu] *m* **2** (Bekanntgabe) *etw. Gen* manifestação [manifeßtaßãũ] *w de a.c.* **3** (im Gesicht usw.) expressão [ißpreßãũ] *w*, ar [ar] *m* **4** (Kennzeichen) expressão [ißpreßãũ] *w*

Ausdruck[2] *m* (etw. Gedrucktes) impressão [ĩpreßãũ] *w*

ausdrücken *v* **1** (mit Worten usw.) *etw. Akk* expressar [eßpreßar], exprimir [ißprimir], enunciar [enũßjar] **2** *sich* ~ explicar-se [ißplikarßi], pronunciar-se [pronũßjarßi]

ausdrücklich *adj* explícit|o/-a [eßplißitu/-a], express|o/-a [ißpräßu/-a] ♦ *adv* **1** (betonen usw.) explicitamente [eßplißitamẽtschi], expressamente [eßpreßamẽtschi] **2** (ablehnen usw.) categoricamente [kategorikamẽtschi]

ausfahren *v* **1** (mit dem Auto usw.) *aus/von etw.* sair [ßair] **2** (mit Freunden usw.) dar uma volta [dar uma wòuta]

Ausfahrt *w* saída [ßaida] *w* ▶ **eine ~ machen** dar uma volta

Ausfall *m* **1** (vorübergehender usw.) corte [kòrtschi] *m* **2** (von Gedächtnis usw.) falha [falja] *w*, lapso [lapßu] *m* **3** (Bewegung) arremesso [ahemeßu] *m*

ausfallen *v* **1** cair [kair] **2** (nicht stattfinden) ser cancelado [ßer kãßeladu] ▶ **Der Strom ist ausgefallen.** Não há luz.

Ausflug *m* excursão [ißkurßãũ] *w*, digressão [dshigreßãũ] *w*, passeio [paßeju] *m*

Ausfuhr *w* exportação [ißportaßãũ] *w*

ausführen *v* **1** (exportieren) *etw. Akk* exportar [ißportar] *a.c.* **2** (Arbeit usw.) *etw. Akk* realizar [healisar] *a.c.*, (Plan usw.) *etw. Akk* efetuar [efetuar] *a.c.* **3** (in Einzelheiten) *etw. Akk* especificar [ißpeßifikar] *a.c.*

ausführlich *adj* mais detalhad|o/-a [majß detaljadu/-a], detalhad|o/-a [detaljadu/-a], pormenorizad|o/-a [pormenorisadu/-a], (Beschreibung usw.) extens|o/-a [ißtẽßu/-a] ♦ *adv* detalhadamente [detaljadamẽtschi], em detalhe [ẽĩ detalji], minuciosamente [minußiosamẽtschi]

ausfüllen *v* **1** (Raum usw.) *etw. Akk mit etw.* encher [ĩscher] *a.c. de a.c.*, lotar [lotar] **2** (Formular usw.) preencher [priẽĩscher]

Ausgabe *w* **1** (Kosten) despesa [dshißpesa] *w*, gasto [gaßtu] *m*, custo [kußtu] *m* **2** (broschierte usw.) edição [edshißãũ] *w* **3** (Austeilung) entrega [ĩträga] *w*

Ausgang *m* saída [ßaida] *w*

ausgeben *v* **1** (Flugblätter usw.) distribuir [dshißtribuir] **2** (Geld) *etw. Akk für etw.* gastar [gaßtar], despender [dshißpẽĩder] *a.c. em a.c.* **3** (Wertpapiere usw.) emitir [emitschir] **4** *sich* ~ *als j.* fazer-se passar [faserßi paßar] *por alg*

ausgehen *v* **1** *aus etw.* sair [ßair] *de a.c.* **2** (gern, häufig usw.) sair [ßair] **3** *irgendwie* resultar [hesuutar] **4** (verbraucht sein) acabar-se [akabarßi], esgotar-se [isgotarßi]

ausgeschaltet *adj* desligad|o/-a [dshisligadu/-a], apagad|o/-a [apagadu/-a]

ausgezeichnet *adj* excelente [eßelẽtschi] ♦ *adv* excelentemente [eßelẽĩtemẽtschi], perfeitamente [perfejtamẽtschi]

aushalten *v etw. Akk* aguentar [aguẽĩtar] *a.c.*, suportar [ßuportar] *a.c.*, aturar [aturar] *a.c.*, (Beschwerden usw.) aguentar [aguẽĩtar] ▶ **Ich halte es nicht mehr aus.** Não suporto mais.

auskennen *v sich* ~ *in etw. Dat* conhecer bem [kõnjeßer bẽĩ] *a.c.*, orientar-se [oriẽĩtarßi] *em a.c.*

Auskunft *w* informação [ĩformaßãũ] *w*
Ausland *s* estrangeiro [ißtrãshejru] *m*, exterior [ißterior] *m* ► **im ~** no estrangeiro, no exterior; **ins ~ fahren** ir para o estrangeiro
Ausländer *m* estrangeiro [ißtrãshejru] *m*, forasteiro [foraßtejru] *m*
ausländisch *adj* estrangeir|o/-a [ißtrãshejru/-a]
auslaufen *v* **1** *aus etw.* derramar-se [dehamarßi] *de a.c.*, (Wasser usw.) escapar [ißkapar] **2** (Schiff) sair [ßair]
ausleeren *v etw. Akk* esvaziar [iswasiar] *a.c.*, vazar [wasar] *a.c.*
ausleihen *v* **sich ~** *etw. Akk von j-m* pedir emprestado [pedshir/tomarĩpreßtadu] *a.c. a alg*
ausloggen *v* **sich ~** sair (do sistema) [ßair (du ßißtema)], fazer logout [faser logaut]
ausmachen *v etw. Akk* apagar [apagar] *a.c.*
Ausmaß *s* dimensão [dshimẽĩßãũ] *w*, tamanho [tamãnju] *m*, magnitude [magnitudshi] *w*
Ausnahme *w* exceção [eßeßãũ] *w*
ausnutzen *v* explorar [ißplorar]
auspacken *v* **1** (Geschenk usw.) *etw. Akk* desembalar [dshisẽĩbalar] *a.c.*, desembrulhar [dshisĩbruljar] **2** (Koffer usw.) desfazer [dshißfaser]
Auspuff *m* tubo *m* de escape [tubu dshi ißkapi], escape [ißkapi] *m*, escapamento [ißkapamẽtu] *m*
ausradieren *v* apagar [apagar]
ausräumen *v* desocupar [dshisokupar]
Ausrede *w für etw.* pretexto [preteßtu] *m*, desculpa [dshißkuupa] *w*, escapadela [ißkapadäla] *w*, escapatória [ißkapatoria] *w*
ausreichen *v* bastar [baßtar]
ausrichten *v* **1** *j-m etw. Akk* dar recado [dar hekadu] *a alg* **2** (veranstalten) *etw. Akk* organizar [organisar] *a.c.*, sediar [ßedshiar] *a.c.* ► **~ lassen** *j-m etw. Akk* deixar saber *a.c. a alg*
ausruhen **sich ~** descansar, repousar, pousar
Ausrüstung *w* artigos [artschiguß] *m Mz*, utensílios [utẽĩßiliuß] *m Mz*, equipamento [ekipamẽtu] *m*
ausrutschen *v* **1** (hinfallen) deslizar [dshislisar], escorregar [ißkohegar] **2** (aus der Hand usw.) escorregar [ißkohegar], (aus Hand usw.) *aus etw.* deslizar-se [dshislisarßi]
Aussage *w* **1** (vor der Polizei usw.) declaração [deklaraßãũ] *w*, depoimento [depojmẽtu] *m* **2** (Mitteilung) enunciado [enũßjadu] *m*, declaração [deklaraßãũ] *w*
aussagen *v* testemunhar [teßtemũnjar]
ausschalten *v* **1** desconectar [dshißkonektar], desligar [dshisligar], (Maschine usw.) *etw. Akk* apagar [apagar] **2** (Konkurrenten usw.) *j-n* eliminar [eliminar], desclassificar [dshißklaßifikar]
aussehen *v irgendwie* parecer [pareßer] *como*
außen **von ~** do lado de fora
Außenseite *w etw. Gen* exterior [ißterior] *m de a.c.*
außer *prep* **1** *j-m/etw.* exceto [eßätu], com exceção de [kõũ eßeßãũ dshi], a parte de [a partschi dshi], menos [menuß] **2** (auch noch) *etw. Dat* além de [alẽĩ dshi], ademais de [ademajß dshi] ► **~ Betrieb** fora de serviço
äußer(er,e,es) *adj* exterior [ißterior], extern|o/-a [ißtärnu/-a]
außerdem *adv* além disso [alẽĩ dshißu], ainda por cima [aĩda pur ßima], além do mais [alẽĩ du majß] ► **und ~** além disso, outrossim, ademais
außergewöhnlich *adj* excecional [eßeßjonau], (übertr.) fora de série [fòra dshi ßärii], extraordinári|o/-a [ißtraordshinarju/-a], fora de comum [fòra dshi komũ]
außerhalb *prep etw. Dat* fora de [fòra dshi], *etw. Gen* fora [fòra] *de a.c.*
außerordentlich *adj* extraordinári|o/-a [ißtraordshinarju/-a] ♦ *adv* extraordinariamente [ißtraordshinariamẽtschi]
Aussicht *w* **1** vista [wißta] *w* **2** **~en** (Chancen) perspetivas [perßpetschiwaß] *w Mz*
Aussichtspunkt *m* miradouro [miradoru] *m*, mirante [mirãtschi] *m*, belveder [beuweder] *m*
Aussichtsturm *m* torre *w* de observação [tohi dshi obißerwaßãũ]

aussprechen *v* **1** pronunciar [pronũßjar] **2** proferir [proferir], pronunciar [pronũßjar]
Ausstattung *w* equipamento [ekipamẽtu] *m*
aussteigen *v aus etw.* sair [ßair] *de a.c.*, descer [deßer] *de a.c.*
ausstellen *v* **1** (Exponat usw.) expor [eßpor] **2** (Urkunde usw.) *etw. Akk* expedir [ißpedshir], emitir [emitschir]
Ausstellung *w* exposição [ißposißãũ] *w*, mostra [mòßtra] *w*
Austausch *m* substituição [ßubißtschituißãũ] *w*, troca [tròka] *w*
austauschen *v* **1** (gegenseitig) *etw. Akk gegen etw.* trocar [trokar] *a.c. por a.c.*, mudar [mudar] *a.c. por a.c.*, comutar [komutar] **2** (Ersatzteil usw.) *etw. Akk gegen etw.* substituir [ßubißtschituir] *a.c.*, permutar [permutar] *a.c.*
Auster *w* ostra [oßtra] *w*
Australien *s* Austrália [außtralia] *w*
Australier *m* australiano [außtralianu] *m*
australisch *adj* australian|o/-a [außtralianu/-a]
austrinken *v* **1** *etw. Akk* beber [beber] **2** (zu Ende trinken) acabar de beber [akabar dshi beber]
ausüben *v* exercer [eserßer]
Ausverkauf *m* liquidação [likidaßãũ] *w*, venda *w* total [wẽda totau], saldão [ßaudãũ] *m*
ausverkauft *adj* esgotad|o/-a [isgotadu/-a]
Auswahl *w* seleção [ßeleßãũ] *w*
auswählen *v* escolher [ißkoljer] *a.c.*, selecionar [ßeleßionar] *a.c.*, eleger [elesher] *a.c.*, optar [optar] *por a.c.*
auswechseln *v* **1** *etw. Akk gegen etw.* substituir [ßubißtschituir] *a.c.*, permutar [permutar] *a.c.* **2** *j-n* substituir [ßubißtschituir] *a alg*
Ausweis *m* carteira [kartejra] *w*, carteira *w* de identidade [kartejra dshi idẽĩtschidadshi], cédula [ßädula] *w*
auswendig *adv* de memória [dshi memòria], de cor [dshi kor]
auszahlen *v j-m etw. Akk* pagar [pagar] *a.c. a alg*, desembolsar [dshisẽĩboußar] *a.c. a alg*
ausziehen *v* **1** (Hose usw.) *etw. Akk* tirar [tschirar] *a.c.*, despir [dshißpir] *a.c.*, desvestir [dshisweßtschir] *a.c.* **2** *j-n* desnudar [dshisnudar] *alg*, despir [dshißpir] *alg* **3** (aus dem Haus usw.) sair da casa [ßair da kasa] **4** (herausziehen) tirar (para fora) [tschirar (para fòra)] *a.c.* ► **sich ~** despir-se, tirar a roupa
Auszubildende *m* aprendiz [aprẽĩdshiß] *m*
Auto *s* carro [kahu] *m*, automóvel [automòweu] *m*, viatura [wiatura] *w* ► **in ein ~ einsteigen** entrar no carro
Autobahn *w* autoestrada [autoißtrada] *w*, autopista [autopißta] *w*
Autobahnauffahrt *w* entrada *w* na autoestrada [ĩtrada na autoißtrada]
Autokennzeichen *s* número *m* de matrícula [numeru dshi matrikula]
Automat *m* autómato [automatu] *m*, máquina *w* automática [makina automatschika], (Zigaretten usw.) máquina *w* de moedas [makina dshi moedaß]
automatisch *adj* automátic|o/-a [automatschiku/-a]
Autonummer *w* número *m* de matrícula [numeru dshi matrikula]
Autor *m* autor [autor] *m*
Autowaschanlage *w* lava-jato [lawashatu] *m*
Avocado *w* abacate [abakatschi] *m*
Axt *w* machado [maschadu] *m*

B

Baby *s* bebé [bebä] *m*
Babyflasche *w* mamadeira [mamadejra] *w*
Babynahrung *w* comida *w* para bebé [komida para bebä]
Bach *m* arroio [ahoju] *m*, ribeiro [hibejru] *m*, córrego [kòhegu] *m*, regato [hegatu] *m*
backen *v* cozer (no forno) [koser (nu fornu)], (Kuchen usw.) cozer no forno [koser nu fornu]
Backenzahn *m* molar [molar] *m*
Bäcker *m* padeiro [padejru] *m*
Bäckerei *w* padaria [padaria] *w*, panificadora [panifikadora] *w*
Backwaren *w Mz* pão [pãũ] *m*
Bad *s* **1** (Raum) casa *w* de banho [kasa dshi bãnju] **2** (mit Heilquellen)

balneário [baunearju] *m*, spa [ßpa] *m* **3** (Baden) banho [bãnju] *m*

Badeanzug *m* fato *m* de banho [fatu dshi bãnju], maiô [majo] *m*

Badehose *w* calção *m* de banho [kaußãũ dshi bãnju], sunga [ßũga] *w*

Bademantel *m* roupão *m* de banho [hopãũ dshi bãnju]

Bademeister *m* salva-vidas [ßauwawidaß] *m*

baden *v* **1** *j-n* banhar [bãnjar], dar banho [dar bãnju] *a alg* **2** (sich waschen) tomar banho [tomar bãnju] **3** (schwimmen) banhar-se [bãnjarßi]

Badetuch *s* toalha *w* de banho [toalja dshi bãnju]

Badewanne *w* banheira [bãnjejra] *w*

Badezimmer *s* casa *w* de banho [kasa dshi bãnju]

Bahn *w* **1** (von Projektil usw.) trajetória [trashetoria] *w*, trajeto [trashätu] *m* **2** (für Läufer usw.) pista [pißta] *w* **3** (Schienenverkehrsmittel) ferrovia [fehowia] *w*, via *w* férrea [wia fähea], caminho *m* de ferro [kamĩnju dshi fähu] **4** (Stadtverkehrsmittel) bonde [bõũdshi] *m*

Bahnhof *m* estação *w* ferroviária [ißtaßãũ fehowiaria]

Bahnschranken *w Mz* sinaleiras [ßinalejraß] *w Mz*

Bahnsteig *m* plataforma [platafòrma] *w*, apeadeiro [apeadejru] *m*

Bahnübergang *m* passagem *w* de nível [paßashẽĩ dshi niweu]

bald *adv* em breve [ẽĩ bräwi], logo [lògu] ▶ **so ~ wie möglich** quanto antes

baldmöglichst *adv* quanto antes [kuãtu ãtschiß]

Balkon *m* balcão [baukãũ] *m*, sacada [ßakada] *w*

Ball *m* **1** bola [bòla] *w* **2** (Schlag) chuto [schutu] *m*, chute [schutschi] *m*

Ballon *m* balão [balãũ] *m*

Banane *w* banana [banana] *w*

Band[1] *s* **1** (magnetisches usw.) fita [fita] *w* **2** (Förderband usw.) cinta [ßĩta] *w*, correia [koheja] *w* **3** (Gewebe) ligamento [ligamẽtu] *m*, (Verbindung) vínculo [wĩkulu] *m*, laço [laßu] *m*, liame [liami] *m* **4** (im Haar usw.) fita [fita] *w*

Band[2] *m* tomo [tomu] *m*, volume [wolumi] *m*

Band[3] *w* banda [bãda] *w*

Bank[1] *w* **1** (zum Sitzen) banco [bãku] *m* **2** (Werkbank usw.) banco *m* de trabalho [bãku dshi trabalju]

Bank[2] *w* (Geldanstalt) banco [bãku] *m*

Bankautomat *m* caixa *m* eletrônico [kajscha eletroniku]

Banknote *w* nota [nota] *w*, bilhete [biljetschi] *m*

Bar *w* bar [bar] *m*

Bär *m* urso [urßu] *m*

barfuß *adj* descalç|o/-a [dshißkaußu/-a]

Bargeld *s* efetivo [efetschiwu] *m*, numerário [numerarju] *m*

Bart *m* barba [barba] *w*

Basilikum *s* manjericão [mãsherikãũ] *m*

Basis *w* base [basi] *w*

basteln *v* bricolar [brikolar]

Batterie *w* pilha [pilja] *w*, bateria [bateria] *w*

Bau *m* **1** construção [kõũßtrußãũ] *w* **2** (Gebäude) obra [òbra] *w* **3** *etw. Gen* estrutura [ißtrutura] *w de a.c.* **4** (eines Tieres) toca [tòka] *w*

Bauch *m* barriga [bahiga] *w*, abdómen [abdomen] *m*, ventre [wẽtri] *m*

bauen *v* **1** *etw. Akk* construir [kõũßtruir], edificar [edshifikar] **2** (Maschinen usw.) construir [kõũßtruir]

Bauer *m* **1** agricultor [agrikuutor] *m*, (Landwirt) camponês [kãponeß] *m*, campesino [kãpesinu] *m*, lavrador [lawrador] *m* **2** (im Schach) peão [piãũ] *m*

Bauernhof *m* sítio [ßitschju] *m*, chácara [schakara] *w*, estância [ißtãßja] *w*

Baum *m* árvore [arwori] *w*

Baumwolle *w* algodão [augodãũ] *m*

Baustelle *w* local *m* de obras [lokau dshi obraß]

Bauwerk *s* obra [òbra] *w*

Beamte *m* funcionário [fũßionarju] *m*, (im öffentlichen Dienst) funcionário *m* público [fũßionarju publiku], servidor *m* público [ßerwidor publiku]

beanspruchen *v etw. Akk* reclamar [heklamar] *a.c.*, exigir [esishir] *a.c.*, reivindicar [hejwĩdshikar] *a.c.*, vindicar [wĩdshikar] *a.c.*

beanstanden *v etw. Akk* fazer reclamação [faser heklamaßãũ]

beantragen *v etw. Akk* solicitar [ßolißitar] *a.c.*

bearbeiten *v* **1** (Material usw.) tratar [tratar] **2** (mit Werkzeug usw.) trabalhar [trabaljar]

beaufsichtigen *v etw. Akk* supervisar [ßuperwisar] *a.c.*, supervisionar [ßuperwisionar] *a.c.*, (Arbeit usw.) *etw. Akk* cuidar [kuidar] *de a.c.*

Becken *s* **1** (Reservoir) tanque [tãki] *m* **2** (Körperteil) pélvis [päuwiß] *w*, bacia [baßia] *w* **3** (Musikinstrument) pratos [pratuß] *m Mz*

bedanken **sich ~** *bei j-m für etw.* agradecer

bedauern *v* **1** *j-n* compadecer-se [kõũpadeßerßi] *de alg*, sentir (pena) [ßẽĩtschir (pena)] *de alg*, lastimar [laßtschimar] *alg* **2** *etw. Akk* lamentar [lamẽĩtar] *a.c.*, arrepender-se [ahepẽĩderßi] *de a.c.*, estar arrependido [ißtar ahepẽĩdshidu]

bedecken *v j-n mit etw.* cobrir [kobrir] *a.c. com a.c.*, encapotar [ĩkapotar] *a.c. com a.c.*

bedeuten *v etw. Akk* significar [ßignifikar] *a.c.*

Bedeutung *w* importância [ĩportãßja] *w*, sentido [ßẽĩtschidu] *m*, significado [ßignifikadu] *m*, aceção [aßeßãũ] *w*

bedienen *v* **1** (einen Kunden usw.) *j-n* servir [ßerwir] *alg*, atender [atẽĩder] *alg*, (Gast usw.) *j-n* atender [atẽĩder] *alg* **2** *sich* **~** servir-se [ßerwirßi] *a a.c.* **3** (Maschine usw.) *etw. Akk* manejar [maneshar] *a.c.*, operar [operar] *a.c.* ▸ **B~ Sie sich.** Sirva-se à vontade.

Bedienung *w* **1** (von Kunden) serviço [ßerwißu] *m*, atendimento [atẽĩdshimẽtu] *m* **2** (eines Gerätes usw.) manejo [maneshu] *m de a.c.* **3** (Personal) atendente [atẽĩdẽtschi] *m*

Bedingung *w* condição [kõũdshißãũ] *w* ▸ **unter der ~, dass** com a condição de que, sob a condição de que

bedrohen *v j-n/etw.* pôr em perigo [por ẽĩ perigu] *alg/a.c.*

Bedrohung *w* perigo [perigu] *m*, (Gefahr) *etw. Gen* ameaça [ameaßa] *w*

Bedürfnis *s* necessidade [neßeßidadshi] *w*

beeilen *v* **1** *sich* **~** dar-se pressa [darßi präßa] **2** *sich* **~** *mit etw.* fazer de pressa [faser dshi präßa]

beeinflussen *v j-n/etw.* influenciar [ĩfluenßjar], *j-n/etw.* influir [ĩfluir] *alg*

beenden *v* **1** terminar [terminar], *etw. Akk* acabar [akabar] *a.c.*, (Arbeit usw.) *etw. Akk* terminar [terminar] *a.c.*, acabar [akabar] *a.c.* **2** (stoppen) *etw. Akk* terminar [terminar], acabar [akabar], pôr termo [por termu] *a a.c.*, findar [fĩdar] *a.c.*

beerdigen *v j-n* enterrar [ĩtehar] *alg*

Beerdigung *w* enterro [ĩtehu] *m*, sepultamento [ßepuutamẽtu] *m*, funeral [funerau] *m*, exéquias [esäkjaß] *w Mz*

Beere *w* baga [baga] *w*, bago [bagu] *m*

Beet *s* canteiro [kãtejru] *m*

befahrbar *adj* transitável [trãßitaweu], viável [wiaweu]

befassen *v* **1** *sich* **~** *mit etw.* ocupar-se [okuparßi] *de a.c.* **2** *sich* **~** (Problem usw.) *mit etw.* solucionar [ßolußionar], solver [ßouwer]

Befehl *m* **1** ordem [òrdẽĩ] *w*, mando [mãdu] *m* **2** (EDV) comando [komãdu] *m*

befehlen *v j-m etw. Akk* ordenar [ordenar], mandar [mãdar] *alg a.c.*

befestigen *v* **1** (festmachen) *etw. Akk an etw. Dat* fixar [fikßar] *a.c. a a.c.*, aferrar [afehar] *a.c. a a.c.* **2** (eine Stadt usw.) fortificar [fortschifikar]

befinden *v* **sich ~** *irgendwo* encontrar--se [ĩkõũtrarßi]

befördern *v* **1** (Güter usw.) *etw. Akk irgendwohin* transportar [trãßportar] **2** (zum Direktor usw.) *j-n zu etw.* promover [promower] *alg a a.c.*

Beförderung *w* **1** transporte [trãßpòrtschi] *m*, viação [wiaßãũ] *w* **2** (in einen Rang) promoção [promoßãũ] *w*, elevação [elewaßãũ] *w*

befreien *v* **1** *j-n/etw.* libertar [libertar] *alg/a.c.*, livrar [liwrar], salvar [ßauwar] **2** (Stadt usw.) libertar [libertar] **3** (herausziehen usw.) *j-n/etw. aus etw.* resgatar [hesgatar] *alg/a.c. de a.c.*, livrar [liwrar] *alg/a.c. de a.c.* **4** (von Pflicht) *j-n von etw.* libertar [libertar] *alg de a.c.*, eximir [esimir] *alg de a.c.* **5** *von j-m/etw.* livrar [liwrar] *alg de a.c.*, (von Einschränkungen usw.) liberalizar [liberalisar] **6** *sich* **~** *von etw.* libertar-se [libertarßi] *de a.c.*,

(von Vorurteilen usw.) *von etw.* livrar-se [liwrarßi] *de a.c.*

befriedigen *v* **1** *j-n/etw.* satisfazer [ßatschißfaser] *alg/a.c.* **2** (Bedürfnis usw.) satisfazer [ßatschißfaser], saciar [ßaßjar]

begabt *adj* dotad|o/-a [dotadu/-a], prendad|o/-a [prẽĩdadu/-a], talentos|o/-a [talẽĩtosu/-a]

begegnen *v j-m* encontrar [ĩkõũtrar] *alg*, topar [topar] *com alg*, *j-m* encontrar-se [ĩkõũtrarßi] *com alg*

begehen *v etw. Akk* cometer [kometer] *a.c.*, perpetrar [perpetrar] *a.c.*

begeistert *adj* **1** (hingerissen) *von etw.* entusiasmad|o/-a [ĩtusiasmadu/-a] *com a.c.* **2** (Fan) entusiástic|o/-a [ĩtusiaßtschiku/-a], entusiasta [ĩtusiaßta] **3** (engagiert) *für etw.* dedicad|o/-a [dedshikadu/-a], entusiasmad|o/-a [ĩtusiasmadu/-a] *com a.c.*

Begeisterung *w* **1** entusiasmo [ĩtusiasmu] *m*, ímpeto [ĩpetu] *m* **2** (Verve usw.) verve [werwi] *w*

begießen *v j-n/etw. mit etw.* molhar [moljar] *alg/a.c.*

Beginn *m* começo [komeßu] *m*, princípio [prĩßipju] *m*, início [inißju] *m*, primórdio [primordshju] *m*

beginnen *v* **1** *etw. Akk, mit etw.* começar [komeßar] *a.c.*, iniciar [inißjar] *a.c.*, principiar [prĩßipiar] **2** (Beginn haben) iniciar-se [inißjarßi], começar [komeßar] **3** (Krieg, Streit usw.) desencadear [dshisĩkadear]

beglaubigen *v etw. Akk* certificar [ßertschifikar] *a.c.*, autenticar [autẽĩtschikar] *a.c.*

begleiten *v j-n irgendwohin* acompanhar [akõũpãnjar] *alg aonde*

beglückwünschen *v j-n zu etw.* parabenizar [parabenisar] *alg por a.c.*

begreifen *v etw. Akk* compreender [kõũpriẽĩder] *a.c.*, entender [ĩtẽĩder] *a.c.*, perceber [perßeber] *a.c.*, conceber [kõũßeber] *a.c.*

Begriff *m* conceito [kõũßejtu] *m* ► **im ~ sein** *etw. Akk zu tun* estar para a.c.

begrüßen *v* **1** *j-n* saudar [ßaudar] *alg*, cumprimentar [kũprimẽĩtar] *alg* **2** *etw. Akk* acolher *a.c.* com alegria [akoljer kõũ alegria], *etw. Akk* receber *a.c.* com alegria [heßeber kõũ alegria]

behalten *v* **1** (nicht zurückgeben) *etw. Akk* ficar [fikar] *com a.c.* **2** (Zustand usw.) manter [mãter] *a.c.* **3** (Qualität usw.) *etw. Akk* manter [mãter], reter [heter] *a.c.*

Behälter *m* contentor [kõũtẽĩtor] *m*

behandeln *v* **1** (respektvoll usw.) *j-n irgendwie* tratar [tratar] *alg como* **2** (ärztlich) *j-n/etw.* tratar [tratar] **3** (Patienten usw.) *j-n/etw.* tratar [tratar] *alg/a.c.*, remediar [hemedshiar] *alg/a.c.*, medicar [medshikar] *alg/a.c.*, curar [kurar] *alg/a.c.* **4** (Film usw.) *etw. Akk* tratar [tratar] *de a.c.*, versar [werßar] *sobre a.c.*

Behandlung *w* **1** (Umgang) *j-s* tratamento [tratamẽtu] *m de alg*, trato [tratu] *m de alg* **2** (eines Patienten usw.) assistência *w* (médica) [aßißtẽßja (mädshika)], atendimento [atẽĩdshimẽtu] *m*, (eines Patienten usw.) tratamento [tratamẽtu] *m*, cura [kura] *w*

behaupten *v* afirmar [afirmar], alegar [alegar], *etw. Akk* afirmar [afirmar] *a.c.*, asseverar [aßewerar] *a.c.*

Behauptung *w* afirmação [afirmaßãũ] *w*, assertiva [aßertschiwa] *w*

beheizen *v* aquecer [akeßer]

beherrschen *v* **1** (ein Land usw.) *etw. Akk* dominar [dominar] *a.c.*, (Firma usw.) controlar [kõũtrolar] **2** (Fremdsprache usw.) dominar [dominar] *a.c.*

behindern *v etw. Akk* impedir [ĩpedshir] *a.c.*, obstar [obißtar] *a.c.*, empatar [ĩpatar], entravar [ĩtrawar]

behindert *adj* deficiente [defißiẽtschi], descapacitad|o/-a [dshißkapaßitadu/-a]

Behörde *w* ofício [ofißju] *m*

behördlich *adj* oficial [ofißjau]

bei *prep* em [ẽĩ], a [a]

beibringen *v j-m etw. Akk* ensinar [ĩßinar] *a.c. a alg*

beide *num* ambos [ãbuß]

Beifall *m* aplauso [aplausu] *m*, palmas [paumaß] *w Mz*

beifügen *v* anexar [anekßar]

Beilage *w* **1** (Zeitung usw.) suplemento [ßuplemẽtu] *m* **2** (Essen) acompanhamento [akõũpãnjamẽtu] *m*, (Gemüse usw.) guarnição [guarnißãũ] *w*

Beileid *s* condolência [kõũdolẽßja] *w*, pêsames [pesamiß] *m Mz*

Bein *s* perna [pärna] *w* ► **ein ~ stellen** *j-m* fazer tropeçar *a alg*, passar rasteira *a alg*

beinahe *adv* quase [kuasi], por pouco [pur poku]

beiseite *adv* **1** (zur Seite) de lado [dshi ladu], de soslaio [dshi ßoslaju] **2** (legen usw.) à parte [a partschi], de lado [dshi ladu], de banda [dshi bãda]

Beispiel *s* **1** (Beweis) *etw. Gen* exemplo [esẽplu] *m* **2** (Muster) exemplo [esẽplu] *m* ► **zum ~** por exemplo

beißen *v* **1** *in etw. Akk* abocanhar [abokãnjar] *a.c.* **2** (wiederholt) morder [morder] **3** (verletzen usw.) *j-n* morder [morder] *alg* **4** (Schlange) morder [morder], picar [pikar] **5** (böser Hund usw.) morder [morder]

bekämpfen *v etw. Akk* lidar [lidar] *com a.c.*, lutar [lutar] *contra a.c.*

bekannt *adj* conhecid|o/-a [kõnjeßidu/-a] ► **~ machen/geben** *etw. Akk* anunciar *a.c.*, noticiar *a.c.*; **(wohl) ~** *j-m* familiar *a alg*

Bekannte *m* conhecido [kõnjeßidu] *m*

Bekanntschaft *w* conhecimento [kõnjeßimẽtu] *m*

bekommen *v* **1** (geschenkt usw.) receber [heßeber], obter [obiter], auferir [auferir] **2** (Grippe usw.) apanhar [apãnjar], pegar [pegar]

belasten *v* **1** *etw. Akk* carregar [kahegar] *a.c.* **2** *j-n mit etw.* carregar [kahegar] *alg com a.c.* **3** (mit einem Betrag usw.) *mit etw.* debitar [debitar] *a.c.*, carregar [kahegar] *a.c.*

belästigen *v* **1** *j-n mit etw.* incomodar [ĩkomodar] *alg*, lixar a cabeça [lischar a kabeßa] *a alg com a.c.*, (übertr.) seringar [ßerĩgar] *a alg com a.c.* **2** (sexuell usw.) molestar [moleßtar], acossar [akoßar]

Belastung *w* **1** carga [karga] *w* **2** (Arbeit usw.) tensão [tẽĩßãũ] *w*, *etw. Gen* pressão [preßãũ] *w* **3** (Schwierigkeit usw.) carga [karga] *w*, ónus [onuß] *m*, gravame [grawami] *m*

belebt *adj* **1** (Straße usw.) animad|o/-a [animadu/-a], movimentad|o/-a [mowimẽĩtadu/-a] **2** (Substantiv usw.) animad|o/-a [animadu/-a]

beleidigen *v j-n* xingar [schĩgar] *alg*, melindrar [melĩdrar] *alg*, afrontar [afrõũtar] *alg* ► **sich beleidigt fühlen** *wegen etw.* ofender-se *por a.c.*, melindrar-se *por a.c.*

Beleidigung *w* insulto [ĩßuutu] *m*, ofensa [ofẽßa] *w*, injúria [ĩshuria] *w*, ultraje [uutrashi] *m*

beleuchten *v etw. Akk* iluminar [iluminar]

Beleuchtung *w* iluminação [iluminaßãũ] *w*

beliebig *adj* qualquer [kuaukär] ♦ *pron* qualquer [kuaukär]

beliebt *adj* **1** *bei j-m* popular [popular] **2** (Lieblings-) favorit|o/-a [favoritu/-a], preferid|o/-a [preferidu/-a], predilet|o/-a [predshiletu/-a]

bellen *v* ladrar [ladrar], latir [latschir]

Belohnung *w* recompensa [hekõũpẽßa] *w*

bemerken *v* **1** (sehen usw.) *j-n/etw.* notar [notar] *a.c.*, *j-n/etw.* reparar [heparar] *em a.c.*, aperceber-se [aperßeberßi] *de alg/a.c.* **2** observar [obißerwar], anotar [anotar]

Bemerkung *w* observação [obißerwaßãũ] *w*, (schriftlich) nota [nota] *w*, apontamento [apõũtamẽtu] *m*, anotação [anotaßãũ] *w*

bemühen *v* ***sich ~*** *um etw.* esforçar-se [ißforßarßi] *em a.c.*, empenhar-se [ĩpẽnjarßi] *por a.c.*, *um etw.* esforçar-se [ißforßarßi] *por a.c.*, diligenciar [dshilishẽĩßjar]

Bemühung *w um etw.* esforço [ißforßu] *m*, empenho [ĩpẽnju] *m*, afã [afã] *m*, *um etw.* esforço [ißforßu] *m por a.c.*

benachrichtigen *v j-n von etw.* anunciar [anũßjar] *alg a.c.*, notificar [notschifikar] *alg a.c.*, *j-n von etw.* informar [ĩformar] *alg de a.c.*

benehmen *v* ***sich ~*** comportar-se [kõũportarßi], portar-se [portarßi]

Benehmen *s* comportamento [kõũportamẽtu] *m*

benötigen *v etw. Akk* precisar urgentemente [preßisar urshẽĩtemẽtschi] *a.c.*

benutzen *v* utilizar [utschilisar], usar [usar], *etw. Akk* usar [usar] *a.c.*

Benutzer *m* usuário [usuarju] *m*, utilizador [utschilisador] *m*, utente [utẽtschi] *m*

Benutzung *w etw. Gen* uso [usu] *m*, utilização [utschilisaßãũ] *w*, aproveitamento [aprowejtamẽtu] *m*, *etw. Gen* uso [usu] *m de a.c.*

Benzin *s* gasolina [gasolina] *w* ▶ **Ich habe kein ~ mehr.** Fiquei sem gasolina.

beobachten *v* **1** *j-n/etw.* observar [obißerwar] *alg/a.c.* **2** (bemerken) observar [obißerwar] **3** (Entwicklung usw.) monitorizar [monitorisar], monitorar [monitorar], seguir [ßegir]

Beobachtung *w* observação [obißerwaßãũ] *w*

bequem *adj* cômod|o/-a [komodu/-a], confortável [kõũfortaweu] ♦ *adv* facilmente [faßiumẽtschi]

beraten *v j-n bei etw.* aconselhar [akõũßeljar] ▶ **sich ~** *mit j-m über etw. Akk* consultar *a.c. com alg*

Beratung *w* **1** (Besprechung) consulta [kõũßuuta] *w* **2** (Beratertätigkeit) consultoria [kõũßuutoria] *w*, aconselhamento [akõũßeljamẽtu] *m*, assessoria [aßeßoria] *w*

berauben *v j-n etw. Gen* privar [priwar] *alg de a.c.*, despojar [dshißposhar] *alg de a.c.*

berechtigt *adj* **1** (Sorge usw.) justificad|o/-a [shußtschifikadu/-a], legítim|o/-a [leshitschimu/-a] **2** (Vorgehen usw.) procedente [proßedẽtschi] **3** (zuständig) autorizad|o/-a [autorisadu/-a]

Bereich *m* área [area] *w*, campo [kãpu] *m*, (thematischer usw.) esfera [ißfära] *w*, âmbito [ãbitu] *m*

bereit *adj etw. Akk zu tun* dispost|o/-a [dshißpoßtu/-a] *a fazer a.c.*, *zu etw.* preparad|o/-a [preparadu/-a] *para a.c.*, pront|o/-a [prõũtu/-a] *para a.c.*, prestes [präßtschiß] ▶ **~ machen** *etw. Akk für j-n* preparar *a.c. para alg*, aprontar *a.c. para alg*, prontificar *a.c. para alg*

bereiten *v j-m etw. Akk* preparar [preparar] *a.c. para alg*, aprontar [aprõũtar] *a.c. para alg*, prontificar [prõũtschifikar] *a.c. para alg*

Bereitschaft *w* **1** (zum Handeln usw.) prontidão [prõũtschidãũ] *w*, alerta [alärta] *w* **2** (zu helfen) boa vontade [boa wõũtadshi] *w* **3** (Reserve) reserva [heßärwa] *w*

Berg *m* monte [mõũtschi] *m*, montanha [mõũtãnja] *w*

bergab *adv* para baixo [para bajschu]

bergauf *adv* ladeira acima [ladejra aßima], para cima [para ßima]

Berggipfel *m* cume *m* da montanha [kumi da mõũtãnja], pico *m* da montanha [piku da mõũtãnja]

Bergkette *w* serra [ßäha] *w*, cadeia de montanhas [kadeja dshi mõũtãnjaß], cordilheira [kordshiljejra] *w*

Bergsteiger *m* alpinista [aupinißta] *m*, montanhista [mõũtãnjißta] *m*

Bergwerk *s* mina [mina] *w*

Bericht *m über etw. Akk* informe [ĩformi] *m*, relatório [helatòrju] *m*, resenha [hesẽnja] *w*, boletim [boletschĩ] *m*

berichten *v j-m von etw.* anunciar [anũßjar] *a.c. a alg*, reportar [heportar]

Beruf *m* profissão [profißãũ] *w*

Berufserfahrung *w* experiência *w* do trabalho [ißperiẽßja du trabalju]

beruhigen *v* **1** *j-n* acalmar [akaumar] *alg*, tranquilizar [trãkuilisar] *alg*, sossegar [ßoßegar] *alg*, serenar [ßerenar] *alg* **2** (einen Wütenden usw.) acalmar [akaumar] *alg* **3** (durch Versicherung usw.) reassegurar [heaßegurar] **4** *sich* **~** acalmar-se [akaumarßi]

berühmt *adj* famos|o/-a [famosu/-a], célebre [ßälebri], afamad|o/-a [afamadu/-a], badalad|o/-a [badaladu/-a]

berühren *v j-n/etw.* tocar [tokar] *alg/a.c.*

Berührung *w* toque [tòki] *m*

Besatzung *w* tripulação [tripulaßãũ] *w*

beschädigen *v* danificar [danifikar] *a.c.*, perjudicar [pershudshikar] *a.c.*, malfazer [maufaser] *a alg*, destruir [dshißtruir]

Beschädigung *w* dano [danu] *m*

beschäftigen *v* **1** *sich* **~** *mit etw.* ocupar-se [okuparßi] *de a.c.* **2** (Angestellten usw.) *j-n* empregar [ĩpregar] *alg* **3** (etwas zu tun geben) *j-n mit etw.* ocupar [okupar] *alg com a.c.*

Beschäftigung *w* emprego [ĩpregu] *m*, trabalho [trabalju] *m*, ocupação [okupaßãũ] *w*, mister [mißtə] *m*

Bescheid *m* notificação [notschifikaßãũ] *w* ▶ **~ sagen** *j-m* fazer saber *a alg*

bescheiden *adj* modest|o/-a [modäßtu/-a]

Bescheinigung *w* certificado [ßertschifikadu] *m*, atestado [ateßtadu] *m*, certidão [ßertschidãũ] *w*

beschlagnahmen *v j-m etw. Akk* confiscar [kõũfißkar] *alg a.c.*, apreender [apriender] *alg a.c.*

beschleunigen *v* **1** (sich schneller bewegen) acelerar [aßelerar], aumentar a velocidade [aumẽĩtar a weloßidadshi] **2** *etw. Akk* acelerar [aßelerar] *a.c.*, (vorantreiben) *etw. Akk* adiantar [adshiãtar] *a.c.* **3** (Anfang usw.) *etw. Akk* adiantar [adshiãtar] *a.c.*

beschließen *v* **1** (Entschluss fassen) *etw. Akk* resolver [hesouwer] *fazer a.c.* **2** (ein Gesetz usw.) aprovar [aprowar]

beschmutzen *v* **1** *etw. Akk* sujar [ßushar], *etw. Akk* sujar [ßushar] *a.c.*, borrar [bohar] *a.c.*, encardir [ĩkardshir] *a.c.* **2** (Ruf, Ehre usw.) manchar [mãschar], macular [makular], enodoar [enodoar]

beschränken *v etw. Akk* limitar [limitar] *a.c.*

beschränkt *adj* pacóvi|o/-a [pakowju/-a], pateg|o/-a [pategu/-a], primári|o/-a [primarju/-a]

Beschränkung *w* limitação [limitaßãũ] *w*, restrição [heßtrißãũ] *w*, coibição [kojbißãũ] *w*

beschreiben *v* **1** (Blatt usw.) *etw. Akk* escrever [ißkrewer] *a.c.* **2** (Person usw.) *j-n/etw.* descrever [dshißkrewer]

Beschreibung *w* descrição [dshißkrißãũ] *w*

beschützen *v j-n/etw. vor j-m/etw.* proteger [protesher] *alg/a.c. de alg/a.c.*

Beschwerde *w* queixa [kejscha] *w*, reclamação [heklamaßãũ] *w*

beschweren *v* **1** (Kummer usw.) *j-n* vexar [weschar] *alg*, oprimir [oprimir] *alg* **2** ***sich*** **~** *bei j-m über etw. Akk* queixar-se [kejscharßi] *alg de a.c.*, reclamar [heklamar]

beseitigen *v* **1** *etw. Akk* remover [hemower] *a.c.*, retirar [hetschirar] *a.c.* **2** (tilgen usw.) *etw. Akk* eliminar [eliminar] *a.c.* **3** (Abfall usw.) *etw. Akk* eliminar [eliminar]

Beseitigung *w* **1** remoção [hemoßãũ] *w*, eliminação [eliminaßãũ] *w* **2** (Tilgung usw.) *von etw.* eliminação [eliminaßãũ] *w de a.c.*

Besen *m* vassoura [waßora] *w*

besetzen *v* ocupar [okupar], tomar [tomar]

besetzt *adj* ocupad|o/-a [okupadu/-a]

besichtigen *v etw. Akk* olhar [oljar] *para a.c.*, visionar [wisionar] *a.c.*

Besichtigung *w etw. Gen* visita [wisita] *w* ► **~ von Sehenswürdigkeiten** visita *w* de monumentos

Besitz *m* **1** propriedade [propriedadshi] *w*, bens [bẽĩß] *m Mz*, teres [teriß] *m Mz*, pertença [pertẽßa] *w* **2** (Besitzen) posse [pòßi] *w*, possessão [poßeßãũ] *w*

besitzen *v etw. Akk* possuir [poßuir] *a.c.*, estar na posse [ißtar na pòßi] *de a.c.*

Besitzer *m* possuidor [poßuidor] *m*, portador [portador] *m*, detentor [detẽĩtor] *m*, *etw. Gen* proprietário [proprietarju] *m*

besonder(er,e,es) *adj* especial [ißpeßjau], particular [partschikular], peculiar [pekuliar]

besonders *adv* particularmente [partschikularmẽtschi], notadamente [notadamẽtschi] ♦ *part* especialmente [ißpeßjaumẽtschi], particularmente [partschikularmẽtschi], em especial [ẽĩ ißpeßjau]

besorgen *v* **1** *etw. Akk* encarregar-se [ĩkahegarßi] *de a.c.*, tomar conta [tomar kõũta] *de a.c.*, (Aufgabe usw.) *etw. Akk* despachar [dshißpaschar] *a.c.*, (erledigen) *etw. Akk* providenciar [prowideẽĩßjar] *a.c.* **2** (beschaffen) *j-m etw. Akk für j-n* procurar [prokurar] *a.c. a alg*, proporcionar [proporßionar] *a.c. a alg*

besprechen *v etw. Akk mit j-m* consultar [kõũßuutar] *a.c. com alg*, *etw. Akk mit j-m* discutir [dshißkutschir] *a.c. com alg*

besser *adj* melhor [meljòr] ♦ *adv* melhor [meljòr]

best(er,e,es) *adj* o melhor [u meljòr]

Bestandteil *m etw. Gen* parte [partschi] *w de a.c.*, pertença [pertẽßa] *w*, constituinte [kõũßtschituĩtschi] *m*

bestätigen *v* **1** (amtlich usw.) *etw. Akk* certificar [ßertschifikar] **2** (Wahrhaftigkeit usw.) confirmar [kõũfirmar], contestar [kõũteßtar], (Wahrhaftigkeit usw.) corroborar [kohoborar]

Bestätigung *w etw. Gen* confirmação [kõũfirmaßãũ] *w*

bestechen *v j-n* subornar [ßubornar] *alg*

Besteck *s* talher [taljär] *m*

bestehen *v* **1** (als Ganzes) *aus etw.* compor-se [kõũporßi] *de a.c.*, constar [kõũßtar] *de a.c.*, (als Ganzes) *aus etw.* consistir [kõũßißtschir] *em a.c.*, compor-se [kõũporßi] *de a.c.* **2** (Prüfung usw.) passar [paßar] **3** (von einem Problem usw.) *in etw. Dat* consistir [kõũßißtschir] *em a.c.* **4** (beharren) *auf etw. Dat* insistir [ĩßißtschir] *em a.c.*, teimar [tejmar] *em a.c.*, fazer finca-pé [faser fĩkapä], embirrar [ĩbihar] *em a.c.*

bestehlen *v j-n um etw.* roubar [hobar] *alg a.c.*

bestellen *v etw. Akk* encomendar [ĩkomẽĩdar] *a.c.*, pedir [pedshir] *a.c.*

Bestellung *w* encomenda [ĩkomẽda] *w*, pedido [pedshidu] *m*

bestimmen *v* **1** (Anzahl usw.) *etw. Akk* determinar [determinar] *a.c.*, fixar [fikßar] *a.c.*, designar [designar] *a.c.* **2** (autoritativ) ordenar [ordenar]

bestimmt[1] *adj* concret|o/-a [kõũkrätu/-a]

bestimmt[2] *part* absolutamente [abißolutamẽtschi], de qualquer jeito [dshi kuaukär shejtu], certamente [ßertamẽtschi], com certeza [kõũ ßertesa]

Bestimmungsort *m* destino [dshißtschinu] *m*

bestrafen *v j-n für etw.* castigar [kaßtschigar] *alg por a.c.*, punir [punir] *alg por a.c.*, *j-n für etw.* punir [punir] *alg por a.c.*, castigar [kaßtschigar] *alg por a.c.*

Besuch *m* **1** *j-s/etw.* visita [wisita] *w de alg/a.c.* **2** (Gast) visitante [wisitãtschi] *m*

besuchen *v* **1** *j-n* visitar [wisitar] **2** (Kurs usw.) *etw. Akk* frequentar [frekuẽĩtar] *a a.c.*, andar [ãdar] *em a.c.* ▶ **die Sehenswürdigkeiten ~** visitar os monumentos

Besucher *m* visitante [wisitãtschi] *m*

Betäubung *w* anestesia [aneßtesia] *w*

beten *v* **1** rezar [hesar] **2** *zu j-m für etw.* rezar [hesar], orar [orar] *a alg por a.c.*

Beton *m* concreto [kõũkrätu] *m*

betonen *v* **1** (Bedeutung usw.) *etw. Akk* acentuar [aßẽĩtuar] *a.c.*, sublinhar [ßublĩnjar] *a.c.*, salientar [ßaliẽĩtar] *a.c.*, enfatizar [ĩfatschisar] *a.c.* **2** *etw. Akk* acentuar [aßẽĩtuar] *a.c.*

Betonung *w* acento [aßẽtu] *m*

betrachten *v j-n/etw. als j-n/etw.* considerar [kõũßiderar] *alg/a.c. como alg/a.c.*

beträchtlich *adj* considerável [kõũßideraweu] ♦ *adv* consideravelmente [kõũßideraweumẽtschi], notavelmente [notaweumẽtschi]

Betrag *m* soma [ßoma] *w*, quantia [kuãtschia] *w*, montante [mõũtãtschi] *m*, importância [ĩportãßja] *w*

betreffen *v* **1** *j-n/etw.* concernir [kõũßernir] *a a.c.*, referir-se [heferirßi] *a a.c.* **2** (Erklärung usw.) *j-n/etw.* aplicar-se [aplikarßi] *a alg/a.c.* **3** (ihaltlich usw.) *etw. Akk* referir-se [heferirßi] *a a.c.* **4** (Erdbeben) *etw. Akk* afetar [afetar] *a.c./alg*, atingir [atschĩshir] *a.c./alg* ▶ **was** *j-n/etw.* **betrifft** quanto a, no que se refere *a a.c.*, no que concerne *a a.c.*

betreffend *adj* referid|o/-a [heferidu/-a], mencionad|o/-a [mẽĩßionadu/-a]

betreiben *v etw. Akk* dirigir [dshirishir] ▶ **Unternehmen ~** ter um negócio

betreten *v etw. Akk* entrar [ĩtrar] *em a.c.*, ingressar [ĩgreßar] *em a.c.*

Betrieb *m* **1** (Fabrik usw.) empresa [ĩpresa] *w*, usina [usina] *w* **2** (Tätigkeit usw.) *etw. Gen* serviço [ßerwißu] *m* **3** (einer Organisation usw.) *etw. Gen* marcha [marscha] *w* **4** (Treiben) agitação [ashitaßãũ] *w*, bulício [bulißju] *m*, roda-viva [hodawiwa] *w*, movimentação [mowimẽĩtaßãũ] *w* ▶ **außer ~** fora de serviço

betrinken **sich ~** *von etw.* emborrachar-se, embriagar-se, (ugs.) apanhar uma bebedeira

Betrug *m* engano [ĩganu] *m*, burla [burla] *w*, embuste [ĩbußtschi] *m*, logro [logru] *m*

betrügen *v* **1** *j-n* enganar [ĩganar] *alg* **2** (Ehemann usw.) *j-n* enganar [ĩganar] *alg*, trair [trair] *alg* **3** *j-n um etw.* defraudar [defraudar] *alg de a.c.*, fraudar [fraudar] *alg de a.c.*, *j-n um etw.* lograr [lograr] *alg*, trapacear [trapaßear] *alg*

Betrüger *m* trapaceiro [trapaßejru] *m*, embusteiro [ĩbußtejru] *m*, intrujão [ĩtrushãũ] *m*

betrunken *adj* bêbad|o/-a [bebadu/-a], bêbed|o/-a [bebedu/-a], embriagad|o/-a [ĩbriagadu/-a], borrach|o/-a [bohaschu/-a]

Bett *s* **1** cama [kama] *w* **2** (eines Flusses usw.) leito [lejtu] *m* ▶ **das ~/die ~en machen** fazer a cama

betteln *v* **1** (um Almosen) *um etw.* mendigar [mẽĩdshigar] *a.c.*, esmolar [ismolar] **2** *um etw.* suplicar [ßuplikar] *a.c.*, (bitten) *bei j-m um etw.* pedir [pedshir] *a alg a.c.*, implorar [ĩplorar] *a.c. a alg*, (bitten) *bei j-m um etw.* suplicar [ßuplikar] *alg de a.c.*

Bettlaken *s* lençol [lẽĩßòu] *m*

Bettler *m* mendigo [mẽĩdshigu] *m*, pedinte [pedshĩtschi] *m*

Bettwäsche *w* roupa *w* de cama [hopa dshi kama]

Beule *w* **1** (am Kopf) bossa [boßa] *w* **2** (im Blech usw.) bojo [boshu] *m*, protuberância [protuberãßja] *w*

beurteilen *v j-n/etw.* julgar [shuugar]

Beute *w* butim [butschĩ] *m*, presa [presa] *w*, (Diebesgut) presa [presa] *w*, despojo [dshißposhu] *m*

Beutel *m* **1** bolsa [boußa] *w*, saquinho [ßakĩnju] *m* **2** (des Kängurus usw.) bolsa [boußa] *w* **3** (Person) doido [dojdu] *m*, maluco [maluku] *m*, tarado [taradu] *m*

Bevölkerung *w* população [populaßãũ] *w*, povoação [powoaßãũ] *w*

bevor *adv* antes de [ãts dshi]

bevorzugen *v* **1** *etw. Akk* preferir [preferir] *a.c. a a.c.*, *j-n/etw. vor j-m/etw.* preferir [preferir] *alg/a.c. a alg/a.c.* **2** (favorisieren) *j-n/etw. vor j-m/etw.* preferir [preferir] *alg/a.c.*

bewachen *v* guardar [guardar], custodiar [kußtodshiar], (Haus usw.) *etw. Akk* vigiar [wishiar] *a.c.*

bewaffnet *adj* armad|o/-a [armadu/-a]

bewässern *v* irrigar [ihigar]

bewegen *v* **1** *etw. Akk* mover [mower] *a.c.* **2** ***sich ~*** mover-se [mowerßi], mexer-se [mescherßi], bulir [bulir] **3** ***sich ~*** (vorwärts usw.) pôr-se em marcha [porßi ẽĩ marscha]

beweglich *adj* móvel [mòweu]

Bewegung *w* **1** atividade *w* física [atschiwidadshi fisika], movimento [mowimẽtu] *m*, moto [motu] *m*, movimentação [mowimẽĩtaßãũ] *w* **2** (religiöse usw.) movimento [mowimẽtu] *m* ▶ **sich in ~ setzen** pôr-se em marcha

Beweis *m etw. Gen* prova [pròwa] *w de a.c.*, comprovação [kõũprowaßãũ] *w*

beweisen *v* **1** *etw. Akk* provar [prowar], comprovar [kõũprowar] *a.c.* **2** (Fähigkeiten usw.) *etw. Akk* provar [prowar] *a.c.* **3** ***sich ~ als*** mostrar-se [moßtrarßi] *a.c.*, revelar-se [hewelarßi] *a.c.*

bewerben *v* ***sich ~ um etw.*** aspirar [aßpirar] *a a.c.*, candidatar-se [kãdshidatarßi] *a a.c.*, concorrer [kõũkoher] *a a.c.*

bewohnbar *adj* habitável [abitaweu], residencial [hesidẽĩßjau]

bewohnen *v etw. Akk* habitar [abitar] *a.c.*

Bewohner *m* habitante [abitãtschi] *m*, morador [morador] *m*

bewölkt *adj* nebulos|o/-a [nebulosu/-a] ♦ *adv* encoberto [ĩkobärtu], nublado [nubladu]

bewundern *v j-n/etw. wegen etw.* admirar [adshimirar] *alg/a.c.*

bewusst *adj* **1** (Lüge usw.) intencional [ĩtẽĩßionau], proposital [propositau] **2** (einer Tatsache usw.) *etw. Gen* consciente [kõũßiẽtschi] *de a.c.*, cônscio [konßju] *de a.c.*, ciente [ßiẽtschi] *de a.c.* **3** (Mensch usw.) consciente [kõũßiẽtschi] ♦ *adv* **1** (mit Absicht) de propósito [dshi propòsitu], intencionalmente [ĩtẽĩßionaumẽtschi], por acinte [pur aßĩtschi], adrede [adredshi] **2** (mit Bewusstsein) de propósito [dshi propòsitu] ▶ **sich ~ werden** *etw. Gen* dar-se conta *de a.c.*, aperceber-se *de a.c.*

bewusstlos **~ sein** estar inconsciente, ficar desacordado

Bewusstlosigkeit *w* inconsciência [ĩkõũßiẽßja] *w*, desmaio [dshismaju] *m*

Bewusstsein *s* **1** consciência [kõũßiẽßja] *w* **2** (Wissen) *etw. Gen* conhecimento [kõnjeßimẽtu] *m de a.c.*, consciência [kõũßiẽßja] *w de a.c.* ▶ **bei ~ sein** estar consciente

bezahlen *v j-m etw. Akk* pagar [pagar]

Bezahlung *w* pagamento [pagamẽtu] *m*, paga [paga] *w*

bezeichnen *v* **1** *etw. Akk mit etw.* marcar [markar], assinalar [aßinalar] **2** (mit einem Namen usw.) designar [designar], denotar [denotar]

Bezeichnung *w* denominação [denominaßãũ] *w*, denotação [denotaßãũ] *w*, designação [designaßãũ] *w*

Beziehung *w* **1** (Handelsbeziehung usw.) relação [helaßãũ] *w*, relacionamento [helaßionamẽtu] *m* **2** (intime usw.) relacionamento [helaßionamẽtu] *m* **3** (Zusammenhang usw.) relação [helaßãũ] *w*

beziehungsweise *adv* eventualmente [ewẽĩtuaumẽtschi] ♦ *conj* eventualmente [ewẽĩtuaumẽtschi]

Bezirk *m* distrito [dshißtritu] *m*, freguesia [fregesia] *w*

Bezug *m* estofo [ißtofu] *m*

bezüglich *prep* acerca de [aßerka dshi], sobre [ßobri], à respeito [a heßpejtu] *de alg/a.c.*, em torno [ẽĩ tornu] *de a.c.*

bezweifeln *v etw. Akk* questionar [keßtschionar] *a.c.*, pôr *a.c.* em dúvida [por ẽĩ duwida], *etw. Akk* ter dúvidas [ter duwidaß] *sobre alg/a.c.*

BH *m* sutiã [ßutschia] *m*, porta-seios [portaßejuß] *m*

Bibliothek *w* biblioteca [bibliotäka] *w*

biegen *v etw. Akk* arquear [arkear] *a.c.*, encurvar [ĩkurwar] *a.c.*, dobrar [dobrar] *a.c.*

biegsam *adj* flexível [flekßiweu]

Biene *w* abelha [abelja] *w*

Bier *s* cerveja [ßerwesha] *w* ▶ **~ vom Fass** cerveja *w* à pressão

bieten *v* **1** *j-m etw. Akk* oferecer [ofereßer] *a.c. a alg*, ofertar [ofertar] *a.c. a alg*, prontificar [prõũtschifikar] *a.c. a alg* **2** (Möglichkeit usw.) *j-m etw. Akk* proporcionar [proporßionar], fornecer [forneßer], facultar [fakuutar], propicionar [propißionar]

Bikini *m* biquíni [bikini] *m*

Bild *s* imagem [imashẽĩ] *w*, (Gemälde) quadro [kuadru] *m*, painel [pajnäu] *m*

bilden *v etw. Akk* formar [formar], constituir [kõũßtschituir] *a.c.*

Bildhauer *m* escultor [ißkuutor] *m*

Bildschirm *m* monitor [monitor] *m*, ecrã [ekrã] *m*, tela [täla] *w*

Bildung *w* formação [formaßãũ] *w*, instrução [ĩßtrußãũ] *w*, educação [edukaßãũ] *w*, ensino [ĩßinu] *m*

billig *adj* barat|o/-a [baratu/-a], econômic|o/-a [ekonòmiku/-a], barateir|o/-a [baratejru/-a] ♦ *adv* barato [baratu], a baixo custo [a bajschu kußtu] ▶ **~er werden** ficar mais barato

Binde *w* fita [fita] *w*, banda [bãda] *w*, faixa [fajscha] *w*

binden *v* **1** amarrar [amahar] **2** (miteinander) atar [atar] *a.c.*, enlaçar [ĩlaßar] *a.c.*, (zu Bündeln) atar [atar], ligar [ligar] **3** (Beziehung usw.) ligar [ligar] **4** (Schleife um Geschenk usw.) *etw. Akk um etw.* atar [atar] *a.c. com a.c.* **5** ***sich ~*** (beruflich, emotionell usw.) comprometer-se [kõũprometerßi]

binnen *prep etw. Dat* dentro de [dẽtru dshi]

Birne *w* **1** (Frucht) pera [pera] *w* **2** (Baum) pereira [perejra] *w* **3** (mattierte usw.) lâmpada [lãpada] *w*

bis[1] *prep* até [atä] ▶ **~ zu/an/über** até; **geöffnet von… ~…** aberto das… até…

bis[2] *conj* até que [atä ki]

Bischof *m* bispo [bißpu] *m*

bisher *adv* até agora [atä agòra] ▶ **~ nicht** ainda não

bisschen **ein ~** um pouco, um bocado; **ein ~** *etw. Gen* um pouco *de a.c.*, bocado *m de a.c.*, bocadinho *m de a.c.*, tico *m de a.c.*

bitte *part* por favor [pur fawor] ▶ **B~!** (Einwilligung usw.) Adiante!; **Hier ~.** (Schenken usw.) Aqui tem.; **Ja ~?** Alô!; **Wie ~?** Como?, Desculpe?

Bitte *w um etw. Akk* pedido [pedshidu] *m de a.c.*, rogo [hogu] *m*, petição [petschißãũ] *w de a.c.*, súplica [ßuplika] *w*

bitten *v j-n um etw.* pedir [pedshir] *alg a a.c.*, rogar [hogar] *alg a a.c.*

bitter *adj* amarg|o/-a [amargu/-a]

Blähung *w* flatulência [flatulẽßja] *w*, meteorismo [meteorismu] *m*, gases [gasiß] *m Mz*

Blase *w* **1** (Seifenblase usw.) borbulha [borbulja] *w*, bolha [bolja] *w* **2** (auf Haut) bolha [bolja] *w*, empola [ĩpola] *w* **3** (Organ) bexiga [beschiga] *w*

blasen *v* soprar [ßoprar]

blass *adj* pálid|o/-a [palidu/-a]

Blatt *s* **1** folha [folja] *w* **2** (Propeller usw.) pá [pa] *w*

blau *adj* azul [asuu] ▶ **ein ~er Fleck** contusão *w*, nódoa *w* negra, (ugs.) negra *w*, mágoa *w*

Blaubeere *w* mirtilo [mirtschilu] *m*

Blech *s* chapa [schapa] *w*, lata [lata] *w*

Blechbüchse *w* lata [lata] *w*
Blechdose *w* lata [lata] *w*
Blei *s* chumbo [schũbu] *m*
bleiben *v irgendwo* ficar [fikar], permanecer [permaneßer] ▶ **(übrig) ~** sobrar, restar, remanescer
Bleistift *m* lápis [lapiß] *m*
Blende *w* diafragma [dshiafragma] *m*
blenden *v* **1** (mit Licht) *j-n* deslumbrar [dshislũbrar] **2** (entzücken) *j-n* encantar [ĩkãtar], fascinar [faßinar], ofuscar [ofußkar], espalhar magia [ißpaljar mashia] **3** *j-n* cegar [ßegar] *alg*
Blick *m auf etw. Akk* olhar [oljar] *m*, olhada [oljada] *w em a.c.*
blind *adj* invisual [ĩwisuau], ceg|o/-a [ßägu/-a] ♦ *adv* às cegas [aß ßegaß]
Blinddarm *m* apêndice [apẽĩdshißi] *m*
Blinddarmentzündung *w* apendicite [apẽĩdshißitschi] *w*
Blinker *m* farolim [farolĩ] *m*, pisca-pisca [pißkapißka] *m*
Blinkleuchte *w* farolim [farolĩ] *m*, pisca-pisca [pißkapißka] *m*
Blitz *m* relâmpago [helãpagu] *m*, raio [haju] *m*
blitzen *v* relampejar [helãpeshar] ▶ **Es blitzt.** Relampeja.
Blitzlicht *s* flash [fläsch] *m*
Block *m* **1** (Stein usw.) bloco [blòku] *m* **2** (von Häusern usw.) quarteirão [kuartejrãũ] *m*, quadra [kuadra] *w* **3** (Staatenblock usw.) bloco [blòku] *m* **4** (Heft usw.) bloco *m* (de notas) [blòku (dshi notaß)]
blockieren *v etw. Akk* bloquear [blokear], obstruir [obißtruir]
blond *adj* **1** (Haar) loir|o/-a [lojru/-a], lour|o/-a [loru/-a] **2** (Mensch) de cabelo loiro [dshi kabelu lojru], loir|o/-a [lojru/-a], lour|o/-a [loru/-a]
bloß *adj* mer|o/-a [märu/-a]
blühen *v* **1** (Rosen usw.) florescer [floreßer] **2** (Geschäft usw.) florescer [floreßer], vicejar [wißeshar] **3** (Schmuggel usw.) estender-se [ißtẽĩderßi], grassar [graßar]
Blume *w* flor [flor] *w*
Blumengeschäft *s* florista [florißta] *w*
Blumenkohl *m* couve-flor [kowiflor] *w*
Blumenladen *m* florista [florißta] *w*
Blumenstrauß *m* ramo *m* de flores [hamu dshi floriß]
Blumentopf *m* vaso *m* (de flores) [wasu (dshi floriß)], floreira [florejra] *w*
Bluse *w* blusa [blusa] *w*
Blut *s* sangue [ßãgi] *m*
Blutdruck *m* tensão *w* arterial [tẽĩßãũ arteriau]
Blüte *w* **1** (einer Pflanze) flor [flor] *w* **2** (wirtschaftliche usw.) auge [aushi] *m*, florescimento [floreßimẽtu] *m*, apogeu [aposheu] *m*
Blutegel *m* sanguessuga [ßãgißuga] *w*, chupa-sangue [schupaßãgi] *m*
bluten *v* sangrar [ßãgrar]
Blutentnahme *w* coleta *w* de sangue [koläta dshi ßãgi]
blutig *adj* sangrent|o/-a [ßãgrẽtu/-a] ▶ **~es Steak** bife *m* mal passado
Boden *m* **1** terra [täha] *w*, solo [ßòlu] *m* **2** (Oberfläche) chão [schãũ] *m*, terra [täha] *w*, solo [ßòlu] *m* **3** (im Zimmer usw.) chão [schãũ] *m*, soalho [ßoalju] *m*, piso [pisu] *m* **4** (von einem Gefäß usw.) fundo [fũdu] *m*
Bogen *m* **1** arco [arku] *m* **2** (Papierblatt) folha *w* (de papel) [folja (dshi papäu)]
Bohne *w* **1** (Frucht) feijão [fejshãũ] *m* **2** (Sojabohne usw.) fava [fawa] *w*
bohren *v* **1** (Loch usw.) perfurar [perfurar], furar [furar], brocar [brokar] **2** (Schacht usw.) abrir [abrir]
Bohrmaschine *w* furadeira [furadejra] *w*
Bombe *w* bomba [bõũba] *w*
Bonbon *m* rebuçado [hebußadu] *m*, bala [bala] *w*
Boot *s* bote [bòtschi] *m*, barca [barka] *w*, lancha [lãscha] *w*
Bord[1] *s* estante [ißtãtschi] *w*, prateleira [pratelejra] *w*
Bord[2] *m* **1** (eines Schiffes) bordo [bòrdu] *m*, convés [kõũwäß] *m* **2** (eines Flugzeugs usw.) bordo [bòrdu] *m* ▶ **an ~ gehen** (Schiff) embarcar-se; **an ~** *etw. Gen* a bordo *de a.c.*; **von ~ gehen** desembarcar
Bordell *s* bordel [bordeu] *m*, prostíbulo [proßtschibulu] *m*, lupanar [lupanar] *m*
Börse *w* bolsa [boußa] *w*
böse *adj* furios|o/-a [furiosu/-a], enfurecid|o/-a [ĩfureßidu/-a], mau/má [mau/ma] ▶ **~ sein** *j-m, auf j-n* estar zangad|o/-a *com alg*

Botschaft *w* **1** (Vertretung) embaixada [ĩbajschada] *w* **2** (Nachricht) mensagem [mẽĩßashẽĩ] *w*
Botschafter *m* embaixador [ĩbajschador] *m*
Brand *m* incêndio [ĩßẽdshju] *m*
braten *v* **1** (im Fett) assar [aßar] **2** (in der Pfanne) fritar [fritar], frigir [frishir]
Braten *m* assado [aßadu] *m*, carne *w* assada [karni aßada]
Bratwurst *w* salsicha [ßaußischa] *w*, linguiça [lĩguißa] *w*
brauchen *v etw. Akk* precisar [preßisar] *de a.c.*, necessitar [neßeßitar] *de a.c.*
braun *adj* marrom [mahõũ]
bräunen *v* **1** (in der Sonne) tomar banho de sol [tomar bãnju dshi ßòu] **2** (Zwiebel usw.) *etw. Akk* dourar [dorar] *a.c.*, aloirar [alojrar] *a.c.*, alourar [alorar] *a.c.*
Braut *w* noiva [nojwa] *w*
Bräutigam *m* noivo [nojwu] *m*
brav *adj* bom/boa [bõũ/boa] ♦ *adv* obedientemente [obedshiẽĩtemẽtschi]
brechen *v* **1** (Zweig usw.) *etw. Akk* romper [hõũper] *a.c.*, quebrar [kebrar] *a.c.*, partir [partschir] *a.c.* **2** (Schwur usw.) violar [wiolar], violentar [wioleĩtar], romper [hõũper], transgredir [trãsgredshir] **3** (bei Übelkeit) vomitar [womitar], rejeitar [heshejtar] **4** (zerfallen) romper-se [hõũperßi] ► **das Gesetz ~** violar a lei; **(sich) ~** *etw. Akk* (Knochen usw.) fraturar *a.c.*
Brei *m* purê [pure] *m*, papa [papa] *w*
breit *adj* larg|o/-a [largu/-a], ampl|o/-a [ãplu/-a], lat|o/-a [latu/-a] ♦ *adv* amplamente [ãplamẽtschi], largamente [largamẽtschi]
Breite *w* **1** *etw. Gen* largura [largura] *w*, largo [largu] *m* **2** (geografische) latitude [latschitudshi] *w*
Bremse *w* freio [freju] *m*, breque [breki] *m*
bremsen *v* frear [frear]
brennen *v* **1** arder [arder] **2** (eine CD usw.) gravar [grawar] *a.c.* **3** (Keramik) cozer [koser] **4** (Alkohol) destilar [deschtschilar] ► **Es brennt!** Fogo!
Brennstoff *m* combustível [kõũbußtschiweu] *m*
Brett *s* tábua [tabua] *w*, prancha [prãscha] *w*
Brief *m* carta [karta] *w*
Briefkasten *m* caixa *w* do correio [kajscha du koheju]
Briefmarke *w* selo *m* postal [ßelu poßtau]
Brieftasche *w* carteira [kartejra] *w*
Briefträger *m* carteiro [kartejru] *m*
Briefumschlag *m* envelope [ĩwelòpi] *m*, sobrescrito [ßobreßkritu] *m*
Brille *w* óculos [òkuluß] *m Mz*
bringen *v* **1** (ein Buch usw.) *j-m etw. Akk* trazer [traser] *a.c. a alg* **2** (mit dem Auto usw.) *j-n/etw. irgendwohin* trazer [traser] *alg/a.c. aonde*, levar [lewar] *alg/a.c. aonde*, (mit dem Auto) *j-n irgendwohin* levar [lewar] *a.c./alg a a.c.* **3** *j-n/etw. irgendwohin* fazer *alg* ir [faser ir] *a a.c.* **4** (in Verlegenheit usw.) levar [lewar] **5** *j-n um etw. Akk* privar [priwar] *alg de a.c.*, despojar [dshißposhar] *alg de a.c.* **6** (Gewinn usw.) *etw. Akk* render [hẽĩder] *a.c.* ► **auf den Markt ~** lançar, introduzir; **in Verlegenheit ~** *j-n* embaraçar *alg*; **mit sich ~** *etw. Akk* (Konsequenzen usw.) implicar *a.c.*, trazer consigo *a.c.*
Brokkoli *w* brócolis [brokoliß] *m*
Brombeere *w* amora *w* preta [amora preta]
Bronze *w* bronze [brõũsi] *m*
Brot *s* pão [pãũ] *m*
Brötchen *s* pãozinho [pãũsĩnju] *m*
Bruch *m* **1** (Knochen) fratura [fratura] *w* **2** (Zahlen) fração [fraßãũ] *w*
Brücke *w* ponte [põũtschi] *w*
Bruder *m* irmão [irmãũ] *m*
Brühe *w* consomê [kõũßome] *m*, (Suppe) caldo [kaudu] *m*, canja [kãsha] *w*
brüllen *v* **1** rugir [hushir], urrar [uhar] **2** vozear [wosear]
Brunnen *m* **1** (für Grundwasser) poço [poßu] *m* **2** (Fontäne) fonte [fõũtschi] *w*, chafariz [schafariß] *m* **3** (Heilquelle) fontainha [fõũtainja] *w*
Brust *w* **1** peito [pejtu] *m*, tórax [tòrakß] *m* **2** (weibliche) seio [ßeju] *m*, mama [mama] *w*, teta [teta] *w*
brutal *adj* brutal [brutau], cruel [kruäu], brut|o/-a [brutu/-a] ♦ *adv* brutalmente [brutaumẽtschi]
Buch *s* livro [liwru] *m*
buchen *v etw. Akk* reservar [heserwar], fazer reserva [faser heßärwa], marcar [markar] *a.c.*

Bücherschrank *m* estante *w* para livros [ißtãtschi para liwruß]
Buchhandlung *w* livraria [liwraria] *w*
Büchsenöffner *m* abre-latas [abrilataß] *m*
Buchstabe *m* letra [letra] *w*
buchstabieren *v etw. Akk* soletrar [ßoletrar] *a.c.*
Bucht *w* baía [baia] *w*, (klein) enseada [ĩßeada] *w*
Buchung *w* reserva [heßärwa] *w*, reservação [heserwaßãũ] *w*
Büfett *s* bar [bar] *m*
Bügel *m* **1** (für Kleider) cabide [kabidshi] *m*, cruzeta [kruseta] *w* **2** (am Sattel) estribo [ißtribu] *m*
Bügeleisen *s* ferro [fähu] *m*
bügeln *v* passar a ferro [paßar a fähu]
Bühne *w* palco [pauku] *m*, cena [ßena] *w*
bunt *adj* **1** (nicht schwarz-weiß) colorid|o/-a [koloridu/-a], a cor [a kor] **2** (mit vielen Farben) multicolor [muutschikolor], versicolor [werßikolor] **3** (abwechslungsreich) variad|o/-a [wariadu/-a]
Burg *w* castelo [kaßtelu] *m*
bürgen *v für j-n* garantir [garãtschir] *a.c.*
Bürger *m* cidadão [ßidadãũ] *m*
Bürgermeister *m* prefeito [prefejtu] *m*
Bürgersteig *m* calçada [kaußada] *w*
Büro *s* escritório [ißkritòrju] *m*, (Geschäftsstelle) agência [ashẽßja] *w*
Bürste *w* **1** escova [ißkowa] *w* **2** (zum Anstreichen usw.) broxa [broscha] *w*
▸ **(kleine) ~** escovinha *w*
Bus *m* ônibus [onibuß] *m*
Busbahnhof *m* rodoviária [hodowiaria] *w*
Busen *m* peitos [pejtuß] *m Mz*, busto [bußtu] *m*, seios [ßejuß] *m Mz*
Bußgeld *s* multa [muuta] *w*, coima [kojma] *w*
Büstenhalter *m* sutiã [ßutschia] *m*, porta-seios [portaßejuß] *m*
Butter *w* manteiga [mãtejga] *w*

C

Café *s* café [kafä] *m*, cafetaria [kafetaria] *w*
Camp *s* campismo [kãpismu] *m*
campen *v* acampar [akãpar]
Camper *m* campista [kãpißta] *m*
Campingplatz *m* camping [kämpiŋ] *m*, parque *m* de campismo [parki dshi kãpismu], campismo [kãpismu] *m*
Chance *w* **1** (Möglichkeit) chance [schãßi] *w* **2 ~n** (Gewinnquote usw.) probabilidade [probabilidadshi] *w*
Charakter *m* **1** (Wesen) caráter [karater] *m*, carácter [karakter] *m*, índole [ĩdoli] *w*, feição [fejßãũ] *w* **2** (einer Landschaft usw.) caráter [karater] *m*, carácter [karakter] *m*, colorido [koloridu] *m*, gênio [shenju] *m*
charakteristisch *adj* caraterístic|o/-a [karateribßtschiku/-a], característic|o/-a [karakteribßtschiku/-a]
Chef *m* chefe [schäfi] *m*, líder [lider] *m*, dirigente [dshirishẽtschi] *m*
Chirurg *m* cirurgião [ßirurshiãũ] *m*
Chirurgie *w* cirurgia [ßirurshia] *w*
Chor *m* coro [koru] *m*
Christ *m* cristão [krißtãũ] *m*
Clique *w* malta [mauta] *w*, pessoal [peßoau] *m*, grupo [grupu] *m*
Comic *m* livro *m* de banda desenhada [liwru dshi bãda dshisẽnjada]
Computer *m* computador [kõũputador] *m*
Couch *w* sofá [ßofa] *m*
Cousin *m* primo [primu] *m*
Cousine *w* prima [prima] *w*
Creme *w* creme [kremi] *m*
Curry *m/s* caril [kariu] *m*

D

dabei *adv* ao mesmo tempo [au mesmu tẽpu]
Dach *s* telhado [teljadu] *m*
Dachboden *m* sótão [ßòtãũ] *m*
Dachgepäckträger *m* barras *w Mz* de tejadilho [bahaß dshi teshadshilju]
dafür *adv* em vez disso [ẽĩ weß dshißu], ao invés [au ĩwäß] *de a.c*

daheim *adv* (SwD, SüD) em casa [ẽĩ kasa]
damals *adv* então [ĩtãũ], naquela época [nakela äpoka], naquela altura [nakela autura]
Dame *w* **1** (Person) dama [dama] *w*, madame [madami] *w*, (Person) senhora [ßẽnjora] *w*, dona [dona] *w* **2** (Spiel) Damas [damaß] *w Mz* **3** *~n* banheiro *m* feminino [bãnjejru femininu], casa *w* de banho feminina [kasa dshi bãnju feminina]
Damenbinde *w* absorvente *m* (higiênico) [abißorwẽtschi (ishieniku)]
damit *conj* para que [para ki]
Dämmerung *w* **1** (am Morgen) amanhecer [amãnjeßer] *m*, alvorada [auworada] *w* **2** (am Abend) anoitecer [anojteßer] *m*, crepúsculo [krepußkulu] *m*, entardecer [ĩtardeßer] *m*, lusco-fusco [lußkufußku] *m*
Dampf *m* vapor [wapor] *m*
dämpfen *v* **1** (Licht) atenuar [atenuar], (Schall usw.) abafar [abafar], abaixar [abajschar] **2** (Stoß usw.) amortecer [amorteßer] **3** (unterdrücken) atenuar [atenuar]
daneben *adv* à parte [a partschi]
dank *prep j-m/etw.* graças [graßaß] *a alg/a.c.*
dankbar *adj für etw.* grat|o/-a [gratu/-a], agradecid|o/-a [agradeßidu/-a] *por a.c.* ▶ *~* **sein** *j-m für etw.* agradecer *a.c. a alg*
danke **D~!** Obrigad|o/-a!, Valeu!, Falou!
danken *v j-m für etw.* agradecer [agradeßer]
dann *adv* depois [depojß], logo [lògu], após [apòß]
Darm *m* intestino [ĩteßtschinu] *m*, tripa [tripa] *w*
darstellen *v* **1** (abbilden usw.) representar [hepreseĩtar] *a.c.* **2** (bedeuten) constituir [kõũßtschituir] **3** (spielen) *j-n* interpretar [ĩterpretar] *alg*, desempenhar [dshisĩpẽnjar] *alg*, dar corpo [dar korpu] *a alg*, viver [wiwer] *alg*
das *pron* isso [ißu]
dass *conj* **1** que [ki] **2** (Wunsch, Befehl usw.) para [para]
dasselbe *pron* o mesmo [u mesmu]
Daten *Mz* dados [daduß] *m Mz*
Dattel *w* datil [datschiu] *m*, tâmara [tamara] *w*
Datum *s* data [data] *w*
Dauer *w* duração [duraßãũ] *w*
dauerhaft *adj* permanente [permanẽtschi] ♦ *adv* permanentemente [permanẽĩtemẽtschi]
Dauerkarte *w* abono [abonu] *m*, (Fahrkarte usw.) permanente [permanẽtschi] *m*
dauern *v* durar [durar], demorar [demorar] ▶ **Wie lange wird es ~?** Quanto tempo vai demorar?
dauernd *adj* constante [kõũßtãtschi], contínu|o/-a [kõũtschinuu/-a] ♦ *adv* **1** (ohne Unterbrechung) constantemente [kõũßtãtemẽtschi], continuamente [kõũtschinuamẽtschi], ininterruptamente [inĩtehuptamẽtschi] **2** (für immer) para sempre [para ßẽpri], permanentemente [permanẽĩtemẽtschi]
Daumen *m* polegar [polegar] *m*
Debitkarte *w* cartão *m* de débito [kartãũ dshi däbitu]
Deck *s* bordo [bòrdu] *m*, convés [kõũwäß] *m*
Decke *w* **1** (im Bett) coberta [kobärta] *w*, cobertor [kobertor] *m*, manta [mãta] *w* **2** (im Zimmer) teto [tätu] *m*
Deckel *m* cobertura [kobertura] *w*, tapa [tapa] *w*, capa [kapa] *w*, (Kofferdeckel usw.) tampa [tãpa] *w*
decken *v* **1** (schützen) *j-n/etw.* proteger [protesher] **2** ***Tisch*** *~* pôr a mesa [por a mesa] **3** *etw. Akk mit etw.* cobrir [kobrir] *a.c. com a.c.* **4** (finanziell) *etw. Akk* cobrir [kobrir] *a.c.*, pagar [pagar] *a.c.* ▶ **die Kosten** *~* cobrir os gastos
defekt *adj* avariad|o/-a [awariadu/-a]
Defekt *m* falha [falja] *w*
Deich *m* dique [dshiki] *m*
dein, deine *pron* teu, tua, teus, tuas [teu, tua, teuß, tuaß]
demnächst *adv* em breve [ẽĩ bräwi], brevemente [brewemẽtschi], logo [lògu]
Demokratie *w* democracia [demokraßia] *w*
Demonstration *w* manifestação [manifeßtaßãũ] *w*
denken *v* **1** (im Kopf haben) *an etw. Akk* pensar [pẽĩßar] *em alg/a.c.* **2** (Meinung haben) pensar [pẽĩßar], opinar

[opinar] **3** (sich erinnern) *an j-n/etw.* pensar [pẽĩßar] *em alg/a.c.* **4** (vorhaben) *an etw. Akk* pensar [pẽĩßar] *em a.c.*

Denkmal *s* monumento [monumẽtu] *m*

dennoch *conj* sem embargo [ßẽĩ ĩbargu], porém [porẽĩ], ora [òra], não obstante [nãũ obißtãtschi]

Deodorant *s* desodorante [dshisodorãtschi] *m*, desodorizante [dshisodorisãtschi] *m*

der, die, das *pron* **1** o, a [u, a] **2** (bei Personen) quem [kẽĩ], (Relativpronomen) o qual [u kuau], que [ki]

derb *adj* gross|o/-a [großu/-a], bestial [beßtschiau], rústic|o/-a [hußtschiku/-a], tosc|o/-a [toßku/-a]

derjenige, diejenige, dasjenige *pron* esse, essa, isso [eßi, eßa, ißu]

deshalb *adv* por isso [pur ißu], portanto [portãtu], logo [lògu]

Design *s* design [disajn] *m*, desenho [desẽnju] *m*

Desinfektion *w* desinfeção [dshisĩfeßãũ] *w*, desinfecção [dshisĩfekßãũ] *w*

Desinfektionsmittel *s* desinfetante [dshisĩfetãtschi] *m*, desinfectante [dshisĩfektãtschi] *m*

desinfizieren *v* desinfetar [dshisĩfetar], desinfectar [dshisĩfektar]

dessen *pron* cuj|o/-a [kushu/-a]

Dessert *s* sobremesa [ßobrimesa] *w*, doce [doßi] *m*

desto **je…** ~ quanto… tanto

deswegen *adv* por isso [pur ißu], portanto [portãtu], logo [lògu]

deutlich *adj* **1** (Änderung usw.) considerável [kõũßideraweu] **2** (klar erkennbar) distint|o/-a [dshißtschĩtu/-a], nítid|o/-a [nitschidu/-a] ♦ *adv* **1** (geschrieben usw.) inteligivelmente [ĩtelishiweumẽtschi] **2** (hören usw.) claramente [klaramẽtschi], distintamente [dshißtschĩtamẽtschi], nitidamente [nitschidamẽtschi] **3** (verständlich usw.) claramente [klaramẽtschi]

deutsch *adj* alem|ão/-ã [alemãũ/-ã] ♦ *adv* (em) alemão [(ẽĩ) alemãũ]

Deutsch(e) *s* alemão [alemãũ] *m*

Deutsche *m* alemão [alemãũ] *m*

Deutschland *s* Alemanha [alemãnja] *w*

Devise *w* divisa [dshiwisa] *w*

Dezember *m* dezembro [desẽbru] *m*

Dezimalkomma *s* ponto *m* decimal [põũtu deßimau]

Dia *s* diapositivo [dshiapositschiwu] *m*

Diabetes *m* diabetes [dshiabätschiß] *w*

Diamant *m* diamante [dshiamãtschi] *m*

Diät *w* dieta [dshiäta] *w*, regime [heshimi] *m* ► **Ich halte ~.** Estou de dieta., Estou de regime.

dich *pron* te [tschi]

dicht *adj* **1** dens|o/-a [dẽßu/-a], espess|o/-a [ißpeßu/-a], cerrad|o/-a [ßehadu/-a] **2** (Soße usw.) dens|o/-a [dẽßu/-a]

Dichter *m* poeta [poäta] *m*

Dichtung *w* vedação [wedaßãũ] *w*, junta [shũta] *w*

dick *adj* **1** (Brett usw.) gross|o/-a [großu/-a] **2** (Person usw.) gord|o/-a [gordu/-a] **3** (Suppe usw.) dens|o/-a [dẽßu/-a]

die *pron* eles, elas [eliß, elaß] ► **~ (da)** aqueles, aquelas

Dieb *m* ladrão [ladrãũ] *m*, gatuno [gatunu] *m*

Diebstahl *m* roubo [hobu] *m*, furto [furtu] *m*

dienen *v* **1** *j-m/etw.* servir [ßerwir] *alg/a.c.* **2** (Zweck haben) *als etw. Nom, zu etw.* servir [ßerwir] *de a.c.*

Dienst *m* serviço [ßerwißu] *m*, plantão [plãtãũ] *m* ► **~e leisten** *j-m/etw.* servir *a a.c./alg*

Dienstag *m* terça-feira [terßafejra] *w*, terça [terßa] *w*

Dienstleistungen *w Mz* serviços [ßerwißuß] *m Mz*

diese *pron* estes, estas [eßtschiß, ißtaß]

Diesel *m* gasóleo [gasòliu] *m*

dieser, diese, dieses *pron* esse, essa, isso [eßi, eßa, ißu], este, esta, isto [eßtschi, eßta, ißtu] ► **dieses Jahr** este ano

diesmal *adv* desta vez [deßta weß]

Ding *s* coisa [kojsa] *w*

dir *pron* te [tschi]

direkt *adj* **1** (Verbindung usw.) diret|o/-a [dshirätu/-a] **2** (Person) franc|o/-a [frãku/-a], diret|o/-a [dshirätu/-a] **3** (Lösung usw.) diret|o/-a [dshirätu/-a]

♦ *adv* **1** (ohne Umstände) diretamente [dshirätamẽtschi] **2** (sofort) logo [lògu]

Direktor *m* diretor [dshiretor] *m*

Diskothek *w* balada [balada] *w*

Diskussion *w* discussão [dshißkußãũ] *w*

diskutieren *v über etw. Akk* discutir [dshißkutschir] *a.c.*

dividieren *v etw. Akk durch etw.* dividir [dshiwidshir] *a.c. por a.c.*

doch *part* **1** pois [pojß] **2** contudo [kõũtudu]

Doktor *m* médico [mädshiku] *m*

Dollar *m* dólar [dòlar] *m*

dolmetschen *v etw. Akk in etw. Akk* interpretar [ĩterpretar] *a.c. em a.c.*

Dolmetscher *m* intérprete [ĩtärpretschi] *m*

Dom *m* catedral [katedrau] *w*, domo [domu] *m*

Donner *m* estrondo [ißtrõũdu] *m*, trovão [trowãũ] *m*

Donnerstag *m* quinta-feira [kĩtafejra] *w*, quinta [kĩta] *w*

doppelt *adj* **1** (Summe usw.) dupl|o/-a [duplu/-a], dobr|o/-a [dobru/-a] **2** (Portion usw.) dupl|o/-a [duplu/-a] ♦ *adv* duplamente [duplamẽtschi] ▶ **~ so viel** duas vezes tanto

Doppelzimmer *s* quarto *m* duplo [kuartu duplu]

Dorf *s* aldeia [audeja] *w*, aldeamento [audeamẽtu] *m*, lugarejo [lugareshu] *m*

dort *adv* lá [la], aí [ai], ali [ali], acolá [akola]

dorthin *adv* para ali [para ali], para aí [para ai]

Dose *w* lata *w* de conserva [lata dshi kõũßärwa]

Dosenbier *s* cerveja *w* em lata [ßerwesha ẽĩ lata]

Dosenöffner *m* abre-latas [abrilataß] *m*

Draht *m* arame [arami] *m*

dramatisch *adj* dramátic|o/-a [dramatschiku/-a]

draußen *adv* lá fora [la fòra] ▶ **nach ~** (para) fora, embora

drehen *v* **1** *etw. Akk* dar voltas [dar woutaß] *a a.c.* **2** *sich* **~** voltear [woutschiar], virar-se [wirarßi] **3** *sich* **~** (Rad usw.) rodar [hodar], girar [shirar] **4** (Schiff, Wind usw.) voltear [woutschiar] **5** (formen) *etw. Akk* torcer [torßer] *a.c.* **6** (Film) rodar [hodar]

drei *num* três [treß]

Dreieck *s* triângulo [triãgulu] *m*

dreißig *num* trinta [trĩta]

dreizehn *num* treze [tresi]

dringend *adj* urgente [urshẽtschi] ♦ *adv* urgentemente [urshẽĩtemẽtschi]

drinnen *adv* dentro [dẽtru] *de a.c.*, (im Haus, unter dem Dach) dentro de casa [dẽtru dshi kasa]

dritt(er,e,es) *num* terceir|o/-a [terßejru/-a]

Drittel *s* terço [terßu] *m*

Droge *w* droga [dròga] *w*

drohen *v j-m mit etw.* ameaçar [ameaßar] *alg com a.c.*, bravatear [brawatear] *alg com a.c.*

Drohung *w* ameaça [ameaßa] *w*

drüben *adv* em frente [ẽĩ frẽtschi]

Druck[1] *m* (Kraft usw.) pressão [preßãũ] *w*

Druck[2] *m* (Prozess) *etw. Gen* impressão [ĩpreßãũ] *w*

drucken *v* imprimir [ĩprimir], estampar [ißtãpar], *etw. Akk* imprimir [ĩprimir] *a.c.*

drücken *v* **1** (in der Hand usw.) *etw. Akk* apertar [apertar] *a.c.* **2** (Knopf usw.) *etw. Akk* apertar [apertar] *a.c.*, carregar [kahegar] *em a.c.*, premir [premir] *em a.c.* **3** apertar [apertar], (pressen) *etw. Akk* estreitar [ißtrejtar] **4** (mit der Hand usw.) *auf etw. Akk* empurrar [ĩpuhar] *a.c.* **5** (zu eng sein) apertar [apertar] **6** *etw. Akk in etw. Akk* enfiar [ĩfiar] *a.c. em a.c.*, empurrar [ĩpuhar] *a.c. aonde* **7** *sich* **~** *an j-n/etw.* apertar-se [apertarßi] *de encontro a alg*

Druckerei *w* tipografia [tschipografia] *w*, gráfica [grafika] *w*

Druckknopf *m* botão [botãũ] *m*

Drüse *w* glândula [glãdula] *w*

du *pron* você [woße]

Dudelsack *m* gaita-de-foles [gajtadshifoliß] *w*

Duft *m* **1** cheiro (agradável) [schejru (agradaweu)], odor [odor] *m* **2** (eines Parfüms usw.) fragrância [fragrãßja] *w*

duften *v* cheirar bem [schejrar bẽĩ]

dumm *adj* bob|o/-a [bobu/-a], babaca [babaka], (Frage usw.) estúpid|o/-a [ißtupidu/-a], parv|o/-a [parwu/-a] ♦ *adv* estupidamente [ißtupidamẽtschi]

Dummheit *w* estupidez [ißtupideß] *w*, imbecilidade [ĩbeßilidadshi] *w*

Düne *w* duna [duna] *w*

Dünger *m* fertilizante [fertschilisãtschi] *m*, (natürlicher) adubo [adubu] *m*

dunkel *adj* **1** (fast schwarz) escur|o/-a [ißkuru/-a] **2** (wenig beleuchtet) escur|o/-a [ißkuru/-a], fusc|o/-a [fußku/-a], obscur|o/-a [obißkuru/-a] **3** (mit dunkler Haut) moren|o/-a [morenu/-a], trigueir|o/-a [trigejru/-a] ♦ *adv* escuridão [ißkuridãũ]

dunkelhaarig *adj* de cabelo escuro [dshi kabelu ißkuru]

Dunkelheit *w* escuridão [ißkuridãũ] *w*, trevas [trewaß] *w Mz*

dünn *adj* **1** (Ast usw.) fin|o/-a [finu/-a], delgad|o/-a [deugadu/-a] **2** (Suppe usw.) ral|o/-a [halu/-a]

durch *prep* **1** *etw. Akk* através de [atrawäß dshi], por [pur] *a.c.* **2** (Methode) *j-n/etw.* por [pur]

durcheinanderbringen *v* desarrumar [dshisahumar], *etw. Akk* misturar [mißturar] *a.c.*, (verwechseln usw.) misturar [mißturar], confundir [kõũfũdshir]

durchfahren[1] *v* (durch Tunnel usw.) *durch etw.* passar [paßar] *por a.c.*

durchfahren[2] *v* (durchreisen) percorrer [perkoher], transitar [trãßitar]

Durchfahrt *w* **1** (Durchfahren) *durch etw.* travessia [traweßia] *w*, passagem [paßashẽĩ] *w* **2** (Stelle) passagem [paßashẽĩ] *w*

Durchfall *m* **1** (Erkrankung) diarreia [dshiahäia] *w* **2** (Film usw.) fracasso [frakaßu] *m*

durchfallen *v* **1** *durch etw.* cair [kair] *através de a.c.* **2** *in etw. Dat* chumbar [schũbar], ser reprovado [ßer heprowadu], bombar [bõũbar]

durchführen *v* **1** (durch Stadt usw.) *j-n durch etw.* guiar [giar] *alg por a.c.* **2** (Aufgabe usw.) *etw. Akk* realizar [healisar] *a.c.* **3** (Vorhaben usw.) *etw. Akk* efetuar [efetuar] *a.c.* **4** (Experiment usw.) realizar [healisar] **5** (realisieren) *etw. Akk* implementar [ĩplemẽĩtar] *a.c.*

Durchgang *m* passagem [paßashẽĩ] *w*, passadiço [paßadshißu] *m*

durchgehen *v* **1** *durch etw.* passar [paßar] *por a.c.* **2** (lesen usw.) *etw. Akk* revisar [hewisar] *a.c.*

Durchmesser *m etw. Dat* diâmetro [dshiametru] *m*

Durchreise *w durch etw.* travessia [traweßia] *w*, passagem [paßashẽĩ] *w*

durchreisen *v* percorrer [perkoher], transitar [trãßitar]

Durchschnitt *m* média [mädshia] *w*

durchschnittlich *adj* médi|o/-a [mädshju/-a]

durchsehen *v etw. Akk* examinar [esaminar], inspecionar [ĩßpeßionar]

durchsichtig *adj* transparente [trãßparẽtschi]

durchsuchen *v j-n/etw.* revistar [hewißtar] *alg/a.c.*, rebuscar [hebußkar] *alg/a.c.*

dürfen *v* poder [poder] ► **nicht ~** não poder *a.c.*

Durst *m* sede [ßädshi] *w* ► **~ haben** estar com sede

durstig *adj* sedent|o/-a [ßedẽtu/-a] ► **~ sein** estar com sede

Dusche *w* ducha [duscha] *w*, duche [duschi] *m*, chuveiro [schuwejru] *m* ► **eine ~ nehmen** tomar ducha

duschen **(sich) ~** tomar ducha

Dutzend *s* dúzia [dusia] *w*

duzen *v j-n* tratar por tu [tratar pur tu], tutear [tutear]

D-Zug *m* expresso [ißpräßu] *m*, comboio *m* rápido [kõũboju hapidu]

E

Ebbe *w* maré *w* baixa [marä bajscha], refluxo [heflukßu] *m*, maré *w* vazia [marä wasia], baixa-mar [bajschamar] *w*

eben[1] *adj* plan|o/-a [planu/-a] ► **~ machen** nivelar, aplainar, aplanar, arrasar

eben[2] *adv* naquele momento [nakeli momẽtu], justamente [shußtamẽtschi]

eben[3] *part* simplesmente [ßĩplesmẽtschi], meramente [meramẽtschi]

Ebene *w* **1** (Land) planície [planißii] *w*, chapada [schapada] *w*, (Land) planura [planura] *w* **2** (geometrische usw.) plano [planu] *m*
ebenfalls *adv* também [tãbẽĩ]
ebenso *adv* igualmente [iguaumẽtschi]
Echo *s* eco [äku] *m*
echt *adj* autêntic|o/-a [autẽĩtschiku/-a], genuín|o/-a [shenuinu/-a], verdadeir|o/-a [werdadejru/-a] ♦ *adv* verdadeiramente [werdadejramẽtschi] ♦ *part* realmente [heaumẽtschi]
Ecke *w* **1** (der Straßen usw.) esquina [ißkina] *w* **2** (eines Raumes) canto [kãtu] *m*, ângulo [ãgulu] *m*
eckig *adj* angulos|o/-a [ãgulosu/-a]
edel *adj* nobre [nòbri]
Edelstein *m* pedra *w* preciosa [pädra preßiosa], gema [shema] *w*
egal **Es ist mir ~.** Não me importa., Tanto-me faz.
Ehe *w* casamento [kasamẽtu] *m*, matrimônio [matrimònju] *m*
Ehefrau *w* esposa [ißposa] *w*
Eheleute casal [kasau] *m*, cônjuges [konshushiß] *m Mz*
ehemalig *adj* anterior [ãterior], antig|o/-a [ãtschigu/-a], ex- [ekß]
Ehemann *m* marido [maridu] *m*, esposo [ißposu] *m*
Ehepaar *s* casal [kasau] *m*, cônjuges [konshushiß] *m Mz*
eher *adv* antes [ãts] ♦ *part* antes [ãts] *de*, mais provavelmente [majß prowaweumẽtschi]
Ehre *w* **1** honra [õũha] *w* **2** (Ehrenerweisung) homenagem [omenashẽĩ] *w*, (übertr.) laurel [laureu] *m*, honra [õũha] *w*
ehrlich *adj* **1** honest|o/-a [onäßtu/-a], honrad|o/-a [õũhadu/-a], ret|o/-a [hätu/-a] **2** (offen) franc|o/-a [frãku/-a], sincer|o/-a [ßĩßäru/-a] ♦ *adv* francamente [frãkamẽtschi], honestamente [oneßtamẽtschi] ► **E~?** A sério?, É mesmo?, Na verdade?
Ei *s* ovo [owu] *m*
Eiche *w* carvalho [karwalju] *m*
Eidechse *w* lagarto [lagartu] *m*
Eierschale *w* casca [kaßka] *w*
Eierstock *m* ovário [owarju] *m*
Eifersucht *w* ciúme [ßiumi] *m*
eifersüchtig *adj* ciument|o/-a [ßiumẽtu/-a], zelos|o/-a [selosu/-a], cios|o/-a [ßiosu/-a] ► **~ sein** *auf j-n* ter ciúmes
eigen *adj* própri|o/-a [pròpriu/-a]
Eigenschaft *w j-s/etw.* propriedade [propriedadshi] *w*, qualidade [kualidadshi] *w*, atributo [atributu] *m*
eigentlich *part* realmente [heaumẽtschi], na verdade [na werdadshi] ► **~ nicht** nem tanto
Eigentum *s* propriedade [propriedadshi] *w*, bens [bẽĩß] *m Mz*, terres [teriß] *m Mz*, pertença [pertẽßa] *w*
Eigentümer *m etw. Gen* proprietário [proprietarju] *m*, dono [donu] *m de a.c.*, possuidor [poßuidor] *m*, patrão [patrãũ] *m de a.c.*
Eile *w* pressa [präßa] *w*, corre-corre [kohikohi] *m*
eilen *v* estar com pressa [ißtar kõũ präßa], despachar-se [dshißpascharßi], apressar-se [apreßarßi]
eilig *adj* urgente [urshẽtschi] ♦ *adv* **1** em disparada [ẽĩ dshißparada], rapidamente [hapidamẽtschi] **2** (schicken usw.) expresso [ißpräßu] ► **Ich habe es ~.** Estou com pressa.
Eimer *m* balde [baudshi] *m*
ein *num* um [ũ]
einatmen *v* **1** (Atem holen) tomar alento [tomar alẽtu] **2** (Dämpfe usw.) *etw. Akk* inalar [inalar] *a.c.* **3** (Rauch usw.) *etw. Akk* aspirar [aßpirar] *a.c.*, inalar [inalar] *a.c.*
einbahnig *adj* de mão única [dshi mãũ unika]
Einbahnstraße *w* rua *w* de sentido único [hua dshi ßẽĩtschidu uniku]
Einbettzimmer *s* quarto individual [kuartu ĩdshiwiduau]
einbrechen *v* **1** (Dieb usw.) *in etw. Akk* arrombar [ahõũbar] *a.c.* **2** (Feind usw.) *in etw. Akk* invadir [ĩwadshir] *a.c.* **3** (Decke usw.) desmoronar-se [dshismoronarßi], romper-se [hõũperßi]
Einbruch *m* **1** (in ein Haus usw.) arrombamento [ahõũbamẽtu] *m* **2** (der Aktien usw.) queda [käda] *w*, recuo [hekuu] *m*
einchecken *v j-n* despachar [dshißpaschar] *alg*
Eindruck *m* impressão [ĩpreßãũ] *w*

einerseits **E~… andererseits…** Por um lado… por outro lado

Einfahrt *w* entrada [ĩtrada] *w*

einfallen *v* **1** (Idee usw.) *j-m* ocorrer [okoher] *a alg* **2** (in ein Land usw.) *irgendwohin* invadir [ĩwadshir] *a.c.*

einfliegen *v* chegar [schegar]

Einfluss *m* influência [ĩfluẽßja] *w*

einfrieren *v* **1** (zu Eis werden) gelar-se [shelarßi] **2** (Lebensmittel usw.) congelar [kõũshelar], gear [shear], gelar [shelar]

einführen *v* **1** *etw. Akk irgendwohin* importar [ĩportar] *a.c.* **2** (Maßnahme usw.) introduzir [ĩtrodusir], implantar [ĩplãtar] **3** (ein Produkt) lançar [lãßar], introduzir [ĩtrodusir]

Eingang *m* entrada [ĩtrada] *w*, boca [boka] *w*

Eingeborene *m* indígena [ĩdshishena] *m*, nativo [natschiwu] *m*

Eingemachte *s* conserva [kõũßärwa] *w*

eingeschaltet *adj* ligad|o/-a [ligadu/-a]

eingießen *v etw. Akk in etw. Akk* pôr [por]

einheimisch *adj* indígena [ĩdshishena]

Einheit *w* unidade [unidadshi] *w*

einheitlich *adj* **1** (Einheit bildend) unitári|o/-a [unitarju/-a] **2** (für alle gleich) uniforme [unifòrmi] ♦ *adv* em uníssono [ẽĩ unißonu]

einig *adj* unitári|o/-a [unitarju/-a]

einig(er,e,es) *pron* algum/-a [augũ/-a] ▸ **einige** alguns, algumas, uns, umas; **einige Male** algumas vezes

einigen *v* **1** (Volk usw.) unificar [unifikar] **2** ***sich ~*** *über etw. Akk* ficar de acordo [fikar dshi akordu] *em a.c.*

einjährig *adj* anual [anuau]

Einkauf *m* compra [kõũpra] *w* ▸ **~/Einkäufe machen** fazer compras, fazer shopping

einkaufen *v* fazer compras [faser kõũpraß], fazer shopping [faser schopĩ]

Einkaufspassage *w* galeria *w* (comercial) [galeria (komerßjau)]

Einkaufswagen *m* carrinho *m* de compras [kahĩnju dshi kõũpraß]

Einkaufszentrum *s* centro *m* comercial [ßẽtru komerßjau], shopping [schopĩ] *m*

Einkommen *s* renda [hẽda] *w*, receita [heßejta] *w*, rendimento [hẽĩdshimẽtu] *m*

einladen *v j-n irgendwohin* convidar [kõũwidar]

Einladung *w* **1** convite [kõũwitschi] *m* **2** (Karte) cartão *m* de convite [kartãũ dshi kõũwitschi]

einlegen *v* **1** *etw. Akk in etw. Akk* inserir [ĩßerir] *a.c. em a.c.* **2** (Geld) *etw. Akk irgendwo* depositar [depositar] *a.c. em a.c.* **3** (Gurken usw.) conservar em vinagre [kõũßerwar ẽĩ winagri]

Einlegesohlen *w Mz* palmilhas [paumiljaß] *w Mz*

Einleitung *w* introdução [ĩtrodußãũ] *w*

einloggen *v* ***sich ~*** entrar (no sistema) [ĩtrar (nu ßißtema)], fazer login [faser logĩ]

einlösen *v* redimir [hedshimir]

einmal *adv* um (certo) dia [ũ (ßärtu) dshia], (in Vergangenheit) outrora [otrora], dantes [dãts] ♦ *num* uma vez [uma weß] ▸ **auf ~** de repente, repentinamente, subitamente, de rompante, de chofre, eis que, de uma vez, ao mesmo tempo

einmalig *adj* únic|o/-a [uniku/-a]

einmischen *v* ***sich ~*** *in etw. Akk* intrometer-se [ĩtrometerßi] *em a.c.*, imiscuir-se [imißkuirßi] *em a.c.*, (fremde Angelegenheiten usw.) interferir [ĩterferir] *em a.c.*, meter-se [meterßi] *em a.c.*

einpacken *v* embalar [ĩbalar], embrulhar [ĩbruljar], empacotar [ĩpakotar], enfardar [ĩfardar]

Einreisevisum *s* visto *m* de entrada [wißtu dshi ĩtrada]

einrichten *v* **1** (Wohnung usw.) *etw. Akk* mobiliar [mobiliar] **2** (Ausschuss usw.) estabelecer [ißtabeleßer], instaurar [ĩßtaurar]

Einrichtung *w* mobiliário [mobiliarju] *m*

einsam *adj* **1** (Mensch usw.) abandonad|o/-a [abãdonadu/-a], solitári|o/-a [ßolitarju/-a], só [ßò], (Mensch) sozinh|o/-a [ßosĩnju/-a] **2** (Haus usw.) solitári|o/-a [ßolitarju/-a]

einsammeln *v* recolher [hekoljer], coletar [koletar]

einschalten *v* ligar [ligar] ▸ **(Licht) ~** acender a luz

einschenken *v etw. Akk in etw. Akk* pôr [por]

einschiffen sich ~ embarcar-se

einschlafen *v* **1** (in Schlaf sinken) adormecer [adormeßer], pegar no sono [pegar nu ßonu] **2** (Bein usw.) adormecer [adormeßer], entorpecer [ĩtorpeßer]

einschließen *v etw. Akk* incluir [ĩkluir] *a.c.*, abrigar [abrigar] *a.c.*

einschließlich *adv etw. Gen* incluindo [ĩkluĩdu] *a.c.*, inclusive [ĩklusiwi] *a.c.* ♦ *prep etw. Gen* inclusive [ĩklusiwi] *a.c.*, incluindo [ĩkluĩdu] *a.c.*

Einschreiben *s* carta *w* registada [karta heshißtada]

einseitig *adj* unilateral [unilaterau]

Einspritzung *w* injeção [ĩsheßãũ] *w*

einsteigen *v in etw. Akk* embarcar [ĩbarkar] *a.c.*, tomar [tomar] *a.c.*, pegar [pegar] *a.c.*, apanhar [apãnjar] *a.c.*

einstellen *v* **1** (Arbeiter usw.) *j-n* contratar [kõũtratar], empregar [ĩpregar] *alg*, (Arbeiter usw.) *j-n* contratar [kõũtratar] *alg*, engajar [ĩgashar] *alg* **2** (Maschine usw.) ajustar [ashußtar], regular [hegular] **3** (Sender usw.) *etw. Akk* sintonizar [ßĩtonisar] *a.c.* **4** (Tätigkeit usw.) *etw. Akk* deixar [dejschar] *de a.c.*, (Tätigkeit) *etw. Akk* parar [parar] **5** *sich ~* (kommen) *bei j-m* apresentar-se [apreseĩtarßi]

Einstellung *w* **1** (von Tätigkeit usw.) suspensão [ßußpeĩßãũ] *w* **2** (Meinung) atitude [atschitudshi] *w*, *zu etw.* atitude [atschitudshi] *w*, enfoque [ĩfoki] *m*, abordagem [abordasheĩ] *w a a.c.* **3** (von Software usw.) configuração [kõũfiguraßãũ] *w*

Einstieg *m* embarque [ĩbarki] *m*, subida [ßubida] *w*

Einstiegsgebühr *w* taxa *w* de embarque [tascha dshi ĩbarki]

einstoßen *v etw. Akk in etw. Akk* empurrar [ĩpuhar] *a.c. em a.c.*

einstürzen *v* derrocar-se [dehokarßi], (Gebäude usw.) desabar [dshisabar], ruir [huir], desmoronar-se [dshismoronarßi]

einteilen *v* **1** (in Stücke) *etw. Akk in etw. Akk* dividir [dshiwidshir] *a.c. em a.c.*, compartir [kõũpartschir] **2** (planen) planear [planear]

eintreten *v* **1** *in etw. Akk* entrar [ĩtrar] *em a.c.*, ingressar [ĩgreßar] *em a.c.* **2** *für j-n/etw.* defender [defeĩder] *alg/a.c.* **3** estabelecer-se [ißtabeleßerßi], instalar-se [ĩßtalarßi], (geschehen) chegar [schegar]

Eintritt *m* **1** (Eintreten) entrada [ĩtrada] *w*, ingresso [ĩgräßu] *m* **2** (ins Museum usw.) entrada [ĩtrada] *w* **3** (Geld) taxa *w* de entrada [tascha dshi ĩtrada], ingresso [ĩgräßu] *m* **4** (der Dunkelheit usw.) início [inißju] *m* ► **~ frei** entrada *w* livre

Eintrittsgeld *s* preço *m* de entrada [preßu dshi ĩtrada], taxa *w* de entrada [tascha dshi ĩtrada], ingresso [ĩgräßu] *m*

Eintrittskarte *w* bilhete [biljetschi] *m*, entrada [ĩtrada] *w*, ingresso [ĩgräßu] *m*

einverstanden **E~?** Está bem?, De acordo?

einwerfen *v etw. Akk in etw. Akk* deitar [dejtar], introduzir [ĩtrodusir]

einwickeln *v etw. Akk in etw. Akk* envolver [ĩwouwer] *a.c.*

Einwohner *m* habitante [abitãtschi] *m*, morador [morador] *m*

einzahlen *v etw. Akk auf etw. Akk* depositar [depositar] *a.c. em a.c.*

Einzahlung *w* **1** pagamento [pagamẽtu] *m*, paga [paga] *w* **2** (Betrag) remessa [hemäßa] *w*

Einzelheit *w* detalhe [detalji] *m*, pormenor [pormenor] *m*, minúcia [minußja] *w*

einzeln *adj* individual [ĩdshiwiduau]

Einzelzimmer *s* quarto individual [kuartu ĩdshiwiduau]

einzig *adj* únic|o/-a [uniku/-a] ♦ *adv* exclusivamente [ißklusiwamẽtschi], somente [ßomẽtschi] ♦ *num* únic|o/-a [uniku/-a] ► **kein ~er** nem um só

einzigartig *adj* únic|o/-a [uniku/-a], sem-par [ßẽĩpar]

Eis *s* **1** (Wasser) gelo [shelu] *m* **2** (Speiseeis) gelado [sheladu] *m*, sorvete [ßorwetschi] *m*

Eisbecher *m* taça *w* de gelado [taßa dshi sheladu]

Eisdiele *w* geladeria [sheladeria] *w*

Eisen *s* ferro [fähu] *m*

Eisenbahn *w* ferrovia [fehowia] *w*, via *w* férrea [wia fähea], caminho *m* de ferro [kamĩnju dshi fähu]

Eisenbahnwagen *m* carruagem [kahuashẽĩ] *w*, vagão [wagãũ] *m*
eisig *adj* gelad|o/-a [sheladu/-a], gélid|o/-a [shälidu/-a]
eiskalt *adj* gelad|o/-a [sheladu/-a], gélid|o/-a [shälidu/-a]
Eiswürfel *m* cubo *m* de gelo [kubu dshi shelu]
Eiter *m* pus [puß] *m*
Ekel *m* asco [aßku] *m*, nojo [noshu] *m*, vómito [womitu] *m*, repugnância [hepugnãßja] *w*
ekelhaft *adj* repugnante [hepugnãtschi], hediond|o/-a [edshiõũdu/-a], asqueros|o/-a [aßkerosu/-a], nojent|o/-a [noshẽtu/-a]
elastisch *adj* elástic|o/-a [elaßtschiku/-a]
Elch *m* alce [außi] *m*
Elefant *m* elefante [elefãtschi] *m*
elegant *adj* elegante [elegãtschi], galhard|o/-a [galjardu/-a]
Elektriker *m* eletricista [eletrißißta] *m*
elektrisch *adj* elétric|o/-a [elätriku/-a]
Elektrizität *w* eletricidade [eletrißidadshi] *w*, luz [luß] *w*, energia elétrica [enershia elätrika]
Element *s* elemento [elemẽtu] *m*
Elend *s* privações [priwaßõũjß] *w Mz*, sofrimento [ßofrimẽtu] *m*, fadário [fadarju] *m*
elf *num* onze [õũsi]
Elfenbein *s* marfim [marfĩ] *m*
Ellbogen *m* cotovelo [kotowelu] *m*
Eltern *Mz* pais [pajß] *m Mz*, progenitores [proshenitoriß] *m Mz*
E-Mail *w* e-mail [imäil] *m*, correio *m* eletrônico [koheju eletroniku] ▶ **~ schicken** *j-m* enviar o e-mail
Empfang *m* **1** (von Ware usw.) aceitação [aßejtaßãũ] *w*, recebimento [heßebimẽtu] *m* **2** (von Gästen usw.) acolhida [akoljida] *w*, acolhimento [akoljimẽtu] *m* **3** (Signal usw.) receção [heßeßãũ] *w* **4** (Veranstaltung) receção [heßeßãũ] *w*, recepção [heßepißãũ] *w*
empfangen *v* **1** (Gäste usw.) *j-n* receber [heßeber] *alg* **2** (ein Kind usw.) conceber [kõũßeber]
Empfänger *m* **1** *etw. Gen* destinatário [dshißtschinatarju] *m* **2** (Gerät) recetor [heßetor] *m*
Empfängnisverhütung *w* contraceção [kõũtraßeßãũ] *w*
empfehlen *v j-n/etw. j-m* recomendar [hekomẽĩdar] *alg/a.c. a alg*
Empfehlung *w* recomendação [hekomẽĩdaßãũ] *w*
empfindlich *adj* **1** (leicht beleidigt) suscetível [ßußetschiweu] **2** (gegen Kälte usw.) *gegen etw.* sensível [ßẽĩßiweu] *a a.c.*, suscetível [ßußetschiweu] *a a.c.*, (wenig beständig) delicad|o/-a [delikadu/-a] **3** (Verlust usw.) sensível [ßẽĩßiweu], percetível [perßetschiweu]
Ende *s* **1** fim [fĩ] *m*, final [finau] *m*, conclusão [kõũklusãũ] *w*, fecho [feschu] *m* **2** (von Stock usw.) extremo [ißtremu] *m*, fim [fĩ] *m* ▶ **zu ~ bringen** *etw. Akk* terminar *a.c.*, acabar *a.c.*, completar *a.c.*, rematar *a.c.*, ultimar *a.c.*, concluir *a.c.*, consumar *a.c.*, perfazer *a.c.*, findar *a.c.*, aprontar *a.c.*; **zu ~ sein** terminar, acabar
enden *v* terminar [terminar], acabar [akabar]
endgültig *adj* definitiv|o/-a [definitschiwu/-a], final [finau]
Endhaltestelle *w* terminal [terminau] *m*
endlich *adv* finalmente [finaumẽtschi]
Endstation *w* terminal [terminau] *m*
Energie *w* energia [enershia] *w*
eng *adj* estreit|o/-a [ißtrejtu/-a] ▶ **~er werden** estreitar-se; **zu ~ sein** apertar
Engel *m* anjo [ãshu] *m*
England *s* Inglaterra [ĩglatäha] *w*
Engländer *m* inglês [ĩgleß] *m*
englisch *adj* inglês/-esa [ĩgleß/-esa] ♦ *adv* (em) inglês [(ẽĩ) ĩgleß]
Enkel *m* neto [nätu] *m*
Enkelin *w* neta [neta] *w*
entdecken *v* **1** (Kontinent usw.) *etw. Akk* descobrir [dshißkobrir] **2** (Verbrechen usw.) *etw. Akk* descobrir [dshißkobrir], revelar [hewelar], desvendar [dshiswẽĩdar] *a.c.*
Entdeckung *w* descobrimento [dshißkobrimẽtu] *m*, revelação [hewelaßãũ] *w*
Ente *w* pato [patu] *m*
entfernen *v* **1** *etw. Akk* remover [hemower] *a.c.*, retirar [hetschirar] *a.c.* **2** (in Ferne bringen) *etw. Akk von etw.*

afastar [afaßtar] *a.c. de a.c.* **3 sich ~** *von etw.* afastar-se [afaßtarßi] *de a.c.*

entfernt *adj* **1** remot|o/-a [hemòtu/-a], distante [dshißtãtschi], afastad|o/-a [afaßtadu/-a], longínqu|o/-a [lõũshinkuu/-a] **2** (Ähnlichkeit usw.) remot|o/-a [hemòtu/-a]

Entfernung *w* distância [dshißtãßja] *w*, afastamento [afaßtamẽtu] *m*

entführen *v etw. Akk* sequestrar [ßekueßtrar] *a.c.*, *j-n* raptar [haptar], sequestrar [ßekueßtrar] *alg*

Entführung *w* sequestro [ßekuäßtru] *m*, rapto [haptu] *m*

entgegengesetzt *adj* opost|o/-a [opoßtu/-a], avess|o/-a [aweßu/-a]

enthalten *v* **1** *etw. Akk* conter [kõũter] *a.c.*, abranger [abrãsher] **2 sich ~** *etw. Gen* (Abstimmung usw.) abster-se [abißterßi] *de a.c.*

entladen *v* descarregar [dshißkahegar]

entlang *prep etw. Dat* ao longo de [au lõũgu dshi]

entlassen *v* **1** (aus dem Krankenhaus usw.) dar alta [dar auta] **2** (Arbeiter usw.) *j-n* despedir [dshißpedshir] *alg*, desempregar [dshisẽĩpregar] *alg*, exonerar [esonerar] *alg*

entschädigen *v j-n für etw.* indenizar [ĩdenisar], *j-n für etw.* recompensar [hekõũpẽĩßar] *a.c. alg*, ressarcir [heßarßir]

Entschädigung *w* indenização [ĩdenisaßãũ] *w*, reparação [heparaßãũ] *w*

entscheiden *v* **1** *etw. Akk* decidir [deßidshir] *a.c.* **2 sich ~** decidir-se [deßidshirßi], tomar decisão [tomar deßisãũ], deliberar [deliberar]

Entscheidung *w* decisão [deßisãũ] *w*, deliberação [deliberaßãũ] *w*

Entschluss *m* conclusão [kõũklusãũ] *w*

entschuldigen *v* **1 sich ~** *bei j-m für etw.* desculpar-se [dshißkuuparßi] *a alg por a.c.*, pedir desculpa [pedshir dshißkuupa] *por a.c.* **2** (Grund mitteilen) *j-n/etw.* desculpar [dshißkuupar] *alg/a.c.* **3** (Verständnis zeigen) *j-n/etw.* desculpar [dshißkuupar] *alg/a.c.* ► **E~ Sie!** Desculpe!

Entschuldigung *w* **1** (Grund) *für etw.* escusa [ißkusa] *w*, desculpa [dshißkuupa] *w* **2** (Äußerung) *für etw.* desculpa [dshißkuupa] *w por a.c.* ► ~! Desculpe!

entspannen *v* **sich ~** relaxar [helaschar], descontrair-se [dshißkõũtrairßi]

entsprechen *v etw. Dat* corresponder [koheßpõũder] *a a.c.*

entsprechend *adj* **1** *etw. Dat* correspondente [koheßpõũdẽtschi] *a a.c.* **2** (Amt usw.) respetiv|o/-a [heßpetschiwu/-a], correspondente [koheßpõũdẽtschi] ♦ *adv* adequadamente [adekuadamẽtschi]

entstehen *v* originar-se [orishinarßi], nascer [naßer], *aus etw.* surgir [ßurshir] *de a.c.*

enttäuschen *v j-n* dececionar [deßeßionar] *alg*, *j-n* desiludir [dshisiludshir] *alg*, desenganar [dshisẽĩganar] *alg*, desencantar [dshisẽĩkãtar] *alg*

Enttäuschung *w* deceção [deßeßãũ] *w*, desapontamento [dshisapõũtamẽtu] *m*, desilusão [dshisilusãũ] *w*

entweder **~… oder** ou… ou, ora… ora

entwenden *v j-m etw. Akk* furtar [furtar], roubar [hobar]

entwerfen *v etw. Akk* desenhar [desẽnjar] *a.c.*

entwickeln *v* **1** *etw. Akk* desenrolar [dshisĩholar] *a.c.*, (verbessern) desenvolver [dshisĩwouwer] **2** (entstehen lassen) *etw. Akk* desenvolver [dshisĩwouwer] **3** (Druck usw.) exercer [eserßer] **4** (Film) revelar [hewelar]

Entwicklung *w* desenvolvimento [dshisĩwouwimẽtu] *m*

Entwurf *m* **1** (einer Konstruktion usw.) desenho [desẽnju] *m* **2** (schriftlicher) borrador [bohador] *m*, rascunho [haßkũnju] *m*

Entzündung *w* inflamação [ĩflamaßãũ] *w*

er *pron* ele [eli]

erbauen *v* construir [kõũßtruir], erguer [erger]

Erbe[1] *s* **1** (Eigentum usw.) herança [erãßa] *w*, patrimônio [patrimònju] *m*, legado [legadu] *m* **2** (geschichtlich usw.) legado [legadu] *m*

Erbe[2] *m etw. Gen* herdeiro [erdejru] *m*

erben *v etw. Akk von j-m* herdar [erdar]

Erbse ~**n** ervilhas *w Mz*
Erdapfel *m* (ÖrD) batata [batata] *w*
Erdbeben *s* terremoto [tehemotu] *m*, sismo [ßismu] *m*, tremor *m* de terra [tremor dshi täha]
Erdbeere *w* morango [morãgu] *m*
Erde *w* **1** terra [täha] *w*, solo [ßòlu] *m* **2** (Oberfläche) chão [schãũ] *m*, terra [täha] *w*, solo [ßòlu] *m* **3** (Planet) Terra [täha] *w* ▶ **unter der** ~ debaixo da terra
Erdgeschoss *s* rés-do-chão [häßduschãũ] *m*
Erdnuss *w* amendoim [amẽĩdoĩ] *m*
Erdöl *s* petróleo [petròliu] *m*
Ereignis *s* acontecimento [akõũteßimẽtu] *m*, evento [ewẽtu] *m*, sucesso [ßußäßu] *m*, sucedido [ßußedshidu] *m*
erfahren[1] *v etw. Akk, über etw. Akk* chegar a saber [schegar a ßaber] *de a.c.*
erfahren[2] *adj* *adj* experiente [ißperiẽtschi], experimentad|o/-a [ißperimẽĩtadu/-a] ♦ *adv* com experiência [kõũ ißperiẽßja]
Erfahrung *w* experiência [ißperiẽßja] *w*, perícia [perißja] *w*, vivência [wiwẽßja] *w*
erfinden *v* idear [idear], (Glühbirne usw.) *etw. Akk* inventar [ĩwẽĩtar] *a.c.*
Erfindung *w* **1** (Gerät usw.) invento [ĩwẽtu] *m* **2** (Erdichtung) invenção [ĩwẽĩßãũ] *w*
Erfolg *m* sucesso [ßußäßu] *m*, êxito [esitu] *m* ▶ ~ **haben** *bei etw.* ter êxito
erfolgreich *adj* bem-sucedid|o/-a [bẽĩßußedshidu/-a], de sucesso [dshi ßußäßu] ♦ *adv* com êxito [kõũ esitu], com sucesso [kõũ ßußäßu]
erforschen *v etw. Akk* investigar [ĩweßtschigar] *a.c.*, pesquisar [peßkisar] *a.c.*
erfrischen *v* refrescar [hefreßkar] ▶ **sich** ~ *mit etw.* refrescar-se
Erfrischung *w* refrescos [hefreßkuß] *m Mz*
ergänzen *v* complementar [kõũplemẽĩtar], completar [kõũpletar]
Ergänzung *w* complemento [kõũplemẽtu] *m*, suplemento [ßuplemẽtu] *m*, (Zusatz usw.) adição [adshißãũ] *w*, anexo [anäkßu] *m*
Ergebnis *s etw. Gen* resultado [hesuutadu] *m*
ergreifen *v* **1** (mit der Hand) *etw. Akk* agarrar [agahar] *a.c.*, pegar [pegar] *a.c.*, empunhar [ĩpũnjar] *a.c.* **2** (beherrschen) *etw. Akk* apoderar-se [apoderarßi] *de a.c.*, assenhorear-se [aßẽnjorearßi] *de a.c.* **3** (anfangen) *etw. Akk* tomar [tomar] *a.c.* **4** (Krankheit usw.) *etw. Akk* afectar [afektar] *a.c.*
erhalten *v* **1** (Brief usw.) *etw. Akk* receber [heßeber], obter [obiter] **2** (Entwicklung usw.) sustentar [ßußtẽĩtar], manter [mãter] ▶ **sich** ~ conservar-se
erhöhen *v* **1** (Mauer usw.) elevar [elewar] **2** (Wert usw.) *etw. Akk* aumentar [aumẽĩtar] *a.c.*, acrescentar [akreßẽĩtar] *a.c.*, elevar [elewar] *a.c.* **3** *sich* ~ (Volumen usw.) aumentar-se [aumẽĩtarßi], subir [ßubir] **4** (Spannung usw.) aumentar [aumẽĩtar] ▶ **den Lohn** ~ *j-m* aumentar o salário *a alg*
erholen *v* **1** *sich* ~ (ausruhen) relaxar [helaschar], recrear-se [hekrearßi] **2** *sich* ~ (gesund werden) *von etw.* recuperar-se [hekuperarßi] *de a.c.*, restabelecer-se [heßtabeleßerßi], curar-se [kurarßi] *de a.c.* **3** *sich* ~ *von etw.* recuperar-se [hekuperarßi] *de a.c.*
Erholung *w* **1** (von Krankheit) recuperação [hekuperaßãũ] *w*, restabelecimento [heßtabeleßimẽtu] *m* **2** (Ausruhen usw.) recreio [hekreju] *m*
erinnern *v* **1** *sich* ~ *an j-n/etw.* lembrar-se [lẽĩbrarßi] *de alg/a.c.*, recordar-se [hekordarßi] *de alg/a.c.* **2** (an Erlebnis usw.) *j-n an etw. Akk* evocar [ewokar] *a alg a.c.* **3** (an Pflicht usw.) *j-n an etw. Akk* lembrar [lẽĩbrar] *a.c. a alg*, recordar [hekordar] *a.c. a alg*, relembrar [helẽĩbrar] *alg para fazer a.c.*, trazer à memória [traser a memòria]
Erinnerung *w* **1** *an j-n/etw.* lembrança [lẽĩbrãßa] *w de alg/a.c.* **2** *etw. Dat* aviso [awisu] *m*, lembrança [lẽĩbrãßa] *w*
Erkältung *w* resfriado [heßfriadu] *m*, constipação [kõũßtschipaßãũ] *w*
erkennen *v* **1** (in der Ferne usw.) distinguir [dshißtschĩgir] **2** (Freund usw.) *j-n/etw.* reconhecer [hekõnjeßer] *alg/a.c.*, (identifizieren) *j-n/etw.* reconhecer [hekõnjeßer] *alg* **3** (Umrisse in Dunkelheit usw.) *etw. Akk* discernir [dshißernir] *a.c.*
erklären *v* **1** *etw. Akk* esclarecer [ißklareßer] *a.c.*, (Problematik usw.) *etw.*

Akk j-m explicar [ißplikar] *a.c.* **2** (sagen) declarar [deklarar]

Erklärung *w* **1** explicação [ißplikaßãũ] *w* **2** (Mitteilung) declaração [deklaraßãũ] *w*

erkranken *v an etw. Dat* adoecer [adoeßer], enfermar [ĩfermar]

erkundigen *v* ***sich*** *~ nach j-m/etw.* perguntar [pergũtar] *por alg/a.c.*

erlauben *v* permitir [permitschir], facultar [fakuutar]

Erlaubnis *w* licença [lißẽßa] *w*, permissão [permißãũ] *w*

erlaubt *adj* permissível [permißiweu], tolerável [toleraweu], permitid|o/-a [permitschidu/-a]

erleben *v* **1** (durchmachen) *etw. Akk* viver [wiwer] *a.c.*, vivenciar [wiwẽĩßjar] *a.c.* **2** (miterleben) *etw. Akk* chegar a viver [schegar a wiwer] *a.c.* **3** (Alter) *etw. Akk* viver até [wiwer atä] *quanto*, cumprir [kũprir] *a.c.*

Erlebnis *s* experiência [ißperiẽßja] *w*

erledigen *v etw. Akk* despachar [dshißpaschar] *a.c.*, (Bestellung usw.) atender [atẽĩder]

erleichtern *v* **1** *j-m etw. Akk* facilitar [faßilitar] *a.c. a alg* **2** (seelisch) *etw. Akk* aliviar [aliwiar] *de a.c.*

Ermäßigung *w* desconto [dshißkõũtu] *m*, rebaixa [hebajscha] *w*, saldo [ßaudu] *m*

ermöglichen *v (j-m) etw. Akk* possibilitar [poßibilitar] *alg a.c.*, viabilizar [wiabilisar], tornar possível [tornar poßiweu], propiciar [propißjar]

ermorden *v j-n* assassinar [aßaßinar] *alg*

ermüden *v* **1** cansar-se [kãßarßi] **2** *j-n* cansar [kãßar] *alg*

Ernährung *w* nutrição [nutrißãũ] *w*, alimentação [alimẽĩtaßãũ] *w*

ernst *adj* **1** (Gesicht usw.) séri|o/-a [ßärju/-a], solene [ßoleni] **2** (Interesse usw.) séri|o/-a [ßärju/-a] **3** (Lage usw.) grave [grawi], sever|o/-a [ßewäru/-a], delicad|o/-a [delikadu/-a] ♦ *adv* seriamente [ßeriamẽtschi] ► **Meinen Sie das ~?** A sério?

Ernst *m* gravidade [grawidadshi] *w*, seriedade [ßeriedadshi] *w*, valor [walor] *m* ► **Im ~?** A sério?, É mesmo?, Na verdade?

ernsthaft *adj* séri|o/-a [ßärju/-a] ♦ *adv* gravemente [grawemẽtschi]

ernstlich *adv* gravemente [grawemẽtschi]

Ernte *w* **1** colheita [koljejta] *w*, ceifa [ßejfa] *w*, sega [ßega] *w* **2** (geerntete Früchte) colheita [koljejta] *w*, safra [ßafra] *w*

ernten *v* **1** (Getreide usw.) *etw. Akk* colher [koljer] **2** (Ergebnisse seiner Bemühungen usw.) colher [koljer]

eröffnen *v* **1** (Ausstellung usw.) *etw. Akk* abrir [abrir] *a.c.* **2** (Aktion usw.) *etw. Akk* lançar [lãßar], iniciar [inißjar]

Eröffnung *w* abertura [abertura] *w*

erpressen *v etw. Akk von j-m* extorquir [ißtorkir], mamar [mamar], *j-n* chantagear [schãtashear], fazer chantagem [faser schãtashẽĩ]

erraten *v* adivinhar [adshiwĩnjar], acertar [aßertar], atinar [atschinar]

erregen *v* **1** (emotional) *j-n* emocionar [emoßionar] *alg* **2** (sexuell) *j-n* excitar [eßitar] *alg* **3** (hervorrufen) *etw. Akk* provocar [prowokar] *a.c.*, incentivar [ĩßẽĩtschiwar] *a.c.*

erreichbar *adj* alcançável [aukãßaweu], realizável [healisaweu], acessível [aßeßiweu], disponível [dshißponiweu]

erreichen *v* **1** (berühren) *etw. Akk* alcançar [aukãßar] *a.c.* **2** (zu Hause usw.) *j-n* encontrar [ĩkõũtrar] **3** (Niveau usw.) *etw. Akk* alcançar [aukãßar] *a.c.* **4** *etw. Akk* lograr [lograr] *a.c.*, atingir [atschĩshir] *a.c.*, (realisieren) *etw. Akk* cumprir [kũprir] *a.c.*

errichten *v* estabelecer [ißtabeleßer], instaurar [ĩßtaurar], *etw. Akk* construir [kõũßtruir], erguer [erger]

Ersatz *m* **1** *für etw.* sucedâneo [ßußedaneu] *m de a.c.*, substituto [ßubißtschitutu] *m de a.c.* **2** *für etw.* compensação [kõũpẽĩßaßãũ] *w por a.c.*, ressarcimento [heßarßimẽtu] *m*

Ersatzteile *s Mz* peças *w Mz* sobressalentes [peßaß ßobreßalẽtschiß], peças *w Mz* de reposição [peßaß dshi heposißãũ]

erscheinen *v* aparecer [apareßer], surgir [ßurshir], comparecer [kõũpareßer], assomar [aßomar]

erschießen *v j-n* matar a tiro [matar a tschiru] *alg*, fuzilar [fusilar] *alg*

erschöpfen *v j-n* esgotar [isgotar] *alg*, extenuar [ißtenuar] *alg*, exaurir [esaurir] *alg*, esfalfar [ißfaufar] *alg*

erschöpft *adj* esgotad|o/-a [isgotadu/-a], exaust|o/-a [esaußtu/-a], estafad|o/-a [ißtafadu/-a]

erschrecken[1] *v* (Angst bekommen) assustar-se [aßußtarßi], acovardar-se [akowardarßi], horrorizar-se [ohorisarßi]

erschrecken[2] *v* (Angst einjagen) assustar [aßußtar], aterrar [atehar], assustar [aßußtar] *alg*, espantar [ißpãtar]

ersetzen *v* **1** *j-n/etw. durch j-n/etw.* substituir [ßubißtschituir] *alg por alg* **2** (Nachfolger usw.) *j-n/etw.* substituir [ßubißtschituir], suprir [ßuprir], repor [hepor] **3** (Geldverlust usw.) *j-m etw. Akk* recompensar [hekõũpẽĩßar] *a.c. alg*, ressarcir [heßarßir]

ersparen *v etw. Akk* economizar [ekonomisar] *a.c.*, poupar [popar] *a.c.*

erst *part* **1** só [ßò], somente [ßomẽtschi] **2** (vor kurzer Zeit) só [ßò]

erst(er,e,es) *num* primeir|o/-a [primejru/-a]

Erste-Hilfe-Kasten *m* caixa *w* de primeiros socorros [kajscha dshi primejruß ßokohuß]

ersticken *v* **1** afogar-se [afogarßi], sufocar-se [ßufokarßi], (nicht atmen können) estar a afogar-se [ißtar a afogarßi], asfixiar-se [aßfischiarßi] **2** *j-n* sufocar [ßufokar] *alg*, asfixiar [aßfischiar] *alg*, (töten) asfixiar [aßfischiar], sufocar [ßufokar]

erstmals *adv* pela primeira vez [pela primejra weß]

Ertrag *m* rendimento [hẽĩdshimẽtu] *m*, lucro [lukru] *m*

ertragen *v* aguentar [aguẽĩtar], suportar [ßuportar], *etw. Akk* aguentar [aguẽĩtar] *a.c.*, suportar [ßuportar] *a.c.*

ertrinken *v* afogar-se [afogarßi]

erwachsen *adj* adult|o/-a [aduutu/-a] ► **~ werden** amadurecer

Erwachsene *m* adulto [aduutu] *m*

erwägen *v etw. Akk* considerar [kõũßiderar] *a.c.*, *etw. Akk* tomar em conta [tomar/lewarẽĩ kõũta], ter em conta [ter ẽĩ kõũta]

Erwägung *w* consideração [kõũßideraßãũ] *w* ► **in ~ ziehen** *etw. Akk* tomar/levar em conta, ter em conta

erwähnen *v j-n/etw.* mencionar [mẽĩßionar] *alg/a.c.*, (Quelle usw.) *etw. Akk* aludir [aludshir] *a a.c.*

erwärmen *v* **1** *etw. Akk* aquecer [akeßer] *a.c.*, esquentar [ißkẽĩtar] *a.c.* **2 sich ~** (warm werden) aquecer-se [akeßerßi]

erwarten *v* **1** (Besuch usw.) *j-n/etw.* esperar [ißperar] *a.c.*, aguardar [aguardar] *alg/a.c.* **2** (voraussetzen usw.) *etw. Akk* esperar [ißperar] *a.c.*

Erwartung *w* expetativa [ißpetatschiwa] *w*, expectativa [ischpektatschiwa] *w*, espera [ißpära] *w*, esperança [ißperãßa] *w*

erwecken *v etw. Akk* despertar [dshißpertar]

erweitern *v* **1** (Weg usw.) *etw. Akk* alargar [alargar] *a.c.*, ampliar [ãpliar] *a.c.* **2** (Kenntnisse usw.) *etw. Akk* ampliar [ãpliar] *a.c.* ► **sich ~** alargar-se, ampliar-se

erzählen *v j-m etw. Akk* dizer [dshiser] *a.c. a alg*, *j-m etw. Akk* contar [kõũtar] *a.c. a alg*, narrar [nahar], historiar [ißtoriar]

Erzählung *w* **1** narração [nahaßãũ] *w*, narrativa [nahatschiwa] *w* **2** (Werk) conto [kõũtu] *m*

erzeugen *v* produzir [produsir], fabricar [fabrikar], produzir [produsir] *a.c.*, (Energie usw.) gerar [sherar]

Erzeuger *m von etw.* fabricante [fabrikãtschi] *m de a.c.*, produtor [produtor] *m de a.c.*

Erzeugnis *s* produto [produtu] *m*

erziehen *v j-n* educar [edukar] *alg*, criar [kriar] *alg*

Erziehung *w* educação [edukaßãũ] *w*

es *pron* aquilo [akilu], isso [ißu]

Esel *m* burro [buhu] *m*, asno [asnu] *m*, jerico [sheriku] *m*, jumento [shumẽtu] *m*

essbar *adj* comestível [komeßtschiweu]

essen *v* comer [komer], (ugs.) manjar [mãshar] ► **zu Abend ~** jantar

Essen *s* comida [komida] *w*

Essig *m* vinagre [winagri] *m*

Esszimmer *s* sala *w* de jantar [ßala dshi shãtar]

Etage *w* andar [ãdar] *m*, pavimento [pawimẽtu] *m*

Etui *s* estojo [ißtoshu] *m*

etwa *adv* aproximadamente [aproßimadamẽtschi], mais ou menos [majß o menuß]
etwas *adv* ligeiramente [lishejramẽtschi] ♦ *pron* alguma coisa [auguma kojsa], algo [augu], qualquer coisa [kuaukär kojsa]
euer, eure *pron* voss|o/-a [wòßu/-a], de vocês [dshi woßeß]
Eule *w* coruja [korusha] *w*
Euro *m* euro [euru] *m*
Europa *s* Europa [euròpa] *w*
europäisch *adj* europ|eu/-eia [europeu/-eja]
ewig *adj* **1** etern|o/-a [etärnu/-a], perpétu|o/-a [perpätuu/-a] **2** (Schwierigkeiten usw.) perene [pereni] ♦ *adv* **1** para sempre [para ßẽpri] **2** (für immer) eternamente [eternamẽtschi]
existieren *v* existir [esißtschir], ser [ßer]
Experiment *s* experimento [ißperimẽtu] *m*, experiência [ißperiẽßja] *w*
extra *adv* **1** (noch dazu) a mais [a majß] **2** (eingepackt usw.) separadamente [ßeparadamẽtschi]

F

Fabrik *w* fábrica [fabrika] *w*
Fach *s* **1** (im Schrank usw.) compartimento [kõũpartschimẽtu] *m* **2** (in der Schule usw.) disciplina [dshißiplina] *w*, cadeira [kadejra] *w*
Fachausdruck *m* termo [termu] *m*
Fächer *m* leque [leki] *m*
fachlich *adj* técnic|o/-a [täkniku/-a] ♦ *adv* habilmente [abiumẽtschi], (geschult usw.) profissionalmente [profißionaumẽtschi]
Fachmann *m für etw.* especialista [ißpeßjalißta] *m*, perito [peritu] *m*
fade *adj* insípid|o/-a [ĩßipidu/-a]
Faden *m* fio [fiu] *m*
fähig *adj* **1** (geschickt usw.) capaz [kapaß], hábil [abiu] **2** *zu etw.* capaz [kapaß] *de a.c.*
Fähigkeit *w* capacidade [kapaßidadshi] *w*, aptidão [aptschidãũ] *w*, faculdade [fakuudadshi] *w*
Fahne *w* bandeira [bãdejra] *w*
Fahrbahn *w* pista [pißta] *w*, rodovia [hodowia] *w*
Fähre *w* ferry [fehy] *m*, ferribote [fehibotschi] *m*, balsa [baußa] *w*
fahren *v* **1** (sich bewegen) *irgendwohin* ir [ir] *para onde* **2** (transportiert werden) *mit etw.* ir [ir] *de a.c.*, andar [ãdar] *de a.c.* **3** *j-n irgendwohin* levar [lewar] *alg aonde*, *j-n/etw. irgendwohin* levar [lewar] *a.c./alg a a.c.* **4** *j-n/etw. irgendwohin* levar [lewar] *alg aonde* **5** (Auto) *etw. Akk* conduzir [kõũdusir], guiar [giar] **6** (Fahrrad usw.) *etw. Akk* andar [ãdar], ir [ir], montar [mõũtar] **7** (mit der Bahn usw.) *mit etw.* apanhar [apãnjar] *a.c.* **8** *j-n irgendwohin* levar [lewar] *alg aonde*, dar boleia [dar boleja] *alg aonde*
Fahrer *m* **1** condutor [kõũdutor] *m*, motorista [motorißta] *m*, chofer [schofer] *m*, (Motorradfahrer usw.) ciclista [ßiklißta] *m* **2** (von Beruf usw.) chofer [schofer] *m*, condutor [kõũdutor] *m*, motorista [motorißta] *m*
Fahrkarte *w* bilhete [biljetschi] *m*, passagem [paßashẽĩ] *w*, tíquete [tschiketschi] *m*
Fahrkartenautomat *m* máquina *w* de bilhetes [makina dshi biljetschiß]
Fahrplan *m* horário [orarju] *m*
Fahrpreis *m* preço *m* de passagem [preßu dshi paßashẽĩ]
Fahrrad *s* bicicleta [bißiklätа] *w*
Fahrschein *m* bilhete [biljetschi] *m*, passagem [paßashẽĩ] *w*, tíquete [tschiketschi] *m*
Fahrspur *w* faixa [fajscha] *w*
Fahrstuhl *m* ascensor [aßẽĩßor] *m*, elevador [elewador] *m*
Fahrt *w* passeio [paßeju] *m* ► **Gute ~.** Boa viagem!
Fahrzeug *s* veículo [weikulu] *m*, viatura [wiatura] *w*, (Schiff, Boot usw.) embarcação [ĩbarkaßãũ] *w*, barco [barku] *m*
fair *adj* **1** (Mensch usw.) just|o/-a [shußtu/-a] **2** (Behandlung usw.) equitativ|o/-a [ekuitatschiwu/-a] ♦ *adv* justo [shußtu]
Fakt *m/s* fato [fatu] *m*
Fall *m* **1** (das Fallen) queda [käda] *w*, caída [kaida] *w*, baque [baki] *m*, tombo [tõũbu] *m* **2** (Angelegenheit)

caso [kasu] *m* **3** (Grammatik) caso [kasu] *m* ▶ **im ~, dass…** caso que…

Falle *w* **1** armadilha [armadshilja] *w* **2** (Hinterlist usw.) armadilha [armadshilja] *w*, cilada [ßilada] *w*

fallen *v* **1** (zum Boden) cair [kair] **2** (Preise usw.) baixar [bajschar], diminuir [dshiminuir], cair [kair], (Preise usw.) cair [kair] **3** (stürzen) cair [kair] **4** (im Krieg) morrer [moher] **5** (in eine Kategorie) *in etw. Akk* pertencer [pertẽĩßer] *a a.c.* ▶ **~ lassen** *etw. Akk* deixar cair *a.c.*

falls *conj* se [ßi], no caso que [nu kasu ki], contanto que [kõũtãtu ki], uma vez que [uma weß ki] ▶ **~…** caso que…

falsch *adj* **1** (Diamant usw.) fals|o/-a [faußu/-a] **2** (Antwort usw.) errad|o/-a [ehadu/-a], incorret|o/-a [ĩkohätu/-a] ♦ *adv* **1** (antworten usw.) mal [mau] **2** (beschuldigen) falsamente [faußamẽtschi]

Falte *w* **1** (Stoff usw.) prega [prega] *w*, dobra [dobra] *w* **2** (Runzel) ruga [huga] *w* ▶ **~n** (im Gesicht) rugas *w Mz*

falten *v* dobrar [dobrar]

Familie *w* família [familia] *w*

Familienname *m* sobrenome [ßobrinomi] *m*

fangen *v* **1** (Tier usw.) apanhar [apãnjar], prender [prẽĩder], (Tier usw.) *etw. Akk* caçar [kaßar] *a.c.* **2** (Ball usw.) apanhar [apãnjar]

Fantasie *w* **1** (Vorstellungskraft) imaginação [imashinaßãũ] *w* **2** (Vorstellung) fantasia [fãtasia] *w*

fantastisch *adj* fantástic|o/-a [fãtaßtschiku/-a] ♦ *adv* fantasticamente [fãtaßtschikamẽtschi]

Farbe *w* pintura [pĩtura] *w*, (blau usw.) cor [kor] *w*, (Farbstoff usw.) tinta [tschĩta] *w*

färben *v* colorir [kolorir], corar [korar], (farbig machen) tingir [tschĩshir]

Farbton *m* tonalidade [tonalidadshi] *w*, tom [tõũ] *m*, matiz [matschiß] *m*

Fass *s* barril [bahiu] *m*, tonel [tonäu] *m*

Fassade *w* fachada [faschada] *w*

fassen *v* **1** *etw. Akk* agarrar [agahar] *a.c.*, (festhalten) agarrar [agahar], pegar [pegar] *a.c.*, empunhar [ĩpũnjar] *a.c.* **2** (Täter usw.) deter [deter] **3** (in Worte usw.) expressar (bem) [eßpreßar (bẽĩ)] *a.c.* **4** ***sich ~*** recuperar-se [hekuperarßi]

fast *adv* quase [kuasi]

Fastenzeit *w* jejum [sheshũ] *m*

faul *adj* **1** (Obst usw.) podre [podri], putrefat|o/-a [putrefatu/-a] **2** (Mensch usw.) preguiços|o/-a [pregißosu/-a], indolente [ĩdolẽtschi]

Faust *w* punho [pũnju] *m*

Fax *s/m* fax [fakß] *m*

Faxgerät *s* fax [fakß] *m*

Februar *m* fevereiro [fewerejru] *m*

Feder *w* **1** pena [pena] *w* **2** (Schreibgerät) caneta [kaneta] *w* **3** (aus Stahl usw.) mola [mòla] *w*

fegen *v etw. Akk* varrer [waher] *a.c.*

fehlen *v* **1** *j-m an etw. Dat* faltar [fautar], escassear [ißkaßear] **2** (gestohlen werden usw.) faltar [fautar] **3** (nicht teilnehmen) *irgendwo* faltar [fautar], ausentar [ausẽĩtar], falhar [faljar], desfalcar [dshißfaukar] **4** *j./etw. j-m* sentir a falta [ßẽĩtschir a fauta] *alg de alg*, estar com saudades [ißtar kõũ ßaudadshiß] *de alg*

Fehler *m* **1** (Verstoß) erro [ehu] *m*, falta [fauta] *w* **2** (an einer Ware usw.) defeito [defejtu] *m*, imperfeição [ĩperfejßãũ] *w*, falha [falja] *w* **3** (Funktionsfehler usw.) defeito [defejtu] *m*

fehlerhaft *adj* defeituos|o/-a [defejtuosu/-a]

Fehlgeburt *w* aborto [abortu] *m*

Feier *w* festa [fäßta] *w*, celebração [ßelebraßãũ] *w*

feierlich *adj* de cerimônia [dshi ßerimonia]

feiern *v* **1** celebrar [ßelebrar], festejar [feßteshar], (Geburtstag usw.) *etw. Akk* celebrar [ßelebrar] *a.c.*, comemorar [komemorar] *a.c.* **2** (eine Party haben) fazer festa [faser fäßta]

Feiertag *m* festa [fäßta] *w*

feige *adj* covarde [kowardshi], poltr|ão/-ona [poutrãũ/-ona]

Feige *w* figo [figu] *m*

Feile *w* lima [lima] *w*

feilschen *v mit j-m um etw.* regatear [hegatschiar] *com alg sobre a.c.*, pechinchar [peschĩschar]

fein *adj* **1** fin|o/-a [finu/-a] **2** (Figur usw.) sutil [ßutschiu] ♦ *adv* finamente [finamẽtschi]

Feind *m* inimigo [inimigu] *m*

feindlich *adj* hostil [oßtschiu], inimig|o/-a [inimigu/-a], desafet|o/-a [dshisafetu/-a]
Feld *s* campo [kãpu] *m*
Fell *s* pelagem [pelashẽĩ] *w*
Felsen *m* rocha [hòscha] *w*, penha [pẽnja] *w*, penedo [penedu] *m*, penhasco [pẽnjaßku] *m*
Fenchel *m* erva-doce [erwadoßi] *w*
Fenster *s* janela [shanäla] *w*
Ferien *Mz* férias [färiaß] *w Mz*
Ferienhaus *s* casa *w* de férias [kasa dshi färiaß]
Ferienwohnung *w* apartamento *m* de férias [apartamẽtu dshi färiaß]
fern *adj* distante [dshißtãtschi], remot|o/-a [hemòtu/-a], afastad|o/-a [afaßtadu/-a], longínqu|o/-a [lõũshinkuu/-a]
Fernbedienung *w* comando *m* à distância [komãdu a dshißtãßja], telecomando [telekomãdu] *m*, (Gerät) controlo *m* remoto [kõũtrolu hemòtu]
Ferngespräch *s* chamada *w* interurbana [schamada ĩterurbana]
Fernglas *s* binóculo [binokulu] *m*
fernsehen *v* ver a televisão [wer a telewisãũ], assistir a TV [aßißtschir a tewe]
Fernsehen *s* televisão [telewisãũ] *w*
Fernseher *m* televisão [telewisãũ] *w*, televisor [telewisor] *m*, (ugs.) tevê [tewe] *w*
Fernstraße *w* estrada *w* (nacional) [ißtrada (naßionau)], estrada *w* de rodagem [ißtrada dshi hodashẽĩ]
Ferse *w* calcanhar [kaukãnjar] *m*, talão [talãũ] *m*
fertig *adj* feit|o/-a [fejtu/-a], acabad|o/-a [akabadu/-a], pront|o/-a [prõũtu/-a] ▶ **(gerade) ~ sein** *mit etw.* acabar *de fazer a.c.*
fest *adj* **1** (Stoff usw.) sólid|o/-a [ßòlidu/-a] **2** (widerstandsfähig) firme [firmi] **3** (klar bestimmt) fix|o/-a [fikßu/-a] ♦ *adv* firmemente [firmemẽtschi] ▶ **~ (angezogen)** (Schraube usw.) apertad|o/-a
Fest *s* banquete [bãketschi] *m*, festim [feßtschĩ] *m*, (Veranstaltung) festa [fäßta] *w*, celebração [ßelebraßãũ] *w*
Festland *s* **1** (Kontinent) continente [kõũtschinẽtschi] *m* **2** (nicht Meer) terra [täha] *w*, terra *w* (firme) [täha (firmi)]
festlegen *v* determinar [determinar], fixar [fikßar], (Termin usw.) *etw. Akk* determinar [determinar] *a.c.*, fixar [fikßar] *a.c.*
festlich *adj* festiv|o/-a [feßtschiwu/-a]
festnehmen *v j-n* deter [deter] *alg*, reter [heter] *alg*, prender [prẽĩder] *alg*
feststellen *v etw. Akk* descobrir [dshißkobrir] *a.c.*, apurar [apurar] *a.c.*, averiguar [aweriguar] *a.c.*, (sagen usw.) constatar [kõũßtatar]
Festung *w* fortaleza [fortalesa] *w*
fett *adj* **1** (Fleisch usw.) gorduros|o/-a [gordurosu/-a] **2** (Mensch) gord|o/-a [gordu/-a]
Fett *s* **1** gordura [gordura] *w* **2** (Schweinefett usw.) graxa [grascha] *w*
fettig *adj* **1** (Gericht usw.) grass|o/-a [graßu/-a] **2** (Papier usw.) gorduros|o/-a [gordurosu/-a], oleos|o/-a [oleosu/-a]
feucht *adj* úmid|o/-a [umidu/-a]
Feuchtigkeit *w* **1** (der Luft) umidade [umidadshi] *w*, lentidão [lẽĩtschidãũ] *w* **2** (Wassertropfen usw.) umidade [umidadshi] *w*
Feuer *s* **1** (Flammen) fogo [fogu] *m*, lume [lumi] *m* **2** fogueira [fogejra] *w* ▶ **das ~ anmachen** acender o fogo
Feuerlöscher *m* extintor [ißtschĩtor] *m*
feuern *v j-n* despedir [dshißpedshir] *alg*
Feuerwaffe *w* arma *w* de fogo [arma dshi fogu]
Feuerwehr *w* bombeiros [bõũbejruß] *m Mz*
Feuerwehrmann *m* bombeiro [bõũbejru] *m*
Feuerzeug *s* isqueiro [ißkejru] *m*, acendedor [aßẽĩdedor] *m*
Fieber *s* febre [fäbri] *w*
Figur *w* **1** figura [figura] *w*, estatura [ißtatura] *w* **2** (aus Porzellan usw.) figurinha [figurĩnja] *w* **3** (eines Films usw.) personagem [perßonashẽĩ] *w* **4** (geometrische) figura [figura] *w*
Filet *s* filete [filetschi] *m*, febra [febra] *w*, fêvera [fewera] *w*
Filiale *w* filial [filiau] *w*
Film *m* **1** (Spielfilm) filme [fiumi] *m* **2** (Schicht) revestimento [heweßtschimẽtu] *m*
filmen *v* filmar [fiumar], rodar [hodar], *etw. Akk* filmar [fiumar] *a.c.*, capturar [kapturar] *a.c.*

Filter *m* filtro [fiutru] *m*
finanziell *adj* financeir|o/-a [finãßejru/-a], pecuniári|o/-a [pekuniarju/-a]
finden *v* encontrar [ĩkõũtrar], achar [aschar] ► **(den Weg) ~** *irgendwohin* saber o caminho; **Gefallen ~** *an j-m/etw.* afeiçoar-se *a alg*
Finger *m* dedo [dedu] *m*
finster *adj* amarrad|o/-a [amahadu/-a], carrancud|o/-a [kahãkudu/-a] ► **~ ansehen** *j-n* franzir a testa
Firma *w* empresa [ĩpresa] *w*, firma [firma] *w*
Fisch *m* **1** peixe [pejschi] *m* **2 ~e** Peixes [pejschiß] *m Mz*
Fischer *m* pescador [peßkador] *m*
flach *adj* **1** plan|o/-a [planu/-a], ras|o/-a [hasu/-a] **2** (Stein usw.) plan|o/-a [planu/-a] **3** (Teich, Teller usw.) pouco profund|o/-a [poku profũdu/-a], ras|o/-a [hasu/-a]
Fläche *w* **1** (sehr große usw.) extensão [ißtẽĩsãũ] *w* **2** (Arbeitsfläche usw.) superfície [ßuperfißii] *w* **3** (Ausmaß) extensão [ißtẽĩsãũ] *w*, área [area] *w*
Flagge *w* bandeira [bãdejra] *w*
Flamme *w* chama [schama] *w*, labareda [labareda] *w*, flama [flama] *w*
Flasche *w* garrafa [gahafa] *w*
Flaschenöffner *m* abre-garrafas [abrigahafaß] *m*, abridor *m* de garrafas [abridor dshi gahafaß]
Fleck *m* mancha [mãscha] *w*, nódoa [nòdoa] *w*, mácula [makula] *w*, pinta [pĩta] *w*
Fledermaus *w* morcego [morßegu] *m*
Fleisch *s* carne [karni] *w*
Fleischer *m* açougueiro [aßogejru] *m*, cortador *m* (de carne) [kortador (dshi karni)]
Fleischerei *w* açougue [aßogi] *m*
fleißig *adj* diligente [dshilishẽtschi], aplicad|o/-a [aplikadu/-a], trabalhador/-a [trabaljador/-a], laborios|o/-a [laboriosu/-a]
flicken *v* cerzir [ßersir], remendar [hemẽĩdar] ► **den Schlauch ~** reparar o pneu furado
Fliege *w* **1** mosca [moßka] *w* **2** (Krawatte) laço [laßu] *m*, gravata-borboleta [grawataborboleta] *w*
fliegen *v* **1** voar [woar] **2** *etw. Nom aus etw.* sair (voando) [ßair (woãdu)] *a.c. de a.c.*
fliehen *v irgendwoher* fugir [fushir] *de a.c.*, escapar [ißkapar] *de a.c.*, (aus Gefängnis usw.) escapar [ißkapar], fugir [fushir]
fließen *v* fluir [fluir]
flirten *v mit j-m* flertar [flertar] *com alg*, namoricar [namorikar] *com alg*
Floh *m* pulga [puuga] *w*
Flosse *w* barbatana [barbatana] *w*
Flöte *w* flauta [flauta] *w*
fluchen *v* blasfemar [blaßfemar], praguejar [prageshar]
Flug *m* voo [wou] *m*
Flugbegleiter *m* aeromoço [aeromoßu] *m*
Flugbegleiterin *w* hospedeira *w* de bordo [oßpedejra dshi bòrdu], aeromoça [aeromòßa] *w*
Flügel *m* **1** (Körperteil) asa [asa] *w* **2** (einer Armee usw.) flanco [flãku] *m*
Fluggesellschaft *w* linha *w* aérea [lĩnja aärea]
Flughafen *m* aeroporto [aeropòrtu] *m*
Flughafenterminal *m/s* terminal *m* de aeroporto [terminau dshi aeropòrtu]
Flugkarte *w* passagem *w* aérea [paßashẽĩ aärea]
Flugschein *m* passagem *w* aérea [paßashẽĩ aärea]
Flugticket *s* passagem *w* aérea [paßashẽĩ aärea]
Flugzeug *s* avião [awiãũ] *m*, aeronave [aeronawi] *w*
Flur *m* corredor [kohedor] *m*
Fluss *m* **1** (Gewässer) rio [hiu] *m* **2** (des Verkehrs usw.) corrente [kohẽtschi] *w*, fluxo [flukßu] *m*
flüssig *adj* **1** fluid|o/-a [fluidu/-a], líquid|o/-a [likidu/-a] **2** (Rede usw.) fluente [fluẽtschi] **3** (Bewegung usw.) fluid|o/-a [fluidu/-a] ♦ *adv* **1** (reden usw.) fluentemente [fluentemẽtschi] **2** (zügig) continuamente [kõũtschinuamẽtschi]
Flüssigkeit *w* **1** líquido [likidu] *m*, fluido [fluidu] *m* **2** (Sprachgewandtheit) fluidez [fluideß] *w*
flüstern *v* cochichar [koschischar], sussurrar [ßußuhar], murmurar [murmurar]
Flut *w* **1** fluxo [flukßu] *m* **2** (von Geld usw.) *von etw.* afluência [afluẽßja] *w de a.c.*

Föhn *m* secador *m* de cabelo [ßekador dshi kabelu]

Folge *w* **1** (von Zahlen usw.) sucessão [ßußeßãũ] *w* **2** (einer Tat usw.) *etw. Dat, von etw.* consequência [kõũßekuẽßja] *w*, sequela [ßekuela] *w*, efeito [efejtu] *m de a.c.* **3** (Ergebnis) *etw. Dat, von etw.* consequência [kõũßekuẽßja] *w* **4** (Film usw.) *von etw.* continuação [kõũtschinuaßãũ] *w* ► **als ~** *etw. Gen* a consequência *de a.c.*, na sequência *de a.c.*

folgen *v* **1** *j-m/etw.* seguir [ßegir] *alg* **2** (in gewisser Reihenfolge) *nach etw.* seguir [ßegir] **3** (Chef usw.) *j-m/etw.* obedecer [obedeßer] *alg/a.c.* **4** (Schluss usw.) *aus etw.* resultar [hesuutar] *de a.c.*

Folklore *w* folclore [fouklòri] *m*

fordern *v* **1** *etw. Akk* pedir [pedshir] *a.c.*, desejar [deseshar] *a.c.* **2** *etw. Akk von j-m* exigir [esishir] **3** (viel Zeit usw.) *etw. Akk* exigir [esishir] *a.c.*, (Zeit usw.) *etw. Akk* pedir [pedshir] **4** (Unfall – Opfer) *etw. Akk* exigir [esishir] *a.c.*

fördern *v* **1** (Entwicklung usw.) *etw. Akk* promover [promower] *a.c.*, fomentar [fomẽĩtar] *a.c.* **2** (Kohle usw.) extrair [ißtrair], *etw. Akk* extrair [ißtrair] *a.c.*, minerar [minerar] *a.c.*

Forderung *w* **1** exigência [esishẽßja] *w*, pretensão [pretẽĩßãũ] *w* **2** (finanzieller Anspruch) dívida [dshiwida] *w* ► **~en** *an j-n/etw.* exigências *w Mz*

Forelle *w* truta [truta] *w*

Form *w* **1** forma [fòrma] *w*, feição [fejßãũ] *w*, feitio [fejtschju] *m* **2** (Backform usw.) molde [mòudshi] *m* **3** (Kondition) forma [fòrma] *w*

Formular *s* formulário [formularju] *m*, impresso [ĩpreßu] *m*

Forschung *w* investigação [ĩweßtschigaßãũ] *w*, pesquisa [peßkisa] *w*

fortgeschritten *adj* **1** (Technik usw.) avançad|o/-a [awãßadu/-a] **2** (Stufe usw.) intermediári|o/-a [ĩtermedshiarju/-a]

Fortschritt *m* **1** progresso [progrãßu] *m*, avanço [awãßu] *m* **2** (einer Krankheit usw.) progressão [progreßãũ] *w*

fortsetzen *v etw. Akk* continuar [kõũtschinuar] *em a.c.*, prosseguir [proßegir]

Fortsetzung *w* **1** (einer Tätigkeit usw.) *etw. Dat* continuação [kõũtschinuaßãũ] *w*, seguimento [ßegimẽtu] *m*, prosseguimento [proßegimẽtu] *m* **2** (Film usw.) *von etw.* continuação [kõũtschinuaßãũ] *w*

Foto *s* fotografia [fotografia] *w*, foto [fotu] *w*

Fotoapparat *m* câmara *w* fotográfica [kamara fotografika]

Fotografie *w* **1** fotografia [fotografia] *w*, foto [fotu] *w* **2** (Hobby, Bereich usw.) fotografia [fotografia] *w*

fotografieren *v* fotografar [fotografar], tirar fotos [tschirar fotuß]

fotokopieren *v* fotocopiar [fotokopiar], tirar fotocópias [tschirar fotokopiaß]

Fracht *w* carga [karga] *w*, frete [frätschi] *m*

Frage *w* **1** pergunta [pergũta] *w* **2** (Problem usw.) questão [keßtãũ] *w*, quesito [kesitu] *m* ► *j-m* **eine ~ stellen** fazer a pergunta

Fragebogen *m* questionário [keßtschionarju] *m*

fragen *v j-n nach j-m/etw.* perguntar [pergũtar] *alg por a.c.*, questionar [keßtschionar] *alg sobre alg/a.c.*

Fragezeichen *s* ponto *m* de interrogação [põũtu dshi ĩtehogaßãũ]

frankieren *v* franquiar [frãkjar]

Frankreich *s* França [frãßa] *w*

Franzose *m* francês [frãßeß] *m*

französisch *adv* (em) francês [(ẽĩ) frãßeß]

Frau *w* **1** (weibliche Person) mulher [muljär] *w* **2** (Gattin) esposa [ißposa] *w* ► **~ X** senhora X

Fräulein *s* senhorita [ßẽnjorita] *w*

frech *adj* descarad|o/-a [dshißkaradu/-a], insolente [ĩßolẽtschi], impudente [ĩpudẽtschi], procaz [prokaß] ♦ *adv* impudentemente [ĩpudẽĩtemẽtschi], descaradamente [dshißkaradamẽtschi]

frei *adj* **1** (Wille usw.) livre [liwri] **2** (uneingeschränkt usw.) livre [liwri], franc|o/-a [frãku/-a] **3** (Platz) livre [liwri], vacante [wakãtschi] **4** (Zeit) livre [liwri] **5** (umsonst) gratuit|o/-a [gratuitu/-a], grátis [gratschiß] ♦ *adv* livremente [liwremẽtschi] ► **~ machen** (Weg usw.) liberar, desimpedir

Freibad *s* piscina (exterior) [pißina (ißterior)]

Freiheit *w* liberdade [liberdadshi] *w*

Freitag *m* sexta-feira [ßeßtafejra] *w*, sexta [ßeßta] *w*

freiwillig *adj* voluntári|o/-a [wolũtarju/-a] ♦ *adv* voluntariamente [wolũtariamẽtschi]

Freizeit *w* lazer [laser] *m*, vagar [wagar] *m*, tempo *m* livre [tẽpu liwri], ócio [òßju] *m*

Freizeitpark *m* parque *m* de diversões [parki dshi dshiwerßõũjß]

fremd *adj* **1** (ausländisch) estrangeir|o/-a [ißtrãshejru/-a] **2** (nicht mein) alhei|o/-a [aljeju/-a] **3** (unbekannt) desconhecid|o/-a [dshißkõnjeßidu/-a]

Fremde *m* desconhecido [dshißkõnjeßidu] *m*

Freude *w* alegria [alegria] *w* ► **~ machen** *j-m* alegrar *alg*, comprazer *alg*, agradar *alg*, contentar *alg*

freuen *v* **1** ***sich*** **~** *über etw. Akk* alegrar-se [alegrarßi] *de a.c.* **2** ***sich*** **~** *auf etw. Akk* aguardar (com prazer) [aguardar (kõũ praser)] *a.c.*, estar ansioso [ißtar ãßiosu] *por a.c.* **3** *j-n* alegrar [alegrar] *alg*, dar prazer [dar praser] *a alg*, aprazer [apraser] *alg* ► **Freut mich.** Muito prazer., Tenho muito gosto em conhecê-lo.

Freund *m* **1** amigo [amigu] *m*, companheiro [kõũpãnjejru] *m*, parceiro [parßejru] *m* **2** (Partner) namorado [namoradu] *m*

Freundin *w* **1** amiga [amiga] *w* **2** (Partnerin) namorada [namorada] *w*

freundlich *adj* amável [amaweu], amigável [amigaweu]

Frieden *m* **1** (nicht Krieg) paz [paß] *w* **2** (Ungestörtheit) calma [kauma] *w*, sossego [ßoßegu] *m*, tranquilidade [trãkuilidadshi] *w*, serenidade [ßerenidadshi] *w*

Friedhof *m* cemitério [ßemitärju] *m*, campo *m* santo [kãpu ßãtu]

frieren *v* congelar-se [kõũshelarßi], gelar [shelar]

frisch *adj* fresc|o/-a [freßku/-a] ♦ *adv* recentemente [heßẽĩtemẽtschi]

Friseur *m* cabeleireiro [kabelejrejru] *m*

Friseursalon *m* salão de cabeleireiro [ßalãũ dshi kabelejrejru] *m*

frisieren *v etw. Akk* pentear [pẽĩtear] *a.c.*

Frist *w* prazo [prasu] *m*, termo [termu] *m*

Frisur *w* penteado [pẽĩteadu] *m*

froh *adj* alegre [alägri], contente [kõũtẽtschi] ► **~ sein** *über etw. Akk* estar feliz *de a.c.*

fröhlich *adj* alegre [alägri], animad|o/-a [animadu/-a]

Frosch *m* rã [hã] *w*

Frost *m* geada [sheada] *w*

Frucht *w* fruto [frutu] *m*, (ungeboren) feto [fätu] *m* ► **Früchte tragen** dar frutas

fruchtbar *adj* **1** (Feld usw.) fértil [färtschiu] **2** (Frau usw.) fértil [färtschiu], fecund|o/-a [fekũdu/-a] **3** (Schriftsteller usw.) prolífer|o/-a [proliferu/-a], frutífer|o/-a [frutschiferu/-a]

früh *adj* cedo [ßedu] ♦ *adv* cedo [ßedu]

früher *adj* anterior [ãterior] ♦ *adv* antes [ãtschiß], antigamente [ãtschigamẽtschi], dantes [dãts], anteriormente [ãteriormẽtschi]

frühestens *adv* não antes de [nãũ ãts dshi], o mais breve possível [u majß bräwi poßiweu]

Frühling *m* primavera [primawära] *w*

Frühstück *s* café-da-manhã [kafädamãnjã] *m* ► **Übernachtung mit ~** alojamento *m* com pequeno-almoço

frühstücken *v* tomar o pequeno-almoço [tomar u pekenuaumoßu]

Fuchs *m* raposa [haposa] *w*

fühlen *v etw. Akk* sentir [ßẽĩtschir] *a.c.*

führen *v* **1** *j-n irgendwohin* levar [lewar] *alg para a.c.* **2** (auf die andere Seite usw.) *j-n über etw. Akk* atravessar [atraweßar] *alg por a.c.* **3** (begleiten) *j-n irgendwohin* conduzir [kõũdusir] *alg aonde*, levar [lewar] *alg aonde*, (begleiten) *j-n irgendwohin* levar [lewar] *alg a a.c.* **4** (Unternehmen usw.) *etw. Akk* dirigir [dshirishir] *a.c.*, encabeçar [ĩkabeßar] *a.c.*, reger [hesher] *a.c.* **5** (im Wettkampf usw.) liderar [liderar], estar na liderança [ißtar na liderãßa] **6** (Weg) *irgendwohin/durch etw.* levar [lewar] *para a.c.*

Führer *m* **1** líder [lider] *m*, prócer [proßer] *m*, caudilho [kaudshilju] *m*, dirigente [dshirishẽtschi] *m* **2** (Buch) guia [gia] *m*

Führerschein *m* carteira *w* de motorista [kartejra dshi motorißta]

Führung *w* **1** (eines Betriebes usw.) direção [dshireßãũ] *w*, gerenciamento [sherẽĩßjamẽtu] *m* **2** (Führungsorgane) direção [dshireßãũ] *w*, gerência [sherẽßja] *w*, gestão [sheßtãũ] *w*, (Personen) liderança [liderãßa] *w* **3** (Führungsposition) liderança [liderãßa] *w* **4** (Besichtigung) visita *w* guiada [wisita giada]

füllen *v* encher [ẽĩscher], rechear [heschear]

Füllung *w* recheio [hescheju] *m*

Fundbüro *s* achados e perdidos [aschaduß i perdshiduß]

fünf *num* cinco [ßĩku]

fünft(er,e,es) *num* quinto [kĩtu]

fünfzehn *num* quinze [kĩsi]

fünfzig *num* cinquenta [ßĩkuẽta]

Funke *m* centelha [ßẽĩtelja] *w*, faísca [faißka] *w*, chispa [schißpa] *w*, fagulha [fagulja] *w*

Funktion *w* **1** (Zweck) *etw. Gen* função [fũßãũ] *w de a.c.* **2** (Posten) cargo [kargu] *m*

funktionieren *v* funcionar [fũßionar], operar [operar]

funktionsfähig *adj* funcional [fũßionau], (im Betrieb) em funcionamento [ẽĩ fũßionamẽtu]

für *prep* **1** (Zweck usw.) *etw.* para [para] **2** (Geschenk, Nachricht usw.) *j-n* para [para] **3** (anstatt usw.) *j-n* por [pur] *alg*, em vez de [ẽĩ weß dshi] *alg* **4** (Preis usw.) *etw.* por [pur] **5** (Zeitdauer usw.) para [para], por [pur] ▶ **Ich brauche ein Zimmer ~ drei Tage.** Preciso de um quarto para três dias.

furchtbar *adj* terrível [tehiweu], horrível [ohiweu], horrend|o/-a [ohẽdu/-a], medonh|o/-a [medõnju/-a] ♦ *adv* terrivelmente [tehiweumẽtschi]

fürchten *v* **1** *j-n/etw.* temer [temer] *alg/a.c.*, ter medo [ter medu] *de alg/a.c.* **2** *für j-n/etw., um j-n/etw.* recear [heßear] *por alg/a.c.*

Fuß *m* **1** pé [pä] *m* **2** (eines Berges usw.) pé [pä] *m*, sopé [ßopä] *m*, fralda [frauda] *w* **3** (Sockel) soco [ßoku] *m* ▶ **zu ~** a pé

Fußball *m* futebol [futschibou] *m*

Fußboden *m* chão [schãũ] *m*, soalho [ßoalju] *m*, piso [pisu] *m*

Fußgänger *m* peão [piãũ] *m*, pedestre [pedäßtri] *m*

Fußgängerübergang *m* passagem *w* de peões [paßasheĩ dshi peõũjß], passadeira [paßadejra] *w*

Fußgängerüberweg *m* passagem *w* de peões [paßasheĩ dshi peõũjß], passadeira [paßadejra] *w*

Fußgängerzone *w* zona *w* pedestre [sona pedäßtri]

Fußknöchel *m* tornozelo [tornoselu] *m*

Futter[1] *s* (Nahrung) comida [komida] *w*, pasto [paßtu] *m*

Futter[2] *s* (Stoff) forro [fohu] *m*

füttern *v j-n mit etw.* alimentar [alimẽĩtar] *alg com a.c.*, *j-n mit etw.* dar de comer [dar dshi komer] *a alg*

Gabel *w* **1** garfo [garfu] *m* **2** (für Heu usw.) forcado [forkadu] *m* **3** (eines Fahrrades usw.) forquilha [forkilja] *w*

gähnen *v* bocejar [boßeshar]

Galerie *w* galeria [galeria] *w*

Galle *w* bílis [biliß] *w*, fel [feu] *m*

Gang *m* **1** (Art des Gehens) passo [paßu] *m* **2** (Geschwindigkeit) marcha [marscha] *w* **3** (im Haus usw.) corredor [kohedor] *m* **4** (zwischen den Sitzen usw.) corredor [kohedor] *m*, coxia [koschia] *w* **5** (Gericht) prato [pratu] *m* ▶ **im Gange sein** realizar-se, decorrer, estar em andamento, estar em curso; **in ~ sein** estar em processo, correr; **in ~ setzen** *etw. Akk* pôr *a.c.* em marcha, executar *a.c.*

gangbar *adj* transitável [trãßitaweu], andável [ãdaweu]

Gans *w* ganso [gãßu] *m*

ganz *adj* **1** (völlig) tod|o/-a [todu/-a], inteir|o/-a [ĩtejru/-a] **2** (komplett) íntegr|o/-a [ĩtegru/-a], inteiriç|o/-a [ĩtejrißu/-a] **3** (nicht beschädigt) inteir|o/-a [ĩtejru/-a] ♦ *adv* absolutamente [abißolutamẽtschi], (allein usw.) completamente [kõũpletamẽtschi], totalmente [totaumẽtschi], inteiramente [ĩtejramẽtschi] ♦ *part* bastante [baßtãtschi]

ganztägig *adj* de todo o dia [dshi todu u dshia]

gar *part* nada [nada] ▶ **~ nicht** absolutamente não

Garage *w* garagem [garasheĩ] *w*
Garantie *w* garantia [garãtschia] *w*
garantieren *v* garantir [garãtschir]
Garderobe *w* vestiário [weßtschiarju] *m*, bengaleiro [bẽĩgalejru] *m*
Gardine *w* cortina [kortschina] *w*
Garnitur *w etw. Gen* jogo [shogu] *m de a.c.*, serviço [ßerwißu] *m de a.c.*, conjunto [kõũshũtu] *m de a.c.*
Garten *m* jardim [shardshĩ] *m*
Gas *s* **1** (Stoff) gás [gaß] *m* **2** (Pedal usw.) acelerador [aßelerador] *m*
Gashebel *s* acelerador [aßelerador] *m*
Gaspedal *s* acelerador [aßelerador] *m*
Gasse *w* beco [beku] *m*, ruela [huäla] *w*, viela [wiela] *w*
Gast *m* convidado [kõũwidadu] *m*, (im Hotel usw.) hóspede [òßpedshi] *m*
gastfreundlich *adj* hospitaleir|o/-a [oßpitalejru/-a]
Gastgeber *m* anfitrião [ãfitriãũ] *m*, hospedeiro [oßpedejru] *m*
Gasthaus *s* taberna [tabärna] *w*, estalagem [ißtalasheĩ] *w*
Gaststätte *w* taberna [tabärna] *w*, estalagem [ißtalasheĩ] *w*
Gebäck *s* pão [pãũ] *m*
gebären *v etw. Akk* parir [parir], dar à luz [dar a luß] *a alg* ► **geboren sein/werden** nascer
Gebärmutter *w* útero [uteru] *m*, matriz [matriß] *w*, madre [madri] *w*
Gebäude *s* edifício [edshifißju] *m*, prédio [prädshju] *m*
geben *v j-m etw.* dar [dar] ► **es gibt** tem
Gebet *s* oração [oraßãũ] *w*, reza [hesa] *w*, prece [preßi] *w*
Gebiet *s* **1** (Region) área [area] *w*, território [tehitòrju] *m*, país [paiß] *m* **2** (einer Tätigkeit usw.) área [area] *w*, campo [kãpu] *m*, (einer Tätigkeit usw.) esfera [ißfära] *w*, âmbito [ãbitu] *m*
gebildet *adj* **1** (Bildung besitzend) cult|o/-a [kuutu/-a], educad|o/-a [edukadu/-a] **2** *aus etw.* compost|o/-a [kõũpoßtu/-a] *de a.c.*
Gebirge *s* montanhas [mõũtãnjaß] *w Mz*, serra [ßäha] *w*, cadeia de montanhas [kadeja dshi mõũtãnjaß], cordilheira [kordshiljejra] *w* ► **im ~** nas montanhas
Gebiss *s* dentição [dẽĩtschißãũ] *w*
gebraten *adj* **1** frit|o/-a [fritu/-a] **2** (Fleisch usw.) assad|o/-a [aßadu/-a]
Gebrauch *m etw. Gen* uso [usu] *m*, utilização [utschilisaßãũ] *w*, aproveitamento [aprowejtamẽtu] *m*
Gebrauchsanweisung *w* instrução [ĩßtrußãũ] *w*
gebraucht *adj* usad|o/-a [usadu/-a]
gebrochen *adj* quebrad|o/-a [kebradu/-a], partid|o/-a [partschidu/-a]
Gebühr *w für etw.* taxa [tascha] *w*
Geburt *w* **1** (Gebären) parto [partu] *m* **2** (einer Tochter usw.) nascimento [naßimẽtu] *m*
Geburtsjahr *s* ano *m* de nascimento [anu dshi naßimẽtu]
Geburtstag *m* aniversário [aniwerßarju] *m*
Gebüsch *s* moita [mojta] *w*, capoeira [kapoejra] *w*
Gedächtnis *s* memória [memòria] *w*
Gedanke *m* pensamento [pẽĩßamẽtu] *m*
Gedicht *s* poema [poema] *m*
Geduld *w* paciência [paßiẽßja] *w*, pachorra [paschoha] *w*
geduldig *adj* paciente [paßiẽtschi], pachorrent|o/-a [paschohẽtu/-a]
geeignet *adj für etw., zu etw.* adequad|o/-a [adekuadu/-a] *para a.c.*, apt|o/-a [aptu/-a] *para a.c.*, capaz [kapaß] *de a.c.*, idóne|o/-a [idoneu/-a] *para a.c.* ♦ *adv* apropriadamente [apropriadamẽtschi]
Gefahr *w* perigo [perigu] *m*, risco [hißku] *m*
gefährlich *adj* perigos|o/-a [perigosu/-a], arriscad|o/-a [ahißkadu/-a] ♦ *adv* perigosamente [perigosamẽtschi]
gefallen *v j-m* agradar [agradar] *alg*, gostar [goßtar] *de a.c.*, curtir [kurtschir] *a.c.*, *j-m* gostar [goßtar] *a alg* ► **Es gefällt mir.** Eu gosto disso.
Gefallen *m* favor [fawor] *m*, mercê [merße] *w*
gefangen nehmen *v j-n* capturar [kapturar] *alg*, cativar [katschiwar] *alg*
Gefängnis *s* prisão [prisãũ] *w*, cadeia [kadeja] *w*, cárcere [karßeri] *m*, presídio [presidshju] *m*

Gefäß *s* **1** (Behälter) recipiente [heßipiẽtschi] *m*, vaso [wasu] *m*, vasilha [wasilja] *w* **2** (Ader usw.) vaso *m* (sanguíneo) [wasu (ßãguineu)]

Geflügel *s* ave *w* doméstica [awi domäßtschika], aves *w Mz* domésticas [awiß domäßtschikaß]

Gefrierschrank *m* congelador [kõũshelador] *m*

Gefriertruhe *w* congelador [kõũshelador] *m*

gefroren *adj* gelad|o/-a [sheladu/-a]

Gefühl *s* **1** sensação [ßẽĩßaßãũ] *w*, sentimento [ßẽĩtschimẽtu] *m* **2** (in Fingern usw.) sensibilidade [ßẽĩßibilidadshi] *w* **3** (Emotion) sentimento [ßẽĩtschimẽtu] *m* **4** *für etw.* sentido [ßẽĩtschidu] *m*

gegen *prep* **1** (wirken usw.) *j-n/etw.* contra [kõũtra] **2** *etw.* em comparação a [ẽĩ kõũparaßãũ a] *a.c.*, comparando [kõũparãdu] *com a.c.*, contrariamente [kõũtrariamẽtschi] *a a.c.*, defronte de [defrõũtschi dshi] *a.c.* **3** (Menge) mais ou menos [majß o menuß], cerca de [ßerka dshi], por volta de [pur wòuta dshi], por [pur] ► **schützen** *j-n/etw.* ~ *etw.* proteger *alg de a.c.*, tutelar

Gegend *w* área [area] *w*, território [tehitòrju] *m*, país [paiß] *m*

Gegensatz *m zu etw.* oposição [oposißãũ] *w de a.c.*, contradição [kõũtradshißãũ] *w de a.c.*

gegenseitig *adj* mútu|o/-a [mutuu/-a], recíproc|o/-a [heßiproku/-a] ♦ *adv* mutuamente [mutuamẽtschi]

Gegenstand *m* **1** (Sache) objeto [obshätu] *m* **2** (Thema usw.) *etw. Gen* tema [tema] *m*, objeto [obshätu] *m*, tópico [tòpiku] *m*

Gegenteil *s von etw.* contrário [kõũtrarju] *m*, oposto [opoßtu] *m de a.c.*, avesso [aweßu] *m* ► **im ~** ao contrário, pelo contrário

gegenüber *prep* **1** (sitzen usw.) *j-m/etw.* (em) frente de [(ẽĩ) frẽtschi dshi], defronte [defrõũtschi] **2** (Verhalten usw.) *j-m/etw.* em relação [ẽĩ helaßãũ] *a alg/a.c.*, perante [perãtschi] *alg/a.c.*, em face de [ẽĩ faßi dshi] **3** (verglichen) *etw.* em comparação a [ẽĩ kõũparaßãũ a] *a.c.*, comparando [kõũparãdu] *com a.c.*, contrariamente [kõũtrariamẽtschi] *a a.c.*, defronte de [defrõũtschi dshi] *a.c.* ♦ *adv* em frente [ẽĩ frẽtschi]

Gegenwart *w* presente [presẽtschi] *m*, atualidade [atualidadshi] *w*

Gegner *m* rival [hiwau] *m*, adversário [adshiwerßarju] *m*

geheim *adj* **1** secret|o/-a [ßekrätu/-a] **2** (Tätigkeit usw.) clandestin|o/-a [klãdeßtschinu/-a] ♦ *adv* secretamente [ßekretamẽtschi] ► **~ halten** *etw. Akk vor j-m* encobrir *de alg*

Geheimnis *s* segredo [ßegredu] *m*, sigilo [ßishilu] *m*

Geheimzahl *w* PIN [pin] *m*

gehen *v* **1** andar [ãdar], (sich bewegen) *irgendwohin* ir [ir] **2** *irgendwohin* ir [ir] *a a.c.* **3** (in die Schule usw.) *in etw. Akk* frequentar [frekuẽĩtar] *a a.c.*, andar [ãdar] *em a.c.* **4** (weg) ir [ir], ir-se [irßi], partir [partschir], ir embora [ir ĩbòra] **5** *um etw.* tratar-se [tratarßi] *de a.c.* **6** *j-m irgendwie* estar [ißtar] *alg como* **7** *mit j-m* namorar [namorar] *alg*, andar [ãdar] *com alg* **8** (möglich sein) ser possível [ßer poßiweu] **9** (akzeptabel sein) passar [paßar] ► **es geht** *etw. Akk zu tun* é possível *fazer a.c.*; **Mir geht es gut.** Estou bem.; **Wie geht es Ihnen?** Como está?, Tudo bem?

Gehirn *s* cérebro [ßärebru] *m*

Gehirnerschütterung *w* comoção *w* celebral [komoßãũ ßelebrau], concussão *w* (cerebral) [kõũkußãũ (ßerebrau)]

Gehör *s* audição [audshißãũ] *w*, ouvido [owidu] *m*

gehorchen *v j-m/etw.* obedecer [obedeßer] *alg/a.c.*

gehören *v* **1** *j-m* pertencer [pertẽĩßer] *a alg* **2** *zu etw.* pertencer [pertẽĩßer] *a a.c.*

Gehweg *m* calçada [kaußada] *w*

Geige *w* violino [wiolinu] *m*

Geisel *w* refém [hefẽĩ] *m*

Geist[1] *m* (Gedanken usw.) mente [mẽtschi] *w*

Geist[2] *m* (übernatürliches Wesen) espírito [ißpiritu] *m*, fantasma [fãtasma] *m*

geizig *adj* avarent|o/-a [awarẽtu/-a], avar|o/-a [awaru/-a], mesquinh|o/-a [meßkĩnju/-a], tacanh|o/-a [takãnju/-a]

gekocht *adj* cozid|o/-a [kosidu/-a]

Gel *s* gel [shäu] *m*

Geländer *s* corrimão [kohimãũ] *m*

Geländewagen *m* todo-o-terreno [toduterenu] *m*

gelangen *v irgendwohin* chegar [schegar]

gelb *adj* amarel|o/-a [amarälu/-a]

Geld *s* dinheiro [dshĩnjejru] *m*

Geldautomat *m* caixa *m* eletrônico [kajscha eletroniku]

Geldbörse *w* carteira [kartejra] *w*

Geldstrafe *w* multa [muuta] *w*, coima [kojma] *w* ▶ **mit einer ~ belegen** *j-n* multar *alg*

Geldtasche *w* carteira [kartejra] *w*

Gelegenheit *w etw. Akk zu tun* oportunidade [oportunidadshi] *w de fazer a.c.*, ocasião [okasiãũ] *w de fazer a.c.*, ensejo [ĩßeshu] *m*, azo [asu] *m*

Gelenk *s* articulação [artschikulaßãũ] *w*

Geliebte[1] *m* querido [keridu] *m*

Geliebte[2] *w* amante [amãtschi] *w*

gelingen *v* **1** *j-m etw. Nom* conseguir [kõũßegir] *fazer a.c.*, lograr [lograr], acertar [aßertar] *a.c.* **2** (Sache usw.) sair bem [ßair bẽĩ], dar certo [dar ßärtu]

gelten *v* **1** (Anordnung usw.) valer [waler], ser válido [ßer walidu], vigorar [wigorar] **2** *für j-n/etw.* aplicar-se [aplikarßi] *a alg/a.c.*

Geltung *w* validez [walideß] *w*, validade [walidadshi] *w*, vigência [wishẽßja] *w*, vigor [wigor] *m* ▶ **zur ~ bringen** *etw. Akk* aplicar *a.c.*, aproveitar *a.c.*

gemahlen *adj* moíd|o/-a [moidu/-a]

Gemälde *s* pintura [pĩtura] *w*

gemein *adj* grosseir|o/-a [großejru/-a], torpe [torpi], chul|o/-a [schulu/-a]

Gemeinde *w* **1** (Dorf, Stadt usw.) município [munißipju] *m*, concelho [kõũßelju] *m*, povoação [powoaßãũ] *w*, autarquia [autarkja] *w* **2** (Bezirk) paróquia [parokja] *w*, freguesia [fregesia] *w*

gemeinsam *adj* coletiv|o/-a [koletschiwu/-a], comum [komũ], (Mühe usw.) conjunt|o/-a [kõũshũtu/-a] ♦ *adv* juntos [shũtuß], em conjunto [ẽĩ kõũshũtu]

Gemeinschaft *w* **1** (von Menschen) comunidade [komunidadshi] *w*, associação [aßoßjaßãũ] *w* **2** (von Staaten usw.) comunidade [komunidadshi] *w*

gemischt *adj* **1** mist|o/-a [mißtu/-a] **2** (Getränk usw.) mist|o/-a [mißtu/-a], mexid|o/-a [meschidu/-a]

Gemüse *s* legume [legumi] *m*, hortaliça [ortalißa] *w*, verdura [werdura] *w*

gemütlich *adj* acolhedor/-a [akoljedor/-a], aconchegante [akõũschegãtschi]

genau *adj* **1** exat|o/-a [esatu/-a], precis|o/-a [preßisu/-a] **2** (Arbeit usw.) exact|o/-a [esaktu/-a] ♦ *adv* exatamente [esatamẽtschi], precisamente [preßisamẽtschi]

genehmigen *v etw. Akk* sancionar [ßãßionar] *a.c.*

Genehmigung *w* **1** (Urkunde usw.) licença [lißẽßa] *w* **2** aprovação [aprowaßãũ] *w*

genesen *v* convalescer [kõũwaleßer]

genießen *v* **1** *etw. Akk* desfrutar [dshißfrutar] *a.c.*, gozar [gosar] *de a.c.*, curtir [kurtschir] *a.c.*, cair na gandaia [kair na gãdaja] **2** (Anblick) *etw. Akk* deliciar-se [delißjarßi] *com a.c.* **3** saborear [ßaborear], desfrutar [dshißfrutar] *a.c.*

genug *adv* suficiente [ßufißiẽtschi] ▶ **Ist das ~?** É bastante?

genügen *v* bastar [baßtar]

genügend *adj* suficiente [ßufißiẽtschi], bastante [baßtãtschi] ♦ *adv* suficientemente [ßufißiẽĩtemẽtschi]

Genuss *m* prazer [praser] *m*, deleite [delejtschi] *m*, gozo [gosu] *m*, regalo [hegalu] *m*

geöffnet *adj* abert|o/-a [abärtu/-a]

Gepäck *s* bagagens [bagashẽĩß] *w Mz* ▶ **~ einchecken** despachar a bagagem

Gepäckaufbewahrung *w* depósito *m* (de bagagem) [depòsitu (dshi bagashẽĩ)]

Gepäckstück *s* bagagem [bagashẽĩ] *w*

Gepäckträger *m* bagageiro [bagashejru] *m*

gepflegt *adj* arrumad|o/-a [ahumadu/-a], aprumad|o/-a [aprumadu/-a]

gerade[1] (Linie usw.) *adj* **1** (Linie usw.) ret|o/-a [hätu/-a], diret|o/-a [dshirätu/-a] **2** (Zahl) par [par]

♦ *adv* direito [dshirejtu] ► **~ machen** endireitar
gerade[2] *adv* (in dem Zeitpunkt) naquele momento [nakeli momẽtu], justamente [shußtamẽtschi], (momentan) agora mesmo [agòra mesmu], agorinha [agorĩnja]
geradeaus *adv* em frente [ẽĩ frẽtschi]
Gerät *s* aparelho [aparelju] *m*, dispositivo [dshißpositschiwu] *m*, (Zange usw.) instrumento [ĩßtrumẽtu] *m*, utensílio [utẽĩßilju] *m*
geräuchert *adj* defumad|o/-a [defumadu/-a]
Geräusch *s* som [ßõũ] *m*
gerecht *adj* **1** (Mensch usw.) just|o/-a [shußtu/-a] **2** (Behandlung usw.) equitativ|o/-a [ekuitatschiwu/-a] ♦ *adv* com razão [kõũ hasãũ]
gerechtfertigt *adj* procedente [proßedẽtschi]
Gericht *s* **1** tribunal [tribunau] *m* **2** prato [pratu] *m*, refeição [hefejßãũ] *w*
gern *adj etw. Akk tun fazer a.c.* com prazer [kõũ praser], *etw. Akk tun* gostar [goßtar] *de fazer a.c.*
Gerste *w* cevada [ßewada] *w*
Geruch *m* odor [odor] *m*, (Wahrnehmung) cheiro [schejru] *m*
Gerüst *s* andaime [ãdajmi] *m*, (Grundkonstruktion usw.) armação [armaßãũ] *w*, carcaça [karkaßa] *w*, arcabouço [arkaboßu] *m*
Gesamtheit *w etw. Gen* conjunto [kõũshũtu] *m de a.c.*, agregado [agregadu] *m*
Gesandte *m* enviado [ĩwiadu] *m*, emissário [emißarju] *m*, legado [legadu]
Gesang *m* canto [kãtu] *m*, vocais [wokajß] *m Mz*
Gesäß *s* nádegas [nadegaß] *w Mz*, traseiro [trasejru] *m*, bunda [bũda] *w*, bumbum [bũbũ] *m*
Geschäft *s* **1** (Raum) loja [lòsha] *w*, empório [ĩporju] *m* **2** (Transaktion) negócio [negòßju] *m*
geschäftlich *adj* comercial [komerßjau]
Geschäftsführer *m* administrador [adshiminißtrador] *m*
Geschäftsmann *m* comerciante [komerßjãtschi] *m*, negociante [negoßjãtschi] *m*
geschehen *v* acontecer [akõũteßer], ocorrer [okoher], passar [paßar], suceder [ßußeder]
Geschenk *s* presente [presẽtschi] *m*, prenda [prẽda] *w*, dádiva [dadshiwa] *w*, regalo [hegalu] *m*
Geschichte *w* **1** (der Welt usw.) história [ißtòria] *w* **2** (Ereignis) história [ißtòria] *w*, anedota [anedòta] *w*, narrativa [nahatschiwa] *w*, estória [ißtoria] *w* **3** (Unterrichtsfach) história [ißtòria] *w* **4** *etw. Gen* história [ißtòria] *w de a.c.*
geschickt *adj* hábil [abiu], habilidos|o/-a [abilidosu/-a], jeitos|o/-a [shejtosu/-a] ♦ *adv* habilmente [abiumẽtschi]
geschieden *adj* divorciad|o/-a [dshiworßjadu/-a]
Geschirr *s* **1** (zum Essen) loiça [lojßa] *w*, louça [loßa] *w*, pratos [pratuß] *m Mz*, (zum Kochen) louça *w* de cozinha [loßa dshi kosĩnja] **2** (von Zugtieren) arnês [arneß] *m*
Geschlecht *s* **1** (sexuell) sexo [ßäkßu] *m* **2** (Familie) linhagem [lĩnjashẽĩ] *w*
geschlechtlich *adj* sexual [ßekßuau]
Geschlechtsverkehr *m* ato *m* sexual [atu ßekßuau], coito [kojtu] *m*, cópula [kòpula] *w*
geschlossen *adj* fechad|o/-a [feschadu/-a], cerrad|o/-a [ßehadu/-a]
Geschmack *m* **1** sabor [ßabor] *m* **2** (Sinn) gosto [goßtu] *m*, paladar [paladar] *m* **3** (Vorliebe) gosto [goßtu] *m*
Geschwindigkeit *w* velocidade [weloßidadshi] *w*, rapidez [hapideß] *w*
Geschwister *s* irmão [irmãũ] *m*
Gesellschaft *w* sociedade [ßoßiedadshi] *w*, companhia [kõũpãnjia] *w* ► **~ leisten** *j-m* fazer companhia
gesellschaftlich *adj* social [ßoßjau]
Gesetz *s* lei [lej] *w*
gesetzlich *adj* legal [legau], lícit|o/-a [lißitu/-a]
Gesicht *s* rosto [hoßtu] *m*, cara [kara] *w*, face [faßi] *w*, vulto [wuutu] *m*
gespannt *adj* tens|o/-a [tẽßu/-a], (Muskeln, Seil usw.) tes|o/-a [tesu/-a], retesad|o/-a [hetesadu/-a], esticad|o/-a [ißtschikadu/-a]
Gespräch *s* conversa [kõũwärßa] *w*

Gestalt *w* **1** forma [fòrma] *w*, feição [fejßãũ] *w*, feitio [fejtschju] *m* **2** (in einem Roman usw.) personagem [perßonashẽĩ] *w*
gestehen *v etw. Akk* confessar [kõũfeßar] *a.c.*
gestern *adv* ontem [õũtẽĩ]
gestrig *adj* de ontem [dshi õũtẽĩ]
Gestrüpp *s* matagal [matagau] *m*, brenha [brẽnja] *w*
gesund *adj* **1** (Person usw.) são/sã [ßãũ/ßã] **2** (gut für Gesundheit) saudável [ßaudaweu], salubre [ßalubri] ▶ **~er Menschenverstand** bom senso *m*, senso *m* comum
Gesundheit *w* saúde [ßaudshi] *w*, sanidade [ßanidadshi] *w*
gesundheitlich *adj* de saúde [dshi ßaudshi]
Getränk *s* bebida [bebida] *w*
Getreide *s* cereal [ßereau] *m*, trigo [trigu] *m*
getrennt *adj* separad|o/-a [ßeparadu/-a], avuls|o/-a [awuußu/-a]
Getriebe *s* **1** (System) transmissão [trãsmißãũ] *w* **2** (Betriebsamkeit) agitação [ashitaßãũ] *w*, bulício [bulißju] *m*, roda-viva [hodawiwa] *w*, movimentação [mowimẽĩtaßãũ] *w*
Gewalt *w* violência [wiolẽßja] *w*
gewaltsam *adj* violent|o/-a [wiolẽtu/-a] ♦ *adv* à força [a forßa]
Gewehr *s* fuzil [fusiu] *m*, rifle [hifli] *m*
Gewerbe *s* ofício [ofißju] *m*
Gewerkschaft *w* sindicato [ßĩdshikatu] *m*
Gewicht *s* **1** (Schwere) *etw. Gen* peso [pesu] *m de a.c.* **2** (Gegenstand) peso [pesu] *m* **3** (Bedeutung) *etw. Gen* importância [ĩportãßja] *w*
Gewinn *m* **1** (Ertrag) ganho [gãnju] *m*, lucro [lukru] *m*, rendimento [hẽĩdshimẽtu] *m* **2** (im Lotto usw.) ganho [gãnju] *m*, prêmio [premju] *m*
gewinnen *v* **1** (Wettkampf usw.) *etw. Akk, in etw. Dat* ganhar [gãnjar] *a.c.* **2** *etw. Akk aus etw.* tirar proveito [tschirar prowejtu] *de a.c.*, *etw. Akk* adquirir [adshikirir], ganhar [gãnjar], obter [obiter] **3** *j-n* cair nas graças [kair naß graßaß] *de alg*, (erobern) *j-n* encantar [ĩkãtar] *alg*
Gewinner *m etw. Gen* vencedor [wẽĩßedor] *m*
gewiss *adj* cert|o/-a [ßärtu/-a] ♦ *adv* de certeza [dshi ßertesa], seguramente [ßeguramẽtschi], certamente [ßertamẽtschi], com certeza [kõũ ßertesa] ♦ *part* certamente [ßertamẽtschi], com certeza [kõũ ßertesa], de certeza [dshi ßertesa]
Gewissen *s* consciência [kõũßiẽßja] *w* ▶ **ins ~ reden** *j-m* admoestar *alg*
Gewitter *s* tempestade [tẽĩpeßtadshi] *w*, temporal [tẽĩporau] *m*, procela [proßela] *w*, trovoada [trowoada] *w*
gewöhnen *v* ***sich*** **~** *an etw. Akk* acostumar-se [akoßtumarßi] *a a.c.*, afazer-se [afaserßi] *a a.c.*, habituar-se [abituarßi] *a a.c.*
Gewohnheit *w* costume [koßtumi] *m*, hábito [abitu] *m* ▶ **schlechte ~** mau hábito *m*
gewöhnlich *adj* **1** comum [komũ], ordinári|o/-a [ordshinarju/-a] **2** (Zeit usw.) usual [usuau], habitual [abituau], comum [komũ], costumeir|o/-a [koßtumejru/-a] ♦ *adv* comumente [komumẽtschi], de hábito [dshi abitu], de costume [dshi koßtumi], normalmente [normaumẽtschi]
Gewürz *s* especiarias [ißpeßjariaß] *w Mz*
Gezeiten *w Mz* maré [marä] *w*
gierig *adj nach etw.* desejos|o/-a [deseshosu/-a] *de a.c.*, (Blick usw.) ávid|o/-a [awidu/-a], desejos|o/-a [deseshosu/-a], cúpid|o/-a [kupidu/-a] ♦ *adv* vorazmente [worasmẽtschi]
gießen *v* **1** (Wasser in die Tasse usw.) *etw. Akk in etw. Akk* verter [werter] **2** (durch Gießen verteilen) *etw. Akk in etw. Akk* repartir [hepartschir] *a.c.* **3** (Blume usw.) *etw. Akk* regar [hegar] **4** (Metalle) fundir [fũdshir]
Gift *s* veneno [wenenu] *m*, peçonha [peßõnja] *w*
giftig *adj* tóxic|o/-a [tòkßiku/-a], venenos|o/-a [wenenosu/-a]
Giftschlange *w* serpente *w* venenosa [ßerpẽtschi wenenosa]
Gipfel *m* **1** (Berg usw.) *etw. Gen* topo [topu] *m*, cima [ßima] *w* **2** (Wert usw.) cume [kumi] *m*, vértice [wärtschißi] *m*
Gips *m* gesso [sheßu] *m*
Girokonto *s* conta *w* corrente (postal) [kõũta kohẽtschi (poßtau)]

Gitarre *w* guitarra [gitaha] *w*, violão [wiolãũ] *m*

Gitter *s* **1** (am Fenster usw.) grade [gradshi] *w*, grelha [grelja] *w* **2** (Lüftunggitter usw.) grade [gradshi] *w* **3** (Netz usw.) retículo [hetschikulu] *m*

glänzen *v* **1** (in der Sonne usw.) brilhar [briljar], resplandecer [heßplãdeßer], luzir [lusir], reverberar [hewerberar] **2** brilhar [briljar], arrasar [ahasar] **3** (sich hervortun) *in etw. Dat* brilhar [briljar] *em a.c.*

glänzend *adj* **1** (Oberfläche usw.) brilhante [briljãtschi], lustros|o/-a [lußtrosu/-a], luzidi|o/-a [lusidshju/-a], nédi|o/-a [nädshju/-a] **2** (Haar usw.) brilhante [briljãtschi], nédi|o/-a [nädshju/-a]

Glas *s* **1** (Material) vidro [widru] *m* **2** (Gefäß) copo [kòpu] *m*, vaso [wasu] *m*

gläsern *adj* de vidro [dshi widru]

glatt *adj* **1** (Oberfläche usw.) lis|o/-a [lisu/-a] **2** (Gehweg usw.) escorregadi|o/-a [ißkohegadshju/-a], derrapante [dehapãtschi], deslizante [dshislisãtschi] ► **~ sein** ser escorregadio

Glatteis *s* camada *w* de gelo [kamada dshi shelu], regelo [heshelu] *m*

Glaube *m* fé [fä] *w*, crença [krẽßa] *w*

glauben *v* **1** *j-m/etw.* crer [krer], acreditar [akredshitar] **2** (Ansicht haben) pensar [pẽĩßar], opinar [opinar] **3** *an etw. Akk* crer [krer] *em a.c.* ► **Ich glaube schon./Das glaube ich nicht.** Acho que sim/não

gleich *adj* **1** (mit denselben Eigenschaften) igual [iguau], mesmo [mesmu] **2** (Niveau) igual [iguau], mesmo [mesmu] **3** (Chancen usw.) igual [iguau] ♦ *adv* imediatamente [imedshiatamẽtschi], de imediato [dshi imedshiatu] ► **~ (sein)** *etw. Nom* equivaler *a a.c.*

gleichen *v* parecer-se [pareßerßi]

gleichfalls *adv* igualmente [iguaumẽtschi]

Gleichgewicht *s* equilíbrio [ekilibrju] *m*

gleichgültig *adj* indiferente [ĩdshiferẽtschi]

gleichzeitig *adv* de uma vez [dshi uma weß], ao mesmo tempo [au mesmu tẽpu]

Gleis *w* via-férrea [wiafähea] *w* ♦ *s* via [wia] *w*

Gletscher *m* glaciar [glaßjar] *m*, geleira [shelejra] *w*

Glied *s* **1** (einer Kette) elo [elu] *m*, anel [anäu] *m* **2** (Gliedmaße) extremidade [ißtremidadshi] *w*, membro [mẽbru] *m* **3** (Penis) pênis [penìß] *m*

Glocke *w* campana [kãpana] *w*, sino [ßinu] *m*

Glück *s* **1** (Erfolg) sorte [ßòrtschi] *w*, ventura [wẽĩtura] *w* **2** (Fortuna) (boa) sorte [(boa) ßòrtschi] *w*, fortuna [fortuna] *w* **3** (Gefühl) felicidade [felißidadshi] *w* ► **~ haben** estar com sorte; **wenig ~** má sorte *w*, azar *m*, (ugs.) galinha *w*; **zum ~** felizmente, afortunadamente, por sorte

glücklich *adj* **1** (Gewinner usw.) afortunad|o/-a [afortunadu/-a], venturos|o/-a [wẽĩturosu/-a], ditos|o/-a [dshitosu/-a], (Zahl usw.) feliz [feliß] **2** (Mensch usw.) feliz [feliß] ♦ *adv* felizmente [felismẽtschi]

glücklicherweise *part* felizmente [felismẽtschi], afortunadamente [afortunadamẽtschi], por sorte [pur ßòrtschi]

Glücksspiel *s* jogatina [shogatschina] *w*

Glückwunsch *m* felicitação [felißitaßãũ] *w* ► **Herzlichen ~!** Felicitações!, Parabéns!

Glühbirne *w* lâmpada [lãpada] *w*

glühen *v* arder [arder]

Glühwein *m* vinho *m* quente [wĩnju kẽtschi]

Gold *s* ouro [oru] *m*

golden *adj* **1** (Münze usw.) de ouro [dshi oru], dourad|o/-a [doradu/-a] **2** (Zeiten usw.) áure|o/-a [aureu/-a]

Gott *m* deus [deuß] *m*, Deus [deuß] *m*

Gottesdienst *m* missa [mißa] *w*, serviços *m Mz* religiosos [ßerwißuß helishiosuß]

Grab *s* tumba [tũba] *w*, campa [kãpa] *w*

graben *v etw. Akk* cavar [kawar] *a.c.*, solapar [ßolapar] *a.c.*, (Loch) escavar [ißkawar]

Graben *m* escavação [ißkawaßãũ] *w*, (Straßengraben usw.) fosso [foßu] *m*, vala [wala] *w*

Grad *m* grau [grau] *m*

Gramm *s* grama [grama] *m*

Grammatik *w* gramática [gramatschika] *w*
Grapefruit *w* toronja [torõũsha] *w*
Gras *s* **1** (Rasen) erva [ärwa] *w*, grama [grama] *w* **2** (Pflanze) gramínea [graminea] *w*, capim [kapĩ] *m*
gratis *adv* grátis [gratschiß], de graça [dshi graßa], gratuitamente [gratuitamẽtschi], à borla [a borla]
gratulieren *v j-m zu etw.* felicitar [felißitar] *a alg*, dar os parabéns [dar uß parabẽĩß] *a alg*, *j-m zu etw.* felicitar [felißitar] *alg por a.c.*, *j-m zu etw.* parabenizar [parabenisar] *alg por a.c.*
grau *adj* cinzent|o/-a [ßĩsẽtu/-a], pard|o/-a [pardu/-a], grisalh|o/-a [grisalju/-a]
Graupen *w* grãos [grãũß] *m Mz*
grausam *adj* cruel [kruäu]
greifen *v* **1** (mit Hand usw.) *nach etw.* estender a mão [ißtẽĩder a mãũ] *para pegar a.c.* **2** (Maßnahmen usw.) *zu etw.* recorrer [hekoher] *a a.c.*
Grenze *w* **1** (Landesgrenze) fronteira [frõũtejra] *w* **2** (Trennungslinie) limite [limitschi] *m* **3** (Beschränkung usw.) *etw. Gen* limite [limitschi] *m de a.c.*, (Limit usw.) limiar [limiar] *m*
Grenzübergang *m* passagem *w* fronteiriça [paßashẽĩ frõũtejrißa]
Grill *m* grelhador [greljador] *m*, churrasqueira [schuhaßkejra] *w*
Grippe *w* gripe [gripi] *w*
grob *adj* **1** (Oberfläche usw.) ásper|o/-a [aßperu/-a], gross|o/-a [großu/-a] **2** (Struktur usw.) ásper|o/-a [aßperu/-a] **3** (Manieren usw.) gross|o/-a [großu/-a], bestial [beßtschiau], rústic|o/-a [hußtschiku/-a], tosc|o/-a [toßku/-a] **4** (ungefähr) aproximad|o/-a [aproßimadu/-a]
groß *adj* **1** (Maß, Menge) grande [grãdshi], larg|o/-a [largu/-a] **2** (hoch usw.) alt|o/-a [autu/-a] **3** (erwachsen) grande [grãdshi], feit|o/-a [fejtu/-a], maior [majòr], crescid|o/-a [kreßidu/-a]
großartig *adj* fantástic|o/-a [fãtaßtschiku/-a], (ausgezeichnet usw.) excelente [eßelẽtschi], (Bauwerk usw.) magnífic|o/-a [magnifiku/-a], (Pläne usw.) grandios|o/-a [grãdshiosu/-a]
Größe *w* **1** (Umfang usw.) tamanho [tamãnju] *m*, porte [pòrtschi] *m* **2** (von Kleider usw.) tamanho [tamãnju] *m* **3** (in Physik) grandeza [grãdesa] *w*
Großmutter *w* avó [awò] *w*, vovó [wowò] *w*
Großvater *m* vovô [wowo] *m*
großzügig *adj* generos|o/-a [shenerosu/-a]
grün *adj* verde [werdshi]
Grund *m* **1** (Oberfläche) chão [schãũ] *m*, terra [täha] *w*, solo [ßòlu] *m* **2** (für Tat usw.) *für etw.* razão [hasãũ] *w*, motivo [motschiwu] *m*, causa [kausa] *w*
► **auf ~** *etw. Gen* por causa de, devido *a a.c.*, em virtude de *a.c.*
gründen *v* fundar [fũdar]
Grundlage *w etw. Gen* base [basi] *w de a.c.*, fundamento [fũdamẽtu] *m*
gründlich *adj* minucios|o/-a [minußiosu/-a] ♦ *adv* fundamentalmente [fũdamẽĩtaumẽtschi], (untersuchen usw.) minuciosamente [minußiosamẽtschi], (wie es sein soll) devidamente [dewidamẽtschi]
grundsätzlich *adj* fundamental [fũdamẽĩtau] ♦ *adv* fundamentalmente [fũdamẽĩtaumẽtschi]
Grundschule *w* escola *w* primária [ißkòla primaria]
Grundstück *s* terreno [tehenu] *m*
► **eingezäuntes ~** curral *m*
Gruppe *w* **1** grupo [grupu] *m* **2** (von Fachleuten usw.) painel [pajnäu] *m* **3** (Rettungsgruppe usw.) esquadra [ißkuadra] *w*, equipa [ekipa] *w*, tropa [tròpa] *w*, destacamento [dshißtakamẽtu] *m*
Gruß *m* cumprimento [kũprimẽtu] *m*, saudação [ßaudaßãũ] *w*
grüßen *v* **1** *j-n* saudar [ßaudar] *alg*, cumprimentar [kũprimẽĩtar] *alg* **2** *j-n von j-m* dar os cumprimentos [dar uß kũprimẽtuß] *a alg de alg*
gültig *adj* válid|o/-a [walidu/-a], em vigor [ẽĩ wigor], vigente [wishẽtschi]
Gummi *m/s* **1** borracha [bohascha] *w*, goma [goma] *w* **2** (zum Radieren) borracha [bohascha] *w*
Gummiband *s* elástico [elaßtschiku] *m*
Gummistiefel *m Mz* botas *w Mz* de borracha [botaß dshi bohascha]
Gunst *w* favor [fawor] *m*, graça [graßa] *w*, mercê [merße] *w*
günstig *adj* **1** vantajos|o/-a [wãtashosu/-a] **2** (Bedingungen usw.)

favorável [fawor**a**weu] **3** (Augenblick usw.) oportun|o/-a [oport**u**nu/-a]

Gurke *w* pepino [pep**i**nu] *m*

Gurt *m* **1** (Gürtel) cinto [ßĩtu] *m* **2** (zum Anschnallen) cinto [ßĩtu] *m*, alça [**a**ußa] *w*

Gürtel *m* cinto [ßĩtu] *m*

gut *adj* **1** (qualitätvoll usw.) bom/boa [bõũ/b**o**a] **2** (nett) *zu j-m* bom/boa [bõũ/b**o**a] *com alg* ♦ *adv* bem [bẽĩ] ▶ **ziemlich ~** passável; **Also ~.** Está bem.; **G~e Fahrt.** Boa viagem!

Gutachten *s* parecer [pareß**e**r] *m*, crítica [kr**i**tschika] *w*

Gutschein *m* vale [w**a**li] *m*, voucher [wautschə] *m*

Gymnasium *s* liceu [liß**e**u] *m*

Gymnastik *w* ginástica [shin**a**ßtschika] *w*

H

Haar *s* **1** (einzelnes, auf dem Kopf) cabelo [kab**e**lu] *m* **2** (am Körper) pelo [p**e**lu] *m* **3** (blondes, lockiges usw.) cabelos [kab**e**lußß] *m Mz* ▶ **sich die ~e schneiden lassen** cortar o cabelo

Haarschnitt *m* corte [k**ò**rtschi] *m*

Haarspray *m/s* laca *w* para o cabelo [l**a**ka p**a**ra u kab**e**lu]

haben *v* **1** *etw. Akk* ter [t**e**r] **2** + *zu* + *Inf.* dever [dew**e**r] *fazer a.c.*

hacken *v* **1** *j-n* cortar [kort**a**r] *alg* **2** cortar [kort**a**r] **3** (ein Beet usw.) cavar [kaw**a**r] **4** (Fleisch usw.) picar [pik**a**r]

Hackfleisch *s* carne *w* picada [k**a**rni pik**a**da]

Hafen *m* porto [p**o**rtu] *m*

Hafer *m* aveia [aw**e**ja] *w*

haften *v* **1** *auf/an etw. Akk* aderir [ader**i**r] *a a.c.* **2** (für Qualität usw.) *für etw.* garantir [garãtsch**i**r] *a.c.*, abonar [abon**a**r] *a.c.*, afiançar [afiãß**a**r] *a.c.*

Haftung *w* responsabilidade [heßpõũßabilid**a**dshi] *w*

Hagel *m* granizo [gran**i**su] *m*, saraiva [ßar**a**jwa] *w*

Hahn *m* **1** (Vogel) galo [g**a**lu] *m* **2** (Wasserhahn usw.) torneira [torn**e**jra] *w*, bica [b**i**ka] *w* **3** (an Schusswaffen) cão [kãũ] *m*

Hähnchen *s* frango [frãgu] *m*

Hai *m* tubarão [tubarãũ] *m*

Haken *m* **1** gancho [gãschu] *m* **2** (Schwierigkeit) busílis [bus**i**liß] *m*, senão [ßenãũ] *m*, enguiço [ĩg**i**ßu] *m*, (Schwierigkeit) complicação [kõũplikaßãũ] *w*

halb *adj* mei|o/-a [m**e**ju/-a] ♦ *adv* meio [m**e**ju] ▶ **um ~ fünf** às quatro e meia; **vor einer ~en Stunde** há meia hora

Halbinsel *w* península [penĩßula] *w*

Halbmesser *m* raio [h**a**ju] *m*

Hälfte *w* metade [met**a**dshi] *w*, meado [me**a**du] *m*, *etw. Gen* meio [m**e**ju] *m*

Halle *w* sala [ß**a**la] *w*

hallo **H~!** Alô!, olá, oi, oba, alô

Hals *m* **1** (Körperteil) pescoço [peßk**o**ßu] *m* **2** (einer Flasche usw.) colo [k**ò**lu] *m*, gargalo [garg**a**lu] *m*

Halsband *s* coleira [kol**e**jra] *w*

halt **H~!** Para!, Alto!, Alto lá!

Halt *m* parada [par**a**da] *w*

haltbar *adj* durável [dur**a**weu]

halten *v* **1** (in der Hand) *etw. Akk* ter *a.c.* na mão [t**e**r na mãũ], segurar [ßegur**a**r] **2** (fest sein usw.) manter-se (firme) [mãt**e**rßi (f**i**rmi)] **3** (in einer Lage usw.) manter [mãt**e**r] **4** (in bestimmten Zustand usw.) *etw. Akk* manter [mãt**e**r] *a.c.* **5** *j-n irgendwohin* reter [het**e**r] *alg onde* **6** (Zug usw.) *irgendwo* parar [par**a**r] **7** *sich* ~ (sich nicht entfernen) *irgendwo* ficar [fik**a**r] **8** *j-n/etw. für j-n/etw.* considerar [kõũßider**a**r] *alg/a.c. como alg/a.c.* **9** (Haustier usw.) *etw. Akk* criar [kri**a**r], estimar [ißtschim**a**r] **10** *sich* ~ *an etw. Akk* (Anweisungen usw.) seguir [ßeg**i**r] *a.c.* **11** (frisch bleiben usw.) perdurar [perdur**a**r] ▶ **das Wort ~** cumprir a palavra, manter a palavra; **~ (können)** *etw. Akk* manter *a.c.*; **Halt die Klappe!** Cala a boca!, Cala o bico!

Halter *m* suporte [ßup**ò**rtschi] *m*

Haltestelle *w* ponto [põũtu] *m*, parada [par**a**da] *w*

Hammer *m* martelo [mart**ä**lu] *m*

Hand *w* mão [mãũ] *w*

Handarbeit *w* trabalho *m* manual [trab**a**lju manu**a**u]

Handbuch *s* manual [manu**a**u] *m*, compêndio [kõũpẽdshju] *m*, prontuário [prõũtu**a**rju] *m*, manual *m* de instruções [manu**a**u dshi ĩßtrußõũjß]

Handel *m* comércio [kom**ä**rßju] *m*, tráfico [tr**a**fiku] *m*

handeln *v* **1** (tun) agir [ashir], atuar [atuar] **2** (Buch) *von etw., über etw. Akk* tratar [tratar] *de a.c.*, versar [werßar] *sobre a.c.* **3** regatear [hegatschiar], pechinchar [peschĩschar], (über Preis usw.) *mit j-m über etw. Akk* regatear [hegatschiar] *com alg sobre a.c.* **4** (Geschäft betreiben) *mit etw.* comerciar [komerßjar] *com a.c.*, negociar [negoßjar] *com a.c.*, traficar [trafikar] *com a.c.*, mercadejar [merkadeshar] *com a.c.*

Handfläche *w* palma [pauma] *w*

Handgelenk *s* pulso [puußu] *m*

Handgepäck *s* bagagem *w* de mão [bagashẽĩ dshi mãũ], bagagens *w Mz* de mão [bagashẽĩß dshi mãũ]

Händler *m* comerciante [komerßjãtschi] *m*, lojista [loshißta] *m*, dono *m* da loja [donu da lòsha]

Handlung *w* **1** ação [aßãũ] *w*, atuação [atuaßãũ] *w*, ato [atu] *m* **2** (eines Films usw.) enredo [ĩhedu] *m*, trama [trama] *w*, intriga [ĩtriga] *w*, teia [teja] *w*

Handschellen *w Mz* algemas [aushemaß] *w Mz* ▶ **~ anlegen** *j-m* algemar *alg*

Handschrift *w* **1** (schön usw.) manuscrito [manußkritu] *m*, letra [letra] *w*, escrita [ißkrita] *w* **2** (Urkunde usw.) manuscrito [manußkritu] *m*

Handschuh *m* luva [luwa] *w*

Handschuhfach *s* porta-luvas [pòrtaluwaß] *m*

Handtasche *w* bolsa [boußa] *w*, carteira [kartejra] *w*, mala [mala] *w*

Handtuch *s* toalha [toalja] *w*

Handwerk *s* ofício [ofißju] *m*

Handwerker *m* artesão [artesãũ] *m*

Handy *s* celular [ßelular] *m*

Hang *m* **1** (steil usw.) encosta [ĩkòßta] *w*, ladeira [ladejra] *w*, costa [kòßta] *w*, vertente [wertẽtschi] *w* **2** (Tendenz) *zu etw.* propensão [propẽĩßãũ] *w para a.c.*

hängen[1] *v* (im Schrank usw.) **1** pender [pẽĩder] **2** (nicht verzichten) *an etw. Dat* aferrar-se [afeharßi] **3** (an Mutter usw.) *an j-m* ligar-se [ligarßi] *a alg*

hängen[2] *v* **1** (Bild usw.) *etw. Akk* pendurar [pẽĩdurar] *a.c.*, suspender [ßußpẽĩder] *a.c.* **2** (Wäsche usw.) *etw. Akk* pendurar [pẽĩdurar] *a.c.* **3** (hinrichten) *j-n* enforcar [ĩforkar] *alg*

harmlos *adj* ingênu|o/-a [ĩshenuu/-a]

hart *adj* **1** (Holz usw.) dur|o/-a [duru/-a], rij|o/-a [hishu/-a] **2** (Schlag usw.) dur|o/-a [duru/-a] **3** (unnachgiebig) dur|o/-a [duru/-a], sever|o/-a [ßewäru/-a] **4** (Tag usw.) dur|o/-a [duru/-a] ♦ *adv* fortemente [fortemẽtschi], duramente [duramẽtschi]

hartnäckig *adj* tenaz [tenaß], pertinaz [pertschinaß]

Hase *m* lebre [läbri] *w*

Haselnuss *w* avelã [awelã] *w*

Hass *m* ódio [òdshju] *m*, rancor [hãkor] *m*

hassen *v j-n/etw.* detestar [deteßtar] *alg/a.c.*, odiar [odshiar] *alg/a.c.*, abominar [abominar] *alg/a.c.*, *j-n/etw.* odiar [odshiar]

hässlich *adj* fei|o/-a [feju/-a], feios|o/-a [fejosu/-a], hediond|o/-a [edshiõũdu/-a]

Haufen *m* montão [mõũtãũ] *m*, pilha [pilja] *w*

häufig *adj* frequente [frekuẽtschi] ♦ *adv* muitas vezes [muitaß wesiß], frequentemente [frekuẽĩtemẽtschi]

Hauptbahnhof *m* estação *w* central [ißtaßãũ ßẽĩtrau]

Hauptgericht *s* prato *m* principal [pratu prĩßipau]

hauptsächlich *part* principalmente [prĩßipaumẽtschi], mormente [mormẽtschi], sobretudo [ßobritudu]

Hauptstadt *w* capital [kapitau] *w*

Hauptstelle *w* sede *w* geral [ßädshi sherau], matriz [matriß] *w*

Hauptstraße *w* estrada *w* principal [ißtrada prĩßipau], (für Fußgänger usw.) rua *w* principal [hua prĩßipau]

Haus *s* casa [kasa] *w* ▶ **nach ~(e)** a casa, para casa; **zu ~e** em casa

Hausaufgaben *w Mz* deveres [deweriß] *m Mz*

Häuserblock *m* bloco *m* de casas [blòku dshi kasaß], quarteirão [kuartejrãũ] *m*

Hausfrau *w* dona *w* de casa [dona dshi kasa], ama [ama] *w*

hausgemacht *adj* caseir|o/-a [kasejru/-a]

Haushalt *m* lar [lar] *m*

Haushaltsgerät *s* eletrodoméstico [elätrodomäßtschiku] *m*

Haushaltswaren *Mz* artigos *m Mz* para a casa [artschiguß para a kasa]

Haustier *s* mascote [maßkòtschi] *w*, animal *m* de estimação [animau dshi ißtschimaßãũ]

Haut *w* **1** (Körpergewebe) pele [päli] *w*, cútis [kutschiß] *w*, epiderme [epidermi] *w*, derme [dermi] *w* **2** (von Pfirsich usw.) casca [kaßka] *w*, pele [päli] *w*

Havarie *w* acidente [aßidẽtschi] *m*

Hebel *m* alavanca [alawãka] *w*

heben *v etw. Akk* levantar [lewãtar] *a.c.*, elevar [elewar] *a.c.*, alçar [außar] *a.c.*, içar [ißar] *a.c.*

Hecke *w* sebe [ßebi] *w*, cerca *w* viva [ßerka wiwa]

Heer *s* exército [esärßitu] *m*

Heft *s* caderno [kadärnu] *m*

heftig *adj* **1** (stark) forte [fòrtschi], violent|o/-a [wiolẽtu/-a] **2** (Leidenschaft usw.) intens|o/-a [ĩtẽßu/-a] ♦ *adv* **1** (sehr energisch usw.) vigorosamente [wigorosamẽtschi] **2** (regnen usw.) fortemente [fortemẽtschi]

Heidelbeere *w* mirtilo [mirtschilu] *m*

heilen *v* sarar [ßarar], cicatrizar-se [ßikatrisarßi], (Wunde usw.) curar-se [kurarßi]

heilig *adj* **1** (Person) sant|o/-a [ßãtu/-a], são/sã [ßãũ/ßã] **2** (Sakrament usw.) sagrad|o/-a [ßagradu/-a], sacr|o/-a [ßakru/-a] **3** (Ort usw.) sant|o/-a [ßãtu/-a]

heim *adv* a casa [a kasa], para casa [para kasa]

Heim *s* **1** lar [lar] *m*, casa [kasa] *w* **2** (für Obdachlose usw.) abrigada [abrigada] *w*

Heimat *w* pátria [patria] *w*

heiraten *v* **1** (Ehe schließen) casar-se [kasarßi] **2** (die Ehe eingehen) *j-n* casar-se [kasarßi] *com alg*, casar [kasar] *com alg*

heiser *adj* ronc|o/-a [hõũku/-a]

heiß *adj* **1** (Gegenstand usw.) quente [kẽtschi] **2** (Liebe usw.) ardente [ardẽtschi] ♦ *adv* calor [kalor] ► **Mir ist ~.** Tenho calor., Estou com calor.

heißen *v irgendwie* chamar-se [schamarßi] ► **das heißt** ou seja; **willkommen ~** *j-n* dar as boas-vindas, acolher *alg*, saudar *alg*; **Ich heiße…** O meu nome é…, Chamo-me…; **Wie heißt du?** Qual é o teu nome?, Como te chamas?

heiter *adj* **1** (Stimmung) alegre [alägri], animad|o/-a [animadu/-a] **2** (Tag usw.) clar|o/-a [klaru/-a]

heizen *v* **1** *irgendwo* aquecer [akeßer] *a.c.* **2** (Zimmer usw.) aquecer [akeßer]

Heizung *w* aquecimento [akeßimẽtu] *m*

Hektar *s/m* hectare [ektari] *m*

Held *m* herói [eròi] *m*

helfen *v j-m mit etw.* ajudar [ashudar] *alg com a.c.*, socorrer [ßokoher] *alg*, auxiliar [außiliar] *alg*, (bei einer Arbeit usw.) *j-m mit etw.* assistir [aßißtschir]

hell *adj* **1** clar|o/-a [klaru/-a] **2** loir|o/-a [lojru/-a], lour|o/-a [loru/-a] ♦ *adv* intensamente [ĩtẽßamẽtschi]

Helm *m* capacete [kapaßetschi] *m*

Hemd *s* camisa [kamisa] *w*

Henkel *m* asa [asa] *w*

Henne *w* galinha [galĩnja] *w*

her *adv* (por) aqui [(pur) aki], cá [ka] ► **hin und ~** dum lado para o outro

heraus *adv aus etw.* fora [fòra] *de a.c.*, ao ar livre [au ar liwri], (vom Sprecher) (para) fora [(para) fòra], embora [ĩbòra]

herausfinden *v etw. Akk* descobrir [dshißkobrir] *a.c.*

herausnehmen *v* tirar [tschirar], *etw. Akk aus etw.* extrair [ißtrair] *a.c. de a.c.*

Herberge *w* albergue [aubärgi] *m*, pousada [posada] *w*, hospedaria [oßpedaria] *w*

Herbst *m* outono [otonu] *m*

Herd *m* fogão [fogãũ] *m*

Herde *w* manada [manada] *w*, rebanho [hebãnju] *m*

Herdplatte *w* chapa *w* de fogão [schapa dshi fogãũ]

herein *adv* adentro [adẽtru], para dentro [para dẽtru] ► **H~!** Entre!, Avante!

hereinkommen *v in etw. Akk* entrar [ĩtrar] *em a.c.*, ingressar [ĩgreßar] *em a.c.* ► **Kommen Sie herein.** Entre!

Hering *m* **1** (Fisch) arenque [arẽki] *m* **2** (Pflock) estaca *w* da tenda [ißtaka da tẽda]

Herkunft *w* origem [orishẽĩ] *w*, procedência [proßedẽßja] *w*, proveniência [proweniẽßja] *w*

Herpes *m* herpes [erpiß] *m*

Herr *m* **1** senhor [ßẽnjor] *m*, Sr. [ßẽnjor] *m* **2** (Besitzer) dono [donu] *m de a.c.* ► **~ X** senhor X

herrlich *adj* maravilhos|o/-a [marawiljosu/-a] ♦ *adv* lindamente [lĩdamẽtschi], formosamente [formosamẽtschi]

herrschen *v* governar [gowernar], reinar [hejnar]

herstellen *v* **1** (Produkt usw.) produzir [produsir], fabricar [fabrikar], (Produkt usw.) produzir [produsir] *a.c.* **2** (Ordnung usw.) estabelecer [ißtabeleßer], implantar [ĩplãtar], instaurar [ĩßtaurar]

Hersteller *m von etw.* fabricante [fabrikãtschi] *m de a.c.*, produtor [produtor] *m de a.c.*

herunter *adv* para baixo [para bajschu], abaixo [abajschu]

hervorragend *adj* **1** excelente [eßelẽtschi], ótim|o/-a [òtschimu/-a] **2** (Persönlichkeit usw.) eminente [eminẽtschi]

Herz *s* **1** (Organ) coração [koraßãũ] *m* **2** (Karten) copas [kopaß] *w Mz*

herzlich *adj* cordial [kordshiau] ♦ *adv* cordialmente [kordshiaumẽtschi], (lachen usw.) de todo o coração [dshi todu u koraßãũ]

Heu *s* feno [fenu] *m*

heucheln *v etw. Akk* dissimular [dshißimular] *a.c.*, fingir [fĩshir] *a.c.*, aparentar [aparẽĩtar] *a.c.*

heute *adv* hoje [oshi]

heutig *adj* **1** (Tag usw.) de hoje [dshi oshi] **2** (Entwicklung usw.) modern|o/-a [modärnu/-a]

Hexe *w* bruxa [bruscha] *w*, feiticeira [fejtschißejra] *w*

hier *adv* aqui [aki], cá [ka] ► **~ (durch)** por aqui; **von ~ (aus)** de aqui

hierher *adv* (por) aqui [(pur) aki], cá [ka]

Hilfe *w* **1** (Unterstützung usw.) ajuda [ashuda] *w*, auxílio [außilju] *m*, assistência [aßißtẽßja] *w* **2** (Text) ajuda [ashuda] *w* ► **erste ~** primeiros socorros *m Mz*

Hilfsmittel *s* utensílio [utẽĩßilju] *m*, instrumento [ĩßtrumẽtu] *m*, recurso [hekurßu] *m*

Himbeere *w* framboesa [frãboesa] *w*

Himmel *m* céu [ßäu] *m*

hin *adv* para ali [para ali], para aí [para ai] ► **~ und her** dum lado para o outro

hinabsteigen *v* descer [deßer]

hinaufsteigen *v etw. Akk* subir [ßubir] *a.c.*, ascender [aßẽĩder] *a.c.*, assomar [aßomar] *a.c.*

hinaus *adv* (para) fora [(para) fòra], embora [ĩbòra]

hinausgehen *v* sair [ßair] *de alg*

hindern *v* **1** *j-n an etw. Dat* impedir [ĩpedshir] *alg de fazer a.c.* **2** (im Wege stehen) *j-n* estorvar [ißtorwar], obstruir [obißtruir]

Hindernis *s* **1** *für etw.* obstáculo [obißtakulu] *m*, empecilho [ĩpeßilju] *m*, *in etw. Dat* obstáculo [obißtakulu] *m*, impedimento [ĩpedshimẽtu] *m* **2** (in Athletik usw.) barreira [bahejra] *w*

hineingehen *v* **1** *in etw. Akk* entrar [ĩtrar] *em a.c.* **2** (Gepäck usw.) *in etw. Akk* caber [kaber] *em a.c.*

Hinfahrt *w* ida [ida] *w*, viagem *w* de ida [wiasheĩ dshi ida]

hinfallen *v* cair [kair]

hinlegen *v* **1** *etw. Akk irgendwohin* colocar [kolokar], pousar [posar] *a.c. para onde*, *etw. Akk irgendwohin* pôr [por] *a.c. aonde*, meter [meter] *a.c.* **2** ***sich* ~** deitar-se [dejtarßi], acostar-se [akoßtarßi]

hinten *adv* atrás [atraß], detrás [detraß], na parte posterior [na partschi poßterior] ► **nach ~** para trás; **von ~** de trás

hinter *prep etw. Dat* detrás de [detraß dshi], (einem Haus usw.) atrás de [atraß dshi] ► **fallen ~** *etw. Akk* cair

hinter(er,e,es) *adj* traseir|o/-a [trasejru/-a], de trás [dshi traß], posterior [poßterior]

Hintergrund *m* fundo [fũdu] *m*

hinunter *adv* para baixo [para bajschu], abaixo [abajschu] ► **die Treppe ~** embaixo de escadas

Hinweis *m* **1** (Warnung usw.) advertência [adshiwertẽßja] *w* **2** (Rat usw.) indício [ĩdshißju] *m* **3** (auf eine Quelle usw.) *auf etw. Akk* referência [heferẽßja] *w a a.c.*

hinweisen *v auf etw. Akk* advertir [adshiwertschir] *a a.c.*, indicar [ĩdshikar] *a a.c.*, alertar [alertar], *auf etw.* advertir [adshiwertschir] *alg para a.c.*

hinzufügen *v etw. Akk* acrescentar [akreßẽĩtar] *a.c.*, completar [kõũpletar] *a.c.*

Hirsch *m* cervo [ßärwu] *m*, veado [weadu] *m*

Hirt *m* pastor [paßtor] *m*, vaqueiro [wakejru] *m*

historisch *adj* históric|o/-a [ißtoriku/-a]

Hitze *w* calor [kalor] *m*, calor *m* de rachar [kalor dshi haschar], (Wetter) abafamento [abafamẽtu] *m*

Hobby *s* hobby [chobi] *m*, passatempo [paßatẽpu] *m*

hoch *adj* alt|o/-a [autu/-a] ♦ *adv* **1** (nach oben) nas alturas [naß auturaß] **2** altamente [autamẽtschi]

Hochland *s* serrania [ßehania] *w*, terra *w* alta [täha auta]

höchstens *adv* no máximo [nu maßimu], quando muito [kuãdu mũĩtu]

Hochwasser *s* **1** inundação [inũdaßãũ] *w*, cheia [scheja] *w*, enchente [ĩschẽtschi] *w*, alagamento [alagamẽtu] *m* **2** (der Flut) preia-mar [prejamar] *w*, maré *w* cheia [marä scheja], maré *w* alta [marä auta]

Hochzeit *w* casamento [kasamẽtu] *m*, núpcias [nupßjaß] *w Mz*, boda [boda] *w*

hochziehen *v* guindar [gĩdar], levantar [lewãtar]

Hocker *m* tamborete [tãboretschi] *m*, banqueta [bãketa] *w*

Hoden *m* testículo [teßtschikulu] *m*

Hof *m* **1** (Platz) pátio [patschju] *m*, saguão [ßaguãũ] *m* **2** (landwirtschaftlicher) sítio [ßitschju] *m*, chácara [schakara] *w*, estância [ißtãßja] *w*

hoffen *v auf etw. Akk* esperar [ißperar] *a.c.*

hoffentlich *part* oxalá [oschala]

Hoffnung *w auf etw. Akk* esperança [ißperãßa] *w*

höflich *adj* cortês [korteß]

Höflichkeit *w* cortesia [kortesia] *w*, urbanidade [urbanidadshi] *w*, civilidade [ßiwilidadshi] *w*

Höhe *w* **1** (Maß) altura [autura] *w* **2** (Summe usw.) nível [niweu] *m* **3** (über dem Meeresspiegel) altitude [autschitudshi] *w*

Höhepunkt *m* culminância [kuuminãßja] *w*, ponto *m* culminante [põũtu kuuminãtschi], pico [piku] *m*

höher *adj* superior [ßuperior] ♦ *adv* mais alto [majß autu]

hohl *adj* oco/oca [oku/oka]

Höhle *w* **1** caverna [kawärna] *w*, gruta [gruta] *w* **2** (eines Tieres) covil [kowiu] *m*, toca [tòka] *w*

holen *v etw. Akk* correr [koher] *por a.c.*, (Brot usw.) *j-n/etw.* ir buscar [ir bußkar] *alg/a.c.*

Hölle *w* inferno [ĩfärnu] *m*

Holz *s* madeira [madejra] *w*

hölzern *adj* de madeira [dshi madejra]

Honig *m* mel [mäu] *m*

hören *v* **1** (wahrnehmen) *etw. Akk* ouvir [owir] *a.c.* **2** (erfahren) *etw. Akk* ouvir dizer [owir dshiser] *de a.c.*

Hörer *m* auscultador [außkuutador] *m*

Horizont *m* horizonte [orisõũtschi] *m*

Horn *s* corno [kornu] *m*, chifre [schifri] *m*

Hose *w* calças [kaußaß] *w Mz*

Hotel *s* hotel [otäu] *m*

hübsch *adj* bonit|o/-a [bonitu/-a], jeitos|o/-a [shejtosu/-a] ♦ *adv* bem [bẽĩ], lindamente [lĩdamẽtschi]

Hubschrauber *m* helicóptero [elikòpteru] *m*

Huf *m* casco [kaßku] *m*

Hufeisen *s* ferradura [fehadura] *w*

Hüfte *w* anca [ãka] *w*

Hügel *m* colina [kolina] *w*, monte [mõũtschi] *m*, morro [mohu] *m*, outeiro [otejru] *m*

Huhn *s* galinha [galĩnja] *w*

Hühnerfleisch *s* carne *w* de frango [karni dshi frãgu]

Humor *m* humor [umor] *m*

Hund *m* cachorro [kaschohu] *m*

hundert *num* cem [ßẽĩ], cento [ßẽtu] *m*

Hunger *m* fome [fòmi] *w* ► **Ich habe ~.** Tenho fome., Estou com fome.

hungern *v* **1** passar fome [paßar fòmi] **2** *nach etw.* ansiar [ãßiar] *por a.c.*, almejar [aumeshar] *a.c.*

hungrig *adj* famint|o/-a [famĩtu/-a], com fome [kõũ fòmi] ► **Ich bin ~.** Tenho fome., Estou com fome.

Hupe *w* buzina [busina] *w*

hupen *v* buzinar [businar], tocar buzina [tokar busina]

hüpfen *v* saltar [ßautar], saltitar [ßautschitar]

husten *v* tossir [toßir]

Husten *m* tosse [tòßi] *w*

Hut *m* chapéu [schapäu] *m*

hüten *v* **1** (Kinder usw.) *j-n* cuidar [kuidar] *de alg*, custodiar [kußtodshiar] *alg* **2** (Schafe usw.) *etw. Akk* apascentar [apaßẽĩtar] *a.c.* **3 sich** ~ *vor j-m/etw.* ter cuidado [ter kuidadu] *com alg/a.c.* ▶ **Kinder** *j-s* ~ tomar conta de crianças, pajear

Hütte *w* **1** barraca [bahaka] *w*, cabana [kabana] *w*, choupana [schopana] *w*, choça [schoßa] *w* **2** (Hüttenwerk) empresa *w* metalúrgica [ĩpresa metalurshika]

Hygiene *w* higiene [ishieni] *w*

hygienisch *adj* higiênic|o/-a [ishieniku/-a]

I

ich *pron* eu [eu]

ideal *adj* ideal [ideau]

Idee *w* ideia [idäia] *w*

Idiot *m* estúpido [ißtupidu] *m*, idiota [idshiòta] *m*, cretino [kretschinu] *m*, parvo [parwu] *m*

Igel *m* ouriço [orißu] *m*

ihn *pron* -lhe [lji]

ihr *pron* **1** (3. Person Sg. possessiv) seu/sua [ßeu/ßua], dela [dela] **2** (3. Person Pl. possessiv) seu(s) [ßeu(ß)], sua(s) [ßua(ß)], deles [deliß], delas [delaß] **3** *I~*, *I~e* seu/sua [ßeu/ßua] **4** (2. Person Pl., Duzen) vós [wòß], vocês [woßeß]

im ~ **Gebirge** nas montanhas; ~ **Gegenteil** ao contrário, pelo contrário; ~ **schlimmsten/besten Fall** no pior/melhor dos casos

Imbiss *m* **1** (Gericht) lanche [lãschi] *m*, merenda [merẽda] *w* **2** (Bahnhof) lanchonete [lãschonetschi] *w*

immer *adv* sempre [ßẽpri], incessantemente [ĩßeßãtemẽtschi] ▶ **wer auch** ~ qualquer pessoa; **für/auf** ~ para sempre, de vez

impfen *v* vacinar [waßinar], inocular [inokular], seringar [ßerĩgar]

importieren *v etw. Akk irgendwohin* importar [ĩportar] *a.c.*

in *prep* **1** em [ẽĩ] **2** (Richtung) a [a], para [para] **3** (die Stadt usw.) a [a], para [para] **4** (Dauer) daqui a [daki a], em [ẽĩ], após [apòß] ▶ ~ **Sicherheit sein** estar a salvo

indisch *adj* indian|o/-a [ĩdshianu/-a], hindu [ĩdu]

Industrie *w* indústria [ĩdußtria] *w*

industriell *adj* industrial [ĩdußtriau]

Infektion *w* infeção [ĩfeßãũ] *w*, infecção [ĩfekßãũ], contágio [kõũtashiu] *m*

Information *w* informação [ĩformaßãũ] *w*, informações [ĩformaßõũjß] *w Mz*

informieren *v j-n über etw. Akk* informar [ĩformar], *j-n über etw. Akk* informar [ĩformar] *alg de a.c.*, referir [heferir], relatar [helatar]

Ingenieur *m* engenheiro [ĩshẽnjejru] *m*

Inhaber *m etw. Gen* proprietário [proprietarju] *m*, dono [donu] *m de a.c.*, possuidor [poßuidor] *m*, patrão [patrãũ] *m de a.c.*

Inhalt *m* conteúdo [kõũteudu] *m*, teor [teor] *m*, (eines Dreiecks usw.) superfície [ßuperfißii] *w*

Inhaltsverzeichnis *s* conteúdo [kõũteudu] *m*

Injektion *w* injeção [ĩsheßãũ] *w*

Injektionsspritze *w* seringa [ßerĩga] *w*

Inland *s* interior [ĩterior] *m*, interior *m* (do pais) [ĩterior (du pajß)]

inmitten *adv* no meio [nu meju] ♦ *prep etw. Gen* no meio [nu meju] *de a.c.*

innen *adv* de dentro [dshi dẽtru], dentro [dẽtru] *de a.c.* ▶ **von** ~ de dentro

inner(er,e,es) *adj* interior [ĩterior], intern|o/-a [ĩtärnu/-a]

innerhalb *prep* **1** *etw. Gen* dentro [dẽtru] *de a.c.* **2** *etw. Gen* dentro de [dẽtru dshi]

Insekt *s* inseto [ĩßätu] *m*

Insel *w* ilha [ilja] *w*

insgesamt *adv* em total [ẽĩ totau], no total [nu totau]

Institut *s* instituto [ĩßtschitutu] *m*

Instrument *s* **1** instrumento [ĩßtrumẽtu] *m*, utensílio [utẽĩßilju] *m*, ferramenta [fehamẽta] *w* **2** (Geige usw.) instrumento *m* musical [ĩßtrumẽtu musikau]

intelligent *adj* inteligente [ĩtelishẽtschi]

interessant *adj* interessante [ĩtereßãtschi], de interesse [dshi ĩtereßi] ♦ *adv* interessantemente [ĩtereßãtemẽtschi] ▶ **~e Sache** curiosidade *w*

Interesse *s an etw. Dat* interesse [ĩtereßi] *m* ▶ *j-s* ~ **wecken** prender a atenção, despertar interesse; **Ich habe kein ~.** Não estou interessado.

interessieren *v* **1** (Interesse haben) *j-n* interessar [ĩtereßar] *alg* **2** (j-n gewinnen suchen) *j-n für etw., an etw. Dat* envolver [ĩwouwer] *alg em a.c.* ► **sich ~** *für j-n/etw.* interessar-se *por alg/a.c.*, estar interessado *em a.c.*

interessiert *adj an etw. Dat* interessad|o/-a [ĩtereßadu/-a] *em a.c.* ♦ *adv* com interesse [kõũ ĩtereßi]

international *adj* internacional [ĩternaßionau]

Internet *s* Internet [ĩternetschi] *w*, (ugs.) net [netschi] *w*

Internetanschluss *m* acesso *m* à Internet [aßäßu a ĩternetschi]

Interview *s* entrevista [ĩtrewißta] *w*

inzwischen *adv* entretanto [ĩtretãtu], enquanto isso [ĩkuãtu ißu], entanto [ĩtãtu]

irgendein *pron* algum [augũ], qualquer [kuaukär], algum/-a [augũ/-a]

irgendwann *adv* algum dia [augũ dshia]

irgendwie *adv* **1** (auf irgendeine Weise) de certa forma [dshi ßerta fòrma] **2** (seltsam, bekannt usw.) de certa forma [dshi ßerta fòrma], de certa maneira [dshi ßerta manejra]

irgendwo *adv* algures [auguriß], em algum lugar [ẽĩ augũ lugar]

irgendwohin *adv* a alguma parte [a auguma partschi], algures [auguriß]

irren *v* ***sich ~*** *in etw. Dat* equivocar-se [ekiwokarßi]

Irrtum *m* erro [ehu] *m*, engano [ĩganu] *m*, equívoco [ekiwoku] *m* ► **über seinen ~ aufklären** *j-n* desenganar *alg*

J

ja *part* **1** (Zustimmung) é [ä], foi [foj], (Zustimmung) sim [ßĩ] **2** pois [pojß]

Jacke *w* jaqueta [shaketa] *w*, blusão [blusãũ] *m*, casaco [kasaku] *m*, agasalho [agasalju] *m*

Jagd *w* caça [kaßa] *w*

jagen *v* **1** (Wildtiere usw.) caçar [kaßar] **2** *j-n* perseguir [perßegir] *alg*

Jäger *m* caçador [kaßador] *m*

Jahr *s* ano [anu] *m* ► **in diesem ~** este ano; **voriges ~** no ano passado

Jahrestag *m etw. Gen* aniversário [aniwerßarju] *m de a.c.*

Jahreszeit *w* estação *w* (do ano) [ißtaßãũ (du anu)]

Jahrhundert *s* século [ßäkulu] *m*

jährlich *adj* anual [anuau] ♦ *adv* anualmente [anuaumẽtschi]

Jahrzehnt *s* década [däkada] *w*, decénio [deßänju] *m*

Januar *m* janeiro [shanejru] *m*

je **~… desto** quanto… tanto

Jeans *Mz* jeans [dshĩß] *m Mz*, calças *w Mz* de ganga [kaußaß dshi gãga]

jed(er,e,es) *pron* todo o mundo [todu u mũdu], toda a gente [toda a shẽtschi], cada qual [kada kuau], (beliebige Person) qualquer pessoa [kuaukär peßoa] ► **jedes Mal** cada vez, todas as vezes; **jedes Mal wenn** sempre que, quando quer que

jedenfalls *adv* de qualquer maneira [dshi kuaukär manejra]

jedermann *pron* todo o mundo [todu u mũdu], toda a gente [toda a shẽtschi], cada qual [kada kuau]

jederzeit *adv* a qualquer momento [a kuaukär momẽtu]

jedoch *conj* contudo [kõũtudu], aliás [aliaß], porém [porẽĩ], todavia [todawia]

jemand *pron* alguém [augẽĩ]

jetzt *adv* agora [agòra], atualmente [atuaumẽtschi], ora [òra] ► **bis ~** até agora; **für ~** por agora, por ora, para já

jeweils *adv* cada vez [kada weß], todas as vezes [todaß aß wesiß]

Joghurt *m/s* iogurte [jogurtschi] *m*

Johannisbeere *w* groselha [groselja] *w*, (CVP) azedinha [asedshĩnja] *w*

Journalist *m* jornalista [shornalißta] *m*

jucken *v* comichar [komischar], ter comichão [ter komischãũ]

Jude *m* judeu [shudeu] *m*

Jugend *w* juventude [shuwẽĩtudshi] *w*

Jugendliche *m* menor *m* (de edade) [menòr (dshi edadshi)]

Juli *m* julho [shulju] *m*

jung *adj* jovem [shòwẽĩ], nov|o/-a [nowu/-a] ► **~er Mann** jovem *m*, mancebo *m*, moço *m*

Junge[1] *m* menino [meninu] *m*, miúdo [miudu] *m*, moço [moßu] *m*, rapaz [hapaß] *m*
Junge[2] *s* cria [kria] *w*, filhote [filjotschi] *m*
Juni *m* junho [shũnju] *m*
Juwelier *m* joalheiro [shoaljejru] *m*

Kabel *s* cabo [kabu] *m*
Kabeljau *m* bacalhau [bakaljau] *m*
Kabine *w* **1** (für Passagiere usw.) cabina [kabina] *w*, cabine [kabini] *w* **2** (zum Umkleiden usw.) cabina [kabina] *w*
Käfer *m* escaravelho [ißkarawelju] *m*, besouro [besoru] *m*
Kaffee *m* café [kafä] *m*
Käfig *m* gaiola [gajòla] *w*, jaula [shaula] *w*
kahl *adj* nu [nu], calv|o/-a [kauwu/-a]
Kai *m* cais [kajß] *m*, molhe [molji] *m*
Kaiser *m* imperador [ĩperador] *m*
Kajüte *w* camarote [kamarotschi] *m*, beliche [belischi] *m*
Kakao *m* cacau [kakau] *m*
Kalb *s* vitelo [witelu] *m*, bezerro [besehu] *m*
Kalbfleisch *s* carne *w* de vitela [karni dshi witäla], vitela [witäla] *w*
Kalender *m* calendário [kalẽĩdarju] *m*
Kalk *m* cal [kau] *w*
kalt *adj* fri|o/-a [friu/-a] ♦ *adv* frio [friu]
Kälte *w* frio [friu] *m*
Kamera *w* **1** (Video) câmara [kamara] *w*, filmadora [fiumadora] *w* **2** (fotografisch) câmara *w* fotográfica [kamara fotografika]
Kamin *m* lareira [larejra] *w*
Kamm *m* pente [pẽtschi] *m*, (Felsenkamm usw.) crista [krißta] *w*
kämmen *v j-n/etw.* pentear [pẽĩtear] *alg/a.c.* ► **sich ~** pentear-se
Kammer *w* **1** (Abstellraum) despensa [dshißpẽßa] *w*, câmara [kamara] *w* **2** (im Gerät usw.) câmara [kamara] *w* **3** (eines Parlaments) Câmara [kamara] *w*
Kampf *m* **1** combate [kõũbatschi] *m*, luta [luta] *w*, prélio [prälju] *m*, (Schlägerei) briga [briga] *w* **2** (Wettkampf) encontro [ĩkõũtru] *m*
kämpfen *v* **1** (mit Waffen) lutar [lutar], batalhar [bataljar], combater [kõũbater] **2** (um Macht usw.) *mit j-m/etw.* lutar [lutar] *com alg/a.c.* **3** (wetteifern) *mit j-m* competir [kõũpetschir] *com alg*, concorrer [kõũkoher] *com alg*, rivalizar [hiwalisar] *com alg* **4** (mit Problemen usw.) *mit etw.* lidar [lidar] *com a.c.*, lutar [lutar] *contra a.c.*
Kanal *m* **1** (zwischen Meeren usw.) canal [kanau] *m* **2** (für Abwässer) cloaca [kloaka] *w*, esgoto [isgotu] *m*, sumidouro [ßumidoru] *m* **3** (Wasserleitung usw.) conduta [kõũduta] *w* **4** (TV) canal [kanau] *m* **5** (diplomatischer usw.) canal [kanau] *m*
Kaninchen *s* coelho [koelju] *m*
Kanister *m* lata [lata] *w*, bidão [bidãũ] *m*
Kanne *w* **1** (für Tee usw.) bule [buli] *m*, chaleira [schalejra] *w* **2** (Milchkanne usw.) leiteira [lejtejra] *w*
Kanone *w* **1** canhão [kãnjãũ] *m* **2** (Könner) *in etw. Dat* ás [aß] *m*
Kante *w* borda [bòrda] *w*, aresta [areßta] *w*
Kantine *w* cantina [kãtschina] *w*, refeitório [hefejtòrju] *m*
Kap *s* cabo [kabu] *m*
Kapazität *w* **1** (Leistungsfähigkeit) capacidade [kapaßidadshi] *w* **2** (Volumen usw.) capacidade [kapaßidadshi] *w*, lotação [lotaßãũ] *w* **3** (Autorität) autoridade [autoridadshi] *w*
Kapelle *w* **1** (Bau) capela [kapäla] *w* **2** (Band) banda [bãda] *w*
Kapital *s* **1** (Geld usw.) capital [kapitau] *m* **2** (verfügbare Geldsumme) principal [prĩßipau] *m*
Kapitän *m* **1** capitão [kapitãũ] *m*, comandante [komãdãtschi] *m* **2** (Rang) capitão [kapitãũ] *m*
Kapitel *s* capítulo [kapitulu] *m*
kaputt *adj* avariad|o/-a [awariadu/-a], quebrad|o/-a [kebradu/-a], pifad|o/-a [pifadu/-a] ► **~ machen** *etw. Akk* romper *a.c.*, quebrar *a.c.*
kaputtgehen *v* pifar [pifar]
kaputtmachen *v etw. Akk* avariar [awariar] *a.c.*, estragar [ißtragar] *a.c.*, deteriorar [deteriorar]
Kapuze *w* capuz [kapuß] *m*
Karosserie *w* carroçaria [kahoßaria] *w*, lataria [lataria] *w*

Karpfen *m* carpa [karpa] *w*
Karriere *w* carreira [kahejra] *w*
Karte *w* **1** (Plastikkarte usw.) cartão [kartãũ] *m* **2** (für Kino usw.) bilhete [biljetschi] *m*, entrada [ĩtrada] *w*, ingresso [ĩgräßu] *m* **3** (für Skat usw.) naipe [najpi] *m*, carta [karta] *w* **4** (geografisch) mapa [mapa] *m*
Kartoffel *w* batata [batata] *w*
Käse *m* queijo [keshu] *m*
Kasse *w* **1** (Zahlstelle) caixa *w* registadora [kajscha heshißtadora] **2** (im Kino usw.) bilheteria [biljeteria] *w*
Kassette *w* cassete [kaßätschi] *w*
kassieren *v* cobrar [kobrar], coletar [koletar]
Kassierer *m* caixeiro [kajschejru] *m*
Kastanie *w* castanheiro [kaßtãnjejru] *m*, (Frucht) castanha [kaßtãnja] *w*
Kasten *m* caixa [kajscha] *w*
Kathedrale *w* catedral [katedrau] *w*, sé [ßä] *w*
Katze *w* gata [gata] *w*
kauen *v etw. Akk* mastigar [maßtschigar] *a.c.*, mascar [maßkar] *a.c.*, trincar [trĩkar]
Kauf *m* compra [kõũpra] *w*
kaufen *v etw. Akk* comprar [kõũprar] *a.c.*
Käufer *m* comprador [kõũprador] *m*
Kaufhaus *s* loja *w* de departamentos [lòsha dshi departamẽtuß], grande armazém [grãdshi armasẽĩ] *m*
Kaugummi *m* pastilha *w* (elástica) [paßtschilja (elaßtschika)], chiclete [schiklätschi] *m*, goma *w* de mascar [goma dshi maßkar]
kaum *adv* apenas [apenaß], a custo [a kußtu] ♦ *conj* apenas [apenaß]
Kegel *m* **1** (Körper) cone [koni] *m* **2** (Spielfigur) pino *m* (de boliche) [pinu (dshi bolischi)]
Kehle *w* garganta [gargãta] *w*, goela [goela] *w*
kehren *v* **1** *etw. Akk* varrer [waher] *a.c.* **2** (zu Haufen usw.) empuxar [ĩpuschar]
Keil *m* cunha [kũnja] *w*
Keilriemen *m* correia *w* da ventoinha [koheja da wẽĩtoĩnja]
kein *pron* **1** (nicht ein) nenhum/-a [nẽnjũ/-a], algum [augũ] **2** (von beiden) nenhum [nẽnjũ] **3** (nicht einmal) nem… [nẽĩ]
keineswegs *adv* de nenhum modo [dshi nẽnjũ mòdu]
Keller *m* cave [kawi] *w*, porão [porãũ] *m*
Kellner *m* garçom [garßõũ] *m*
kennen *v j-n/etw.* conhecer [kõnjeßer] *alg/a.c.*, (ugs.) manjar [mãshar] *alg/a.c.*
kennenlernen *v* **1** *j-n* conhecer [kõnjeßer] *alg*, (neue Freunde usw.) *j-n* travar conhecimento [trawar kõnjeßimẽtu] *com alg* **2** *j-n/etw.* conhecer [kõnjeßer] *a.c.*
Kenntnis **~se** conhecimentos *m Mz*
Kennzeichen *s* marca [marka] *w*
Keramik *w* cerâmica [ßeramika] *w*
Kerl *m* homem [omẽĩ] *m*, cara [kara] *m*
Kern *m* **1** caroço [karoßu] *m*, (von Obst) semente [ßemẽtschi] *w* **2** (Nusskern usw.) miolo [miolu] *m* **3** (Zentrum) núcleo [nukleu] *m*, centro [ßẽtru] *m*
Kerze *w* vela [wäla] *w*
Kessel *m* **1** (zum Wasserkochen) fervedor [ferwedor] *m* **2** (Gaskessel usw.) caldeira [kaudejra] *w* **3** (Tal) bacia [baßia] *w*
Kette *w* **1** (eisern usw.) cadeia [kadeja] *w*, corrente [kohẽtschi] *w* **2** (Schmuck) cadeia [kadeja] *w* **3** (Reihe von Dingen usw.) cadeia [kadeja] *w* **4** (im Gewebe usw.) urdidura [urdshidura] *w*
Keule *w* **1** (zum Schlagen usw.) clava [klawa] *w* **2** (bei Schlachtvieh) pernil [perniu] *m*
Kiefer *m* maxilar [makßilar] *m*, maxila [makßila] *w*
Kilogramm *s* quilograma [kilograma] *m*
Kilometer *m* quilômetro [kilometru] *m*
Kind *s* criança [kriãßa] *w* ▶ **ein ~ wickeln** mudar as fraldas (de criança)
Kinderarzt *m* pediatra [pedshiatra] *m*, pediatro [pedshiatru] *m*
Kindergarten *m* jardim *m* de infância [shardshĩ dshi ĩfãßja], pré-escolar [präeßkolar] *m*, infantário [ĩfãtarju] *m*, escolinha *w* (infantil) [ißkolĩnja (ĩfãtschiu)]
Kinderwagen *m* carrinho *m* de bebé [kahĩnju dshi bebä]
Kindheit *w* infância [ĩfãßja] *w*, meninice [meninißi] *w*
Kinn *s* queixo [keschu] *m*
Kino *s* cinema [ßinema] *m*
Kiosk *m* quiosque [kjòßki] *m*

Kirche *w* **1** (Gebäude) igreja [igresha] *w* **2** (Glaubensgemeinschaft) Igreja [igresha] *w*

Kirsche *w* **1** (süße, Frucht) cereja [ßeresha] *w* **2** (Baum) cerejeira [ßereshejra] *w* **3** (saure) ginja [shinsha] *w*

Kissen *s* almofada [aumofada] *w*, travesseiro [traweßejru] *m*

Kiste *w* caixa [kajscha] *w*, caixote [kajschòtschi] *m*

Klage *w* ação [aßãũ] *w*, demanda [demãda] *w* ► **~ erheben** *gegen j-n* querelar *alg*, demandar *alg*, apresentar queixa *contra alg*

Klammer *w* **1** (Gerät) grampo [grãpu] *m* **2** (Schriftzeichen) parêntese [parẽĩtesi] *m*

Klang *m* som [ßõũ] *m*

klar *adj* **1** transparente [trãßparẽtschi], (Wasser usw.) límpid|o/-a [lĩpidu/-a] **2** (Himmel usw.) clar|o/-a [klaru/-a] **3** (Bedeutung usw.) clar|o/-a [klaru/-a] ► **sich ~ werden** *über etw. Akk* fazer-se claro

klären *v etw. Akk* esclarecer [ißklareßer] *a.c.*, aclarar [aklarar] *a.c.*, clarificar [klarifikar] *a.c.*, tirar a limpo [tschirar a lĩpu] *a.c.*

Klarheit *w* céu *m* claro [ßäu klaru], (einer Beschreibung usw.) claridade [klaridadshi] *w*, clareza [klaresa] *w*

Klasse *w* **1** classe [klaßi] *w* **2** (Schüler) classe [klaßi] *w*, aula [aula] *w*, turma [turma] *w*

klassisch *adj* clássic|o/-a [klaßiku/-a]

Klavier *s* piano [pianu] *m*

Klebeband *s* fita *w* adesiva [fita adesiwa], fita-cola [fitakola] *w*

kleben *v* **1** *etw. Akk* colar [kolar] *a.c.*, (befestigen) *etw. Akk an/auf etw. Akk* colar [kolar] *a.c. em a.c.* **2** (Klebkraft haben) ser pegajoso [ßer pegashosu] **3** (klebrig sein) *an etw. Dat* pegar-se [pegarßi] *a a.c.*, aderir [aderir] *a a.c.*, grudar [grudar] *a a.c.*

klebrig *adj* pegajos|o/-a [pegashosu/-a]

Klebstoff *m* cola [kòla] *w*, goma [goma] *w*, grude [grudshi] *w*

Kleid *s* vestido [weßtschidu] *m*

Kleider *s Mz* roupa [hopa] *w*, vestuário [weßtuarju] *m*, traje [trashi] *m*, indumentária [ĩdumẽĩtaria] *w*

Kleiderbügel *m* cabide [kabidshi] *m*, cruzeta [kruseta] *w*

Kleiderschrank *m* roupeiro [hopejru] *m*, guarda-roupa [guardahopa] *m*, guarda-vestidos [guardaweßtschiduß] *m*, guarda-fatos [guardafatuß] *m*

Kleidung *w* roupa [hopa] *w*, vestuário [weßtuarju] *m*, traje [trashi] *m*, indumentária [ĩdumẽĩtaria] *w*

klein *adj* pequen|o/-a [pekenu/-a]

kleiner *adj* menor [menòr], (Größe) mais pequen|o/-a [majß pekenu/-a]

Kleingeld *s* troco [troku] *m*, miúdo [miudu] *m*, trocado [trokadu] *m*

Kleinigkeit *w* **1** bagatela [bagatäla] *w*, pequenez [pekeneß] *w*, minúcia [minußja] *w*, miudeza [miudesa] *w* **2** (Angelegenheit) bagatela [bagatäla] *w*

kleinlich *adj* minucios|o/-a [minußiosu/-a]

klettern *v* **1** (auf eine Leiter usw.) *auf etw. Akk* trepar [trepar] *por a.c.* **2** (hinauf) *auf etw. Akk* escalar [ißkalar] *a.c.*, galgar [gaugar] *a.c.* **3** (herauskommen usw.) *aus etw.* sair [ßair] *de a.c.* **4** (durchs Fenster usw.) *irgendwohin* trepar [trepar] *a a.c.* **5** (im Gebirge usw.) subir [ßubir], escalar [ißkalar]

Klima *s* clima [klima] *m*

Klimaanlage *w* ar *m* condicionado [ar kõũdshißionadu]

Klinge *w* lâmina [lamina] *w*

Klingel *w* campainha [kãpaĩnja] *w*

klingeln *v* tocar [tokar]

klingen *v* **1** (hörbar sein) soar [ßoar], ecoar [ekoar] **2** (Glocke) soar [ßoar], tocar [tokar] **3** (Eindruck vermitteln) *irgendwie* dar a impressão [dar a ĩpreßãũ] *de a.c.*

Klinik *w* clínica [klinika] *w*

Klinke *w* **1** (Türklinke usw.) maçaneta [maßaneta] *w* **2** (Hebel) trinco [trĩku] *m*

klopfen *v* **1** (ans Fenster usw.) *an etw. Akk* bater [bater] **2** (Fleisch) *etw. Akk* golpear [goupear] *a.c.*

Klosett *s* sanita [ßanita] *w*, retrete [hetretschi] *w*, privada [priwada] *w*, (Raum) banheiro [bãnjejru] *m*

Kloster *s* mosteiro [moßtejru] *m*

klug *adj* sagaz [ßagaß], inteligente [ĩtelishẽtschi]

Knall *m* estalo [ißtalu] *m*, golpe [gòupi] *m*

knapp *adj* **1** (Kleidung) just|o/-a [shußtu/-a] **2** (gekürzt) breve [bräwi], concis|o/-a [kõũßisu/-a], resumid|o/-a [hesumidu/-a]

Kneipe *w* bar [bar] *m*, tasca [taßka] *w*, botequim [botekĩ] *m*, espelunca [ißpelũka] *w*

Knie *s* joelho [shoelju] *m*

knien *v* estar de joelhos [ißtar dshi shoeljuß] ► **sich (nieder)knien** ajoelhar-se, pôr-se de joelhos

Knoblauch *m* alho [alju] *m*

Knöchel *m* tornozelo [tornoselu] *m*

Knochen *m* osso [oßu] *m*

Knopf *m* botão [botãũ] *m*

Knospe *w* botão [botãũ] *m*, gema [shema] *w*

Knoten *m* **1** (in Schnur usw.) nó [nò] *m* **2** (Lymphknoten usw.) gânglio [gãglju] *m* **3** (Maßeinheit) nó [nò] *m*

Knotenpunkt *m* **1** (im Verkehr usw.) junção [shũßãũ] *w*, cruzamento [krusamẽtu] *m*, entroncamento [ĩtrõũkamẽtu] *m* **2** (Verknüpfung) junção [shũßãũ] *w*

Koch *m* cozinheiro [kosĩnjejru] *m*

kochen *v* **1** (im Wasser usw.) *etw. Akk* cozinhar [kosĩnjar] *a.c.*, cozer [koser] *a.c.* **2** (zubereiten) cozinhar [kosĩnjar] **3** (Wasser usw.) ferver [ferwer]

Kochherd *m* fogão [fogãũ] *m*

Kochplatte *w* placa *w* de aquecimento [plaka dshi akeßimẽtu], boca [boka] *w*

Koffer *m* mala [mala] *w*

Kofferraum *m* porta-malas [pòrtamalaß] *m*, bagageiro [bagashejru] *m*, mala [mala] *w*

Kohl *m* **1** (Weißkohl usw.) repolho [hepolju] *m* **2** (Pflanze) brassica [braßika] *w* **3** (ÖrD) (Rosenkohl usw.) couve [kowi] *w*

Kohle *w* **1** (Brennstoff) carvão [karwãũ] *m* **2** (Geld) grana [grana] *w*

Kohlrabi *m* couve-rábano [kowirabanu] *w*

Kollege *m* colega [koläga] *m*, colaborador [kolaborador] *m*

komisch *adj* cómic|o/-a [komiku/-a] ♦ *adv* comicamente [komikamẽtschi]

Komma *s* **1** (Satzzeichen) vírgula [wirgula] *w* **2** (in Zahlen) ponto *m* decimal [põũtu deßimau]

kommen *v* **1** *irgendwohin* chegar [schegar], vir [wir] **2** (gelangen) *irgendwohin* chegar [schegar] **3** (Ansicht usw.) *zu etw.* chegar [schegar] *a a.c.* **4** (verlieren) *um etw.* perder [perder] *a.c.* **5** (entfallen) *auf j-n/etw.* corresponder [koheßpõũder] *a a.c.* **6** (Zeit) chegar [schegar] ► **gelegen ~** *j-m etw. Nom* caber *alg*; **Komm schon!** Vamos!, Vai lá!

Kommunikation *w* comunicação [komunikaßãũ] *w*

kommunizieren *v mit j-m* comunicar [komunikar] *com alg*

Komödie *w* comédia [komädshia] *w*

Kompass *m* bússola [bußola] *w*

komplett *adj* complet|o/-a [kõũplätu/-a] ♦ *adv* completamente [kõũpletamẽtschi]

Kompliment *s* cumprimento [kũprimẽtu] *m*, elogio [eloshiu] *m*, galhardete [galjardetschi] *m*

kompliziert *adj* complicad|o/-a [kõũplikadu/-a] ♦ *adv* complicadamente [kõũplikadamẽtschi]

Komponist *m* compositor [kõũpositor] *m*

Konditorei *w* confeitaria [kõũfejtaria] *w*, pastelaria [paßtelaria] *w*, doçaria [doßaria] *w*

Kondom *s/m* preservativo [preserwatschiwu] *m*, camisinha [kamisĩnja] *w*

Konfitüre *w* marmelada [marmelada] *w*, doce *m* (de fruta) [doßi (dshi fruta)]

König *m* rei [hej] *m*

Königin *w* rainha [haĩnja] *w*

können[1] *v* (beherrschen usw.) *etw. Akk* poder [poder]

können[2] *v* (fähig sein) *tun etw. Akk* saber [ßaber] *fazer a.c.*, (ugs.) manjar [mãshar] *fazer a.c.* ► **Ich kann nicht mehr.** Já não posso.

konservativ *adj* conservador [kõũßerwador]

Konserve *w* lata *w* de conserva [lata dshi kõũßärwa]

Konstruktion *w* construção [kõũßtrußãũ] *w*

Konsul *m* cônsul [konßuu] *m*

Konsulat *s* consulado [kõũßuladu] *m*

Kontakt *m* contato [kõũtatu] *m*, contacto [kõũtaktu] *m* ► **in ~ stehen** *mit j-m* estar em contato *com alg*; **~ aufnehmen** *mit j-m* contatar, contactar *alg*

kontaktieren *v j-n* contatar [kõũtatar], contactar [kõũtaktar] *alg*

Kontaktlinse **~n** lentes *w Mz* de contato

Konto *s* conta [kõũta] *w* ▶ **laufendes ~** conta *w* corrente

Kontoauszug *m* extrato *m* de conta [ißtratu dshi kõũta]

Kontostand *m* saldo [ßaudu] *m*

Kontrolle *w* **1** (gründliche usw.) exame [esami] *m*, (Überprüfung) controle [kõũtroli] *m* **2** (Zollkontrolle usw.) inspeção [ĩßpeßãũ] *w*, fiscalização [fißkalisaßãũ] *w* **3** (Beherrschung) *über etw. Akk* controle [kõũtroli] *m*

Kontrolleur *m* **1** revisor [hewisor] *m*, inspetor [ĩßpetor] *m*, conferente [kõũferẽtschi] *m* **2** (in der Straßenbahn usw.) revisor *m* (de bilhetes) [hewisor (dshi biljetschiß)]

kontrollieren *v* **1** (überwachen) *etw. Akk* controlar [kõũtrolar], revistar [hewißtar] *a.c.*, checar [schekar] **2** (Gebiet usw.) controlar [kõũtrolar]

Konzert *s* concerto [kõũßertu] *m*, show [schou] *m*

Kopf *m* **1** cabeça [kabeßa] *w* **2** (einer Zeitung usw.) cabeçalho [kabeßalju] *m*

Kopfhörer *m Mz* auscultadores [außkuutadoriß] *m Mz*, fones [foniß] *m Mz*

Kopie *w* cópia [kòpia] *w*

kopieren *v* **1** copiar [kopiar], xerocopiar [scherokopiar] **2** (Formular usw.) *etw. Akk* fotocopiar [fotokopiar] *a.c.*

Korb *m* cesto [ßeßtu] *m*, cesta [ßeßta] *w*, corbelha [korbelja] *w*

Korken *m* rolha *w* de cortiça [holja dshi kortschißa]

Korkenzieher *m* saca-rolhas [ßakaroljaß] *m*

Korn *s* **1** (Frucht) grão [grãũ] *m* **2** grão [grãũ] *m*, (Roggen usw.) trigo [trigu] *m* **3** (einer Waffe) alça *w* de mira [außa dshi mira]

Körper *m* corpo [korpu] *m*

korrekt *adj* **1** (richtig) corret|o/-a [kohätu/-a], cert|o/-a [ßärtu/-a], acertad|o/-a [aßertadu/-a] **2** (Benehmen usw.) corret|o/-a [kohätu/-a]

Korrektur *w* **1** (eines Fehlers usw.) correção [koheßãũ] *w* **2** (Fahnenkorrektur usw.) correção *w* (de provas) [koheßãũ (dshi prowaß)]

Korridor *m* corredor [kohedor] *m*

korrigieren *v* corrigir [kohishir], (ändern) ajustar [ashußtar]

Kosmetik *w* cosmética [kosmätschika] *w*, cosméticos [kosmätschikuß] *m Mz*

Kost *w* comida [komida] *w*, alimentação [alimẽĩtaßãũ] *w*

kostbar *adj* precios|o/-a [preßiosu/-a]

kosten *v* **1** (Speise) *etw. Akk* provar [prowar] *a.c.*, degustar [degußtar] *a.c.*, (Speise) *etw. Akk* saborear [ßaborear] *a.c.*, provar [prowar] *a.c.* **2** (Preis haben) *wie viel* custar [kußtar] ▶ **Was/Wie viel kostet es?** Quanto custa?, Quanto é?

Kosten *Mz* custos [kußtuß] *m Mz*

kostenfrei *adj* gratuit|o/-a [gratuitu/-a], grátis [gratschiß]

kostenlos *adj* gratuit|o/-a [gratuitu/-a], grátis [gratschiß] ♦ *adv* grátis [gratschiß], de graça [dshi graßa], gratuitamente [gratuitamẽtschi], à borla [a borla]

Kostüm *s* fato *m* de senhora [fatu dshi ßẽnjora], (für Schauspieler usw.) traje [trashi] *m*

Kot *m* caca [kaka] *w*, excremento [ißkremẽtu] *m*, bosta [bòßta] *w*

Kotelett *s* costeleta [koßteleta] *w*

Krach *m* barulho [barulju] *m*, algazarra [augasaha] *w*, bulha [bulja] *w*, estrondo [ißtrõũdu] *m*

Kraft *w* força [forßa] *w*, vigor [wigor] *m*

Kraftstoff *m* combustível [kõũbußtschiweu] *m*

Kraftwerk *s* central *w* elétrica [ßẽĩtrau elätrika], usina *w* de energia [usina dshi enershia]

Kragen *m* colar [kolar] *m*, colarinho [kolarĩnju] *m*, gola [gòla] *w*

Kralle *w* **1** (eines Vogels usw.) garra [gaha] *w* **2** (Vorrichtung) bloqueador *m* de rodas [blokeador dshi hodaß]

Krampf *m* espasmo [ißpasmu] *m*, cãibra [kãĩbra] *w*, (krampfhafte Bewegung) convulsão [kõũwuußãũ] *w*

krank *adj* doente [doẽtschi], enferm|o/-a [ĩfermu/-a]

Krankenhaus *s* hospital [oßpitau] *m*

Krankenschwester *w* enfermeira [ĩfermejra] *w*

Krankenversicherung *w* seguro *m* de saúde [ßeguru dshi ßaudshi]

Krankenwagen *m* ambulância [ãbulãßja] *w*, pronto-socorro [prõũtußokohu] *m*
Krankheit *w* doença [doẽßa] *w*, enfermidade [ĩfermidadshi] *w*, moléstia [moläßtschia] *w*, mal [mau] *m*
kratzen *v* **1** (ritzen) *etw. Akk* arranhar [ahãnjar] *a.c.* **2** (Eis usw.) raspar [haßpar] **3** (reiben) coçar [koßar], (wegen Juckreizes) rascar [haßkar]
Kraut *s* **1** (Heilpflanze usw.) erva [ärwa] *w* **2** (der Kartoffeln usw.) folhada [foljada] *w*
Krawatte *w* gravata [grawata] *w*
Krebs *m* **1** (Tier) lagostim [lagoßtschĩ] *m* **2** (Krankheit) câncer [kãßer] *m* **3** (Sternzeichen) Câncer [kãßer] *m*
Kredit *m* crédito [krädshitu] *m*
Kreditkarte *w* cartão *m* de crédito [kartãũ dshi krädshitu]
Kreide *w* giz [shiß] *m*
Kreis *m* círculo [ßirkulu] *m*, roda [hòda] *w*
kreisen *v um etw.* rodear [hodschiar], circular [ßirkular], voltear [woutschiar]
Kreislauf *m* ciclo [ßiklu] *m*
Kreisverkehr *m* rotatória [hotatòria] *w*
Kreuz *s* **1** cruz [krußß] *w* **2** (im Kartenspiel) paus [pauß] *m Mz*
Kreuzfahrt *w* cruzeiro [krusejru] *m*
Kreuzung *w* **1** (Straßen usw.) cruzamento [krusamẽtu] *m*, encruzilhada [ĩkrusiljada] *w* **2** (Pflanze usw.) mestiço [meßtschißu] *m*
kriechen *v* **1** (auf allen vieren usw.) gatinhar [gatschinjar], (liegend usw.) rastejar [haßteshar], arrastar-se [ahaßtarßi] **2** *aus etw.* sair [ßair] **3** *vor j-m* bajular [bashular] *alg*, adular [adular] *alg*, (sich erniedrigen usw.) *vor j-m* agachar-se [agascharßi]
Krieg *m* guerra [gäha] *w*
kriegen *v* **1** (Krankheit) apanhar [apãnjar], pegar [pegar] **2** (hineinpressen usw.) *etw. Akk irgendwohin* meter [meter] *a.c. em a.c.*
Krise *w* crise [krisi] *w*
Kritik *w* crítica [kritschika] *w*
kritisch *adj* crític|o/-a [kritschiku/-a]
kritisieren *v* criticar [kritschikar] *alg/a.c.*
Krone *w* coroa [koroa] *w*
Krug *m* jarro [shahu] *m*, bilha [bilja] *w*, cântaro [kãtaru] *m*
krumm *adj* tort|o/-a [tortu/-a], curv|o/-a [kurwu/-a]
Küche *w* cozinha [kosĩnja] *w* ► **häusliche ~** cozinha *w* caseira
Kuchen *m* bolo [bolu] *m*, tarte [tartschi] *w*, pastel [paßtäu] *m*
Kugel *w* **1** (Körper) esfera [ißfära] *w*, globo [globu] *m* **2** (Geschoss) bala [bala] *w*, (Kügelchen) bolinha [bolĩnja] *w* **3** (Eiskugel usw.) bola [bòla] *w*
Kugelschreiber *m* caneta [kaneta] *w*
Kuh *w* vaca [waka] *w*
kühl *adj* fri|o/-a [friu/-a]
kühlen *v* **1** (Getränk usw.) esfriar [ißfriar], refrigerar [hefrisherar] **2** (Lebensmittel usw.) refrigerar [hefrisherar]
Kühler *m* radiador [hadshiador] *m*
Kühlschrank *m* geladeira [sheladejra] *w*
Kultur *w* cultura [kuutura] *w*
Kümmel *m* cominho [komĩnju] *m*
kümmern *v* ***sich ~*** *um j-n/etw.* cuidar [kuidar] *de alg/a.c.*, zelar [selar] *por alg/a.c.*, tratar [tratar] *de alg*, (behilflich sein usw.) dedicar-se [dedshikarßi] *a a.c.*
Kunde *m* cliente [kliẽtschi] *m*, freguês [fregeß] *m*
kündigen *v etw. Akk* rescindir [heßĩdshir] *a.c.*
Kunst *w* **1** (Gestalten) arte [artschi] *w* **2** (Geschick) maestria [maeßtria] *w* ► **bildende ~** artes *w Mz* plásticas, belas-artes *w Mz*
Kunsthandwerk *s* artesanato [artesanatu] *m*
Künstler *m* artista [artschißta] *m*
künstlich *adj* artificial [artschifißjau]
Kunststoff *m* plástico [plaßtschiku] *m*
Kupfer *s* cobre [kòbri] *m*
Kuppel *w* cúpula [kupula] *w*
Kupplung *w* embreagem [ĩbreashẽĩ] *w*
Kurbel *w* manivela [maniwela] *w*
Kürbis *m* abóbora [abòbora] *w*
Kurort *m* balneário [baunearju] *m*, spa [ßpa] *m*
Kurs *m* **1** (Lehrgang) curso [kurßu] *m* **2** (Richtung) curso [kurßu] *m*, rumo [humu] *m* **3** (einer Währung) taxa *w* de câmbio [tascha dshi kãbju]
Kurve *w* curva [kurwa] *w*
kurz *adj* **1** (Gegenstand usw.) curt|o/-a [kurtu/-a] **2** (zeitlich) curt|o/-a

[kurtu/-a], breve [bräwi] **3** (nicht ausführlich) breve [bräwi], concis|o/-a [kõũßisu/-a], resumid|o/-a [hesumidu/-a] ♦ *adv* **1** (geschnitten usw.) curto [kurtu] **2** (besprechen usw.) brevemente [brewemẽtschi] **3** em breve [ẽĩ bräwi], abreviadamente [abrewiadamẽtschi], sucintamente [ßußĩtamẽtschi] ► **~ weggehen** *irgendwohin* dar um salto *a*; **vor ~em** há pouco (tempo), recentemente

kürzen *v* **1** (kürzer machen) *etw. Akk* encurtar [ĩkurtar] *a.c.* **2** (Geld) *etw. Akk* reduzir [hedusir]

kürzlich *adv* há pouco (tempo) [a poku (tẽpu)], recentemente [heßẽĩtemẽtschi]

Kurzschluss *m* curto-circuito [kurtußirkuitu] *m*

Kuss *m* beijo [bejshu] *m*, (ugs.) beijoca [bejshoka] *w*

küssen *v j-n/etw.* beijar [bejshar] *alg/a.c.*, (ugs.) beijocar [bejshokar] *alg*

Küste *w* costa [kòßta] *w*

Kuvert *s* envelope [ĩwelòpi] *m*, sobrescrito [ßobreßkritu] *m*

L

lächeln *v* sorrir [ßohir]

Lächeln *s* sorriso [ßohisu] *m*

lachen *v über j-n/etw.* rir [hir] *de alg/a.c.*

Lachen *s* riso [hisu] *m*, risada [hisada] *w*

lächerlich *adj* ridícul|o/-a [hidshikulu/-a], irrisóri|o/-a [ihisorju/-a]

Lachs *m* salmão [ßaumãũ] *m*

Lack *m* verniz [werniß] *m*, laca [laka] *w*

Ladegerät *s* carregador [kahegador] *m*

laden *v* **1** (beladen) *etw. Akk auf etw. Akk* carregar [kahegar] **2** (Waffe) carregar [kahegar] **3** (Batterie) recarregar [hekahegar]

Laden *m* loja [lòsha] *w*, empório [ĩporju] *m*

Ladung *w* **1** (Frachtgut) carga [karga] *w* **2** (von Munition) carga *w* (explosiva) [karga (ischplosiwa)] **3** (elektrische) carga [karga] *w* **4** (Warenmenge usw.) lote [lòtschi] *m*, fornada [fornada] *w*, leva [lewa] *w*

Lage *w* posição [posißãũ] *w*

Lager *s* **1** (Unterkunft) acampamento [akãpamẽtu] *m* **2** (für Vorräte usw.) armazém [armasẽĩ] *m*, depósito [depòsitu] *m*, estoque [ißtòki] *m*, almoxarifado [aumoscharifadu] *m* **3** (Gesteinsschicht) jazigo [shasigu] *m*, jazida [shasida] *w* **4** (Maschinenelement) mancal [mãkau] *m*

lagern *v* **1** (im Wald usw.) acampar [akãpar] **2** (Vorräte usw.) *etw. Akk irgendwohin* depositar [depositar] *a.c. em a.c.*

Laib *m* pão [pãũ] *m*

Laken *s* lençol [lẽĩßòu] *m*

Lamm *s* cordeiro [kordejru] *m*

Lammfleisch *s* carne *w* de cordeiro [karni dshi kordejru], cordeiro [kordejru] *m*

Lampe *w* candeeiro [kãdshiejru] *m*, lâmpada [lãpada] *w*, (Taschenlampe usw.) lanterna [lãtärna] *w*

Land *s* **1** terra [täha] *w* **2** (ländliches Gebiet) campo [kãpu] *m*, roça [hòßa] *w* **3** (Staat) país [paiß] *m*, nação [naßãũ] *w*

landen *v* aportar [aportar], aterrissar [atehißar], atracar [atrakar]

Landkarte *w* mapa [mapa] *m*

Landschaft *w* paisagem [pajsashẽĩ] *w*

Landung *w* aterrissagem [atehißashẽĩ] *w*, pouso [posu] *m*

Landwirt *m* agricultor [agrikuutor] *m*

Landwirtschaft *w* agricultura [agrikuutura] *w*

lang *adj* comprid|o/-a [kõũpridu/-a], long|o/-a [lõũgu/-a]

lange *adv* muito tempo [mũĩtu tẽpu]

Länge *w* comprimento [kõũprimẽtu] *m*

Langeweile *w* aborrecimento [aboheßimẽtu] *m*, tédio [tädshju] *m*, enfado [ĩfadu] *m*, seca [ßeka] *w*

langfristig *adj* a longo prazo [a lõũgu prasu]

langsam *adj* lent|o/-a [lẽtu/-a], moros|o/-a [morosu/-a], pachorrent|o/-a [paschohẽtu/-a] ♦ *adv* lentamente [lẽĩtamẽtschi], devagar [dshiwagar]

längst *adv* há muito tempo [a mũĩtu tẽpu]

langweilen *v j-n* aborrecer [aboheßer] *alg*, enfadar [ĩfadar] *alg*, enfastiar [ĩfaßtschiar] *alg*, entediar [ĩtedshiar] *alg* ► **sich ~** aborrecer-se, apanhar seca

langweilig *adj* aborrecid|o/-a [aboheßidu/-a], chat|o/-a [schatu/-a], enfadonh|o/-a [ĩfadõnju/-a], tedios|o/-a [tedshiosu/-a]

Lappen *m* **1** (zum Abwischen usw.) trapo [trapu] *m*, pano [panu] *m* **2** (eines Organs usw.) lóbulo [lòbulu] *m*

Lärm *m* ruído [huidu] *m*, barulho [barulju] *m*

lassen *v* **1** (erlauben) *j-n etw. Akk zu tun* deixar [dejschar] *alg fazer a.c.* **2** (nicht ändern) *etw. Akk* deixar [dejschar] *a.c.* **3** (nicht wegnehmen) *j-m etw. Akk* deixar [dejschar] *a.c. a alg* **4** *sich* ~ (machen usw.) ser possível [ßer poßiweu] **5** *sich* ~ *etw. Akk tun* (veranlassen) deixar [dejschar] *fazer a.c.* ▶ **Das lässt sich leicht reparieren.** É fácil de reparar.

Last *w* **1** carga [karga] *w* **2** (Sorge usw.) carga [karga] *w*, ónus [onuß] *m*, gravame [grawami] *m*

lästig *adj* antipátic|o/-a [ãtschipatschiku/-a], irritante [ihitãtschi], fastidios|o/-a [faßtschidshiosu/-a], molest|o/-a [moleßtu/-a]

Lastwagen *m* caminhão [kamĩnjãũ] *m*

Laub *s* folhagem [foljashẽĩ] *w*

Lauf *m* **1** (physische Aktivität) corrida [kohida] *w* **2** (einer Maschine usw.) *etw. Gen* funcionamento [fũßionamẽtu] *m*, andamento [ãdamẽtu] *m*, marcha [marscha] *w* **3** (eines Gewehrs) cano [kanu] *m* ▶ **im ~e** *etw. Gen* durante *a.c.*, ao longo *de a.c.*, no decorrer *de a.c.*, no decurso *de a.c.*, no curso *de a.c.*

laufen *v* **1** (Person usw.) correr [koher] **2** (hinüberlaufen) *über etw. Akk* cruzar correndo [krusar kohẽdu] **3** (zu Fuß gehen) caminhar [kamĩnjar], andar a pé [ãdar a pä] **4** (in Gang sein) estar em marcha [ißtar ẽĩ marscha] **5** (Gefäß usw.) perder água [perder agua]

Laune *w* **1** (gute usw.) humor [umor] *m*, disposição [dshißposißãũ] *w* **2** (Einfall) capricho [kaprischu] *m*, manha [mãnja] *w*, veneta [weneta] *w*

launisch *adj* caprichos|o/-a [kaprischosu/-a]

Laus *w* piolho [piolju] *m*

laut *adj* alt|o/-a [autu/-a], ruidos|o/-a [huidosu/-a], barulhent|o/-a [baruljẽtu/-a] ♦ *adv* em voz alta [ẽĩ wòß auta] ▶ **~er stellen** *etw. Akk* (Radio usw.) aumentar (o volume)

läuten *v* soar [ßoar], tocar [tokar]

Lautsprecher *m* alto-falante [autufalãtschi] *m*, coluna *w* do som [koluna du ßõũ]

lauwarm *adj* tíbi|o/-a [tschibju/-a], tépid|o/-a [täpidu/-a], morn|o/-a [mornu/-a]

Lawine *w* avalancha [awalãscha] *w*, avalanche [awalãschi] *w*

leben *v* viver [wiwer]

Leben *s* vida [wida] *w* ▶ **am ~** vivo

lebendig *adj* viv|o/-a [wiwu/-a], vivente [wiwẽtschi] ♦ *adv* viv|o/-a [wiwu/-a]

Lebensmittel *s* **1** alimento [alimẽtu] *m* **2** comestíveis [komeßtschiwejß] *m Mz*, alimentos [alimẽtuß] *m Mz*, víveres [wiweriß] *m Mz*

Lebensmittelgeschäft *s* mercearia [merßearia] *w*

Leber *w* fígado [figadu] *m*

lebhaft *adj* **1** vivaz [wiwaß], viv|o/-a [wiwu/-a], vibrante [wibrãtschi], despert|o/-a [dshißpärtu/-a] **2** (Fantasie usw.) viv|o/-a [wiwu/-a] **3** (Erinnerung usw.) viv|o/-a [wiwu/-a] ♦ *adv* vividamente [wiwidamẽtschi]

lecken *v* **1** *etw. Akk* lamber [lãber] *a.c.* **2** (Fass usw.) perder água [perder agua]

lecker *adj* delicios|o/-a [delißiosu/-a], gostos|o/-a [goßtosu/-a]

Leckerbissen *m* delicadeza [delikadesa] *w*, delícia [delißja] *w*, iguaria [iguaria] *w*, guloseima [gulosejma] *w*

Leder *s* couro [koru] *m*, cabedal [kabedau] *m*

ledig *adj* solteira [ßoutejra], solteiro [ßoutejru]

leer *adj* **1** (Gefäß usw.) vazi|o/-a [wasiu/-a], vag|o/-a [wagu/-a] **2** (Blatt usw.) em branco [ẽĩ brãku] ▶ **~e Batterie** bateria *w* esgotada

leeren *v etw. Akk* esvaziar [iswasiar] *a.c.*, vazar [wasar] *a.c.*

legal *adj* legal [legau] ♦ *adv* legalmente [legaumẽtschi]

legen *v* **1** *etw. Akk irgendwohin* pôr [por] *a.c. aonde*, deitar [dejtar], depor [depor], meter [meter] *a.c.* **2** (in Mappe usw.) *etw. Akk in etw. Akk* pôr [por] *a.c. em a.c.* **3** (Fundament usw.) colocar

[kolokar], (Gleise usw.) pôr [por] **4** (Eier) pôr [por]

Lehm *m* argila [arshila] *w*

Lehrbuch *s* livro *m* didático [liwru dshidatschiku], manual [manuau] *m*

lehren *v j-n etw. Akk* ensinar [ĩßinar] *alg a.c.*

Lehrer *m* mestre [mäßtri] *m*, professor [profeßor] *m*

Leiche *w* cadáver [kadawer] *m*

leicht *adj* **1** (wenig wiegend) ligeir|o/-a [lishejru/-a], leve [läwi] **2** (Aufgabe usw.) fácil [faßiu] **3** (Berührung usw.) suave [ßuawi], fin|o/-a [finu/-a], leve [läwi] **4** (Husten usw.) leve [läwi], ligeir|o/-a [lishejru/-a], suave [ßuawi], brand|o/-a [brãdu/-a] ♦ *adv* **1** (ohne Problem) facilmente [faßiumẽtschi] **2** (einfach) facilmente [faßiumẽtschi], de maneira fácil [dshi manejra faßiu] **3** (erreichbar usw.) facilmente [faßiumẽtschi] **4** (nur wenig) levemente [lewemẽtschi] **5** (berühren usw.) suavemente [ßuawemẽtschi] ▶ **ein ~er Hang** declive *m* suave

leiden *v* **1** *an/unter etw. Dat* sofrer [ßofrer] *de a.c.*, penar [penar] *de a.c.*, padecer [padeßer] *de a.c.* **2** (Beleidigung usw.) *etw. Akk* tolerar [tolerar]

Leidenschaft *w* paixão [pajschãũ] *w*, xodó [schodò] *m*

leider *part* infelizmente [ĩfelismẽtschi], desgraçadamente [dshisgraßadamẽtschi], lamentavelmente [lamẽĩtaweumẽtschi]

leidtun *v j-m etw. Nom* sentir [ßẽĩtschir] *a.c.* ▶ **Es tut mir leid.** Sinto.

leihen *v* **1** *j-m etw. Akk* emprestar [ĩpreßtar] *a.c. a alg* **2** ***(sich)*** ~ *etw. Akk von j-m* pedir emprestado [pedshir/tomarĩpreßtadu] *a.c. a alg*

Leim *m* cola *w* para pegar pássaros [kòla para pegar paßaruß]

Leine *w* trela [träla] *w*, correia [koheja] *w* ▶ **den Hund an der ~ haben** levar o cão pela trela

leise *adj* quiet|o/-a [kjätu/-a], silencios|o/-a [ßilẽĩßiosu/-a] ♦ *adv* silenciosamente [ßilẽĩßiosamẽtschi], em silêncio [ẽĩ ßilẽßju], (sprechen usw.) em voz baixa [ẽĩ wòß bajscha] ▶ **~r stellen** baixar

leisten *v j-m etw. Akk* proporcionar [proporßionar], fornecer [forneßer], facultar [fakuutar], propicionar [propißionar] ▶ **Dienste** ~ *j-m/etw.* servir *a a.c./alg*; **sich** *etw. Akk* ~ **können** (finanziell usw.) ter dinheiro para comprar *a.c.*

Leistung *w* **1** (sportliche usw.) atuação [atuaßãũ] *w*, desempenho [dshisĩpẽnju] *m* **2** (einer Maschine usw.) potência [potẽßja] *w* **3** (Betrag) subsídio [ßubißidshju] *m*

leiten *v* **1** *etw. Akk* dirigir [dshirishir] *a.c.*, administrar [adshiminißtrar] *a.c.*, gerir [sherir] *a.c.*, gerenciar [sherẽĩßjar] *a.c.* **2** *j-n irgendwohin* conduzir [kõũdusir] *alg aonde*, levar [lewar] *alg aonde*, *j-n irgendwohin* levar [lewar] *alg a a.c.* **3** (Wasser usw.) conduzir [kõũdusir] *a.c.* **4** (durchziehen usw.) *etw. Akk durch etw.* (fazer) passar [(faser) paßar] *a.c. por a.c.* **5** (leitfähig sein) conduzir [kõũdusir]

Leiter[1] *m* **1** (einer Abteilung usw.) supervisor [ßuperwisor] *m*, (Person) chefe [schäfi] *m* **2** (einer Bewegung usw.) líder [lider] *m*, prócer [proßer] *m*, caudilho [kaudshilju] *m* **3** (Stoff) condutor [kõũdutor] *m*

Leiter[2] *w* escada *w* de mão [ißkada dshi mãũ]

Leitung *w* **1** (einer Firma usw.) direção [dshireßãũ] *w*, gerenciamento [sherẽĩßjamẽtu] *m* **2** (Hauptvertreter) liderança [liderãßa] *w*, direção [dshireßãũ] *w* **3** (Telefonleitung usw.) condução [kõũdußãũ] *w*

lenken *v* **1** (Richtung bestimmen) *etw. Akk* orientar [oriẽĩtar] *a.c.*, dirigir [dshirishir] *a.c.* **2** (zum Ziel) *etw. Akk irgendwohin* guiar [giar] *alg a a.c.*

Lenkrad *s* volante [wolãtschi] *m*

lernen *v* **1** (Fertigkeiten erwerben) *etw. Akk* aprender [aprẽĩder] *a.c.* **2** (für eine Prüfung usw.) estudar [ĩßtudar] **3** (durch Erfahrungen) *aus etw.* aprender a lição [aprẽĩder a lißãũ] *de a.c.* **4** (Handwerk) *etw. Akk* fazer o aprendizado [faser u aprẽĩdshisadu]

lesbisch *adj* lesbian|o/-a [lesbianu/-a], lésbic|o/-a [läsbiku/-a], lésbi|o/-a [läsbju/-a]

lesen *v* **1** (ein Buch usw.) *etw. Akk* ler [ler] **2** (Vorlesungen halten) dar aulas [dar aulaß], palestrar [paleßtrar]

Leser *m* leitor [lejtor] *m*

letzt(er,e,es) *adj* **1** (in einer Reihe) últim|o/-a [uutschimu/-a], derradeir|o/-a [dehadejru/-a] **2** (Woche usw.) passad|o/-a [paßadu/-a] **3** (neuester) últim|o/-a [uutschimu/-a] ▶ **das letzte Mal** da vez passada; **zum letzten Mal** pela última vez

leuchten *v* **1** (Lampe usw.) luzir [lusir], brilhar [briljar] **2** (mit Taschenlampe usw.) *auf etw. Akk* iluminar [iluminar] *a.c.*

Leuchtturm *m* farol [faròu] *m*

Leute *Mz* gente [shẽtschi] *w Mz*

Licht *s* **1** luz [luß] *w* **2** (eines Wagens usw.) faro [faru] *m*

Lid *s* pálpebra [paupebra] *w*

Lidschatten *m* sombra [ßõũbra] *w*

lieb *adj* querid|o/-a [keridu/-a], car|o/-a [karu/-a] ▶ **Das ist ~ von Ihnen.** É muito gentil da sua parte.

Liebe *w* amor [amor] *m* ▶ **~ machen** *mit j-m* fazer amor *com alg*

lieben *v j-n/etw.* amar [amar] *alg/a.c.*, querer [kerer] *alg* ▶ **sich ~** amar-se

lieber *adv* melhor [meljòr] ▶ **Ich möchte ~...** Preferiria...

Liebhaber *m* **1** (Geliebter) amante [amãtschi] *m* **2** amador [amador] *m*, amante [amãtschi] *m de a.c.*

Liebling *m* **1** querido [keridu] *m* **2** (Anrede) querido [keridu] *m*, meu bem [meu bẽĩ] *m* **3** (Favorit) favorito [faworitu] *m*

liebst(er,e,es) **am liebsten** preferencialmente, de preferência

Lied *s* canção [kãßãũ] *w*, música [musika] *w*

liefern *v j-m etw. Akk* entregar [ĩtregar], fornecer [forneßer], abastecer [abaßteßer]

Lieferung *w* entrega [ĩträga] *w*, frete [frätschi] *m*

Lieferwagen *m* camioneta [kamioneta] *w*, furgoneta [furgoneta] *w*, furgão [furgãũ] *m*, carrinha [kahĩnja] *w*

liegen *v* **1** (Mensch) estar deitado [ißtar dejtadu] **2** (Sache) *irgendwo* estar situado [ißtar ßituadu] **3** (Problem usw.) *in etw. Dat* consistir [kõũßißtschir] *em a.c.* **4** (an Umständen usw.) *an j-m/etw.* depender [depẽĩder] *de alg/a.c.* **5** (schätzen) *j-m an etw. Dat* importar [ĩportar] *a alg a.c.* **6** (wichtig sein) *an etw. Dat* importar [ĩportar] *a alg*

Liegestuhl *m* cama [kama] *w*

Lift *m* ascensor [aßẽĩßor] *m*, elevador [elewador] *m*

Likör *m* licor [likor] *m*

Limo *w/s* refrigerante [hefrisherãtschi] *m*

Limonade *w* refrigerante [hefrisherãtschi] *m*

Linie *w* **1** (Strich) linha [lĩnja] *w* **2** (Verkehrsstrecke) linha [lĩnja] *w*, rota [hòta] *w*

link(er,e,es) *adj* esquerd|o/-a [ißkerdu/-a], sinistr|o/-a [ßinißtru/-a]

links *adv* à esquerda [a ißkerda] ▶ **nach ~** (wohin) à esquerda; **von ~** de esquerda

Linse *w* **1** (Samen) lentilha [lẽĩtschilja] *w* **2** (optisch) lente [lẽtschi] *w*

Lippe *w* lábio [labju] *m*, beiço [bejßu] *m*

Lippenstift *m* batom [batõũ] *m*

Liste *w etw. Gen* lista [lißta] *w de a.c.*, elenco [elẽku] *m*, rol [hòu] *m*, listagem [lißtashẽĩ] *w*

Liter *m/s* litro [litru] *m*

Literatur *w* literatura [literatura] *w*

Lkw *m* caminhão [kamĩnjãũ] *m*, carreta [kaheta] *w*

loben *v j-n für etw.* louvar [lowar], elogiar [eloshiar], gabar [gabar] *alg por a.c.*

Loch *s* buraco [buraku] *m*, furo [furu] *m*, orifício [orifißju] *m*

Locke *w* bucle [bukli] *m*, caracol [karakòu] *m*, cacho [kaschu] *m*

Lockenwickler *m* bigodi [bigodshi] *m*, rolo [holu] *m*

locker *adj* **1** solt|o/-a [ßoutu/-a] **2** (Atmosphäre usw.) relaxad|o/-a [helaschadu/-a] **3** (Gebäck usw.) maci|o/-a [maßju/-a], fof|o/-a [fofu/-a] **4** (Mensch) tranquil|o/-a [trãkuilu/-a]

Löffel *m* **1** colher [koljer] *w* **2** (kleiner) colher *w* de chá [koljer dshi scha] **3** (Maßangabe) *etw. Akk* colherada [koljerada] *w*

logisch *adj* lógic|o/-a [lòshiku/-a]

Lohn *m* salário [ßalarju] *m* ▶ **den ~ erhöhen** *j-m* aumentar o salário *a alg*

lohnen *v* ***sich ~*** valer a pena [waler a pena]

lokal *adj* local [lokau]

Lokal *s* local [lokau] *m*

Lokomotive *w* locomotiva [lokomotschiwa] *w*

Los *s* **1** (Lotterieschein) bilhete *m* de loteria [biljetschi dshi loteria] **2** (Losen) sorteio [ßorteju] *m*

löschen *v* **1** extinguir [ißtschĩgir] **2** (Daten) apagar [apagar], eliminar [eliminar], deletar [deletar], obliterar [obliterar]

lose *adj* solt|o/-a [ßoutu/-a]

lösen *v* **1** (Krawatte usw.) *etw. Akk* afrouxar [afroschar] *a.c.* **2** (Problem usw.) *etw. Akk* resolver [hesouwer] *a.c.*, solucionar [ßolußionar] *a.c.*, solver [ßouwer] *a.c.*

losfahren *v* partir [partschir]

loslassen *v etw. Akk* soltar-se [ßoutarßi] *de a.c.*

Lösung *w* **1** (einer Aufgabe) *etw. Gen* solução [ßolußãũ] *w* **2** (eines Geheimnisses usw.) desenlace [dshisenlaßi] *m*, desenredo [dshisenhedu] *m* **3** (Flüssigkeit) solução [ßolußãũ] *w*

loswerden *v j-n/etw.* desfazer-se [dshißfaserßi] *de alg/a.c.*, descartar-se [dshißkartarßi] *de alg/a.c.*, livrar-se [liwrarßi] *de alg/a.c.*

Lotterie *w* loteria [loteria] *w*

Löwe *m* **1** (Tier) leão [leãũ] *m* **2** (Sternzeichen) Leão [leãũ] *m*

Luchs *m* lince [lĩßi] *m*

Lücke *w* brecha [bräscha] *w*

Luft *w* ar [ar] *m* ► **sich in ~ auflösen** sumir, escoar, dar o pira

lüften *v* ventilar [wẽĩtschilar], arejar [areshar]

Lüfter *m* ventilador [wẽĩtschilador] *m*

Luftmatratze *w* colchão *m* de ar [kouschãũ dshi ar]

Luftpost *w* correio *m* aéreo [koheju aäreu]

Lüge *w* mentira [mẽĩtschira] *w*

lügen *v j-m* mentir [mẽĩtschir]

Lunge *w* pulmões [puumõũjß] *m Mz*

Lungenentzündung *w* pneumonia [pineumonia] *w*

Lust *w an etw. Akk* vontade [wõũtadshi] *w de a.c.*, gana [gana] *w* ► **~ haben** *etw. Akk zu tun* ter ganas *de fazer a.c.*, apetecer *a.c.*; **~ zu essen** apetite *m*, desfastio *m*

lustig *adj* divertid|o/-a [dshiwertschidu/-a], engraçad|o/-a [ĩgraßadu/-a] ► **sich** *über j-n/etw.* **~ machen** brincar *de alg/a.c.*, gozar *com alg/a.c.*

lutschen *v* **1** (Bonbon usw.) *etw. Akk* chupar [schupar] **2** (Daumen usw.) *an etw. Dat* sugar [ßugar] *a.c.*, chupar [schupar] *a.c.*, chuchar [schuschar] *a.c.*

Luxus *m* luxo [luschu] *m*

M

machen *v* **1** (durchführen) fazer [faser] *a.c.*, *etw. Akk* fazer [faser] **2** (entstehen lassen) fazer [faser] **3** (erzeugen) fazer [faser], produzir [produsir] **4** *etw. Akk irgendwie* fazer [faser] *a.c. a.c.*, tornar [tornar] *a.c. a.c.* **5** ***sich*** **~** *an etw. Akk* pôr-se [porßi] *a fazer a.c.* **6** (Summe) fazer [faser] ► **eine Aufnahme** *von etw.* **~** fazer uma foto *de a.c.*; **einen Kopfsprung ~** saltar; **geltend ~** *etw. Akk* (Rechte usw.) exercer *a.c.*; **Macht es nicht!** Não faça isso.; **sich bekannt ~** *mit etw.* tomar conhecimento; **Spaß ~** *j-m etw. Nom* gostar *de a.c.*; **unmöglich ~** *etw. Akk* fazer *a.c.* impossível, impossibilitar *a.c.*; **Und was soll ich ~?** E o que devo fazer?

Macht *w* **1** poder [poder] *m*, potência [potẽßja] *w*, potestade [poteßtadshi] *w* **2** (Staat) potência [potẽßja] *w*

mächtig *adj* **1** (Herrscher usw.) poderos|o/-a [poderosu/-a], potente [potẽtschi], possante [poßãtschi], pujante [pushãtschi] **2** (groß) grande [grãdshi], possante [poßãtschi]

Mädchen *s* menina [menina] *w*, rapariga [hapariga] *w*, garota [garota] *w*, miúda [miuda] *w*

Magazin *s* **1** (einer Waffe) câmara [kamara] *w* **2** (Zeitschrift) revista [hewißta] *w*

Magen *m* estômago [ißtomagu] *m*

mager *adj* magr|o/-a [magru/-a]

Magnet *m* ímã [imã] *m*, magnete [magnetschi] *m*

mahlen *v* moer [moer]

Mahlzeit *w* prato [pratu] *m*, refeição [hefejßãũ] *w* ► **~!** Bom proveito!, Bom apetite!

Mai *m* maio [maju] *m*

Mais *m* milho [milju] *m*

Make-up *s* maquilhagem [makiljasheĩ] *w*, maquiagem [makjasheĩ] *w*

mal *adv* por [pur]

Mal *s* vez [weß] *w* ► **das nächste ~** próxima vez; **zum ersten ~** pela primeira vez

malen *v* pintar [pĩtar]

Maler *m* pintor [pĩtor] *m*

Malerei *w* pintura [pĩtura] *w*

manchmal *adv* às vezes [aß wesiß]

Mandarine *w* mexerica [mescherika] *w*

Mandel *w* **1** (Samen) amêndoa [amẽdoa] *w* **2 ~n** amígdala [amidala] *w*

Mangel *m* **1** (Unvollkommenheit) imperfeição [ĩperfejßãũ] *w*, deficiência [defißiẽßja] *w* **2** (Knappheit) *an etw. Dat* falta [fauta] *w de a.c.*, carência [karẽßja] *w de a.c.*, míngua [mĩgua] *w* **3** (an einem Produkt usw.) defeito [defejtu] *m*, imperfeição [ĩperfejßãũ] *w*, falha [falja] *w* **4** (Defekt usw.) defeito [defejtu] *m*

Mann *m* homem [omẽĩ] *m*, varão [warãũ] *m*

männlich *adj* **1** masculin|o/-a [maßkulinu/-a] **2** (Eigenschaft usw.) varonil [waroniu], viril [wiriu]

Mannschaft *w* equipa [ekipa] *w*, equipe [ekipi] *w*, time [tschimi] *m*

Mantel *m* casaco [kasaku] *m*, sobretudo [ßobritudu] *m*, casacão [kasakãũ] *m*

Mappe *w* registrador [heshißtrador] *m*, (Hülle) pasta [paßta] *w*, porta-fólio [portafolju] *m*

Märchen *s* conto *m* de fadas [kõũtu dshi fadaß]

Margarine *w* margarina [margarina] *w*

Mark *s* **1** (Gewebe) medula [medula] *w* **2** (aus Tomaten usw.) purê [pure] *m*, polpa [poupa] *w*

Marke *w* **1** (Ware) marca [marka] *w*, grife [grifi] *w* **2** (Wertzeichen) selo [ßelu] *m* **3** (Zeichen usw.) marca [marka] *w*

Markt *m* **1** (Straßenmarkt usw.) mercado [merkadu] *m* **2** (Platz) mercado [merkadu] *m*, empório [ĩporju] *m* **3** (Warenverkehr) mercado [merkadu] *m*

Markthalle *w* mercado *m* (coberto) [merkadu (kobärtu)]

Marmelade *w* marmelada [marmelada] *w*

Marmor *m* mármore [marmori] *m*

März *m* março [marßu] *m*

Maschine *w* **1** máquina [makina] *w* **2 ~n** (Maschinenausstattung) maquinaria [makinaria] *w*

Maß *s* **1** (Größe) medida [medshida] *w* **2** (Grad usw.) *etw. Gen* grau [grau] *m de a.c.*, extensão [ißtẽĩsãũ] *w de a.c.*

Massage *w* massagem [maßasheĩ] *w*

Masse *w* massa [maßa] *w*, vulto [wuutu] *m*

Maßeinheit *w* unidade [unidadshi] *w*

mäßig *adj* moderad|o/-a [moderadu/-a], (im Essen usw.) sóbri|o/-a [ßobrju/-a], abstémi|o/-a [abißtämju/-a], (Wind usw.) temperad|o/-a [tẽĩperadu/-a]

Maßnahme *w* medida [medshida] *w*, providência [prowidẽßja] *w*

Maßstab *m* **1** (Verhältnis) escala [ißkala] *w* **2** (zum Vergleich) marca *w* de referência [marka dshi heferẽßja]

Mast *m* **1** (Telefonmast usw.) poste [pòßtschi] *m* **2** (auf dem Schiff) mastro [maßtru] *m*

Material *s* material [materiau] *m*

Materie *w* matéria [matäria] *w*, massa [maßa] *w*, material [materiau] *m*

Matratze *w* colchão [kouschãũ] *m*

Matte *w* colchonete [kouschonätschi] *m*

Mauer *w* muro [muru] *m*

Maurer *m* pedreiro [pedrejru] *m*

Maus *w* **1** (Tier) rato [hatu] *m* **2** (PC) mouse [mausi] *m*

Maut *w* pedágio [pedashiu] *m*

Mayonnaise *w* maionese [majonäsi] *w*

Mechaniker *m* mecânico [mekaniku] *m*

Medikament *s* medicamento [medshikamẽtu] *m*

Medizin *w* medicina [medshißina] *w*

Meer *s* mar [mar] *m* ► **am ~** junto ao mar, perto do mar

Meerrettich *m* raiz-forte [haisfortschi] *w*, rábano-picante [habanupikãtschi] *m*

Mehl *s* farinha [farinja] *w*

mehr *adv* **1** mais [majß] **2** (brauchen usw.) ainda [aĩda]

Mehrheit *w j-s/etw.* maioria [majoria] *w*, maior parte [majòr partschi]

mehrmals *num* algumas vezes [augumaß wesiß], mais de uma vez [majß dshi uma weß], mais vezes [majß wesiß]

Mehrwertsteuer *w* IVA [iwa] *m*

Meile *w* milha [milja] *w*

mein, meine *pron* meu, minha [meu, mĩnja]

meinen *v* **1** pensar [pẽĩßar], opinar [opinar] **2** *etw. Akk irgendwie* intencionar [ĩtẽĩßionar] ► **Was ~ Sie damit?** O que quer dizer com isso?

Meinung *w über etw. Akk* opinião [opiniãũ] *w sobre a.c.*

meistens *adv* na maior parte das vezes [na majòr partschi daß wesiß], maioritariamente [majoritariamẽtschi], via de regra [wia dshi hägra], em regra [ẽĩ hägra]

Meister *m* **1** (Weltmeister usw.) campeão [kãpeãũ] *m* **2** (Könner) *in etw. Dat* mestre [mäßtri] *m de a.c.*

Meisterschaft *w* **1** (Weltmeisterschaft usw.) campeonato [kãpeonatu] *m* **2** (Meisterhaftigkeit) maestria [maeßtria] *w*, mestria [meßtria] *w*, primor [primor] *m*

melden *v* **1** (öffentlich usw.) *etw. Akk* anunciar [anũßjar] *a.c.*, noticiar [notschißjar] *a.c.* **2** (benachrichtigen) *j-m etw. Akk* anunciar [anũßjar] *a.c. a alg*, reportar [heportar] **3** *sich* ~ (beim Chef usw.) *bei j-m* apresentar-se [apreseẽĩtarßi] **4** *sich* ~ (anrufen, schreiben usw.) *bei j-m* dar notícias [dar notschißjaß] **5** *sich* ~ (Schüler usw.) levantar a mão [lewãtar a mãũ]

Meldung *w* **1** (amtliche) anúncio [anũßju] *m* **2** (dienstliche) *über etw. Akk* informe [ĩformi] *m*, relatório [helatòrju] *m*, resenha [hesẽnja] *w*, boletim [boletschĩ] *m*

Melodie *w* **1** melodia [melodshia] *w*, toada [toada] *w* **2** (eines Werbespots usw.) jingle [dshiŋgl] *m*

Menge *w* **1** quantidade [kuãtschidadshi] *w* **2** (von Ideen usw.) multidão [muutschidãũ] *w*, monte [mõũtschi] *m* **3** (von Elementen) conjunto [kõũshũtu] *m* ► **eine** ~ *von etw.* montão *m*, mole *w de a.c.*, acervo *m de a.c.*

Mensch *m* homem [omẽĩ] *m*, sujeito [ßushejtu] *m*, ser *m* humano [ßer umanu]

Menschheit *w* humanidade [umanidadshi] *w*, raça *w* humana [haßa umana]

menschlich *adj* human|o/-a [umanu/-a]

Menstruation *w* menstruação [mẽĩßtruaßãũ] *w*, período [periodu] *m*, regras [hegraß] *w Mz*

Menü *s* menu [menu] *m*

merken *v* **1** *j-n/etw.* notar [notar] *a.c.*, *j-n/etw.* reparar [heparar] *em a.c.*, aperceber-se [aperßeberßi] *de alg/a.c.* **2** *sich* ~ *etw. Akk* recordar [hekordar] *a.c.*, reter na memória [heter na memòria] *a.c.*

Merkmal *s* caraterística [karaterißtschika] *w*, característica [karakterißtschika] *w*

merkwürdig *adj* estranh|o/-a [ißtrãnju/-a], rar|o/-a [haru/-a], esquisit|o/-a [ißkisitu/-a] ♦ *adv* estranhamente [ißtrãnjamẽtschi]

Messe *w* **1** (Gottesdienst) missa [mißa] *w* **2** (Ausstellung) feira [fejra] *w*

messen *v* **1** *j-n/etw.* medir [medshir] *alg/a.c.*, mensurar [mẽĩßurar] *a.c.* **2** (Größe haben) *wie viel* medir [medshir]

Messer *s* faca [faka] *w*

Messing *s* latão [latãũ] *m*

Metall *s* metal [metau] *m*

Meter *m/s* metro [mätru] *m*

Methode *w* método [mätodu] *m*

Metzger *m* (SüD) açougueiro [aßogejru] *m*, cortador *m* (de carne) [kortador (dshi karni)]

Metzgerei *w* (SüD) açougue [aßogi] *m*

Miete *w* **1** (Geld) aluguel [alugäu] *m*, aluguer [aluger] *m* **2** (Verhältnis) arrendamento [ahẽĩdamẽtu] *m*, locação [lokaßãũ] *w*

mieten *v etw. Akk* alugar [alugar] *a.c.*, arrendar [ahẽĩdar]

Mieter *m* inquilino [ĩkilinu] *m*, morador [morador] *m*, locatário [lokatarju] *m*, arrendatário [ahẽĩdatarju] *m*

Migräne *w* enxaqueca [ĩschakeka] *w*

Mikrofon *s* microfone [mikrofoni] *m*

Mikrowelle *w* micro-ondas [mikroondaß] *m*

Mikrowellengerät *s* micro-ondas [mikroondaß] *m*

Mikrowellenofen *m* micro-ondas [mikroõũdaß] *m*

Milch *w* leite [lejtschi] *m*

Milchgeschäft *s* leitaria [lejtaria] *w*
milde *adj* **1** (gütig) indulgente [ĩduushẽtschi], clemente [klemẽtschi], leniente [leniẽtschi] **2** (Klima usw.) amen|o/-a [amenu/-a], temperad|o/-a [tẽĩperadu/-a] **3** (Essen usw.) suave [ßuawi]
militärisch *adj* militar [militar]
Milliarde *w* bilião [biliãũ] *m*
Million *w* milhão [miljãũ] *m*
Milz *w* baço [baßu] *m*
Minderheit *w* minoria [minoria] *w*
minderjährig *adj* menor (de idade) [menòr (dshi idadshi)]
minderwertig *adj* de má qualidade [dshi ma kualidadshi], inferior [ĩferior], somenos [ßomenuß]
mindestens *adv* ao menos [au menuß], no mínimo [nu minimu], pelo menos [pelu menuß]
Mineral *s* mineral [minerau] *m*
Mineralwasser *s* água *w* mineral [agua minerau]
minimal *adj* mínim|o/-a [minimu/-a]
Minister *m* ministro [minißtru] *m*
Ministerium *s* ministério [minißtärju] *m*
Ministerpräsident *m* primeiro ministro [primejru minißtru] *m*, premiê [premie] *m*
minus *adv* menos [menuß]
Minute *w* minuto [minutu] *m*
Minze *w* menta [mẽta] *w*
mischen *v* **1** *etw. Akk* misturar [mißturar] *a.c.* **2** (Musik) mixar [mikßar] **3** ***sich* ~** (Einflüsse usw.) misturar-se [mißturarßi]
Mischung *w* **1** *etw. Gen* mistura [mißtura] *w de a.c.*, mescla [mäßkla] *w de a.c.*, misto [mißtu] *m* **2** (von Musik) mixagem [mikßasheĩ] *w*
Missbrauch *m* abuso [abusu] *m*, uso *m* indevido [usu ĩdewidu]
missbrauchen *v j-n/etw.* abusar [abusar] *alg/a.c.*
Misserfolg *m* fracasso [frakaßu] *m*, insucesso [ĩßußeßu] *m*
Misstrauen *s* desconfiança [dshißkõũfiãßa] *w*, suspeição [ßußpejßãũ] *w*
misstrauisch *adj* desconfiad|o/-a [dshißkõũfiadu/-a], incrédul|o/-a [ĩkrädulu/-a], suspeitos|o/-a [ßußpejtosu/-a], suspicaz [ßußpikaß]
Missverständnis *s* mal-entendido [malẽĩtẽĩdshidu] *m*, desentendimento [dshisĩtẽĩdshimẽtu] *m*
missverstehen *v etw. Akk* compreender mal [kõũpriẽĩdcr mau] *a.c.*
mit *prep* **1** *j-m/etw.* com [kõũ] **2** (Mittel) *j-m/etw.* por [pur] ♦ *pron* consigo [kõũßigu]
Mitarbeiter *m* colega [koläga] *m*, colaborador [kolaborador] *m*
mitbringen *v etw. Akk irgendwohin/j-m* trazer [traser] *a.c. aonde/a alg*, *j-n* levar [lewar] *alg*
miteinander *adv* um com um outro [ũ kõũ ũ otru]
mitfahren *v bei j-m* ir [ir] *com alg*
Mitgefühl *s* compaixão [kõũpajschãũ] *w*, compadecimento [kõũpadeßimẽtu] *m*
Mitglied *s etw. Gen* membro [mẽbru] *m de a.c.*, integrante [ĩtegrãtschi] *m*, sócio [ßòßju] *m*, (weibliches) membro [mẽbru] *w*
Mitleid *s* compaixão [kõũpajschãũ] *w*, compadecimento [kõũpadeßimẽtu] *m*, lástima [laßtschima] *w*, pena [pena] *w*
mitnehmen *v* **1** *etw. Akk* levar [lewar] *a.c.* (consigo) **2** (mit dem Auto usw.) *j-n/etw. irgendwohin* levar [lewar] *a.c./alg aonde*, (mit dem Auto) *j-n irgendwohin* levar [lewar] *alg aonde*, dar boleia [dar boleja] *alg aonde*
Mittag *m* meio-dia [mejudshia] *m*
► **zu ~ essen** almoçar
Mittagessen *s* almoço [aumoßu] *m*
Mitte *w etw. Gen* meio [meju] *m de a.c.*
► **in der ~** *etw. Gen* no centro *de a.c.*, no meio *de a.c.*
mitteilen *v j-m etw. Akk* comunicar [komunikar] *a alg a.c.*, *j-m etw. Akk* anunciar [anũßjar] *alg a.c.*, notificar [notschifikar] *alg a.c.*
Mitteilung *w* aviso [awisu] *m*, comunicação [komunikaßãũ] *w*
Mittel *s* **1** (Hilfsmittel) meio [meju] *m*, recurso [hekurßu] *m* **2** (Arzneimittel usw.) *gegen etw.* remédio [hemädshju] *m* **3** (Substanz) preparado [preparadu] *m* **4** (finanzielle) recursos [hekurßuß] *m Mz*, meios [mejuß] *m Mz*, verbas [werbaß] *w Mz*

mittels *prep j-s/etw.* por meio [pur meju] *de alg/a.c.*, mediante [medshiãtschi] *alg/a.c.*, por intermédio [pur ĩtermädshju] *de alg/a.c.*, através [atrawäß] *de alg/a.c.*

mitten *adv* no meio [nu meju] ♦ *prep in etw. Dat* no centro [nu ßẽtru] *de a.c.*, no meio [nu meju] *de a.c.*, (irgendwohin) *in etw. Akk* no meio de [nu meju dshi]

Mitternacht *w* meia-noite [mejanojtschi] *w*

mittler(er,e,es) *adj* médi|o/-a [mädshju/-a]

Mittwoch *m* quarta-feira [kuartafejra] *w*, quarta [kuarta] *w*

Mixer *m* liquidificador [likidshifikador] *m*

Möbel *s Mz* mobília [mobilia] *w*, móveis [mowejß] *m Mz*

Mode *w* moda [mòda] *w*

Modell *s* **1** (von Gebäude usw.) maqueta [maketa] *w* **2** (von Gebäude usw.) modelo [modelu] *m*, maqueta [maketa] *w* **3** (Frau) manequim [manekĩ] *w*, modelo [modelu] *w*, (Mann) manequim [manekĩ] *m*, modelo [modelu] *m* **4** (Erzeugnis) modelo [modelu] *m* **5** (Grundlage usw.) modelo [modelu] *m*

modern *adj* **1** (Frisur usw.) modern|o/-a [modärnu/-a], de moda [dshi mòda] **2** (Entwicklung usw.) modern|o/-a [modärnu/-a]

mögen[1] *v* (verlangen) *etw. Akk von j-m* querer [kerer] *a.c. de alg* ▶ **Ich möchte (mit)… sprechen.** Queria falar com…

mögen[2] *v* (gernhaben) *j-n/etw.* gostar [goßtar] *de alg/a.c.*, aprazer [apraser] *fazer a.c.* ▶ **am liebsten ~** *j-n/etw.* gostar *alg/a.c.* mais de tudo

möglich *adj* **1** possível [poßiweu] **2** (potenziell) eventual [ewẽĩtuau], possível [poßiweu] ▶ **es ist ~** *etw. Akk zu tun* é possível *fazer a.c.*; **so bald wie ~** quanto antes

möglicherweise *adv* acaso [akasu], possivelmente [poßiweumẽtschi] ♦ *part* pode ser [podshi ßer], talvez [tauweß], porventura [porwẽĩtura], se calhar [ßi kaljar]

Möglichkeit *w* **1** (Auswahl) opção [opißãũ] *w* **2** (Chance) possibilidade [poßibilidadshi] *w*

Mohn *m* dormideira [dormidejra] *w*, papoila [papojla] *w*, papoula [papola] *w*

Möhre *w* cenoura [ßenora] *w*

Moment *m* **1** (kurzer usw.) instante [ĩßtãtschi] *m*, momento [momẽtu] *m*, bocado [bokadu] *m* **2** (Punkt) momento [momẽtu] *m*

Monat *m* mês [meß] *m*

monatlich *adj* mensal [mẽĩßau] ♦ *adv* ao mês [au meß], mensalmente [mẽĩßaumẽtschi]

Mönch *m* monge [mõũshi] *m*, religioso [helishiosu] *m*

Mond *m* lua [lua] *w*

Montag *m* segunda-feira [ßegũdafejra] *w*, segunda [ßegũda] *w*

Moor *s* pântano [pãtanu] *m*, brejo [breshu] *m*

Mord *m* homicídio [omißidshju] *m*, assassínio [aßaßinju] *m*, assassinato [aßaßinatu] *m*, crime *m* de morte [krimi dshi mòrtschi]

Mörder *m* assassino [aßaßinu] *m*, homicida [omißida] *m*

morgen *adv* amanhã [amãnjã]

Morgen *m* manhã [mãnjã] *w* ▶ **am ~** de manhã; **Guten ~.** Bom dia.

Morgendämmerung *w* amanhecer [amãnjeßer] *m*, alvorada [auworada] *w*

morgens *adv* de manhã [dshi mãnjã]

Moschee *w* mesquita [meßkita] *w*

Moskitonetz *s* mosquiteiro [moßkitejru] *m*

Motiv *s* motivo [motschiwu] *m*

Motor *m* motor [motor] *m*

Motorhaube *w* capô [kapo] *m*, capota [kapòta] *w*

Motorrad *s* motocicleta [motoßikläta] *w*, moto [motu] *w*

Möwe *w* gaivota [gajwòta] *w*

Mücke *w* mosquito [moßkitu] *m*, melga [meuga] *w*

müde *adj* cansad|o/-a [kãßadu/-a] ▶ **~ machen** *j-n* cansar *alg*; **~ sein** estar com sono; **~ werden** cansar-se

Mühe *w* esforço [ißforßu] *m*, empenho [ĩpẽnju] *m*, trabalho [trabalju] *m*

Mühle *w* **1** (Anlage) moinho [moĩnju] *m* **2** (Haushaltsgerät) moinho [moĩnju] *m*, máquina *w* de moer [makina dshi moer], moedor [moedor] *m*

Müll *m* lixo [lischu] *m*, entulho [ĩtulju] *m*, despejo [dshißpeshu] *m*, resíduo [hesiduu] *m*

Mülleimer *m* cesto *m* de lixo [ßeßtu dshi lischu], lixeira [lischejra] *w*

multiplizieren *v etw. Akk mit etw.* multiplicar [muutschiplikar]

Mund *m* boca [boka] *w*

mündlich *adj* oral [orau] ♦ *adv* verbalmente [werbaumẽtschi]

Mündung *w* embocadura [ĩbokadura] *w*, desembocadura [dshisĩbokadura] *w*, foz [fòß] *w*

Mundwasser *s* colutório [kolutorju] *m*, enxaguante *m* bucal [ĩschaguantschi bukau]

Münzautomat *m* máquina *w* de moedas [makina dshi moedaß]

Münze *w* moeda [moäda] *w*

Muschel *w* **1** (Tier) mexilhão [meschiljãũ] *m* **2** (Schale) concha [kõũscha] *w*

Museum *s* museu [museu] *m*

Musik *w* música [musika] *w*

musikalisch *adj* musical [musikau]

Musiker *m* músico [musiku] *m*

Muskel *m* músculo [mußkulu] *m*

Muslim *m* muçulmano [mußuumanu] *m*

müssen *v etw. Akk tun* ter que [ter ki] ► **Ich muss auf die Toilette.** Tenho que ir à casa de banho.

Muster *s* **1** modelo [modelu] *m*, padrão [padrãũ] *m* **2** (eines Stoffes usw.) padrão [padrãũ] *m*, padronagem [padronashẽĩ] *w*, desenho [desẽnju] *m* **3** (Vorbild) *an etw. Dat* modelo *m* (ideal) [modelu (ideau)] *de a.c.* **4** (einer Ware usw.) amostra [amòßtra] *w*

Mut *m* coragem [korashẽĩ] *w*, ânimo [animu] *m*, valentia [walẽĩtschia] *w*, bravura [brawura] *w*

mutig *adj* audaz [audaß], arrojad|o/-a [ahoshadu/-a], afoit|o/-a [afojtu/-a], atrevid|o/-a [atrewidu/-a]

Mutter[1] *w* (Frau) mãe [mãĩ] *w*

Mutter[2] *w* (Schraube) porca [pòrka] *w*

Muttersprachler *m* falante *m* nativo [falãtschi natschiwu]

Mütze *w* gorro [gohu] *m*

N

Nabel *m* umbigo [ũbigu] *m*

nach *prep* **1** (räumlich usw.) a [a], para [para] **2** (später) depois [depojß], após [apòß], trás [traß], ao fim de [au fĩ dshi] **3** (Vorbild) *etw.* segundo [ßegũdu] *a.c.*, conforme [kõũfòrmi], consoante [kõũßoãtschi] *a.c.*

nachahmen *v j-n/etw.* imitar [imitar] *alg/a.c.*, arremedar [ahemedar] *alg*, remedar [hemedar] *alg*

Nachbar *m* vizinho [wisĩnju] *m*

nachdem *conj* depois de [depojß dshi]

nachdenken *v über etw. Akk* pensar [pẽĩßar] *em a.c.*, raciocinar [haßioßinar], *über etw. Akk* pensar [pẽĩßar] *sobre a.c.*, refletir [hefletschir]

Nachfolger *m j-s* sucessor [ßußeßor] *m* ► *j-s* ~ **sein** suceder *alg*

Nachfrage *w nach etw.* demanda [demãda] *w de a.c.*, procura [prokura] *w de a.c.*

Nachkomme *m* descendente [deßendẽtschi] *m*

nachkommen *v j-m* manter o passo [mãter u paßu] *com alg*

nachlassen *v* **1** (in Leistung) afrouxar [afroschar], (Intensität usw.) baixar [bajschar], diminuir [dshiminuir] **2** (Rabatt) *j-m wie viel* dar *alg* um desconto [dar ũ dshißkõũtu]

nachlässig *adj* descuidad|o/-a [dshißkuidadu/-a], (Mensch usw.) negligente [neglishẽtschi], desleixad|o/-a [dshislejschadu/-a] ♦ *adv* negligentemente [neglishẽĩtemẽtschi], com negligência [kõũ neglishẽßja]

Nachmittag *m* tarde [tardshi] *w*

nachmittags *adv* à tarde [a/pelatardshi] ► ~ **um drei** às três da tarde

Nachname *m* sobrenome [ßobrinomi] *m*

Nachricht *w* **1** notícia [notschißja] *w*, novidade [nowidadshi] *w*, nova [nòwa] *w* **2** (E-Mail usw.) mensagem [mẽĩßashẽĩ] *w*, recado [hekadu] *m*

Nachspeise *w* sobremesa [ßobrimesa] *w*, doce [doßi] *m*

nächst(er,e,es) *adj* **1** (in Reihenfolge usw.) seguinte [ßegĩtschi] **2** (in der Zukunft) seguinte [ßegĩtschi], próxim|o/-a [pròßimu/-a] **3** (in der Nähe) mais próxim|o/-a [majß pròßimu/-a]

Nacht *w* noite [nojtschi] *w* ▸ **gestern ~** ontem à noite; **über ~** durante a noite; **Gute ~!** Boa noite!

Nachteil *m* desvantagem [dshiswãtashẽĩ] *w*, desproveito [dshißprowejtu] *m*, (Mangel usw.) inconveniente [ĩkõũweniẽtschi] *m*

Nachtisch *m* sobremesa [ßobrimesa] *w*, doce [doßi] *m*

nachts *adv* à noite [a nojtschi]

nachweisen *v etw. Akk* provar [prowar], comprovar [kõũprowar] *a.c.*, *etw. Akk* provar [prowar] *a.c.*

nachzahlen *v etw. Akk* pagar o resto [pagar u häßtu] *de a.c.*

Nacken *m* nuca [nuka] *w*, cachaço [kaschaßu] *m*, cerviz [ßerwiß] *w*

nackt *adj* **1** (Körper) nu/nua [nu/nua], desnud|o/-a [dshisnudu/-a], em pelo [ẽĩ pelu], pelad|o/-a [peladu/-a] **2** (Stelle usw.) nu [nu]

Nadel *w* **1** (Nähnadel) agulha [agulja] *w* **2** (Stecknadel) alfinete [aufinetschi] *m* **3** (eines Kompasses usw.) agulha *w* magnética [agulja magnätschika]

Nagel *m* **1** (Metallstift) cravo [krawu] *m*, prego [prägu] *m* **2** (Fingernagel) unha [ũnja] *w*

Nagellack *m* esmalte *m* de unhas [ismautschi dshi ũnjaß]

nahe *adj* próxim|o/-a [pròßimu/-a] ♦ *adv* **1** (nicht weit entfernt) perto [pärtu], próximo [pròßimu] *de a.c.*, nas proximidades [naß prokßimidadshiß] *de a.c.*, (nicht weit entfernt) por perto [pur pärtu] **2** (verwandt usw.) estreitamente [ißtrejtamẽtschi]

Nähe *w* proximidade [proßimidadshi] *w* ▸ **aus der ~** de perto

nähen *v* **1** (Kleid usw.) coser [koser], costurar [koßturar] **2** (befestigen) *etw. Akk* pregar [pregar] *a.c.*

nähern *v j-m etw. Akk* aproximar [aproßimar] *a.c. a a.c.* ▸ **sich ~** *j-m/etw.* aproximar-se *a alg/a.c.*

Nähmaschine *w* máquina *w* de costura [makina dshi koßtura]

Nahrung *w* alimento [alimẽtu] *m*, nutrição [nutrißãũ] *w*, (Kindernahrung usw.) alimentos [alimẽtuß] *m Mz*

Nahrungsmittel *s* alimento [alimẽtu] *m*

Naht *w* **1** costura [koßtura] *w* **2** (einer Wunde) ponto [põũtu] *m*

naiv *adj* ingênu|o/-a [ĩshenuu/-a], cândid|o/-a [kãdshidu/-a]

Name *m* nome [nomi] *m*, título [tschitulu] *m*

Namenstag *m* dia do santo [dshia du ßãtu]

nämlich *adv* isso é [ißu ä]

Narbe *w* cicatriz [ßikatriß] *w*

Nase *w* nariz [nariß] *m* ▸ **Ich habe davon die ~ voll.** Estou farto disto tudo., Estou de saco cheio disso.

Nasenloch *s* narina [narina] *w*, venta [wẽta] *w*

nass *adj* molhad|o/-a [moljadu/-a]

Nation *w* nação [naßãũ] *w*

national *adj* nacional [naßionau]

Nationalität *w* nacionalidade [naßionalidadshi] *w*

Natur *w* **1** (Tiere, Pflanzen usw.) natureza [naturesa] *w* **2** (einer Person) caráter [karater] *m*

natürlich *adj* natural [naturau] ♦ *part* claro [klaru], naturalmente [naturaumẽtschi]

Navigation *w* navegação [nawegaßãũ] *w*

Navigationsgerät *s* navegação *w* por satélite [nawegaßãũ pur ßatälitschi]

Nebel *m* **1** nevoeiro [newoejru] *m*, bruma [bruma] *w* **2** (im Weltraum) nebulosa [nebulosa] *w*

Nebelscheinwerfer *m Mz* faróis *m Mz* de nevoeiro [farojß dshi newoejru]

neben *prep* **1** (an der Seite) *etw. Dat* ao lado de [au ladu dshi], junto a [shũtu a] *a.c.* **2** (zusätzlich) *etw. Dat* além de [alẽĩ dshi], ademais de [ademajß dshi]

nebenan *adv* ao lado [au ladu] *de a.c.*, (in der Nähe) ao lado [au ladu], junto [shũtu] *a a.c.*

Nebenfluss *m* afluente [afluẽntschi] *m*

Nebenkosten *Mz* custos *m Mz* adicionais [kußtuß adshißionajß]

nebensächlich *adj* incidental [ĩßidẽĩtau], secundári|o/-a [ßekũdarju/-a]

Neffe *m* sobrinho [ßobrĩnju] *m*
negativ *adj* negativ|o/-a [negatschiwu/-a]
nehmen *v* **1** (in die Hand) *etw. Akk* tomar [tomar] **2** (Essen usw.) tomar [tomar] **3** (Essen usw.) tomar [tomar], pegar [pegar] **4** (Pillen usw.) *etw. Akk* tomar [tomar] **5** (Risiko usw.) assumir [aßumir] **6** (Einstellung) adotar [adotar], assumir [aßumir] **7** (schöpfen usw.) tirar [tschirar], tomar [tomar] **8** (essen usw.) consumir [kõũßumir], ingerir [ĩsherir] ► **in Anspruch ~** (Zeit) tardar, demorar; **Wir ~ ein Taxi.** Vamos de táxi.
neidisch *adj* invejos|o/-a [ĩweshosu/-a]
neigen *v* **1** (Kopf usw.) *etw. Akk* baixar [bajschar] *a.c.*, curvar [kurwar] *a.c.*, debruçar [debrußar] *a.c.*, (senken) *etw. Akk* inclinar [ĩklinar] *a.c.* **2** *zu j-m/etw.* inclinar [ĩklinar] *a alg/a.c.*, tender [tẽĩder] *a alg/a.c.*, propender [propẽĩder] *a alg/a.c.*, (Vorliebe haben) *zu etw.* tender [tẽĩder] *para a.c.* **3** (Ansicht) *zu etw.* inclinar-se [ĩklinarßi] *a a.c.* **4** ***sich ~*** (zu Ende gehen) chegar ao fim [schegar au fĩ], estar para acabar [ißtar para akabar]
nein *part* neca [neka]
Nektarine *w* nectarina [nektarina] *w*
Nelke *w* **1** (Blume) cravo [krawu] *m* **2** (Gewürz) cravo-da-índia [krawudaindshia] *w*
nennen *v* **1** (einen Namen geben) *j-n/etw. irgendwie* nomear [nomiar], denominar [denominar], intitular [ĩtschitular], titular [tschitular] **2** (bezeichnen) *j-n irgendwie* chamar [schamar] *alg a.c.* **3** (namentlich) enumerar [enumerar]
Neoprenanzug *m* neoprene [neopreni] *m*
Nerv *m* nervo [nerwu] *m* ► **~en** (System) nervos *m Mz*
nervös *adj wegen etw.* nervos|o/-a [nerwosu/-a] *por a.c.*
Nest *s* ninho [nĩnju] *m*
nett *adj* **1** (Person) amável [amaweu], gentil [shẽĩtschiu], bondos|o/-a [bõũdosu/-a] **2** (angenehm) agradável [agradaweu]
Netz *s* rede [hedshi] *w*
neu *adj* nov|o/-a [nowu/-a] ♦ *adv* novamente [nowamẽtschi], (eröffnet usw.) recentemente [heßẽĩtemẽtschi]
neuerdings *adv* há pouco (tempo) [a poku (tẽpu)], recentemente [heßẽĩtemẽtschi]
neuest(er,e,es) *adj* recente [heßẽtschi], (Nachricht usw.) últim|o/-a [uutschimu/-a]
neugierig *adj* curios|o/-a [kuriosu/-a]
Neuigkeit *w* novidade [nowidadshi] *w*, (Auskunft usw.) notícia [notschißja] *w*, nova [nòwa] *w*
Neujahr *s* Ano *m* Novo [anu nowu]
neulich *adv* há pouco (tempo) [a poku (tẽpu)], recentemente [heßẽĩtemẽtschi]
neun *num* nove [nòwi]
neunt(er,e,es) *num* non|o/-a [nonu/-a]
neunzehn *num* dezenove [desenowi]
neunzig *num* noventa [nowẽta]
neutral *adj* neutr|o/-a [neutru/-a]
nicht *part* não [nãũ] ► **eigentlich ~** nem tanto; **~ (ein)mal** nem (sequer); **noch ~** ainda não; **überhaupt ~** absolutamente não; **warum ~** por que não; **N~ wahr?** Não é?, Não é assim?, Né?
Nichte *w* sobrinha [ßobrĩnja] *w*
Nichtraucher *m* não fumante [nãũ fumãtschi] *m*
nichts *pron* nada [nada], coisa *w* nenhuma [kojsa nẽnjuma], patavina [patawina] *w*, neca [neka] ► **(Das) Macht ~!** Não importa.; **N~ zu danken.** De nada.
Nichtschwimmer *m* não nadador [nãũ nadador] *m*
nie *adv* nunca [nũka], jamais [shamajß]
Niederlage *w* derrota [dehòta] *w*, (im Spiel usw.) perda [perda] *w*
Niederschläge *w Mz* precipitações [preßipitaßõũjß] *w Mz*
niedlich *adj* adorável [adoraweu], fof|o/-a [fofu/-a], gracios|o/-a [graßiosu/-a], gracinha [graßĩnja]
niedrig *adj* baix|o/-a [bajschu/-a] ♦ *adv* baixo [bajschu]
niemals *adv* nunca [nũka], jamais [shamajß]
niemand *pron* ninguém [nĩgẽĩ]
Niere *w* rim [hĩ] *m*
niesen *v* espirrar [ißpihar]
nirgends *adv* em nenhum lugar [ẽĩ nẽnjũ lugar], nenhures [nẽnjurіß]
nirgendwo *adv* em nenhum lugar [ẽĩ nẽnjũ lugar], nenhures [nẽnjuriß]

nirgendwohin *adv* a nenhum lugar [a nẽnjũ lugar]

noch[1] *adv* **1** (dauern usw.) ainda [aĩda], inda [ĩda] **2** (ein Bier usw.) ainda [aĩda] ► **~ einer** outr|o/-a; **~ einmal** uma vez mais; **~ nicht** ainda não; **~ schlimmer/mehr** ainda pior/mais

noch[2] *conj* nem [nẽĩ] ► **weder... ~** nem... nem

nochmals *adv* uma vez mais [uma weß majß]

Nonne *w* monja [mõũsha] *w*, freira [frejra] *w*, religiosa [helishiòsa] *w*, madre [madri] *w*

Norden *m* norte [nòrtschi] *m*

nördlich *adj* do norte [du nòrtschi], nortista [nortschißta], setentrional [ßetẽĩtrionau]

normal *adj* normal [normau]

Not *w* **1** miséria [misäria] *w*, míngua [mĩgua] *w*, (Mangel an Geld usw.) pobreza [pobresa] *w*, indigência [ĩdshishẽßja] *w* **2** aperto [apertu] *m*, emergência [emershẽßja] *w*

Notar *m* notário [notarju] *m*, tabelião [tabeliãũ] *m*

Notarzt *m* médico *m* de urgência [mädshiku dshi urshẽßja]

Notaufnahme *w* emergência [emershẽßja] *w*

Notausgang *m* saída *w* de emergência [ßaida dshi emershẽßja]

Notdienst *m* emergência [emershẽßja] *w*, urgência [urshẽßja] *w*

Note *w* nota [nota] *w*

Notfall *m* emergência [emershẽßja] *w*

notieren *v* anotar [anotar], notar [notar], *etw. Akk* tomar nota [tomar nota] *de a.c.*, apontar [apõũtar] *a.c.*

nötig *adj* necessári|o/-a [neßeßarju/-a], precis|o/-a [preßisu/-a] ► **Das ist nicht ~.** Não é necessário.

Notiz *w* nota [nota] *w*, apontamento [apõũtamẽtu] *m*, anotação [anotaßãũ] *w*

Notizblock *m* bloco *m* (de notas) [blòku (dshi notaß)]

Notlage *w* aperto [apertu] *m*, emergência [emershẽßja] *w*

Notlandung *w* aterragem *w* de emergência [atehasheĩ dshi emershẽßja]

notwendig *adj* indispensável [ĩdshißpẽĩßaweu], necessari|o/-a [neßeßarju/-a], necessári|o/-a [neßeßarju/-a], precis|o/-a [preßisu/-a] ♦ *adv* necessariamente [neßeßariamẽtschi] ► **~ sein** fazer falta *a.c.*, ser mister, ser preciso; **wenn ~** se (for) necessário

November *m* novembro [nowẽbru] *m*

nüchtern *adj* sóbri|o/-a [ßobrju/-a]

Nudeln *w Mz* fidéus [fidäuß] *m Mz*, aletria [aletria] *w*, talharim [taljarĩ] *m*

Null *w* zero [säru] *m* ► **Temperaturen unter ~** temperaturas *w Mz* negativas

Nummer *w* **1** (zwei usw.) número [numeru] *m* **2** (Schuhe usw.) tamanho [tamãnju] *m*, número [numeru] *m* **3** (Zeitschrift usw.) número [numeru] *m*

Nummernschild *s* placa *w* de carro [plaka dshi kahu]

nun *adv* agora [agòra], atualmente [atuaumẽtschi], ora [òra]

nur *adv* somente [ßomẽtschi], só [ßò], unicamente [unikamẽtschi], apenas [apenaß] ► **nicht ~** não só; **~ dass** só que

Nuss *w* noz [nòß] *w*

nutzen *v* **1** (Nutzen ziehen) *etw. Akk* aproveitar [aprowejtar] *a.c.* **2** (Nutzen bringen) *j-m* beneficiar [benefißjar] *alg*

nützlich *adj* útil [utschiu], gratificante [gratschifikãtschi], prestável [preßtaweu], *für j-n/etw.* proveitos|o/-a [prowejtosu/-a]

nutzlos *adj* inútil [inutschiu], vão [wãũ], vão/vã [wãũ/wã], malograd|o/-a [malogradu/-a] ♦ *adv* inutilmente [inutschiumẽtschi]

O

ob *conj* se [ßi]

obdachlos **~ sein** ficar sem casa

oben *adv* **1** (höher) em cima [ẽĩ ßima] **2** (an der oberen Stelle) acima [aßima] **3** (auf dem Himmel usw.) no alto [nu autu] **4** (im Stockwerk) em cima [ẽĩ ßima] **5** (im Text) acima de [aßima dshi] ► **~ ohne** topless

Ober *m* empregado *m* de mesa [ĩpregadu dshi mesa]

ober(er,e,es) *adj* superior [ßuperior], de cima [dshi ßima]

Oberfläche *w etw. Gen* superfície [ßuperfißii] *w de a.c.*

Oberschenkel *m* coxa [koscha] *w*

objektiv *adj* objetiv|o/-a [obshetschiwu/-a] ♦ *adv* objetivamente [obshetschiwamẽtschi]

Obst *s* fruta [fruta] *w*

obwohl *conj* apesar de [apesar dshi], embora [ĩbòra], se bem que [ßi bẽĩ ki], conquanto [konkuãtu]

oder *conj* ou [o] ► **O~?** Não é?, Não é assim?, Né?

Ofen *m* **1** (im Zimmer usw.) estufa [ißtufa] *w* **2** (zum Backen usw.) forno [fornu] *m* **3** (Schmelzofen, Glutofen usw.) forno [fornu] *m*, fornalha [fornalja] *w*

offen *adj* abert|o/-a [abärtu/-a] ♦ *adv* abertamente [abertamẽtschi]

offensichtlich *adj* evidente [ewidẽtschi], óbvi|o/-a [òbwju/-a], (übertr.) palpável [paupaweu] ♦ *adv* obviamente [obwiamẽtschi]

öffentlich *adj* públic|o/-a [publiku/-a] ♦ *adv* publicamente [publikamẽtschi], em público [ẽĩ publiku]

offiziell *adj* oficial [ofißjau] ♦ *adv* oficialmente [ofißjaumẽtschi]

öffnen *v* **1** (Tür usw.) *etw. Akk* abrir [abrir] *a.c.* **2** (Bluse usw.) *etw. Akk* desabotoar [dshisabotoar], (Reißverschluss) abrir (o fecho) [abrir (u feschu)]

Öffner *m* abridor [abridor] *m*

Öffnung *w* abertura [abertura] *w*

Öffnungszeiten *w Mz* horário *m* de abertura [orarju dshi abertura], horário *m* de atendimento [orarju dshi ateĩdshimẽtu]

oft *adv* frequentemente [frekuẽĩtemẽtschi], com frequência [kõũ frekuẽßja], amiúde [amiudshi], a miúdo [a miudu]

ohne *prep j-n/etw.* sem [ßẽĩ] ♦ *conj etw. Akk zu tun* sem [ßẽĩ], sem que [ßẽĩ ki], *etw. Akk zu tun* sem (que) [ßẽĩ (ki)]

Ohr *s* orelha [orelja] *w*

Ohrring *m* brinco [brĩku] *m*

ökologisch *adj* ambiental [ãbiẽĩtau], ecológic|o/-a [ekolòshiku/-a]

Oktober *m* outubro [otubru] *m*

Öl *s* **1** (Flüssigkeit) óleo [òliu] *m* **2** (Rohstoff) petróleo [petròliu] *m*

Olive *w* azeitona [asejtona] *w*, oliva [oliwa] *w*

Omelett *s* omeleta [omeleta] *w*

Onkel *m* tio [tschiu] *m*

Oper *w* ópera [òpera] *w*

Operation *w* operação [operaßãũ] *w*, cirurgia [ßirurshia] *w*

Opfer *s* **1** vítima [witschima] *w* **2** (an die Götter usw.) oferenda [oferẽda] *w*, sacrifício [ßakrifißju] *m*

opfern *v etw. Akk* sacrificar [ßakrifikar] *a.c.*, imolar [imolar] *a.c.*

Opposition *w* oposição [oposißãũ] *w*

Optiker *m* ótico [òtschiku] *m*, oculista [okulißta] *m*

orange *adj* laranja [larãsha], cor de laranja [kor dshi larãsha]

Orange *w* laranja [larãsha] *w*

Orchester *s* orquestra [orkäßtra] *w*

Orden *m* condecoração [kõũdekoraßãũ] *w*, (Gemeinschaft) ordem [òrdẽĩ] *w*

ordentlich *adj* **1** (ordnungsliebend) ordeir|o/-a [ordejru/-a] **2** (angemessen) devid|o/-a [dewidu/-a], (vorschriftsmäßig) regular [hegular] ♦ *adv* **1** (angemessen) devidamente [dewidamẽtschi] **2** (angemessen) em devida forma [ẽĩ dewida fòrma], propriamente [propriamẽtschi] **3** (viel) bem [bẽĩ]

ordnen *v etw. Akk* ordenar [ordenar] *a.c.*, arrumar [ahumar], gerenciar [sherẽĩßjar], meter em ordem [meter ẽĩ òrdẽĩ] ► **sich ~** alinhar-se

Ordnung *w* **1** (Harmonie) ordem [òrdẽĩ] *w* **2** (Verkehrsordnung usw.) regulamento [hegulamẽtu] *m* **3** (Tagesordnung usw.) regime [heshimi] *m* ► **in ~ bringen** *etw. Akk* pôr *a.c.* em ordem; **Ich bin in ~.** Estou bem.

Organ *s* **1** (im Körper) órgão [òrgãũ] *m* **2** (Gruppe von Personen) órgão [òrgãũ] *m*, (Kollegium usw.) corpo [korpu] *m*

organisieren *v etw. Akk* organizar [organisar]

Orgasmus *m* orgasmo [orgasmu] *m*

Orgel *w* órgão [òrgãũ] *m*

orientieren *v* ***sich*** **~** orientar-se [oriẽĩtarßi]

original *adj* original [orishinau]

Original *s* original [orishinau] *m*

Orkan *m* furacão [furakãũ] *m*

Ort *m* lugar [lugar] *m*, local [lokau] *m*, sítio [ßitschju] *m*, posto [poßtu] *m*

örtlich *adj* local [lokau] ♦ *adv* em alguns lugares [ẽĩ augũß lugariß]

Osten *m* leste [läßtschi] *m*, oriente [oriẽtschi] *m*, este [eßtschi] *m*, nascente [naßẽtschi] *m* ▶ **im ~** no leste

Ostern *s* Páscoa [paßkoa] *w*

Österreich *s* Áustria [außtria] *w*

Österreicher *m* austríaco [außtriaku] *m*

österreichisch *adj* austríac|o/-a [außtriaku/-a]

östlich *adj* oriental [oriẽĩtau], de leste [dshi läßtschi]

Ozean *m* oceano [oßeanu] *m*

paar **ein ~** alguns, algumas, uns, umas, um par *de a.c.*

Paar *s* **1** parelha [parelja] *w*, casal [kasau] *m*, dupla [dupla] *w*, par [par] *m* **2** (Schuhe usw.) par [par] *m*

packen *v* **1** (in Papier usw.) embalar [ĩbalar], embrulhar [ĩbruljar], empacotar [ĩpakotar], enfardar [ĩfardar] **2** (Koffer) *etw. Akk* fazer a mala [faser a mala] **3** (fest usw.) *etw. Akk* agarrar [agahar] *a.c.*, pegar [pegar] *a.c.* **4** (Arm usw.) *etw. Akk* agarrar [agahar] *a.c.*, pegar [pegar] *a.c.*, empunhar [ĩpũnjar] *a.c.*

Packung *w* **1** (Hülle usw.) embalagem [ĩbalashẽĩ] *w*, embrulho [ĩbrulju] *m*, invólucro [ĩwòlukru] *m*, envoltório [ĩwoutorju] *m* **2** (Menge) pacote [pakòtschi] *m*

Paket *s* **1** (Verpacktes) fardo [fardu] *m*, acote [akotschi] *m* **2** (Sendung) pacote [pakòtschi] *m* **3** (Ware) pacote [pakòtschi] *m*

Palast *m* palácio [palaßju] *m*, paço [paßu] *m*

Palme *w* palmeira [paumejra] *w*, palma [pauma] *w*

Panne *w* avaria [awaria] *w*, pane [pani] *w*, enguiço [ĩgißu] *m*

Pantoffel *m* pantufa [pãtufa] *w*

Panzer *m* **1** (von Schildkröte usw.) carapaça [karapaßa] *w* **2** (Kampffahrzeug) tanque [tãki] *m*

Papier *s* papel [papäu] *m* ▶ **~e** documentos *m Mz*

Pappe *w* cartão [kartãũ] *m*, papelão [papelãũ] *m*

Paprika *m* **1** (Schote) pimentão [pimẽĩtãũ] *m*, pimento [pimẽtu] *m* **2** (Gewürz) colorau [kolorau] *m*

Papst *m* papa [papa] *m*

Paradies *s* paraíso [paraisu] *m*, eden [eden] *m*

Parfüm *s* perfume [perfumi] *m*

Park *m* parque [parki] *m*

parken *v irgendwo* estacionar [ißtaßionar]

Parkkralle *w* bloqueador *m* de rodas [blokeador dshi hodaß]

Parkplatz *m* estacionamento [ißtaßionamẽtu] *m*, parqueamento [parkeamẽtu] *m*

Parkscheibe *w* disco *m* de estacionamento [dshißku dshi ißtaßionamẽtu]

Parkuhr *w* parquímetro [parkimetru] *m*

Parlament *s* parlamento [parlamẽtu] *m*

Partei *w* partido [partschidu] *m*

Parterre *s* rés-do-chão [häßduschãũ] *m*

Partner *m* companheiro [kõũpãnjejru] *m*, par [par] *m*, acompanhante [akõũpãnjãtschi] *m*, (Ehepartner) namorado [namoradu] *m*

Party *w* festa [fäßta] *w*, convívio [kõũwiwju] *m*, sarau [ßarau] *m*, serão [ßerãũ] *m*

Pass *m* **1** (zum Reisen) passaporte [paßapòrtschi] *m*, passe [paßi] *m* **2** (im Gebirge) passo [paßu] *m*, desfiladeiro [dshißfiladejru] *m*

Passage *w* **1** (Ladenpassage) galeria *w* (comercial) [galeria (komerßjau)] **2** (eines Textes usw.) passagem [paßashẽĩ] *w*, trecho [treschu] *m*

Passagier *m* passageiro [paßashejru] *m*, ocupante [okupãtschi] *m*

passen *v* **1** (Kleidung) *j-m* ficar bem [fikar bẽĩ] *a alg* **2** (Farben usw.) *zu etw.* harmonizar-se [armonisarßi] *com a.c.*, condizer [kõũdshiser] *com a.c.*, toar [toar] *com a.c.*, (Farben usw.) *zu etw.* combinar [kõũbinar] *a.c.* **3** (gefallen) *j-m* convir [kõũwir] *a alg*, calhar [kaljar] *a alg*, dar jeito [dar shejtu], quadrar [kuadrar] *a alg*

passend *adj* **1** (geeignet) conveniente [kõũweniẽtschi] **2** (Name usw.) apropriad|o/-a [apropriadu/-a] ♦ *adv* apropriadamente [apropriadamẽtschi]

passieren *v* acontecer [akõũteßer], suceder [ßußeder], ocorrer [okoher], incidir [ĩßidshir]

Passwort *s* senha [ßẽnja] *w*, palavra-passe [palawrapaßi] *w*, palavra-chave [palawraschawi] *w*, password [paßuod] *w*

Paste *w* pasta [paßta] *w*

Pate *m* padrinho [padrĩnju] *m*, compadre [kõũpadri] *m*

Patenkind *s* afilhado [afiljadu] *m*

Patient *m* paciente [paßiẽtschi] *m*

Pause *w* **1** (während Tätigkeit) pausa [pausa] *w* **2** (während Vorstellung usw.) intervalo [ĩterwalu] *m* **3** (in Rede usw.) pausa [pausa] *w* ► **Machen wir eine ~.** Fazemos uma pausa.

Pech *s* **1** má sorte [ma ßòrtschi] *w*, azar [asar] *m*, (ugs.) galinha [galĩnja] *w* **2** (Substanz) pez [peß] *m*

Pedal *s* pedal [pedau] *m*

peinlich *adj* embaraços|o/-a [ĩbaraßosu/-a]

Pelz *m* pelagem [pelashẽĩ] *w*

Penis *m* pênis [peniß] *m*, falo [falu] *m*

Pension *w* **1** (Status) pensão [pẽĩßãũ] *w*, reforma [hefòrma] *w*, aposentadoria [aposẽĩtadoria] *w*, aposentação [aposẽĩtaßãũ] *w* **2** (Geld) pensão [pẽĩßãũ] *w*, renda [hẽda] *w*, aposentadoria [aposẽĩtadoria] *w* **3** (Gebäude usw.) pensão [pẽĩßãũ] *w* **4** (Verpflegung) pensão [pẽĩßãũ] *w*

perfekt *adj* perfeit|o/-a [perfejtu/-a], chapad|o/-a [schapadu/-a] ♦ *adv* perfeitamente [perfejtamẽtschi], à perfeição [a perfejßãũ]

Periode *w* período [periodu] *m*, lapso [lapßu] *m*

Perle *w* **1** pérola [pärola] *w* **2** (aus Glas usw.) miçanga [mißãga] *w*

Person *w* **1** (Mensch) pessoa [peßoa] *w* **2** (juristische usw.) entidade [ĩtschidadshi] *w*

Personalausweis *m* carteira *w* de identidade [kartejra dshi idẽĩtschidadshi], cédula [ßädula] *w*

Personaldaten *w Mz* dados *m Mz* pessoais [daduß peßoajß]

persönlich *adj* pessoal [peßoau], própri|o/-a [pròpriu/-a] ♦ *adv* pessoalmente [peßoaumẽtschi]

Perspektive *w* **1** (Sicht) perspetiva [perßpetschiwa] *w* **2** (Zukunft) *etw. Gen* perspetiva [perßpetschiwa] *w de a.c.*

Perücke *w* peruca [peruka] *w*, cabeleira [kabelejra] *w*

Petersilie *w* salsa [ßaußa] *w*

Pfad *m* senda [ßẽda] *w*, vereda [wereda] *w*, azinhaga [asĩnjaga] *w*, sendeiro [ßẽĩdejru] *m*

Pfand *s* caução [kaußãũ] *w*, prenda [prẽda] *w*, penhor [pẽnjor] *m*

Pfanne *w* panela [panäla] *w*, frigideira [frishidejra] *w*

Pfeffer *m* pimenta [pimẽta] *w*

Pfeife *w* **1** (Musikinstrument) flauta [flauta] *w* **2** (zum Rauchen) cachimbo [kaschĩbu] *m*, pito [pitu] *m* **3** (eines Schiedsrichters usw.) apito [apitu] *m*

pfeifen *v* **1** assobiar [aßobiar], silvar [ßiuwar], apitar [apitar] **2** (mit Pfeife) dar um assobio [dar ũ aßobju]

Pfeil *m* **1** (Geschoss) flecha [flescha] *w*, seta [ßäta] *w* **2** (Zeichen) flecha [flescha] *w*, seta [ßäta] *w*

Pfeiler *m* pilar [pilar] *m*

Pferd *s* cavalo [kawalu] *m*

Pfirsich *m* pêssego [peßegu] *m*

Pflanze *w* planta [plãta] *w*, vegetal [weshetau] *m*

pflanzen *v etw. Akk* plantar [plãtar] *a.c.*

Pflaster *s* **1** (Straßenbelag) pavimento [pawimẽtu] *m* **2** (Verband) esparadrapo [ißparadrapu] *m*, emplastro [ĩplaßtru] *m*

Pflaume *w* ameixa [amejscha] *w*

Pflege *w j-s* cuidado [kuidadu] *m de alg*, desvelo [dshiswelu] *m*

pflegen *v j-n/etw.* cuidar [kuidar] *de alg/a.c.*

Pflicht *w* obrigação [obrigaßãũ] *w*, dever [dewer] *m*, cargo [kargu] *m*

pflücken *v* apanhar [apãnjar], (Früchte usw.) colher [koljer]

Pflug *m* arado [aradu] *m*

pflügen *v etw. Akk* arar [arar] *a.c.*

Pförtner *m* porteiro [portejru] *m*

Pfote *w* pata [pata] *w*

Pfund *s* libra [libra] *w*

Pfütze *w* poça [pòßa] *w*, charco [scharku] *m*

Phase *w* fase [fasi] *w*, etapa [etapa] *w*, patamar [patamar] *m*

Pickel *m* **1** (Arbeitsgerät) picareta [pikareta] *w* **2** (in der Haut) borbulha [borbulja] *w*, espinha [ißpinja] *w*

Picknick *s* piquenique [pikiniki] *m*

Pille *w* **1** pílula [pilula] *w* **2** (Verhütungsmittel) pílula *w* contracetiva [pilula kõũtraßetschiwa], pílula *w* anticoncecional [pilula ãtschikõũßeßionau]

Pilot *m* piloto [pilotu] *m*, aviador [awiador] *m*

Pilz *m* **1** (Röhrling usw.) cogumelo [kogumälu] *m*, fungo [fũgu] *m* **2** (parasitisch) fungo [fũgu] *m*

pinkeln *v* fazer pipi [faser pipi], dar uma mijada [dar uma mishada], fazer xixi [faser schischi]

Pinsel *m* pincel [pĩßeu] *m*

Pinzette *w* pinça [pĩßa] *w*

Piste *w* pista [pißta] *w*

Pistole *w* pistola [pißtòla] *w*

Pkw *m* carro [kahu] *m*, automóvel [automòweu] *m*, viatura [wiatura] *w*

Plakat *s* cartaz [kartaß] *m*, poster [poußter] *m*

Plan *m* **1** (Vorhaben) plano [planu] *m* **2** (Landkarte usw.) carta [karta] *w*

planen *v etw. Akk* planear [planear], planejar [planeshar], planificar [planifikar] *a.c.*, programar [programar] *a.c.*

Planet *m* planeta [planeta] *m*

planmäßig *adv* sistematicamente [ßißtematschikamẽtschi]

platt *adj* plan|o/-a [planu/-a]

Platte *w* **1** (Holzplatte usw.) tábua [tabua] *w*, chapa [schapa] *w*, prancha [prãscha] *w* **2** (aus Metall usw.) chapa [schapa] *w*, placa [plaka] *w* **3** (Bauteil) painel [pajnäu] *m* **4** (Schallplatte) disco *m* de vinil [dshißku dshi winiu] **5** (zum Servieren) bandeja [bãdesha] *w*, tabuleiro [tabulejru] *m*

Platten *m* furo [furu] *m* ► **Ich habe einen ~.** Tenho o pneu furado.

Plattenspieler *m* gramofone [gramofoni] *m*, gira-discos [shiradshißkuß] *m*, toca-discos [tokadshißkuß] *m*

Platz *m* **1** (umbaute Fläche) praça [praßa] *w*, largo [largu] *m* **2** (Teil eines Raumes) lugar [lugar] *m*, local [lokau] *m*, sítio [ßitschju] *m*, posto [poßtu] *m* **3** (Kapazität usw.) espaço [ißpaßu] *m*

platzen *v* estourar [ißtorar], (Blase usw.) desinchar [dshisĩschar], (durch Innendruck) romper-se [hõũperßi]

platzieren *v etw. Akk irgendwohin* colocar [kolokar], pôr [por] *a.c. aonde*, posicionar [posißionar] *a.c. aonde*, *j-n/etw. irgendwohin* situar [ßituar] *alg/a.c.*

Platzkarte *w* bilhete *m* marcado [biljetschi markadu]

plaudern *v* cavaquear [kawakear], palrar [paurar], bater popo [bater popu], palestrar [paleßtrar]

Plombe *w* selo [ßelu] *m*

plötzlich *adj* súbit|o/-a [ßubitu/-a], repentin|o/-a [hepẽĩtschinu/-a], brusc|o/-a [brußku/-a] ♦ *adv* de repente [dshi hepẽtschi], repentinamente [hepẽĩtschinamẽtschi], subitamente [ßubitamẽtschi], de rompante [dshi hõũpãtschi]

plus *adv* mais [majß]

Pokal *m* cálice [kalißi] *m*, taça [taßa] *w*, (Trophäe) taça [taßa] *w*, copa [kòpa] *w*

polieren *v etw. Akk* polir [polir] *a.c.*, brunir [brunir] *a.c.*, engraxar [ĩgraschar] *a.c.*, lustrar [lußtrar] *a.c.*

Politik *w* política [politschika] *w*

Politiker *m* político [politschiku] *m*

politisch *adj* polític|o/-a [politschiku/-a]

Polizei *w* polícia [polißja] *w*

Polizeidienststelle *w* delegacia (da polícia) [delegaßia (da polißja)] *w*

Polizeiwache *w* delegacia (da polícia) [delegaßia (da polißja)] *w*

Polizist *m* polícia [polißja] *m*, agente *m* da polícia [ashẽtschi da polißja], guarda *m* (civil) [guarda (ßiwiu)]

Polohemd *s* polo [pòlu] *m*, camisa polo [kamisa pòlu]

Pope *m* pope [popi] *m*

Porree *m* alho-porro [alju pohu] *m*, alho-francês [aljufrãßeß] *m*

Portemonnaie *s* carteira [kartejra] *w*, porta-moedas [portamoedaß] *m*

Portion *w* porção [porßãũ] *w*, dose [dòsi] *w*

Porto *s* porte [pòrtschi] *m*, franquia [frãkja] *w*, despesas *w Mz* de correio [dshißpesaß dshi koheju]

Porträt *s* retrato [hetratu] *m*

Porzellan *s* porcelana [porßelana] *w*, louça [loßa] *w*

Position *w* **1** (räumliche) *etw. Gen* posição [posißãũ] *w*, posicionamento [posißionamẽtu] *m* **2** (Haltung) postura [poßtura] *w* **3** (einer Liste) item [itẽĩ] *m*

positiv *adj* **1** (Antwort usw.) positiv|o/-a [positschiwu/-a], afirmativ|o/-a [afirmatschiwu/-a] **2** (Wirkung usw.) positiv|o/-a [positschiwu/-a] **3** (Zahl usw.) positiv|o/-a [positschiwu/-a]

Post *w* **1** (Amt) correios [kohejuß] *m Mz* **2** (Briefe usw.) correio [koheju] *m* **3** (System) correio [koheju] *m*

Postamt *s* correios [kohejuß] *m Mz*

Posten *m* **1** (Betrag) item [itẽĩ] *m* **2** (Stellung) posto [poßtu] *m*, cargo [kargu] *m*

Postfach *s* caixa *w* de correio [kajscha dshi koheju], caixa *w* postal [kajscha poßtau]

Postkarte *w* postal [poßtau] *m*

Postleitzahl *w* código *m* postal [kòdshigu poßtau]

Postsendung *w* encomenda [ĩkomẽda] *w*

prahlen *v mit etw.* gabar-se [gabarßi] *de a.c.*, vangloriar-se [wãgloriarßi] *de a.c.*, alardear-se [alardearßi] *de a.c.*, *mit etw.* jactar-se [shaktarßi] *de a.c.*

praktisch *adj* prátic|o/-a [pratschiku/-a] ♦ *adv* **1** (eigentlich) virtualmente [wirtuaumẽtschi], praticamente [pratschikamẽtschi], basicamente [basikamẽtschi] **2** (im Prinzip usw.) praticamente [pratschikamẽtschi], (quasi) efetivamente [efetschiwamẽtschi]

Präservativ *s* preservativo [preserwatschiwu] *m*, camisinha [kamisĩnja] *w*

Präsident *m* presidente [presidẽtschi] *m*

Praxis *w* **1** (praktische Anwendung) prática [pratschika] *w* **2** (Berufserfahrung) experiência *w* do trabalho [ißperiẽßja du trabalju] **3** (ärztliche usw.) práticas [pratschikaß] *w Mz*

Preis *m* **1** (Betrag) preço [preßu] *m* **2** (für Beschaffung usw.) *etw. Gen* custo [kußtu] *m*, custa [kußta] *w* **3** (Belohnung) prêmio [premju] *m*

Presse *w* **1** (Maschine) prensa [prẽßa] *w* **2** (Zeitung usw.) imprensa [ĩprẽßa] *w*

Priester *m* sacerdote [ßaßerdotschi] *m*

Prinz *m* príncipe [prĩßipi] *m*

Prinzessin *w* princesa [prĩßesa] *w*

Prinzip *s* princípio [prĩßipju] *m*

privat *adj* privad|o/-a [priwadu/-a], particular [partschikular], privativ|o/-a [priwatschiwu/-a]

pro *prep* por [pur]

Probe *w* prova [pròwa] *w*, teste [täßtschi] *m*

proben *v* ensaiar [ĩßajar]

probieren *v etw. Akk* provar [prowar] *a.c.*

Problem *s* problema [problema] *m*

Produkt *s* produto [produtu] *m*

Produktion *w* produção [produßãũ] *w*, fabricação [fabrikaßãũ] *w*, fabrico [fabriku] *m* ► **landwirtschaftliche ~** produtos *m Mz* agrícolas

Produzent *m* **1** *von etw.* fabricante [fabrikãtschi] *m de a.c.*, produtor [produtor] *m de a.c.* **2** (von Filmen usw.) produtor [produtor] *m*

produzieren *v* produzir [produsir], fabricar [fabrikar], (industriell usw.) produzir [produsir] *a.c.*

Professor *m* professor [profeßor] *m*, catedrático [katedratschiku] *m*, lente [lẽtschi] *m*

Programm *s* **1** (Ablauf) *etw. Gen* programa [programa] *m*, programação [programaßãũ] *w*, roteiro [hotejru] *m* **2** (Computer) programa [programa] *m* **3** (TV) canal [kanau] *m*

Prospekt *m* folheto [foljetu] *m*

Prostituierte *w* prostituta [proßtschituta] *w*, meretriz [meretriß] *w*

Protest *m* protesto [protäßtu] *m*

protestieren *v* **1** (öffentlich usw.) *gegen etw.* protestar [proteßtar] *contra a.c.* **2** (zurückweisen) *gegen j-n/etw.* protestar [proteßtar] *contra alg/a.c.*

Provinz *w* província [prowĩßja] *w*

Prozent *s* por cento [pur ßẽtu] *m*

Prozess *m* **1** (Rechtsstreit) processo *m* (judicial) [proßäßu (shudshißjau)] **2** (Vorgang) processo [proßäßu] *m*

prüfen *v* **1** (Bremsen usw.) controlar [kõũtrolar], (Qualität) *etw. Akk* testar [teßtar] *a.c.*, pôr a prova [por a pròwa] **2** examinar [esaminar], *j-n in etw. Dat* examinar [esaminar] *alg de a.c.*

Prüfung *w* **1** (Qualität usw.) prova [pròwa] *w*, teste [täßtschi] *m* **2** (Kenntnisse) exame [esami] *m* **3** (im Theater usw.) ensaio [ĩßaju] *m*

prügeln *v j-n* bater [bater] *alg* ► **sich** *~ mit j-m* brigar *com alg*, pelejar *com alg*

Publikum *s* espetadores [ißpetadoriß] *m Mz*, público [publiku] *m*, auditório [audshitòrju] *m*

Puder *m* **1** (Kosmetik usw.) pó *m* facial [pò faßjau] **2** (Kinderpuder usw.) talco *m* (em pó) [tauku (ẽĩ pò)]

Pullover *m* camisola [kamisola] *w*, suéter [ßuäter] *m*, pulover [pulower] *m*

Pulver *s* polvilho [pouwilju] *m*, pó [pò] *m*

Pumpe *w* bomba [bõũba] *w*

pumpen *v* bombear [bõũbear] *a.c.*

Punkt *m* **1** (Fleck) ponto [põũtu] *m* **2** (Satzzeichen) ponto *m* (final) [põũtu (finau)] **3** (Stelle) ponto [põũtu] *m* **4** (Tupfen) ponto [põũtu] *m* **5** (Bewertung) ponto [põũtu] *m*

pünktlich *adj* pontual [põũtuau] ♦ *adv* a tempo [a tẽpu]

Pupille *w* pupila [pupila] *w*, menina *w* de olho [menina dshi olju]

Puppe *w* **1** (Spielpuppe) boneca [bonäka] *w*, (ugs.) nena [nena] *w* **2** (an Fäden) títere [tschiteri] *m*, marioneta [marionäta] *w*, marionete [marionetschi] *w*, fantoche [fãtoschi] *m* **3** (eines Schmetterlings usw.) ninfa [nĩfa] *w* **4** (aus Papier usw.) boneco [boneku] *m*

Pute *w* perua [perua] *w*

putzen *v etw. Akk* limpar [lĩpar] *a.c.* ► **sich die Zähne** ~ lavar os dentes, escovar os dentes

Putzfrau *w* empregada *w* de limpeza [ĩpregada dshi lĩpesa], faxineira [faschinejra] *w*

Q

Quadrat *s* quadrado [kuadradu] *m*

Qual *w* sofrimento [ßofrimẽtu] *m*, padecimento [padeßimẽtu] *m*

quälen *v* **1** (physisch) atormentar [atormẽĩtar], torturar [torturar] **2** (seelisch) *j-n* atormentar [atormẽĩtar] *alg*, vexar [weschar] *alg* **3** ***sich*** ~ (sich abmühen) *mit etw.* afanar-se [afanarßi] *por a.c.*

Qualifikation *w* **1** *für etw.* qualificação *w* profissional [kualifikaßãũ profißionau], (Ausbildung) qualificação [kualifikaßãũ] *w*, aptidões [aptschidõũjß] *w Mz*, habilitação [abilitaßãũ] *w* **2** (Wettbewerb) qualificação [kualifikaßãũ] *w*

Qualität *w etw. Gen* qualidade [kualidadshi] *w de a.c.*

Qualle *w* água-viva [aguawiwa] *w*

Quantität *w* quantidade [kuãtschidadshi] *w*

Quark *m* requeijão [hekeshãũ] *m*

Quatsch *m* besteira [beßtejra] *w*, tretas [tretaß] *w Mz*, papos *m Mz* furados [papuß furaduß]

Quelle *w* **1** (eines Flusses usw.) fonte [fõũtschi] *w*, nascente [naßẽtschi] *w*, manancial [manãßjau] *m* **2** *etw. Gen* fonte [fõũtschi] *w de a.c.*

quer *adj* transversal [trãswerßau], travess|o/-a [traweßu/-a] ♦ *prep durch etw., über etw. Akk* através de [atrawäß dshi]

Querstraße *w* travessa [trawäßa] *w*

Quittung *w* recibo [heßibu] *m*, comprovante [kõũprowãtschi] *m*, comprovativo [kõũprowatschiwu] *m*

R

Rabatt *m* desconto [dshißkõũtu] *m*, abatimento [abatschimẽtu] *m*

Rabe *m* corvo [korwu] *m*

Rache *w* vingança [wĩgãßa] *w*

rächen *v* **1** *j-n/etw.* vingar [wĩgar] *alg/a.c.*, desforrar [dshißfohar] *alg/a.c.* **2** ***sich*** ~ *an j-m (für etw.)* vingar-se [wĩgarßi] *de alg por a.c.*, desforrar-se [dshißfoharßi] **3** ***sich*** ~ (Irrtum usw.) *j-m* dar retrocesso [dar hetroßeßu]

Rad *s* roda [hòda] *w*

Radiergummi *m* borracha [bohascha] *w*

Radieschen *s* rabanete [habanetschi] *m*

Radio *s* rádio [hadshju] *w*, (Gerät) rádio [hadshju] *m*

Rahmen *m* **1** (Konstruktion) quadro [kuadru] *m* **2** (Einrahmung) moldura [moudura] *w*, caixilho [kajschilju] *m* **3** (einer Tätigkeit usw.) âmbito [ãbitu] *m* **4** (Gepräge) estrutura [ißtrutura] *w* ► **im** ~ *etw. Gen* dentro de *a.c.*

Rakete *w* **1** foguete [fogetschi] *m* **2** míssil [mißiu] *m*

Rand *m* **1** (Kante) borda [bòrda] *w*, orla [òrla] *w*, margem [marshẽĩ] *w*, beira [bejra] *w* **2** (eines Gefäßes usw.) borda [bòrda] *w*, rebordo [hebordu] *m*

Rang *m* **1** (Posten usw.) posição [posißãũ] *w* **2** (militärischer) grau [grau] *m*, patente [patẽtschi] *w*, (militärischer) posto [poßtu] *m* **3** (im Theater usw.) fileira [filejra] *w*

rasch *adj* **1** (Gang usw.) rápid|o/-a [hapidu/-a], veloz [welòß] **2** (Genesung usw.) rápid|o/-a [hapidu/-a] ♦ *adv* bruscamente [brußkamẽtschi]

Rasen *m* gramado [gramadu] *m*, relva [häuwa] *w*

Rasierapparat *m* barbeador *m* elétrico [barbeador elätriku]

rasieren *v j-n/etw.* fazer a barba [faser a barba], barbear [barbear] *alg* ▶ **sich ~** fazer a barba, barbear-se

Rasse *w* raça [haßa] *w*

Rast *w* descanso [dshißkãßu] *m*, trégua [trägua] *w*, folga [fòuga] *w*

Raststätte *w* restaurante *m* do motorista [heßtaurãtschi du motorißta]

Rat *m* conselho [kõũßelju] *m*

raten *v* **1** *j-m etw. Akk* aconselhar [akõũßeljar] **2** *etw. Akk* adivinhar [adshiwĩnjar] *a.c.*

Rathaus *s* prefeitura [prefejtura] *w*

Ratschlag *m* conselho [kõũßelju] *m*

Rätsel *s* **1** (Denkaufgabe) adivinha [adshiwĩnja] *w* **2** (Geheimnis) enigma [enigma] *m*

rätselhaft *adj* misterios|o/-a [mißteriosu/-a], enigmátic|o/-a [enigmatschiku/-a]

Ratte *w* rato *m* preto [hatu pretu]

rau *adj* **1** (Oberfläche usw.) ásper|o/-a [aßperu/-a], gross|o/-a [großu/-a] **2** (Klima usw.) dur|o/-a [duru/-a], rigoros|o/-a [higorosu/-a], agreste [agreßtschi] **3** (Sitten usw.) brusc|o/-a [brußku/-a], feroz [feròß], ríspid|o/-a [hißpidu/-a] **4** (Geräusch usw.) agud|o/-a [agudu/-a]

Raub *m* rapina [hapina] *w*, roubo [hobu] *m*, latrocínio [latroßinju] *m*

Räuber *m* ladrão [ladrãũ] *m*, bandido [bãdshidu] *m*

Raubtier *s* fera [fera] *w*, predador [predador] *m*

Rauch *m* fumaça [fumaßa] *w*

rauchen *v* fumar [fumar] ▶ **R~ verboten** Proibido fumar

Raucher *m* fumante [fumãtschi] *m*

Raum *m* **1** (im Haus) habitação [abitaßãũ] *w*, sala [ßala] *w*, (im Haus) quarto [kuartu] *m* **2** (leerer usw.) espaço [ißpaßu] *m*, recinto [heßĩtu] *m*, lugar [lugar] *m* **3** (Gebiet) espaço [ißpaßu] *m*

räumen *v* **1** (abräumen) *etw. Akk* tirar [tschirar] *a.c.* **2** (ausräumen) desocupar [dshisokupar], (Zimmer usw.) vagar [wagar], desabitar [dshisabitar]

Raureif *m* geada [sheada] *w*

reagieren *v auf etw. Akk* reagir [heashir]

rechnen *v* **1** (Rechenaufgabe) *etw. Akk* calcular [kaukular] **2** (Risiko usw.) *mit etw.* contar [kõũtar] *com a.c.* **3** (annehmen) *mit etw.* contar [kõũtar] *com a.c.* **4** *mit etw.* contar [kõũtar] *com a.c.*

Rechnung *w* fatura [fatura] *w*, (im Restaurant usw.) conta [kõũta] *w*

Recht *s* **1** (Rechtsordnung) direito [dshirejtu] *m* **2** (Berechtigung) *zu etw.* direito [dshirejtu] *m a a.c.* ▶ **~ geben** *j-m zu etw.* autorizar *alg a a.c.*; **Sie haben ~.** Tem razão.

recht(er,e,es) *adj* direit|o/-a [dshirejtu/-a]

rechtfertigen *v* **1** (entschuldigen) *etw. Akk* justificar [shußtschifikar] *a.c.* **2** (eine Tat usw.) justificar [shußtschifikar]

rechtlich *adj* judicial [shudshißjau], jurídic|o/-a [shuridshiku/-a]

rechts *adv von etw.* à direita [a dshirejta] *de a.c.* ▶ **nach ~** à direita; **von ~** de direita

Rechtsanwalt *m* advogado [adshiwogadu] *m*

Rechtschreibung *w* ortografia [ortografia] *w*, grafia [grafia] *w*

rechtzeitig *adj* a tempo [a tẽpu], atempad|o/-a [atẽĩpadu/-a] ♦ *adv* a tempo [a tẽpu], atempadamente [atẽĩpadamẽtschi]

Recycling *s* reciclagem [heßiklashẽĩ] *w*

Rede *w* discurso [dshißkurßu] *m*

reden *v* **1** (etwas äußern) *mit j-m von etw., über etw. Akk* falar [falar] **2** (sich unterhalten) *mit j-m von etw., über etw. Akk* falar [falar] *com alg*

reduzieren *v* reduzir [hedusir], restringir [heßtrĩshir]

Regal *s* **1** (im Geschäft usw.) prateleira [pratelejra] *w*, gôndola [gondola] *w* **2** (Brett) estante [ißtãtschi] *w*, prateleira [pratelejra] *w*

Regel *w* regra [hägra] *w*

regelmäßig *adj* regular [hegular] ♦ *adv* regularmente [hegularmẽtschi]

regeln *v etw. Akk* regular [hegular] *a.c.*

Regelung *w* regulação [hegulaßãũ] *w*, regulamentação [hegulamẽĩtaßãũ] *w*

Regen *m* chuva [schuwa] *w*

Regenbogen *m* arco-íris [arkuiriß] *m*

Regenmantel *m* impermeável [ĩpermeaweu] *m*, capa *w* de chuva [kapa dshi schuwa]

Regenschauer *m* chuveiro [schuwejru] *m*, garoa [garoa] *w*

Regenschirm *m* guarda-chuva [guardaschuwa] *m*, chapéu-de-chuva [schapäudshischuwa] *m*

regieren *v* governar [gowernar], reinar [hejnar]

Regierung *w* **1** (Organ) governo [gowernu] *m* **2** (Tätigkeit) governo [gowernu] *m*, reinado [hejnadu] *m*

Region *w* região [heshiãũ] *w*, comarca [komarka] *w*

regional *adj* regional [heshionau]

Regisseur *m* diretor [dshiretor] *m*, realizador [healisador] *m*

registrieren *v* **1** (amtlich) *j-n/etw.* cadastrar [kadaßtrar] *alg/a.c.* **2** (bemerken) *j-n/etw.* notar [notar] *alg/a.c.* **3** (statistisch usw.) *etw. Akk* registrar [heshißtrar], *etw. Akk* registrar [heshißtrar] *a.c.*, contabilizar [kõũtabilisar] *a.c.*

regnen *v* chover [schower]

reiben *v* **1** (Hände usw.) *etw. Akk* esfregar [ißfregar] **2** roçar [hoßar], (Gemüse usw.) *etw. Akk* ralar [halar] *a.c.* **3** (raspeln) ralar [halar]

reich *adj* ric|o/-a [hiku/-a]

reichen *v* **1** (geben) *j-m etw. Akk* passar [paßar] *a.c. a alg*, alcançar [aukãßar] **2** (Menge usw.) bastar [baßtar]

Reichtum *m* riqueza [hikesa] *w*, cabedal [kabedau] *m*

reif *adj* madur|o/-a [maduru/-a] ▶ **~ werden** amadurecer

Reifen *m* **1** pneu [pineu] *m* **2** (aus Metall) arco [arku] *m* ▶ **platter ~** pneu *m* vazio

Reifenpanne *w* furo [furu] *m*

Reihe *w* **1** (von Gegenständen) fila [fila] *w*, fileira [filejra] *w* **2** (im Theater usw.) fila [fila] *w*, fileira [filejra] *w*, renque [hẽki] *m* **3** (Schlange usw.) fila [fila] *w* **4** (von Zahlen) sucessão [ßußeßãũ] *w*

Reihenfolge *w* ordem [òrdẽĩ] *w*, sequência [ßekuẽßja] *w*, sucessão [ßußeßãũ] *w*

rein *adj* **1** (Gold usw.) pur|o/-a [puru/-a] **2** (Gefühl usw.) genuín|o/-a [shenuinu/-a], pur|o/-a [puru/-a]

reinigen *v* **1** *etw. Akk* limpar [lĩpar] *a.c.* **2** (von Zusatzstoffen usw.) purificar [purifikar], depurar [depurar]

Reinigung *w* **1** limpa [lĩpa] *w*, limpeza [lĩpesa] *w* **2** (Geschäft) tinturaria [tschĩturaria] *w*

Reinigungsmittel *s* detergente [detershẽtschi] *m*

Reis *m* arroz [ahoß] *m*

Reise *w* viagem [wiashẽĩ] *w*, trajeto [trashätu] *m*, viagem *w* turística [wiashẽĩ turißtschika] ▶ **Gute ~.** Boa viagem!

Reisebüro *s* agência *w* de turismo [ashẽßja dshi turismu]

Reisebus *m* ônibus [onibuß] *m*, ônibus *m* de longo curso [onibuß dshi lõũgu kurßu]

Reiseführer *m* guia [gia] *m*, cicerone [ßißeroni] *m*

reisen *v* viajar [wiashar]

Reisende *m* viajante [wiashãtschi] *m*, viageiro [wiashejru] *m*

Reisepass *m* passaporte [paßapòrtschi] *m*, passe [paßi] *m*

Reiseschecks *m Mz* cheques *m Mz* de viagem [schekiß dshi wiashẽĩ]

reißen *v* **1** (Papier usw.) *etw. Akk* desgarrar [dshisgahar] *a.c.* **2** (in Stücke) *etw. Akk* esfarrapar [ißfahapar] *a.c.*, rasgar [hasgar] *a.c.* **3** *an etw. Dat* empurrar [ĩpuhar]

Reißverschluss *m* zíper [siper] *m*

reiten *v* andar a cavalo [ãdar a kawalu], cavalgar [kawaugar]

Reiten *s* equitação [ekitaßãũ] *w*

reizen *v* irritar [ihitar]

Reklamation *w* reclamação [heklamaßãũ] *w*

Reklame *w* publicidade [publißidadshi] *w*

reklamieren *v etw. Akk* fazer reclamação [faser heklamaßãũ]

rekonstruieren *v* reconstruir [hekõũßtruir]
Rekord *m* recorde [hekòrdshi] *m*
relativ *adj* relativ|o/-a [helatschiwu/-a] ♦ *adv* relativamente [helatschiwamẽtschi]
Religion *w* religião [helishiãũ] *w*
religiös *adj* religios|o/-a [helishiosu/-a]
rennen *v* correr [koher]
Rennen *s* carreira [kahejra] *w*, prova [pròwa] *w*, corrida [kohida] *w*
Rente *w* **1** (Geld) pensão [pẽĩßãũ] *w*, renda [hẽda] *w*, aposentadoria [aposẽĩtadoria] *w* **2** (Status) pensão [pẽĩßãũ] *w*, reforma [hefòrma] *w*, aposentadoria [aposẽĩtadoria] *w*, aposentação [aposẽĩtaßãũ] *w*
Rentner *m* pensionista [pẽĩßionißta] *m*, reformado [heformadu] *m*, aposentado [aposẽĩtadu] *m*
Reparatur *w* reparação [heparaßãũ] *w*, conserto [kõũßertu] *m*, reparo [heparu] *m*
Reparaturwerkstatt *w* oficina *w* de reparação [ofißina dshi heparaßãũ]
reparieren *v etw. Akk* reparar [heparar] *a.c.*, consertar [kõũßertar] *a.c.*, acertar [aßertar] *a.c.*
Reporter *m* repórter [hepòrter] *m*
Republik *w* república [hepublika] *w*
Reserve *w* reserva [heßärwa] *w*
Reserverad *s* pneu *m* sobressalente [pineu ßobreßalẽtschi], estepe [ißtäpi] *m*
Reservereifen *m* pneu *m* sobressalente [pineu ßobreßalẽtschi], estepe [ißtäpi] *m*
reservieren *v etw. Akk* reservar [heserwar], fazer reserva [faser heßärwa], marcar [markar] *a.c.*
Reservierung *w* reserva [heßärwa] *w*, reservação [heserwaßãũ] *w*
Respekt *m vor j-m* estima [ißtschima] *w*, respeito [heßpejtu] *m*, consideração [kõũßideraßãũ] *w por alg*, (Achtung) respeito [heßpejtu] *m*
respektieren *v etw. Akk* respeitar [heßpejtar] *a.c.*, acatar [akatar] *a.c.*
Rest *m* **1** (beim Verbrauch) *etw. Gen* resto [häßtu] *m de a.c.*, sobra [ßòbra] *w de a.c.*, (nach Entnahme usw.) restante [heßtãtschi] *m* **2** (die Anderen) *j-s/etw.* os demais [uß demajß]
Restaurant *s* restaurante [heßtaurãtschi] *m*
retten *v j-n/etw. vor j-m/etw.* salvar [ßauwar] *alg/a.c. de a.c.*, *j-n/etw. vor j-m/etw.* salvar [ßauwar] *alg/a.c. de alg/a.c.*, resgatar [hesgatar] *alg/a.c.*
Rettung *w* salvação [ßauwaßãũ] *w*, salvamento [ßauwamẽtu] *m*, resgate [hesgatschi] *m*
Rettungsring *m* boia *w* salva-vidas [boja ßauwawidaß]
Rettungswagen *m* ambulância [ãbulãßja] *w*, pronto-socorro [prõũtußokohu] *m*
Rezept *s* **1** (Heilmittel) receita [heßejta] *w*, prescrição [preßkrißãũ] *w* **2** (Gericht) *für etw.* receita [heßejta] *w*
Rezeption *w* balcão *m* de receção [baukãũ dshi heßeßãũ]
R-Gespräch *s* chamada *w* paga pelo destinatário [schamada paga pelu dshißtschinatarju] ▶ **~ führen** fazer a chamada a pagar no destinatário
richten *v* **1** (Fernrohr usw.) *etw. Akk auf j-n/etw.* dirigir [dshirishir] *a.c. a alg* **2** (Augen usw.) fixar [fikßar] **3** *etw. Akk irgendwohin* dirigir [dshirishir] *a.c. aonde* **4** (seine Anstrengung usw.) *auf etw. Akk* tender [tẽĩder] *a a.c.*, visar [wisar] **5** (vor dem Gericht usw.) *j-n* julgar [shuugar] *alg*
Richter *m* juiz [shuiß] *m*
richtig *adj* **1** (nicht falsch) corret|o/-a [kohätu/-a], cert|o/-a [ßärtu/-a], acertad|o/-a [aßertadu/-a] **2** (entsprechend usw.) devid|o/-a [dewidu/-a] ♦ *adv* **1** (korrekt) corretamente [kohetamẽtschi], acertadamente [aßertadamẽtschi], bem [bẽĩ] **2** (viel) bem [bẽĩ]
Richtung *w* direção [dshireßãũ] *w*, sentido [ßẽĩtschidu] *m*, rumo [humu] *m*
riechen *v* **1** *etw. Akk* cheirar [schejrar] *a.c.*, (durch den Geruchssinn) *etw. Akk* cheirar [schejrar] *a.c.* **2** (Rosen usw.) *nach etw.* ter cheiro [ter schejru] *de a.c.* **3** *an etw. Dat* cheirar [schejrar] *a.c.*
Riese *m* gigante [shigãtschi] *m*
riesig *adj* **1** gigante [shigãtschi], imens|o/-a [imẽßu/-a], enorme [enòrmi], formidável [formidaweu] **2** (Summe usw.) colossal [koloßau]
Riff *s* recife [heßifi] *m*
Rind *s* bovídeo [bowideu] *m*
Rinde *w* cortiça [kortschißa] *w*

Rindfleisch *s* carne *w* de vaca [karni dshi waka], vaca [waka] *w*

Ring *m* **1** (Schmuck) anel [anäu] *m* **2** (Boxring usw.) ringue [hĩgi] *m*

Ringstraße *w* circunvalação [ßirkũwalaßãũ] *w*

ringsum *adv* ao redor [au hedòr], em torno [ẽĩ tornu] *de a.c.*

Rippe *w* costela [koßtäla] *w*

Risiko *s* risco [hißku] *m*, ventura [wẽĩtura] *w* ► **~** *etw. Gen* **eingehen** arriscar, correr perigo, correr risco

riskant *adj* arriscad|o/-a [ahißkadu/-a], aventuros|o/-a [awẽĩturosu/-a], venturos|o/-a [wẽĩturosu/-a] ♦ *adv* arriscadamente [ahißkadamẽtschi]

riskieren *v etw. Akk* arriscar [ahißkar], correr perigo [koher perigu], correr risco [koher hißku]

Riss *m* **1** greta [greta] *w*, rasgão [hasgãũ] *m*, rachadura [haschadura] *w*, racha [hascha] *w* **2** (Zeichnung) desenho [desẽnju] *m*

Rock *m* saia [ßaja] *w*

Roggen *m* centeio [ßẽĩteju] *m*

roh *adj* **1** (Gemüse usw.) cru/-a [kru/-a] **2** (Diamant usw.) cru/-a [kru/-a], brut|o/-a [brutu/-a] **3** (Tat usw.) brutal [brutau], brut|o/-a [brutu/-a]

Rohr *s* **1** (Hohlkörper) cano [kanu] *m*, tubo [tubu] *m* **2** (Pflanze) cana [kana] *w*

Röhre *w* tubo [tubu] *m*, cano [kanu] *m*

Rohstoff *m* matéria-prima [matäriaprima] *w*

Rolle *w* **1** (Papier usw.) rolo [holu] *m* **2** (Schauspiel) papel [papäu] *m* **3** (des Flaschenzuges) polia [polia] *w*, roldana [houdana] *w*, moitão [mojtãũ] *m*, (Möbelrolle usw.) rodinha [hodshĩnja] *w* **4** (Rad) cilindro [ßilĩdru] *m* **5** (Purzelbaum) cambalhota [kãbaljota] *w* **6** (Fleischrolle usw.) enrolado [ĩholadu] *m*

rollen *v* **1** (Fass usw.) *etw. Akk* fazer rodar [faser hodar] *a.c.*, rolar [holar] *a.c.*, (Fass usw.) *etw. Akk* rolar [holar] *a.c.* **2** (sich rollend bewegen) rolar-se [holarßi] **3** (Teig usw.) *etw. Akk* esticar [ißtschikar] *a.c.*

Rollstuhl *m* cadeira *w* de rodas [kadejra dshi hodaß]

Rolltreppe *w* escada *w* rolante [ißkada holãtschi]

Roman *m* romance [homãßi] *m*

Röntgenaufnahme *w* raios X [hajuß schisch] *m Mz*

rosa *adj* rosa [hòsa], rosad|o/-a [hosadu/-a], rósе|o/-a [hoseu/-a]

Rose *w* rosa [hòsa] *w*

Rosenkohl *m* couve *w* de Bruxelas [kowi dshi bruschelaß]

rosig *adj* rosa [hòsa]

Rosinen *w Mz* uvas *w Mz* passas [uwaß paßaß]

Rosmarin *m* alecrim [alekrĩ] *m*, rosmaninho [hosmanĩnju] *m*

Rost *m* **1** grelha [grelja] *w* **2** (Eisenoxid) ferrugem [fehushẽĩ] *w*

rot *adj* vermelh|o/-a [wermelju/-a], encarnad|o/-a [ĩkarnadu/-a], (Haar usw.) ruiv|o/-a [huiwu/-a] ► **~ werden** ruborizar

Route *w* rota [hòta] *w*, percurso [perkurßu] *m*, trajeto [trashätu] *m*

Rücken *m* costas [koßtaß] *w Mz*, (eines Tieres) dorso [dorßu] *m*

Rückfahrkarte *w* bilhete *m* de ida e volta [biljetschi dshi ida i wòuta]

Rückfall *m* recidiva [heßidshiwa] *w*, recaída [hekaida] *w*

Rückkehr *w* regresso [hegräßu] *m*, volta [wòuta] *w*, retorno [hetornu] *m*, vinda [wĩda] *w*

Rucksack *m* mochila [moschila] *w*

Rückseite *w* revés [hewäß] *m*, (eines Gebäudes) parte *w* traseira [partschi trasejra], traseira [trasejra] *w*

Rücksicht *w auf etw. Akk* consideração [kõũßideraßãũ] *w com a.c.* ► **mit ~** *auf etw. Akk* com respeito *a a.c.*

Rückspiegel *m* retrovisor [hetrowisor] *m*

rückwärts *adv* ao revés [au hewäß], para trás [para traß]

Rückwärtsgang *m* marcha *w* atrás [marscha atraß], ré [hä] *w*

Rudel *s* matilha [matschilja] *w*

Ruder *s* **1** remo [hemu] *m* **2** (Steuerruder) leme [lemi] *m*

Ruderboot *s* barco *m* a remo [barku a hemu]

rudern *v* remar [hemar]

Ruf *m* **1** (guter usw.) reputação [heputaßãũ] *w* **2** (Ausruf usw.) chamada [schamada] *w*

rufen *v* **1** (schreien usw.) *j-n* chamar [schamar] *a alg*, clamar [klamar] **2** (Arzt usw.) *j-n* chamar [schamar] *alg*

Ruhe *w* **1** (Ungestörtheit) calma [kauma] *w*, sossego [ßoßegu] *m*, tranquilidade [trãkuilidadshi] *w*, serenidade [ßerenidadshi] *w* **2** (Untätigkeit) descanso [dshißkãßu] *m* **3** (Erholung) descanso [dshißkãßu] *m*, repouso [heposu] *m* **4** (Stille) silêncio [ßilẽßju] *m*

ruhig *adj* **1** (bewegungslos) quiet|o/-a [kjätu/-a], qued|o/-a [kedu/-a] **2** (Platz) calm|o/-a [kaumu/-a], tranquil|o/-a [trãkuilu/-a], sossegad|o/-a [ßoßegadu/-a] **3** (gelassen) calm|o/-a [kaumu/-a] **4** (Atmosphäre usw.) seren|o/-a [ßerenu/-a], tranquil|o/-a [trãkuilu/-a], sossegad|o/-a [ßoßegadu/-a], pacat|o/-a [pakatu/-a] ♦ *adv* calmamente [kaumamẽtschi], tranquilamente [trãkuilamẽtschi]

rühren *v* **1** (Suppe usw.) *etw. Akk* mexer [mescher] *a.c.*, remexer [hemescher] *a.c.* **2** *sich* ~ mover-se [mowerßi], mexer-se [mescherßi] **3** (innerlich) *j-n* emocionar [emoßionar] *alg*, comover [komower] *alg*, tocar [tokar] *alg*, enternecer [ĩterneßer] *alg*

Ruine *w* ruína [huina] *w*

rund *adj* redond|o/-a [hedõũdu/-a]

Runde *w* rodada [hodada] *w*, ronda [hõũda] *w*, jornada [shornada] *w*, assalto [aßautu] *m*

Rundreise *w* tour [tur] *m*

Rüssel *m* **1** (des Elefanten) tromba [trõũba] *w*, (eines Schweines) focinho [foßĩnju] *m* **2** (der Insekten) sugadouro [ßugadoru] *m*

russisch *adj* russ|o/-a [hußu/-a] ♦ *adv* (em) russo [(ẽĩ) hußu]

Russland *s* Rússia [hußia] *w*

rutschen *v* **1** (auf dem Gehweg) deslizar [dshislisar], (auf Rutsche usw.) *auf etw. Dat* deslizar-se [dshislisarßi] **2** deslizar [dshislisar], resvalar [heswalar] **3** (herunterrutschen) deslizar [dshislisar], escorregar [ißkohegar]

rutschig *adj* escorregadi|o/-a [ißkohegadshju/-a], derrapante [dehapãtschi], deslizante [dshislisãtschi]

S

Saal *m* sala [ßala] *w*

Sache *w* **1** (Gegenstand) coisa [kojsa] *w* **2** (Sachverhalt) assunto [aßũtu] *m* ▶ **~n** coisas

Sachschaden *m* dano *m* material [danu materiau]

Sack *m* bolsa [boußa] *w*, saco [ßaku] *m*

säen *v* semear [ßemear]

Safe *m/s* caixa-forte [kajschafortschi] *w*, cofre [kòfri] *m*

Saft *m* **1** (aus Obst usw.) suco [ßuku] *m* **2** (Pflanzensaft) seiva [ßejwa] *w* **3** (Fleischsaft) molho *m* de carne [mòlju dshi karni]

Säge *w* serra [ßäha] *w*, serrote [ßehotschi] *m*

sagen *v* **1** (aussprechen) *etw. Akk* dizer [dshiser] *a.c.* **2** *j-m etw. Akk* dizer [dshiser] *alg sobre a.c.*, (mitteilen) *j-m etw. Akk* dizer [dshiser] *a.c. a alg* ▶ **kurz gesagt** simplesmente

sägen *v* **1** (arbeiten) serrar [ßehar] *a.c.* **2** (Baumstamm usw.) *etw. Akk* serrar [ßehar] *a.c.*

Sahne *w* creme [kremi] *m*, nata [nata] *w*

Saison *w* temporada [tẽĩporada] *w*, época [äpoka] *w*

Sakko *m/s* casaco [kasaku] *m*, paletó [paletò] *m*

Salami *w* salame [ßalami] *m*

Salat *m* **1** (Gemüse) alface [aufaßi] *w* **2** (Speise) salada [ßalada] *w*

Salbe *w* pomada [pomada] *w*, unguento [ũgẽtu] *m*

Salbei *m/w* salva [ßauwa] *w*, salveta [ßauweta] *w*

Salz *s* sal [ßau] *m*

salzen *v etw. Akk* salgar [ßaugar]

salzig *adj* salgad|o/-a [ßaugadu/-a]

Salzstreuer *m* saleiro [ßalejru] *m*

Samen *m* **1** (Samenkorn) semente [ßemẽtschi] *w* **2** (Sperma) sêmen [ßemẽĩ] *m*

sammeln *v* colecionar [koleßionar] *a.c.*

Sammlung *w* **1** (von Gemälden usw.) coleção [koleßãũ] *w*, coletânea [koletanea] *w* **2** (von Altpapier usw.) recolha [hekolja] *w*, apanha [apãnja] *w*, coleta [koläta] *w* **3** (von Müll usw.) recolha [hekolja] *w*

Samstag *m* sábado [ßabadu] *m*
Sand *m* areia [areja] *w*
Sandalen *w Mz* sandálias [ßãdaliaß] *w Mz*
sanft *adj* **1** (nicht stark usw.) suave [ßuawi], fin|o/-a [finu/-a], leve [läwi] **2** (Geschmack usw.) suave [ßuawi] ♦ *adv* suavemente [ßuawemẽtschi], ligeiramente [lishejramẽtschi], de leve [dshi läwi]
Sänger *m* cantor [kãtor] *m*
Sardine *w* sardinha [ßardshĩnja] *w*
Sarg *m* ataúde [ataudshi] *m*, caixão *m* funerário [kajschãũ funerarju], caixão *m* de defunto [kajschãũ dshi defũtu], féretro [färetru] *m*
satt *adj* saciad|o/-a [ßaßjadu/-a]
Sattel *m* selim [ßelĩ] *m*, (Pferd usw.) sela [ßäla] *w*
Satz *m* **1** (Aussage) oração [oraßãũ] *w*, frase [frasi] *w*, proposição [proposißãũ] *w*, período [periodu] *m* **2** (Teller usw.) *von etw.* conjunto [kõũshũtu] *m*, *von etw.* jogo [shogu] *m de a.c.*, conjunto [kõũshũtu] *m de a.c.*, (Teller usw.) *von etw.* jogo [shogu] *m de a.c.* **3** (Gebühr usw.) tarifa [tarifa] *w*, taxa [tascha] *w* **4** (im Tennis usw.) set [ßätschi] *m*, parcial [parßjau] *w* **5** (Bodensatz) sedimento [ßedshimẽtu] *m*, borra [boha] *w*
sauber *adj* limp|o/-a [lĩpu/-a] ► **~ machen** *etw. Akk* limpar
säubern *v* **1** (Wasser usw.) purificar [purifikar], depurar [depurar] **2** (Partei usw.) *etw. Akk* limpar [lĩpar]
sauer *adj* **1** (Geschmack) azed|o/-a [asedu/-a] **2** (Gärung usw.) ácid|o/-a [aßidu/-a] **3** *auf j-n* zangad|o/-a [sãgadu/-a] *com alg*, chatead|o/-a [schateadu/-a] *com alg*, irad|o/-a [iradu/-a] *com alg*, aborrecid|o/-a [aboheßidu/-a] *com alg*
Sauerkirsche *w* ginja [shinsha] *w*
Sauerstoff *m* oxigênio [okßishenju] *m*
Säule *w* coluna [koluna] *w*
Säure *w* ácido [aßidu] *m*
Schach *s* **1** (Spiel) xadrez [schadreß] *m* **2** (Stellung) xeque [schäki] *m*
Schachtel *w* **1** (große) caixa [kajscha] *w* **2** (Packung usw.) *etw. Gen* pacote [pakòtschi] *m*, maço [maßu] *m*
schade **Das ist ~.** É uma pena., É uma lástima., Que lástima!
Schädel *m* crânio [kranju] *m*
schaden *v j-m/etw.* causar dano [kausar danu] *a alg*, (ugs.) lixar [lischar] *alg*, *j-m/etw.* prejudicar [preshudshikar] *alg*, fazer dano [faser danu] *a alg*
Schaden *m* **1** (Einbuße) dano [danu] *m*, prejuízo [preshuisu] *m*, estrago [ißtragu] *m*, desproveito [dshißprowejtu] *m* **2** (Fehler) defeito [defejtu] *m*
schädlich *adj* nociv|o/-a [noßiwu/-a], (Schaden bringend) daninh|o/-a [danĩnju/-a], prejudicial [preshudshißjau], lesiv|o/-a [lesiwu/-a]
Schaf *s* ovelha [owelja] *w*
schaffen[1] *v* (hervorbringen) criar [kriar], gerar [sherar]
schaffen[2] *v* **1** (bewältigen) *etw. Akk* conseguir [kõũßegir] *fazer a.c.* **2** (rechtzeitig machen) conseguir [kõũßegir], *etw. Akk* conseguir a tempo [kõũßegir a tẽpu] **3** (rechtzeitig kommen) *etw. Akk* alcançar [aukãßar]
Schaffner *m* cobrador [kobrador] *m*
Schal *m* cachecol [kaschekòu] *m*, echarpe [escharpi] *w*
Schale *w* **1** casca [kaßka] *w*, pele [päli] *w* **2** (einer Nuss) casca [kaßka] *w* **3** (Ei) casca [kaßka] *w* **4** (kleines Gefäß) tigela [tschishela] *w*, taça [taßa] *w*
schälen *v* descascar [dshißkaßkar], *etw. Akk* pelar [pelar] *a.c.*
Schallplatte *w* disco *m* de vinil [dshißku dshi winiu]
schalten *v* **1** (Kamera usw.) *etw. Akk auf etw. Akk* mudar [mudar] *de a.c. a a.c.* **2** (Gang) trocar de velocidade [trokar dshi weloßidadshi] ► **den ersten/zweiten Gang ~** engrenar a primeira/segunda
Schalter *m* **1** interruptor [ĩtehuptor] *m*, desligador [dshisligador] *m* **2** (zur Abfertigung) guiché [gischä] *m*
schämen *v* **1** ***sich ~*** *für j-n/etw.* ter vergonha [ter wergõnja] *de a.c./alg*, ficar envergonhado [fikar ĩwergõnjadu] **2** ***sich ~*** (scheu sein) ser tímid|o/-a [ßer tschimidu/-a]
Schande *w* vergonha [wergõnja] *w*, vexame [weschami] *m*, (Unehre) desonra [dshisõũra] *w*
scharf *adj* **1** (Messer usw.) afiad|o/-a [afiadu/-a] **2** (Paprika usw.) picante

[pikãtschi] ♦ *adv* bruscamente [brußkamẽtschi]

Schatten *m etw. Gen* sombra [ßõũbra] *w de a.c.*

schätzen *v* **1** (bestimmen) *etw. Akk* estimar [ißtschimar] *a.c.*, avaliar [awaliar] *a.c.*, esmar [ismar] *a.c.* **2** (taxieren) *etw. Akk* avaliar [awaliar] *a.c.*, apreçar [apreßar] *a.c.*, orçar [orßar] *a.c.* **3** (hochachten) *j-n/etw.* apreciar [apreßjar] *alg/a.c.*, estimar [ißtschimar] *alg/a.c.*, valorizar [walorisar] *alg/a.c.*, (hochachten) *j-n/etw.* respeitar [heßpejtar] *alg/a.c.* **4** (Verdienst usw.) *etw. Akk* apreciar [apreßjar] *a.c.*

Schätzung *w* **1** (von Entfernung usw.) estimativa [ißtschimatschiwa] *w*, estima [ißtschima] *w*, esmo [ismu] *m* **2** (des Preises) avaliação [awaliaßãũ] *w*, apreço [apreßu] *m*

schauen *v* **1** *auf j-n/etw.* olhar [oljar] *a alg*, mirar [mirar] *a alg* **2** (dreinblicken) *irgendwie* ficar com cara [fikar kõũ kara] *de alg*

Schauer *m* chuveiro [schuwejru] *m*, garoa [garoa] *w*

Schaufel *w* pá [pa] *w*

Schaufenster *s* montra [mõũtra] *w*, vitrina [witrina] *w*

Schaum *m* espuma [ißpuma] *w*, escuma [ißkuma] *w*

Schauspieler *m* ator [ator] *m*

Scheck *m* cheque [schäki] *m*

Scheibe *w* **1** (Gegenstand) disco [dshißku] *m* **2** (aus Metall) lâmina [lamina] *w* **3** (Brot usw.) *etw. Gen* fatia [fatschia] *w de a.c.*, rodela [hodela] *w de a.c.*, posta [pòßta] *w de a.c.*

Scheibenwischer *m* limpa-para--brisas [lĩpaparabrisaß] *m*

Scheide *w* **1** (Schwert) bainha [baĩnja] *w* **2** (Vagina) vagina [washina] *w*

Scheidung *w* divórcio [dshiwòrßju] *m*

Schein *m* **1** (Urkunde) certidão [ßertschidãũ] *w*, nota [nota] *w* **2** (Geld) nota [nota] *w*, bilhete [biljetschi] *m* **3** (des Lichts) brilho [brilju] *m* **4** (Eindruck usw.) aparência [aparẽßja] *w*

scheinbar *adj* aparente [aparẽtschi] ♦ *adv* aparentemente [aparẽitemẽtschi]

scheinen *v* **1** (Licht ausstrahlen) luzir [lusir], brilhar [briljar] **2** (vorkommen) *j-m irgendwie* parecer [pareßer] *a.c. como*, achar [aschar], aparentar [aparẽitar] *a.c. como*

Scheinwerfer *m* farol [faròu] *m*

Schenkel *m* coxa [koscha] *w*

schenken *v j-m etw. Akk* dar de presente [dar dshi presẽtschi], oferecer [ofereßer] *a alg a.c.*, ofertar [ofertar] *a alg a.c.*

Schere *w* **1** (Werkzeug) tesoura [tschisora] *w* **2** (bei Krebsen) pinça [pĩßa] *w*

Scherz *m* piada [piada] *w*, brincadeira [brĩkadejra] *w*, gracinha [graßĩnja] *w*, gracejo [graßeshu] *m* ▶ **~e machen** brincar, embromar

Scheune *w* celeiro [ßelejru] *m*

Schicht *w* **1** (Masse) camada [kamada] *w* **2** (Gesellschaftsschicht usw.) estrato [ißtratu] *m*, classe [klaßi] *w* **3** (Arbeitsabschnitt) turno [turnu] *m*

schicken *v j-m etw. Akk* enviar [ĩwiar], mandar [mãdar]

Schicksal *s* destino [dshißtschinu] *m*, sorte [ßòrtschi] *w*, ventura [wẽitura] *w*, sina [ßina] *w*

schieben *v etw. Akk irgendwohin* empuxar [ĩpuschar] *a.c. aonde*

Schiedsrichter *m* árbitro [arbitru] *m*, juiz [shuiß] *m*

schief *adj* oblíqu|o/-a [oblikuu/-a] ♦ *adv* de través [dshi trawäß]

Schienbein *s* tíbia [tschibia] *w*

Schiene *w* **1** carril [kahiu] *m*, trilho [trilju] *m* **2** (für Frakturen) tala [tala] *w*

schießen *v* **1** (losschießen) disparar [dshißparar], atirar [atschirar] **2** (sich bewegen) *von etw.* sair como um raio [ßair komu ũ haju] *de a.c.* **3** (Tränen in die Augen) saltar [ßautar]

Schiff *s* navio [nawiu] *m*, barco [barku] *m*, nau [nau] *w* ▶ **mit einem ~ fahren** navegar

Schifffahrt *w* navegação [nawegaßãũ] *w*

Schild[1] *m* escudo [ißkudu] *m*

Schild[2] *s* **1** (mit Warnung usw.) placar [plakar] *m*, letreiro [letrejru] *m* **2** (Reklameschild usw.) letreiro [letrejru] *m*, tabuleta [tabuleta] *w* **3** (Türschild usw.) placa [plaka] *w*

Schilf *s* junco [shũku] *m*

Schimmel *m* mofo [mofu] *m*, bolor [bolor] *m*

schimpfen *v mit j-m* repreender [hepriender] *alg*

Schinken *m* fiambre [fiãbri] *m*

Schirm *m* **1** (Regenschutz) guarda-chuva [guardaschuwa] *m*, chapéu-de-chuva [schapäudshischuwa] *m* **2** (einer Lampe usw.) abajur [abashur] *m*, sombra [ßõũbra] *w*

Schlacht *w* batalha [batalja] *w*

schlachten *v* abater [abater], matar [matar]

Schlaf *m* sono [ßonu] *m*

Schlafanzug *m* pijama [pishama] *m*

schlafen *v* **1** (gut, lange usw.) dormir [dormir] **2** (koitieren) *mit j-m* dormir [dormir] *com alg*, trepar [trepar] *com alg*, transar [trãßar] *com alg*

Schlafsack *m* saco-cama [ßakukama] *m*, saco *m* de dormir [ßaku dshi dormir]

Schlaftablette *w* sonífero [ßoniferu] *m*

Schlafwagen *m* carruagem *w* cama [kahuashẽĩ kama], carruagem-cama [kahuashemkama] *w*

Schlafzimmer *s* quarto *m* de dormir [kuartu dshi dormir]

Schlag *m* **1** (mit Faust usw.) golpe [gòupi] *m*, pancada [pãkada] *w* **2** (des Herzens usw.) batida [batschida] *w*, batimento [batschimẽtu] *m* ▶ **~ (mit der Faust)** soco *m*, murro *m*

Schlaganfall *m* apoplexia [apoplekßia] *w*, derrame *m* cerebral [dehami ßerebrau]

schlagen *v* **1** (Schlag geben) *j-n* golpear [goupear] *alg*, bater [bater] *alg* **2** (prügeln) *j-n* bater [bater] *alg* **3** (an die Tür usw.) *an etw. Akk* bater [bater] *à a.c.*, golpear [goupear] *a.c.* **4** (Herz) latejar [lateshar], bater [bater] **5** (Uhr) bater [bater], dar batida [dar batschida] **6** (im Wettkampf, Krieg) *j-n* derrotar [dehotar], bater [bater], vencer [wẽĩßer] **7** (Eiweiß usw.) bater [bater] ▶ **k.o. ~** *j-n* nocautear *alg*

Schläger *m* **1** (für Baseball usw.) bastão [baßtãũ] *m*, (Tennis usw.) raquete [hakätschi] *w*, raqueta [haketa] *w* **2** (Raufbold) brigão [brigãũ] *m*

Schlagzeile *w* manchete [mãschetschi] *w*

Schlamm *m* barro [bahu] *m*, lama [lama] *w*, lodo [lodu] *m*

Schlange *w* **1** (Tier) serpente [ßerpẽtschi] *w*, cobra [kòbra] *w* **2** (Reihe) fila [fila] *w*, bicha [bischa] *w* ▶ **in der ~ warten** *auf etw. Akk* fazer fila, fazer bicha

schlank *adj* esbelt|o/-a [isbäutu/-a], esgui|o/-a [isgiu/-a], magr|o/-a [magru/-a]

schlau *adj* astut|o/-a [aßtutu/-a], astucios|o/-a [aßtußiosu/-a], manhos|o/-a [mãnjosu/-a], taimad|o/-a [tajmadu/-a]

Schlauch *m* **1** (Röhre) mangueira [mãgejra] *w*, manga [mãga] *w* **2** (bei Reifen) câmara [kamara] *w*, (Weinschlauch usw.) odre [odri] *m*

Schlauchboot *s* bote *m* inflável [bòtschi ĩflaweu]

schlecht *adj* mau/má [mau/ma], ruim [hũĩ], reles [häliß] ♦ *adv* **1** (minderwertig) mal [mau] **2** (körperlich unwohl) mal [mau] ▶ **~ werden** estragar-se; **Mir ist ~.** Sinto-me mal., Não me sinto bem.

Schleife *w* fita [fita] *w*, (im Haar usw.) laço [laßu] *m*

schleppen *v* **1** *etw. Akk* arrastar [ahaßtar] **2** (Koffer usw.) *etw. Akk* arrastar [ahaßtar] *a.c.* **3** (mit Gewalt hinbringen) *j-n irgendwohin* arrastar [ahaßtar] *alg aonde*, (mitnehmen) *j-n irgendwohin* levar [lewar] *alg aonde* **4** ***sich* ~** arrastar-se [ahaßtarßi], caminhar penosamente [kamĩnjar penosamẽtschi]

schließen *v* **1** (Fenster usw.) *etw. Akk* fechar [feschar], cerrar [ßehar] *a.c.* **2** (Betrieb) fechar [feschar] **3** (mit dem Schlüssel) fechar à chave [feschar a schawi], trancar [trãkar] **4** (Vertrag) concluir [kõũkluir], fechar [feschar] **5** (Tatsache usw.) deduzir [dedusir], inferir [ĩferir], concluir [kõũkluir], depreender [depriender]

Schließfach *s* cacifo [kaßifu] *m*

schließlich *adv* no final [nu finau], afinal [afinau], enfim [ĩfĩ], no final (de contas) [nu finau (dshi kõũtaß)] ♦ *part* a final de contas [a finau dshi kõũtaß], afinal de contas [afinau dshi kõũtaß]

Schlitten *m* trenó [trenò] *m*

Schlittschuh *m* patim [patschĩ] *m* ▶ **~ laufen** patinar

Schloss *s* **1** (Türschloss) fechadura [feschadura] *w* **2** (Palast) palácio [palaßju] *m*

Schlucht *w* barranco [bahãku] *m*, ravina [hawina] *w*

Schluck *m etw. Gen* gole [gòli] *m*, trago [tragu] *m*

schlucken *v* **1** (Wasser usw.) *etw. Akk* tragar [tragar] *a.c.*, engolir [ĩgolir] *a.c.*, deglutir [deglutschir] *a.c.* **2** (Firma usw.) absorver [abißorwer]

Schluss *m* **1** (einer Ära usw.) fim [fĩ] *m*, final [finau] *m*, conclusão [kõũklusãũ] *w*, fecho [feschu] *m* **2** (gezogener usw.) conclusão [kõũklusãũ] *w* ▶ **zu dem ~ kommen** concluir, chegar a conclusão

Schlüssel *m* **1** (zum Schließen) chave [schawi] *w* **2** (Lösung) *zu etw.* chave [schawi] *w de a.c.*

schmackhaft *adj* saboros|o/-a [ßaborosu/-a], gostos|o/-a [goßtosu/-a], apetitos|o/-a [apetschitosu/-a]

schmal *adj* delgad|o/-a [deugadu/-a], esbelt|o/-a [isbäutu/-a], grácil [graßiu], estreit|o/-a [ißtrejtu/-a]

schmecken *v* **1** (Beigeschmack haben) *nach etw.* saber [ßaber] *a a.c.* **2** (lecker sein) *j-m etw. Akk* gostar [goßtar], apetecer [apeteßer] ▶ **Es schmeckt mir nicht.** Não gosto disso.

schmeicheln *v j-m* lisonjear [lisõũshear] *a alg*

schmelzen *v* **1** (zergehen) degelar-se [deshelarßi], derreter-se [deheterßi] **2** (Erz usw.) fundir [fũdshir]

Schmerz *m* dor [dor] *w*, aflição [aflißãũ] *w*, mágoa [magoa] *w*

Schmetterling *m* borboleta [borboleta] *w*

Schminke *w* maquilhagem [makiljashẽĩ] *w*, maquiagem [makjashẽĩ] *w*

schminken *v j-n/etw.* maquilhar [makiljar] *alg/a.c.* ▶ **sich ~** maquilhar-se, maquiar-se

Schmuck *m* joia [shòja] *w*, (Zierde) adorno [adornu] *m*, enfeite [ĩfejtschi] *m*, ornamento [ornamẽtu] *m*

schmücken *v etw. Akk mit etw.* decorar [dekorar], adornar [adornar], ataviar [atawiar]

Schmutz *m* sujeira [ßushejra] *w*

schmutzig *adj* **1** suj|o/-a [ßushu/-a], imund|o/-a [imũdu/-a] **2** (Raum usw.) esquálid|o/-a [ißkualidu/-a] **3** (Details usw.) sórdid|o/-a [ßordshidu/-a] **4** (Wort usw.) obscen|o/-a [obißenu/-a] ▶ **~ machen** *etw. Akk* sujar *a.c.*, borrar *a.c.*, encardir *a.c.*, emporcalhar *a.c.*

Schnabel *m* bico [biku] *m*

Schnaps *m* aguardente [aguardẽtschi] *w*

schnarchen *v* roncar [hõũkar], ressonar [heßonar]

Schnauze *w* focinho [foßĩnju] *m*

Schnecke *w* caracol [karakòu] *m*

Schnee *m* neve [näwi] *w*

schneiden *v* **1** (mit Messer) cortar [kortar], talhar [taljar], (mit Messer) *etw. Akk* cortar [kortar] *a.c* **2** (Salami usw.) cortar [kortar] *a.c.* **3** (in Teile) *etw. Akk* cortar [kortar] *a.c.* **4** (verletzen) *j-n mit etw.* cortar [kortar] **5** (mit Schere) cortar [kortar] **6** (mit Schere) cortar [kortar] *a.c.* **7** (Haar) *j-n* cortar (o cabelo) [kortar (u kabelu)] **8** (Schaf usw.) tosar [tosar], tosquiar [toßkjar] **9** (Film usw.) montar [mõũtar] ▶ **sich die Haare ~ lassen** cortar o cabelo; **sich ~** *an etw. Dat, in etw. Akk* (Schnittwunde) cortar-se

Schneider *m* alfaiate [aufajatschi] *m*

schneien *v* nevar [newar]

schnell *adj* **1** (Bewegung usw.) rápid|o/-a [hapidu/-a], veloz [welòß] **2** (Erledigung usw.) rápid|o/-a [hapidu/-a] ♦ *adv* **1** (sich bewegen usw.) rapidamente [hapidamẽtschi], velozmente [welosmẽtschi], depressa [depräßa], com rapidez [kõũ hapideß] **2** (eilig usw.) depressa [depräßa], à pressa [a präßa]

Schnellstraße *w* autoestrada [autoißtrada] *w*

Schnitt *m* **1** (Kleider) feitio [fejtschju] *m*, corte [kòrtschi] *m* **2** (im Film) montagem [mõũtashẽĩ] *w* **3** (Haar) corte [kòrtschi] *m* **4** (mit dem Messer usw.) corte [kòrtschi] *m*, talho [talju] *m*

Schnittlauch *m* cebolinha [ßebolĩnja] *w*

Schnitzel *s* escalope [ißkalòpi] *m*

Schnorchel *m* snorkel [ßnokəl] *m*

Schnuller *m* chupeta [schupeta] *w*, chucha [schuscha] *w*

Schnupfen *m* constipação [kõũßtschipaßãũ] *w*

Schnur *w* barbante [barbãtschi] *m*, cordão [kordãũ] *m*, corda [kòrda] *w*

Schnurrbart *m* bigode [bigòdshi] *m*

Schnürsenkel *m* atacador [atakador] *m*, cadarço [kadarßu] *m*

Schock *m* choque [schòki] *m*

Schokolade *w* chocolate [schokolatschi] *m* ▶ **heiße ~** chocolate *m* quente

schon *adv* já [sha]

schön *adj* **1** (Person) bonit|o/-a [bonitu/-a], jeitos|o/-a [shejtosu/-a] **2** (Sache) bonit|o/-a [bonitu/-a], lind|o/-a [lĩdu/-a] **3** (Gehalt usw.) bom/boa [bõũ/boa] ♦ *adv* bem [bẽĩ] ▶ **~es Wetter** bom tempo *m*; **Das Wetter ist ~.** Faz bom tempo.

schonen *v j-n/etw.* tratar com cuidado [tratar kõũ kuidadu]

Schönheit *w* beleza [belesa] *w*, beldade [beudadshi] *w*

Schornstein *m* chaminé [schaminä] *w*

schräg *adj* oblíqu|o/-a [oblikuu/-a], sesg|o/-a [ßesgu/-a] ♦ *adv* de soslaio [dshi ßoslaju], de través [dshi trawäß]

Schrank *m* armário [armarju] *m*

Schranke *w* **1** barreira [bahejra] *w*, cancela [kãßela] *w* **2** *etw. Gen* limite [limitschi] *m de a.c.*

Schraube *w* parafuso [parafusu] *m*

schrauben *v etw. Akk irgendwohin* aparafusar [aparafusar] *a.c. a a.c.*

Schraubenmutter *w* porca [pòrka] *w*

Schraubenschlüssel *m* chave *w* inglesa [schawi ĩglesa]

Schraubenzieher *m* chave *w* de fendas [schawi dshi fẽdaß]

Schrecken *m* horror [ohor] *m*, pavor [pawor] *m*, (Person) ameaça [ameaßa] *w*

schrecklich *adj* **1** terrível [tehiweu], horrível [ohiweu], horrend|o/-a [ohẽdu/-a], medonh|o/-a [medõnju/-a] **2** (Qualität usw.) terrível [tehiweu] ♦ *adv* terrivelmente [tehiweumẽtschi]

Schrei *m* grito [gritu] *m*, (kreischender) guincho [gĩschu] *m*

schreiben *v* **1** (aufzeichnen) escrever [ißkrewer] **2** (formulieren) *etw. Akk* escrever [ißkrewer] ▶ **Maschine ~** escrever, digitar; **S~ Sie es mir auf die Rechnung.** Ponha na minha conta.

Schreibtisch *m* escrivaninha [ißkriwanĩnja] *w*, secretária [ßekretaria] *w*, banca [bãka] *w*

Schreibwaren *Mz* artigos *m Mz* de papelaria [artschigußß dshi papelaria]

schreien *v* **1** berrar [behar], (laut sprechen) gritar [gritar] **2** (Eule) ulular [ulular]

Schrift *w* **1** (System) escritura [ißkritura] *w* **2** (lesbar usw.) manuscrito [manußkritu] *m*, letra [letra] *w*, escrita [ißkrita] *w* **3** (Druckschrift) fonte [fõũtschi] *w*, tipo [tschipu] *m*

schriftlich *adj* escrit|o/-a [ißkritu/-a] ♦ *adv* por escrito [pur ißkritu]

Schriftsteller *m* escritor [ißkritor] *m*

Schritt *m* **1** passo [paßu] *m* **2** (Körpergegend) entrepernas [ĩtrepernaß] *w Mz* **3** (Handlung) operação [operaßãũ] *w*

Schrott *m* sucata [ßukata] *w*, ferro *m* velho [fähu wälju]

Schublade *w* gaveta [gaweta] *w*

schüchtern *adj* tímid|o/-a [tschimidu/-a], acanhad|o/-a [akãnjadu/-a], envergonhad|o/-a [ĩwergõnjadu/-a], retraíd|o/-a [hetraidu/-a]

Schuh *m* sapato [ßapatu] *m* ▶ **~e** calçado *m*

schuld **~ sein** *an etw. Dat* ter a culpa *de a.c.*

Schuld *w* **1** (Verantwortung usw.) *an etw. Dat* culpa [kuupa] *w de a.c.* **2** (Fehler) culpa [kuupa] *w* **3** (Betrag) dívida [dshiwida] *w*, débito [däbitu] *m* ▶ *j-m* **die ~** *an etw. Dat* **geben** culpar *alg de a.c.*; **Es ist nicht meine ~!** Não é a minha culpa!

schulden *v j-m etw. Akk* dever [dewer] *a.c. a alg*

schuldig *adj* **1** *etw. Gen* culpad|o/-a [kuupadu/-a] *de a.c.* **2** (Summe) devid|o/-a [dewidu/-a]

Schule *w* escola [ißkòla] *w*, colégio [kolăshiu] *m* ▶ **in der ~** na escola

Schüler *m* aluno [alunu] *m*

Schuljahr *s* ano [anu] *m*

Schulter *w* ombro [õũbru] *m*, espádua [ißpadua] *w*

Schuppe *w* **1** (von Fisch usw.) escama [ißkama] *w* **2** **~n** caspa [kaßpa] *w*

Schürze *w* avental [awẽĩtau] *m*

Schuss *m* **1** (aus Pistole usw.) tiro [tschiru] *m*, disparo [dshißparu] *m* **2** (im Fußball usw.) disparo [dshißparu] *m*, tiro [tschiru] *m*, remate [hematschi] *m*

Schüssel *w* tigela [tschishela] *w*, bacia [baßia] *w*, taça [taßa] *w*, travessa [trawäßa] *w*

Schusswaffe *w* arma *w* de fogo [arma dshi fogu]

Schuster *m* sapateiro [ßapatejru] *m*

schütteln *v* **1** *etw. Akk* agitar [ashitar] *a.c.*, sacolejar [ßakoleshar] *a.c.*, *j-n/etw.* agitar [ashitar] *alg/a.c.*, acudir [akudshir] *alg/a.c.* **2** ***sich*** **~** estremecer-se [ißtremeßerßi], (vor Kälte usw.) tremer [tremer], trepidar [trepidar] **3** ***sich*** **~** (Hund usw.) sacudir-se [ßakudshirßi] ► **den Kopf ~** abanar a cabeça

schütten *v etw. irgendwohin* pôr [por]

Schutz *m* **1** *gegen etw., vor etw. Dat* proteção [proteßãũ] *w* **2** (Naturschutz usw.) preservação [preserwaßãũ] *w*

schützen *v j-n/etw.* proteger [protesher] *alg/a.c.*

schwach *adj* **1** (körperlich) frac|o/-a [fraku/-a], froux|o/-a [froschu/-a], débil [däbiu] **2** (schlecht) frac|o/-a [fraku/-a] ♦ *adv* debilmente [debiumẽtschi]

Schwäche *w* **1** (Gefühl usw.) fraqueza [frakesa] *w*, mal-estar [mauißtar] *m*, tontura [tõũtura] *w*, debilidade [debilidadshi] *w* **2** (charakterliche usw.) fraqueza [frakesa] *w*, ponto *m* fraco [põũtu fraku]

Schwager *m* cunhado [kũnjadu] *m*

Schwamm *m* esponja [ißpõũsha] *w*, esfregão [ißfregãũ] *m*

Schwan *m* cisne [ßisni] *m*

schwanger *adj* grávida [grawida], gestante [sheßtãtschi]

Schwanz *m* cauda [kauda] *w*, rabo [habu] *m*

schwarz *adj* pret|o/-a [pretu/-a], negr|o/-a [negru/-a] ♦ *adv* sem autorização [ßẽĩ autorisaßãũ]

schwarzfahren *v* viajar sem bilhete [wiashar ßẽĩ biljetschi], ir à borla [ir a borla]

Schwebebahn *w* teleférico [telefäriku] *m*

Schwefel *m* súlfur [ßuufur] *m*, enxofre [ĩschofri] *m*

schweigen *v* calar [kalar], ficar calado [fikar kaladu]

Schwein *s* porco [porku] *m*, suíno [ßuinu] *m*

Schweinefleisch *s* carne *w* de porco [karni dshi porku], porco [porku] *m*

Schweiß *m* suor [ßuòr] *m*

Schweiz *w* Suíça [ßuißa] *w*

Schwellung *w* inchaço [ĩschaßu] *m*, inchamento [ĩschamẽtu] *m*, inchação [ĩschaßãũ] *w*

schwer *adj* **1** (Gewicht) pesad|o/-a [pesadu/-a] **2** (intensiv) forte [fòrtschi] ♦ *adv* dificilmente [dshifißiumẽtschi], com dificuldade [kõũ dshifikuudadshi]

Schwert *s* espada [ißpada] *w*

Schwester *w* irmã [irmã] *w*

Schwiegermutter *w* sogra [ßògra] *w*

Schwiegersohn *m* genro [shẽĩhu] *m*

Schwiegertochter *w* nora [nòra] *w*

Schwiegervater *m* sogro [ßogru] *m*

schwierig *adj* **1** difícil [dshifißiu], dur|o/-a [duru/-a], dificultos|o/-a [dshifikuutosu/-a], escabros|o/-a [ißkabrosu/-a] **2** (Zeit usw.) difícil [dshifißiu] ♦ *adv* dificilmente [dshifißiumẽtschi]

Schwierigkeit *w* **1** dificuldade [dshifikuudadshi] *w*, escolho [ißkolju] *m*, problema [problema] *m*, embaraço [ĩbaraßu] *m* **2** (Eigenschaft) *etw. Gen* dificuldade [dshifikuudadshi] *w de a.c.*

Schwimmbad *s* piscina [pißina] *w*

Schwimmbecken *s* piscina [pißina] *w*

schwimmen *v* **1** (Mensch) nadar [nadar] **2** (Papierschiff) flutuar [flutuar], boiar [bojar]

Schwimmen *s* natação [nataßãũ] *w*, nado [nadu] *m*

Schwimmer *m* **1** nadador [nadador] *m* **2** (Hilfsmittel) flutuador [flutuador] *m*

Schwimmflossen *w Mz* nadadeiras [nadadejraß] *w Mz*

Schwimmweste *w* colete *m* salva-vidas [koletschi ßauwawidaß]

schwindelig **~ werden** ter tonturas

schwindeln *v j-m* estar com a cabeça as voltas [ißtar kõũ a kabeßa aß woutaß], *j-m* ficar com a cabeça tonta [fikar kõũ a kabeßa tõũta], ficar com vertigens [fikar kõũ wertschishẽĩß] ► **Mir schwindelt.** Estou com a cabeça à roda.

schwitzen *v* suar [ßuar], transpirar [trãßpirar], perspirar [perßpirar]

schwul *adj* gay [gäi], homossexual [omoßekßuau]
schwül *adj* húmid|o/-a e quente [umidu/-ai kẽtschi]
sechs *num* seis [ßejß]
sechst(er,e,es) *num* sext|o/-a [ßeßtu/-a]
sechzehn *num* dezesseis [deseßejß]
sechzig *num* sessenta [ßeßẽta]
See[1] *m* lago [lagu] *m*
See[2] *w* mar [mar] *m* ▶ **an der ~** junto ao mar, perto do mar
Seeigel *m* ouriço *m* do mar [orißu du mar]
Seele *w* alma [auma] *w*
seelisch *adj* mental [mẽĩtau]
Seemann *m* marinheiro [marĩnjejru] *m*, matalote [matalotschi] *m*
Segel *s* vela [wäla] *w*, pano [panu] *m*
sehen *v j-n/etw.* ver [wer]
Sehenswürdigkeit *w* monumento *m* (histórico) [monumẽtu (ißtoriku)]
sehr *adv* muito [mũĩtu]
Seide *w* seda [ßeda] *w*
Seife *w* sabão [ßabãũ] *m*, sabonete [ßabonetschi] *m*
Seil *s* corda [kòrda] *w*, cabo [kabu] *m*
Seilbahn *w* teleférico [telefäriku] *m*
sein[1] *v* **1** (existieren) ser [ßer] **2** (vorkommen) estar [ißtar], ficar [fikar], haver [awer] **3** (über Eigenschaften usw.) ser [ßer] ▶ **auf ~** estar levantado, estar em pé; **ähnlich ~** *j-m/etw.* parecer-se *com alg*; **wach ~** estar desperto, estar em pé; **Ist das Ihr Ernst?** A sério?; **Mir ist kalt.** Estou com frio.; **Was ist (los)?** O que se está a passar?, O que acontece?; **Wo ist das?** Onde é isso?
sein[2] *pron* seu/sua [ßeu/ßua]
seit *conj* desde que [desdshi ki] ♦ *prep* de [dshi], desde [desdshi], a partir de [a partschir dshi]
Seite *w* **1** (Fläche usw.) lado [ladu] *m*, face [faßi] *w*, banda [bãda] *w* **2** (Buch usw.) página [pashina] *w*, (linke, rechte usw.) parte [partschi] *w* **3** (Seitenteil usw.) lado [ladu] *m*, costado [koßtadu] *m* **4** (einer Zeitung usw.) página [pashina] *w* **5** (Standpunkt) *etw. Gen* aspeto [aßpätu] *m*, aspecto [aßpektu] *m*, faceta [faßeta] *w de a.c.*, lado [ladu] *m de a.c.*
seitlich *adj* lateral [laterau]
Sekretär *m* **1** (einer Partei usw.) secretário [ßekretarju] *m* **2** (Möbelstück) secretária [ßekretaria] *w* **3** (Vogel) secretário [ßekretarju] *m*, serpentário [ßerpẽĩtarju] *m*
Sekretärin *w* secretária [ßekretaria] *w*
Sekt *m* vinho *m* espumante [wĩnju ißpumãtschi], espumante [ißpumãtschi] *m*
Sekunde *w* segundo [ßegũdu] *m*
selbst *adj* **1** (persönlich) mesmo [mesmu], própri|o/-a [pròpriu/-a] **2** (allein) sozinh|o/-a [ßosĩnju/-a]
Selbstbedienung *w* autosserviço [autoßerwißu] *m*, self-service [ßelfßɜwiß] *m*, autoatendimento [autoatẽĩdshimẽtu] *m*
Selbstmord *m* suicídio [ßuißidshju] *m*
selbstständig *adj* independente [ĩdepẽĩdẽtschi]
selbstverständlich *adj* natural [naturau] ♦ *part* claro [klaru], naturalmente [naturaumẽtschi]
Sellerie *m* aipo [ajpu] *m*
selten *adj* rar|o/-a [haru/-a] ♦ *adv* raramente [haramẽtschi], raras vezes [haraß wesiß]
seltsam *adj* estranh|o/-a [ißtrãnju/-a], esquisit|o/-a [ißkisitu/-a], singular [ßĩgular], rar|o/-a [haru/-a] ♦ *adv* estranhamente [ißtrãnjamẽtschi]
Semester *s* semestre [ßemäßtri] *m*
Seminar *s* seminário [ßeminarju] *m*, tutorial [tutoriau] *m*
senden *v* **1** *j-m etw. Akk* enviar [ĩwiar], mandar [mãdar] **2** (ausstrahlen) emitir [emitschir], transmitir [trãsmitschir]
Sendung *w* **1** (Ware) envio [ĩwiu] *m* **2** (Ausstrahlen) emissão [emißãũ] *w* **3** (Programm) programa [programa] *m*, emissão [emißãũ] *w*
Senf *m* mostarda [moßtarda] *w*
senken *v* **1** (Augen usw.) abaixar [abajschar], (Kopf usw.) baixar [bajschar] **2** (nach unten) (fazer) baixar [(faser) bajschar] **3** (Summe usw.) *etw. Akk* diminuir [dshiminuir], abaixar [abajschar], apequenar [apekenar], rebaixar [hebajschar] ▶ **sich ~** descender
September *m* setembro [ßetẽbru] *m*
Serie *w* **1** série [ßärii] *w* **2** (TV usw.) série [ßärii] *w*, seriado [ßeriadu] *m*

Service[1] *s* (Geschirr) serviço [ßerwißu] *m*, loiça *w* de jantar [lojßa dshi shãtar]
Service[2] *m/s* (Dienst) serviço [ßerwißu] *m*
servieren *v* servir [ßerwir]
Serviette *w* guardanapo [guardanapu] *m*
Sessel *m* poltrona [poutrona] *w*
setzen *v* **1** *j-n irgendwohin* assentar [aßẽĩtar] *alg*, sentar [ßẽĩtar] *a alg em a.c.* **2** *sich* ~ sentar-se [ßẽĩtarßi] **3** (außer Betrieb usw.) *etw. Akk in etw. Akk* pôr [por] ► **in Gang** ~ *etw. Akk* pôr *a.c.* em marcha, executar *a.c.*
Sex *m* sexo [ßäkßu] *m*
Shampoo *s* xampu [schãpu] *m*
sich **mit** ~ (bringen usw.) consigo
sicher *adj* **1** (gefahrlos) segur|o/-a [ßeguru/-a], salv|o/-a [ßauwu/-a] **2** (gesichert) segur|o/-a [ßeguru/-a] **3** (ohne Zweifel usw.) segur|o/-a [ßeguru/-a] ♦ *adv* com segurança [kõũ ßegurãßa] ♦ *part* certamente [ßertamẽtschi], com certeza [kõũ ßertesa] ► **sich** *etw. Gen* ~ **sein** estar segur|o/-a, ter certeza
Sicherheit *w* **1** certeza [ßertesa] *w* **2** (Selbstsicherheit) segurança [ßegurãßa] *w* **3** (Zustand) segurança [ßegurãßa] *w* **4** (Platz) lugar *m* seguro [lugar ßeguru] **5** (von Betrieb usw.) *etw. Gen* segurança [ßegurãßa] *w de a.c.* **6** (Geld usw.) prenda [prẽda] *w*, penhor [pẽnjor] *m* ► **in ~ sein** estar a salvo
Sicherheitsgurt *m* cinto *m* de segurança [ßĩtu dshi ßegurãßa] ► **den ~ anlegen** apertar o cinto de segurança
Sicherheitsnadel *w* alfinete *m* (de segurança) [aufinetschi (dshi ßegurãßa)]
sichern *v* **1** (schützen) *j-n/etw.* segurar [ßegurar] *alg/a.c.*, (vor Gefahr) *etw. Akk* assegurar [aßegurar] **2** (Wagen, Waffe usw.) *etw. Akk irgendwohin* segurar [ßegurar] **3** (garantieren) *etw. Akk* assegurar [aßegurar] *a.c.*, garantir [garãtschir]
Sicherung *w* **1** (Sicherheitsschloss usw.) salvaguarda [ßauwaguarda] *w*, proteção [proteßãũ] *w* **2** (Stromkreis) fusível [fusiweu] *m* **3** (Schutz) asseguração [aßeguraßãũ] *w*, segurança [ßegurãßa] *w* ► **Die ~ ist herausgesprungen.** Saltaram os fusíveis.
Sicht *w* ponto *m* de vista [põũtu dshi wißta]
sichtbar *adj* visível [wisiweu]
sie *pron* **1** (Fem. Singular) ela [äla] **2** (Plural) eles, elas [eliß, elaß]
Sie *pron* você [woße], o senhor [u ßẽnjor], a senhora [a ßẽnjora]
sieben *num* sete [ßätschi]
siebent(er,e,es) *num* sétimo [ßätschimu]
siebt(er,e,es) *num* sétimo [ßätschimu]
siebzehn *num* dezessete [deseßetschi]
siebzig *num* setenta [ßetẽta]
Sieg *m* vitória [witòria] *w*, vencida [wẽĩßida] *w*, triunfo [triũfu] *m*
siegen *v in etw. Dat* ganhar [gãnjar] *a.c.*
Sieger *m* vencedor [wẽĩßedor] *m*, ganhador [gãnjador] *m*
siezen *v j-n* tratar de senhor [tratar dshi ßẽnjor] *alg*
Signal *s* **1** (Zeichen usw.) sinal [ßinau] *m* **2** (Radio- usw.) sinal [ßinau] *m*
Silbe *w* sílaba [ßilaba] *w*
Silber *s* prata [prata] *w*
singen *v* cantar [kãtar]
sinken *v* **1** descer [deßer], decrescer [dekreßer] **2** (Wasser usw.) baixar [bajschar], descer [deßer] **3** (Boot) afundar-se [afũdarßi] **4** (Wert usw.) baixar [bajschar], diminuir [dshiminuir], cair [kair]
Sinn *m* **1** (Sehkraft usw.) sentido [ßẽĩtschidu] *m* **2** (Gerechtigkeit usw.) *für etw.* sentido [ßẽĩtschidu] *m* **3** (Gedanken usw.) mente [mẽtschi] *w* **4** (Bedeutung) sentido [ßẽĩtschidu] *m* **5** (Zweck) *etw. Gen* sentido [ßẽĩtschidu] *m de a.c.* ► **~ ergeben** ter sentido
sinnlich *adj* **1** (Wahrnehmung usw.) sensóri|o/-a [ßẽĩßorju/-a], sensorial [ßẽĩßoriau] **2** (Lippen usw.) sensual [ßẽĩßuau]
sinnlos *adj* inútil [inutschiu], sem sentido [ßẽĩ ßẽĩtschidu]
sinnvoll *adj* **1** (Lösung usw.) engenhos|o/-a [ĩshẽnjosu/-a] **2** (Sinn habend) significativ|o/-a [ßignifikatschiwu/-a]
Sitte *w* costume [koßtumi] *m*
Situation *w* situação [ßituaßãũ] *w*
Sitz *m* **1** (Sitzgelegenheit) assento [aßẽtu] *m*, poltrona [poutrona] *w*, banco [bãku] *m* **2** (Institution) sede

[ßädshi] *w* **3** (Haltung) posição *w* sentada [posißãũ ßẽĩtada]
sitzen *v* sentar-se [ßẽĩtarßi]
Sitzplatz *m* assento [aßẽtu] *m*, lugar *m* sentado [lugar ßẽĩtadu]
Ski *m* esqui [ißki] *m* ▶ **~ fahren** esquiar
Skifahrer *m* esquiador [ißkjador] *m*
Skilift *m* telesqui [teleßki] *m*
Skipass *m* ski pass [ßki paß] *m*
Skipiste *w* pista [pißta] *w*
Skistöcke *m Mz* bastões *m Mz* de esqui [baßtõũjß dshi ißki]
Skizze *w* esboço [isboßu] *m*, borrão [bohãũ] *m*, traça [traßa] *w*, traçado [traßadu] *m*
Skulptur *w* escultura [ißkuutura] *w*
so *adv* **1** assim [aßĩ], por este andar [pur eßtschi ãdar], desta forma [deßta fòrma] **2** (so sehr) tão [tãũ] ▶ **und ~ weiter** etcétera, e por aí fora
sobald *conj* logo que [lògu ki], assim que [aßĩ ki], apenas [apenaß]
Socke *w* peúga [peuga] *w*, meia [meja] *w*
Sofa *s* sofá [ßofa] *m*
sofort *adv* imediatamente [imedshiatamẽtschi], instantaneamente [ĩßtãtaneamẽtschi] ▶ **Jetzt ~?** Agora mesmo?
sofortig *adj* imediat|o/-a [imedshiatu/-a], instantâne|o/-a [ĩßtãtaneu/-a], momentâne|o/-a [momẽĩtaneu/-a]
sogar *adv* até [atä], mesmo [mesmu], inclusivamente [ĩklusiwamẽtschi]
Sohle *w* sola [ßòla] *w*, solado [ßoladu] *m*
Sohn *m* filho [filju] *m*
solange *adv* enquanto que [ĩkuãtu ki]
solch(er,e,es) *pron* tal [tau]
Soldat *m* militar [militar] *m*, soldado [ßoudadu] *m*
sollen *v* dever [dewer] *fazer a.c.* ▶ **Sag ihnen, sie ~ warten!** Diz-lhes para esperarem.
Sommer *m* verão [werãũ] *m*, estio [ißtschju] *m*
Sonderangebot *s* promoção [promoßãũ] *w*, campanha [kãpãnja] *w*
sondern *conj* senão [ßenãũ]
Sonnabend *m* (NoD) sábado [ßabadu] *m*
Sonne *w* sol [ßòu] *m*
Sonnenaufgang *m* nascer *m* do sol [naßer du ßòu]
Sonnenblume *w* girassol [shiraßou] *m*, tornassol [tornaßou] *m*
Sonnenbrand *m* escaldão [ißkaudãũ] *m*, queimadura *w* de sol [kejmadura dshi ßòu]
Sonnencreme *w* protetor *m* solar [protetor ßolar]
Sonnenstich *m* insolação [ĩßolaßãũ] *w*
Sonnenuntergang *m* pôr *m* do sol [por du ßòu]
sonnig *adj* ensolarad|o/-a [ĩßolaradu/-a], solareng|o/-a [ßolarẽgu/-a], soalheir|o/-a [ßoaljejru/-a]
Sonntag *m* domingo [domĩgu] *m*
sonst *adv* de outra maneira [dshi otra manejra]
Sorge *w* **1** *um j-n/etw.* preocupação [preokupaßãũ] *w*, receio [heßeju] *m* **2** *für j-n* cuidado [kuidadu] *m de alg*, desvelo [dshiswelu] *m* ▶ **sich ~n machen** *um j-n/etw.* preocupar-se *de alg/a.c.*, cismar *com a.c.*; **~n** preocupação *w*
sorgen *v* **1** *für j-n/etw.* cuidar [kuidar] *de alg/a.c.*, zelar [selar] *por alg/a.c.*, tratar [tratar] *de alg*, (sich kümmern) *für etw.* ocupar-se [okuparßi] *de a.c.* **2** (Problem lösen usw.) *für etw.* encarregar-se [ĩkahegarßi] *de a.c.*, tomar conta [tomar kõũta] *de a.c.* **3** ***sich ~*** *um j-n/etw.* preocupar-se [preokuparßi] *por alg/a.c.*
Sorgfalt *w* esmero [ismeru] *m*
sorgfältig *adj* cuidados|o/-a [kuidadosu/-a] ♦ *adv* com cuidado [kõũ kuidadu], cuidadosamente [kuidadosamẽtschi]
Sorte *w* variedade [wariedadshi] *w*, espécie [ißpäßii] *w*, (Typ usw.) gênero [sheneru] *m*, tipo [tschipu] *m*
Sortiment *s* sortido [ßortschidu] *m*, sortimento [ßortschimẽtu] *m*, gama [gama] *w*
Soße *w* molho [mòlju] *m*
Souvenir *s* souvenir [ßowenir] *m*, lembrança [lẽĩbrãßa] *w*
soviel *conj* se [ßi]
sowie *conj* **1** (beides) assim como [aßĩ komu] **2** (gleich usw.) logo que [lògu ki], assim que [aßĩ ki], apenas [apenaß]
sowieso *adv* de qualquer maneira [dshi kuaukär manejra] ♦ *part* de

qualquer maneira [dshi kuaukär manejra]
sowohl ~ – **als auch** tanto… como
sozial *adj* social [ßoßjau]
Spalte *w* **1** interstício [ĩterßtschißju] *m*, fenda [fẽda] *w*, frincha [frĩscha] *w* **2** (in einem Text) coluna [koluna] *w* **3** (Gaumenspalte usw.) fissura [fißura] *w*
spalten *v* fender [fẽĩder], (Atomkerne usw.) desintegrar [dshisĩtegrar], (chemische Verbindung usw.) dissociar [dshißoßjar]
Spanien *s* Espanha [ißpãnja] *w*
spanisch *adj* espanhol/-a [ißpãnjou/-a] ♦ *adv* (em) espanhol [(ẽĩ) ißpãnjou]
spannen *v* **1** (Seil usw.) *etw. Akk* esticar [ißtschikar] **2** (einspannen) *etw. Akk* fechar [feschar] *a.c.*
Spannung *w* **1** tensão [tẽĩßãũ] *w*, (Erwartung usw.) suspense [ßußpẽßi] *m* **2** (elektrische) voltagem [woutashẽĩ] *w*
sparen *v* **1** *auf etw. Akk* poupar [popar] *para a.c.*, aforrar [afohar] *para a.c.*, economizar [ekonomisar] *para a.c.* **2** (Wasser usw.) *etw. Akk* economizar [ekonomisar]
Spargel *m* espargo [ißpargu] *m*, aspargo [aßpargu] *m*
Sparkasse *w* caixa *w* de depósitos [kajscha dshi depozituß]
sparsam *adj* **1** (Person) parc|o/-a [parku/-a], parcimonios|o/-a [parßimoniosu/-a], poupador/-a [popador/-a] **2** (Wagen usw.) econômic|o/-a [ekonòmiku/-a] ♦ *adv* economicamente [ekonomikamẽtschi]
Spaß *m* brincadeira [brĩkadejra] *w*, entretenimento [ĩtretenimẽtu] *m*, divertimento [dshiwertschimẽtu] *m*, diversão [dshiwerßãũ] *w*
spät *adv* tarde [tardshi] ► **Wie ~ ist es?** Que horas são?
spätestens *adv* o mais tardar [u majß tardar]
Spatz *m* pardal [pardau] *m*
spazieren *v* passear [paßiar], perambular [perãbular] ► **~ gehen** dar um passeio, dar uma volta, dar uma andada
Spaziergang *m* passeio [paßeju] *m*, passeata [paßeata] *w*
Speck *m* bacon [bäikon] *m*, (Schweinespeck) toicinho [tojßĩnju] *m*, toucinho [toßĩnju] *m*
Speichel *m* saliva [ßaliwa] *w*, baba [baba] *w*
Speicher *m* **1** (Computer) memória [memòria] *w* **2** (für Getreide) granel [graneu] *m*, celeiro [ßelejru] *m*
Speise *w* prato [pratu] *m*, refeição [hefejßãũ] *w*
Speisekarte *w* cardápio [kardapju] *m*
Speisesaal *m* refeitório [hefejtòrju] *m*
Speisesoda *w* bicarbonato *m* de sódio [bikarbonatu dshi ßodshju], soda *w* cáustica [ßoda kaußtschika]
Speisewagen *m* vagão-restaurante [wagãũreßtaurãtschi] *m*, carruagem-restaurante [kahuashemreßtaurãtschi] *w*, vagão-bufê [wagãũbufe] *m*
Spende *w* doação [doaßãũ] *w*
sperren *v* bloquear [blokear], fechar [feschar], encerrar [ĩßehar], cortar [kortar]
Spezialität *w* especialidade [ißpeßjalidadshi] *w*
speziell *adv* especialmente [ißpeßjaumẽtschi]
Spiegel *m* **1** (Glas) espelho [ißpelju] *m* **2** (Oberfläche) superfície [ßuperfißii] *w*, tona [tona] *w*
Spiel *s* **1** (Spielen) jogo [shogu] *m*, brincadeira [brĩkadejra] *w* **2** (Match) partida [partschida] *w*, encontro [ĩkõũtru] *m*, jogo [shogu] *m*, embate [ĩbatschi] *m* ► **auf dem ~ stehen** estar em jogo
spielen *v* **1** (Kinder usw.) *mit etw.* jogar [shogar] *com a.c.*, brincar [brĩkar] *com a.c.* **2** (Spiele usw.) *etw. Akk* jogar [shogar], disputar [dshißputar] **3** (Instrument) *etw. Akk* tocar [tokar] *a.c.* **4** (im Theater usw.) atuar [atuar] **5** *j-n/etw.* desempenhar o papel [dshisĩpẽnjar u papäu] *de alg/a.c.*, (Schauspieler) atuar [atuar] **6** (Film usw.) *etw. Akk* passar [paßar] **7** (Wettkampf austragen) jogar [shogar], disputar [dshißputar] **8** (leichtfertig) *mit etw.* brincar [brĩkar] *com a.c.*
Spielkarte *w* naipe [najpi] *m*, carta [karta] *w*
Spielkasino *s* boliche [bolischi] *m*
Spielplatz *m* parque *m* infantil [parki ĩfãtschiu]
Spielzeug *s* brinquedo [brĩkedu] *m*, joguete [shogetschi] *m*
Spinat *m* espinafre [ißpinafri] *m*

Spinne *w* aranha [arãnja] *w*
spinnen *v* **1** (Flachs usw.) fiar [fiar] **2** (verrückt sein) estar louco [ißtar loku]
Spirale *w* espiral [ißpirau] *w*
spitz *adj* pontiagud|o/-a [põũtschiagudu/-a], pontud|o/-a [põũtudu/-a], agud|o/-a [agudu/-a], bicud|o/-a [bikudu/-a]
Spitze *w* **1** (eines Pfeils usw.) ponta [põũta] *w*, (scharfe usw.) *etw. Gen* pico [piku] *m de a.c.*, bico [biku] *m* **2** (Turm usw.) *etw. Gen* topo [topu] *m*, cima [ßima] *w* **3** (Vorderteil) *etw. Gen* frente [frẽtschi] *w*, dianteira [dshiãtejra] *w* **4** (Posten) topo [topu] *m*, top [top] *m* **5** (Gewebe) renda [hẽda] *w*
Splitter *m* **1** (im Finger usw.) lasca [laßka] *w*, cavaco [kawaku] *m* **2** fragmento [fragmẽtu] *m*, lasca [laßka] *w* **3** (Granatsplitter usw.) estilhaço [ißtschiljaßu] *m*
Sport *m* esporte [ißpòrtschi] *m*
Sportler *m* atleta [atläta] *m*, esportista [ißportschißta] *m*
sportlich *adj* esportiv|o/-a [ißportschiwu/-a], (Aussehen usw.) desportiv|o/-a [dshißportschiwu/-a]
Sportplatz *m* campo [kãpu] *m*, quadra [kuadra] *w*, cancha [kãscha] *w*
spotten *v über j-n/etw.* mofar [mofar] *de alg/a.c.*, zombar [sõũbar] *de alg/a.c.*, ridiculizar [hidshikulisar] *alg/a.c.*
Sprache *w* **1** (Sprachfähigkeit) fala [fala] *w* **2** (als Kommunikation) língua [lĩgua] *w*, idioma [idshioma] *m*, linguagem [lĩguashẽĩ] *w*
Spray *m/s* spray [ßpräi] *m*, aerossol [aeroßou] *m*
sprechen *v* **1** *mit j-m von etw., über etw. Akk* falar [falar] *com alg de a.c.* **2** (sich unterhalten) *mit j-m von etw., über etw. Akk* falar [falar] *com alg* ► **Ich spreche kein Englisch/Deutsch/Französisch.** Não falo inglês/alemão/francês.
Sprecher *m* **1** (Vertreter) porta-voz [pòrtawoß] *m* **2** (im Fernsehen usw.) locutor [lokutor] *m*, apresentador [apreseĩtador] *m*
Sprechstunde *w* horário de consultas [orarju dshi kõũßuutaß], (des Arztes usw.) horário *m* de consulta médica [orarju dshi kõũßuuta mädshika]
Sprechzimmer *s* consultório [kõũßuutòrju] *m*
springen *v* **1** (einen Sprung machen) saltar [ßautar], pular [pular] **2** (Sprünge machen) saltar [ßautar] **3** *aus etw.* saltar [ßautar] *de a.c.* **4** *über etw. Akk* saltar (sobre) [ßautar (ßobri)] *a.c.*, galgar [gaugar] **5** (anbrechen) rachar-se [hascharßi] **6** (Glas usw.) quebrar-se [kebrarßi]
Spritze *w* **1** (für Injektionen) seringa [ßerĩga] *w* **2** (Dosis von Impfstoff usw.) injeção [ĩsheßãũ] *w* **3** (zum Versprühen) pulverizador [puuwerisador] *m*
spritzen *v* **1** (Wasser usw.) salpicar [ßaupikar] **2** (mit Pestiziden usw.) pulverizar [puuwerisar] **3** (sprudeln) jorrar [shohar] **4** (mit Farbe) pulverizar [puuwerisar] **5** (Medikament usw.) *j-m etw. Akk* injetar [ĩshetar] *alg a.c.*
sprühen *v* pulverizar [puuwerisar]
Sprung *m* salto [ßautu] *m*, pulo [pulu] *m*
spucken *v* cuspir [kußpir]
Spülbecken *s* pia [pia] *w*
spülen *v* **1** (Toilette) puxar o autoclismo [puschar u autoklismu] **2** (Wäsche) enxaguar [ĩschaguar] **3** (Geschirr usw.) *etw. Akk* enxaguar [ĩschaguar] *a.c.*
Spülmaschine *w* máquina *w* de lavar loiça [makina dshi lawar lojßa]
Spur *w* **1** (im Boden) rasto [haßtu] *m*, pegada [pegada] *w*, vestígio [weßtschishiu] *m*, encalço [ĩkaußu] *m* **2** (Zeichen) *etw. Gen* rasto [haßtu] *m*, rastro [haßtru] *m*, sinal [ßinau] *m* **3** (einer Tätigkeit usw.) rasto [haßtu] *m* **4** (Fleck usw.) marca [marka] *w*
spüren *v etw. Akk* sentir [ßẽĩtschir] *a.c.*
Staat *m* estado [ißtadu] *m*
staatlich *adj* estatal [ißtatau]
Staatsangehörigkeit *w* cidadania [ßidadania] *w*
Staatsanwalt *m* procurador [prokurador] *m*
Stab *m* **1** (aus Holz usw.) vara [wara] *w*, verga [werga] *w* **2** (Offiziere) estado *m* maior [ißtadu majòr] **3** (Experten) equipa [ekipa] *w*, grupo [grupu] *m*
Stachel *m* **1** (einer Pflanze) espinho [ißpĩnju] *m* **2** (des Igels usw.) pua [pua] *w* **3** (einer Wespe usw.) aguilhão [agiljãũ] *m*
Stadt *w* cidade [ßidadshi] *w*, urbe [urbi] *w*
Stadtplan *m* mapa *m* da cidade [mapa da ßidadshi]
Stadtviertel *s* bairro [bajhu] *m*

Stahl *m* aço [aßu] *m*
Stall *m* estábulo [ißtabulu] *m*
Stamm *m* **1** (Baum usw.) tronco [trõũku] *m* **2** (Menschengruppe) tribo [tribu] *w*
stammen *v aus etw.* provir [prowir] *de onde*, proceder [proßeder] *de a.c.*, descender [deßẽĩder] *de a.c.*
Stand *m* quiosque [kjòßki] *m*, barraca [bahaka] *w*, stand [ßtänd] *m*, estande [ißtãdshi] *m*
ständig *adj* constante [kõũßtãtschi], incessante [ĩßeßãtschi], contínu|o/-a [kõũtschinuu/-a], (dauernd) permanente [permanẽtschi] ♦ *adv* constantemente [kõũßtãtemẽtschi], sempre [ßẽpri], incessantemente [ĩßeßãtemẽtschi]
Stange *w* **1** (aus Metall usw.) vara [wara] *w*, barra [baha] *w* **2** (zum Abstoßen usw.) percha [perscha] *w*, vara [wara] *w* **3** (Stütze usw.) varinha [warĩnja] *w*, vareta [wareta] *w* **4** (aus Metall usw.) vara [wara] *w*, verga [werga] *w*
Stängel *m* caule [kauli] *m*, haste [aßtschi] *w*, pedúnculo [pedũkulu] *m*, talo [talu] *m*
Stapel *m etw. Gen* montão [mõũtãũ] *m de a.c.*
stark *adj* **1** (körperlich) forte [fòrtschi], vigoros|o/-a [wigorosu/-a], (übertr.) válid|o/-a [walidu/-a] **2** (Gefühl) intens|o/-a [ĩtẽßu/-a] **3** (wirksam) potente [potẽtschi] ► **~e Regenfälle** chuvas fortes
Stärke *w* **1** (eines Menschen) força [forßa] *w*, vigor [wigor] *m* **2** (Substanz) amido [amidu] *m*, fécula [fäkula] *w*
Start *m* decolagem [dekolashẽĩ] *w*, (Wettlauf) partida [partschida] *w*
starten *v* **1** (Rennfahrer usw.) partir [partschir] **2** *bei etw.* participar [partschißipar] *em a.c.* **3** (Motor usw.) arrancar [ahãkar] **4** (Vorhaben usw.) *etw. Akk* lançar [lãßar], iniciar [inißjar]
Station *w* **1** (Haltestelle) estação [ißtaßãũ] *w* **2** (in Krankenhaus) serviço [ßerwißu] *m*
Stativ *s* tripé [tripä] *m*
statt *adv etw. Gen* em vez de [ẽĩ weß dshi] *a.c.*
stattfinden *v* celebrar-se [ßelebrarßi], dar-se [darßi], ter lugar [ter lugar]
Statue *w* estátua [ißtatua] *w*, escultura [ißkuutura] *w*
Stau *m* engarrafamento [ĩgahafamẽtu] *m*, congestionamento [kõũsheßtschionamẽtu] *m*
Staub *m* poeira [poejra] *w*, pó [pò] *m* ► **~ wischen** *irgendwo, von etw.* limpar o pó *de a.c.*
staubsaugen *v etw. Akk* aspirar [aßpirar] *a.c.*
Staubsauger *m* aspirador [aßpirador] *m*, aspirador *m* de pó [aßpirador dshi pò]
staunen *v über etw. Akk* assombrar-se [aßõũbrarßi] *de a.c.*, maravilhar-se [marawiljarßi] *com a.c.*
Stausee *m* represa [hepresa] *w*
stechen *v* **1** (mit Messer usw.) *j-n mit etw.* apunhalar [apũnjalar] *alg com a.c.*, *j-n mit etw.* picar [pikar] *alg com a.c.*, (mit Nadel usw.) *mit etw. in j-n/etw.* picar [pikar] *com a.c.* **2** (Insekten) *j-n* picar [pikar] *alg* **3** (Dornen usw.) espinhar [ißpĩnjar]
Steckdose *w* tomada [tomada] *w*
stecken *v* **1** *etw. Akk in etw. Akk* meter [meter] *a.c. em a.c.*, *etw. Akk irgendwohin* inserir [ĩßerir] *a.c. em a.c.*, enfiar [ĩfiar] *a.c. em a.c.* **2** (festsitzen) *irgendwo* ficar preso [fikar presu] ► **in die Steckdose ~** *etw. Akk* ligar *a.c.* na tomada
Stecker *m* tomada [tomada] *w*, ficha [fischa] *w* ► **den ~ herausziehen** desligar *a.c.*
Stecknadel *w* alfinete [aufinetschi] *m*
stehen *v* **1** ficar em pé [fikar ẽĩ pä] **2** (bewegungslos) estar parado [ißtar paradu] **3** (bestehen) *zu etw.* ficar na sua [fikar na ßua], teimar [tejmar] *em a.c.*, afincar-se [afĩkarßi] *com a.c.* **4** (Kleidung) *j-m* ficar bem [fikar bẽĩ] *a alg*
stehlen *v* **1** roubar [hobar], (ugs.) gamar [gamar], *j-m etw. Akk* roubar [hobar] *a.c. a alg*, furtar [furtar] **2** ***sich*** ~ vaguear [wagiar]
steif *adj* **1** (Material usw.) rígid|o/-a [hishidu/-a], hirt|o/-a [irtu/-a] **2** (Glieder usw.) entorpecid|o/-a [ĩtorpeßidu/-a], rígid|o/-a [hishidu/-a], dormente [dormẽtschi] **3** (Mensch usw.) reservad|o/-a [heserwadu/-a]
Steigbügel *m* estribo [ißtribu] *m*
steigen *v* **1** subir [ßubir], ascender [aßẽĩder] **2** (Wasserspiegel usw.) subir [ßubir] **3** (Preise usw.) subir [ßubir]

steigern *v* **1** (Spannung usw.) intensificar [ĩtẽĩßifikar] **2** (Adjektiv usw.) comparar [kõũparar] *a.c.*

steil *adj* íngreme [ĩgremi], escarpad|o/-a [ißkarpadu/-a], abrupt|o/-a [abruptu/-a]

Stein *m* pedra [pädra] *w*

steinern *adj* da pedra [da pädra]

Stelle *w* **1** (Punkt, Gebiet usw.) lugar [lugar] *m*, local [lokau] *m*, sítio [ßitschju] *m*, posto [poßtu] *m* **2** (Job) posto [poßtu] *m*, vaga [waga] *w*

stellen *v* **1** (auf den Tisch usw.) *etw. Akk irgendwohin* colocar [kolokar], pôr [por] **2** ***sich ~*** (ans Fenster usw.) *irgendwohin* pôr-se [porßi], colocar-se [kolokarßi] **3** (Wecker usw.) ajustar [ashußtar] *a.c.* **4** (Falle usw.) armar [armar] **5** ***sich ~*** (widersprechen) *j-m* opor-se [oporßi] *contra alg* **6** ***sich*** *irgendwie* **~** (dumm usw.) fazer-se [faserßi] *de alg/a.c.*

Stellung *w* **1** (in der Gesellschaft) status [ßtatuß] *m*, posição [posißãũ] *w* **2** (Einstellung) atitude [atschitudshi] *w*

Stempel *m* timbre [tschĩbri] *m*, selo [ßelu] *m*, carimbo [karĩbu] *m*

sterben *v an etw. Dat* morrer [moher] *de a.c.*, falecer [faleßer] *de a.c.*

Stern *m* **1** estrela [ißtrela] *w*, astro [aßtru] *m* **2** (Zeichen usw.) estrela [ißtrela] *w*

stets *adv* sempre [ßẽpri], incessantemente [ĩßeßãtemẽtschi]

Steuer[1] *s* timão [tschimãũ] *m*

Steuer[2] *w auf etw. Akk* imposto [ĩpoßtu] *m sobre a.c.*, tributo [tributu] *m sobre a.c.*, contribuição [kõũtribuißãũ] *w sobre a.c.*

steuern *v* **1** (Fahrzeug) *etw. Akk* dirigir [dshirishir] *a.c.*, conduzir [kõũdusir] *a.c.*, (Schiff usw.) guiar [giar] **2** (Gerät usw.) *etw. Akk* manejar [maneshar] **3** (sich richten) *irgendwohin* dirigir-se [dshirishirßi] *aonde* **4** (Schiff – Kurs nehmen) navegar [nawegar]

Steuerung *w* controlo [kõũtrolu] *m*, (Steuergerät) direção [dshireßãũ] *w*

Stich *m* ponto [põũtu] *m* ► *j-n* **im ~ lassen** dececionar *alg*, desencantar *alg*

sticken *v etw. Akk mit etw.* bordar [bordar] *a.c. com a.c.*, recamar [hekamar]

Stiefel *m* bota [bòta] *w*, botim [botschĩ] *m*

Stiefmutter *w* madrasta [madraßta] *w*

Stiefvater *m* padrasto [padraßtu] *m*

Stiel *m* cabo [kabu] *m*, haste [aßtschi] *w*

Stift *m* **1** (Schreibgerät) lápis [lapiß] *m* **2** (Verbindungsteil) pino [pinu] *m*

Stil *m* estilo [ißtschilu] *m*

still *adj* quiet|o/-a [kjätu/-a], silencios|o/-a [ßilẽĩßiosu/-a] ♦ *adv* silenciosamente [ßilẽĩßiosamẽtschi], em silêncio [ẽĩ ßilẽßju]

Stille *w* silêncio [ßilẽßju] *m*

Stimme *w* **1** (menschliche) voz [wòß] *w* **2** (bei Abstimmung) voto [wòtu] *m*

stimmen *v* **1** (bei Abstimmung) *für etw., gegen etw.* votar [wotar] *por a.c., contra a.c.* **2** (Geige usw.) *etw. Akk* afinar [afinar] *a.c.* ► **Stimmt so.** Fique com o troco.

Stimmung *w* humor [umor] *m*, disposição [dshißposißãũ] *w*

stinken *v* cheirar mal [schejrar mau], *nach etw.* feder [feder], *nach etw.* cheirar [schejrar] *a a.c.*

Stirn *w* fronte [frõũtschi] *w*, testa [täßta] *w*

Stock[1] *m* **1** (Zweig) pau [pau] *m* **2** (Stütze usw.) bastão [baßtãũ] *m*, bordão [bordãũ] *m*, bengala [bẽĩgala] *w*

Stock[2] *m* (Geschoss) andar [ãdar] *m*, pavimento [pawimẽtu] *m*

Stockwerk *s* andar [ãdar] *m*, pavimento [pawimẽtu] *m*

Stoff *m* **1** (aus Baumwolle usw.) linho [lĩnju] *m*, tecido [teßidu] *m*, (Gewebe) tecido [teßidu] *m*, pano [panu] *m* **2** (chemischer usw.) substância [ßubißtãßja] *w*, (fester usw.) matéria [matäria] *w*, massa [maßa] *w*, material [materiau] *m* **3** (für ein Buch usw.) tema [tema] *m*

stolpern *v über etw. Akk* tropeçar [tropeßar] *com a.c.*

stolz *adj* **1** (mit Recht) *auf j-n/etw.* orgulhos|o/-a [orguljosu/-a] *de alg/a.c.* **2** (hochmütig) soberb|o/-a [ßoberbu/-a]

Stolz *m* orgulho [orgulju] *m*

stopfen *v* **1** cerzir [ßersir], remendar [hemẽĩdar] **2** (hineinstecken) *etw. Akk irgendwohin* abarrotar [abahotar] *a.c.*, entulhar [ĩtuljar]

Stöpsel *m* rolha [holja] *w*, tampão [tãpãũ] *m*, bujão [bushãũ] *m*, (in einer Wanne usw.) tampa [tãpa] *w*

stören *v* **1** *j-n* perturbar [perturbar] *alg*, (mit Lärm usw.) *j-n* disturbar [dshißturbar] *alg* **2** (beeinträchtigen) *etw. Akk* perturbar [perturbar] *a.c.*, transtornar [trãßtornar] *a.c.*, conturbar [kõũturbar] *a.c.* **3** (missfallen) *j-n* incomodar [ĩkomodar] *alg* ► **nicht ~** *etw. Akk j-n* não importar

stornieren *v* cancelar [kãßelar]

Stornierung *w* cancelamento [kãßelamẽtu] *m*, obliteração [obliteraßãũ] *w*

Störung *w* **1** (der Ruhe usw.) perturbação [perturbaßãũ] *w*, distúrbio [dshißturbju] *m* **2** (technische) avaria [awaria] *w*, pane [pani] *w*, enguiço [ĩgißu] *m* **3** (gesundheitliche) transtorno [trãßtornu] *m*, distúrbio [dshißturbju] *m*, desarranjo [dshisahãshu] *m*

Stoß *m* braçada [braßada] *w*

Stoßdämpfer *m* amortecedor [amorteßedor] *m*

stoßen *v* **1** *etw. Akk in etw. Akk* empurrar [ĩpuhar] *a.c. em a.c.* **2** *j-n/etw.* empurrar [ĩpuhar] *alg/a.c.*, dar o empurrão [dar u ĩpuhãũ] *a alg* **3** (mit Kopf usw.) *gegen/an etw.* bater [bater] *contra a.c.* **4** (Wand usw.) *gegen etw.* chocar [schokar] *com/contra a.c.*, esbarrar [isbahar] *em a.c.* **5** *an etw. Dat* chocar [schokar] *com/contra a.c.*, embater [ĩbater] *em a.c.*, (beschädigen usw.) *an etw.* chocar [schokar] *contra a.c.* **6** (begegnen) *auf j-n/etw.* enfrentar [ĩfrẽĩtar] *alg*, topar [topar] *com alg*, esbarrar [isbahar] *com alg* **7** (Problem usw.) *auf etw. Akk* esbarrar [isbahar] *em a.c.*, (Probleme usw.) *auf etw. Akk* enfrentar [ĩfrẽĩtar] *a.c.*, deparar [deparar] *com a.c.* **8** (im Billard) tacar [takar]

Stoßstange *w* para-choque [paraschoki] *m*

Stoßzeit *w* horário *m* de pico [orarju dshi piku]

strafbar *adj* criminos|o/-a [kriminosu/-a], (Tat usw.) punível [puniweu]

Strafe *w* **1** (Bestrafung) castigo [kaßtschigu] *m*, punição [punißãũ] *w*, penalidade [penalidadshi] *w* **2** (Gefängnisstrafe) pena [pena] *w* **3** (Geldbuße) penalidade [penalidadshi] *w*

Strahl *m* raio [haju] *m*

strahlen *v* brilhar [briljar]

Strand *m* praia [praja] *w*

Strandliege *w* cadeira (de praia) [kadejra (dshi praja)], espreguiçadeira [ißpregißadejra] *w*

Straße *w* **1** (in Stadt) rua [hua] *w* **2** (Verkehrsweg) estrada [ißtrada] *w*, via [wia] *w*

Straßenbahn *w* bonde [bõũdshi] *m*

Straßenzoll *m* pedágio [pedashiu] *m*

Strauch *m* arbusto [arbußtu] *m*, mato [matu] *m*

Strauß[1] *m* (Blumen) ramo *m* de flores [hamu dshi floriß]

Strauß[2] *m* (Vogel) avestruz [aweßtruß] *m,w*

Strecke *w* **1** (Rennstrecke usw.) pista [pißta] *w* **2** (in Geometrie) segmento *m* de reta [ßegmẽtu dshi heta]

streicheln *v* acariciar [akarißjar], afagar [afagar]

streichen *v* **1** (Wort usw.) *etw. Akk* riscar [hißkar] *a.c.* **2** (Wände usw.) pintar [pĩtar]

Streichholz *s* fósforo [fòßforu] *m*

Streifen *m* **1** listra [lißtra] *w*, risca [hißka] *w* **2** (eines Landes usw.) faixa [fajscha] *w* **3** (Stoff usw.) *etw. Gen* tira [tschira] *w de a.c.*, faixa [fajscha] *w*

Streik *m für etw.* greve [gräwi] *w*

Streit *m* disputa [dshißputa] *w*, briga [briga] *w*, contenda [kõũtẽda] *w*, rusga [husga] *w*

streiten *v mit j-m um/über etw. Akk* disputar [dshißputar] *com alg sobre a.c.*, porfiar [porfiar] ► **(sich) ~** *über etw. Akk* disputar *sobre a.c.*, brigar, altercar

streng *adj* **1** (Person usw.) sever|o/-a [ßewäru/-a], rigoros|o/-a [higorosu/-a] **2** (Regeln usw.) rígid|o/-a [hishidu/-a]

Strich *m* **1** (Linie) linha [lĩnja] *w* **2** (Pinselstrich usw.) pincelada [pĩßelada] *w*, traço [traßu] *m*

stricken *v* tricotar [trikotar], fazer malha [faser malja]

Strickjacke *w* cardigan [kardshigan] *m*

Stroh *s* palha [palja] *w*

Strohhalm *m* palhinha [paljĩnja] *w*

Strom *m* **1** (der ins Meer mündet) rio [hiu] *m* **2** (Meeresstrom usw.) corrente [kohẽtschi] *w* **3** (Strömung) corrente [kohẽtschi] *w* ► **(elektrischer) ~** corrente *w* elétrica; **Der ~ ist ausgefallen.** Não há luz.

Stromausfall *m* apagão [apagãũ] *m*, corte *m* de eletricidade [kòrtschi dshi eletrißidadshi], blecaute [blekautschi] *m*
strömen *v* **1** (Flüssigkeit usw.) fluir [fluir] **2** (Menschen usw.) afluir [afluir]
Strudel *m* **1** (von Wasser usw.) vórtice [wortschißi] *m*, voragem [worashẽĩ] *w*, torvelinho [torwelĩnju] *m* **2** (Speise) estrudel [ißtrudeu] *m*
Strumpf *m* meia [meja] *w*
Strumpfhose *w* meias-calças [mejaßkaußaß] *w Mz*, colãs [kolãß] *m Mz*
Stück *s* **1** (Teil eines Ganzen) *von etw.* pedaço [pedaßu] *m*, tora [tora] *w* **2** (einzige Sache) peça [päßa] *w*, unidade [unidadshi] *w*
Student *m* estudante [ißtudãtschi] *m*
studieren *v an etw. Dat* estudar [ißtudar] *a.c.*, cursar [kurßar] *a.c.*
Studium *s* estudos [ißtuduß] *m Mz*
Stufe *w* degrau [degrau] *m*
Stuhl *m* **1** (Möbel) cadeira [kadejra] *w* **2** (Kot) fezes [fäsiß] *w Mz*, excrementos [ischkremẽtuß] *m Mz*
stumm *adj* mud|o/-a [mudu/-a]
stumpf *adj* ceg|o/-a [ßägu/-a], obtus|o/-a [obitusu/-a], contundente [kõũtũdẽtschi]
Stunde *w* **1** (60 Minuten) hora [òra] *w* **2** (Unterricht) aula [aula] *w*
stur *adj* obstinad|o/-a [obißtschinadu/-a]
Sturm *m* vendaval [wẽĩdawau] *m*, ventania [wẽĩtania] *w*
stürmen *v in etw. Akk* irromper [ihõũper], (eilen) precipitar-se [preßipitarßi], (rennen) *irgendwohin* correr [koher] *aonde*
Sturz *m* **1** (in die Tiefe usw.) queda [käda] *w*, caída [kaida] *w*, baque [baki] *m*, tombo [tõũbu] *m* **2** (Machtverlust usw.) queda [käda] *w*, derrocada [dehokada] *w* **3** (der Aktien usw.) queda [käda] *w*, recuo [hekuu] *m* **4** (Türsturz usw.) lintel [lĩteu] *m*
stürzen *v* **1** cair [kair] **2** (wegeilen) *aus etw.* sair às pressas [ßair aß preßaß] *de a.c.* **3** (in ein Zimmer usw.) *irgendwohin* entrar subitamente [ĩtrar ßubitamẽtschi], (springen) *irgendwohin* lançar-se [lãßarßi] **4** (Aktienkurse usw.) cair [kair], despencar [dshißpẽĩkar] **5** (Regierung usw.) derrocar [dehokar], derrubar [dehubar] **6** *sich ~ in etw. Akk* (anfangen) pôr-se [porßi] *a fazer a.c.* **7** *sich ~* (angreifen) *auf j-n/etw.* atirar-se [atschirarßi] *a alg/a.c.*
Substanz *w* matéria [matäria] *w*, massa [maßa] *w*, material [materiau] *m*
subtrahieren *v etw. Akk von etw.* subtrair [ßubitrair] *a.c. de a.c.*, deduzir [dedusir] *a.c. de a.c.*, descontar [dshißkõũtar] *a.c. de a.c.*
suchen *v* **1** (Verlorenes usw.) *j-n/etw.* procurar [prokurar] *alg/a.c.*, buscar [bußkar] *alg/a.c.*, catar [katar] *alg/a.c.*, andar à cata [ãdar a kata] *de alg/a.c.* **2** (dringend usw.) *j-n/etw.* procurar [prokurar] *alg/a.c.*, buscar [bußkar] *alg/a.c.*
Süden *m* sul [ßuu] *m*
südlich *adj* do sul [du ßuu], austral [außtrau], meridional [meridshionau]
Summe *w* **1** (bezahlte usw.) soma [ßoma] *w*, quantia [kuãtschia] *w*, montante [mõũtãtschi] *m*, importância [ĩportãßja] *w* **2** (einer Addition) soma [ßoma] *w*, suma [ßuma] *w*
summen *v* zunir [sunir], zumbir [sũbir], (Maschine usw.) ronronar [hõũronar]
Sumpf *m* pantanal [pãtanau] *m*, pântano [pãtanu] *m*, brejo [breshu] *m*, palude [paludshi] *m*
Sünde *w* pecado [pekadu] *m*
Supermarkt *m* supermercado [ßupermerkadu] *m*
Suppe *w* sopa [ßopa] *w*
Surfbrett *s* prancha *w* de surfe [prãscha dshi ßurfi]
surfen *v* navegar [nawegar], (Surfing betreiben) surfar [ßurfar]
süß *adj* doce [doßi]
Süßigkeiten *w Mz* doces [doßiß] *m Mz*
Süßstoff *m* adoçante [adoßãtschi] *m*
Süßwaren *Mz* confeitos [kõũfejtuß] *m Mz*
Sweatshirt *s* moletom [moletõũ] *m*, sweatshirt [ßuetsche:rt] *m*
sympathisch *adj* simpátic|o/-a [ßĩpatschiku/-a]
Synagoge *w* sinagoga [ßinagoga] *w*
System *s* sistema [ßißtema] *m*
systematisch *adj* sistemátic|o/-a [ßißtematschiku/-a] ♦ *adv* sistematicamente [ßißtematschikamẽtschi]

T

Tabak *m* tabaco [tabaku] *m*
Tabakladen *m* tabacaria [tabakaria] *w*
Tabelle *w* tabela [tabäla] *w*, grelha [grelja] *w*
Tablett *s* bandeja [bãdesha] *w*, tabuleiro [tabulejru] *m*
Tablette *w* comprimido [kõũprimidu] *m*, tablete [tablätschi] *m*
Tafel *w* **1** (zum Schreiben) quadro [kuadru] *m*, quadro-negro [kuadrunegru] *m*, loisa [lojsa] *w*, lousa [losa] *w* **2** (Schokolade usw.) tablete [tablätschi] *m*, barra [baha] *w*
Tag *m* dia [dshia] *m* ► **eines ~es** um (certo) dia; **während des ~es** de dia; **Guten ~.** Bom dia.
Tageszeitung *w* diário [dshiarju] *m*
täglich *adj* diári|o/-a [dshiarju/-a], (Besucher usw.) cotidian|o/-a [kotschidshianu/-a], quotidian|o/-a [kuotschidshianu/-a], do dia-a-dia [du dshiaadshia] ♦ *adv* diariamente [dshiariamẽtschi] ► **zweimal/dreimal ~** duas/três vezes por dia
tagsüber *adv* durante o dia [durãtschi u dshia]
Taille *w* cintura [ßĩtura] *w*
Tal *s* vale [wali] *m*, baixada [bajschada] *w*
Talent *s für etw.* talento [talẽtu] *m para a.c.*, jeito [shejtu] *m*, vocação [wokaßãũ] *w*, veia [weja] *w*
Tampon *m* tampão [tãpãũ] *m*
Tank *m* cisterna [ßißterna] *w*, (für Benzin usw.) tanque [tãki] *m*
tanken *v* reabastecer (de combustível) [heabaßteßer (dshi kõũbußtschiweu)]
Tankstelle *w* bomba *w* de gasolina [bõũba dshi gasolina], posto *m* de gasolina [poßtu dshi gasolina]
Tante *w* tia [tschia] *w*
Tanz *m* dança [dãßa] *w*, baile [bajli] *m*
tanzen *v* dançar [dãßar], bailar [bajlar]
Tapete *w* papel *m* de parede [papäu dshi paredshi]
tapfer *adj* valente [walẽtschi], valoros|o/-a [walorosu/-a], corajos|o/-a [korashosu/-a], bravo [brawu]
Tarif *m* tarifa [tarifa] *w*, tarifário [tarifarju] *m*
Tasche *w* **1** (Behälter) bolsa [boußa] *w*, saca [ßaka] *w*, saco [ßaku] *m*, sacola [ßakola] *w* **2** (in Kleidungsstücken) bolso [boußu] *m*
Taschendieb *m* carteirista [kartejrißta] *m*, batedor de carteira [batedor dshi kartejra]
Taschenlampe *w* lanterna [lãtärna] *w*
Taschenmesser *s* canivete [kaniwätschi] *m*
Taschenrechner *m* calculadora [kaukuladora] *w*
Taschentuch *s* lenço [lẽßu] *m*
Tasse *w* caneca [kaneka] *w*, xícara [schikara] *w*
Tastatur *w* teclado [tekladu] *m*
Taste *w* **1** (eines Gerätes usw.) botão [botãũ] *m* **2** (eines Computers usw.) tecla [täkla] *w*
Tat *w* fato [fatu] *m*
Tätigkeit *w* atividade [atschiwidadshi] *w*
Tatsache *w* fato [fatu] *m*
Tau *m* orvalho [orwalju] *m*, relento [helẽtu] *m*
taub *adj* surd|o/-a [ßurdu/-a]
Taube[1] *w* (Vogel) pombo [põũbu] *m*
Taube[2] *m* (Person) surdo [ßurdu] *m*
tauchen *v* **1** *in etw. Akk* imergir [imershir] *em a.c.*, (Ente usw.) submergir [ßubmershir], mergulhar-se [merguljarßi], dar um mergulho [dar ũ merguIju] **2** (als Taucher) mergulhar [merguljar] **3** *etw. Akk in etw. Akk* submergir [ßubmershir] *a.c. em a.c.*, imbuir [ĩbuir] *a.c. em a.c.*, mergulhar [merguljar] *a.c. em a.c.* **4** (in den Saft usw.) *etw. Akk in etw. Akk* molhar [moljar] *a.c. em a.c.*
Tauchen *s* mergulho [merguIju] *m*
Taucherbrille *w* máscara *w* de mergulho [maßkara dshi merguIju]
tauen *v* derreter-se [deheterßi], (zergehen) degelar-se [deshelarßi]
Taufe *w* batismo [batschismu] *m*
tauschen *v* **1** *etw. Akk gegen etw.* trocar [trokar] *a.c. por a.c.*, mudar [mudar] *a.c. por a.c.*, comutar [komutar] **2** (Blick usw.) intercambiar [ĩterkãbiar] *a.c. por a.c.*, trocar [trokar]
täuschen *v* **1** *j-n* enganar [ĩganar] *alg*, iludir [iludshir] *alg*, embalar [ĩbalar] *alg*, ludibriar [ludshibriar] *alg* **2** (Augen)

enganar [ĩganar] **3** ***sich*** **~** *in etw. Dat* equivocar-se [ekiwokarßi]

tausend *num* mil [miu]

Tauwetter *s* degelo [deshelu] *m*, derretimento [dehetschimẽtu] *m*

Taxi *s* táxi [takßi] *m*

Taxifahrer *m* taxista [takßißta] *m*

Technik *w* **1** (Erkenntnisse) tecnologia [teknoloshia] *w* **2** (Methode) técnica [täknika] *w*

Techniker *m* técnico [täkniku] *m*

technisch *adj* técnic|o/-a [täkniku/-a]

Tee *m* chá [scha] *m*

Teekanne *w* bule *m* de chá [buli dshi scha]

Teelöffel *m* colher *w* de chá [koljer dshi scha]

Teich *m* lagoa [lagoa] *w*

Teig *m* massa [maßa] *w*

Teigwaren *w Mz* massa *w* alimentícia [maßa alimẽĩtschißja]

Teil *m von etw., etw. Gen* parte [partschi] *w de a.c.*, parcela [parßäla] *w de a.c.*, lote [lòtschi] *m*

teilen *v* **1** (in Teile) *etw. Akk in etw. Akk* dividir [dshiwidshir] *a.c.*, compartir [kõũpartschir] **2** (aufteilen) *etw. Akk mit j-m* dividir [dshiwidshir] *a.c. com alg* **3** (gemeinsam nutzen) *etw. Akk mit j-m* compartilhar [kõũpartschiljar] *a.c. com alg*, partilhar [partschiljar] *a.c. com alg* ► **sich ~** *in etw. Akk* dividir-se *em a.c.*

teilnehmen *v an etw. Dat* participar [partschißipar] *em a.c.*, *an etw. Dat* tomar parte [tomar partschi] *em a.c.*, assistir [aßißtschir] *a a.c.* ► **an einem Wettkampf** *gegen j-n* **~** competir *com alg*

Teilnehmer *m* competidor [kõũpetschidor] *m*, *etw. Gen* participante [partschißipätschi] *m em a.c.*

teilweise *adv* em parte [ẽĩ partschi], parcialmente [parßjaumẽtschi]

Telefon *s* telefone [telefoni] *m*, (ugs.) fone [foni] *m*

Telefonat *s* chamada [schamada] *w*, telefonema [telefonema] *m*

Telefonbuch *s* lista *w* telefónica [lißta telefonika]

Telefongespräch *s* chamada [schamada] *w*, telefonema [telefonema] *m*

telefonieren *v mit j-m* telefonar [telefonar] *alg*

Telefonzelle *w* cabina *w* telefónica [kabina telefonika]

Teller *m* prato [pratu] *m*

Tempel *m* templo [tẽplu] *m*

Temperatur *w* temperatura [tẽĩperatura] *w* ► **erhöhte ~** febre (alta) *w*

Tempo *s* tempo [tẽpu] *m*, velocidade [weloßidadshi] *w*

Tempomat *m* controle *m* de cruzeiro [kõũtroli dshi krusejru]

Tennis *s* tênis [tenіß] *m*

Teppich *m* alfombra [aufõũbra] *w*, tapete [tapetschi] *m*

Teppichboden *m* alcatifa [aukatschifa] *w*, carpete [karpätschi] *m*

Termin *m* **1** (Datum) prazo [prasu] *m* **2** (bei Arzt usw.) *mit j-m* entrevista [ĩtrewißta] *w* ► **(letzter) ~** prazo *m* final

Terrasse *w* terraço [tehaßu] *m*

Test *m* prova [pròwa] *w*, teste [täßtschi] *m*, (in der Schule) exame *m* escrito [esami ißkritu]

teuer *adj* car|o/-a [karu/-a] ► **~ werden** encarecer

Teufel *m* diabo [dshiabu] *m*

Text *m* texto [teßtu] *m*

Theater *s* teatro [tschiatru] *m*

Thema *s* tema [tema] *m*, tópico [tòpiku] *m*

Theorie *w* teoria [teoria] *w*

Thermometer *s* termômetro [termometru] *m*

Thymian *m* tomilho [tomilju] *m*

tief *adj* profund|o/-a [profũdu/-a] ♦ *adv* profundamente [profũdamẽtschi]

Tiefe *w* **1** profundidade [profũdshidadshi] *w*, fundura [fũdura] *w* **2** (tiefe Stelle usw.) profundidade [profũdshidadshi] *w* **3** (der Idee usw.) profundidade [profũdshidadshi] *w de a.c.*

tiefgefroren *adj* congelad|o/-a [kõũsheladu/-a]

Tiefland *s* planície [planißii] *w*, baixa [bajscha] *w*, baixada [bajschada] *w*

Tier *s* animal [animau] *m*

Tierarzt *m* veterinário [weterinarju] *m*

Tinte *w* tinta [tschĩta] *w*

Tintenfisch *m* sépia [ßäpia] *w*, choco [schoku] *m*

tippen *v* **1** (schreiben) escrever [ißkrewer], digitar [dshishitar] **2** *an etw. Akk* bater [bater] *a.c., an etw. Akk* golpear [goupear] *a.c.* **3** (raten) adivinhar [adshiwĩnjar] **4** (auf Sieger usw.) predizer [predshiser] **5** (im Wettbüro usw.) apostar [apoßtar]

Tisch *m* mesa [mesa] *w*, banca [bãka] *w*

Tischler *m* carpinteiro [karpĩtejru] *m*, marceneiro [marßenejru] *m*

Titel *m* título [tschitulu] *m*, licenciatura [lißẽĩßjatura] *w*, grau [grau] *m*

Toast *m* torrada [tohada] *w*, tosta [toßta] *w*

Tochter *w* filha [filja] *w*

Tod *m* morte [mòrtschi] *w*, falecimento [faleßimẽtu] *m*, óbito [òbitu] *m*

tödlich *adj* **1** (todbringend) letal [letau], mortal [mortau], mortífer|o/-a [mortschiferu/-a], (Verletzung usw.) mortal [mortau] **2** (Dosis usw.) letal [letau]

Toilette *w* banheiro [bãnjejru] *m*

Toilettenpapier *s* papel *m* higiênico [papäu ishieniku]

toll *adj* genial [sheniau], legal [legau], a bombar [a bõũbar], bacana [bakana] ♦ *adv* maravilhosamente [marawiljosamẽtschi]

Tomate *w* tomate [tomatschi] *m*

Ton[1] *m* (Erde) argila [arshila] *w*

Ton[2] *m* (Klang) tom [tõũ] *m*, tono [tonu] *m*

Tonne *w* **1** (Behälter) bidão [bidãũ] *m* **2** (Maßeinheit) tonelada [tonelada] *w*

Tönung *w* tonalidade [tonalidadshi] *w*, tom [tõũ] *m*, matiz [matschiß] *m*

Topf *m* panela [panäla] *w*, tacho [taschu] *m*

Tor *s* **1** (Eingang) portão [portãũ] *m*, porta [pòrta] *w* **2** (im Fußball usw.) baliza [balisa] *w*, trave [trawi] **3** (Treffer) gol [gou] *m*

Torte *w* torta [tòrta] *w*, bolo [bolu] *m*

Torwart *m* goleiro [golejru] *m*

tot *adj* mort|o/-a [mortu/-a]

töten *v j-n/etw.* matar [matar] *alg/a.c.*

Tourismus *m* turismo [turismu] *m*

Tourist *m* turista [turißta] *m*

Tradition *w* tradição [tradshißãũ] *w*

tragen *v* **1** (Koffer usw.) levar [lewar] **2** (mitbringen) *etw. Akk irgendwohin* levar [lewar] *a.c. aonde* **3** (umstellen usw.) *j-n/etw. irgendwohin* trasladar [trasladar] **4** (Kleider) trazer [traser], vestir [weßtschir], trajar [trashar] **5** (Gewicht) suportar [ßuportar] **6** (bei sich haben) levar [lewar] **7** (Baum usw.) *etw. Akk* dar [dar] *a.c.* ▶ **die Verantwortung** *für etw.* **~** ter a responsabilidade *de a.c.*; **Früchte ~** dar frutas; **~ (können)** *etw. Akk* (poder) levar *a.c.*

Träger *m* **1** (Bauteil) viga [wiga] *w* **2** (für Kleider) alça [außa] *w* **3** (eines Preises usw.) titular [tschitular] *m*

tragisch *adj* trágic|o/-a [trashiku/-a]

Tragödie *w* tragédia [trashädshia] *w*

Trainer *m* técnico [täkniku] *m*, treinador [trejnador] *m*

trainieren *v* **1** (sich vorbereiten) treinar [trejnar] **2** (Muskeln usw.) exercitar [eserßitar] **3** (eine Mannschaft usw.) *j-n* treinar [trejnar] *alg*

Traktor *m* trator [trator] *m*

trampen *v* viajar de carona [wiashar dshi karona]

Träne *w* lágrima [lagrima] *w*

Transport *m* transportação [trãßportaßãũ] *w*, transporte [trãßpòrtschi] *m*, viação [wiaßãũ] *w*

transportieren *v* **1** *etw. Akk irgendwohin* transportar [trãßportar] *a.c. aonde* **2** *j-n/etw. irgendwohin* levar [lewar] *alg aonde*

Traube *w* racimo [haßimu] *m* ▶ **~n** uvas *w Mz*

trauen *v* **1** (Vertrauen haben) *j-m/etw.* confiar [kõũfiar] *em alg/a.c.*, fiar [fiar] *em alg/a.c.* **2** (ehelich verbinden) *j-n* casar [kasar] *alg* **3** ***sich* ~** *etw. Akk zu tun* atrever-se [atrewerßi] *fazer a.c.*, ousar [osar] *fazer a.c.*, aventurar-se [awẽĩturarßi] *a fazer a.c.*

Trauer *w* **1** (Gefühl) tristeza [trißtesa] *w* **2** (gehaltene) luto [lutu] *m*

Traum *m* sonho [ßõnju] *m*

träumen *v von j-m/etw.* sonhar [ßõnjar] *com alg/a.c.*

traurig *adj* jururu [shururu]

treffen *v* **1** (Ziel) *etw. Akk* acertar [aßertar] *a.c.*, atingir [atschĩshir] *a.c.* **2** (begegnen) *j-n* encontrar [ĩkõũtrar] *alg*, topar [topar] *com alg* **3** ***sich* ~** *mit j-m* encontrar-se [ĩkõũtrarßi] *com alg*, reunir-se [heunirßi] *com alg* **4** (erschüttern) ferir [ferir] *a.c.*, machucar [maschukar] *a.c.*, magoar [magoar] *a.c.*

Treffen *s* encontro [ĩkõũtru] *m* ▶ **ein ~ verabreden** arranjar a entrevista

treiben *v* **1** *j-n/etw. irgendwohin* levar [lewar] *alg aonde*, (Kühe usw.) fustigar [fußtschigar] **2** (veranlassen) *j-n zu etw./in etw. Akk* fazer [faser] *alg fazer a.c.* **3** (sich befassen) *etw. Akk* praticar [pratschikar] *a.c.*

Treibstoff *m* combustível [kõũbußtschiweu] *m*

trennen *v* **1** *j-n/etw.* separar [ßeparar] *(a) alg/a.c.*, apartar [apartar] *(a) alg/a.c.* **2** ***sich ~*** *von j-m* separar-se [ßepararßi], acabar [akabar] *com alg* **3** (Kabel usw.) desconetar [dshißkonetar], desconectar [dshißkonektar]

Trennung *w* separação [ßeparaßãũ] *w*

Treppe *w* escada [ißkada] *w*, (Aufgang) escadaria [ißkadaria] *w*

Tretboot *s* pedalinho [pedalĩnju] *m*

treten *v* **1** (in Pfütze usw.) *auf/in etw. Akk* pisar [pisar] *a.c.*, calcar [kaukar] *a.c.* **2** (in Bauch usw.) *j-n/etw., in etw. Akk* dar um pontapé [dar ũ põũtapä] *em alg/a.c.*, dar uma patada [dar uma patada] *em alg/a.c.*, pontapear [põũtapear] *em alg/a.c.*, (Tritt versetzen) *j-n/etw.* dar pontapé [dar põũtapä] *em alg* **3** (auf dem Fahrrad usw.) *etw. Akk, auf etw. Akk* pedalar [pedalar]

treu *adj* **1** (zuverlässig) *j-m* fiel [fiäu] *a alg* **2** (genau) fiel [fiäu]

Trichter *m* funil [funiu] *m*

Trick *m* **1** (listiger usw.) truque [truki] *m* **2** (Film usw.) efeito *m* especial [efejtu ißpeßjau] **3** (Zauber usw.) truque [truki] *m*

Trickfilm *m* filme *m* de desenho animado [fiumi dshi desẽnju animadu]

trinkbar *adj* potável [potaweu]

trinken *v* **1** *etw. Akk* beber [beber] **2** *auf j-n/etw.* brindar [brĩdar] *a alg/a.c.*, fazer um brinde [faser ũ brĩdshi] *a alg/a.c.*

Trinkgeld *s* gorjeta [gorsheta] *w*, propina [propina] *w* ▶ **~ geben** *j-m* propinar

Trinkwasser *s* água *w* potável [agua potaweu]

trocken *adj* sec|o/-a [ßeku/-a], enxut|o/-a [ĩschutu/-a]

Trockenheit *w* secura [ßekura] *w*, (Trockenzeit) seca [ßeka] *w*, estiagem [ißtschiashẽĩ] *w*

trocknen *v* **1** (trocken werden) secar [ßekar] **2** (trocken machen) *etw. Akk* secar [ßekar] *a.c.*

Trommel *w* tambor [tãbor] *m*

Trompete *w* trompete [trõũpätschi] *m*

Tropen *Mz* trópicos [tropikuß] *m Mz*

tropfen *v* gotejar [goteshar], pingar [pĩgar]

Tropfen *m* gota [gota] *w*, pinga [pĩga] *w*, pingo [pĩgu] *m*

trösten *v j-n* consolar [kõũßolar] *alg*, reconfortar [hekõũfortar] *alg*

trotz *prep etw. Gen* apesar de [apesar dshi], a despeito de [a dshißpejtu dshi] *a.c.*

trotzdem *conj* sem embargo [ßẽĩ ĩbargu], apesar disso [apesar dshißu], mesmo assim [mesmu aßĩ], não obstante [nãũ obißtätschi]

trüb *adj* **1** (Wasser usw.) turv|o/-a [turwu/-a] **2** (Himmel) nebulos|o/-a [nebulosu/-a] **3** (Ort usw.) triste [trißtschi]

tschüss **T~!** Até logo!, Até já!, Tchau!

T-Shirt *s* camiseta [kamiseta] *w*, T-shirt [tischet] *w*

Tube *w* tubo [tubu] *m*, bisnaga [bisnaga] *w*

Tuch *s* **1** (Kopftuch usw.) lenço [lẽßu] *m* **2** (Gewebe) tecido [teßidu] *m*, pano [panu] *m*, tela [täla] *w* **3** (auf Tisch) toalha *w* de mesa [toalja dshi mesa], mantel [mãteu] *m* **4** (Bettwäsche) lençol [lẽĩßòu] *m*

Tulpe *w* tulipa [tulipa] *w*

tun *v* fazer [faser] *a.c.*, *etw. Akk* fazer [faser] *a.c.*, *etw. Akk* fazer [faser] ▶ **so ~, als ob…** pretender fazer…; *j-s* **Bestes ~** fazer o máximo *para a.c.*

Tunnel *m* túnel [tuneu] *m*

Tür *w* porta [pòrta] *w*

Türknauf *m* puxador [puschador] *m*

Turm *m* torre [tohi] *w*

turnen *v* fazer exercícios [faser eserßißiuß], malhar [maljar]

Turnschuhe *m Mz* sapatos *m* de ginástica [ßapatuß dshi shinaßtschika]

Tüte *w* canudo [kanudu] *m*, saco [ßaku] *m*, saquinho [ßakĩnju] *m*

typisch *adj* típic|o/-a [tschipiku/-a]

U

U-Bahn *w* metrô [metro] *m*, metropolitano [metropolitanu] *m*

übel *adv* mal [mau]

Übelkeit *w* náusea [nausea] *w*, enjoo [ĩshou] *m*

üben *v etw. Akk* praticar [pratschikar] *a.c.*, exercitar [eserßitar] *a.c.*

über *prep* **1** (höher) *etw. Dat* em cima de [ẽĩ ßima dshi], por cima de [pur ßima dshi] **2** (dem Niveau) acima de [aßima dshi], sobre [ßobri], em cima de [ẽĩ ßima dshi] **3** (quer über) através de [atrawäß dshi] **4** (sprechen usw.) *etw. Akk* sobre [ßobri] *a.c.* **5** (eine Oberfläche) *etw. Akk* por [pur], por cima de [pur ßima dshi] **6** (auf der Oberfläche) por [pur] **7** (mehr als) *wie viel* mais de [majß dshi]

überall *adv* em toda a parte [ẽĩ toda a partschi]

überbacken *v* gratinar [gratschinar]

Überblick *m* **1** (Kenntnisse) conhecimentos *m Mz* (gerais) [kõnjeßimẽtuß (sherajß)] **2** (Zusammenfassung) resumo [hesumu] *m* ▶ **einen (guten) ~** *über etw. Akk* **haben** orientar-se *em a.c.*

übereinstimmen *v mit etw.* corresponder [koheßpõũder] *a a.c.*, coincidir [koĩßidshir]

überfahren[1] *v* (See usw.) *etw. Akk* atravessar [atraweßar] *a.c.*

überfahren[2] *v* (Fußgänger usw.) *j-n/etw.* atropelar [atropelar] *alg/a.c.*

Überfall *m* assalto [aßautu] *m*

überfallen *v j-n* assaltar [aßautar], agredir [agredshir]

überflüssig *adj* supérflu|o/-a [ßupärfluu/-a], redundante [hedũdãtschi], excedente [eßedẽtschi], demasiad|o/-a [demasiadu/-a]

Überführung *w* **1** passagem *w* superior [paßashẽĩ ßuperior], (für Fußgänger) passarela [paßaräla] *w*, passadeira [paßadejra] *w* **2** (Transportieren) transportação [trãßportaßãũ] *w*

überfüllt *adj* chei|o/-a de gente [scheju/-adshi shẽtschi]

Übergang *m* **1** passagem [paßashẽĩ] *w* **2** (Umwandlung) transição [trãßißãũ] *w*

übergeben *v* **1** (abgeben) *j-m etw. Akk* entregar [ĩtregar] *a.c. a alg* **2 sich ~** vomitar [womitar]

überhaupt *part* nada [nada], (eigentlich) de facto [dshi faktu], (insgesamt) geralmente [sheraumẽtschi], em geral [ẽĩ sherau] ▶ **~ nicht** absolutamente não

überholen *v j-n* ultrapassar [uutrapaßar] *alg*, passar na frente [paßar na frẽtschi]

überlasten *v etw. Akk* sobrecarregar [ßobrekaregar] *a.c.*

überleben *v* sobreviver [ßobriwiwer]

übermäßig *adj* excessiv|o/-a [eßeßiwu/-a], abusiv|o/-a [abusiwu/-a], demasiad|o/-a [demasiadu/-a] ◆ *adv* excessivamente [eßeßiwamẽtschi], em demasia [ẽĩ demasia]

übermorgen *adv* depois de amanhã [depojß dshi amãnjã]

übernachten *v irgendwo* pernoitar [pernojtar]

Übernachtung *w* dormida [dormida] *w* ▶ **~ mit Frühstück** alojamento *m* com pequeno-almoço

übernehmen *v* **1** (Besitz usw.) *etw. Akk* assumir [aßumir] *a.c.*, tomar posse [tomar pòßi] **2** (Leitung usw.) *etw. Akk* assumir [aßumir] *a.c.*, encarregar-se [ĩkahegarßi] *de a.c.* **3** (Pflicht usw.) assumir [aßumir] **4** (Methode usw.) adotar [adotar]

überprüfen *v etw. Akk* verificar [werifikar] *a.c.*, averiguar [aweriguar] *a.c.*, conferir [kõũferir] *a.c.*, tirar a limpo [tschirar a lĩpu] *a.c.*

überqueren *v etw. Akk* atravessar [atraweßar] *a.c.*

Überquerung *w* travessia [traweßia] *w*

überraschen *v* **1** (erstaunen) *j-n mit etw.* surpreender [ßurpriẽĩder] **2** (ertappen) *j-n* apanhar de surpresa [apãnjar dshi ßurpresa], atrapalhar [atrapaljar] *alg*, admirar [adshimirar] *alg*

überrascht *adj von etw.* surpreendid|o/-a [ßurpriẽĩdshidu/-a], surpres|o/-a [ßurpresu/-a]

Überraschung *w* surpresa [ßurpresa] *w*

überreden *v j-n (zu etw.)* convencer [kõũwẽĩßer] *alg a a.c.*, persuadir [perßuadshir] *alg a a.c*

Überschrift *w* título [tschitulu] *m*

Überschwemmung *w* dilúvio [dshiluwju] *m*, inundação [inũdaßãũ] *w*, cheia [scheja] *w*, enchente [ĩschẽtschi] *w*

übersetzen[1] *v* transportar de um lado a outro [trãßportar dshi ũ ladu a otru]

übersetzen[2] *v* traduzir [tradusir]

Übersetzer *m* tradutor [tradutor] *m*

Übersetzung *w* tradução [tradußãũ] *w*

überspringen *v* **1** (Sprung machen) *etw. Akk* saltar (sobre) [ßautar (ßobri)] *a.c.*, galgar [gaugar] **2** (auslassen) *etw. Akk* saltar [ßautar] *a.c.*, saltear [ßautear] *a.c.*, pular [pular] *a.c.*

übertragen *v* **1** (Gegenstände usw.) *etw. Akk irgendwohin* trasladar [trasladar] *a.c. aonde* **2** (Besitz usw.) *etw. Akk auf j-n* transferir [trãßferir] *a.c. a alg*, alienar [alienar] **3** (Krankheit usw.) *etw. Akk auf j-n* transmitir [trãsmitschir] *a.c. a alg* **4** (senden) transmitir [trãsmitschir] **5** (Befugnis usw.) *etw. auf j-n* delegar [delegar] *a.c. a alg*

übertreiben *v etw. Akk* exagerar [esasherar], (übertr.) fazer um filme [faser ũ fiumi]

Übertreibung *w* exagero [esasheru] *m*

überweisen *v etw. Akk* remeter [hemeter], transferir [trãßferir] *a.c.*

Überweisung *w* **1** (von Geld) transferência [trãßferẽßja] *w* **2** (Geldsumme) remessa [hemäßa] *w*

überwiegend *adj* predominante [predominãtschi] ♦ *adv* predominantemente [predominãtemẽtschi]

überzeugen *v j-n von etw.* convencer [kõũwẽĩßer] *alg de a.c.*, persuadir [perßuadshir] *alg de a.c.*

überzeugend *adj* convincente [kõũwĩßẽtschi]

Überzeugung *w* convicção [kõũwikßãũ] *w*, persuasão [perßuasãũ] *w*

überziehen *v* **1** *etw. mit etw.* revestir [heweßtschir] *a.c. com a.c.* **2** (Konto usw.) sacar a descoberto [ßakar a dshißkobärtu] **3** (Zeit) exceder [eßeder]

üblich *adj* comum [komũ], usual [usuau], corriqueir|o/-a [kohikejru/-a], habitual [abituau] ♦ *adv* comumente [komumẽtschi]

übrig *adj* restante [heßtãtschi], remanescente [hemaneßẽtschi] ♦ *adv* de sobra [dshi ßòbra]

übrigens *part* a propósito [a propòsitu], afinal [afinau]

Übung *w* **1** exercício [eserßißju] *m* **2** (Training) prática [pratschika] *w*, treinamento [trejnamẽtu] *m*

Ufer *s* costa [kòßta] *w*, margem [marshẽĩ] *w*, ribeira [hibejra] *w*, borda [bòrda] *w*

Uhr *w* **1** (Uhrzeit) hora [òra] *w* **2** (Armbanduhr usw.) relógio [helòshiu] *m* ► **um sieben ~** às sete horas

Ultraschall *m* ultrassom [uutraßõũ] *m*

Ultraschalluntersuchung *w* ultrassonografia [uutraßonografia] *w*, ultrassom [uutraßõũ] *m*, ecografia [ekografia] *w*

um *prep* **1** (räumlich) *etw. Akk* ao redor [au hedòr], em derredor [ẽĩ dehedor], à roda de [a hòda dshi] *a.c.* **2** (drei Uhr usw.) a [a], em [ẽĩ] **3** (sich handeln usw.) *etw.* sobre [ßobri] *a.c.* ♦ *conj* **~... zu** para que [para ki] ► **~ halb fünf** às quatro e meia; **Spätestens ~ fünf bin ich da.** Vou chegar até às cinco.; **~ drei Uhr** às três

umarmen *v j-n* abraçar [abraßar] *alg*, enlaçar [ĩlaßar] *alg*

umbinden *v etw. Akk mit etw.* embrulhar [ĩbruljar] *a.c.*

umbringen *v j-n/etw.* matar [matar] *alg/a.c.*

umdrehen *v* **1** (um die Achse) *etw. Akk* (fazer) girar [(faser) shirar] *a.c.*, *etw. Akk* virar [wirar] *a.c.* **2** ***sich* ~** girar [shirar] **3** ***sich* ~** (im Kreis) dar a volta [dar a wòuta] **4** (Seite usw.) *etw. Akk* virar [wirar] *a.c.* **5** ***sich* ~** (woanders gehen usw.) voltar-se [woutarßi] **6** ***sich* ~** (im Bett usw.) dar uma volta [dar uma wòuta]

Umfang *m* **1** (Kugelumfang usw.) perímetro [perimetru] *m*, circunferência [ßirkũferẽßja] *w* **2** (einer Stimme usw.) esfera [ißfära] *w*, (eines Grundstücks usw.) extensão [ißtẽĩsãũ] *w*

umfangreich *adj* extens|o/-a [ißtẽßu/-a] ♦ *adv* extensivamente [ischtẽĩßiwamẽtschi]

umgeben *v etw. Akk mit etw.* cercar [ßerkar] *a.c. com a.c.* ► **~ sein** *von etw.* estar cercado *de a.c.*

Umgebung *w etw. Gen* arredores [ahedòriß] *m Mz*, proximidades [prokßimidadshiß] *w Mz*, entorno [ĩtornu] *m*

umgehen[1] *v* (sorgfältig usw.) *irgendwie mit etw.* proceder [proßeder] *como*, (benutzen) *mit etw.* manejar [maneshar] *a.c.*, lidar [lidar] *com a.c.*, (manipulieren) *mit etw. irgendwie* manejar [maneshar] *a.c.*

umgehen[2] *v* **1** (herumgehen) *etw. Akk* evitar [ewitar] *a.c.* **2** (Regeln usw.) *etw. Akk* iludir [iludshir]

Umgehungsstraße *w* estrada *w* circular [ißtrada ßirkular]

umgekehrt *adj* invers|o/-a [ĩwärßu/-a], opost|o/-a [opoßtu/-a], avess|o/-a [aweßu/-a] ♦ *adv* ao contrário [au kõũtrarju]

umkehren *v* **1** (Richtung usw.) inverter [ĩwerter] **2** (ins Gegenteil) *etw. Akk* mudar [mudar]

Umkreis *m* roda [hòda] *w*

Umleitung *w* desvio [dshiswiu] *m*, rodeio [hodeju] *m*, (Strecke) deviação [dewiaßãũ] *w*

umrechnen *v etw. Akk in etw. Akk* converter [kõũwerter] *a.c. em a.c.*

umrühren *v etw. Akk* mexer [mescher] *a.c.*, remexer [hemescher] *a.c.*

umschalten *v* **1** (Kamera usw.) *etw. Akk auf etw. Akk* mudar [mudar] *de a.c. a a.c.* **2** (Gang) mudar (a velocidade) [mudar (a weloßidadshi)]

Umschlag *m* **1** (für Briefe) envelope [ĩwelòpi] *m*, sobrescrito [ßobreßkritu] *m* **2** (zu Heilzwecken) compressa [kõũpräßa] *w*, envoltura [ĩwoutura] *w*

umsonst *adv* **1** grátis [gratschiß], gratuitamente [gratuitamẽtschi], de graça [dshi graßa], à borla [a borla] **2** em vão [ẽĩ wãũ], debalde [debaudshi]

umsteigen *v in etw. Akk* mudar [mudar] *de a.c.*, fazer baldeação [faser baudeaßãũ] *a a.c.*, fazer transbordo [faser trãsbordu]

Umstieg *m* transferência [trãßferẽßja] *w*

Umtausch *m* troca [tròka] *w*, câmbio [kãbju] *m*, intercâmbio [ĩterkãbju] *m*, permuta [permuta] *w*

umtauschen *v* trocar [trokar]

Umweg *m* volta [wòuta] *w*, rodeio [hodeju] *m*

Umwelt *w* meio ambiente [meju ãbiẽtschi] *m*

umweltfreundlich *adj* ecológic|o/-a [ekolòshiku/-a]

Umweltschutz *w* preservação *w* do meio ambiente [preserwaßãũ du meju ãbiẽtschi]

umwenden *v* virar [wirar] *a.c.*, *etw. Akk* virar (do avesso) [wirar (du aweßu)] *a.c.*

umwerfen *v j-n/etw.* abater [abater] *alg/a.c.*, derrubar [dehubar] *alg/a.c.*, deitar abaixo [dejtar abajschu]

umziehen *v* **1** (in neue Wohnung usw.) mudar-se [mudarßi], transferir-se [trãßferirßi] **2** (Umzug durchführen) *etw. Akk* mudar [mudar] *a.c.* **3** (Kleidung wechseln) *j-n* mudar [mudar] *alg* (de roupa) ► **sich ~** trocar de roupa, mudar de roupa

Umzug *m* **1** (Wohnungswechsel) mudança [mudãßa] *w* **2** (Parade usw.) procissão [proßißãũ] *w*, cortejo [korteshu] *m*

unabhängig *adj von j-m/etw.* independente [ĩdepẽĩdẽtschi] *de alg/a.c.*

unangenehm *adj* **1** desagradável [dshisagradaweu] **2** (Situation usw.) desagradável [dshisagradaweu], embaraços|o/-a [ĩbaraßosu/-a] ♦ *adv* desagradavelmente [dshisagradaweumẽtschi] ► **~ sein** *j-m gegenüber* ser mau

unanständig *adj* indecente [ĩdeßẽtschi]

unbedingt *adj* incondicionad|o/-a [ĩkõũdshißionadu/-a] ♦ *adv* custe o que custar [kußtschi u ki kußtar], a ferro e fogo [a fähu i fogu], seja como for [ßesha komu for], a todo o transe [a todu u trãßi]

unbegrenzt *adj* ilimitad|o/-a [ilimitadu/-a]

unbekannt *adj* desconhecid|o/-a [dshißkõnjeßidu/-a], ignot|o/-a [ignotu/-a]

unbequem *adj* incômod|o/-a [ĩkomodu/-a], desconfortável [dshißkõũfortaweu]

und *conj* e [i] ► **ab ~ zu** de vez em quando, por vezes; **~ so weiter** etcétera, e por aí fora

undankbar *adj* ingrat|o/-a [ĩgratu/-a], desagradecid|o/-a [dshisagradeßidu/-a], mal-agradecid|o/-a [mauagradeßidu/-a]

unecht *adj* fals|o/-a [faußu/-a]

unendlich *adj* infinit|o/-a [ĩfinitu/-a], sem fim [ßẽĩ fĩ], interminável [ĩterminaweu], inacabável [inakabaweu] ♦ *adv* sem fim [ßẽĩ fĩ]

unentbehrlich *adj* indispensável [ĩdshißpẽĩßaweu], imprescindível [ĩpreßĩdshiweu], necessári|o/-a [neßeßarju/-a]

unentschieden *adj* empatad|o/-a [ĩpatadu/-a]

unerträglich *adj* insuportável [ĩßuportaweu], intolerável [ĩtoleraweu]

unerwartet *adj* inesperad|o/-a [ineßperadu/-a], (plötzlich) impensad|o/-a [ĩpẽĩßadu/-a], imprevist|o/-a [ĩprewißtu/-a] ♦ *adv* inesperadamente [ineßperadamẽtschi]

unfähig *adj* **1** (unbegabt) incompetente [ĩkõũpetẽtschi] **2** (nicht imstande) *zu etw.* incapaz [ĩkapaß] *de a.c.*

Unfall *m* acidente [aßidẽtschi] *m*, (Verletzung) lesão [lesãũ] *w* ► **einen ~ haben** (Auto) ter um acidente, acidentar-se

ungeduldig *adj* impaciente [ĩpaßiẽtschi] ♦ *adv* impacientemente [ĩpaßiẽĩtemẽtschi]

ungefähr *adj* aproximad|o/-a [aproßimadu/-a] ♦ *adv* aproximadamente [aproßimadamẽtschi], mais ou menos [majß o menuß] ♦ *prep* mais ou menos [majß o menuß], cerca de [ßerka dshi], por volta de [pur wòuta dshi], por [pur]

ungenau *adj* imprecis|o/-a [ĩpreßisu/-a], inexat|o/-a [inesatu/-a]

ungenügend *adj* insuficiente [ĩßufißiẽtschi]

ungerade *adj* ímpar [ĩpar]

ungerecht *adj* injust|o/-a [ĩshußtu/-a], iníqu|o/-a [inikuu/-a] ♦ *adv* injustamente [ĩshußtamẽtschi]

ungern *adv* de mau grado [dshi mau gradu], sem vontade [ßẽĩ wõũtadshi]

ungeschickt *adj* desajeitad|o/-a [dshisashejtadu/-a], desastrad|o/-a [dshisaßtradu/-a], lerd|o/-a [lerdu/-a], desengonçad|o/-a [dshiseĩgonßadu/-a]

ungesund *adj* não saudável [nãũ ßaudaweu], insalubre [ĩßalubri]

ungewiss *adj* incert|o/-a [ĩßärtu/-a]

ungewöhnlich *adj* incomum [ĩkomũ], (Fähigkeit usw.) extraordinári|o/-a [ißtraordshinarju/-a], fora de comum [fòra dshi komũ], (Mensch usw.) insólit|o/-a [ĩßòlitu/-a]

unglaublich *adj* incrível [ĩkriweu], inacreditável [inakredshitaweu] ♦ *adv* incrivelmente [ĩkriweumẽtschi]

ungleich *adj* diferente [dshiferẽtschi], díspar [dshißpar], divers|o/-a [dshiwärßu/-a], desigual [desiguau]

Unglück *s* **1** (Tragödie usw.) desastre [dshisaßtri] *m*, catástrofe [kataßtrofi] *w*, sinistro [ßinißtru] *m*, mal [mau] *m* **2** (Pech usw.) desgraça [dshisgraßa] *w*, infortúnio [ĩfortunju] *m*, infelicidade [ĩfelißidadshi] *w*, revés [hewäß] *m*

unglücklich *adj* **1** (deprimiert) infeliz [ĩfeliß] **2** (Tag usw.) infeliz [ĩfeliß], funest|o/-a [funeßtu/-a] **3** (Zufall usw.) infortunad|o/-a [ĩfortunadu/-a]

ungültig *adj* inválid|o/-a [ĩwalidu/-a], nul|o/-a [nulu/-a]

unhöflich *adj* indelicad|o/-a [ĩdelikadu/-a], descortês [dshißkorteß], mal-educad|o/-a [mauedukadu/-a]

Uniform *w* uniforme [unifòrmi] *m*, farda [farda] *w*

Universität *w* universidade [uniwerßidadshi] *w*

unklar *adj* pouco clar|o/-a [poku klaru/-a]

unmittelbar *adj* imediat|o/-a [imedshiatu/-a] ♦ *adv* imediatamente [imedshiatamẽtschi]

unmöglich *adj* impossível [ĩpoßiweu]

unnötig *adj* inútil [inutschiu], escusad|o/-a [ißkusadu/-a]

Unordnung *w* desordem [deßòrdẽĩ] *w*, desarranjo [dshisahãshu] *m*

unpünktlich *adj* **1** (Zahlung usw.) atrasad|o/-a [atrasadu/-a], demorad|o/-a [demoradu/-a], retardad|o/-a [hetardadu/-a] **2** (Mensch usw.) impontual [ĩpõũtuau]

unrecht **~ haben** estar errado, não ter razão

Unruhe *w* **1** inquietude [ĩkjetudshi] *w*, desassossego [dshisaßoßegu] *m*, intranquilidade [ĩtrankuilidadshi] *w*

2 ~n (Arbeiterunruhen usw.) distúrbios [dshißturbiuß] *m Mz*, (in der Gesellschaft) turbulências [turbulẽßjaß] *w Mz*

uns *pron* nos [nuß]

unschuldig *adj* inocente [inoßẽtschi]

unser *pron* noss|o/-a [nòßu/-a]

unsicher *adj* **1** (Situation usw.) incert|o/-a [ĩßärtu/-a] **2** (Mensch) insegur|o/-a [ĩßeguru/-a]

unsichtbar *adj* invisível [ĩwisiweu]

Unsinn *m* tonteira [tõũtejra] *w*, tolice [tolißi] *w*, disparate [dshißparatschi] *m*, parvoíce [parwoißi] *w*

unsympathisch *adj* antipátic|o/-a [ãtschipatschiku/-a]

unten *adv* **1** abaixo [abajschu], debaixo [debajschu], em baixo [ẽĩ bajschu] **2** (im Text usw.) abaixo [abajschu] ► **nach ~** para baixo, abaixo; **von ~** de baixo

unter *prep* **1** (dem Tisch usw.) *etw. Dat* debaixo de [debajschu dshi], sob [ßob], abaixo de [abajschu dshi] *a.c.*, aquém de [akẽĩ dshi] *a.c.* **2** (zwischen) entre [ẽtri] ► **~ anderem** além disso, entre outras coisas

unter(er,e,es) *adj* inferior [ĩferior]

unterbrechen *v* **1** (Tätigkeit usw.) *etw. Akk* interromper [ĩtehõũper] *a.c.* **2** (Sprecher usw.) *j-n* interromper [ĩtehõũper] *alg*

Unterbrechung *w* interrupção [ĩtehupißãũ] *w*

unterbringen *v j-n* alojar [aloshar] *alg*, hospedar [oßpedar] *alg*, agasalhar [agasaljar] *alg*, acomodar [akomodar] *alg*

unterdrücken *v* **1** (Gefühle usw.) reprimir [heprimir] **2** (Volk usw.) oprimir [oprimir] **3** (Aufstand usw.) *etw. Akk* suprimir [ßuprimir], subjugar [ßubshugar] **4** (Bemühung usw.) sufocar [ßufokar], abafar [abafar]

untereinander *adv* mutuamente [mutuamẽtschi]

Unterführung *w* passagem *w* subterrânea [paßashẽĩ ßubitehanea], (für Verkehrsmittel) passagem *w* inferior [paßashẽĩ ĩferior]

Untergang *m* extinção [ißtschinßãũ] *w*, (einer Zivilisation usw.) desaparecimento [dshisapareßimẽtu] *m*

untergehen *v* **1** (Sonne) pôr-se [porßi] **2** (Schiff) afundar-se [afũdarßi] **3** (Unternehmen usw.) arruinar-se [ahuinarßi], (zugrunde gehen) extinguir-se [ißtschĩgirßi]

unterhalb *prep* em baixo [ẽĩ bajschu] *de a.c.*

Unterhalt *m* **1** (für Kind) alimentos [alimẽtuß] *m Mz* **2** (Mittel) subsistência [ßubißißtẽßja] *w* **3** (Einkommensquelle usw.) sustento [ßußtẽtu] *m*, ganha-pão [gãnjapãũ] *m*

unterhalten *v* **1** (Verwandte usw.) *j-n* manter [mãter] *alg*, sustentar [ßußtẽĩtar] *alg* **2** (mit Erzählungen usw.) *j-n mit etw.* divertir [dshiwertschir] *alg com a.c.*, entreter [ĩtreter] *alg com a.c.* **3 sich ~** *über etw. Akk* conversar [kõũwerßar] *com alg*, cavaquear [kawakear]

Unterhaltung *w* **1** (von Geräten usw.) manutenção [manutẽĩßãũ] *w* **2** (Zeitvertreib) diversão [dshiwerßãũ] *w*, divertimento [dshiwertschimẽtu] *m*

Unterhemd *s* regata [hegata] *w*, camisola *w* de cavas [kamisola dshi kawaß], camisola *w* de alças [kamisola dshi außaß]

Unterhose *w* cuecas [kuäkaß] *w Mz*

Unterkunft *w* alojamento [aloshamẽtu] *m*, hospedagem [oßpedashẽĩ] *w*, acomodação [akomodaßãũ] *w*

unternehmen *v etw. Akk* empreender [ĩpriẽĩder] *a.c.*

Unternehmen *s* **1** (Firma usw.) empresa [ĩpresa] *w*, estabelecimento [ißtabeleßimẽtu] *m* **2** (Tätigkeit) negócio [negòßju] *m*, empreendimento [ĩpriẽĩdshimẽtu] *m*

Unterricht *m* aulas [aulaß] *w Mz*

unterrichten *v* ensinar [ĩßinar], dar aulas [dar aulaß], lecionar [leßionar]

unterscheiden *v* **1** (Unterschied feststellen) *j-n/etw. von j-m/etw.* distinguir [dshißtschĩgir], *j-n/etw. (von j-m/etw.)* distinguir [dshißtschĩgir] *alg/a.c. de alg/a.c.* **2 sich ~** *in etw. Dat, von etw.* diferenciar-se [dshiferẽĩßjarßi] *de a.c.*, discrepar [dshißkrepar] *de a.c.* **3 sich ~** *in etw. Dat* (in Meinungen) divergir [dshiwershir] *em a.c.* **4** (anders machen) *j-n/etw. von j-m/etw.* diferenciar [dshiferẽĩßjar] *de a.c.*

Unterschied *m* diferença [dshiferẽßa] *w*

unterschiedlich *adj von etw.* diferente [dshiferẽtschi] *de a.c.*, distint|o/-a [dshißtschĩtu/-a] *de a.c.* ♦ *adv* de forma diferente [dshi fòrma dshiferẽtschi], diferentemente [dshiferẽĩtemẽtschi]

unterschreiben *v etw. Akk* assinar [aßinar] *a.c.*, firmar [firmar] *a.c.*, subscrever [ßubißkrewer] *a.c.*

Unterschrift *w* firma [firma] *w*, assinatura [aßinatura] *w*

unterstreichen *v* sublinhar [ßublĩnjar]

unterstützen *v* **1** (helfen) *j-n* apoiar [apojar] *alg*, sustentar [ßußtẽĩtar] *alg*, amparar [ãparar] *alg* **2** (ein Projekt usw.) *etw. Dat* apoiar [apojar] *a.c.*

untersuchen *v* **1** (Struktur usw.) *etw. Akk* investigar [ĩweßtschigar] *a.c.*, pesquisar [peßkisar] *a.c.* **2** (Problem usw.) *etw. Akk* examinar [esaminar] *a.c.* **3** (Patienten usw.) *j-n* examinar [esaminar] **4** (überprüfen) *etw. Akk* investigar [ĩweßtschigar] *a.c.*, indagar [ĩdagar] *a.c.*, apurar [apurar] *a.c.* **5** (auf Fehler usw.) *etw. Akk* examinar [esaminar], inspecionar [ĩßpeßionar]

Untersuchung *w* **1** (eines Gebietes usw.) exploração [ißploraßãũ] *w* **2** (ärztliche) exame *m* (médico) [esami (mädshiku)] **3** (polizeiliche) investigação [ĩweßtschigaßãũ] *w*, indagação [ĩdagaßãũ] *w*, inquérito [ĩkäritu] *m*, diligências [dshilishẽßjaß] *w Mz*

Unterteil *s/m* parte *w* inferior [partschi ĩferior], baixo [bajschu] *m*

Unterwäsche *w* roupa *w* interior [hopa ĩterior]

unterwegs **Ich bin schon ~.** Já estou no caminho.

unverantwortlich *adj* irresponsável [iheßpõũßaweu]

unvorsichtig *adj* imprudente [ĩprudẽtschi], descuidad|o/-a [dshißkuidadu/-a], incaut|o/-a [ĩkautu/-a]

unwohl *adv* mal [mau] ► **Mir ist ~.** Estou maldisposto., Não me sinto bem., Estou passando mal.

unzufrieden *adj mit etw.* descontente [dshißkõũtẽtschi], insatisfeit|o/-a [ĩßatschißfejtu/-a]

Urin *m* urina [urina] *w*

Urkunde *w* certificado [ßertschifikadu] *m*, documento [dokumẽtu] *m*

Urlaub *m* férias [färiaß] *w Mz*, folga [fòuga] *w*

Ursache *w etw. Gen* causa [kausa] *w de a.c.*

Ursprung *m* origem [orishẽĩ] *w*, procedência [proßedẽßja] *w*, proveniência [proweniẽßja] *w*

ursprünglich *adj* original [orishinau], primári|o/-a [primarju/-a] ♦ *adv* originalmente [orishinaumẽtschi]

Urteil *s* **1** (richterliches) julgamento [shuugamẽtu] *m*, sentença [ßẽĩtẽßa] *w*, (richterliches) veredito [weredshitu] *m* **2** (Stellungnahme) juízo [shuisu] *m*

Urwald *m* selva [ßäuwa] *w*

Vagina *w* vagina [washina] *w*

Vase *w* vaso [wasu] *m*, jarra [shaha] *w*

Vater *m* pai [paj] *m*

vegetarisch *adj* vegetarian|o/-a [weshetarianu/-a]

Vene *w* veia [weja] *w*

Ventil *s* válvula [wauwula] *w*

Ventilator *m* ventilador [wẽĩtschilador] *m*

verabreden *v* **1** *etw. Akk* acordar [akordar] *a.c.*, pôr-se de acordo [porßi dshi akordu] *em a.c.*, combinar [kõũbinar] *a.c.*, (Treffen usw.) *etw. Akk* arranjar [ahãshar] **2** ***sich ~ mit j-m*** marcar um encontro [markar ũ ĩkõũtru] *com alg*

Verabredung *w* encontro *m* (amoroso) [ĩkõũtru (amorosu)], *mit j-m* entrevista [ĩtrewißta] *w*

verabschieden *v **sich ~** von j-m* despedir-se [dshißpedshirßi] *de alg*

veraltet *adj* antiquad|o/-a [ãtschikuadu/-a], obsolet|o/-a [obißoletu/-a]

verändern *v* refazer [hefaser]

Veränderung *w* mudança [mudãßa] *w*, alteração [auteraßãũ] *w*, muda [muda] *w*

veranstalten *v etw. Akk* organizar [organisar] *a.c.*, promover [promower] *a.c.*

Veranstaltung *w* evento [ewẽtu] *m*

verantwortlich *adj j-m für etw.* responsável [heßpõũßaweu] *por a.c.*

a alg ♦ *adv* responsavelmente [heßpõũßaweumẽtschi] ► *~ sein für etw.* ser responsável *por a.c.*, responder *por a.c.*, reponsabilizar-se *por a.c.*

Verantwortung *w für etw.* responsabilidade [heßpõũßabilidadshi] *w de a.c.*

Verband *m* bandagem [bãdasheĩ] *w*, (Bandage) ligadura [ligadura] *w*, compressa [kõũpräßa] *w*, curativo [kuratschiwu] *m*

Verbandkasten *m* caixa *w* de primeiros socorros [kajscha dshi primejruß ßokohuß]

verbessern *v* **1** (Leistung usw.) *etw. Akk* melhorar [meljorar] *a.c.*, aprimorar [aprimorar] *a.c.*, esmerar [ismerar] *a.c.* **2** (Fehler usw.) corrigir [kohishir]

Verbesserung *w* **1** melhoramento [meljoramẽtu] *m*, melhora [meljora] *w*, melhoria [meljoria] *w*, aperfeiçoamento [aperfejßoamẽtu] *m* **2** (eines Fehlers usw.) correção [koheßãũ] *w*, remédio [hemädshju] *m*, emenda [emẽda] *w*, desagravo [dshisagrawu] *m*

verbieten *v j-m etw. Akk* proibir [proibir] *alg a.c.*, interdizer [ĩterdshiser] *alg a.c.*, interditar [ĩterdshitar] *a.c.*, vedar [wedar] *alg a.c.*

verbilligt *adj* reduzid|o/-a [hedusidu/-a]

verbinden *v* **1** vendar [wẽĩdar], enfaixar [ĩfajschar] **2** (Schnüre usw.) *etw. Akk* atar [atar], *etw. Akk* ligar [ligar] *a.c.* **3** (mehrere Teile usw.) *etw. Akk mit etw.* juntar [shũtar] *a.c. com a.c.*, unir [unir] *a.c. com a.c.*, conjugar [kõũshugar] **4** (Ganzes bilden) *etw. Akk mit etw.* conetar [konetar], conectar [konektar] *a.c. a a.c.*, ligar [ligar] **5** (miteinander, zusammenschalten) interligar [ĩterligar] *a.c.*, vincular [wĩkular] *a.c.*, entrelaçar [ĩtrelaßar] *a.c.* **6** (telefonisch) *j-n mit j-m* conetar [konetar], conectar [konektar], ligar [ligar], (telefonisch) *j-n* ligar para [ligar para] *alg* **7** *sich ~* (in Zusammenhang stehen) *mit etw.* relacionar-se [helaßionarßi] *com a.c.*, estar ligado [ißtar ligadu] *a a.c.* **8** *sich ~* (telefonisch usw.) *mit j-m* contatar [kõũtatar], contactar [kõũtaktar] *alg* ► **sich ~** (zu einem Ganzen) unir-se, aliar-se *a alg*

Verbindung *w* **1** (zwischen zwei Teilen) junta [shũta] *w*, juntura [shũtura] *w* **2** (Verkehrsverbindung usw.) conexão [konekßãũ] *w* **3** (Beziehung usw.) *zwischen etw.* ligação [ligaßãũ] *w*, nexo [nekßu] *m*, vínculo [wĩkulu] *m* **4** (von einem Gerät usw.) ligação [ligaßãũ] *w*, ajuntamento [ashũtamẽtu] *m* **5** (chemische) composto [kõũpoßtu] *m*

Verbot *s etw. Gen* proibição [proibißãũ] *w de a.c.*, interdição [ĩterdshißãũ] *w de a.c.*

verboten *adj* proibid|o/-a [proibidu/-a], interdit|o/-a [ĩterdshitu/-a]

Verbrauch *m* consumo [kõũßumu] *m*

verbrauchen *v etw. Akk* gastar [gaßtar], (Vorräte usw.) consumir [kõũßumir]

Verbrechen *s* crime [krimi] *m*

Verbrecher *m* criminoso [kriminosu] *m*

verbreiten *v* **1** *etw. Akk* divulgar [dshiwuugar], (Nachricht usw.) divulgar [dshiwuugar] *a.c.*, difundir [dshifũdshir] *a.c.* **2** (Ideen usw.) propagar [propagar], propagandear [propagãdear] ► **sich ~** (Nachricht usw.) divulgar-se, espalhar-se, alastrar-se, propagar-se, grassar, estender-se

verbreitern *v etw. Akk* alargar [alargar] *a.c.*, ampliar [ãpliar] *a.c.*

verbrennen *v* **1** (verbrannt werden) queimar-se [kejmarßi] **2** (Abfall usw.) incinerar [ĩßinerar], (Reisig usw.) *etw. Akk* queimar [kejmar] *a.c.* **3** (verbrauchen) consumir [kõũßumir] **4** (durch Feuer zerstören) *etw. Akk* queimar [kejmar] *a.c.*, abrasar [abrasar] *a.c.* **5** (verletzen) *j-n* queimar [kejmar] *alg* **6** *sich ~ an etw. Dat* queimar-se [kejmarßi] **7** *sich ~* (an Brennnessel usw.) picar-se [pikarßi] **8** (in Flammen umkommen) morrer carbonizad|o/-a [moher karbonisadu/-a], morrer (no incêndio) [moher (nu ĩßẽdshju)] **9** (als Ketzer usw.) *j-n* queimar (vivo) [kejmar (wiwu)] *alg*

Verbrennung *w* **1** (Prozess) combustão [kõũbußtãũ] *w* **2** (Wunde) queimadura [kejmadura] *w*

verbringen *v* passar [paßar]

verbunden *adj* **1** *mit etw.* conetad|o/-a [konetadu/-a], conectad|o/-a [konektadu/-a] **2** (innere Kohärenz) *mit etw.* relacionad|o/-a [helaßionadu/-a] *com a.c.*, ligad|o/-a [ligadu/-a]

Verdacht *m* suspeita [ßußpejta] *w*, suspeição [ßußpejßãũ] *w*

verdächtig *adj etw. Gen* suspeit|o/-a [ßußpejtu/-a] *de a.c.*

Verdächtige *m* suspeito [ßußpejtu] *m*

Verdauung *w* digestão [dshisheßtãũ] *w*

verderben *v* **1** (Essen) estragar-se [ißtragarßi] **2** (Freude usw.) *etw. Akk* estragar [ißtragar] *a.c.*, arruinar [ahuinar] *a.c.*

verdienen *v* **1** (Gehalt erwerben) ganhar [gãnjar], auferir [auferir] **2** (Gewinn erzielen) *an j-m/etw.* ganhar [gãnjar] **3** (als Belohnung) *etw. Akk* merecer [mereßer], (Anerkennung) *etw. Akk* ganhar [gãnjar] *a.c.*

verdoppeln *v etw. Akk* dobrar [dobrar] *a.c.*, duplicar [duplikar] *a.c.*

verehren *v j-n/etw.* adorar [adorar] *alg/a.c.*, venerar [wenerar] *alg/a.c.*

Verein *m* associação [aßoßjaßãũ] *w*, sociedade [ßoßiedadshi] *w*

Vereinbarung *w* acordo [akordu] *m*, convénio [kõũwãnju] *m*, trato [tratu] *m*

vereinfachen *v etw. Akk* simplificar [ßĩplifikar] *a.c.*

vereinigen *v* unir [unir]

Vereinigung *w* **1** (Vereinigen) unificação [unifikaßãũ] *w* **2** (von Mengen usw.) união [uniãũ] *w*

Verfahren *s* procedimento [proßedshimẽtu] *m*

Verfassung *w* constituição [kõũßtschituißãũ] *w*

verfolgen *v* **1** (beschatten) *j-n* seguir [ßegir] *alg*, (Wild usw.) rastrear [haßtrear] **2** (Polizei usw.) *j-n* perseguir [perßegir] *alg* **3** (Gegner usw.) perseguir [perßegir], acossar [akoßar] **4** (strafrechtlich) processar [proßeßar]

verführen *v j-n* seduzir [ßedusir] *alg*

vergangen *adj* **1** passad|o/-a [paßadu/-a], decorrid|o/-a [dekohidu/-a], find|o/-a [fĩdu/-a] **2** (Zeiten usw.) passad|o/-a [paßadu/-a], id|o/-a [idu/-a]

Vergangenheit *w* passado [paßadu] *m*

vergeblich *adj* vão/vã [wãũ/wã], inútil [inutschiu], malograd|o/-a [malogradu/-a], (Bemühungen usw.) vão [wãũ] ♦ *adv* em vão [ẽĩ wãũ]

vergehen *v* **1** (Zeit) passar [paßar] **2** (Empfindung) passar [paßar], acabar [akabar]

vergessen *v* **1** (sich nicht erinnern) *etw. Akk* esquecer [ißkeßer] *a.c.* **2** (liegen lassen) *etw. Akk irgendwo* esquecer [ißkeßer]

vergewaltigen *v j-n* violar [wiolar] *alg*, violentar [wiolẽĩtar] *alg*, estuprar [ißtuprar] *alg*

Vergewaltigung *w* violação [wiolaßãũ] *w*, estupro [ißtupru] *m*

vergiften *v j-n* envenenar [ĩwenenar]

Vergiftung *w* envenenamento [ĩwenenamẽtu] *m*

Vergleich *m* **1** *mit etw.* comparação [kõũparaßãũ] *w com a.c.* **2** (Benennung usw.) comparação [kõũparaßãũ] *w* ► **im ~ zu** *etw.* em comparação a *a.c.*, comparando *com a.c.*, contrariamente *a a.c.*, defronte de *a.c.*, em confronto com *a.c.*, em oposição a *a.c.*

vergleichen *v* **1** (Unterschiede) *j-n/etw. mit j-m/etw.* comparar [kõũparar] *alg/a.c. com alg/a.c.* **2** (angleichen) *j-n/etw. mit j-m/etw.* assemelhar [aßemeljar] *alg/a.c. a alg/a.c.*, comparar [kõũparar] *alg/a.c. com alg/a.c.*, (Ähnlichkeiten) *etw. Akk mit etw.* comparar [kõũparar] *a.c. com a.c.* ► **zu ~ sein** *mit etw.* poder competir *com alg/a.c.*

vergnügen *v* ***sich*** **~** divertir-se [dshiwertschirßi], esbaldar-se [isbaudarßi]

Vergnügen *s* **1** (Freude) prazer [praser] *m* **2** (Amüsement usw.) entretenimento [ĩtretenimẽtu] *m*, divertimento [dshiwertschimẽtu] *m*, diversão [dshiwerßãũ] *w*, distração [dshißtraßãũ] *w* ► **mit ~** *etw. Akk tun fazer a.c.* com prazer

vergrößern *v* **1** (vermehren) aumentar [aumẽĩtar] **2** (Foto usw.) ampliar [ãpliar] **3** (optisch) aumentar [aumẽĩtar]

vergünstigt *adj* (mais) vantajos|o/-a [(majß) wãtashosu/-a]

verhaften *v j-n* deter [deter] *alg*

Verhalten *s* comportamento [kõũportamẽtu] *m*

Verhältnis *s* **1** (Verwandtschaft usw.) relação [helaßãũ] *w* **2** (Liebschaft) *mit j-m* aventura [awẽĩtura] *w com alg*, *mit j-m* relacionamento [helaßionamẽtu] *m*

verhandeln *v* negociar [negoßjar], dialogar [dshialogar]

Verhandlung *w* **1** (Besprechung) negociação [negoßjaßãũ] *w* **2** (vor Gericht) audiência [audshiẽßja] *w*, julgamento [shuugamẽtu] *m*
verheiratet *adj* casada [kasada], casado [kasadu]
verhindern *v etw. Akk* impedir [ĩpedshir] *a.c.*, inibir [inibir] *a.c.*, *etw. Akk* prevenir [prewenir] *a.c.*
Verhör *s* interrogatório [ĩtehogatòrju] *m*
Verhütungsmittel *s* contracetivo [kõũtraßetschiwu] *m*
verirren *v* ***sich ~*** perder-se [perderßi], extraviar-se [eßtrawiarßi]
Verkauf *m* venda [wẽda] *w de a.c.*
verkaufen *v etw. Akk j-m für etw.* vender [wẽĩder]
Verkäufer *m* vendedor [wẽĩdedor] *m*
Verkaufsstand *m* quiosque [kjòßki] *m*, barraca [bahaka] *w*, stand [ßtänd] *m*, estande [ißtãdshi] *m*
Verkehr *m* circulação [ßirkulaßãũ] *w*, trânsito [trãßitu] *m*, tráfego [trafegu] *m*
Verkehrsmittel *s* meio *m* de transporte [meju dshi trãßpòrtschi]
Verkehrszeichen *s* sinal *m* de trânsito [ßinau dshi trãßitu]
verkehrt *adj* opost|o/-a [opoßtu/-a], avess|o/-a [aweßu/-a]
verkleben *v etw. Akk mit etw.* colar [kolar] *a.c. com a.c.*
verkleinern *v etw. Akk* reduzir [hedusir], diminuir [dshiminuir]
verkomplizieren *v* complicar [kõũplikar]
verkürzen *v etw. Akk* encurtar [ĩkurtar] *a.c.*
Verlag *m* editora [edshitora] *w*, (Buchverlag) casa *w* editora [kasa edshitora], editorial [edshitoriau] *w*
verlangen *v* **1** *etw. Akk* pedir [pedshir] *a.c.*, desejar [deseshar] *a.c.*, (fordern) *etw. Akk* exigir [esishir], demandar [demãdar] *a.c.* **2** (Konzentration usw.) *etw. Akk* exigir [esishir] *a.c.*, (Situation usw.) *etw. Akk* pedir [pedshir] **3** *nach etw.* ansiar [ãßiar] *por a.c.*, almejar [aumeshar] *a.c.*
verlängern *v* **1** (räumlich) *etw. Akk* alongar [alõũgar] *a.c.*, prolongar [prolõũgar] *a.c.*, encompridar [ĩkõũpridar] *a.c.* **2** (zeitlich) *etw. Akk* prorrogar [prohogar], prolongar [prolõũgar] *a.c.*, alongar [alõũgar] *a.c.*
Verlängerung *w* **1** (räumliche) alongamento [alõũgamẽtu] *m* **2** (der Gültigkeit usw.) prorrogação [prohogaßãũ] *w*, prolongamento [prolõũgamẽtu] *m*
verlangsamen *v etw. Akk* desacelerar [dshisaßelerar], reduzir a velocidade [hedusir a weloßidadshi], abrandar [abrãdar]
verlassen *v* **1** ***sich ~*** *auf j-n/etw.* confiar [kõũfiar] *em alg/a.c.* **2** *j-n/etw.* abandonar [abãdonar] *alg/a.c.*, deixar [dejschar] *alg/a.c.*, desamparar [dshisãparar] *alg/a.c.*
verlaufen *v* **1** (ablaufen) estar em processo [ißtar ẽĩ proßäßu], correr [koher] **2** (Veranstaltung usw.) passar [paßar] **3** ***sich ~*** (Hund usw.) extraviar-se [eßtrawiarßi], perder-se [perderßi]
Verleih *m* aluguel [alugäu] *m*, locadora [lokadora] *w*
verleihen *v* **1** (Eigenschaft usw.) *etw. Akk etw. Dat* dar [dar] *a.c. a alg* **2** (einen Titel usw.) *j-m etw. Akk* conferir [kõũferir] *a.c. a alg*, outorgar [otorgar] *alg a.c.*, (Preis usw.) *j-m etw. Akk* conceder [kõũßeder] *a.c. a alg*, atribuir [atribuir] *a.c. a alg*
verletzen *v* **1** (beschädigen) *j-n* ferir [ferir] *a alg*, lesar [lesar] *a alg*, magoar [magoar] *a alg*, (übertr.) malfazer [maufaser] *a alg* **2** (kränken) ferir [ferir] *a.c.*, machucar [maschukar] *a.c.*, magoar [magoar] *a.c.* **3** (Gesetz usw.) contravir [kõũtrawir], *etw. Akk* infringir [ĩfrĩshir] *a.c.*
verletzt *adj* ferid|o/-a [feridu/-a], magoad|o/-a [magoadu/-a], lesionad|o/-a [lesionadu/-a]
Verletzung *w* **1** ferida [ferida] *w*, lesão [lesãũ] *w*, ferimento [ferimẽtu] *m* **2** (Verstoß) *etw. Gen* violação [wiolaßãũ] *w de a.c.*, infração [ĩfraßãũ] *w de a.c.* ► **~ des Gesetzes** violação *w* da lei
verlieben *v* ***sich ~*** *in j-n* enamorar-se [enamorarßi] *de alg*, apaixonar-se [apajschonarßi]
verlieren *v* **1** (aus Unachtsamkeit) *etw. Akk* perder [perder] **2** (Vertrauen usw.) *etw. Akk* perder [perder] *a.c.* **3** (durch Fehler usw.) *etw. Akk* perder [perder] *a.c.* **4** (Kampf usw.) *etw. Akk gegen j-n* perder [perder] *para alg* **5** (Geld) *bei etw.* perder (dinheiro) [perder (dshĩnjejru)] *em a.c.*

6 sich ~ (in der Stadt usw.) perder-se [perderßi] ► **Luft ~** (Reifen) esvaziar-se; **verloren gehen** perder-se

verlobt *adj* prometid|o/-a [prometschidu/-a]

Verlust *m etw. Gen* perda [perda] *w de a.c.*, extravio [ißtrawiu] *m de a.c.*

vermehren *v* **1** (Eigentum usw.) *etw. Akk* multiplicar [muutschiplikar] **2** (Pflanzen usw.) propagar [propagar], multiplicar [muutschiplikar] **3 sich ~** (Unfälle usw.) multiplicar-se [muutschiplikarßi], proliferar [proliferar] **4 sich ~** (Lebewesen usw.) multiplicar-se [muutschiplikarßi], reproduzir-se [heprodusirßi], procriar-se [prokriarßi]

vermeiden *v etw. Akk* evitar [ewitar] *a.c.*

vermieten *v etw. Akk an j-n* alugar [alugar] *a alg* ► **Zimmer zu ~** quartos *m Mz* para alugar

vermindern *v* reduzir [hedusir]

vermischen *v etw. Akk* mesclar [meßklar] *a.c.*, misturar [mißturar] *a.c.*

vermissen *v j-n/etw.* não encontrar [nãũ ĩkõũtrar], *j-n/etw.* sentir a falta [ßẽĩtschir a fauta] *alg de alg*, estar com saudades [ißtar kõũ ßaudadshiß] *de alg*

Vermögen *s* **1** (Reichtum) fortuna [fortuna] *w*, patrimônio [patrimònju] *m* **2** (einer Firma usw.) ativo [atschiwu] *m*, bens [bẽĩß] *m Mz*

vermuten *v* presumir [presumir], supor [ßupor]

Vermutung *w* conjetura [kõũshetura] *w*, suposição [ßuposißãũ] *w*

vernachlässigen *v etw. Akk* descuidar [dshißkuidar] *a.c.*, negligenciar [neglishẽĩßjar] *a.c.*, desleixar [dshislejschar] *a.c.*

verneinen *v etw. Akk* negar [negar] *a.c.*

vernichten *v* aniquilar [anikilar], destruir [dshißtruir] *a.c.*, destroçar [dshißtroßar] *a.c.*

Vernunft *w* razão [hasãũ] *w*, senso [ßẽßu] *m*, juízo [shuisu] *m*, siso [ßisu] *m*

vernünftig *adj* racional [haßionau], razoável [hasoaweu], sensat|o/-a [ßẽĩßatu/-a], de juízo [dshi shuisu]

veröffentlichen *v etw. Akk* publicar [publikar] *a.c.*

verpacken *v* embalar [ĩbalar], embrulhar [ĩbruljar], empacotar [ĩpakotar], enfardar [ĩfardar]

Verpackung *w* embalagem [ĩbalashẽĩ] *w*, embrulho [ĩbrulju] *m*, invólucro [ĩwòlukru] *m*, envoltório [ĩwoutorju] *m*

verpassen *v* **1** (Bus usw.) *etw. Akk* perder [perder] *a.c.* **2** (Chance usw.) perder [perder] **3** (Niederlage usw.) *j-m etw. Akk* infligir [ĩflishir] *a.c. a alg* ► **Ich habe den Bus verpasst.** Perdi o meu autocarro.

Verpflegung *w* pensão [pẽĩßãũ] *w*

verpflichten *v j-n zu etw.* obrigar [obrigar] *alg a a.c.* ► **sich ~** *zu etw.* comprometer-se *a a.c.*, empenhar-se *a a.c.*

Verpflichtung *w* obrigação [obrigaßãũ] *w*, (zur Arbeit usw.) compromisso [kõũpromißu] *m*

verraten *v* **1** (Geheimnis usw.) *j-m etw. Akk* revelar [hewelar] *a.c. a alg* **2** (Identität usw.) *j-n* delatar [delatar] *alg* **3** (Verrat begehen) *j-n/etw.* atraiçoar [atrajßoar] *alg/a.c.*, trair [trair] *alg*

Verräter *m* traidor [trajdor] *m*

verringern *v etw. Akk* diminuir [dshiminuir], abaixar [abajschar], apequenar [apekenar], rebaixar [hebajschar]

verrückt *adj* louc|o/-a [loku/-a], desmiolad|o/-a [dshismioladu/-a], pancada [pãkada], doid|o/-a [dojdu/-a] ♦ *adv* loucamente [lokamẽtschi]

versammeln *v* reunir [heunir]

Versammlung *w* **1** (Menschen) reunião [heuniãũ] *w*, tertúlia [tertulia] *w*, ajuntamento [ashũtamẽtu] *m* **2** (Sitzung) reunião [heuniãũ] *w*, assembleia [aßẽĩbleja] *w*, conclave [kõũklawi] *m* **3** (politische) assembleia [aßẽĩbleja] *w*

versäumen *v* **1** (Unterricht usw.) *etw. Akk* perder [perder] *a.c.* **2** (vergessen zu tun usw.) omitir [omitschir]

verschieben *v* **1** (Stelle wechseln) *etw. Akk irgendwohin* mover [mower] *a.c. aonde*, deslocar [dshislokar] *a.c. aonde*, (Stelle wechseln) *etw. Akk irgendwohin* trasladar [trasladar] **2** (zeitlich) *etw. Akk* pospor [poßpor] *a.c.*, adiar [adshiar] *a.c.*, protelar [protelar] *a.c.*, prorrogar [prohogar] *a.c.* **3** (Handel treiben) *etw. Akk* traficar [trafikar] *com a.c.*

verschieden *adj* divers|o/-a [dshiwärßu/-a], vári|o/-a [wariu/-a],

(nicht gleich) diferente [dshiferẽtschi], díspar [dshißpar]
verschlechtern *v etw. Akk* piorar [piorar], deteriorar [deteriorar] *a.c.* ▶ **sich ~** deteriorar-se, (ugs.) lixar-se, piorar, agravar-se
verschlimmern *v* agravar [agrawar] *a.c., etw. Akk* piorar [piorar], deteriorar [deteriorar] *a.c.*, (bereits schlimmes) exacerbar [esaßerbar]
verschlucken *v etw. Akk* tragar [tragar] *a.c.*, engolir [ĩgolir] *a.c.*, deglutir [deglutschir] *a.c.*
Verschluss *m* **1** (einer Flasche) tampa [tãpa] *w* **2** (eines Kleides usw.) fecho [feschu] *m* **3** (einer Kamera usw.) obturador [obiturador] *m*
verschmutzen *v* **1** *etw. Akk* sujar [ßushar] **2** (Umwelt) poluir [poluir], contaminar [kõũtaminar]
Verschmutzung *w* poluição [poluißãũ] *w*, contaminação [kõũtaminaßãũ] *w*
verschreiben *v* **1** prescrever [preßkrewer], receitar [heßejtar] **2** *sich* ~ fazer um erro [faser ũ ehu]
verschütten *v* **1** derramar [dehamar] *a.c.*, despejar [dshißpeshar] *a.c.*, entornar [ĩtornar] *a.c.* **2** (Lawine usw.) *j-n* sepultar [ßepuutar] *alg*
verschwenden *v* **1** (Geldmittel usw.) *etw. Akk* desperdiçar [dshißperdshißar] *a.c., etw. Akk* malgastar [maugaßtar], desperdiçar [dshißperdshißar], esbanjar [isbãshar] **2** (Zeit usw.) desperdiçar [dshißperdshißar]
Verschwendung *w von etw.* desperdício [dshißperdshißju] *m de a.c.*
verschwinden *v* desaparecer [dshisapareßer], sumir [ßumir] ▶ **Verschwinde!** Fora!, Baza!
Versehen *s* inadvertência [inadshiwertẽßja] *w* ▶ **aus ~** por engano, por equívoco
versichern *v* **1** (Versicherung abschließen) *j-n/etw.* assegurar [aßegurar] *alg/a.c.* **2** (bestätigen) *j-n etw. Gen* assegurar [aßegurar] *alg de a.c.* ▶ **sich ~** *etw. Gen* assegurar-se *de a.c.*; **sich ~** *gegen etw.* (Versicherung abschließen) contratar seguro
Versicherung *w* apólice [apòlißi] *w*, seguro [ßeguru] *m* ▶ **eine ~ abschließen** contratar seguro, contrair seguro
versinken *v* afundar-se [afũdarßi]
versöhnen *v* **1** *j-n mit j-m* reconciliar [hekõũßiliar] *alg com alg*, conciliar [kõũßiliar] *alg com alg*, pacificar [paßifikar] *alg com alg* **2** *j-n* apaziguar [apasiguar] *alg* **3** *sich* ~ *mit j-m* reconciliar-se [hekõũßiliarßi], conciliar-se [kõũßiliarßi], fazer pazes [faser pasiß]
versorgen *v* **1** (beliefern) *j-n/etw. mit etw.* prover [prower] *de a.c.*, entregar [ĩtregar] *a.c.*, sortir [ßortschir] *a.c.*, aprovisionar [aprowisionar] *a.c.* **2** (finanziell usw.) *j-n* prover a subsistência [prower a ßubißißtẽßja]
Versorgung *w mit etw.* abastecimento [abaßteßimẽtu] *m de a.c.*, fornecimento [forneßimẽtu] *m de a.c.*, suprimento [ßuprimẽtu] *m de a.c., mit etw.* provisão [prowisãũ] *w*
verspäten *v* **1** *sich* ~ (zu spät kommen) demorar-se [demorarßi], atrasar-se [atrasarßi] **2** *sich* ~ (später eintreten) demorar [demorar], demorar-se [demorarßi]
verspätet *adj* atrasad|o/-a [atrasadu/-a], demorad|o/-a [demoradu/-a], retardad|o/-a [hetardadu/-a], tardi|o/-a [tardshju/-a]
Verspätung *w* atraso [atrasu] *m*, tardança [tardãßa] *w*, demora [demora] *w*
versprechen *v* **1** *j-m etw. Akk* prometer [prometer] *a.c. a alg* **2** *sich* ~ cometer um lapso linguístico [kometer ũ lapßu lĩguißtschiku]
Versprechen *s* promessa [promäßa] *w*
Verstand *m* razão [hasãũ] *w*, senso [ßẽßu] *m*, juízo [shuisu] *m*, siso [ßisu] *m*
verständigen *v* **1** *j-n von etw.* avisar [awisar], notificar [notschifikar], *j-n von etw.* informar [ĩformar] *alg de a.c.* **2** *sich* ~ (auf Englisch usw.) *auf etw.* fazer-se compreender [faserßi kõũpriẽĩder], *auf etw.* fazer-se entender [faserßi ĩtẽĩder]
verständlich *adj* compreensível [kõũpriẽĩßiweu], inteligível [ĩtelishiweu] ♦ *adv* inteligivelmente [ĩtelishiweumẽtschi]
verstärken *v* **1** (Mauer usw.) *etw. Akk* fortalecer [fortaleßer] *a.c.* **2** *etw. Akk*

endurecer [ĩdureßer] a.c. **3** (zahlenmäßig) etw. Akk reforçar [heforßar] **4** amplificar [ãplifikar] **5** etw. Akk intensificar [ĩtẽĩßifikar] a.c., (Spannung usw.) intensificar [ĩtẽĩßifikar] a.c. **6** (Eindruck usw.) etw. Akk intensificar [ĩtẽĩßifikar] a.c., potencializar [potẽĩßjalisar] a.c. ► **sich ~** fortalecer

Verstauchung w deslocamento [dshislokamẽtu] m, entorse [ĩtòrßi] m

verstecken v etw. Akk vor j-m esconder [ißkõũder] a.c. de alg, encobrir [ĩkobrir], ocultar [okuutar], (übertr.) encapotar [ĩkapotar] a.c. em frente de alg

versteckt adj escondid|o/-a [ißkõũdshidu/-a], (geheim) ocult|o/-a [okuutu/-a], encobert|o/-a [ĩkobärtu/-a]

verstehen v **1** j-n/etw. compreender [kõũpriẽĩder] alg/a.c., entender [ĩtẽĩder] alg/a.c. **2** etw. Akk compreender [kõũpriẽĩder] a.c., entender [ĩtẽĩder] a.c. **3** j-n/etw. compreender [kõũpriẽĩder] alg/a.c. ► **Ich verstehe nicht.** Não compreendo.

verstopft adj congestionad|o/-a [kõũsheßtschionadu/-a], entupid|o/-a [ĩtupidu/-a], tapad|o/-a [tapadu/-a]

Verstopfung w obstipação [obißtschipaßãũ] w, prisão w de ventre [prisãũ dshi wẽtri]

Verstoß m ofensa [ofẽßa] w

Versuch m um etw. tentativa [tẽĩtatschiwa] w, ensaio [ĩßaju] m

versuchen v etw. Akk tentar [tẽĩtar] a.c., intentar [ĩtẽĩtar] a.c.

Versuchung w tentação [tẽĩtaßãũ] w

verteidigen v **1** (vor Angriff) j-n vor j-m/etw. defender [defẽĩder] alg de a.c. **2** (Ansichten usw.) j-n/etw. defender [defẽĩder] alg/a.c. **3** (Titel usw.) defender [defẽĩder]

Verteidigung w defesa [defesa] w

verteilen v **1** (an mehrere Personen) etw. Akk an/unter j-n distribuir [dshißtribuir] a.c. a alg, (Lebensmittel usw.) dispensar [dshißpẽĩßar] **2** (über eine Fläche) etw. Akk irgendwohin deslocar [dshislokar], situar [ßituar], (über eine Fläche) etw. Akk irgendwohin distribuir [dshißtribuir] a.c.

vertiefen v **1** (einen Graben usw.) etw. Akk aprofundar [aprofũdar] a.c., afundar [afũdar] a.c. **2** *sich ~* in etw. Akk (sich konzentrieren) absorver-se [abißorwerßi] em a.c., mergulhar-se [merguljarßi] em a.c.

Vertrag m **1** contrato [kõũtratu] m **2** (Staatsvertrag) tratado [tratadu] m

vertragen v etw. Akk resistir [hesißtschir], suster [ßußter]

Vertrauen s confiança [kõũfiãßa] w

vertraulich adj confidencial [kõũfidẽĩßjau]

vertreten v **1** (einspringen) j-n substituir [ßubißtschituir] alg **2** (als Beauftragter) j-n/etw. representar [hepresẽĩtar] alg/a.c. **3** (eine Meinung usw.) promover [promower], (verkünden) ser (de opinião) [ßer (dshi opiniãũ)]

Vertreter m **1** (Ersatz) substituto [ßubißtschitutu] m **2** representante [hepresẽĩtãtschi] m **3** (einer Theorie usw.) etw. Gen defensor [defẽĩßor] m de a.c.

vertrocknen v secar [ßekar], ficar seco [fikar ßeku]

Verunreinigung w impureza [ĩpuresa] w

verursachen v causar [kausar], originar [orishinar] a.c.

verurteilen v **1** (zu Strafe) j-n zu etw. condenar [kõũdenar] alg a a.c. **2** (kritisieren) condenar [kõũdenar]

vervollständigen v complementar [kõũplemẽĩtar], completar [kõũpletar]

verwalten v etw. Akk administrar [adshiminißtrar] a.c.

Verwaltung w administração [adshiminißtraßãũ] w

verwandeln v etw. Akk in etw. Akk transformar [trãßformar] a.c. em a.c.

verwandt adj aparentad|o/-a [aparẽĩtadu/-a], (Familienmitglied) mit j-m aparentado [aparẽĩtadu] com alg

Verwandte m parente [parẽtschi] m, familiar [familiar] m

Verwandtschaft w parentes [parẽtschiß] m Mz, (Verwandte) parentela [parẽĩtela] w

verwechseln v j-n/etw. mit j-m/etw. confundir [kõũfũdshir] alg/a.c. com alg/a.c.

verwenden v **1** etw. Akk usar [usar] a.c., utilizar [utschilisar] a.c. **2** (Mühe, Geld usw.) etw. Akk auf etw. Akk investir [ĩweßtschir] a.c. em a.c.

Verwendung *w etw. Gen* uso [usu] *m*, utilização [utschilisaßãũ] *w*, aproveitamento [aprowejtamẽtu] *m*, *etw. Gen* uso [usu] *m de a.c.*

verwirklichen *v etw. Akk* realizar [healisar] *a.c.*, celebrar [ßelebrar] *a.c.*, (vollziehen) *etw. Akk* realizar [healisar], efetuar [efetuar] ► **sich ~** realizar-se, celebrar-se

verwirren *v* **1** *j-n* confundir [kõũfũdshir] *alg*, baralhar [baraljar] *alg* **2** desorientar [dshisoriẽĩtar] **3** (Fäden usw.) enredar [ĩhedar], emaranhar [emarãnjar]

verwunden *v j-n* ferir [ferir] *a alg*, chagar [schagar]

verwundet *adj* ferid|o/-a [feridu/-a], magoad|o/-a [magoadu/-a]

verzeihen *v j-m etw. Akk* perdoar [perdoar] *alg a.c.*, desculpar [dshißkuupar] *alg a.c.*

Verzeihung *w* perdão [perdãũ] *m*, absolvição [abißouwißãũ] *w*, desculpa [dshißkuupa] *w*, vênia [wenia] *w* ► **~!** Desculpe!

verzichten *v auf etw. Akk* renunciar [henũßjar] *a a.c.*, abnegar [abnegar] *de a.c.*, *auf etw.* abjurar [abshurar] *a.c.*

verzieren *v etw. Akk mit etw.* ornamentar [ornamẽĩtar] *a.c. com a.c.*, adornar [adornar], enfeitar [ĩfejtar] *a.c. com a.c.*, ornar [ornar]

Verzierung *w* adorno [adornu] *m*, enfeite [ĩfejtschi] *m*, ornamento [ornamẽtu] *m*, ornato [ornatu] *m*

verzögern *v* **1** *j-n/etw.* retardar [hetardar] *alg/a.c.* **2** (Prozess usw.) *etw. Akk* retardar [hetardar] **3** ***sich ~*** (später eintreten) demorar [demorar], demorar-se [demorarßi]

Verzögerung *w* demora [demora] *w*

verzweifelt *adj* desesperad|o/-a [dshiseßperadu/-a] ♦ *adv* desesperadamente [dshiseßperadamẽtschi]

Videokamera *w* câmara *w* de vídeo [kamara dshi widshiu], câmara *w* de filmar [kamara dshi fiumar]

Vieh *s* gado [gadu] *m*

viel *adv* **1** (große Menge) muito [mũĩtu] *a.c.* **2** (schlimmer usw.) *irgendwie* muito [mũĩtu] ► **so ~** tanto; **~e** muitos/muitas; **wie ~** quanto; **wie ~e** quantos

vielleicht *part* pode ser [podshi ßer], talvez [tauweß], porventura [porwẽĩtura], se calhar [ßi kaljar]

vielmals *num* muitas vezes [muitaß wesiß]

vier *num* quatro [kuatru]

viert(er,e,es) *num* quart|o/-a [kuartu/-a]

Viertel *s* **1** quarto [kuartu] *m*, quarta [kuarta] *w*, quarta parte [kuarta partschi] *w*, quartel [kuartãu] *m* **2** (in der Stadt) bairro [bajhu] *m*

vierzehn *num* quatorze [katorsi]

vierzig *num* quarenta [kuarẽta]

Villa *w* vila [wila] *w*

violett *adj* violeta [wioleta]

Visitenkarte *w* cartão *m* de visita [kartãũ dshi wisita]

Visum *s* visto [wißtu] *m*

Vogel *m* ave [awi] *w*, pássaro [paßaru] *m*

Volk *s* **1** nação [naßãũ] *w* **2** (Bevölkerung) povo [powu] *m*, populares [populariß] *m Mz*

voll *adj* **1** (gefüllt) *etw. Gen* chei|o/-a [scheju/-a] *de a.c.*, plen|o/-a [plenu/-a] *de a.c.*, replet|o/-a [hepletu/-a] *de a.c.* **2** (komplett) complet|o/-a [kõũplätu/-a], cabal [kabau] ♦ *adv* ao máximo [au maßimu]

vollenden *v etw. Akk* terminar [terminar] *a.c.*, acabar [akabar] *a.c.*, completar [kõũpletar] *a.c.*, rematar [hematar] *a.c.*

völlig *adj* absolut|o/-a [abißolutu/-a], total [totau] ♦ *adv* absolutamente [abißolutamẽtschi], (ganz) completamente [kõũpletamẽtschi], plenamente [plenamẽtschi], integralmente [ĩtegraumẽtschi]

volljährig *adj* maior de idade [majòr dshi idadshi]

vollkommen *adj* **1** (Lösung usw.) perfeit|o/-a [perfejtu/-a], chapad|o/-a [schapadu/-a] **2** (Unsinn usw.) absolut|o/-a [abißolutu/-a], total [totau]

vollständig *adj* complet|o/-a [kõũplätu/-a], cabal [kabau]

Volumen *s* volume [wolumi] *m*

von *prep* **1** de [dshi], desde [desdshi] **2** (Oberfläche usw.) de [dshi] **3** (Anfang) de [dshi], desde [desdshi], a partir de [a partschir dshi] **4** (Urheber usw.) de [dshi] **5** (reden, hören usw.) *etw.* sobre

[ßobri] a.c. ► **geöffnet ~... bis...** aberto das... até...; **~ vorne** de frente

vor *prep* **1** (auf dem Weg usw.) *j-m/etw.* frente de [frẽtschi dshi] *alg/a.c.*, (räumlich) em frente (de) [ẽĩ frẽtschi (dshi)], diante de [dshiãtschi dshi], defronte de [defrõũtschi dshi] **2** (einem Zeitpunkt) *etw. Dat* antes [ãts] **3** (zwei Jahren usw.) há [a] **4** (fliehen usw.) de [dshi] ► **~ allem** (Betonung) sobretudo, antes de tudo; **~ einer halben Stunde** há meia hora

Voraus **im ~** antecipadamente, adiantado, de antemão, previamente, antes

voraussagen *v etw. Akk* predizer [predshiser] *a.c.*

voraussetzen *v* pressupor [preßupor], presumir [presumir]

Voraussetzung *w* **1** (Idee usw.) pressuposto [preßupoßtu] *m*, suposição [ßuposißãũ] *w* **2** (Bedingung) *für etw.* pré-requisito [prähekisitu] *m*, requisito [hekisitu] *m*

vorbei *adv* **1** (gehen usw.) por [pur] **2** (vergangen) passad|o/-a [paßadu/-a] ♦ *prep an etw. Dat* por [pur]

vorbeifahren *v an etw. Dat* passar [paßar] *por a.c.*, *an j-m/etw.* passar [paßar] *por a.c.*

vorbeigehen *v an j-m/etw.* passar [paßar]

vorbereiten *v* **1** *etw. Akk für j-n* preparar [preparar] *a.c. para alg*, aprontar [aprõũtar] *a.c. para alg*, prontificar [prõũtschifikar] *a.c. para alg* **2** *sich ~ auf etw. Akk* preparar-se [prepararßi] *para a.c.*

Vorbereitung *w auf/für etw.* preparação [preparaßãũ] *w para a.c.*, preparo [preparu] *m para a.c.*, apronto [aprõũtu] *m para a.c.* ► **~en** preparativos *m Mz*, aprestos *m Mz*

Vorbild *s* exemplo [esẽplu] *m*

vorder(er,e,es) *adj* anterior [ãterior], dianteir|o/-a [dshiãtejru/-a], da frente [da frẽtschi]

Vorfahrt *w* preferência [preferẽßja] *w*

vorgestern *adv* anteontem [ãteõũtẽĩ]

vorhaben *v etw. Akk zu tun* estar para [ißtar para] *a.c.*, *etw. Akk zu tun* pretender [pretẽĩder] *a.c.*, tencionar [tẽĩßionar] *a.c.*

Vorhang *m* **1** (zu Hause usw.) cortina [kortschina] *w* **2** (im Theater usw.) telão [telãũ] *m*

vorher *adv* antes disto [ãts dshißtu]

Vorhersage *w* previsão [prewisãũ] *w*, predição [predshißãũ] *w*

vorig *adj* anterior [ãterior], precedente [preßedẽtschi], antecedente [ãteßedẽtschi], passad|o/-a [paßadu/-a]

vorkommen *v* **1** (plötzlich usw.) aparecer [apareßer], surgir [ßurshir] **2** (Tierart usw.) *irgendwo* encontrar-se [ĩkõũtrarßi] **3** *sich ~ wie j./etw.* sentir-se [ßẽĩtschirßi] *como alg*

vorläufig *adj* preliminar [preliminar], interin|o/-a [ĩterinu/-a], provisóri|o/-a [prowißòrju/-a] ♦ *adv* por agora [pur agòra], por ora [pur òra], para já [para sha]

Vorlesung *w* conferência [kõũferẽßja] *w*, palestra [paläßtra] *w*

vorletzt(er,e,es) *adj* penúltim|o/-a [penuutschimu/-a]

Vormittag *m* manhã [mãnjã] *w* ► **am ~** de manhã

vormittags *adv* de manhã [dshi mãnjã] ► **um zehn Uhr ~** às dez de manhã

vorn *adj* dianteir|o/-a [dshiãtejru/-a] ♦ *adv* em frente [ẽĩ frẽtschi]

Vorname *m* prenome [prenomi] *m*

Vorrat *m* reserva [heßärwa] *w*

Vorrichtung *w* aparelho [aparelju] *m*, dispositivo [dshißpositschiwu] *m*

Vorschlag *m* proposta [propòßta] *w*, projeto [proshätu] *m*, proposição [proposißãũ] *w*, (Antrag) sugestão [ßusheßtãũ] *w*

vorschlagen *v* propor [propor] *a.c.*, sugerir [ßusherir] *a.c.*, alvitrar [auwitrar] *a.c.*

Vorschrift *w* regulamento [hegulamẽtu] *m*, regimento [heshimẽtu] *m*

Vorschuss *m* adiantamento [adshiãtamẽtu] *m*, antecipação [ãteßipaßãũ] *w*

Vorsicht **~!** Cuidado!, Atenção!, Cautela!

vorsichtig *adj* cautelos|o/-a [kautelosu/-a] ♦ *adv* com cuidado [kõũ kuidadu]

Vorsitzende *m* presidente [presidẽtschi] *m*

Vorspeise *w* entrada [ĩtrada] *w*

Vorstadt *w* subúrbio [ßuburbju] *m*

vorstellen *v* **1** *j-n j-m* apresentar [apresẽĩtar] *alg a alg* **2** *sich* ~ (Namen nennen) apresentar-se [apresẽĩtarßi] **3** *sich* ~ (sich ausmalen) imaginar [imashinar]

Vorstellung *w* **1** (Bekanntmachen) apresentação [apresẽĩtaßãũ] *w* **2** (Ahnung) *von etw.* noção [noßãũ] *w de a.c.*, (Gedanke) *von etw.* ideia [idäia] *w de a.c.* **3** (Aufführung) espetáculo [ißpetakulu] *m*

Vorteil *m* vantagem [wãtashẽĩ] *w*, pró [prò] *m*, prol [prou] *m*

Vortrag *m* **1** (wissenschaftlicher) conferência [kõũferẽßja] *w*, palestra [paläßtra] *w* **2** (eines Gedichts usw.) declamação [deklamaßãũ] *w*

vorübergehend *adj* temporári|o/-a [tẽĩporarju/-a], temporal [tẽĩporau] ♦ *adv* temporariamente [tẽĩporariamẽtschi]

Vorurteil *s* prejuízo [preshuisu] *m*, preconceito [prekõũßejtu] *m*

Vorwahl *w* prefixo [prefikßu] *m*

Vorwand *m* pretexto [preteßtu] *m*, azo [asu] *m*

vorwärts *adv* adiante [adshiãtschi], avante [awãtschi], para frente [para frẽtschi]

Vorwurf *m* reproche [heproschi] *m*, censura [ßẽĩßura] *w*

vorzeitig *adj* prematur|o/-a [prematuru/-a], precoce [prekòßi], antecipad|o/-a [ãteßipadu/-a] ♦ *adv* prematuramente [prematuramẽtschi], precocemente [prekoßemẽtschi]

vorziehen *v etw. Akk etw. Dat* preferir [preferir] *a.c. a a.c.*

Vulkan *m* vulcão [wuukãũ] *m*

W

Waage *w* **1** (Gerät) balança [balãßa] *w* **2** (Sternzeichen) Libra [libra] *w*

wach *adj* despert|o/-a [dshißpärtu/-a], acordad|o/-a [akordadu/-a]

Wachs *s* cera [ßera] *w*

wachsen *v* **1** (größer werden) crescer [kreßer] **2** (entstehen) criar-se [kriarßi], (sich entwickeln) crescer [kreßer]

Wade *w* barriga *w* da perna [bahiga da pärna]

Waffe *w* arma [arma] *w*

wagen *v etw. Akk zu tun* atrever-se [atrewerßi] *fazer a.c.*, ousar [osar] *fazer a.c.*, aventurar-se [awẽĩturarßi] *a fazer a.c.*

Wagen *m* **1** (Eisenbahn) carruagem [kahuashẽĩ] *w*, vagão [wagãũ] *m* **2** (Auto) carro [kahu] *m*, automóvel [automòweu] *m*, viatura [wiatura] *w*

Wahl *w* **1** (Auswahl) eleição [elejßãũ] *w*, escolha [ißkolja] *w* **2** (Abstimmung) eleição [elejßãũ] *w* ► **~en** eleições *w Mz*

wählen *v* **1** selecionar [ßeleßionar], escolher [ißkoljer], (Möglichkeit usw.) escolher [ißkoljer] *a.c.* **2** (eine Telefonnummer) discar [dshißkar], marcar [markar] **3** (abstimmen) *j-n* votar [wotar] *em alg*, *j-n* eleger [elesher]

wahr *adj* verdadeiro/-a [werdadejru/-a], verídic|o/-a [weridshiku/-a], cert|o/-a [ßärtu/-a] ► **~ werden** realizar-se, celebrar-se; **Das ist nicht ~.** Não é verdade.; **Nicht ~?** Não é?, Não é assim?, Né?

während *conj* enquanto [ĩkuãtu] ♦ *prep* durante [durãtschi] *a.c.*, ao longo [au lõũgu] *de a.c.*, no decorrer [nu dekoher] *de a.c.*, no decurso [nu dekurßu] *de a.c.*

Wahrheit *w* razão [hasãũ] *w*, (Tatbestand) verdade [werdadshi] *w*

wahrscheinlich *adj* provável [prowaweu], verosímil [werosimiu] ♦ *part* provavelmente [prowaweumẽtschi]

Währung *w* moeda [moäda] *w*

Waise *w* órfão [òrfãũ] *m*

Wald *m* bosque [bòßki] *m*, floresta [floräßta] *w*, mata [mata] *w*

Wand *w* paredão [paredãũ] *w*, (im Zimmer usw.) parede [paredshi] *w*

wandern *v* **1** caminhar [kamĩnjar], peregrinar [peregrinar], (in den Bergen usw.) fazer uma caminhada [faser uma kamĩnjada] **2** (ziellos usw.) vaguear [wagiar]

Wanderung *w* **1** caminhada [kamĩnjada] *w* **2** (ruhige, ohne Ziel usw.) giro [shiru] *m*, andança [ãdãßa] *w*

Wange *w* bochecha [boschescha] *w*

wann *adv* quando [kuãdu] ► **~ auch immer** a qualquer momento

Wanne *w* banheira [bãnjejra] *w*
Wanze *w* **1** (Insekt) percevejo [perßeweshu] *m* **2** (zum Abhören) microfone *m* oculto [mikrofoni okuutu]
Wappen *s* escudo *m* de armas [ißkudu dshi armaß]
Ware *w* mercadoria [merkadoria] *w*
warm *adj* **1** quente [kẽtschi], cálid|o/-a [kalidu/-a] **2** (Empfang usw.) caloros|o/-a [kalorosu/-a], efusiv|o/-a [efusiwu/-a] ♦ *adv* **1** calor [kalor] **2** (empfangen usw.) calorosamente [kalorosamẽtschi] ▶ **~ machen** *etw. Akk* aquecer *a.c.*, esquentar *a.c.*
Wärme *w* calor [kalor] *m*, calidez [kalideß] *w*, quentura [kẽĩtura] *w*
wärmen *v* **1** (warm machen) *etw. Akk* aquecer [akeßer] *a.c.* **2** (heizen) esquentar [ißkẽĩtar] **3** (Kleider usw.) esquentar [ißkẽĩtar] **4** (erwärmen) aquecer [akeßer] *a.c.*
warnen *v j-n vor etw. Dat* prevenir [prewenir] *alg de a.c.*, alertar [alertar], advertir [adshiwertschir] *alg de a.c.*, acautelar [akautelar]
Warnung *w* advertência [adshiwertẽßja] *w*, aviso [awisu] *m*, *vor etw. Dat* alerta [alärta] *w de a.c.*
warten *v auf j-n/etw.* esperar [ißperar] *alg/a.c.*
Warteraum *m* sala *w* de espera [ßala dshi ißpära]
Wartezimmer *s* sala *w* de espera [ßala dshi ißpära]
Wartung *w* manutenção [manutẽĩßãũ] *w*
warum *adv* por que [purke]
was *pron* **1** (Frage) que [ki] **2** (Nebensatz) o que [u ki] ▶ **~ (auch) immer** qualquer coisa; **~ für ein** que, como
Waschanlage *w* lava-jato [lawashatu] *m*
Waschbecken *s* lavatório [lawatòrju] *m*, lavabo [lawabu] *m*
Wäsche *w* **1** (schmutzige) roupa *w* suja [hopa ßusha] **2** (Textilien) roupa [hopa] *w*
Wäscheklammer *w* mola *w* (de roupa) [mòla (dshi hopa)]
waschen *v* **1** *etw. Akk* lavar [lawar] *a.c.* **2** (Gemüse usw.) lavar [lawar]
Wäscherei *w* lavandaria [lawãdaria] *w*
Wäschetrockner *m* secadora *w* (de roupa) [ßekadora (dshi hopa)]
Waschküche *w* lavandaria [lawãdaria] *w*
Waschmaschine *w* lavadora *w* (de roupas) [lawadora (dshi hopaß)]
Waschpulver *s* detergente *m* (para roupa) [detershẽtschi (para hopa)]
Waschraum *m* lavabo [lawabu] *m*, lavatório [lawatòrju] *m*
Wasser *s* **1** (H_2O) água [agua] *w* **2** (kölnisches usw.) loção [loßãũ] *w*
wasserdicht *adj* à prova de água [a pròwa dshi agua], impermeável [ĩpermeaweu]
Wasserfall *m* cascata [kaßkata] *w*, catarata [katarata] *w*, cachoeira [kaschoejra] *w*, queda *w* de água [käda dshi agua]
Wasserhahn *m* torneira *w* de água [tornejra dshi agua]
Wasserkocher *m* fervedor *m* de água [ferwedor dshi agua], jarra *w* elétrica [shaha elätrika], chaleira *w* elétrica [schalejra elätrika]
Wasserleitung *w* encanamento [ĩkanamẽtu] *m*, aqueduto [akedutu] *m*
Wassermelone *w* melancia [melãßia] *w*
Wasserski *m Mz* esquis *m Mz* aquáticos [ißkiß akuatschikuß]
Wassersportarten *w Mz* desportos *m Mz* náuticos [dshißportuß nautschikuß]
Watte *w* algodão *m* (hidrófilo) [augodãũ (idrofilu)]
weben *v* tecer [teßer] *a.c.*, urdir [urdshir] *a.c.*
Wechsel *m* **1** (abwechselnd) alternação [auternaßãũ] *w*, revezamento [hewesamẽtu] *m* **2** (Änderung) substituição [ßubißtschituißãũ] *w*, troca [tròka] *w* **3** (Ablösung) substituição [ßubißtschituißãũ] *w* **4** (Wertpapier) letra *w* (de câmbio) [letra (dshi kãbju)]
Wechselgeld *s* troco [troku] *m*
Wechselkurs *m* taxa *w* de câmbio [tascha dshi kãbju]
wechseln *v* **1** (ersetzen) *etw. Akk für etw.* substituir [ßubißtschituir] *a.c.*, permutar [permutar] *a.c.* **2** (Geld usw.) trocar [trokar] **3** (Berufe usw.) mudar [mudar] *a.c.*, trocar [trokar] **4** (Kleingeld) *etw. Akk* trocar [trokar] *a.c.*, destrocar [dshißtrokar] *a.c.*, fazer o troco [faser

u troku] **5** (Schalter) mudar [mudar] ▶ **sich ~** *bei etw.* revezar-se

Wechselstube *w* agência *w* de câmbio [ashẽßja dshi kãbju]

wecken *v* **1** *j-n* despertar [dshißpertar] *alg* **2** (Interesse usw.) suscitar [ßußitar] ▶ *j-s* **Interesse ~** prender a atenção, despertar interesse

Wecker *m* despertador [dshißpertador] *m*

weder ~... noch nem... nem

weg *adv* fora [fòra], embora [ĩbòra] ▶ **Er ist schon ~.** Já tinha ido embora.

Weg *m* caminho [kamĩnju] *m*, trilho [trilju] *m*, carreira [kahejra] *w* ▶ **welchen ~** por onde

wegen *prep j-s/etw.* por [pur] *a.c.*, por causa de [pur kausa dshi] ▶ **~ des schlechten Wetters...** devido ao mau tempo

wegfahren *v* partir [partschir]

weggehen *v* ir-se [irßi], partir [partschir], ir embora [ir ĩbòra], afastar-se [afaßtarßi]

weglaufen *v* fugir [fushir], sair correndo [ßair kohẽdu]

wegnehmen *v j-m etw. Akk* tirar [tschirar], levar [lewar] *a.c.*

wegwerfen *v* **1** (Kippe usw.) jogar fora [shogar fòra] **2** (zum Abfall tun) deitar fora [dejtar fòra] *a.c.*, jogar fora [shogar fòra] *a.c.*, botar pra fora [botar pra fòra] *a.c.*

wegwischen *v* apagar [apagar], *etw. Akk* esfregar [ißfregar]

wehtun *v* **1** doer [doer] **2** (absichtlich usw.) *j-m* magoar [magoar] *alg*, fazer mal [faser mau] *a alg*, machucar [maschukar] *alg*, aleijar [alejshar] *a alg*

Weibchen *s* fêmea [femia] *w*

weiblich *adj* feminin|o/-a [femininu/-a], de mulher [dshi muljär], fême|o/-a [femeu/-a]

weich *adj* **1** (nicht hart) brand|o/-a [brãdu/-a], mole [mòli], fof|o/-a [fofu/-a] **2** (geschmeidig) suave [ßuawi], maci|o/-a [maßju/-a], fof|o/-a [fofu/-a] ♦ *adv* suavemente [ßuawemẽtschi] ▶ **~ gekocht** (ovos) quentes, meio cozido; **~ machen** *etw. Akk* abrandar *a.c.*, amolecer *a.c.*, amaciar *a.c.*

Weihnachten *s* Natal [natau] *m*

weil *conj* já que [sha ki], porquanto [porkuãtu], visto que [wißtu ki], dado que [dadu ki]

Weile *w* instante [ĩßtãtschi] *m*, momento [momẽtu] *m*, bocado [bokadu] *m*

Wein *m* vinho [wĩnju] *m*

Weinberg *m* vinha [wĩnja] *w*, vinhedo [wĩnjedu] *m*

weinen *v* chorar [schorar]

Weintraube *w* bago *m* de uva [bagu dshi uwa]

weise *adj* sábi|o/-a [ßabju/-a], sabedor/-a [ßabedor/-a], sapiente [ßapiẽtschi]

Weise *w* **1** maneira [manejra] *w*, meio [meju] *m*, (Methode usw.) modo [mòdu] *m*, modalidade [modalidadshi] *w* **2** (Melodie) cançoneta [kãßoneta] *w*, modinha [modshĩnja] *w*, toada [toada] *w*

weiß *adj* branc|o/-a [brãku/-a], alv|o/-a [auwu/-a]

weit *adv* **1** (entfernt usw.) longe [lõũshi] **2** (geöffnet usw.) amplamente [ãplamẽtschi], largamente [largamẽtschi] ▶ **bei ~em** nem de longe; **von ~em** de longe

weiter *adj* seguinte [ßegĩtschi] ♦ *adv* **1** (entfernt) mais longe [majß lõũshi] **2** (fortsetzen) adiante [adshiãtschi] ▶ **und so ~** etcétera, e por aí fora

weitergehen *v* **1** avançar [awãßar], ir adiante [ir adshiãtschi] **2** continuar [kõũtschinuar]

weitermachen *v etw. Akk, in etw. Dat* seguir [ßegir] *fazendo a.c.*, *etw. Akk* seguir [ßegir] *fazendo a.c.*

Weizen *m* trigo [trigu] *m*

welch(er,e,es) *pron* qual [kuau], que [ki]

welken *v* murchar [murschar]

Welle *w* **1** (Wasser) onda [õũda] *w*, vaga [waga] *w* **2** (Maschinenteil) árvore [arwori] *w*, eixo [ejschu] *m*, veio [weju] *m*

Welt *w* mundo [mũdu] *m*

Weltall *s* universo [uniwerßu] *m*

Weltraum *m* cosmo [kosmu] *m*, cosmos [kosmuß] *m*, universo [uniwerßu] *m*

wenden *v* **1** (Seite usw.) virar [wirar] *a.c.* **2** (Auto usw.) *etw. Akk* girar [shirar]

a.c., (in andere Richtung) *etw. Akk* virar (do avesso) [wirar (du aweßu)] *a.c.* **3** (Auto, Schwimmer usw.) voltear [woutschiar] **4** ***sich*** ~ *an j-n/etw.* dirigir-se [dshirishirßi] *a alg* ► **An wen soll ich mich ~?** A quem me posso dirigir?

wenig *adv* pouco [poku] ► **am ~sten** o menos; **ein ~** *etw. Gen* um pouco *de a.c.*, bocado *m de a.c.*, bocadinho *m de a.c.*, tico *m de a.c.*; **~e** pouco; **~er werden** reduzir-se

weniger *adv* menos [menuß], aquém [akẽĩ]

wenigstens *part* ao menos [au menuß], pelo menos [pelu menuß], sequer [ßeker]

wenn *conj* **1** se [ßi], desde que [desdshi ki], uma vez que [uma weß ki] **2** (Bedingung) quando [kuãdu] ♦ *adv* quando [kuãdu] ► **auch ~** ainda que, mesmo que, posto que

wer *pron* quem [kẽĩ]

Werbespot *m* publicidade [publißidadshi] *w*, comercial [komerßjau] *m*

Werbung *w* **1** (Werben) publicidade [publißidadshi] *w* **2** (eines Produktes) promoção [promoßãũ] *w*, propaganda [propagãda] *w*, publicidade [publißidadshi] *w*

werden *v etw. Akk* tornar-se [tornarßi], ficar [fikar] *a.c.*

werfen *v* **1** lançar [lãßar], *etw. Akk* atirar [atschirar] *a.c.*, lançar [lãßar] *a.c.*, jogar [shogar] *a.c.* **2** (Schatten usw.) *etw. Akk irgendwohin* lançar [lãßar] **3** *etw. Akk irgendwohin* atirar [atschirar] *a.c. aonde* **4** (in Baseball usw.) lançar [lãßar] ► **sich ~** *irgendwohin* lançar-se

Werk *s* **1** (Schöpfung usw.) obra [òbra] *w* **2** (Mechanismus) máquina [makina] *w*

Werkstatt *w* oficina [ofißina] *w*

Werktag *m* jornada *w* (de trabalho) [shornada (dshi trabalju)]

Werkzeug *s* **1** instrumento [ĩßtrumẽtu] *m*, utensílio [utẽĩßilju] *m*, ferramenta [fehamẽta] *w* **2** (Gesamtheit von Werkzeugen) utensílios [utẽĩßiliuß] *m Mz*, apetrechos [apetreschuß] *m Mz* ► **~e** ferramentas *w Mz*, utensílios *m Mz*, implementos *m Mz*

wert *adj etw. Gen* dign|o/-a de [dshignu/-adshi] *a.c.*, merecedor/-a [mereßedor/-a] *de a.c.* ► **~ sein** *etw. Gen* (verdienen) valer *a.c.*

Wert *m* **1** (finanzieller) *etw. Gen* valor [walor] *m de a.c.*, valia [walia] *w* **2** (Bedeutung) valor [walor] *m*

Wertsachen *w Mz* objetos *m Mz* de valor [obshetuß dshi walor]

wertvoll *adj* precios|o/-a [preßiosu/-a], valios|o/-a [waliosu/-a], de valor [dshi walor], de valia [dshi walia]

Wesen *s* natureza [naturesa] *w*, (Kern) substância [ßubißtãßja] *w*, âmago [amagu] *m*, essência [eßẽßja] *w*

wesentlich *adj* essencial [eßẽĩßjau], substancial [ßubißtãßjau] ♦ *adv* substancialmente [ßubißtãßjaumẽtschi], significativamente [ßignifikatschiwamẽtschi], consideravelmente [kõũßideraweumẽtschi]

Wespe *w* vespa [weßpa] *w*, marimbondo [marĩbõũdu] *m*

wessen *pron* de quem [dshi kẽĩ]

Weste *w* colete [koletschi] *m*

Westen *m* oeste [oäßtschi] *m*, ocidente [oßidẽtschi] *m* ► **im ~** no oeste

westlich *adj* ocidental [oßidẽĩtau], do oeste [du oäßtschi]

Wettbewerb *m* competência [kõũpetẽßja] *w*, páreo [pareu] *m*, competição [kõũpetschißãũ] *w*, torneio [torneju] *m*

Wette *w* aposta [apòßta] *w*, parada [parada] *w*

wetten *v* **1** *um etw.* apostar [apoßtar] *a.c.* **2** *auf etw. Akk* apostar [apoßtar] *em a.c.*

Wetter *s* tempo [tẽpu] *m*

Wettervorhersage *w* previsão *w* do tempo [prewisãũ du tẽpu]

Wettkampf *m* competência [kõũpetẽßja] *w*, páreo [pareu] *m*, competição [kõũpetschißãũ] *w*, torneio [torneju] *m* ► **an einem ~** *gegen j-n* **teilnehmen** competir *com alg*

wichtig *adj* importante [ĩportãtschi], (Folgen usw.) de grande importancia [dshi grãdshi ĩportãßja] ► **das ~ste ist** o mais importante é

wickeln *v* **1** (Draht usw.) enrolar [ĩholar] **2** (Wolle usw.) *etw. Akk auf etw. Akk* enrolar [ĩholar] *a.c. em redor de a.c.* **3** (Baby) mudar de fralda [mudar dshi frauda]

► **ein Kind ~** mudar as fraldas (de criança)

widersprechen *v* **1** *j-m/etw.* opor-se [oporßi] *a alg/a.c.*, (Behauptung usw.) *j-m/etw.* contradizer [kõũtradshiser], (widerreden) *j-m* contradizer [kõũtradshiser] *alg*, replicar [heplikar] *alg* **2** (in Widerspruch stehen) *etw. Dat* ser contrário [ßer kõũtrarju] *a a.c.*

Widerspruch *m* **1** (Gegensatz) contradição [kõũtradshißãũ] *w* **2** (Widerrede) *gegen etw.* desacordo [dshisakordu] *m*

Widerstand *m* **1** (Trotz) *gegen j-n/etw.* resistência [hesißtẽßja] *w a alg/a.c.* **2** (Bewegung) resistência [hesißtẽßja] *w* **3** (Kraft) resistência [hesißtẽßja] *w*

widerstehen *v etw. Dat* resistir [hesißtschir] *a a.c.*

Widerwille *m gegen etw.* má vontade [ma wõũtadshi], relutância [helutãßja] *w*, *gegen etw.* relutância [helutãßja] *w a a.c.*, desprazer [dshißpraser] *m de a.c.*

widmen *v* **1** (Zeit usw.) *etw. Akk j-m/etw.* dedicar [dedshikar] *a.c. a alg* **2** *sich ~ etw. Dat* (teilnehmen usw.) dedicar-se [dedshikarßi] *a a.c.* **3** *sich ~* (behilflich sein usw.) *j-m/etw.* dedicar-se [dedshikarßi] *a a.c.*

wie[1] *adv* como [komu] ► **~ viele** quantos; **W~ ist es?** Como é?; **W~ geht es Ihnen?** Como está?, Tudo bem?

wie[2] *conj* **1** (Ähnlichkeit) como [komu], feito [fejtu] **2** (beides) assim como [aßĩ komu] ► **~ (zum Beispiel)** tal como; **W~ Sie wollen.** Como quiser.

wieder *adv* de novo [dshi nowu], novamente [nowamẽtschi]

wiederherstellen *v* restaurar [heßtaurar], restabelecer [heßtabeleßer]

wiederholen *v* **1** (nochmals machen) *etw. Akk* repetir [hepetschir] *a.c.*, iterar [iterar] *a.c.* **2** (um es zu betonen) reiterar [hejterar] **3** (Lernstoff usw.) *etw. Akk* repassar [hepaßar] *a.c.*, revisar [hewisar] *a.c.*

Wiederholung *w* **1** *etw. Gen* repetição [hepetschißãũ] *w* **2** (des Lernstoffes) repasse [hepaßi] *m* **3** (eines Ereignisses) repetição [hepetschißãũ] *w*

wiederkommen *v* voltar [woutar], regressar [hegreßar], retornar [hetornar], tornar [tornar]

wiegen *v* **1** (Gewicht haben) pesar [pesar] **2** (Gewicht feststellen) *j-n/etw.* pesar [pesar] *alg/a.c.*

Wiese *w* prado [pradu] *m*, campina [kãpina] *w*

wievielmal *pron* quantas vezes [kuãtaß wesiß]

wild *adj* **1** (Raubtier usw.) feroz [feròß], (Tier usw.) selvagem [ßeuwashẽĩ], bravi|o/-a [brawju/-a] **2** (zornig usw.) feroz [feròß]

Wild *s* **1** (wild lebend) animais *m Mz* (selvagens) [animajß (ßeuwashẽĩß)] **2** (Fleisch) veação [weaßãũ] *w* ► **jagdbares ~** caça *w*

Wille *m* vontade [wõũtadshi] *w*, grado [gradu] *m*

willkommen *adj* bem-vind|o/-a [bẽĩwĩdu/-a] ► **W~!** Bem-vindo!

Wimper *w* pestana [peßtana] *w*, cílio [ßilju] *m*, celha [ßelja] *w*

Wimperntusche *w* rímel [himeu] *m*, máscara [maßkara] *w*

Wind *m* vento [wẽtu] *m*

Windel *w* fralda [frauda] *w*

windig *adj* ventos|o/-a [wẽĩtosu/-a]

Windjacke *w* anoraque [anoraki] *m*

Windmühle *w* moinho *m* de vento [moĩnju dshi wẽtu]

Windschutzscheibe *w* para-brisas [parabrisaß] *m*

Winkel *m* **1** (geometrisch) ângulo [ãgulu] *m* **2** (Ecke) canto [kãtu] *m*, ângulo [ãgulu] *m* **3** (Augenwinkel) canto [kãtu] *m* **4** (verborgener) rincão [hĩkãũ] *m*, recanto [hekãtu] *m*, recesso [heßäßu] *m*

winken *v* **1** (Fahne usw.) *mit etw.* agitar [ashitar] *a.c.* **2** *j-m* saudar *alg* com a mão [ßaudar kõũ a mãũ]

Winter *m* inverno [ĩwärnu] *m*

winzig *adj* diminut|o/-a [dshiminutu/-a], nanic|o/-a [naniku/-a], minúscul|o/-a [minußkulu/-a], miúd|o/-a [miudu/-a]

wir *pron* nós [nòß]

Wirbel *m* **1** (von Wasser usw.) redemoinho [hedemoĩnju] *m*, vórtice [wortschißi] *m*, turbilhão [turbiljãũ] *m* **2** (Knochen) vértebra [wärtebra] *w*

Wirbelsäule *w* coluna [koluna] *w*, espinha *w* dorsal [ißpĩnja dorßau], coluna *w* vertebral [koluna wertebrau]

wirken *v* **1** (Wirkung haben) *auf j-n/etw.* fazer efeito [faser efejtu] *em a.c.* **2** (Eindruck machen) *auf j-n irgendwie* dar *alg* a impressão [dar a ĩpreßãũ] **3** (Medikament usw.) surtir efeito [ßurtschir efejtu] ► **zu ~ beginnen** fazer efeito

wirklich *adj* **1** real [heau] **2** (wie es sein soll) verdadeir|o/-a [werdadejru/-a] ♦ *adv* **1** (in Wirklichkeit) realmente [heaumẽtschi], deveras [deweraß], verdadeiramente [werdadejramẽtschi] **2** (in der Tat) efetivamente [efetschiwamẽtschi], na verdade [na werdadshi], (zweifellos) verdadeiramente [werdadejramẽtschi] ♦ *part* de verdade [dshi werdadshi], realmente [heaumẽtschi] ► **W~?** A sério?, É mesmo?, Na verdade?

Wirklichkeit *w* realidade [healidadshi] *w*

wirksam *adj* **1** (Maßnahme, Plan usw.) eficaz [efikaß], efetiv|o/-a [efetschiwu/-a], eficiente [efißiẽtschi] **2** (im Betrieb) em funcionamento [ẽĩ fũßionamẽtu]

Wirkung *w* efeito [efejtu] *m*, (Auswirkung) *auf j-n/etw.* impacto [ĩpaktu] *m*

Wirt *m* taberneiro [tabernejru] *m*

Wirtschaft *w* economia [ekonomia] *w*

wirtschaftlich *adj* econômic|o/-a [ekonòmiku/-a]

wischen *v* **1** *etw. Akk (von etw.)* limpar esfregando [lĩpar ißfregãdu] *a.c. de a.c.*, (entfernen) *etw. Akk* esfregar [ißfregar] **2** (reinigen) *etw. Akk* limpar [lĩpar], (Tafel) *etw. Akk* apagar [apagar] *a.c.*

wissen *v etw. Akk, von etw.* saber [ßaber] *a.c.*

Wissenschaft *w* ciência [ßiẽßja] *w*

Wissenschaftler *m* cientista [ßiẽĩtschißta] *m*

wissenschaftlich *adj* científic|o/-a [ßiẽĩtschifiku/-a]

Witwe *w* viúva [wiuwa] *w*

Witwer *m* viúvo [wiuwu] *m*

Witz *m* piada [piada] *w*, anedota [anedòta] *w*

witzig *adj* cómic|o/-a [komiku/-a], divertid|o/-a [dshiwertschidu/-a], curtid|o/-a [kurtschidu/-a]

wo *adv* onde [õũdshi] ► **ach ~** nem pensar; **~ (auch) immer** em qualquer lugar

Woche *w* semana [ßemana] *w*

Wochenende *s* fim *m* de semana [fĩ dshi ßemana]

Wochenendhaus *s* casa *w* de campo [kasa dshi kãpu], chalé [schalä] *m*, chalet [schalet] *m*

Wochentag *m* jornada *w* (de trabalho) [shornada (dshi trabalju)]

woher *adv* de onde [dshi õũdshi], donde [dõũdshi] ► **W~ kommen Sie?** Donde é?, De onde é?

wohin *adv* aonde [aõũdshi], para onde [para õũdshi]

wohl *part* provavelmente [prowaweumẽtschi] ► **Ich fühle mich nicht ~.** Estou maldisposto., Não me sinto bem., Estou passando mal.

wohnen *v irgendwo* morar [morar], residir [hesidshir], habitar [abitar], (vorübergehend) *irgendwo* hospedar-se [oßpedarßi] *onde*

Wohnmobil *s* autocaravana [autokarawana] *w*, rulote [hulotschi] *w*, roulotte [hulotschi] *w*

Wohnsitz *m* residência [hesidẽßja] *w*, morada [morada] *w*, domicílio [domißilju] *m*, paradeiro [paradejru] *m*

Wohnung *w* apartamento [apartamẽtu] *m*

Wohnwagen *m* caravana [karawana] *w*, rulote [hulotschi] *w*

Wohnzimmer *s* sala *w* de estar [ßala dshi ißtar]

Wolf *m* lobo [lobu] *m*

Wolke *w* nuvem [nuwẽĩ] *w*

Wolkenkratzer *m* arranha-céu [ahãnjaßäu] *m*

wolkig *adv* nublado [nubladu]

Wolle *w* lã [lã] *w*

wollen *v* **1** (vorhaben) *etw. Akk zu tun* querer [kerer] *fazer a.c.*, visar [wisar] **2** (verlangen) querer [kerer] *a.c. de alg* ► **Was ~ Sie?** O que quer?

Wort *s* palavra [palawra] *w*

Wörterbuch *s* dicionário [dshißionarju] *m*

Wortschatz *m* léxico [läkßiku] *m*, vocabulário [wokabularju] *m*

Wrack *s* restos [heßtuß] *m Mz*, (Schiff) destroços [dshißtròßuß] *m Mz*

Wunde *w* ferida [ferida] *w*

Wunder *s* milagre [milagri] *m*, maravilha [marawilja] *w*, portento [portẽtu] *m*, prodígio [prodshishiu] *m*

wunderbar *adj* maravilhos|o/-a [marawiljosu/-a] ♦ *adv* maravilhosamente [marawiljosamẽtschi]
wundern *v* ***sich*** *~ über etw. Akk* maravilhar-se [marawiljarßi] *de a.c.*, estranhar [ißtrãnjar] *a.c.*
Wunsch *m* desejo [deseshu] *m*
wünschen *v* **1** (erhoffen) *j-m etw. Akk* desejar [deseshar] *alg a.c.* **2** ***sich*** *~ etw. Akk* desejar [deseshar] *a.c.*
würdig *adj* **1** (Person usw.) dign|o/-a [dshignu/-a] **2** (wert) *etw. Gen* dign|o/-a de [dshignu/-adshi] *a.c.*, merecedor/-a [mereßedor/-a] *de a.c.*
Wurf *m* lanço [lãßu] *m*, lance [lãßi] *m*, tiro [tschiru] *m*, arremesso [ahemeßu] *m*
Würfel *m* **1** cubo [kubu] *m* **2** (zum Spielen) dado [dadu] *m*
Wurm *m* verme [wärmi] *m*, bicha [bischa] *w*
Wurst *w* salsicha [ßaußischa] *w*, linguiça [lĩguißa] *w*, (Schinkenwurst usw.) mortadela [mortadela] *w*
Würstchen *s* salsicha *w* (alemã) [ßaußischa (alemã)], linguiça [lĩguißa] *w*
Wurzel *w* raiz [haiß] *w*
Wüste *w* deserto [desärtu] *m*
Wut *w* cólera [kòlera] *w*, ira [ira] *w*, raiva [hajwa] *w*, iracundia [irakũdshia] *w*
wütend *adj* furios|o/-a [furiosu/-a], enfurecid|o/-a [ĩfureßidu/-a], raivos|o/-a [hajwosu/-a]

Z

zäh *adj* **1** (Fleisch usw.) dur|o/-a [duru/-a] **2** (mit Ausdauer usw.) tenaz [tenaß], afincad|o/-a [afĩkadu/-a]
Zahl *w* **1** (Zahlwort usw.) número [numeru] *m* **2** (Angabe) cifra [ßifra] *w* **3** *etw. Gen* número [numeru] *m de a.c.*
zahlen *v j-m für etw.* pagar [pagar]
► **Bitte ~!** A conta, por favor!
zählen *v* **1** *bis wie viel* contar [kõũtar] *até quanto* **2** (Anzahl feststellen) contar [kõũtar], computar [kõũputar] **3** (zuordnen) *j-n/etw. zu j-m/etw.* contar [kõũtar] *alg/a.c. a alg/a.c.* **4** (gehören) *zu j-m/etw.* contar-se [kõũtarßi] *a a.c.* **5** (Anzahl haben) contar [kõũtar] **6** *auf etw. Akk* contar [kõũtar] *com a.c.*
zahlreich *adj* numeros|o/-a [numerosu/-a]
Zahlung *w* pagamento [pagamẽtu] *m*, paga [paga] *w*
zahm *adj* mans|o/-a [mãßu/-a], (Tier) domad|o/-a [domadu/-a]
Zahn *m* dente [dẽtschi] *m* ► **sich die Zähne putzen** lavar os dentes, escovar os dentes
Zahnarzt *m* dentista [dẽĩtschißta] *m*, odontólogo [odõũtologu] *m*
Zahnbürste *w* escova *w* de dentes [ißkowa dshi dẽtschiß]
Zahnfüllung *w* obturação [obituraßãũ] *w*
Zahnpasta *w* dentifrício [dẽĩtschifrißju] *m*, pasta *w* de dentes [paßta dshi dẽtschiß], creme *m* dental [kremi dẽĩtau]
Zahnspange *w* aparelho *m* dentário [aparelju dẽĩtarju]
Zahnstocher *m* palito [palitu] *m*
Zange *w* alicate [alikatschi] *m*
Zapfen *m* **1** (Tannenzapfen usw.) pinha [pĩnja] *w* **2** (Lagerzapfen usw.) pivô [piwo] *m*, pivot [piwot] *m*
zart *adj* **1** (körperlich) frágil [frashiu], delicad|o/-a [delikadu/-a] **2** (Struktur usw.) fin|o/-a [finu/-a] **3** (empfindlich usw.) tern|o/-a [tärnu/-a], carinhos|o/-a [karĩnjosu/-a], afetuos|o/-a [afetuosu/-a], meig|o/-a [mejgu/-a]
zärtlich *adj* tern|o/-a [tärnu/-a], carinhos|o/-a [karĩnjosu/-a], afetuos|o/-a [afetuosu/-a], meig|o/-a [mejgu/-a]
Zauber *m* **1** (Zauberkraft) magia [mashia] *w*, feitiço [fejtschißu] *m* **2** (Reiz) encanto [ĩkãtu] *m*
Zaun *m* cerca [ßerka] *w*, cercado [ßerkadu] *m*
Zebrastreifen *m* passagem *w* de peões [paßashẽĩ dshi peõũjß], passadeira [paßadejra] *w*
Zecke *w* carrapato [kahapatu] *m*
Zehe *w* **1** (am Fuß) dedo *m* (do pé) [dedu (du pä)], (ugs.) dedão [dedãũ] *m* **2** (von Knoblauch) dente [dẽtschi] *m* ► **auf den ~n** (gehen usw.) na ponta dos pés; **große ~** polegar *m* do pé, dedão *m* do pé
zehn *num* dez [däß]
zehnt(er,e,es) *num* décimo [däßimu]
Zehntel *s* décimo [däßimu] *m*

Zeichen *s* **1** (Geste usw.) sinal [ßinau] *m* **2** (Symbol) signo [ßignu] *m* **3** (zum Unterscheiden) marca [marka] *w* **4** sinal [ßinau] *m* **5** (Anzeichen) sinal [ßinau] *m*, senha [ßẽnja] *w*, vestígio [weßtschishiu] *m*

zeichnen *v* desenhar [desẽnjar]

Zeichnung *w* desenho [desẽnju] *m*

zeigen *v* **1** (vorzeigen usw.) *j-m etw. Akk* mostrar [moßtrar] *a.c. a alg* **2** (in einer Richtung) *auf j-n/etw.* apontar [apõũtar], indicar [ĩdshikar] **3** ***sich ~*** (sich sehen lassen) aparecer [apareßer] **4** ***sich ~*** (Wahrheit usw.) resultar [hesuutar] **5** (Kvalität usw.) *etw. Akk* expor [eßpor], mostrar [moßtrar], exibir [esibir] **6** (Freude usw.) *etw. Akk* manifestar [manifeßtar] *a.c.*, demonstrar [demõũßtrar], (Freude usw.) *etw. Akk* mostrar [moßtrar] *a.c.*, dar a entender [dar a ĩtẽĩder] *a.c.* **7** (Fähigkeit usw.) *etw. Akk* mostrar [moßtrar] *a.c.*, evidenciar [ewidẽĩßjar] *a.c.*

Zeile *w* linha [lĩnja] *w*

Zeit *w* **1** (Größe) tempo [tẽpu] *m* **2** (Zeitraum) tempo [tẽpu] *m*, período [periodu] *m*, lapso [lapßu] *m* **3** (Zeitpunkt) tempo [tẽpu] *m*, altura [autura] *w* **4** (Ära) idade [idadshi] *w*, época [äpoka] *w* ▶ **in letzter ~** ultimamente; **Abfahrtszeit/Ankunftszeit** hora *w* de partida/de chegada

zeitgenössisch *adj* contemporâne|o/-a [kõũtẽĩporaneu/-a], atual [atuau]

Zeitpunkt *m* momento [momẽtu] *m*

Zeitschrift *w* revista [hewißta] *w*

Zeitung *w* jornal [shornau] *m*, gazeta [gaseta] *w*

Zelle *w* **1** (im Gefängnis usw.) calabouço [kalaboßu] *m*, cela [ßela] *w* **2** (in Lebewesen) célula [ßälula] *w*

Zelt *s* tenda [tẽda] *w*, barraca [bahaka] *w* ▶ **ein ~ aufstellen** montar a tenda

Zentimeter *m/s* centímetro [ßẽĩtschimetru] *m*

zentral *adj* central [ßẽĩtrau], matriz [matriß]

Zentrale *w* **1** (einer Organisation usw.) central [ßẽĩtrau] *w*, matriz [matriß] *w* **2** (Telefonzentrale) central [ßẽĩtrau] *w*

Zentrum *s* centro [ßẽtru] *m*

zerbrechen *v* quebrar-se [kebrarßi]

zerbrechlich *adj* frágil [frashiu]

Zeremonie *w* cerimônia [ßerimonia] *w*

zerreißen *v* **1** (in Stücke) *etw. Akk* esfarrapar [ißfahapar] *a.c.*, rasgar [hasgar] *a.c.* **2** (Seil usw.) romper [hõũper] **3** (zerfleischen) lacerar [laßerar]

zerschlagen *v etw. Akk* romper [hõũper] *a.c.*, quebrar [kebrar] *a.c.*, partir [partschir] *a.c.* ♦ *adj* quebrad|o/-a [kebradu/-a], rot|o/-a [hotu/-a]

zerstören *v* destruir [dshißtruir] *a.c.*, destroçar [dshißtroßar] *a.c.*

Zerstörung *w* destruição [dshißtruißãũ] *w*

Zettel *m* **1** (mit Notiz usw.) etiqueta [etschiketa] *w*, tabuleta [tabuleta] *w*, (Notizzettel usw.) papeleta [papeleta] *w*, nota [nota] *w* **2** (Kassenzettel usw.) recibo [heßibu] *m*

Zeuge *m etw. Gen* testemunha [tschißtschimũnja] *w de a.c.* ▶ *~ etw. Gen* **sein** (Unfalls usw.) testemunhar *a.c.*, presenciar *a.c.*

Zeugnis *s* certificado [ßertschifikadu] *m*, atestado [ateßtadu] *m*, certidão [ßertschidãũ] *w*, (vom Arbeitgeber) carta *w* de recomendação [karta dshi hekomẽĩdaßãũ]

Ziege *w* cabra [kabra] *w*

Ziegel *m* **1** (Baustein) tijolo [tschisholu] *m* **2** (zum Dachdecken) telha [telja] *w*

ziehen *v* **1** (Handwagen usw.) *etw. irgendwohin* arrastar [ahaßtar] **2** (Bremse usw.) *an etw. Dat* tirar [tschirar] *a.c.* **3** (herbeischleppen) *etw. Akk irgendwohin* levar de rastos [lewar dshi haßtuß], (schleppen) *etw. Akk irgendwohin* arrastar [ahaßtar] *a.c. aonde* **4** *etw. Akk aus etw.* tirar [tschirar], sacar [ßakar] **5** (Los usw.) sortear [ßortear] **6** (Waffe) desembainhar [dshisẽĩbajnjar], sacar [ßakar] ▶ **Nutzen ~** *aus etw.* aproveitar *a.c.*, beneficiar *de a.c.*, lucrar *de a.c.*, tirar partido *de a.c.*

Ziel *s* **1** (zu erreichender Punkt) objetivo [obshetschiwu] *m*, escopo [ißkopu] *m* **2** (Absicht) objetivo [obshetschiwu] *m*, fito [fitu] *m* **3** (eines Rennens) meta [mäta] *w*

ziemlich *adv* bastante [baßtãtschi], assaz [aßaß] ♦ *part* bastante [baßtãtschi]

Zigarette *w* cigarro [ßigahu] *m*

Zigarre *w* charuto [scharutu] *m*

Zimmer *s* habitação [abitaßãũ] *w*, sala [ßala] *w*, quarto [kuartu] *m* ▶ **~ zu vermieten** quartos *m Mz* para alugar

Zimmermädchen *s* camareira [kamarejra] *w*, arrumadeira [ahumadejra] *w*

Zimt *m* canela [kanäla] *w*

Zinn *s* estanho [ißtãnju] *m*

Zins *m* juro [shuru] *m*

Zirkus *m* circo [ßirku] *m*

Zitrone *w* limão [limãũ] *m*

Zitronenlimonade *w* limonada [limonada] *w*

zittern *v* estremecer-se [ißtremeßerßi], tremer [tremer], tinir-se [tschinirßi], tiritar [tschiritar]

zögern *v* hesitar [esitar], vacilar [waßilar], titubear [tschitubear], procrastinar [prokraßtschinar]

Zoll *m* direitos *m Mz* alfandegários [dshirejtuß aufãdegariuß]

Zollabfertigung *w* desalfandegamento [dshisaufãdegamẽtu] *m*, despacho *m* alfandegário [dshißpaschu aufãdegarju]

Zollamt *s* aduana [aduana] *w*

Zollbeamte *m* aduaneiro [aduanejru] *m*, funcionário *m* da alfândega [fũßionarju da aufãdega]

Zoo *m* zoo [sou] *m*, zoológico [soolòshiku] *m*, jardim *m* zoológico [shardshĩ soolòshiku]

Zopf *m* trança [trãßa] *w*

zu[1] *prep* **1** (Richtung) *etw.* a [a], para [para] **2** (zum Arzt usw.) *j-m* à [a] *alg*

zu[2] *adv* (schwer usw.) demais [demajß], demasiado [demasiadu]

Zubehör *s* acessórios [aßeßoriuß] *m Mz*

Zubereitung *w von etw.* preparação [preparaßãũ] *w de a.c.*

Zucchini *w* abobrinha [abobrĩnja] *w*

züchten *v etw. Akk* cultivar [kuutschiwar] *a.c.*

Zucker *m* açúcar [aßukar] *m*

Zuckermelone *w* melão [melãũ] *m*

Zuckerwürfel *m* cubo *m* de açúcar [kubu dshi aßukar]

zudecken *v* **1** (bedecken) *j-n/etw. mit etw.* cobrir [kobrir] *a.c. com a.c.*, encapotar [ĩkapotar] *a.c. com a.c.* **2** (mit Deckel usw.) *etw. Akk mit etw.* cobrir [kobrir], tapar [tapar] *a.c. com a.c.*

zuerst *adv* primeiro [primejru], primeiramente [primejramẽtschi]

Zufall *m* casualidade [kasualidadshi] *w*, acaso [akasu] *m*, ocorrência [okohẽßja] *w*

zufällig *adj* **1** (Treffen usw.) acidental [aßidẽĩtau] **2** (Auswahl usw.) casual [kasuau], aleatóri|o/-a [aleatorju/-a] ♦ *adv* por acaso [pur akasu], casualmente [kasuaumẽtschi], por ventura [pur wẽĩtura]

zufrieden *adj mit j-m/etw.* contente [kõũtẽtschi] *com alg/a.c.*, satisfeit|o/-a [ßatschißfejtu/-a] *com alg/a.c.*

Zug *m* **1** (Verkehrsmittel) trem [trẽĩ] *m* **2** (Wesenszug) traço [traßu] *m* **3** (militärische Abteilung) pelotão [pelotãũ] *m* **4** (im Schach usw.) movimento [mowimẽtu] *m*, jogada [shogada] *w*

Zugang *m* acesso [aßäßu] *m*

zugänglich *adj* acessível [aßeßiweu] ▶ **für die Öffentlichkeit ~** aberto ao público

zugeben *v* **1** (hinzufügen) *etw. Akk irgendwohin* adicionar [adshißionar] *a.c. a a.c.*, acrescentar [akreßẽĩtar] **2** admitir [adshimitschir], conceder [kõũßeder]

zugleich *adv* simultaneamente [ßimuutaneamẽtschi], ao mesmo tempo [au mesmu tẽpu]

zuhören *v j-m/etw.* escutar [ißkutar] *alg/a.c.*

zukleben *v* **1** (Umschlag usw.) *etw. Akk* fechar [feschar] **2** *etw. Akk mit etw.* colar [kolar] *a.c. com a.c.* ▶ **mit Klebeband ~** *etw. Akk* colar com fita adesiva

zuknöpfen *v* abotoar [abotoar]

Zukunft *w* futuro [futuru] *m*, porvir [porwir] *m*

zukünftig *adj* futur|o/-a [futuru/-a], vindour|o/-a [wĩdoru/-a]

zulassen *v etw.* permitir [permitschir]

zuletzt *adv* no final [nu finau], por último [pur uutschimu]

zum **~ Beispiel** por exemplo; **~ dritten Mal** pela terceira vez; **~ letzten Mal** pela última vez

zumachen *v etw. Akk* fechar [feschar], cerrar [ßehar] *a.c.*

Zündkerze *w* vela *w* de ignição [wäla dshi ignißãũ]

zunehmen *v* **1** engordar [ĩgordar], aumentar de peso [aumẽĩtar dshi pesu] **2** (mehr werden) aumentar [aumẽĩtar]

Zuneigung *w* afeto [afätu] *m*, afeição [afejßãũ] *w*, apego [apegu] *m*
Zunge *w* língua [lĩgua] *w*
zurück *adv* **1** para trás [para traß] **2** (zurückgeblieben) atrás [atraß]
zurückerstatten *v j-m etw. Akk* reembolsar [hiemboußar] *a.c. a alg*, desembolsar [dshisẽĩboußar] *a.c. a alg*
zurückfahren *v* **1** (mit dem Auto usw.) regressar [hegreßar], voltar [woutar] **2** (von einem Wagen usw.) fazer marcha atrás [faser marscha atraß], dar ré [dar hä]
zurückgeben *v j-m etw. Akk* devolver [dewouwer] *a.c. a alg*, restituir [heßtschituir] *a.c. a alg*
zurückkommen *v* voltar [woutar], regressar [hegreßar], retornar [hetornar], tornar [tornar]
zurücklegen *v* **1** *etw. Akk* repor [hepor] *a.c.*, recolocar [hekolokar] *a.c.* **2** (laufend) percorrer [perkoher]
zurücktreten *v* **1** (nach hinten) dar um passo para trás [dar ũ paßu para traß], recuar [hekuar] **2** (von einem Amt usw.) abdicar [abdshikar], demitir-se [demitschirßi], (von einem Amt usw.) resignar [hesignar], renunciar (ao cargo) [henũßjar (au kargu)]
zurzeit *adv* neste momento [neßtschi momẽtu], atualmente [atuaumẽtschi]
zusammen *adv* **1** juntos [shũtuß] **2** (betragen usw.) em total [ẽĩ totau]
zusammenarbeiten *v mit j-m* cooperar [kooperar] *com alg*, colaborar [kolaborar] *com alg*
zusammenbrechen *v* **1** (Mensch) sofrer colapso [ßofrer kolapßu] **2** (Brücke usw.) desmoronar-se [dshismoronarßi]
zusammendrücken *v etw. Akk* comprimir [kõũprimir]
Zusammenfassung *w* resumo [hesumu] *m*, compêndio [kõũpẽdshju] *m*
Zusammenhang *m* relação [helaßãũ] *w*, conexão [konekßãũ] *w*, nexo [nekßu] *m*, encadeamento [ĩkadeamẽtu] *m*
zusammenhängen *v mit etw.* estar relacionado [ißtar helaßionadu] *com a.c.*
zusammensetzen *v etw. Akk* compor [kõũpor] *a.c.*, montar [mõũtar] *a.c.*, armar [armar] *a.c.* ► **sich ~** *aus etw.* compor-se *de a.c.*, constar *de a.c.*
Zusammenstoß *m* **1** (Zusammenprall) colisão [kolisãũ] *w* **2** (Auseinandersetzung) confronto [kõũfrõũtu] *m*, conflito [kõũflitu] *m*, recontro [hekõũtru] *m*, choque [schòki] *m*
zusammenstoßen *v* colidir [kolidshir], (zusammenprallen) chocar [schokar]
zusammentreffen *v mit j-m* encontrar-se [ĩkõũtrarßi] *com alg*
zusätzlich *adj* adicional [adshißionau] ♦ *adv* **1** (als Zusatz) *zu etw.* além [alẽĩ] *de a.c.*, adicionalmente [adshißionaumẽtschi] **2** (übrig) a mais [a majß]
Zuschauer *m* espetador [ißpetador] *m*, espectador [ißpektador] *m*, (Schaulustige) circunstante [ßirkũßtãtschi] *m*
Zuschlag *m* sobretaxa [ßobritascha] *w*, suplemento [ßuplemẽtu] *m*
Zustand *m j-s/etw.* estado [ißtadu] *m de alg/a.c.*
zuständig *adj* competente [kõũpetẽtschi], respetiv|o/-a [heßpetschiwu/-a], correspondente [koheßpõũdẽtschi]
zusteigen *v in etw. Akk* subir [ßubir] *a a.c*
zustellen *v j-m etw. Akk* entregar [ĩtregar] *a.c. a alg*
zustimmen *v j-m/etw.* estar de acordo [ißtar dshi akordu] *com alg*, concordar [kõũkordar] *com alg* ► **nicht ~** *j-m/etw.* não estar de acordo, discordar *com alg/a.c.*
Zustimmung *w zu etw.* acordo [akordu] *m com a.c.*
Zutat *w* ingrediente [ĩgredshiẽtschi] *m*
zuteilen *v* **1** (vergeben) *j-m etw. Akk* agregar [agregar] *a.c. a alg* **2** (als Anteil usw.) *j-m etw. Akk* distribuir [dshißtribuir] *a.c. a alg*
Zutritt *m zu etw.* acesso [aßäßu] *m a a.c.*, (Erlaubnis usw.) admissão [adshimißãũ] *w* ► *~ zu etw.* **bekommen** acessar, ter acesso *a a.c.*
zuverlässig *adj* confiável [kõũfiaweu], fidedign|o/-a [fidedshignu/-a], fiável [fiaweu] ♦ *adv* com segurança [kõũ ßegurãßa]
ziehen *v* **1** (Vorhang usw.) *etw. Akk* correr [koher] **2** (Schlinge usw.) apertar

[apertar] *a.c.* **3** (als Einwohner) *irgendwohin* instalar-se [ĩßtalarßi] *em a.c.*, mudar-se [mudarßi] *a a.c.* **4** ***sich ~*** *etw. Akk* (Schaden usw.) incorrer [ĩkoher] *em a.c.*

Zwang *m* **1** (rücksichtsloser usw.) pressão [preßãũ] *w* **2** (innerer) compulsão [kõũpuußãũ] *w*

zwanzig *num* vinte [wĩtschi]

zwar **und ~** a saber, isto é, nomeadamente, designadamente

Zweck *m* objetivo [obshetschiwu] *m*, propósito [propòsitu] *m*, finalidade [finalidadshi] *w*, fim [fĩ] *m* ► **Es hat keinen ~.** Isso não faz sentido.

zwei *num* dois [dojß]

Zweibettzimmer *s* quarto *m* duplo [kuartu duplu]

zweifach *adj* dupl|o/-a [duplu/-a], dobr|o/-a [dobru/-a]

Zweifel *m* dúvida [duwida] *w* ► **ohne ~** sem dúvida

zweifelhaft *adj* duvidos|o/-a [duwidosu/-a], questionável [keßtschionaweu]

zweifellos *adv* sem dúvida [ßẽĩ duwida] ♦ *part* sem dúvida [ßẽĩ duwida], indiscutivelmente [ĩdshißkutschiweumẽtschi]

zweifeln *v an j-m/etw.* duvidar [duwidar]

Zweig *m* **1** ramo [hamu] *m*, galho [galju] *m* **2** (Abteilung usw.) ramo [hamu] *m*

zweimal *num* duas vezes [duaß wesiß]

zweit(er,e,es) *num* segund|o/-a [ßegũdu/-a] ► **zum zweiten Mal** pela segunda vez

Zwerg *m* **1** (in Märchen) anão [anãũ] *m*, gnomo [gnomu] *m* **2** (kleiner Mensch) anão [anãũ] *m*

Zwiebel *w* **1** (Gemüse) cebola [ßebola] *w* **2** (einer Blume usw.) bulbo [buubu] *m*

Zwilling *m* **1** gémeo [shämeu] *m* **2** **~e** Gêmeos [shemeuß] *m Mz*

zwingen *v j-n zu etw.* compelir [kõũpelir] *alg a a.c.*, *j-n zu etw.* forçar [forßar] *alg a a.c.*, obrigar [obrigar] *alg a a.c.*

zwischen *prep* entre [ẽtri]

Zwischenlandung *w* escala [ißkala] *w*

zwölf *num* doze [dosi]

Zylinder *m* **1** cilindro [ßilĩdru] *m* **2** (Hut) cartola [kartola] *w*